고구려 유민 이정기 일가의 번진사藩鎭史

고구려 유민
이정기 일가의
번진사 藩鎭史

정병준
지음

동국대학교출판부

책을 내면서

한국인으로 중국에서 활동하여 이름을 남긴 인물로는 고선지·장보고 등이 유명하다. 이들에 대해서는 일찍부터 국내외에서 많은 연구가 이루어졌고, 또 중·고등학교 교과서에도 그 활동이 소개되어 일반인들 사이에서도 이름이 알려져 있다.

이에 비해 같은 당대唐代에 활동한 고구려 유민인 이정기 일가는 비교적 늦게 알려졌지만, 당에서의 활동과 영향력은 고선지·장보고를 훨씬 뛰어넘었다. 즉 이정기 일가는 안사의 난(755~763) 후 격동하는 상황 속에서 지금의 산동성山東省 일대를 지배하는 평로절도사平盧節度使에 올라 3세대 4대에 걸쳐 54년 동안 해당 번진藩鎭을 독립적으로 지배하면서 큰 영향을 미쳤던 것이다. 그들은 절도사로서 재상을 겸한 이른바 사상使相이 되었고 또 절도사로서는 매우 드물게 당 종실의 호적에 올랐다. 그리고 이정기의 아들 이납은 다른 강력한 번진들과 함께 덕종德宗의 번진개혁에 저항하면서 덕종을 굴복시키기까지 하였다. 평로 번진을 포함한 이들 강력한 번진은 사실상 당조 안의 독립국이었다고 해도 좋다.

필자는 절도사를 주제로 한 「당대唐代 번진체제藩鎭體制의 연구」라는 제목으로 박사논문을 제출하였는데(1994), 그 과정에 이정기라는 인물을 알게 되었다. 하지만 그때의 관심사는 번진들의 구조적 측면에 있었기 때문에 개별 인물에 대해서는 돌아볼 겨를이 없었다.

그 후 2002년부터 이정기 일가에 대한 연구를 시작하였지만, 20년이 넘은 2023년 2월에 이르러서야 관련 연구를 마칠 수 있었다. 예상보다 오랜 시간이 걸렸는데, 그 이유는 무엇보다도 이정기가 속했던 요서遼西의 평로군 세력이 번진시대에 수행한 다양한 역할을 함께 파악하려고 하였기 때문이었다. 요서의 평로군은 안사의 난 중에 크게 두 차례에 걸쳐 남하하였고(이정기는 두 번째) 그중 앞서 남하한 세력은 이후에도 몇 차례 더 분화하여 다양한 활동을 펼쳤다. 남하한 평로군 세력 가운데 가장 유명한 것은 조정의 지배를 거부하며 관할 영역을 독립적으로 지배한 이른바 '할거 번진割據藩鎭'인 이정기 일가의 평로 번진과 회서淮西 번진이지만, 조정을 위해 충성을 바친 세력들도 있었고 금군禁軍의 장수가 되어 활약한 이들도 있었다. 요컨대 요서의 평로군은 여러 세력으로 분화되어 번진체제를 고착화시키는 역할과 당 왕조를 지탱하는 역할을 동시에 수행하였던 것인데, 이 가운데 이정기 일가는 전자에 속하였다.

이 책은 어느 정도 인물사의 성격을 지닌다. 하지만 이정기 일가가 평로 번진을 다스리면서 수행한 역할은 그 자체로 번진사에서 중요한 의미를 지닌다. 필자가 이정기 일가에 관심을 가지게 된 것도 이 때문이다. 즉 이정기 일가의 가족사를 넘어 시대사의 관점에서 그들과 그 번진이 수행한 역사적 의미를 살펴보는 것이 이 책의 목적이다. 이 책의 제목은 『평로절도사 이정기 일가와 번진체제』라고 해도 좋다.

차례

책을 내면서 5
서론 13

제1부 | 평로절도사平盧節度使 이정기李正己의 '산동山東' 지배

제1장 안사의 난과 이정기 27
1. 영주營州의 평로군平盧軍 30
2. 안사의 난과 평로군 38
3. 평로절도사 후희일侯希逸의 남하 53
4. 이정기의 평로군 지배 63
소결 68

제2장 대종代宗 시기의 평로절도사 이정기 73
1. '하북번진河北藩鎭'의 출현 74
2. 복고회은僕固懷恩의 난과 이정기의 후희일侯希逸 축출 79
3. 위박절도사魏博節度使 전승사田承嗣와 이정기 90
4. 이영요李靈曜의 난과 이정기 98
5. 이정기의 전성기 104
소결 112

제3장 덕종德宗의 번진개혁 정책과 평로절도사 이정기 … 115
1. 덕종의 즉위와 국정쇄신 … 118
2. 덕종의 번진정책과 이정기 … 127
3. 번진들의 대항과 이정기 … 137
4. 덕종과 번진의 충돌 및 이정기의 사망 … 146
소결 … 155

제2부 | 평로절도사 이납李納과 덕종의 충돌 및 타협

제1장 이납의 제齊 건국과 그 성격 … 161
1. 평로절도사 이정기 시절의 이납 … 164
2. '사왕四王의 난'과 이납의 제왕 선포 … 172
3. 제국齊國의 관제官制와 그 성격 … 186
소결 … 201

제2장 '사왕四王의 난' 이후 평로절도사 이납의 양면성 … 203
1. 이희열李希烈의 칭제稱帝와 이납의 동태 … 207
2. 덕종과 이납의 관계 … 216
3. 주변 번진과 이납 … 227
소결 … 236

제3부 | 평로절도사 이사고李師古의 할거와 내외 정세

제1장 평로절도사 이사고와 주변 번진의 관계 … 241
1. 덕종과 이사고의 관계 … 243
2. 이사고의 주변 번진에 대한 태도 … 254
3. 이사고와 성덕절도사成德節度使 왕무준王武俊 … 261
소결 … 271

제2장 805년 일본 견당사의 귀국보고에 보이는 이사고 등의 273
발호와 당 정세
1. 순종順宗과 당 왕실 275
2. 평로절도사 이사고 등의 발호 280
3. 당 왕조와 토번吐蕃의 관계 294
소결 308

제4부 | 평로절도사 이사도李師道와 헌종의 결전

제1장 헌종憲宗 전기의 번진개혁과 평로절도사 이사도 313
1. 헌종의 즉위와 서천西川 유벽劉闢의 반란 315
2. 이사도의 평로 세습과 헌종의 대응 326
3. 이사도의 번진 지배와 헌종과의 관계 336
소결 344

제2장 헌종의 회서淮西 토벌과 평로절도사 이사도 346
1. 헌종의 회서 공격과 이사도의 하음河陰 348
   전운원轉運院 방화
2. 이사도의 재상 암살 354
3. 이사도의 동도東都 전복 기도 359
소결 370

제3장 평로절도사 이사도의 패망과 그 의미 372
1. 회서淮西의 멸망과 이사도의 귀순 및 번복 375
2. 헌종의 이사도 토벌 389
3. 이사도 패망의 의미 402
소결 413

결론 416

[부록]

1. 평로절도사平盧節度使 후희일侯希逸의 출자와 활동 −안동도호부의 425
   군장에서 평로치청절도사平盧淄青節度使로
2. 이정기 일가 번진의 영역 변천 465
3. 당대唐代의 '사상使相'과 『신당서』 재상세계표 506

이정기 일가 열전 번역 548
참고문헌 573
중문 목차와 초록 588
찾아보기 594

일러두기

이 책의 본문과 부록 논문은 필자가 그동안 발표한 논문을 수정·보완한 것이다. 그 원래 제목과 수록된 학술지는 다음과 같다.

제1부
제1장 「安史의 亂과 李正己」, 『동국사학』 37, 2002.
제2장 「平盧節度使 李正己에 대해 -代宗時期를 중심으로」, 『진단학보』 94, 2002.
제3장 「德宗의 藩鎭改革 政策과 平盧節度使 李正己」, 『중국사연구』 81, 2012.

제2부
제1장 「唐 德宗代 李納의 齊 建國과 그 性格」, 『중국고중세사연구』 56, 2020.
제2장 「'四王의 亂' 이후 平盧節度使 李納의 兩面性」, 『한국고대사탐구』 35, 2020.

제3부
제1장 「平盧節度使 李師古와 周邊 藩鎭의 관계」, 『중국사연구』 129, 2020.
제2장 「805년 日本 遣唐使의 귀국보고에 보이는 唐國 情勢 검토」, 『중국고중세사연구』 62, 2021.

제4부
제1장 「唐 憲宗 前期의 藩鎭改革과 平盧節度使 李師道」, 『중국사연구』 137, 2022.
제2장 「唐 憲宗의 淮西 討伐과 平盧節度使 李師道」, 『한국고대사탐구』 42, 2022.
제3장 「平盧節度使 李師道의 敗亡과 그 의미」, 『중국고중세사연구』 67, 2023.

[부록]
1. 「平盧節度使 侯希逸 -安東都護府의 軍將에서 平盧淄靑節度使로」, 『중국사연구』 39, 2005.
2. 「李正己 一家 藩鎭의 領域 變遷」, 『동국사학』 53, 2012.
3. 「唐代의 '使相'과 『新唐書』 宰相世系表」, 『중국사연구』 141, 2022.

서론

이정기가 고구려 유민이라는 것은 『구당서』・『신당서』 열전에 '고려인高麗人'이라고 보이는 것으로 알 수 있다. 그가 태어난 것은 당 현종唐玄宗 개원開元 21년(733)으로 고구려가 멸망한 때(668년)로부터 65년이 지난 시점이다. 아마도 그의 조부 시기에 당으로 들어간 것으로 짐작되지만, 구체적으로 언제 어떻게 이주하였는지는 명확하지 않다.

다만 고구려가 멸망한 후 많은 고구려 유민이 당으로 강제로 이주될 때 요서遼西의 영주營州(今 평로平盧)가 중간 거점 역할을 하였던 것[1]으로 보면 그 과정에 조부가 영주 일대에 남겨졌을 가능성이 있다. 또 이정기가 처음 모습을 드러낼 때 평로절도사 휘하 안동도호부安東都護府의 군장이었다는 점을 감안하면[2] 그 조부 혹은 부친이 안동도호부에 소속된 후 그대로 이정기로 이어졌을 수도 있다. 안동

---

1 『구당서』 권5, 高宗本紀下, 總章 2년(669) 5월 조, "移高麗戶二萬八千二百, 車一千八十乘, 牛三千三百頭, 馬二千九百匹, 駝六十頭. 將入內地, 萊·營二州般次發遣, 量配於江·淮以南及山南·幷·涼以西諸州之空閑處安置"(92쪽). 이하 出典은 각 장의 처음에만 적겠다.
2 이 책 [부록 논문 1], 462쪽; 정병준, 「營州의 大祚榮 集團과 渤海國의 性格」, 『동북아역사논총』 16, 2007, 17~19쪽.

도호부는 고구려가 멸망한 뒤 평양에 설치되었다가 요동과 요서의 여러 곳을 전전한 후 현종 천보天寶 2재載(743)부터 영주 동쪽의 요서고성遼西古城을 치소로 정하였다.³ 그리고 안녹산安祿山이 반란을 일으킬 당시 안동도호부 관하에는 적어도 8천 5백인의 병사와 7백 필의 군마가 있었다.⁴

앞의 이정기 열전에 의하면 "평로에서 태어났다", "영주의 부장副將이 되었다"⁵라고 한다. 이는 이정기가 평로절도사 관할 지역에서 태어나 평로군의 군장이 되었음을 나타낸다. 그리고 안사의 난 중에 이정기가 정변을 일으켜 평로군의 실권을 잡은 후 반란이 종결되기 직전 평로의 병사 2만여 인을 이끌고 지금의 산동 지역으로 남하하여 새로운 평로 번진을 건설하였다. 그리고 안사의 난이 종결된 후 이정기가 다시 정변을 일으켜 스스로 절도사에 오르고 이어 자신의 아들인 이납과 손자 이사고 및 이사도에게 번진을 물려주었다.

필자가 오랫동안 이정기 일가에 관심을 기울여 온 것은 그들의 활동이 여러 가지 측면에서 중요한 의미가 있다고 생각한 때문이다.

첫째는 고구려 유민사의 특별한 자료이다. 지금까지 당대 고구려 유민에 대해서는 상당한 연구가 나와 있지만, 그 대부분은 거의 개별 인물사에 가깝다. 이에 비해 이정기 일가는 안동도호부에 소속된 고구려인 병사들과 그 후예를 기반으로 평로군을 장악·지배하였다는 점에서 고구려 유민 집단사의 성격을 지닌다. 쑨후이칭孫慧慶에 의하면 안사의 난 중에 이정기 집단이 평로군을 장악하여 산동 지역

---

3 日野開三郎,「唐の高句麗討滅と安東都護府」,『日野開三郎 東洋史學論集』8, 三一書房, 1984, 31~35쪽.
4 정병준,「營州의 大祚榮 集團과 渤海國의 性格」, 19쪽.
5 『구당서』 권124, 이정기전, 3534쪽;『신당서』 권213, 이정기전, 5989쪽.

으로 남하할 때 그 가족을 포함하여 총 숫자가 모두 8만 5천에 이르렀을 것이라고 한다. 즉 병사 2만여 인 중 대략 1만 6천인이 가족을 동반하였을 것인데, 매 가족을 5인으로 계산하면 약 8만인이 되고, 여기에 가족을 동반하지 않은 병사 5천인을 합하여 모두 8만 5천인이 된다. 이들 가운데 가장 많은 숫자를 점한 것은 한족漢族이었지만, 그 다음으로 많은 것은 이정기 일가를 포함한 고구려인일 것이라고 한다.[6] 고구려인의 숫자를 이렇게 판단한 것은 이정기가 고구려인이고 요서에 고구려인이 많았다는 것을 전제로 한 것이다.

이에 더해 하오리郝黎는 훗날 위박절도사魏博節度使가 되는 전열田悅에 관한 다음 기록을 바탕으로 앞의 견해를 수긍하였다.[7] 즉 『신당서』 전열전에 "일찍이 고아가 되었는데, 모친이 평로의 수졸戍卒에게 재가하였다. 전열은 모친을 따라 치·청淄靑 지역을 이리저리 옮겨 다녔다. 전승사田承嗣가 위박절도사가 된 후 [형의 아들인] 전열을 찾아냈는데, 그때 나이가 13세였다"[8]라고 하여 이정기가 장악한 평로군 병사가 그 가족과 함께 남하한 것을 나타내는 사료이다. 이러한 것을 바탕으로 이전에 필자는 평로군의 남하로 대량의 고구려인이 영주에서 산동으로 남하한 것은 고구려 유민사의 일대 사건이라고 해도 좋다고 하였다.[9]

이정기의 대두는 고구려 유민의 대두를 의미했다. 양샤오옌楊曉燕은 그 역사적 의미를 다음과 같이 이해하였다. 즉 "[안동도호부 세력이] 서귀도徐歸道를 주살하면서 후희일을 비롯한 고구려인들이 평

---

6 孫慧慶, 「唐代平盧節度使南遷之後瑣議」, 『北方文物』 1992-4, 74쪽.
7 郝黎, 「唐代淄靑鎭的特點」, 『靑島科技大學學報』 2003-4, 76쪽.
8 『신당서』 권210, 전열전, 5926쪽.
9 정병준, 「고구려 유민 연구」, 『중국학계의 북방민족·국가 연구』, 동북아역사재단, 2008, 101쪽.

로의 정치무대 중심으로 들어섰다. 얼마 후 그가 절도사가 될 수 있었던 것은 이정기 덕분이다. [안사의 난이 평정된] 이후 하북은 안사 세력의 범위가 되지만, 평로군에는 안사 세력이 대두하지 않았다. 이는 후희일과 이정기 등 고구려 장령을 핵심으로 하는 집단이 평로군을 엄격하게 장악하였음을 나타낸다. 이 집단의 다른 고구려인들이 요직을 차지한 점도 평로치청의 발전에 중요한 역할을 하였다. 이정기의 족형 이유李洧는 서주자사徐州刺史를 지내다가 당에 귀순하였다. 이유의 장수인 고승종高承宗이 서주자사를 이었는데, 그 역시 고구려 출신으로 자못 의심된다. 이에 후희일과 이정기 등 고구려인을 중심으로 기타 민족을 규합하여 탄생한 평로군의 통치집단을 '고구려 무인집단'이라 부르겠다. 이들은 정치적으로 안사 집단과 완전히 다른 별개의 민족집단이며, 당에 대해서도 조금의 충순지심忠順之心도 가지지 않았다. 그들이 안사의 난 중에 당을 지지한 이유는 단지 근왕勤王의 이름으로 확장의 실리를 챙기기 위한 것에 지나지 않았다(요약)"[10]라고 한다. 평로군의 통치집단을 '고구려 무인집단'이라 명명한 것은 이정기 일가를 넘어 고구려 유민 군중의 존재를 인정한 것으로 주목된다. 장춘하이張春海는 이러한 개념을 바탕으로 해당 집단의 형성에서 소멸까지의 전 과정을 논하였다.[11]

이렇게 보면 안동도호부는 처음에 당이 고구려를 통치하기 위해 설치하였으나, 뒤에는 고구려인을 중원으로 진출시켜 산동을 지배

---

10 楊曉燕,「唐代平盧軍與環渤海地域」, 王小甫 主編,『盛唐時代與東北亞政局』, 上海辭書出版社, 2003, 191~192쪽. 또한 167~168쪽에서는 "고구려 혈통의 후희일 및 고구려인 이정기가 전후로 평로군의 최고 수장에 오른 것은 평로 관할 구역의 고구려 유민 세력이 컸음을 나타낸다"고도 한다.
11 張春海,「試論唐代營州的高句麗武人集團」,『江蘇社會科學』2007-2, 229~232쪽.

하게 한 통로의 역할을 하였다고 할 수 있다.[12] 다만 문헌상에는 이정기 일족에 관한 것과는 달리 그 휘하 고구려인에 관한 기록은 그다지 전하지 않는다.[13] 그럼에도 불구하고 이정기 일가 및 평로군의 역사를 살펴볼 때 그 중심부에 항상 고구려인 집단의 그림자가 있었다고 보아도 좋다고 하겠다.

둘째는 당대唐代 번진체제의 전개에 큰 영향을 미쳤다는 점이다. 약 300년에 걸친 당대의 역사는 안사의 난을 기준으로 크게 전기와 후기로 나눌 수 있다. 즉 전기는 율령제도律令制度가 유효하게 기능한 율령제 시대였다고 한다면, 후기는 율령제도가 크게 붕괴되면서 다수 주현州縣을 관할하는 군벌(즉 번진)이 전국에 약 40개가량 설치되어 큰 세력을 떨친 지방분권적인 '번진시대'였다. 그리고 후자는 다시 당조 중흥의 영주로 불리는 헌종憲宗 시대(805~820)를 기준으로 두 시기로 나눌 수 있다. 즉 ① 안사의 난에 따른 혼란 속에서 조정의 지배를 거부하며 스스로 번진의 수장을 세습한 이른바 '할거번진'들이 주도권을 행사한 숙종肅宗·대종代宗·덕종德宗·순종順宗 시기, ② 헌종의 번진개혁으로 조정이 어느 정도 권위를 회복하여 새롭게 통치력을 행사한 이후 시기(황소의 난까지)로 나눌 수 있다.[14]

번진시대가 헌종을 기점으로 크게 변화한 주된 요인의 하나는 할거 번진의 숫자가 줄어든 것이다. 대표적인 할거 번진은 헌종 시기

---

12 정병준, 「8세기 동북아 정세의 변화와 당조의 대응체제 −평로절도사 겸임의 '압번사' 계통 관직들」, 이기동·연민수 외, 『8세기 동아시아의 역사상』, 동북아역사재단, 2011, 244쪽.
13 楊曉燕은 후희일과 고승종 등을 고구려인으로 보고 있지만(『唐代平盧軍與環渤海地域』, 191쪽, 228~233쪽 등), 여전히 하위 고구려인의 존재는 잘 드러나지 않는다.
14 정병준, 「安史의 亂과 遼西 平盧軍의 南下 −李忠臣의 活動을 중심으로」, 『중국사연구』 87, 2013, 147쪽.

까지 5개가 있었는데, 즉 하북에 위치한 위박魏博·성덕成德·유주幽州라는 세 번진(즉 하북삼진)과 하남에 위치한 평로·회서淮西 번진이다. 다섯 번진의 창건자와 주체 세력은 모두 이전에 안녹산의 부하로 무장 역량이 매우 높았다.[15] 이들은 필요한 경우 연대하여 큰 위력을 발휘하였는데, 그들이 함께 반란을 일으켰을 때 어느 정도 세력을 떨쳤는지는 『신당서』 권225중, 이희열전李希烈傳에 "[덕종 건중建中 3년(782) 12월] 다섯 도적이 작당하여 천하의 반을 점거하였다"라고 하는 것으로도 쉽게 알 수 있다.[16] 물론 이외에도 몇 개의 할거 번진이 더 출현하였지만, 다섯 번진만큼 강하지도 않았고 지속적이지도 않았다. 그러다가 헌종에 의해 평로와 회서가 멸망하자 이후에는 사실상 하북삼진만 남아 이전과 같은 세력을 떨칠 수 없었던 것이다.

평로와 회서가 역사의 무대에서 사라진 것은 무엇보다도 이들 번진이 당의 중심부, 특히 당시 당조의 생명선과도 같은 대운하를 위협하는 위치에 있었기 때문이었다. 실제로 두 번진은 당조와 대항할 때면 대운하를 차단하여 당조의 존망을 위협하였다. 이는 이 책에서도 여러 차례 확인할 수 있을 것이다. 이런 점에서 당조와 두 번진 세력은 태생적으로 병존(공존)하기 어려웠다. 두 번진은 헌종의 일차적 개혁대상이 되어 패한 후 철저하게 분할 또는 해체되었다.[17] 반면 하북삼진은 번진을 온존한 상태에서 항복하였다가 헌종 사후에 다

---

15 정병준, 「李正己 一家 이후의 山東 藩鎭 −順地化 過程」, 『대외문물교류연구』 3, 2004, 122~123쪽.
16 정병준, 「安史의 亂과 遼西 平盧軍의 南下 −李忠臣의 活動을 중심으로」, 147~148쪽 등.
17 정병준, 「『舊唐書』·『新唐書』 李忠臣·李希烈 열전 譯註」, 『동국사학』 54, 2013, 447~448쪽 등.

시 할거 번진으로 되돌아갔던 것이다. 역사상에 하북삼진이 유명한 것은 바로 이 때문이지만, 헌종 시기까지의 상황으로 본다면 오히려 평로와 회서 번진이 더 큰 영향력을 미친 면도 있다.

셋째는 장보고 교역활동의 전사前史를 이루었다는 점이다. 일찍이 김문경은 "장보고 대사가 그렇게도 단시일에 무역왕국을 건설할 수 있었던 전후 사정과 그를 둘러싼 시대 상황을 규명하지 않고서는 그에 관한 연구는 맹인들의 코끼리 더듬기 밖에 될 수 없다. 장보고 해상왕국은 결코 혼자만의 힘으로 이루어진 것은 아니다. 장보고 이전에 이미 오랜 시간동안 우여곡절을 겪으면서 정착한 고구려·백제유민과 재당신라인들의 존재를 잊어서는 안 된다. 이들이야말로 장보고 해상왕국의 한 축을 이루고 있기 때문이다. … 신라 사람들이 집중되어 거주하던 산동반도는 고구려 유민 이정기 일가가 세운 소왕국적 번진이 55년간이나 차지하고 있었던 매우 이질적인 곳이다. 골품체제에 의하여 억눌려 있던 신라인들이 새로운 가능성을 찾아 모여들 수 있었던 최상의 지역이기도 하였다. 장보고는 이곳에 거주하던 신라인들의 특수성을 어떠한 방법으로 활용하여 자기의 세력으로 키워갈 수 있었던가를 밝혀야 할 것이다"[18]라고 하였다.

그 후 이정기 일가의 교역활동에 관한 연구에 의하면, 평로 번진에는 아라비아와 동남아시아에서 온 박래품을 포함한 천하의 진귀한 보물이 하루도 빠짐없이 드나들었다. 이것이 가능했던 것은 특히 이사고의 적극적인 상업 장려 정책에 더해 그 지역이 중국의 남북을 잇는 운하의 최대 요충지였던 양주揚州와 곧바로 연결되었기 때문이었다. 그리고 평로로 모여든 진귀한 보물들은 여러 가지 방식의 공

---

18 김문경,『淸海鎭의 張保皐와 東亞細亞』, 향토문화진흥원, 1998, 9~10쪽.

사私 교역을 통해 신라와 발해 등 동아시아 각국으로 유출되었고 동시에 그들 각국의 물품들이 평로에서 거래되었다. 뿐만 아니라 이정기 일가 시절에 재당 신라인의 해상활동이 이미 행해지고 있었던 구체적 사실도 확인되었다. 이정기 일가의 번진은 819년 패망하였지만, 앞의 배경으로 828년 장보고가 청해진을 설치하여 재당신라인을 통합하고 산동에 법화원을 세워 왕성한 교역활동을 전개하였던 것으로 볼 수 있다. 장보고가 해상 교역에서 큰 성공을 거둔 것은 이정기 일가가 이룩한 교역상의 성취가 있었기 때문이라 할 수 있다.[19]

넷째는 당대 동아시아사 이해의 새로운 자료가 될 수 있다. 이정기 일가는 줄곧 '압신라발해양번사押新羅渤海兩蕃使'라는 관직을 지녔는데, 이는 당과 신라·발해와의 교섭을 중간에서 관장하는 관직이었다. 이와 관련하여 필자는 다음과 같은 언급을 한 적이 있다. 즉 "혹자는 이정기 일가가 발해에 우호적이었기 때문에, 당조와 발해가 빈번한 교류를 하였다고 말한다. 바꾸어 말하면 이정기 일가가 신라의 사신에 대해서는 통행을 방해하였다는 말로도 이해된다. 이 경우, 이정기 일가는 당조의 권위를 넘어 주변국과의 외교를 결정하였던 것이 된다. 그러나 사신의 통행을 방해하는 것은 당조에 정면으로 도전하는 것이나 다름없다. 중국 왕조가 주변국을 공격하는 명분으로 옆 나라의 조공을 방해했다고 말하는 경우도 있을 정도이다. 그렇지만 이정기 일가는 당조가 자신들을 부정하지 않은 한 당조와의 공존을 원하였다. 그것을 위해 군대를 보내 서방의 변경을 지켜

---

[19] 정병준, 「李正己 一家의 交易活動과 張保皐」, 『동국사학』 40, 2004, 526~552쪽; 정병준, 「장보고의 등장과 세력기반」, 『한국해양사 Ⅱ(남북국시대)』, 한국해양재단, 2013, 228쪽, 237쪽.

주기까지 하였다. 이정기 일가에게 가장 중요한 것은 그들 자신과 번진의 안위였다. 그들이 다른 번진과 마찬가지로 당조의 관작을 원했던 것도 바로 이 때문이라 할 수 있다. 이런 상황에서 이정기 일가가 관할 지역을 지나는 사행使行을 방해하여 당조와 불필요한 분쟁을 유발시키는 것은 전혀 이익이 되지 않을 뿐 아니라, 번진의 안위를 위협하는 중대 사안이 될 수도 있다. 비록 고구려 유민이었다고는 해도 그들이 번진의 안위에 우선하여 고구려 멸망에 감정을 풀려고 했다고 보기는 어렵다. 이정기 일가가 산동을 지배하던 시기에 신라의 사행이 적었던 것은 신라 내부 문제 또는 당조와 신라의 관계에서 그 원인을 찾아야 할 것이다", "또 [평로를 경유하는] 사신들을 통해 당 조정은 물론 주변국에 대한 정보 등 필요한 것들을 얻을 수 있었다"라고 하는 것 등[20]을 지적하였다. 지배선의 『고구려 유민의 나라 제와 당, 그리고 신라·발해·일본 교류사』(혜안, 2012)라는 저서는 제목에 적힌 대로 이정기 일가의 번진을 하나의 국가로 보고 주변국과의 교류 관계를 다룬 것이다. 이에 대해 필자는 제국齊國의 왕을 칭한 시기가 매우 짧았기 때문에 이 번진을 제나라로 부르는 것에 동의하지 않는다.[21] 다만 이정기 일가와 주변 번진이나 주변국과의 관계 및 그 역할에 대한 연구는 중요한 의미가 있다고 생각한다.

한편 니이미 마도카新見まどか는 최근에 낸 『唐帝國の滅亡と東部ユーラシア －藩鎭體制の通史的硏究』(思文閣出版, 2022)의 서장序章에서 "정병준은 종합적 사료 정리를 바탕으로 고구려계 출자를 가진

---

20 정병준, 「李正己 一家의 藩鎭과 渤海國」, 『중국사연구』 50, 2007, 147~148쪽.
21 이정기 아들 이납이 제를 칭하는 시기는 덕종 건중 3년(782) 11월에서 興元 원년(784) 정월까지의 1년 2개월간이었다.

절도사가 산동반도를 지배할 때 그 아래에서 독자적으로 전개된 해상교역이 9세기 후반 이후의 신라 해상海商 등장의 기반이 되었다고 주장하였다. 또 이러한 해상과의 제휴는 오대 이후의 여러 세력들도 적극적으로 시도하였다"(13쪽)라고 한다. 직접적으로는 장보고 해상 세력과의 연계성을 언급한 것이지만, 자신의 동부유라시아론을 전개하는 근거의 하나로 번진 세력과 해역 아시아의 관계를 말하고 있는 것이다. 즉 이정기 일가의 활동을 동아시아, 나아가 동부유라시아의 관점에서 위치시키고 있는 것이다. 여기서 니이미는 '종합적 사료 정리'라는 표현을 사용하였지만, 이는 지금 이 책의 성격을 나타내는 말이라고 해도 좋다.

앞의 네 가지 가운데 이 책은 특히 두 번째인 번진체제와의 관계에 초점을 맞춘 것이다. 즉 이정기 일가의 활동이 번진체제에 어떤 영향을 미쳤는가를 살펴보려는 것이다. 이러한 문제의식을 가지게 된 데에는 『자치통감』에 보이는 다음 기사가 결정적 계기가 되었다. 즉 안사의 난 중에 요서 평로군에서 이정기가 정변을 일으켜 고종사촌인 후희일侯希逸을 번진의 수장(번수藩帥)으로 세웠음에도 숙종肅宗이 후희일을 그대로 절도사에 임명하였다고 한 후 "절도사가 군인들에 의해 폐위되고 세워지는 것은 이로부터 시작되었다"라고 평가한 것이다. 아울러 저자 사마광司馬光은 이에 대해 장문의 논평을 달아 "[그로부터] 봉작과 녹봉, 폐지와 설치, 죽이고 살리는 것, 주고 뺏는 것이 모두 위에 나오지 않고 아래에서 나오게 되었다. … 이로 인해 아랫사람이 윗사람을 줄곧 노리다가 기회가 오면 공격하여 일족을 죽이고 윗사람은 항상 아랫사람을 무서워하다가 기회가 오면 도살하였다. … 이후 화란이 계속 일어나 전쟁이 끊이지 않고 백성은 도탄에 빠져도 호소할 곳이 없게 된 것이 무릇 200여 년이나 지속되었다"²²라고 하였다. 당 후기와 오대五代라는 200년 동안 지속된 번진시대가 사실상 이정기에 의해 열리게 되었다는 것이다. 그 때문인지 『자치통감』에서는 이정기 일가의 활동에 큰 관심을 보이며 다른 어떤 번진보다도 많은 기사를 싣고 있다.

　번진이 존속한 시기는 '당송변혁기'라는 대변혁의 기간과 꼭 일치하는데, 이는 번진이 당송변혁과 밀접한 관련이 있다는 것을 나타낸다. 그중에서도 가장 격심한 변화가 일어난 것은 처음 반세기 동안이며 바로 이정기 일가가 활동한 시기였다. 그 시기에 이정기 일가는 조정의 지배를 거부한 할거 번진 중에서도 가장 큰 세력을 가지고 있었고 그런 만큼 큰 역할을 하였다고 예상할 수 있다. 필자의 박사논문인 「당대 번진체제의 연구」는 할거 번진을 제외한 나머지 대부분의 번진을 대상으로 한 것인 반면, 이 책은 할거 번진을 대상으로 한 것이라고 할 수 있다.

　지금까지 이정기 일가에 대해 많은 연구가 나와 있다. 또 이정기 일가의 활동이 여러 방면에 걸친 만큼 그 내용도 다양하다. 전체 연구사는 '참고문헌'을 참고하길 바라며 개별 연구사는 각 장 별로 언급하겠다.²³ 또 본문의 내용 중에는 추후에 새로운 논문을 발표하여 일부 수정하고 보완한 것도 있는데, [부록 논문 1]과 [부록 논문 2]가 그것이다.

---

22 『자치통감』 권220, 숙종 乾元 원년(758) 12월 조, 7064~7066쪽.
23 각 장에서 언급한 연구사는 기본적으로 원래 논문이 나온 시점에 파악한 성과라는 점을 밝혀둔다. 해당 시점 이후의 성과는 이 책을 만들면서 새로 추가한 것이다.

제1부

평로절도사 이정기의 '산동' 지배

제1장

안사의 난과 이정기

안사의 난이란 당 현종唐玄宗 천보天寶 14재載(755) 11월 동북변경인 범양范陽(유주幽州)에서 범양, 평로平盧, 하동河東 3절도사를 겸한 안녹산安祿山이 반란을 일으켜 중국 북부의 동쪽 반을 점령한 다음 낙양洛陽에서 연국燕國 황제를 칭하고, 이어 아들 안경서安慶緒와 사사명史思明 또 그 아들 사조의史朝義가 계속 황제를 칭하며 당조와 각축을 벌이다가 8년이 지난 대종代宗 보응寶應 2년(763) 정월에 패망한 사건을 말한다.

미야자키 이치사다宮崎市定는 "보통의 왕조라면 안사의 난과 같은 대란을 겪고 난 뒤 곧 멸망해 버렸을 것이다. 그런데 당 왕조는 이로 인해 큰 타격을 받아 반신불수와 같은 상태에 빠져들었으면서도 명맥을 유지하여 그 후 150년 정도를 여전히 존속하였다"[1]라고 하지만, 안사의 난을 계기로 중국 전통사회는 이른바 '당송변혁唐宋變革'

---

[1] 宮崎市定 저, 임중혁·박선희 역, 『중국중세사』, 신서원, 1996, 313쪽.

이라는 약 200년에 걸친 기나긴 변혁의 시대로 접어든다. 그 결과 정치·경제·문화 등 사회 전반에 걸쳐 중국사에서 몇 번 보이지 않은 큰 변화가 일어났으며 그 영향은 주변의 동아시아 각국에까지 미쳤다. 그리하여 지금까지 많은 연구자들이 안사의 난은 중국사뿐 아니라 동아시아사에서도 일대 사건이었다고 인식하고 난의 배경과 구체적인 경과 및 그 역사적 의미에 대해 연구를 진행해 왔다.[2]

안사의 난에서 흥미로운 것은 하급 계층의 사람들이 전공戰功을 통해 이전에는 상상도 할 수 없는 정도의 높은 지위에 오르는 경우가 많았다는 것이다. 그중 가장 성공한 경우는 절도사 등 번수藩帥(번진의 통수)에 오르는 것이었는데, 번수는 관하 주현州縣을 거느리며 군사는 물론 민정과 재정 등 거의 모든 분야에 걸쳐 막강한 권력을 행사하였고 그 지위가 재상에 해당하는 경우도 적지 않았다.

이정기李正己는 바로 그러한 재상급 번수에 오른 대표적 인물의 하나이다. 더욱이 그는 당 중심부의 광대한 지역을 반독립적으로 지배하며 정국政局을 크게 좌우하였고 심지어 당에 치명적인 타격을 가할 수 있는 정도의 힘을 가지고 있었기 때문에 일찍부터 역사가들의 주목을 받아왔다.[3] 그리고 그는 고구려 유민 출신으로, 고구려

---

2 淸水泰次,「安祿山の謀叛に就いて」,『史觀』4, 1933; E. G. 프-리ィ브란크,「安祿山の叛亂の政治的背景(上·下)」,『東洋學報』35-2와 3·4, 1952; 谷川道雄,「『安史の亂』の性格について」,『名大文學部硏究論集』8, 1954; 李樹桐,「天寶之亂之本源及其影響」,『歷史學報』1, 國立臺灣師範大學, 1973; 章羣,「安祿山之叛」,『唐代蕃將硏究』, 聯經, 1986; 袁英光·王界雲,「略論有關"安史之亂"的幾個問題」,『華東師範大學學報』哲學社會科學版, 1990-3; 王素,「略談安史之亂」(文史知識編輯部,『中國歷史百題』第1分冊, 中華書局, 1992와 藤善眞澄,,「安祿山」, 人物往來社, 1966; 藤善眞澄,「安祿山と楊貴妃 -安史の亂前後」, 淸水書院, 1972(후지요시 마스미 저, 정병준 역주,『비단버선은 흙먼지 속에 뒹굴고』, 시공사, 2003); 卞麟錫,『安史亂의 新硏究』, 형설출판사, 1984 등.
3 일찍이 北宋의 司馬光과 元의 胡三省이 이정기와 그의 번진을 주목하여 어느 번진보

가 망한 후 당에서 입신출세한 인물은 여러 명 알려져 있지만[4] 그중에서도 가장 높은 지위와 권력을 획득한 인물이다. 그로 인해 그의 행적은 특히 한국 학자들의 주목을 받아 지금까지 여러 편의 연구가 나와 있다.[5]

그런데 이정기는 안사의 난을 통해 처음으로 역사에 모습을 드러내고 또 난에 따른 혼란을 기회로 기반을 쌓아 마침내 치청淄靑 지역의 절도사에까지 오른 인물이다. 말하자면 이정기의 등장은 안사의 난과 밀접한 관계를 가지고 있다고 하겠는데, 기존의 연구는 그 관련성에 대해 소략하게 다루고 있다.

이 장에서는 단순한 인물사가 아닌 시대사의 관점에서 안사의 난 중에 이정기가 어떻게 자신의 기반을 개척하고 또 반란에 대해 어떤 역할을 수행하였는가를 보다 구체적으로 고찰해 보고자 한다. 그 결과는 이정기 일가 번진의 권력 기반과 성격을 이해하는 데 중요한 단서들을 제공하게 될 것이다. 아울러 아직 평로군의 관점에서 안사의 난을 고찰한 연구가 없는 만큼 안사의 난에 대해 지금까지 알려지지 않은 사실들이 많이 밝혀질 것임을 밝혀둔다.

본론으로 들어가기 전에 명칭의 혼동을 피하기 위해 다음 두 가지

다 상세하게 기술하고 또 그 성격을 논하였다(『자치통감』 및 호삼성 注). 또 陳寅恪, 『唐代政治史論述稿』, 上海古籍出版社, 1982의 「統治階級之氏族及其升降」, 36~37쪽; 日野開三郎, 「支那中世の軍閥」(『日野開三郎 東洋史學論集』 1, 三一書房, 1980), 94쪽, 96쪽; 堀敏一, 「唐末諸叛亂の性格 -中國におえる貴族政治の沒落について」, 『東洋文化』 7, 1951, 71~75쪽; 王仲犖, 『隋唐五代史』 上, 上海人民出版社, 1988, 523쪽 등.
4 高仙芝, 王毛仲, 王思禮 등.
5 金文經, 「唐代 高句麗遺民의 藩鎭」, 『唐代의 社會와 宗敎』, 숭전대학교출판부, 1984(원래는 『省谷論叢』 6, 1975에 발표); 박시형, 『발해사』, 이론과실천, 1979, 85~90쪽; 지배선, 「고구려 인 李正己의 발자취」, 『동방학지』 109, 2000(지배선, 『고구려 유민의 나라 제와 당, 그리고 신라·발해·일본 교류사』, 혜안, 2012에 수록) 등.

사실을 확인해 두겠다. 즉 ① 현종 천보 원년(742) 2월에 주州를 군郡, 자사刺史를 태수太守로 명칭을 바꾸었다가[6] 숙종肅宗 지덕至德 2재載(757) 12월 원래대로 회복하였고,[7] 또 ② 천보 3년(744) 정월에는 연年을 재載로 바꾸었다가[8] 지덕 3재(758) 2월 건원乾元 원년으로 연호를 바꾸면서 다시 재를 년으로 하였다는 것이다.[9] 이하 본문에서는 가능한 한 당시 명칭을 그대로 사용하거나 병용하겠다.

1. 영주營州의 평로군平盧軍

요서遼西의 대릉하大陵河 상류에 위치하는 영주(유성군柳城郡)는 북쪽의 거란契丹·해奚와 동쪽의 요동반도 및 한반도로 통하는 교통의 요지이자 당의 중요한 전략적 요충지였다. 그러나 무측천武則天 만세통천萬歲通天 원년(696) 5월 거란의 이진충李盡忠과 손만영孫萬榮이 난을 일으켜 그곳을 점령하면서 폐지되었다가, 중종中宗 신룡神龍 원년(705)에 유주幽州 경내에 임시로 설치되어 어양漁陽과 옥전玉田 2현縣을 거느렸다. 그러다가 현종玄宗 개원開元 5년(717) 2월 해와 거란이 내부內附하자 패주자사貝州刺史 송경례宋慶禮의 건의에 따라

---

6 『구당서』 권9, 현종본기하, 천보 원년 2월 조, 215쪽; 『신당서』 권5, 현종본기, 천보 원년 2월 조, 143쪽; 『자치통감』 권215, 같은 연월 조, 6852쪽.
7 『唐大詔令集』 권123, 「至德二載收復兩京大赦」, 商務印書館, 1959, 660쪽; 『구당서』 권10, 숙종본기, 지덕 2재 12월 조, 250쪽; 『신당서』 권6, 숙종본기, 지덕 2재 12월 조, 159쪽.
8 『구당서』 권9, 현종본기하, 천보 3재 정월 조, 217쪽; 『신당서』 권5, 현종본기, 천보 3재 정월 조, 144쪽; 『자치통감』 권215, 천보 3재 정월 조, 6859쪽.
9 『자치통감』 권220, 숙종 건원 원년 2월 조, 7052쪽; 『구당서』 권10, 숙종본기, 지덕 3재 2월 조, 251쪽.

같은 해 3월 원래의 영주도독부營州都督府를 부활시키고 영주도독이 새로 설치된 평로군사平盧軍使를 겸하게 하였다.¹⁰ 이때 평로군은 앞서 개원 2년에 설치된 유주절도사幽州節度使가 관할하는 다수 군진軍鎭의 하나에 불과하였다.¹¹

그 뒤 평로군은 유주절도사로부터 분리되어 그 일대를 관할하는 절도사부節度使府로 승격되는데, 그 연대에 대해서는 두 가지 설이 있다. 즉 ①『신당서』권66, 방진표方鎭表3에 의하면 개원 7년(719)에 독립하여 평로군절도·경략·하북지탁·관내제번·영전등사平盧軍節度·經略·河北支度·管內諸蕃·營田等使가 설치되었고, 안동도호安東都護와 영주營州·요주遼州·연주燕州를 관할하였다고 한다.¹² 한편 ②『자치통감』권215에서는 현종 천보 원년(742) 정월에 평로를 따로 나누어 '절도'로 독립시키고 안녹산을 초대 절도사로 삼았다고 한다.¹³

이러한 서로 다른 기사에 대해 관련 연구자들은 실증적 분석을 거의 방기한 채 적당히 어느 한쪽을 택하고 있는데,¹⁴ 여기서 간단하게 그 타당성 여부를 검토해 보겠다. 먼저 개원 7년에서 천보 원년까지의 평로 관련 기록을 살펴보자. 우선 ②의『자치통감』에는 그 기간에 평로군이 유주절도사의 지휘를 받고 있음을 전하는 기사들이 다수

---

10 『구당서』권39, 地理志2, 營州 조, 1520~1521쪽;『자치통감』권211, 개원 5년 2월 및 3월 조, 6727쪽;『구당서』권185하, 송경례전, 4814쪽;『신당서』권66, 方鎭表 3, 1832쪽.
11 절도사 산하의 軍鎭 중 규모가 큰 것은 軍이라 하고, 작은 것은 守捉·城·鎭·戍라고 하였다.『신당서』권50, 兵志, "唐初, 兵之戍邊者, 大曰軍, 小曰守捉, 曰城, 曰鎭, 而總之者曰道"(1328쪽), "其軍·城·鎭·守捉皆有使"(1329쪽). 수착 등의 유래에 대해서는 菊池英夫 저, 조재우 역, 「唐代 邊防機關으로서의 守捉·城·鎭 등의 성립과정」,『역사와교육』17, 2013 등 참조.
12 『신당서』권66, 方鎭表 3, 1833쪽.
13 『자치통감』권215, 천보 원년 정월 조, 6847쪽.
14 다만 유일하게 두 기사의 타당성을 분석한 것으로 岑仲勉,『通鑑隋唐紀比事質疑』, 中華書局, 1977, 238~239쪽이 있지만, 필자의 결론과는 다소 차이가 있다.

기재되어 있다. 예를 들면 ㉠ 개원 20년(732) 3월 신안왕信安王 이위李褘가 배요경裵耀卿과 유주절도사 조함장趙含章를 거느리고 거란을 공격할 때 평로선봉장平盧先鋒將 오승체烏承玼가 큰 공을 세워 해와 거란을 대파하였다.[15] ㉡ 개원 24년 3월 유주절도사 장수규張守珪가 평로토격사·좌효위장군平盧討擊使·左驍衛將軍 안녹산을 보내 해·거란의 반란자를 공격하게 하였는데, 패배하였다.[16] ㉢ 개원 24년 4월 솔간窣干(후일의 사사명)이 죄를 지어 해로 도망갔다가 말을 꾸며 해의 고관인 쇄고鎖高를 당에 사신으로 보내게 하여 함께 평로에 도착한 후, 다시 평로군사 배휴자裵休子에게 거짓말을 하여 쇄고를 사로잡게 하였다. 배휴자가 쇄고를 유주로 보내니 유주절도사 장수규가 솔간의 공을 인정하고 주청하여 과의果毅로 삼았다는 것 등이 있다.[17]

그러나 다음 기사들은 개원 연간에 이미 평로절도사平盧節度使라는 관직이 있었다는 것을 전하고 있다. 즉 ① 『구당서』 권8, 현종본기상, 개원 15년 5월 조를 보면 제왕諸王을 각지의 절도대사節度大使에 임명하면서 영왕潁王 이운李湮을 안동도호·평로절도대사에 임명하고 있다.[18] 단 그때의 절도대사는 직접 현지에 부임한 것이 아니라 멀리서 관할하는 이른바 '요령遙領'한 것이며, 이운의 경우도 마찬가지였다.[19] 그렇지만 평로절도대사라는 직함이 존재한다는 것은 당시

---

15 『자치통감』 권213, 개원 20년 3월 조, 6797쪽; 『구당서』 권8, 현종본기상, 개원 20년 3월 조, 197쪽.
16 『자치통감』 권214, 개원 24년 3월 조, 6814쪽.
17 『자치통감』 권214, 개원 24년 4월 조, 6817쪽.
18 『구당서』 권8, 현종본기상, 개원 15년 5월 조, 190~191쪽; 『唐會要』 권78, 親王遙領節度使, 개원 15년 5월 조, 上海古籍出版社, 1991, 1697쪽.
19 『구당서』 권107, 玄宗諸子, 潁王, 3263쪽.

평로절도사가 설치되어 있었다는 것을 의미한다고 하겠다. ② 같은 책 권9, 현종본기하, 개원 29년 7월 조에는 북주자사北州刺史 왕곡사王斛斯를 유주절도사에 임명하고, 유주절도부사 안녹산을 영주자사와 평로군절도부사平盧軍節度副使 및 압양번발해흑수사부경략사押兩蕃渤海黑水四府經略使에 임명하였다고 한다.[20] 이때의 평로군절도부사 역시 절도사가 있다는 것을 전제로 하는 직명이다. ③『당회요』권78, 평로절도사 조에는 "개원 7년 윤7월 장경충張敬忠을 평로절도사에 제수하였으며, 이후 절도라는 칭호를 가지게 되었다. 개원 8년 4월 허흠염許欽琰을 평로절도사에 제수하고 또 관내 제군諸軍·제번諸蕃 및 지탁·영전등사支度營田等使를 겸하게 하였다. 개원 28년 2월에는 왕곡사를 평로절도사에 제수하고 다시 압양번발해흑수등사부경략처치사押兩蕃渤海黑水等四府經略處置使를 겸하게 하였다"[21]고 하여 보다 구체적으로 절도사에 임명된 사람들의 이름까지 열거하고 있다.

그럼에도 불구하고 천보 원년 이전 평로절도사가 절도사 차원의 독자적 지휘권을 가지고 활동하는 것을 전하는 기사는 보이지 않는다. 반면 천보 원년에 평로절도사가 설치되었다고 하는 기사는『자치통감』이외에도 더 전한다. 즉 ①『안녹산사적安祿山事迹』권상卷上에 "천보 원년 정월 6일에 평로를 나누어 절도節度로 하였다",[22] ②『구당서』안녹산전에 "천보 원년에 평로를 절도로 하고 안녹산을 섭중승攝中丞과 절도사로 삼았다",[23] ③『신당서』안녹산전에도 "천보

---

20 『구당서』권9, 현종본기하, 개원 29년 7월 조, 213~214쪽.
21 『당회요』권78, 諸使中, 平盧節度使 조, 1692쪽.
22 『安祿山事迹』卷上, 上海古籍出版社, 1983, 3쪽.
23 『구당서』권200상, 안녹산전, 5368쪽.

원년에 평로를 절도로 하고 안녹산을 사使로 삼았다"[24]고 하는 것이다. 이들 사료는 『자치통감』이 '천보원년설'을 주장하는 근거가 되었을 것이다.

그리고 개원 27년에 완성된 『당육전唐六典』 권5, 병부랑중兵部郎中 조를 보면 당시 중국에는 8절도사가 설치되어 있었는데, 그중 유주절도사는 경략經略·평로平盧·정새靜塞·위무威武·청이淸夷·횡해橫海·고양高陽·당흥唐興·항양恒陽·북평北平 10군軍과 안동진수安東鎭守·유관수착渝關守捉·북평수착北平守捉 3사使를 통할하고 있었다.[25] 이 역시 평로절도사가 천보 원년에 분리·독립하였음을 뒷받침하는 기록이다. 이에 본고에서는 『구당서』 현종본기 등에 보이는 개원 7년에서 개원 말까지의 평로절도사 관련 기사는 명칭은 있었지만 일반적 의미의 절도사와는 다른 것으로 보고,[26] 『구당서』와 『안녹산사적』 및 『자치통감』에 따라 평로절도사의 설치 연대를 천보 원년 정월로 설정하겠다.

천보 원년 정월 평로절도사가 설치되면서 절도사는 모두 10개가 되었다. 그중 평로절도사는 실위室韋·말갈靺鞨을 진무하는 임무를 지녔으며, 그 산하의 주력군은 평로·노룡盧龍 2군軍이었는데, 평로군은 영주성營州城에서 16,000명의 군사를 거느렸고, 노룡군은 평주성平州城에서 10,000명을 거느렸다. 또한 평로절도사는 유관수착과

---

24 『신당서』 권225상, 안녹산전, 6412쪽.
25 『당육전』 권5, 兵部郎中 조, 中華書局, 1992, 157~8쪽; 『신당서』 권50, 兵志, 1328쪽.
26 최초의 절도사는 睿宗 景雲 2년(711)에 설치된 河西節度使이다. 그러나 그 전에도 '절도사' 내지는 '절도'라는 명칭은 있었다. 『신당서』 권50, 兵志, "自高宗永徽以後, 都督帶使持節者, 始謂之節度使, 然猶未以名官. 景雲二年, 以賀拔延嗣爲涼州都督·河西節度使. 自此而後, 接呼開元, 朔方·隴右·河東·河西諸鎭, 皆置節度使"(1329쪽). 자세하게는 岩佐精一郎, 「節度使의 起源」, 『岩佐精一郎遺稿』, 三秀舍, 1936 참조.

안동도호부를 관하에 두었는데, 유관수착은 영주성 서쪽 480리 밖에 있으면서 3,000명, 안동도호부는 영주 동쪽 200리 밖에서 8,500명을 거느렸다. 즉 당시 평로절도사는 모두 37,500명의 군대를 거느리고 있었는데, 이 규모는 다른 절도사에 비해 결코 적은 숫자가 아니었다. 천보 연간에 안서절도사安西節度使(서역西域 담당)는 24,000명, 북정절도사北庭節度使(돌기시突騎施, 견곤堅昆 상대)는 20,000명, 하서절도사河西節度使(토번吐蕃, 돌궐突厥 상대)는 73,000명, 삭방절도사朔方節度使(돌궐 상대)는 64,700명, 하동절도사河東節度使(돌궐 상대)는 55,000명, 범양절도사范陽節度使(해, 거란 상대) 91,400명, 농우절도사隴右節度使(토번 상대)는 75,000명, 검남절도사劍南節度使(토번, 만蠻·료獠 상대)는 30,900명, 영남오부경략사嶺南五府經略使(이夷·료獠 상대)는 5,400명의 군사들을 거느리고 있었다. 당시 당의 군대는 모두 약 60만이었는데, 평로 등의 절도사가 그중 49만을 거느렸으며, 평로절도사가 절도사군의 약 13%를 관할하였던 것이다. 그리고 10절도사들은 모두 8만여 필의 말을 보유하고 있었지만, 평로는 평로군이 4,200필, 노룡군이 500필, 유관수착이 100필, 안동부가 700필으로 모두 5,500여 필을 보유하였다.[27] 이것은 절도사가 보유한 말의 약 15%에 해당하는 것이다.

영주와 유주幽州 도독부 관하에는 당에 흡수된 거란·해·고구려 유민 등 이민족이 많이 살고 있었다.[28] 그러면서 그들은 대거 군대

---

27 『通典』 권172, 州郡2, 中華書局, 1988, 4479~4483쪽;『자치통감』 권215, 천보 원년 정월 조, 6847~6851쪽;『구당서』 권38, 지리지1, 1385~1389쪽.
28 劉統,『唐代羈縻府州硏究』, 西北大學出版社, 1998, 158~174쪽; 馮承鈞,「唐代華化蕃胡考」(何健民 編著,『隋唐時代西域人華化考』, 新文豊出版, 1979), 153~155쪽; 盧泰敦,「高句麗 遺民史 硏究 —遼西·唐內地 및 突厥方面의 集團을 중심으로」,『韓㳓劤博士停年紀念史學論叢』, 지식산업사, 1981, 96~101쪽 등 참조.

에 투신하였고,[29] 안녹산이 반란을 일으킬 때 중요한 역할을 하게 된다.[30] 그런데 한 가지 주목되는 사실은 영주와 유주, 특히 그중에서도 영주는 서역에서 온 소그드(Sogd)인의 주요 거주지의 하나였고,[31] 그것이 안녹산의 군사력을 형성하는 데 큰 역할을 하였다는 점이다. 소그드인이 영주에 거주하기 시작한 것은 개원 이전부터지만,[32] 개원 5년(717) 3월에는 영주도독부를 부활하면서 그들을 계획적으로 유치하기도 하였다.

> 송경례宋慶禮를 어사중승御史中丞 겸 검교영주도독檢校營州都督에 임명하여 둔전屯田 80여 곳을 개발하게 하였다. 유주 및 어양漁陽·치청淄靑 등의 호戶를 추발追拔하고, 또한 상호商胡를 초집招輯하여 점사店肆를 열게 하였다(『구당서』 권185 하, 송경례전, 4814쪽).

그런 중에 영주에서 안녹산이 등장하였던 것이며, 그 역시 소그드

---

29 『안녹산사적』 卷中, "[天寶]十四載五月, 祿山遣副將何千年奏表陳事, 請以蕃將三十二人以代漢將. 遣中使袁思藝宣付中書門下, 卽日進畫, 便寫告身付千年"(19쪽) 등.
30 『구당서』 권39, 지리지2, 營州 조의 말미, "自燕(州)以下十七州, 皆東北蕃降胡散處幽州·榮州界內, 以州名羈縻之, 無所役屬. 安祿山之亂, 一切驅之爲寇, 遂擾中原. 至德之後, 入據河朔, 其部落之名無存者"(1527쪽).
31 『구당서』 권75, 韋雲起傳, "會契丹入抄營州, 詔雲起, 護突厥兵往討契丹部落. 啓民可汗發騎二萬, 受其處分. 雲起分十二營, …… 契丹本事突厥, 情無猜忌. 雲起旣入其界, 使突厥詐云向高麗交易, 勿言營中有隋使, 敢漏泄事實者斬之. 契丹不爲備 ……"(2631~2632쪽)라고 하고, 『자치통감』 권180, 煬帝 大業 원년 8월 조, 5621~5622쪽에도 거의 같은 기사가 보인다. 즉 당시 營州(柳城)는 고구려와도 교역을 행하는 장소였는데, 이러한 조건 등이 소그드인을 영주에 집단 거주하게 한 요인이 되었을 것이다.
32 陳寅恪, 「統治階級之氏族及其升降」, 32쪽; 榮新江, 「安祿山的種族與宗敎信仰」, 『中古中國與外來文明』, 三聯書店, 2001, 231쪽.

인 출신으로 기록에는 '평로잡호平盧雜戶'³³인데 본래 성은 '강康'이었다고 한다.³⁴ 그는 처음에는 교역을 관리하는 '호시아랑互市牙郎'이 되었지만, 곧 군대에 투신하여 개원 24년(736) '평로장군平盧將軍'이 되고,³⁵ 개원 29년 8월 영주도독·평로군사와 압양번발해흑수사부경략사가 되었다가³⁶ 마침내 천보 원년 정월에 초대 평로절도사가 되었던 것이다. 사사명 역시 영주의 소그드인 출신으로 안녹산과 마찬가지로 처음에는 '호시아랑'이 되었다가 안녹산의 심복이 된 자이다.³⁷

그 뒤 안녹산은 승승장구하여 천보 3재(744) 3월 범양절도사를 겸하면서 범양으로 치소를 옮기고, 또 천보 10재 2월에는 하동절도사까지 겸하였다.³⁸ 그러면서 범양과 유성(영주)의 소그드 상인을 각지로 파견하고 또 각지의 소그드 상인들을 대대적으로 유치하여 상행위를 영위하였다.³⁹ 당시 북중국에는 소그드인이 곳곳에 집단적으로 거주하면서 상업에 뛰어난 재능을 발휘하고 있었다는 것은 널리 알려진 사실이다. 그리고 그들은 안녹산의 군대에 대거 투신하여 중요한 역할을 담당하게 된다. 즉 안녹산 장수들의 이름을 보면 대장大將 하사덕何思德, 평로기장平盧騎將 사정방史定方, 장將 안수충安守

---

33 『자치통감』 권214, '營州雜胡'(6816쪽). 한편 다른 사료에는 '營州雜種胡'(『안녹산사적』 卷上, 1쪽), '營州柳城雜種胡人'(『구당서』 권200상, 안녹산전, 5367쪽), '營州柳城胡'(『신당서』 권225상, 안녹산전, 6411쪽)로 적혀있다.
34 『신당서』 권225상, 안녹산전, 6411쪽.
35 『안녹산사적』 권상, 2쪽.
36 『자치통감』 권214, 개원 29년 7월 및 8월 조, 6844~5쪽; 『구당서』 권9, 현종본기하, 개원 29년 7월 조, 213~214쪽.
37 『구당서』 권200상, 사사명전, 5376쪽; 『신당서』 권225상, 사사명전, 6426쪽.
38 『안녹산사적』 권상, 3쪽과 11쪽. 단 그 후의 상황으로 볼 때 河東節度府에 대해서는 실질적 권한을 행사하지 못한 듯하다.
39 陳寅恪, 「統治階級之氏族及其升降」, 32~33쪽; 榮新江, 「北朝隋唐粟特人之遷徙及其聚落」, 『中古中國與外來文明』, 107쪽 등.

忠, 선봉장先鋒將 강아의굴달간康阿義屈達干 등 소그드 출신임을 나타내는 하·사·안·강 성을 가진 인물들이 많이 보이는데, 그중 상당수는 영주의 소그드인으로 판단된다.[40] 이렇게 소그드인 등 이민족이 많이 포함된 평로군은 안사의 난 중 각지에서 큰 용맹을 떨치게 되는데, 예를 들면 맹장 사사명이 이끈 군대가 그것이다.[41]

앞에서 인용한 『구당서』 송경례전을 다시 보면 개원 5년 3월에 영주도독부를 부활시키면서 유주·어양·치청 등지에서 민호를 이주시켰다고 한다. 뒤에 이정기 등의 평로군이 산동의 치주淄州·청주靑州로 이동하게 되지만, 치청의 민호를 영주로 이주시켰다는 것은 평로군이 치청으로 들어간 것에 대한 하나의 답을 제공하는 것으로 생각한다. 당시 유주와 어양은 반란군의 본거지가 되어 있었다.

2. 안사의 난과 평로군

안녹산이 범양에서 반란을 일으킨 것은 천보 14년(755) 11월 9일이다. 그리고 안녹산이 군대를 남하시키기 하루 전 범양절도부사 가순賈循으로 하여금 범양을 다스리고,[42] 평로절도부사 여지회呂知誨에게 평로를 다스리고, 별장別將 고수암高秀巖에게 하동을 다스리게 하니 그날 밤 각각 군대를 이끌고 해당 지역으로 출발하였다.[43]

안녹산의 거병 소식을 들은 현종은 11월 18일 때마침 입조한 안서

---

40 榮新江, 「安祿山的種族與宗敎信仰」, 232~233쪽; 向達, 「唐代長安與西域文明」, 『唐代長安與西域文明』, 三聯書店, 1957, 12~24쪽.
41 『구당서』 권200상, 사사명전, "思明將卒頗精銳, 皆平盧戰士"(5377쪽).
42 『안녹산사적』 권중에는 "節度使賈循爲留後"(24쪽)로 적혀있다.
43 『자치통감』 권217, 천보 14재 11월 조, 6935쪽; 『신당서』 권225상, 안녹산전, 6417쪽.

절도사 봉상청封常淸을 범양·평로절도사로 임명하여 동도東都 낙양을 지키게 하고, 이어 우림대장군羽林大將軍 왕승업王承業을 하동절도사에 임명하여 반란군을 막게 하였다.⁴⁴ 그러나 안녹산은 그해 12월 12일에 봉상청을 격파하고 낙양을 점령하였으며, 이듬해인 천보 15년(756) 정월 설날 아침[元旦]에는 낙양에서 연국燕國 황제를 칭하였다.

그러나 안녹산은 하동을 장악하지 못하였고 하북지방에서는 상산태수常山太守 안고경顔杲卿과 평원태수平原太守 안진경顔眞卿 등의 강력한 저항에 직면하게 되었다. 이에 더해 본거지의 하나인 평로에서도 이반의 움직임이 일어난 듯, 즉 같은 해(756) 4월 안녹산이 심복 한조양韓朝陽을 보내 여지회로 하여금 안동부대도호安東副大都護·보정군사保定軍使 마영찰馬靈詧⁴⁵을 유인하여 죽이게 하고, 여지회를 평로절도사로 임명하였다.⁴⁶ 그러자 평로유혁사平盧遊弈使 유객노劉客奴가 선봉사先鋒使 동진董秦과 안동도호장安東都護將 왕현지王玄志와 함께 여지회를 공격하여 죽이고,⁴⁷ 바다를 통해 사람을 보내 하북의 안진경에게 소식을 전하며 범양을 공취하여 죄를 씻기를 조정에

---

44 『자치통감』 권217, 천보 14재 11월 조, 9936쪽; 『구당서』 권9, 천보 14재 11월 조, 230쪽; 『책부원구』 권373, 將帥部, 劉客奴 조, 中華書局, 4442쪽; 『구당서』 권145, 유전량전, 3938쪽. 단 『책부원구』 권373과 『구당서』 권145, 유전량전에는 봉상청을 범양절도사에, 안녹산의 부하 여지회를 평로절도사에 임명한 것으로 적혀 있다. 만약 그렇다면 현종이 여지회를 회유하였지만, 여지회가 응하지 않은 것이 된다.

45 胡三省에 의하면 마영찰의 원래 이름은 夫蒙靈詧이며, 부몽은 西羌의 姓이라 한다 (『자치통감』 권217, 지덕 원재 4월 조, 6960쪽; 권215, 천보 3재 5월 조, 6860쪽의 호삼성 주). 그리고 高仙芝를 추천하고 또 安西節度使를 지낸 夫蒙靈詧과 이름이 같은데, 자세한 것은 알 수 없다.

46 『구당서』 권145, 유전량전, 3938쪽; 『자치통감』 권217, 지덕 원재 4월 조, 6960쪽.

47 『자치통감』 권217, 지덕 원재 4월 조, 6960~6961쪽. 『신당서』 권224하, 李忠臣傳에는 "平盧軍先鋒使劉正臣殺僞節度呂知晦, 攉(董)秦兵馬使"(6387쪽)고 한다.

청하였다. 그때 안진경은 판관判官 가재賈載를 파견하여 양식과 의복을 보내주고 또 10여 세의 아들을 유객노에게 인질로 보냈다.[48] 그런데 유객노 등이 여지회를 죽일 때 한 가지 주목되는 사실은 이정기와 밀접한 관련을 가진 후희일侯希逸이 함께 참여하였다는 사실이다. 즉 『신당서』 권144, 후희일전을 보면

> 안녹산이 반反하여 중사中使 한조양韓朝敭을 보내 명을 전하니 후희일이 그를 참살하고 두루 보였다(4703쪽).

라고 한다. 즉 후희일이 한조양을 참살하고 그 목을 사람들에게 보이며 선동하였다고 하는 것이다. 『신당서』 권144, 후희일전에 의하면 "후희일은 영주인營州人으로 키가 7척尺이다. 아래턱이 풍만하여 얼굴이 방형이고 머리 부분은 뾰족하고 좁았다. 천보 말부터 주州의 비장裨將이 되어 보정성保定城을 지켰다"[49]고 한다.

그러자 당조는 곧 ① 유객노를 유성군태수·섭어사대부·평로절도·지탁·영전·육운·압양번발해흑수사부경략·평로군사柳城郡太守·攝御史大夫·平盧節度·支度·營田·陸運·押兩蕃渤海黑水四府經略·平盧軍使에 임명하면서 정신正臣이란 이름을 하사하고, ② 왕현지를 안동부대도호·섭어사중승·보정군·영전사安東副大都護·攝御史中丞·保定軍·營田使, ③ 동진을 평로병마사平盧兵馬使에 임명하였다.[50] 이로써

---

48 『신당서』 권153, 안진경전, "會平盧將劉正臣以漁陽歸, 眞卿欲堅其意, 遣賈載越海遣재資十餘萬, 以子頗爲質. 頗甫十歲 ……"(4856쪽);『자치통감』 권217, 지덕 원재 4월 조, 6960~1쪽. 外山軍治,「顔眞卿 —剛直の生涯」, 創元社, 1964, 42쪽 참조.
49 『신당서』 권144, 후희일전, 4703쪽. 또한 『구당서』 권124, 후희일전에는 "平盧人也, 少習武藝"(3533쪽)라는 것도 보인다.
50 『구당서』 권145, 유전량전, 3938~3939쪽;『자치통감』 권217, 지덕 원재 4월 조, 6961

평로는 안녹산을 이반하고 오히려 당군의 일원이 되어 싸우게 되는 것이다. 그런데 당시 평로 군장들에 대한 관직 임명과 관련하여 주목되는 기록이 보인다. 즉 『신당서』 권153, 안진경전의 말미를 보면

> 이정기·전신공田神功·동진·후희일·왕현지 등은 모두 안진경이 처음으로 초기招起하였는데, 뒤에 모두 공을 세웠다 (4861쪽).

라고 하여 동진·왕현지와 더불어 이정기·전신공·후희일이 안진경을 통해 처음으로 조정으로부터 관직을 얻었음을 전하고 있다. 당시 선봉사(동진)와 안동도호장(왕현지) 등의 군직軍職은 절도사가 벽소辟召를 통해 임명할 수 있지만, 섭어사대부·섭어사중승 등의 관직(조관朝官)은 특별한 절차를 통해야만 얻을 수 있는 것이었다. 따라서 동진과 왕현지의 경우에는 안진경전의 기록을 그대로 믿어도 무리가 없으며,[51] 후희일의 경우에도 한조양을 참한 공이 있기 때문에 그때 조관을 얻었을 수 있고, 전신공도 『신당서』 권144, 전신공전에 "적賊이 평로병마사에 임명하였지만, 무리를 이끌고 조정에 귀부하였다"(4702쪽)고 하는 것으로 미루어 그때 처음으로 조정의 관직을 얻었을 수 있다. 그렇다면 이정기의 경우에도 그때 안진경을 통해 처음으로 조정의 관직을 얻었을 가능성이 높은데, 만약 그렇다면 앞서 유객노 등이 여지회를 살해하고 당조에 투항할 때도 이정기가 주

쪽. 『구당서』 권161, 劉悟傳에도 "劉悟, 正臣之孫也, 正臣本名客奴. 天寶末, 祿山反, 平盧節度使柳知晦受賊僞署, 客奴時職居牙門, 襲殺知晦, 馳章以聞, 授平盧軍節度使, 賜名正臣"(4230쪽)라고 보인다.
51 董秦도 平盧兵馬使에 임명되면서 분명 조정의 관직을 얻었을 것이다.

역의 하나로 함께 참여했던 것이 분명하다. 이것은 이정기가 역사의 무대에 처음으로 등장하는 장면으로 당시 나이는 24세였다.[52]

그 후 평로는 서쪽으로 반란의 본거지인 범양을 맹렬하게 공격하기 시작하여 장양長楊을 공격하고, 독산獨山에서 싸웠으며, 유관楡關과 북평北平[53]을 습격하여 적장 신자공申子貢과 노선흠勞先欽을 죽이고 주쇠周釗를 사로잡아 장안으로 압송하는 전과를 올린다.[54] 그리고 유정신 등은 황제를 위해 싸우는데, 즉 『신당서』권224하, 이충신전李忠臣傳을 보면 주쇠를 장안으로 압송하였다는 기사에 이어

> 이충신(즉 동진)은 유정신을 따라 부난赴難하여 이귀인李歸仁·이함李咸·백수지白秀芝 등을 패퇴시켰다(6387쪽).

라고 하여 유정신이 이충신 등을 거느리고 달려가 공을 세웠다고 한다. 단 동일한 사실에 대해 ㉠『구당서』권145, 이충신전에는 "또 이충신은 유정신을 따라 어양漁陽을 격파하였다. 적장 이귀인·이함·백수지 등이 와서 항전하였지만, 약 수십 합合을 싸워 모두 이겼다"(3940쪽)고 하고, 또 ㉡『책부원구』권358, 장수부將帥部, 입공立功11, 이충신 조에는 "또 유정신을 따라 한양漢陽을 격파하였다. 장將 이귀인·이감의李感義·백수지 등이 와서 항전하였지만"(4247쪽)이라 하여, 혹 범양 부근의 어양, 또는 한양에서 이귀인·이함 등을 패

---

52 『구당서』권124, 이정기전에 "49세에 죽었다"(3535쪽)고 하는데, 『자치통감』권227에는 그 연월을 德宗 建中 2년 8월로 기록하고 있다.
53 北平은 營州 서남방에 있는 平州(北平郡)로 여겨진다. 또 楡關은 평주의 동남 180리에 있는 臨楡關이 아닐까 하는 생각이 든다. 『통전』권178, 州郡8, 北平郡 조, 4715쪽 참조.
54 『구당서』권145, 이충신전, 3940쪽; 『신당서』권224하, 이충신전, 6387쪽; 『책부원구』권358, 將帥部, 立功11, 4247쪽.

퇴시킨 것으로 적혀 있다.[55] 따라서 『신당서』 이충신전에 보이는 '부난'은 일반적으로 황제를 구하기 위해 달려갔다는 의미로 쓰이지만, 여기서는 직접 황제에게 달려갔다기보다는 군대를 이끌고 반란군을 공격하였다는 것으로 이해된다.[56] 당시는 가서한哥舒翰이 전 해(755) 12월부터 동관潼關에서 약 20만을 거느리고 반란군의 서진西進을 막고 있었다.

그러나 같은 해(756) 6월 8일 동관이 반란군에게 함락되면서 갑자기 전세가 역전되자[57] 현종은 장안을 버리고 촉蜀으로 달아나고, 유정신 등은 군대를 거두어 평로로 돌아갔다.[58] 그때 해왕奚王 아독고阿篤孤가 무리를 이끌고 평로로 와서 1만의 기병을 내겠으니 함께 범양을 점령하자고 거짓 제의를 하였다. 그리하여 유정신 등이 범양을 공격하기 위해 '후성後城'에 이르렀는데, 밤중에 아독고가 갑자기 평로군을 공격해 왔다. 이에 동진 등이 대적하였고 마침내 온천산溫泉山에 이르러서 격파하였다.[59] 그러나 유정신은 범양을 구하기 위해 달려온 사사명에게 대패를 당하자 다급한 나머지 처자까지 버리고 도망가고, 죽은 병사가 7천여 명이나 되었다. 중국 문헌에 의하

---

55 『구당서』 권145, 이충신전에는 乾元 2년 11월 조에도 "魚朝恩亦在陝, 俾忠臣與賊將 李歸仁·李感義等戰於永寧·莎柵, 前後數十陳, 皆催破之"라는 기사가 보이고, 또 『책부원구』 권358, 將帥部, 李忠臣, 乾元 2년 3월 조에도 거의 같은 기사가 보인다. 따라서 기사가 錯綜되었을 가능성이 있지만, 분명하지 않다.
56 『구당서』・『신당서』와 『책부원구』를 종합하여 劉正臣이 현종에게 달려갔지만 도중에 막힌 것으로도 이해할 수 있을 것이다. 한편 『책부원구』의 기사는 『구당서』를 거의 그대로 채록한 것이 분명하다.
57 한편 『자치통감』 권218, 지덕 원재 6월 조에는 "潼關旣敗, 於是河東·華陰·馮翊·上洛防禦使皆棄郡走, 所在守兵皆散"(6969~6970쪽)라고 한다.
58 『구당서』 권145, 이충신전, 3940쪽; 『신당서』 권224하, 이충신전, 6387쪽.
59 『구당서』 권145, 이충신전, 3940쪽. 아울러 그때 평로군은 奚族을 격파하면서 "擒大首領阿布離, 斬以祭纛釁鼓"하였다고 한다.

면 유정신은 겨우 살아남아 평로로 돌아갔지만, 안동도호 왕현지에게 독살되었다.[60] 반면, 『속일본기續日本記』 권21, 쥰닌천황淳仁天皇 덴표호지天平寶字 2년(758) 12월 무신일 조에 의하면 지덕 원재(756) 유정신이 평로유후사平盧留後事로 임명한 서귀도徐歸道가 배반하여 유정신을 죽이고 안녹산과 통모하였다고 하는데,[61] 이쪽이 타당한 것으로 생각된다.

같은 해 7월 16일 현종이 내린 제서制書를 보면, 영무靈武로 간 태자 이형李亨을 천하병마원수天下兵馬元帥 및 도통삭방·하동·하북·평로등절도채방등사都統朔方·河東·河北·平盧等節度採訪等使에 임명하여 남으로 장안과 낙양을 탈환하게 하는 것이 보인다.[62] 즉 당시 평로는 사사명에게 당한 패배의 충격으로 내부 진통을 겪고 있었지만, 현종은 여전히 평로를 당조의 주요 군사력의 하나로 인정하였던 것이다. 그러나 평로는 그 후 한동안 별다른 활동을 보이지 않는다.

지덕 2재(757) 정월 초 안녹산은 서귀도를 평로절도사에 임명하였다.[63] 그러나 왕현지는 평로비장平盧裨將[64] 후희일과 함께 서귀도를 습격하여 죽이고 번진을 장악하였다.[65] 그리고 왕현지는 같은 달(정

---

60 『자치통감』 권218, 지덕 원재 6월 조, 6980쪽; 『구당서』 권145, 劉全諒傳, "正臣仍領兵平盧來襲范陽, 未至, 爲逆賊將史思明等大敗之, 正臣奔歸, 爲王玄志所酖而卒"(3939쪽); 『신당서』 권214, 劉悟傳, "其祖正臣, 平盧軍節度使, 襲范陽不克, 死. 叔父[劉]全諒, 節度宣武, 器其敢毅, 署牙將"(6012쪽); 『구당서』 권200上, 사사명전, "屬潼關失守, …… 光弼入土門, 思明隨後邀擊之, 已而回軍幷行擊劉正臣, 正臣易之, 初不設備, 遂棄軍保北平, 正臣妻子及軍資二千乘盡沒"(5377쪽).
61 이 책의 [부록 논문 1], 443~444쪽 참조.
62 『당대조령집』 권36, 「令三王制」, 155쪽; 『文苑英華』 권462, 「玄宗幸普安郡制」, 中華書局, 1966, 2352쪽; 『책부원구』 권122, 帝王部, 征討2, 천보 15재 7월 조, 1458쪽.
63 서귀도는 발해를 안사의 난에 끌어들이려 하였지만, 뜻을 이루지 못했다. 즉 박시형, 『발해사』, 80~81쪽; 酒寄雅志, 『渤海と古代の日本』, 校倉書房, 2001, 113쪽 참조.
64 『구당서』 권124, 후희일전, 3533쪽.
65 『자치통감』 권219, 지덕 2재 정월 조, 7017쪽; 『신당서』 권214, 劉悟傳, "其祖正臣,

월)에 병마사 동진에게 명하여 병사 3천을 거느리고 '산동山東'⁶⁶으로 들어가서 반란군과 싸우게 하였다. 이에 동진은 이희열李希烈 등을 데리고⁶⁷ 범양군 속현인 옹노雍奴⁶⁸(지금의 天津 부근)로 가서 그곳에서 뗏목으로 바다를 건너 산동으로 들어간 다음, 적장 석제정石帝廷과 오승흡烏承洽을 격퇴하고 며칠 만에 경성군景城郡(즉 창주滄州)의 노성현魯城縣과 하간군河間郡(영주瀛州)의 하간현河間縣 및 경주景州의 경성현景城縣을 점령하여 양식과 물자를 확보하였다. 그리고 동진이 대장大將 전신공 등과 함께 평원군平原郡(덕주德州)과 낙안군樂安郡(체주棣州)을 점령하자, 전 해에 영무에서 즉위한 숙종이 방하초토사防河招討使 이선李銑을 통해 동진을 덕주자사에 임명하였다.⁶⁹ 동진이 이끈 3천의 평로군은 매우 짧은 기간에 여러 지역을 점령한 것으로 보아 매우 정예로웠다고 여겨진다.⁷⁰ 한편 『구당서』 권185하, 이혜등전李惠登傳을 보면 "평로인으로 젊어서 평로비장이 되었다. 안

平盧節度使, 襲范陽不克, 死"(6012쪽); 『구당서』 권145, 유전량전, 3939쪽; 『구당서』 권145, 이충신전, "正臣卒, 乂與衆議以安東都護王玄志爲節度使. 至德二載正月, 玄志令忠臣以步卒三千 ……"(3940쪽). 단 후술하겠지만, 왕현지가 정식 절도사가 되는 것은 그 뒤의 일이다.

66 이때의 山東은 오늘날 행정구역인 山東省과는 다르다. 호삼성은 "河南·河北通謂之山東, 函關以西爲山西"라고 정의하고 있다(『자치통감』 권217, 천보 14재 12월 조, 6945쪽).

67 『구당서』 권145, 이희열전, "遼西人, 父大定. 希烈少從平盧軍, 後隨李忠臣過海至河南"(3943쪽); 『신당서』 권225중, 역신전, 이희열전, "燕州遼西人. 少籍平盧軍, 從李忠臣浮海戰河北有勞"(6437쪽).

68 『구당서』 권39, 지리지2, 幽州 조, 1515쪽 및 1516쪽; 『통전』 권178, 州郡8, 漁陽郡 조, 4713쪽.

69 『신당서』 권224하, 이충신전, 6387~6388쪽; 『자치통감』 권219, 지덕 2재 정월 조, 7017쪽; 『책부원구』 권358, 將帥部, 立功11, 이충신 조, "玄志令忠臣以步卒三千自雍奴爲葦筏過海. 賊將石遲·烏洽來拒. 忠臣與董竭忠追之, 轉戰累日, 收魯城·河間·景城等, 大獲資粮以赴本軍"(4247쪽).

70 앞에서 언급한 『구당서』 권200상, 사사명전, "思明將卒頗精銳, 皆平盧戰士"(5377쪽) 도 참고가 된다.

녹산이 반란을 일으키자 마침내 병마사 동진을 따라 바다를 건너가서 창주·체주 등을 점령하였다. 이혜등이 경사輕師를 이끌고 멀리까지 나가 싸웠는데, 적이 능히 당해내지 못했다"(4828쪽)고 한다.[71]

평로군의 이동과 관련하여 『구당서』 권144, 양혜원전陽惠元傳을 보면, "평주인平州人이다. 재력材力으로 종군從軍하여 평로절도 유정신에게 예속되었다. 뒤에 전신공·이충신(즉 동진) 등과 서로 이어서 [相繼] 바다를 건너 청주靑州·제주齊州 사이에 이르렀다. 충용忠勇하고 권략權略이 많아 명장으로 칭해졌다"(3914쪽)고 한다. 여기서 '상계相繼'라는 표현은 평로군이 한 번에 산동으로 이동한 것이 아니고 적어도 2차에 걸쳐 이동하였음을 알게 한다. 앞에서 "대장 전신공 등과 함께 동진이 평원군(덕주)과 낙안군(체주)을 점령하였다"고 언급하였지만, 전신공이 독자적 지휘권을 가진 대장이라는 칭호를 가진 것으로 볼 때 전신공은 동진에 이어 산동으로 들어가 동진과 합류하였을 가능성이 크다.

한편 안녹산 진영에서는 지덕 2재(757) 정월 5일 내분이 일어나 안경서安慶緒가 부친 안녹산을 죽이고 황제를 칭하자,[72] 그 틈을 이용하여 숙종은 반격 태세를 가다듬고 있었다. 왕현지가 동진을 산동으로 보낸 것은 바로 그 무렵이다. 따라서 평로군의 산동 이동은 당조와의 긴밀한 연계 속에 이루어졌을 가능성이 있지만, 이동 일자가 명확하지 않기 때문에 단정하기는 어렵다. 어쨌든 당조는 마침내 지덕 2재 9월에 장안을, 10월에는 낙양을 수복하였다. 이에 당조는 승리를 확신하여 논공행상 및 반란을 수습하기 위한 조치들을 취하였고,[73] 12월에

---

71 『신당서』 권197, 李惠登傳, 5627쪽에도 거의 같은 기사가 있다.
72 『안녹산사적』 卷下, 38~39쪽.
73 鄭炳俊, 「唐代の觀察處置使について －藩鎭體制の一考察」, 『史林』 77-5, 1994,

는 하북을 실질적으로 지배하던 사사명이 당조에 투항하였다. 이제 남은 것은 업군鄴郡(상주相州)으로 도망가 저항하는 안경서 뿐이었다.

그동안 지덕 원년(756) 6월 유정신이 왕현지에게 독살된 후 평로절도사 자리는 비어 있었는데, 사사명이 당조에 투항한 얼마 후인 건원 원년(758) 2월 숙종이 왕현지를 평로절도사 및 영주자사에 임명하였다.[74] 당조가 약 1년 8개월 동안 평로절도사를 임명하지 않은 것은 숙종이 새로 즉위하고 또 두 수도를 수복하는 데 정신이 없었기 때문일 수 있지만, 왕현지가 유정신을 독살한 때문일 수도 있다. 그러나 당조는 결국 왕현지의 공적에 무게를 두어 그를 절도사에 임명한 것으로 여겨지는데, 그것은 후일 평로에서 군인들이 하극상을 일으켜 군대의 수장[軍帥]를 옹립하는 풍조의 단서가 되었을 것이다.

같은 해(758) 6월 사사명이 다시 반란을 일으켜 전쟁이 격화되었다. 그러자 숙종은 9월 조서를 내려 삭방절도사 곽자의郭子儀 등 7절도사와 평로병마사 동진에게 보기步騎 20만을 이끌고 황하를 건너 안경서를 토벌하게 하였다.[75] 조서에서 평로병마사 동진이 뭇 절도사와 나란히 열거되어 있는 것이 주목되는데, 당시 동진은 평로병마사로서 평원태수가 되어 있었다.

그러던 중 같은 해(758) 12월에 평로절도사 왕현지가 병으로 죽자 조정에서 칙사勅使[76]를 보내 장졸들을 위문하고 후임 절도사를 임명하려고 하였다. 그러한 칙사의 파견은 지금까지의 상황으로 볼 때

49~50쪽 참조.
74 『자치통감』 권220, 건원 원년 2월 조, 7052쪽.
75 『책부원구』 권122, 征討2, 건원 원년 9월 조, 1459쪽; 『자치통감』 권220, 건원 원년 9월 조, 7061쪽; 『구당서』 권120, 곽자의전, 3453쪽.
76 唐代에는 中使(환관)를 勅使라고 하였다(『자치통감』 권223, 永泰 원년 9월 조, 7178쪽의 호삼성 주).

매우 파격적인 것이다. 그런데 칙사의 파견은 예기하지 않은 결과를 초래한다. 즉

> 고려인高麗人 이회옥李懷玉이 비장裨將으로 있었는데, 왕현지의 아들을 죽이고 후희일을 추대하여 평로군사平盧軍使로 삼았다. 후희일의 어머니는 이회옥의 고모이다. 고로 이회옥이 그를 세운 것이다. 조정은 그에 따라 후희일을 절도부사로 삼았다. 절도사가 군사軍士에 의해 폐립되는 것은 이로부터 시작되었다(『자치통감』 권220, 7064쪽).

라고 보이듯이 평로의 비장 이회옥(훗날 이정기로 개명)이 왕현지의 아들을 죽이고 후희일을 추대하는 사건이 일어났으며, 당조는 할 수 없이 후희일을 절도부사에 임명한 것이다. 같은 사건에 대해 『구당서』 권124, 이정기전은 "이회옥이 왕현지의 아들을 절도사로 삼을 것을 두려워하여 마침내 그를 죽이고, 군인들과 함께 후희일을 군수로 추대하였다"(3534쪽)고 하고, 같은 책 권124, 후희일전에서는 "왕현지가 병사하자 군인들이 함께 후희일을 추대하여 평로군사로 삼으니 조정에서 절도사로 제수하였다"(3534쪽)라고 한다. 『구당서』와 『신당서』 후희일전[77]에는 그때 조정이 후희일을 절도사에 임명하였다고 하여, 『자치통감』과는 차이가 있다. 그러나 절도부사나 절도사나 모두 후희일을 공식적으로 군수로 인정한 점에서는 같다. 후희일은 앞서 안녹산이 장안을 점령한 후 서귀도를 평로절도사에 임명하였을 때 왕현지와 함께 서귀도를 죽인 인물이지만, 이회옥이 후희일

---

[77] 『신당서』 권144, 후희일전, 4703쪽.

을 옹립한 것은 인용문에 보이듯이 무엇보다도 그의 어머니가 자신의 고모였기 때문이었다.

여기서 이정기가 다시 모습을 드러내었는데, 『구당서』 권124, 이정기전 등에 의하면 그는 고려인으로 평로(즉 영주)에서 태어났다(3534쪽)고 한다. '고려인'이라는 것은 사서史書의 개별 용례에는 주로 주위에서 지칭한 것으로 되어 있지만, 스스로 칭한 것일 수도 있다. 왜냐하면 당시 이민족들은 당에서 군인으로 크게 환영을 받았으며, 실제 그것을 이용하여 성공한 사람이 많았기 때문이다. 당 전기의 상황은 제쳐두고 안사의 난만 하더라도 어떤 면에서는 이민족과 이민족의 싸움이라고 할 정도로 이민족 군인들의 활약이 대단하였으며,[78] 이러한 상황은 반란이 종식된 이후에도 기본적으로는 바뀌지 않는다.

그렇다면 왜 이정기 등은 왕현지의 아들을 죽이고 후희일을 옹립하였을까. 기록은 없지만, 그 이유는 무엇보다도 당조가 조정의 입장에 맞추어 평로를 인위적으로 개편하려 한 때문이 아닐까라고 생각된다. 즉 평로는 안녹산을 이반한 이래 외부 원리보다는 자율적 원리에 의해 유지되어 왔는데, 당조가 조정의 입장에서 일거에 평로를 통제하려 한 때문이라는 것이다.[79] 천인커陳寅恪의 지적처럼 평로군에는 이민족이 많았고 그에 따라 이민족의 기풍이 강하게 존재하였다. 그리고 그 기풍에 따라 같은 이민족인 안녹산의 통제를 거부하였고 마찬가지로 당조의 통제를 거부한 것으로 보이는데, 이 점은 이후 이정기의 행보를 살펴볼 때도 유의해야 할 것이다.[80]

---

78 章羣, 「安祿山之叛」, 261~271쪽 참조.
79 당시 조정은 모든 절도사에 監軍을 보내 감시와 통제를 하고 있었는데, 평로에 칙사를 보내면서 감군도 파견하였을 것으로 생각된다.
80 陳寅恪, 「統治階級之氏族及其升降」, 37쪽.

이정기가 후희일을 옹립할 때 주도적인 역할을 한 것은 그가 당시 이미 군인들을 움직일 수 있는 지위에 있었다는 것을 암시한다. 전술하였듯이 당시 이정기는 비장으로 있었는데, 비장이란 정식 직명은 아니다. 용례를 보면, 실제 전투에 참가하는 사례가 가장 많이 보이지만,[81] 절도사 측근에서 자문과 간언을 하는 사례,[82] 사신으로 다른 절도사에게 파견되는 사례[83]가 보이고, 또 군인들에게 추대되어 절도사에 오르거나[84] 자사가 되는 사례[85]가 보이며, 심지어 토번의 군대를 격파하고 2명의 비장을 포로로 잡았다는 사례[86]도 보인다. 이러한 것으로 볼 때 비장은 절도사 등을 보좌하는 군장의 통칭으로 폭넓게 사용된 명칭이었음을 알 수 있다. 단 당시 지휘권을 가진 최고위 군장을 종종 대장이라 부르고 또 대장과 비장을 명확하게 구별하는 사례[87]가 보이는 만큼 최고위 군장을 비장으로 칭하지는 않은 듯하다. 한편 『신당서』 후희일전에는 이정기가 부장副將이었다고 하는데,[88] 부장도 비장과 거의 같은 명칭으로 보인다. 당시 이정기의 직책은 적어도 절도사를 보좌하는 비교적 높은 지위의 군장이었던 것은 분명하다. 그리고 이정기가 군사들을 움직여 후희일을 추대한

---

81 『구당서』 권129, 韓滉傳, 3600쪽; 『구당서』 권128, 안진경전, 3591쪽; 『자치통감』 권212, 현종 개원 8년 11월 조, 6743쪽; 같은 책 권219, 지덕 2재 정월 조, 7016쪽 등 다수.
82 『자치통감』 권220, 지덕 2재 12월 조, 7047쪽.
83 『구당서』 권132, 李抱眞傳, 3648쪽.
84 『자치통감』 권222, 建卯月 조, 7120쪽.
85 『자치통감』 권225, 대종 大曆 10년 정월 조, 7228쪽.
86 『자치통감』 권207, 則天后 久視 원년 7월 조, 6549쪽.
87 『구당서』 권131, 李皐傳, 3639쪽; 『자치통감』 권221, 숙종 건원 2년 10월 조, 7083~7084쪽 등.
88 『신당서』 권144, 후희일전, 4703쪽. 또 『신당서』 권213, 이정기전, 5989쪽에는 시기를 명기하지 않은 채 '營州副將'을 지냈다고 하는데, 이때의 영주는 平盧軍 내지는 平盧節度使府로 볼 수 있다.

만큼 후희일이 절도사가 된 뒤에는 더욱 중요한 지위에 올랐을 것은 쉽게 짐작된다. 다음 절에서 후희일의 행적을 추적하겠지만, 거기에는 항상 이정기의 그림자가 있다는 것을 염두에 두어야 할 것이다.

『자치통감』을 편찬한 사마광은 이정기가 후희일을 군수로 추대하자 당조가 그대로 그를 절도부사에 임명하였다고 한 다음, "절도사가 군사에 의해 폐립되는 것은 이로부터 시작되었다"고 하며 『자치통감』에서는 드물게 보이는 장문의 논찬論贊을 달고 있다. 그 일부를 발췌하면 다음과 같다.

> 대저 사람은 나면서부터 욕심이 있어 인주人主가 없으면 난리가 난다. 고로 성인이 예禮를 제정하여 다스렸다. …… 장수를 임명하여 번유藩維를 통치하는 것은 나라의 큰일인데, 일개 칙사를 보내 군인들의 뜻에 따라 현賢·불초不肖를 불문하고 다만 그들이 세우고자 하는 자를 군수에 임명하였다. 이후 그것은 관행이 되어 군신이 준수하여 상책으로 삼아 '잠시 안식하는 것[姑息]'이라고 하였다. …… 그리하여 작록爵祿·폐치廢置·살생殺生·여탈予奪[89]이 모두 위에서 나오지 않고 아래에서 나오게 되어 난이 생겨서 어찌 완전하게 보전할 수 있겠는가? …… 이회옥은 아래에 있으면서 상사를 죽였으니, 이보다 더 큰 악행이 있겠는가. 그럼에도 불구하고 깃발과 도끼를 내려[使之擁旄秉鉞] 일방의 절도사로 임명하였으니, 이것은 상

---

[89] 호삼성은 이를 『周禮』에 보이는 8柄이라 한다. 『주례』 권2, 天官, 大宰, "以八柄詔王馭君臣, 一曰爵, 以馭其貴, 二曰祿, 以馭其富, 三曰予, 以馭其幸, 四曰置, 以馭其行, 五曰生, 以馭其福, 六曰奪, 以馭其貧, 七王廢, 以馭其罪, 八王誅, 以馭其過"(中華書局, 1987, 71쪽).

을 준 것이다. 상을 내려 악을 권장하였으니 악이 어찌 생겨나지 않겠는가. …… 이로 인해 아랫사람이 윗사람을 줄곧 노리다가 기회가 오면 공격하여 족멸族滅하고, 윗사람은 항상 아랫사람을 무서워하다가 기회가 오면 도살하였다. 다투어 선수를 쳐 그 뜻을 이루려 하고, 서로 보전하여 함께 살아갈 계책이 없었다. …… 그 화의 연원을 살펴보면 후희일을 절도사에 임명한 것에서 비롯되었다. …… 이후 화란이 계속 일어나 전쟁이 끊이지 않고 민은 도탄에 빠져도 호소할 곳이 없는 상황이 무릇 200여 년이나 지속되다가 대송大宋이 천명을 받았다 (『자치통감』 권220, 건원 원년 12월 조, 7064~7066쪽).

당 후기와 오대 약 200년 동안 전쟁이 끊이지 않아 백성들이 도탄에 빠졌는데, 그 원인은 번진의 군인들이 일으킨 하극상에 있으며, 또 그 하극상의 시원은 이정기가 후희일을 옹립하였을 때 징벌하지 않고 그대로 절도사에 임명한 데 있다는 것이다. 이 논찬의 궁극적 목적은 송대의 명분론을 바탕으로 군주의 판단이 중요하다는 것을 강조하는 것이지만, 200년 간 지속된 번진시대의 특징을 군인의 하극상과 그에 따른 화란으로 단정하고 또 그 근원을 후희일의 절도사 임명으로 보는 점은 후세의 번진에 대한 인식과 관련하여 주목되는 내용이다.[90] 요컨대 사마광에 의하면 후희일의 절도사 임명은 하극상과 화란 및 백성의 도탄으로 특징지어지는 번진시대를 규정한 일대 사건이었던 것이다.[91] 원대元代의 호삼성도 "아랫사람이 윗사

---

[90] 後世의 번진에 대한 다양한 인식에 대해서는 정병준, 「≪日知錄≫ '藩鎭' 記事를 통해 본 唐末五代의 藩鎭像」, 『중국학보』 44, 2001 참조.
[91] 단 근래에는 당 후기의 절도사 廢立은 보편적인 것이 아니었다는 연구가 나오고 있다.

람을 줄곧 노리다가 기회가 오면 공격하여 족멸하고, 윗사람은 항상 아랫사람을 무서워하다가 기회가 오면 도살하였다"는 논찬에 주를 달아 당 말의 번진과 장졸의 정상情狀을 잘 설명한 것이라고 하고, 또 "그 화의 연원을 살펴보면 후희일을 절도사에 임명한 것에서 비롯되었다"는 것에 주를 달아 그것에 찬동하고 있으며, 청 초의 왕부지王夫之도 거의 같은 견해를 제시하고 있다.[92] 그러한 역사적 사건을 만든 장본인이 바로 이정기였으며, 그만큼 이정기는 역사성을 띤 인물이라 하겠다.

3. 평로절도사 후희일侯希逸의 남하

숙종 건원 원년(759) 6월 다시 반란을 일으킨 사사명은 건원 2년 정월 위주魏州에서 연왕燕王을 칭하고, 3월에는 안경서를 자신의 군영으로 불러들여 죽이고 세력을 강화하였다. 그러나 다음 해인 상원 2년(761) 3월 아들 사조의史朝義가 사사명을 죽이고 낙양에서 황제로 즉위하였고, 이어 범양을 접수한 다음 유성(영주) 출신 이회선李懷仙을 범양윤·연경유수范陽尹·燕京留守에 임명하였다.[93]

후희일은 건원 원년 12월 평로절도사가 된 이후 계속하여 범양의 향윤객向潤客과 이회선 등의 공격을 받았지만, 그때마다 군사들을 격려하여 잘 막아냈다.[94] 그러나 후희일은 당의 구원이 없어 고립무

즉 張國剛, 「唐代藩鎭的動亂特點」, 『唐代藩鎭硏究』, 湖南敎育出版社, 1987 등 참조.
92 王夫之, 『讀通鑑論』 권23, 「節度使死遣中使察軍中所欲立」, 嶽麓書社, 1988, 872~873쪽.
93 『자치통감』 권222, 상원 2년 3월 조, 7108쪽.
94 『자치통감』 권222, 상원 2년 5월 조에는 "戊戌, 平盧節度使侯希逸擊史朝義范陽兵,

원에 빠져 있었고 여기에 북쪽에서 해奚가 침략해 오자 숙종 상원 2년(761) 12월 어쩔 수 없이 이정기 등과 함께 휘하 군사 2만여 명을 이끌고 산동으로 이동하였다. 즉 범양의 이회선을 습격하여 방어선을 돌파한 후[95] 처절한 싸움을 계속하며 남하하다가 바다를 건너 산동의 청주로 들어가게 되는 것이다.[96]

그런데 지덕 2재(757) 정월에 평로절도사 왕현지의 명을 받아 먼저 산동으로 들어가 덕주와 체주 등을 점령한 동진과 전신공 등은 그 후 어떻게 되었는가. 먼저 동진에 대해 살펴보면 지덕 2재 정월 숙종이 그를 덕주자사로 임명한 것과, 또 건원 원년(758) 6월 사사명이 다시 반란을 일으키자 그해 9월 동진이 평로병마사라는 이름으로 7절도사와 나란히 업군의 안경서를 공격하였다는 것 등은 전술하였다. 그 뒤 동진은 어느 시점에 복주자사濮州刺史가 되었지만, 건원 2년(759) 9월 양포梁浦·유종간劉從諫·전신공 등을 거느리고 변주汴州에서 사사명을 막다가 상황이 궁해지자 변활절도사汴滑節度使 허숙기許叔冀와 함께 모두 사사명에게 항복하였다. 그러자 사사명은 동진을 후대하며 그 처자를 인질로 삼은 다음 양포·유종간·전신공 등으로 하여금 강회江淮 지방을 공략하게 하였고,[97] 곧 동진을 평로병마사에 임명하였다. 그러나 동진은 곧 다시 당의 이광필李光弼에게 투항하여 당조의 벼슬을 받았으며, 11월에는 섬서·신책양군병마사

破之"(7114쪽)라고 한다.
95 『자치통감』 권222, 상원 12월(建丑月) 조, "[侯希逸]乃悉擧其軍二萬餘人襲李懷仙, 破之, 因引兵而南"(7118쪽).
96 『구당서』 권124, 후희일전, "旣淹歲月, 且無救援, 又爲奚虜所侵, 希逸拔其軍二萬餘人, 且行且戰, 遂達于靑州"(3534쪽); 『신당서』 권144, 후희일전, "然孤立無援, 又爲奚侵掠, 乃拔其軍二萬, 浮海入靑州據之"(4703쪽); 『구당서』 권124, 이정기전, "後與希逸至靑州"(3534쪽), 『신당서』 권213, 이정기전, "從侯希逸入靑州"(5989쪽).
97 『자치통감』 권221, 건원 2년 9월 조, 7082쪽.

陝西·神策兩軍兵馬使에 임명되고 이충신李忠臣이라는 성명을 하사받았다. 그 후 이충신이 평로와 관계를 맺는 것은 보이지 않고, 덕종德宗 건중建中 4년(783) 주체朱泚의 난에 가담한 죄로 자식과 함께 참수된다.[98]

전신공은 천보 말에 현리縣里의 서리로 있다가 안녹산이 반란을 일으키자 반란군에 참가하여 평로병마사가 되었지만, 얼마 후 부하들을 이끌고 평로에 투항하였다.[99] 그리고 전술하였듯이 지덕 2재(757) 정월 동진이 덕주와 체주를 점령할 때 함께 작전을 수행하였고, 건원 2년 9월에는 동진·양포·유종간 등과 함께 사사명에 항복하였다가 사사명의 명으로 강회지방을 공략하였다. 그러나 전신공은 도중에 동료 장수를 죽이고 세력을 확장한 다음 당조에 귀순하여 상원 원년(760) 6월 평로절도도지병마사平盧節度都知兵馬使 겸 홍려경鴻臚卿이 되었고, 정주鄭州에서 사사명의 군대 4천여 명을 격파하면서 대장 4명을 사로잡는 전과를 올린다.[100] 그리고 동년 11월 회남절도부사淮南節度副使 유전劉展이 반란을 일으키자 12월 전신공은 유전을 공격하기 위해 휘하 정병 5천을 거느리고 치청淄靑에서 출발하여 회수淮水를 건너 남하하다가 초주楚州를 크게 약탈하고, 또 양주揚州를 약탈하면서 호상胡商·페르시아인 수천 명을 살해하였다.[101] 이어 상원 2년 정월에 유전이 전사하고 곧 반란이 평정되지

---

98 『구당서』 권145, 이충신전, 3942~3943쪽;『신당서』 권224하, 이충신전, 6389~6390쪽;『자치통감』 권221, 건원 2년 11월 조, 7088쪽;『책부원구』 권164, 招懷2, 건원 2년 9월 조, 1983쪽.
99 『신당서』 권144, 전신공전, 4702쪽,『구당서』 권124, 전신공전, 3532쪽. 단 후자에는 '縣里의 서리'가 '縣史'로 되어 있다.
100 『구당서』 권124, 전신공전, 3532~3533쪽. 그때 전신공은 그 전과를 숙종에게 직접 보고하였다(『자치통감』 권221, 상원 원년 6월 조, 7093쪽).
101 『자치통감』 권221, 상원 원년 12월 조, "[田]神功入廣陵及楚州, [胡三省 注: 蓋先入

만, 그때도 전신공은 10여 일 간이나 강회지방을 약탈하였다고 한다.[102] 이러한 대대적인 약탈은 다른 부대에서는 그다지 보이지 않은 행태로서 어쩌면 전신공의 '정병 5천' 안에 평로에서부터 이동해 온 이민족이 많았기 때문이라는 생각이 든다.[103] 어쨌든 전신공은 유전의 반란을 평정한 공으로 다음 해인 상원 2년(761) 2월에 검교공부상서·겸어사대부檢校工部尚書·兼御史大夫와 치청절도사가 되었다.[104] 이로써 전신공은 독자적 권한을 가진 절도사로 성공하게 된다.[105] 그런데 바로 그 직후인 5월 평로절도사 후희일이 평로군을 모두 이끌고 청주로 들어온 것이다.

산동으로 들어온 후희일은 숙종 보응 원년(762) 정월 청주에서 북으로 황하를 건너가 연주兗州에서 전신공과 능원호能元皓를 만났다.[106] 그리고 그해 2월 마침 회서절도사 왕중승王仲昇이 신주성申州城 밑에서 사조의의 부하 사흠양謝欽讓과 싸우다가 포로가 되었기 때문에 회서가 두려워하자, 후희일·전신공·능원호가 함께 변주를

楚州而後入廣陵] 大掠, 殺商胡以千數, 城中地穿掘略徧"(7101~7102쪽);『구당서』권144, 전신공전, "劉展反, 登景山引神功討, 自淄青濟淮, 衆不整, 入揚州, 遂大掠居人貲産, 發屋剔窌, 殺商胡波斯數千人"(4702쪽);『신당서』권124, 전신공전, "至揚州, 大掠百姓商人資産, 郡內比屋發掘略徧, 商胡波斯被殺者數千人"(3533쪽). 전신공은 양주에서 상당 기간 머문 듯하다. 즉『자치통감』권222, 寶應 원년 5월 조에 "先是, 田神功旣克劉展, 留連揚州未還"(7127쪽)이라 한다.

102 『자치통감』 권221, 상원 2년 정월 조, 7104쪽.
103 물론 약탈을 제안한 것은 登景山이었다(『자치통감』 권221, 상원 원년 12월 조, 7101). 그러나 그것은 등경산이 평로군의 기질을 이용한 것으로도 볼 수 있다.
104 『顏魯公文集』 권14, 「宋州官吏八關齋會報德記」, 四部叢刊初編集部, 76쪽;『신당서』 권144, 전신공전, 4702쪽.
105 단 당시의 치청번진은 그 영역이 매우 유동적이고 불완전하였다.
106 『자치통감』 권222, 보응 원년 정월(建寅月) 조, 7118쪽;『구당서』 권124, 후희일전, 3534쪽. 능원호에 대해서는『책부원구』 권164, 招懷2, 지덕 3년 정월 조, 1983쪽;『구당서』 권10, 지덕 3재 2월 조, 251쪽 등 참조.

공격하였는데, 사조의는 사흠양을 불러 변주를 구하게 하였다.[107] 그리고 같은 해인 대종代宗 보응 원년(762) 5월 후희일이 청주를 함락시키자,[108] 전신공은 청주를 후희일에게 넘겨주었고,[109] 대종은 후희일을 평로치청절도사에 임명하였다.[110] 이로써 후희일은 산동에 새로운 근거지를 확보하였다. 이때 평로는 군호軍號이고 치청은 지역을 말한다.[111] 같은 해인 보응 원년(762)에 영주는 적(奚로 추측)에게 함락되었다.[112] 당시 평로치청절도사가 관할한 지역은 청주·치주·제주齊州·기주沂州·밀주密州·해주海州 6주였고, 치소는 청주에 두었다.[113] 한편 전신공은 청주를 후희일에게 넘겨주었지만 곧 연운절도사兗鄆節度使가 되고, 또 송주宋州를 공격하는 사조의의 군대를 격파한 공으로 하남절도·변송등팔주관찰사河南節度·汴宋等八州觀察使가 되면서 신도군왕信都郡王에 봉해졌으며, 대종의 후대를 받다가 대력大曆 8년(773)에 사망한다.[114]

---

107 『자치통감』 권222, 보응 원년 2월 조, 7120쪽.
108 『구당서』 권124, 후희일전, "會田神功·能元皓於兗州, 靑州遂陷於希逸"(3534쪽). 연월은 『자치통감』 권222, 보응 원년 5월 소의 '考異'에 보이는 "此年五月, 出神功目淄青移兗鄆"에 의거하였다.
109 『안노공문집』 권14, 「宋州官吏八關齋會報德記」, 76쪽; 『신당서』 권144, 전신공전, 4702쪽.
110 『자치통감』 권222, 대종 보응 원년 5월 조, 7126쪽; 『신당서』 권144, 후희일전, 4703쪽. 후자는 숙종 때의 일이라고 하는데, 숙종은 그해 4월에 죽고 대종이 즉위하였다. 보응 원년 5월이 타당하다면 마땅히 대종으로 보아야 할 것이다.
111 『구당서』 권124, 후희일전, "自是迄今, 淄青節度皆帶平盧之名"(3534쪽); 『신당서』 권144, 후희일전, "自是淄青常以平盧冠使"(4703쪽).
112 『신당서』 권66, 方鎭表3, 1840쪽; 『신당서』 권144, 후희일전, "乃拔其軍二萬, 浮海入靑州據之, 平盧遂陷"(4703쪽); 『자치통감』 권222, 대종 광덕 원년(763) 윤정월 조, 7141쪽의 호삼성 주 참조; 『구당서』 권11, 대종본기, 永泰 원년 6월 조, "代州置代北軍, 平州置柳城, 析通州石鼓縣置巴渠縣"(279쪽).
113 『자치통감』 권222, 대종 보응 원년 5월 조, 7126쪽, 호삼성 주; 『신당서』 권65, 方鎭表2, 1803~1804쪽.
114 『신당서』 권144, 전신공전, 4702쪽; 『구당서』 권124, 전신공전, 3533쪽. 단 전자는

후희일이 평로치청절도사가 된 보응 원년(762) 5월은 난이 이미 고비를 지나 마무리를 향하던 때로 앞선 4월에는 초주자사楚州刺史 최신崔侁이 숙종에게 표를 올려 말하길 진여眞如라는 비구니가 등천하여 상제上帝를 만나니 상제가 보옥寶玉 13매를 내려주면서 "중국의 재난을 이것으로 진압하라"고 하였다고 하자, 군신들이 표를 올려 경하하는 광경이 연출되기도 하였다.[115] 이를 기회로 숙종은 연호를 보응으로 바꾸고 일신을 꾀하다가 그달에 죽고 대종이 즉위하였던 것이다.

그해(762) 9월 대종은 낙양의 사조의에 대해 대규모 공격을 준비하면서 앞서 지덕 2재(757)에 당이 장안과 낙양을 수복할 때 큰 공을 세운 회흘回紇을 다시 끌어들였다. 그리고 회흘이 참전하여 당군과 함께 사조의를 공격할 때 이정기가 다시 한번 등장하게 된다. 회흘을 끌어들이기 위해 파견된 환관 유청담劉淸潭이 등리가한登里可汗에게 "당실唐室이 계속 대상大喪을 당해 지금 중원에는 주인이 없습니다. 가한께서 속히 오셔서 함께 그 창고를 거두시길 바랍니다", 또 "선제先帝는 비록 돌아가셨지만, 금상今上이 뒤를 이어 황제가 되셨는데, 곧 예전의 광평왕廣平王으로서 이전에 엽호葉護와 함께 양경兩京을 수복한 바로 그 분이십니다"고 하였다. 당시 등리는 사조의와 소통하고 있었는데, 가한이 직접 군대를 이끌고 삭방의 삼수항성三受降城에 이르렀다. 그때 유청담이 당 조정에 사람을 보내 "회흘이 10만[116]을 이끌고 왔다"고 전하자 장안은 한편으로 크게 두려워하였다고 한다. 그리고 등리가 이전에 자신에게 딸을 시집보낸 복고회은僕

'汴宋等八州節度使'가 되었다고 한다.
115 『자치통감』 권222, 보응 원년 建巳年(4월) 조, 7122쪽.
116 黃永年, 「論安史之亂的平定和河北藩鎭的重建」, 『中國古代史論叢』 1981-1, 107쪽은 실제 전투부대는 4,000명 가량이었을 것이라고 한다. 한편 章羣, 「僕固懷恩與李懷光之反叛」, 『唐代蕃將研究』, 290쪽은 판단을 유보하고 있다.

固懷恩을 흔주忻州 남쪽에서 만난 다음 마침내 당군을 도와 사조의를 토벌하겠다는 의사를 밝혔다. 그러자 당은 토문土門에서 하북의 형주邢州·명주洺州·회주懷州·위주衛州를 공략하며 낙양으로 남하하기를 원했지만, 등리는 관중關中 방면 즉 포관浦關에서 사원沙苑을 거쳐 동관으로 나아가겠다고 하였다. 이에 당이 타협안으로 태항산太行山에서 남하하여 낙양 가까이에 있는 하음河陰을 점령해 주기를 청하였지만 거절하였고, 다시 당이 "섬주陝州 대양진大陽津에서 황하를 건너면 태원창太原倉의 곡물을 얻을 수 있으니 그곳에서 뭇 절도사들과 함께 동으로 가자"고 하여 받아들여졌다.[117] 10월 옹왕雍王 이괄李适이 천하병마원수에 임명되고, 악자앙藥子昻·위거魏琚가 좌우상병마사左右廂兵馬使, 중서사인中書舍人 위소화韋少華가 판관, 급사중給事中 이진李進이 행군사마, 또 삭방절도사 복고회은이 제군절도행영諸軍節度行營에 임명되어 사조의를 공격할 준비가 갖추어졌다.[118] 그러한 상황에서 이괄이 섬주에서 가한을 만나는데, 『자치통감』 권222, 보응 원년(762) 10월 조를 보면

이괄이 요속僚屬과 함께 수십 기병을 이끌고 가서 가한을 만났다. 그런데 가한이 이괄에게 배무拜舞하지 않는다고 꾸짖었다. 악자앙이 그것은 예에 맞지 않는다고 하자, 회흘의 장군 거비車鼻가 "당의 천자와 가한은 형제이다. 가한은 옹왕(이괄)의 숙부이거늘 어찌 배무하지 못한다는 것인가"고 하였다. 악자앙

---

117 『구당서』 권195, 廻紇傳, 5203쪽; 『신당서』 권217상, 回鶻傳上, 6118쪽; 『자치통감』 권222, 보응 원년 9월 조, 7131쪽.
118 『자치통감』 권222, 보응 원년 10월 조, 7132쪽; 『책부원구』 권973, 外臣部, 助國討伐, 寶應 원년 10월 조, 11435쪽; 『구당서』 권121, 복고회은전, 3480쪽; 『신당서』 권224상, 복고회은전, 6367쪽.

이 "옹왕은 천자의 장자로서 원수元帥이다. 어찌 중국의 태자가 외국의 가한에게 배무할 수 있는가! 또한 상황上皇과 선제先帝의 장사를 아직 치르지 않았기[在殯] 때문에 춤을 출 수 없다"고 하며 오랫동안 서로 다투었다. 거비가 마침내 악자앙·위거·위소화·이진을 끌어다가 각각 채찍 100매를 때렸다. 이괄 등이 그냥 돌아왔는데, 위소화는 그날 밤에 죽었다(7133쪽).[119]

라고 하여 당시 회흘이 당을 어느 정도 가볍게 여기고 있었는가를 잘 알 수 있다. 그럼에도 불구하고 당군은 굴욕을 감수하며 함께 진군하여 결국 같은 달 낙양을 수복하지만, 사조의는 정주鄭州와 변주 등지로 도망가며 저항을 계속하였다.[120] 당군이 정주에서 사조의를 공격할 때 평로치청군이 함께 작전을 수행한 것이 확인되고 그때 이정기가 다시 모습을 드러낸다. 즉 『신당서』 권213, 이정기전을 보면

보응 연간에 이정기는 군후軍候로서 사조의를 토벌하는 데 참가하였다. 그때 회흘이 공을 믿고 방자한 행동을 하였는데, 제군諸軍이 감히 맞서지 못하였다. 그런데 이정기가 기세로 회흘을 꺾으려고 하여 대추大酋와 싸움이 벌어졌다. 병사들[衆士]이 모두 둘러서서 구경하며 말하기를 "대추가 이정기를 내칠 것이다"고 하였다. 싸움이 시작되었다. 이정기가 대추의 뺨을 내리치자, 회흘이 똥물을 흘렸다. 중군衆軍이 한바탕 떠들썩하게 웃었다. 추酋가 매우 부끄럽게 생각하고, 이로 인해 기

---

119 『구당서』 권195, 회흘전, 5203쪽에는 더 상세한 기사가 실려있다.
120 『신당서』 권6, 대종본기, 보응 원년 10월 조, 168쪽;『자치통감』 권222, 보응 원년 10월 조, 7134~7135쪽.

가 꺾여 감히 난폭한 행동을 하지 못하였다(5989쪽).

라고 하여 회흘이 방자한 행동을 계속하자 이정기가 나서 완력으로 그 기세를 꺾었다는 것을 전한다. 같은 내용이 『구당서』 권124, 이정기전에는 "보응 연간에 중군이 사조의를 토벌하기 위해 정주에 이르렀다. 그때 회흘이 난폭하고 멋대로 행동하였지만, 절도사들은 모두 어쩌질 못했다. 그러자 군후 이정기가 홀로 기세로써 회흘을 꺾으려 하였다. 그리하여 회흘과 다투다가 싸움이 벌어졌다. 많은 군인들이 모여 구경을 하면서 한결같이 '회흘이 이정기를 내쳐버릴 것이다'고 하였다. 싸움이 시작되어 이정기가 그 수령을 잡고는 등을 내려쳤다. 회흘이 오줌을 모두 쌌다. 중군이 소리를 지르며 웃자, 오랑캐[虜]가 부끄러워하였고, 이로 인해 감히 난폭한 행동을 하지 못하였다"(3534~3535쪽)라고 하는데,[121] 같은 보응 원년(762) 10월의 일이었다.[122] 이정기의 이러한 패기있는 행동은 당시 많은 사람들에게 알려졌을 것이며, 동시에 평로치청군에서 이정기의 위상을 더욱 공고히 하는 효과를 보았을 것이다. 『신당서』와 『구당서』 이정기전 모두 당시 이정기의 직함은 '군후'였다고 하는데,[123] 군후는 군대를 감찰하는 책임을 지닌 도우후都虞候를 가리킨다.[124] 부언하면 회흘은 비록 정

---

[121] 『太平廣記』 권192, 驍勇2, 이정기 조, "驍健有勇力"(中華書局, 1439쪽); 『책부원구』 권396, 將帥部, 勇敢3, 이정기 조, 4701쪽에도 거의 같은 기사가 실려있다.

[122] 『자치통감』 권222, 보응 원년 10월 조, "懷恩進克東京及河陽城, …… 懷恩留回紇可汗營於河陽, 使其子右廂兵馬使瑒及朔方兵馬使高輔成帥步騎萬餘乘勝逐朝義, 至鄭州, 再戰皆捷. 朝義至汴州"(7134~7135쪽); 『구당서』 권121, 복고회은전, 3481쪽.

[123] 『태평광기』 권192, 驍勇2, 이정기 조, 1439쪽; 『책부원구』 권396, 勇敢3, 이정기 조, 4701쪽도 마찬가지이다.

[124] 『段公家傳』에는 "廣德二年正月, 白孝德授邠寧節度使. …… 時倉廩賈竭, 吏人潛竄, 軍士公行發掘, 兼施捶訊, 閭里怨苦, 遠近彰聞. 孝德知之, 力不能制. 公戲謂

주에서는 이정기의 패기에 눌려 난폭한 행동을 하지 못했다고 해도, 그 후에도 당을 경시한 것은 여전하였다.[125]

당군이 정주에서 사조의를 공격할 때 후희일도 평로치청군을 이끌고 함께 있었을 것으로 보인다. 『구당서』 권124, 후희일전에 "보응 원년에 뭇 절도사들과 함께 사조의를 토습討襲하여 평정하였다"(3534쪽)고 하고,[126] 또 후희일이 다른 장수들과 함께 사조의를 추격하는 장면들이 간취되기 때문이다. 즉 사조의는 낙양을 빼앗긴 후 정주와 변주를 거쳐 복주濮州·활주滑州·위주衛州·패주貝州로 도망 다니다가 같은 해 11월 막주莫州에 이르렀다. 그러나 곧 복고회은의 도지병마사都知兵馬使 설겸훈薛兼訓과 병마사 학정옥郝庭玉이 전신공·신운경辛雲景과 함께 사조의를 포위하였고 이어 후희일이 군대를 이끌고 합류하였다.[127] 그리고 다음 해인 광덕 원년(763) 정월 사조의가 정병 5천을 이끌고 본거지인 유주(즉 범양)로 달아나자 후희일·설겸훈·복고창이 함께 3만의 군대를 이끌고 추격하였으며, 그 직후 범양을 지키던 이회선이 당에 투항을 하였다. 의지할 곳이 없게 된 사조의는 해·거란으로 도망가지만 도중에 이회선이 보낸 추

賓朋曰, '若使余爲軍候, 不令至是'. 行軍司馬王稷以其言啓於白孝德, 卽曰, 以公爲都虞候, 兼權知奉天縣事"(『자치통감』 권223, 광덕 2년 11월 조의 '考異', 7169~7170쪽)라는 것이 보인다. 또 『신당서』 권141, 韓全義傳에 '軍虞候高崇文'(4659쪽), 『구당서』 권162, 한전의전에 '都虞候高崇文'(4248쪽)이라는 것이 보인다. 都虞候와 虞候의 직무 등에 대해서는 嚴耕望, 「唐代方鎭使府僚佐考」, 『唐史硏究叢考』, 龍門書店, 1969, 220~228쪽; 張國剛, 「唐代藩鎭軍將職級考略」, 『唐代政治制度硏究論集』, 文津出版社, 1994, 169~170쪽 등 참조.

125 예를 들면 『자치통감』 권222, 보응 원년 12월 조, "回紇入東京, 肆行殺掠, 死者萬計, 火累旬不滅"(7136쪽) 등이 보인다.
126 『신당서』 권144, 후희일전, 4703쪽에도 거의 같은 기사가 보인다.
127 『구당서』 권121, 복고회은전, 3481쪽; 『자치통감』 권222, 보응 원년 12월 조, 7138쪽. 한편 그때 回紇은 상징적으로만 참여하였다. 즉 黃永年, 「論安史之亂的平定和河北藩鎭的重建」, 107쪽 참조.

격병에 쫓겨 목을 매 자살하고 그의 목은 이회선에 의해 조정에 바쳐졌다.[128] 이로써 8년에 걸친 안사의 난이 종결되었던 것이다.

이로써 볼 때 후희일이 사조의 토벌전에 큰 공을 세운 것은 분명하며, 이정기도 후희일을 따라 함께 참전하여 공을 세웠을 것은 그가 정주 전투에 참여한 것으로 미루어 짐작할 수 있다.

4. 이정기의 평로군 지배

안사의 난은 종결되었다. 그러나 난으로 인해 당조의 권위는 땅에 떨어지고 각지에서 번진이 세력을 떨치는 국면이 전개되었다. 특히 당이 사조의를 토벌할 때 투항한 사조의의 장수들을 그대로 그 지역 절도사로 임명한 것은 큰 화근이 되었다. 즉 ① 설숭薛崇을 하북의 상주相州·위주衛州·형주邢州·명주洺州·패주貝州·자주磁州 6주 절도사 ② 전승사田承嗣를 위주魏州·박주博州·덕주德州·창주滄州·영주瀛州 5주 절도사 ③ 이회선을 유주幽州·노룡盧龍절도사에 임명하였는데, 그들은 당조의 명령을 따르지 않고 걸핏하면 주변의 번진과 충돌하였다. 그 외에도 여러 번진들이 발호하여 정국은 매우 유동적이었는데, 이 같은 상황은 이정기에게 계속 기회를 제공하게 된다.

후희일은 평로치청절도사가 된 다음 명성이 대단했고, 군대를 잘 다스렸으며 농사에 힘썼다.[129] 이어 보응 2년(763) 7월에는 대종이 광

---

128 『자치통감』 권222, 광덕 원년 정월 조, 7139쪽; 『구당서』 권121, 복고회은전, 3481쪽. 단 『구당서』 200상, 사조의전에는 "李懷仙生擒之, 送款來降, 梟首闕下"(5382쪽)라고 한다.
129 『구당서』 권124, 후희일전, "希逸初領淄青, 甚著聲稱, 理兵務農, 遠近美之"(3534쪽); 『신당서』 권144, 후희일전, "希逸始得青, 治軍務農有狀"(4703쪽).

덕 원년으로 개원하면서 안사의 난을 평정한 공으로 후희일을 검교 공부상서에 임명하면서 철권鐵券[130]과 식실봉食實封을 하사하고 또 공신각에 해당하는 능연각凌煙閣에 화상畫像을 그리는 영예를 내려 주었다.[131] 그때까지 후희일과 이정기는 계속 밀접한 관계를 유지하고 있었다고 보인다.[132]

그러나 그 후 후희일은 점차 정무에 태만하고 멋대로 행동하여 인심을 잃어갔다. 특히 불교를 숭상하여 불사佛事를 자주 일으키고 또 사냥하며 다니는 것을 좋아하여 사람들[軍州]이 많은 고통을 받았다.[133] 그런 때에 병마사 이정기는 '침착하고 굳센[沈毅]' 성격으로 군인들의 신망을 얻고 있었고, 그로 인해 후희일과 이정기 사이에 불화가 생기게 되었다. 그러다가 마침내 대종 영태 원년(765) 5월 후희일이 이정기를 병마사에서 해임하였는데, 모든 군인들이 그의 해직은 부당하다며 불만을 토로하였다.[134] 그러던 중 후희일이 무당[巫]

---

130 葉晨暉,「鐵券」(文史知識編輯部,『古代禮制風俗漫談』, 中華書局, 1983) 등 참조.
131 『구당서』권124, 후희일전, "寶應元年, 與諸節度同討襲史朝義, 平之, 加檢校工部尙書, 賜實封, 圖形凌煙閣"(3534쪽);『신당서』권6, 대종본기, 광덕 원년 7월 조, "賜內外官階·勳·爵, 給功臣鐵券, 藏名于太廟, 圖形于凌煙閣"(169쪽). 그리고『책부원구』권133, 褒功2, 보응 2년 7월 조, 1608쪽에는 그때 능연각에 도상이 그려진 후희일 등 소위 '寶應功臣' 32인의 이름이 적혀 있다. 章羣,「安祿山之叛」, 265쪽 참조.
132 『구당서』권124, 이정기전을 보면, 이정기가 회흘의 기세를 꺾었다는 기사 다음에 "節度使侯希逸卽其外兄也, 用爲兵馬使"(3534쪽)라고 한다.
133 『구당서』권124, 후희일전, "後漸縱恣, 政事怠惰, 尤崇奉釋敎, 且好畋遊, 興功創寺宇, 軍州苦之"(3534쪽);『신당서』권144, 후희일전, "後稍怠肆, 好畋獵, 佞佛, 興廣祠廬, 人苦之"(4703쪽).
134 『구당서』권124, 이정기전, 3535쪽;『신당서』권213, 이정기전, 5989쪽. 연월은『자치통감』권223, 영태 원년 5월 조에 의거.『구당서』권11과『신당서』권6의 대종본기에는 같은 해 7월로 되어 있지만(각각 279쪽, 171쪽),『책부원구』권176, 姑息1, 영태 원년 7월 조(2115쪽)에는 7월 이전에 사건이 일어난 것으로 적혀 있다. 한편『酉陽雜俎』續集 권3, 支諾皐下, 이정기 조, 中華書局, 1981, 222쪽에는 연도는 없고 臘日에 가까운 때였다고 한다.

과 함께 밖에서 노숙을 하고 성으로 돌아오니, 군인들이 성문을 닫고 열어주지 않았다. 후희일은 급히 활주滑州로 도망가 표表를 올려 죄를 기다리자, 대종이 조서를 내려 사면하고 경사로 불러들여 검교 우복야檢校右僕射를 제수하였다.[135]

이러한 후희일 축출 사건에 대해 『신당서』 권213, 후희일전에는 이정기가 주도적으로 군인들을 부추겨 후희일을 쫓아낸 것으로 기록하고 있다(4703쪽). 즉 이정기는 앞서 영주에서 후희일을 옹립할 때 주도적 역할을 하였지만, 후희일을 몰아내는 데도 주도적 역할을 한 것이다.[136] 호삼성은 3절에서 인용한 『자치통감』의 "후희일의 어머니는 이회옥(즉 이정기)의 고모이다. 고로 이회옥이 그를 세운 것이다"에 주를 달아 "후희일을 세운 자도 이회옥이고, 후희일을 쫓아낸 자도 이회옥이다"(7064쪽)라고 한다.

한편 이정기가 후희일을 몰아낸 때는 부하 군인들이 군수를 쫓아내고 스스로 군수를 옹립하는 것이 아직 드문 시기였다. 그러한 시기에 이정기가 군인들을 선동하여 절도사를 몰아내고 이번에는 스스로 번수가 된 것인데, 호삼성은 『자치통감』 권223의 관련 기사에 주를 달아 "사가史家들은 이정기가 후희일을 몰아낸 것을 들어 번진의 전횡을 말한다"(7175~7176쪽)고 한다.

후희일을 쫓아낸 이정기는 바로 군인들의 추대를 받아 군수가 되었지만, 조정에서는 아무런 반응이 없었다. 서북변경에서 반란이 일

---

135 『구당서』 권124, 후희일전, 3534쪽; 『자치통감』 권223, 영태 원년 5월 조, 7175쪽; 『책부원구』 권176, 姑息, 영태 원년 7월 조, 2115쪽.
136 『酉陽雜俎』 續集 권3, 支諾皐下, 이정기 조에는 "[侯希逸]署懷玉爲兵馬使. 尋搆飛語, 侯怒, 囚之, 將置於法. 懷玉抱冤無訴, 於獄中疊石象佛, 黙期冥報. …… 俄聞三軍叫喚, 逐出希逸, 壞鍊, 取懷玉, 扶知留後"(222쪽)고 하여, 그 직전 이정기와 후희일은 상당한 충돌이 있었음을 전하고 있다.

어나 당조가 평로를 돌아볼 여유가 없었기 때문이다.[137] 그러다가 두 달 후인 같은 해(765) 7월 대종이 조서를 내려 황자인 정왕鄭王 이막李邈을 평로치청절도대사平盧淄靑節度大使에 임명하면서 이회옥을 절도유후節度留後에 임명하고 정기라는 이름을 하사하였다.[138] 이때 절도대사는 전술한 '요령'에 불과하고, 이정기가 사실상 평로치청의 절도사에 임명되었던 것이다. 유후란 실제 절도사에 임명되었지만 아직 정절旌節을 받지 않은 이를 가리킨다.[139] 『신당서』와 『구당서』 이정기전에는 아예 이정기가 후희일을 축출하자 조서를 내려 대신 절도사에 임명하였다고 적혀 있다.[140]

당시 당조가 이정기에게 내려준 직책과 직함을 보다 정확하게 살펴보자. 먼저 『구당서』 권124, 이정기전을 보면

> 조정에서 이정기에게 평로치청절도·관찰사·해운·압신라발해양번사·검교공부상서·겸어사대부·청주자사平盧淄靑節度·觀察使·海運·押新羅渤海兩蕃使·檢校工部尙書·兼御史大夫·靑州刺史를 제수하였다(3535쪽).

라고 한다. 이 중 절도사 등 이른바 '사직使職' 계통은 이정기가 실제

---

[137] 이에 대해서는 다음 장 「대종 시기의 평로절도사 이정기」에서 자세히 다루겠다.
[138] 『자치통감』 권223, 영태 원년 7월 조, 7175쪽. 『구당서』 권11, 대종본기, 영태 원년 7월 조에는 "令懷玉權知留後事"(279쪽)로 적혀 있다.
[139] 『자치통감』 권222, 광덕 원년 윤정월 조의 호삼성 주, "唐藩鎭命帥, 未授旌節者, 先以爲節度留後"(7142쪽). 정(깃발)은 상을 내릴 수 있는 권한을 상징하고, 절(符節)은 傳殺權을 상징한다. 『구당서』 권44, 職官3, 절도사 조, "受命之日, 賜之旌節, 謂之節度使, 得以專制軍事. 行則樹纛. 外任之重, 無比焉"(1922쪽), 『신당서』 권49하, 百官4하, 절도사 조, "辭日, 賜雙旌雙節"(1309쪽). 한편 사마광은 앞에서 인용한 장문의 論贊에서 절도사 임명을 "使之擁旄秉鉞"라고 표현하고 있다.
[140] 『구당서』 권124, 이정기전, 3535쪽; 『신당서』 권213, 이정기전, 5989쪽.

그 직무를 수행하였더라도 이막이 평로치청절도대사에 임명되었기 때문에 이막에게 내려진 것으로 보인다. 또 이와 관련하여 『책부원귀』 권176, 고식姑息1, 영태 원년 7월 조를 보면

> 정왕 이막을 개부의동삼사開府儀同三司와 평로치청절도·탁지·영전등대사平盧淄靑節度·度支·營田等大使에 임명하였다 (2115쪽).

라고 하여 『구당서』 이정기전에 보이는 관함에 더해 이막이 탁지·영전사에도 임명되었다고 하는데, 이는 곧 이정기가 실질적으로 탁지·영전사도 겸한 것을 나타낸다. 그리고 ㉠ 훗날 이정기의 손자 이사고가 이납을 계승하여 평로치청절도·영전·관찰사 등에 임명되고,[141] 또 ㉡ 덕종이 즉위한 후 이정기와 이납이 연이어 반항하자 건중 3년(783)에 이희열을 '치청등주절도·지탁·영전·신라발해양번사 淄靑等州節度·支度·營田·新羅渤海兩蕃使'로 임명하는 것이 보이는데,[142] 이들 관직은 모두 이정기와 이납이 가지고 있었던 것으로 간주해도 좋다. 단 기록에 지탁과 탁지度支의 차이가 있는데, 지탁이 타당하다.[143] 요컨대 영태 원년 7월 이정기의 관함은 검교공부상서·겸어사대부·평로치청절도·관찰·지탁·영전·해운압신라발해양번사·청주자사였던 것이다. 이 중 '압신라발해양번사'는 그때 이정기

---

141 『구당서』 권124, 이사고전, 3537쪽. 이정기와 아들 이납이 支度·營田使를 겸하였다는 사료는 보이지 않는다.
142 『구당서』 권145, 이희열전, 3943쪽.
143 卞孝萱, 「唐代的度支使與支度使 －新版≪舊唐書≫校勘記之一」, 『中國社會經濟史硏究』 1983-1, 59쪽 등 참조. 『신당서』 권49하, 百官4하, 절도사 조, "兼支度·營田·經略使, 則有副使·判官各一人"(1309쪽).

가 처음으로 겸하게 된 직명이다.[144]

그 후 정왕 이막은 대종 대력 원년(766) 겨울에 천하병마원수가 되었다가 대력 8년에 사망하지만,[145] 다른 인물이 평로치청절도대사에 임명되었다는 기사는 보이지 않는다. 따라서 이정기는 늦어도 대력 원년에는 정식 절도사가 되었을 것으로 여겨진다.

절도사 후희일이 처음 관할한 지역은 전술하였듯이 청주·치주·제주·기주·밀주·해주 6주였다. 그 후 여러 차례 변동을 거치면서[146] 그 영역이 확대되어 이정기가 절도사가 되었을 때는 치주·청주·제주·해주·등주登州·내주萊州·기주·해주·밀주·체주棣州 10주를 관할하고 있었다.[147] 숫자상으로 더 많은 주를 관할한 번진도 있었지만, 중국의 중심부에서 이 정도로 많은 주를 거느린 번진은 없었다.[148] 이정기는 그 후에도 조정의 약화를 틈타 영역을 더욱 확장하여 15주를 영유하고, 승진을 거듭하여 검교사도檢校司徒와 동중서문하평장사同中書門下平章事에 오르고 요양군왕饒陽郡王에 봉해지는 등 최고의 지위를 얻게 된다.[149]

소결

현종 천보 14재(755) 11월 안녹산은 범양절도부사 가순과 평로절

---

144 『신당서』 권65, 方鎭表2, 1805쪽.
145 『신당서』 권6, 대력 원년 12월 조, 173쪽; 『구당서』 권116, 昭靖太子 李邈傳, 3391쪽; 『신당서』 권82, 昭靖太子 李邈傳, 3622쪽.
146 『신당서』 권65, 方鎭表2, 1804~1805쪽 참조.
147 『신당서』 권213, 이정기전, 5989~5990쪽; 『구당서』 권124, 이정기전, 3535쪽.
148 당 후기의 번진은 평균 4~5개, 五代의 번진들은 2~3개의 주를 지녔다.
149 『구당서』 권124, 이정기전, 3535쪽; 『신당서』 권213, 이정기전, 5990쪽.

도부사 여지회와 별장 고수암에게 각각 범양과 평로와 하동을 다스리게 하고, 곧 범양과 평로의 주력군 등 15만을 거느리고 남하하여 낙양을 점령하였다. 그러나 장안으로 가는 길목인 동관에서 전선이 교착되고 하북에서는 안진경 등의 강력한 저항에 직면하였다. 그런 중인 천보 15재(756) 4월 평로에서 안동도호·보정군사 마영찰을 중심으로 이반의 움직임이 일어나자, 안녹산은 여지회로 하여금 마영찰을 죽이게 하고 여지회를 평로절도사로 임명하였다. 그러나 평로의 유객노·동진·왕현지 등이 함께 여지회를 죽인 후 바다로 하북의 안진경을 통해 조정에 투항하였다. 현종은 바로 유객노(즉 유정신)를 평로절도사에 임명하고 동진·왕현지에게도 조관朝官을 내려 격려하였다. 유객노 등이 거사할 때 후희일과 이정기도 함께 참여하여 그 공으로 당조로부터 조관을 받았는데, 그때 이정기는 24세였다.

  그 후 유정신 등은 반란의 본거지인 범양을 공격하여 반란군의 배후를 위협하였다. 그러나 같은 해(756) 6월 동관이 반란군에게 함락되면서 전세가 갑자기 역전되고 유정신도 평로로 돌아갔다. 그리고 유정신은 다시 범양을 공격하다가 사사명에게 대패한 후 북평에 주둔하던 중 평로를 임시로 다스리던 부하 서귀도에게 독살되었다. 이후 평로는 사사명에게 패한 충격과 내부 진통으로 한동안 별다른 활동을 보이지 못한다.

  그러자 안녹산이 숙종 지덕 2재(757) 정월 초 서귀도를 평로절도사에 임명하자 왕현지·후희일 등이 서귀도를 공격하여 죽였다. 이어 같은 달 왕현지는 동진에게 명하여 이희열·전신공 등과 함께 산동으로 들어가게 하니 동진 등은 뗏목을 타고 바다를 건너가 덕주(즉 평원군)와 체주(즉 낙안군) 등을 점령하여 거점을 확보하였다. 그리고 건원 원년(758) 2월 숙종이 왕현지를 평로절도사에 임명하였다.

그해(758) 6월 사사명이 다시 반란을 일으킨 가운데 12월 왕현지가 죽자 조정이 칙사를 평로로 파견하였는데, 이정기가 군사를 일으켜 왕현지의 아들을 죽이고 후희일을 추대하였다. 아마도 조정이 자율성이 강한 평로를 인위적으로 통제하려고 한 것에 반발하여 일으킨 정변으로 생각된다. 이 사건으로 이정기는 평로에서 확고한 권력을 잡았다.

하지만 후희일과 이정기는 고립무원 속에 해奚의 침략을 받자 숙종 상원 2년(761) 12월 2만여 명의 군대를 모두 데리고 뗏목으로 바다를 건너 산동으로 들어왔다. 당시 동진은 평로군에서 분화하여 독자적 활동을 하고 있었고, 전신공은 막 치청절도사가 되어 있었다. 이어 대종 보응 원년(762) 5월 후희일이 청주를 점령하자 당조는 후희일을 평로치청절도사에 임명하였다.

같은 해(762) 9월 대종이 낙양을 수복하자 사조의는 정주·복주·막주 등지로 달아나며 저항하였는데, 정주에서 이정기가 사조의 토벌전에 참가하고 하북에서 후희일이 사조의를 마지막까지 추격하는 것이 확인된다. 그런 중 이정기는 정주에서 완력으로 회흘의 콧대를 꺾음으로써 명성을 높이고, 후희일은 사조의를 평정한 공으로 '보응공신寶應功臣' 32인의 한 명으로 선정되었다.

이정기는 평로치청에서 계속 기회를 엿보고 있었다. 그러다가 서북변경의 번진이 반란을 일으키자 그 틈을 이용하여 마침내 대종 영태 원년(765) 5월 후희일을 쫓아내고 스스로 군수가 되었다. 이후의 '절도사 이정기'에 대해서는 다음 장에서 다루겠다.

요컨대 이정기는 안사의 난 초기 평로가 당조에 투항할 때 함께 공을 세우며 처음으로 모습을 나타냈고, 난 중기에 혼란을 기회로 후희일을 옹립하여 확실한 기반을 쌓고, 난 후기에 난을 평정하는데 일조하며 기반을 더욱 다진 다음, 난이 끝난 후 마침내 스스로 절도사에 오른 인물이었다. 만약 안사의 난이 없었다면 역사 속의 이정기는 존재하지 않았을 것이라 해도 좋을 것이다.

제2장

대종代宗 시기의 평로절도사 이정기

고구려인의 후예 이정기는 안사의 난(755~763)이 일어난 직후인 당 현종 천보 15년(756) 4월 안녹산의 2대 본거지의 하나였던 요서遼西의 영주營州에서 그곳 평로군 군장들이 안녹산을 이반할 때 그 일원으로 참가하면서 처음 역사에 모습을 나타냈다. 그 후 그는 우여곡절을 거치며 평로절도사 후희일侯希逸과 함께 오늘날의 산동지방으로 이동하였다가, 반란이 종결된 후인 대종 영태永泰 원년(765) 5월 마침내 후희일을 몰아내고 스스로 절도사에 올라 광대한 영토를 지배하는 반독립적 번진을 건설하여 당대는 물론 후대에까지 큰 영향을 미쳤다. 곧 안사의 난을 계기로 중국이 이른바 '당송변혁기'라는 약 200년에 걸친 기나긴 격동과 변혁의 시대로 접어들지만, 이정기는 중국사의 흐름을 바꾸어 놓은 대사건들의 중심에서 그로 인한 격동의 파고를 온몸으로 껴안으며 생존하여 역사에 큰 족적을 남겼던 인물이었던 것이다. 따라서 그에 대한 연구는 단순한 인물사의 범주를 넘어 중국사의 거대한 변혁의 흐름을 아울러 살피는 성격을 지닐 수 있다.

이정기와 그의 번진에 대한 고찰은 여러 각도에서 가능하지만, 앞 장에서는 그의 등장과 역사적 역할을 안사의 난이라는 사건과 관련 하여 고찰해 보았다. 이제 그에 이어 안사의 난이 종결되면서 본격 적인 '번진시대'가 도래하는 가운데 이정기가 어떻게 시대 상황에 대응하면서 자신의 번진을 건설하고 지배하였는가를 살펴보고자 한다. 이정기는 번진시대를 주도한 대표적 강번強藩의 하나였다. 따라서 그의 행동 하나하나는 곧 당시 번진의 발호 양상과 속성을 이해하는 데 도움이 되며, 이 장은 어떤 면에서 이정기에 초점을 맞춘 초기 번진사의 성격을 지니게 될 것이다.

이정기가 가진 절도사의 정확한 명칭은 평로치청절도사平盧淄靑節度使였는데, 전자는 영주 시절 이래의 군호軍號였고 후자는 지배 지역의 명칭이다. 이 장에서는 편의를 위해 주로 평로로 약칭하겠다.

1. '하북번진河北藩鎭'의 출현

안사의 난이 일어나자 당 왕조는 반란군에 대항하기 위해 강력한 군사력을 가진 번진들을 거의 전국에 걸쳐 설치하였으며, 이 계책은 나름대로 효과를 거두어 8년여에 걸친 대반란을 종식시키는 데 큰 기여를 하였다. 번진은 전쟁 중 군사뿐 아니라 인사·재정 등에 대해서도 사실상 초법적 권력을 행사하였지만, 그러한 번진의 설치는 국가 존망의 위기 속에서 만들어진 일종의 임시용 전시체제였다고 할 수 있다.

그러나 반란이 종결된 후 당조는 번진들을 해체하여 국가조직을 평시체제로 전환시킬 엄두를 내지 못하였다. 거기에는 여러 가지 사정이 있었는데, 그것을 나름대로 정리해보면, ① 당조의 권위가 손상된 가운데 번진들이 반란 중에 획득한 권력을 일종의 기득권으로 여기고 있었고 ② 투항한 반란군의 주요 장군들이 그대로 절도사에 임명되어 그 지역을 지배하고 있었고 ③ 그로 인해 그 주변에 강력한 번진을 계속 유지할 수밖에 없었고 ④ 반란 중에 생겨난 번진과 조정 간의 갈등이 잔존하여 무장해제에 대해 불안을 느끼는 번진이 있었고 ⑤ 전쟁 비용 등을 위한 가렴주구에 반발하여 저항하는 민중들을 진압할 군사력이 필요했고 ⑥ 토번吐蕃 등 주변국의 위협이 가중되어 거기에 대응할 군사력이 필요했던 것 등의 사정이 있었던 것이다.

이 중 이정기의 번진과 관련되는 사항은 ①, ②, ③이지만, 특히 밀접한 관련을 가진 것은 ②, 즉 투항한 반란군 장군들이 지배하는 '하북번진'의 동향이다. 이에 먼저 그들 하북번진을 중심으로 안사의 난 후에 전개된 번진의 할거割據 상황에 대해 살펴보겠다. 대종 보응寶應 원년(762) 10월 당군唐軍이 회흘병回紇兵 등과 함께 반란군의 영수 사조의史朝義에게 총공세를 가하여 낙양을 탈환하니, 사조의는 정주鄭州·변주汴州·복주濮州 등지로 도망가면서 계속 저항하였다. 그 직후 반란군의 진류절도사陳留節度使 장헌성張獻誠이 변주성을 들어 투항해오자, 당조는 그를 그대로 변주절도사·변주자사에 임명하고 남양군공南陽郡公에 봉하였다.[1] 같은 해 11월 사조의가

---

1 『구당서』 권122, 장헌성전, 3497쪽; 『신당서』 권133, 장헌성전, 4550쪽; 『자치통감』 권222, 보응 원년 10월 조, 7135쪽.

황하를 건너 활주滑州와 위주衛州로 도망간 다음에는 업군절도사鄴郡節度使 설숭薛嵩이 상주相州·위주衛州·명주洺州·형주邢州 4주를 들어 투항하였다. 그리고 항양절도사恒陽節度使 장충지張忠志가 조주趙州·항주恒州·심주深州·정주定州·역주易州 5주를 들어 투항해 오자,[2] 당조는 그를 원래의 5주를 다스리는 성덕군절도사·항주자사成德軍節度使·恒州刺史에 임명하고 이보신李寶臣이라는 성명을 하사하였다.[3] 이어 사조의가 막주莫州를 버리고 반란군의 본거지인 범양范陽으로 도망가자 광덕廣德 원년(763) 정월 수양절도사睢陽節度使 전승사田承嗣가 막주를 들어 투항하였고, 또 범양절도사 이회선李懷仙이 당에 투항하였다.[4] 그로써 사조의의 주요 장수들은 거의 당조에 투항한 것이 되었고, 결국 사조의는 해奚·거란契丹으로 도망가다가 스스로 목숨을 끊고 7년여에 걸친 안사의 난이 마침내 종결되었다.

그런데 당조는 반란이 종결된 다음 달인 윤정월에 설숭·전승사 등을 새로이 그 지역의 절도사에 임명하고 있다. 즉 ① 설숭을 상주·위주·명주·형주·패주貝州·자주磁州 6주를 관할하는 상위절도사相衛節度使·상주자사에 임명하고 ② 전승사를 위주魏州·박주博州·덕주德州·창주滄州·영주瀛州 5주[5]의 위박도방어사·위주자사魏博都防禦

---

[2] 『구당서』권11, 대종본기, 보응 11월 조, 270쪽; 『신당서』권6, 대종본기, 보응 11월 조, 168쪽; 『자치통감』권222, 보응 원년 11월 조, 7135쪽; 한편 『구당서』권121, 僕固懷恩傳, 3481쪽에는 설숭은 상주·위주·명주·형주·조주趙州 5주를 들어 투항하고, 이보신은 심주·항주·정주·역주 4주를 들어 투항하였다고 한다.
[3] 『구당서』권142, 이보신전, 3865~3866쪽; 『신당서』권211, 이보신전, "開土門納王師, 助攻莫州"(5946쪽); 『구당서』권11, 대종본기, 보응 원년 11월 조, 271쪽; 『자치통감』권222, 보응 원년 11월 조, 7136쪽.
[4] 『자치통감』권222, 광덕 원년 정월 조, 7139쪽.
[5] 『신당서』권66, 方鎭表3에는 처음에는 위주·박주·패주·영주·창주 5주를 관할하였다

使·魏州刺史에 임명하면서 안문군왕鴈門郡王에 봉하고 ③ 이회선을 그대로 유주·노룡절도사幽州·盧龍節度使에 임명하면서 무위군왕武威郡王에 봉하고 ④ 이보신을 청하군왕淸河郡王에 봉해 권위를 높여 주어 후환을 남기게 되는 것이다.[6] 이에 대해 전통 사가史家들은 거의 한결같이 토벌군을 지휘하였던 복고회은僕固懷恩에게 그 죄를 돌리고 있다. 예를 들어 『자치통감』 권222, 대종 광덕 원년 윤정월 조를 보면 "복고회은은 적적이 평정된 다음 총애가 쇠할 것을 우려하여, 주주하여 설승 등과 이보신이 하북을 나누어 다스리게 하여 자신의 당원黨援으로 삼았다. 조정 역시 전쟁에 지쳐 다만 일이 없기를 바라 그대로 제수해 주었다"(7141쪽)고 한다.

그러나 한편으로 설승·전승사 등을 절도사에 임명한 것은 최종적으로 당조가 내린 조치라는 것을 간과해서는 안 될 것이다.[7] 당시 당조는 장기간의 전란에 매우 지쳐있었고 또 군비를 충당해 온 강남지역에 자연재해가 발생하고 역질이 도는 등[8] 여러 가지 어려움이 겹치고 있어서 더 이상 전쟁을 계속한다면 내부적으로 어떠한 사태가

가 그해에 덕주를 增領하였다고 한다(1840쪽).
[6] 『구당서』 권11, 대종본기, 보응 원년 2년 윤정월 조, 271쪽; 『자치통감』 권222, 동년 동월 조, 7141쪽.
[7] 『자치통감』 권222, 보응 원년 11월 조를 보면 설숭과 장충지가 투항한 기사에 이어 "[李]抱玉等已進軍入其營, 按其部伍, (薛)嵩等皆受代, 居無何, 僕固懷恩皆令復位. 由是抱玉·雲京疑懷恩有貳心, 各表言之, 朝廷密爲之備, 懷恩亦上疏自理, 上慰勉之"(7136쪽)라 하고, 또 같은 책 권222, 광덕 원년 윤정월 조에 "[馬]燧因說抱玉, '僕固懷恩恃功驕蹇, 其子瑒好勇而輕, 今內樹四帥, 外交回紇, 必有窺河東·澤潞之志, 宜深備之', 抱玉然之"(7142쪽)라고 한다. 반란군 장수들을 절도사에 임명하는 데 따른 위험성은 충분히 예견되고 있었다고 하겠다.
[8] 『신당서』 권6, 대종본기, 보응 원년(632) 10월 조, "詔浙江水旱, 百姓重困, 州縣勿輒科率, 民疫死不能葬者爲瘞"(168쪽); 『구당서』 권11, 보응 원년 12월 조, "是歲, 江東大疫, 死者過半"(271쪽).

일어날지 모르는 상황에 있었다.[9] 그리하여 당조는 일단 반란을 종결시키기 위해 적극적으로 반란군의 투항을 유도하였고, 이것이 주효하여 반란군은 자기붕괴를 하였던 것이다. 말하자면 무력에 의한 완전 진압이 아니라 반란군과의 타협이라는 미봉책으로 반란이 종결된 것이었다.[10] 이렇게 볼 때 설숭·전승사·이회선 등을 그 지역 절도사에 임명한 것은 당조가 어쩔 수 없이 선택한 일종의 고육지책이었지만,[11] 앞서 인용한 『자치통감』의 "조정 역시 전쟁에 지쳐 다만 일이 없기를 바랐다"는 것은 바로 그러한 상황을 전하는 것이라 하겠다.

그 후 군인들이 마음대로 절도사를 추대하는 경우에도 대종은 "군인들의 뜻에 따라 현·불초를 불문하고 다만 그들이 세우고자 하는 자를 군대의 수장[軍帥]에 임명하였다. 이후 그것은 관행이 되어 군신이 함께 준수하며 상책으로 삼아 '잠시 안식하는 것[姑息]'이라 하였다"[12]고 할 정도로 일이 없기만을 바라게 되지만, 상황은 당조의 기대와는 달랐다.

---

9 松井秀一, 「8世紀中葉頃の江淮の叛亂 －袁晁の叛亂を中心として」, 『北大史學』 2, 1954; 寧可, 「唐代宗初年的江南農民起義」, 『歷史硏究』 1961-3; 西川素治, 「唐中期の江南における農民反亂をめぐって 袁晁の亂を中心として」, 『中國農民戰爭史硏究』 4, 1974 등 참조. 『신당서』 권6, 대종본기, 보응 원년(632) 10월 조, "[袁晁]陷溫·明二州"(168쪽); 같은 책 권6, 보응 원년 12월 조, "是歲, 舒州人楊昭反, 殺其刺史. 西原蠻叛. 吐蕃寇秦·成·渭三州"(168쪽).

10 『唐大詔令集』 권2, 「代宗卽位赦」, "逆賊史朝義已下, 有能投降及率衆歸附者, 當超與封賞"(商務印書館, 9쪽). 李鴻賓, 『唐朝朔方軍硏究』, 吉林人民出版社, 2000, 168쪽 참조.

11 僕固懷恩은 뒤에 반란 혐의를 받자 대종에게 강변하며 "陛下爲臣副元帥之權, 令臣指麾河北, 其新附節度使, 皆握强兵, 臣之撫綏, 悉安反側"이라 하였다(『구당서』 권121, 복고회은전, 3485쪽). 『자치통감』 권223, 광덕 원년 8월 조, 7148~7149쪽에도 거의 같은 기사가 있다.

12 『자치통감』 권220, 숙종 乾元 원년 12월 조의 '臣光曰', 7064~7066쪽.

2. 복고회은僕固懷恩의 난과 이정기의 후희일侯希逸 축출

평로치청절도사 후희일은 안사의 난을 평정하는 데 큰 공을 세워 검교공부상서檢校工部尙書에 임명되면서 철권鐵券과 식실봉食實封을 하사받고 능연각凌煙閣에 그의 화상畵像이 그려지는 영예를 누렸다.[13] 그 후 그는 당조에 비교적 공순한 태도를 보이며 내치에 힘을 기울였다. 즉 『구당서』 권124, 후희일전을 보면 "처음 치청淄靑의 절도사가 되었을 때 심히 명성이 높았으며, 군대를 잘 다스리고 농사에 힘써 원근에서 모두 훌륭하게 여겼다"(3534쪽)고 한다.[14] 그러나 후희일은 시간이 지나면서 점차 정무에 태만하고 멋대로 행동하여 인심을 잃어갔으며, 특히 불교를 숭상하여 불사佛事를 자주 일으키고 또 사냥하는 것을 좋아하여 사람들이 많은 고통을 받게 되었다.[15] 다만 그런 때에도 후희일은 특별히 당조에 대해 불온한 행위를 한 것은 보이지 않는다.

그러다가 대종 영태 원년(765) 5월 병마사兵馬使 이정기가 갑자기 후희일을 몰아내고 스스로 군수에 오르는 사건이 일어났다. 당조가 공인한 절도사를 몰아내는 것은 곧 당조의 권위에 대한 도전을 의미하며 일종의 모험이었다. 따라서 이정기가 그러한 행동을 감행하였던 데에는 여러 가지 배경이 있었을 것이 분명하다.

먼저 외적 상황을 살펴보면 그때까지 당조가 가장 의존하였던 서북 삭방군朔方軍의 복고회은이 반란을 일으켜 당조가 안사의 난에

---

13 이 책 제1부 제1장, 62~64쪽.
14 『신당서』 권144, 후희일전에는 "希逸始得靑, 治軍務農有狀"(4703쪽)이라 한다.
15 『구당서』 권124, 후희일전, "後漸縱恣, 政事怠惰, 尤崇奉釋敎, 且好畋遊, 興功創寺宇, 軍州苦之"(3534쪽); 『신당서』 권144, 후희일전, "後稍怠肆, 好畋獵, 佞佛, 興廣祠廬, 人苦之"(4703쪽).

이어 다시 한번 큰 위기에 빠져있었다. 그 경과를 간략하게 보면, 복고회은은 태종 정관 20년(646)에 당에 투항해 온 철륵부락鐵勒部落의 추장 복골가람발연僕骨歌濫拔延의 증손으로 안사의 난을 평정할 때 당군을 총지휘하였던 인물이었다. 그에 앞서 그는 자신의 딸을 회흘의 카간에게 시집보냈기 때문에 회흘과는 매우 가까운 사이였고[16] 그런 관계로 인해 당조가 안사의 난을 종결시키기 위해 회흘을 끌어들일 때 중요한 역할도 하였다. 그런데 그가 안사의 난이 종결된 해인 대종 광덕 원년(763) 8월[17] 회흘과 연계하며 반란을 일으켜 당조를 위기에 몰아넣은 것이다. 반란의 직접적 이유는 안사의 난이 종결된 다음 삭방군이 거대한 군단을 형성하고 있는 것에 당조가 위협을 느껴 그것을 분할하려 하였기 때문으로 보인다.[18] 그리고 복고회은이 반란을 일으킨 가운데 토번이 당조를 공격하여 그해 10월 장안을 점령한 다음 광무군왕廣武郡王 이승굉李承宏을 황제로 세우는 사태가 발생하였다.[19] 그 달에 곽자의郭子儀가 분전하여 장안을 수복하였지만 그 후에도 토번의 공격은 계속되었다. 그때까지 복고회은은 본격적으로 당을 공격하지는 않았다. 그러다가 광덕 2년 8월 복고회은이 토번까지 끌어들여 회흘·토번 군대 10만과 함께 당을 공격하기 시작하였지만, 이번에도 깊숙히 진격하지는 않았다.[20] 다음 해인 영태 원년(765) 9월 복고회은이 이번에는 회흘·토번뿐 아니라 당항강党項

---

16 『구당서』 권121, 복고회은전, 3477쪽; 『자치통감』 권222, 보응 원년 9월 조, 7131쪽 등.
17 『신당서』 권6, 대종본기, 광덕 원년 8월 조, "僕固懷恩反"(169쪽). 단 실제 반란이 명확히 드러나는 것은 같은 해 9월이다. 『자치통감』 권223, 광덕 원년 7월·8월·9월 조, 7147~7150쪽; 『구당서』 권273, 대종본기, 광덕 원년 9월 조, 273쪽 참조.
18 李鴻賓, 『唐朝朔方軍研究』, 171~172쪽 참조.
19 『구당서』 권11, 대종본기, 광덕 원년 10월 조, 273쪽; 『신당서』 권6, 代宗本紀, 동년 동월 조, 169쪽; 『자치통감』 권223, 동년 동월 조, 7151~7152쪽.
20 『자치통감』 권223, 광덕 2년 8월, 7166쪽.

羌・혼渾・노랄奴剌까지 끌어들여 당을 공격해옴에 따라 당조는 더욱 중대한 위기에 직면하였다.[21] 그러나 그 직후 복고회은이 폭질에 걸려 갑자기 죽음에 따라 당조는 위기를 벗어났다.

복고회은의 난으로 중국이 직접적으로 큰 전란에 빠지지는 않았다. 그러나 당조는 그 2년 동안 다른 번진을 돌아볼 여유가 없었고, 그 틈을 이용하여 특히 반란군 출신 절도사들은 관할 지역에서 자립적 기반을 다질 수 있었다. 즉 설숭·전승사·이보신·이회선은 '안사의 여당餘黨'을 끌어모으며 각각 '날쌔고 용감한 병사[勁兵]' 수 만을 거느리고 조정에 조세를 바치지 않았으며 문무 관리를 마음대로 임명하였던 것이다.[22]

그런 가운데 그들 반란군 출신 절도사에 동조하는 번진이 출현하였는데, 즉 평로치청과 산남동도山南東道 번진이 그것이다. 먼저 산남동도는 상대적으로 강한 군사력을 가진 번진은 아니었지만, 절도사 내전來瑱이 입조하였다가 억울하게 죽자 보응 2년(763) 3월 부하 양숭의梁崇義가 스스로 절도사에 올라 불온한 태도를 보이게 되었던 것이다.[23] 평로치청은 강력한 군사력을 가진 대번大藩이었지만, 전술하였듯이 절도사 후희일은 반항적 태도를 보이지 않았고 오히

---

21 『자치통감』 권223, 영태 원년 9월 조, 7176쪽. 『신당서』 권6, 대종본기에는 영태 원년 8월 조, 171쪽.
22 『구당서』 권143, 이회선전, "旣而懷恩叛逆, 西蕃入寇, 朝廷多故, 懷仙等四將各招合遺孽, 治兵繕邑, 部下各數萬勁兵, 文武將吏, 擅自署置, 貢賦不入於朝廷, 雖稱藩臣, 實非王臣"(3895~3896쪽); 『자치통감』 권223, 영태 원년 7월 조, "成德節度使李寶臣, 魏博節度使田承嗣, 相衛節度使薛嵩, 盧龍節度使李懷仙, 收安·史餘黨, 各擁勁卒數萬, 治兵完城, 自署文武將吏, 不供貢賦"(7175쪽).
23 『구당서』 권121, 양숭의전, "寶應二年三月, 崇義殺(李)昭與(薛)南陽, 以脅衆心, 朝廷因授其節度焉. 以襄州薦履兵禍, 屈法含容, 姑務息人也. …… 然於羣兇, 地最褊, 兵最少, 法令最理, 禮貌最恭"(3490쪽). 『신당서』 권224상, 양숭의전, 6374쪽에도 비슷한 기사가 실려있다.

려 반란군 출신 절도사들에 대한 견제가 기대되고 있었다. 그러다가 영태 원년 5월 갑자기 이정기가 후희일을 몰아내고 자신을 절도사로 임명해 주도록 조정에 압력을 가하면서 상황이 바뀌게 되었던 것이다. 그 시점은 바로 복고회은이 회흘·토번 등과 함께 본격적으로 당을 공격할 태세를 갖추던 때로 당조가 국내 문제를 돌아볼 여유가 없던 시기였다. 이정기가 당시의 정세를 예시하며 적절한 기회를 기다리다가 후희일을 축출하였던 것으로 생각된다. 당시의 상황에 대해 『구당서』 권124, 이정기전은

> 절도사 후희일은 즉 이정기의 외형外兄이다. 그리하여 이정기를 병마사로 삼았다. 이정기는 침착하고 굳세어 무리의 마음을 얻었는데, 후희일이 일을 핑계로 그를 해직하였다. 그러자 군중軍中이 모두 그는 죄가 없으며 해직은 부당하다고 하였다. 마침내 군인軍人이 후희일을 축출하고 이정기를 세워 군수로 삼자, 조정은 그를 평로치청절도관찰사·해운·압신라발해양번사·검교공부상서·겸어사대부·청주자사平盧淄靑節度觀察使·海運·押新羅渤海兩蕃使·檢校工部尙書·兼御史大夫·靑州刺史에 임명하고, 지금의 이름을 하사하였다(3535쪽).

라고 하고, 또 『신당서』 권213, 이정기전에서는 "후희일이 그를 병마사로 삼았다. 이정기가 침착하고 굳세어 무리의 마음을 얻었다. 그러자 후희일이 속으로 꺼려하여 일을 핑계로 그를 해직하였는데, 군중軍中이 모두 해직이 부당하다고 하였다. 얼마 후 군인들이 후희일을 축출하자 조서詔書를 내려 이정기를 절도사에 임명하였다"(5989)라고 하여, 이정기가 인심을 얻어 손쉽게 후희일을 축출한

듯이 적혀 있다. 그런데 이에 대해『유양잡조酉陽雜俎·속집續集』권 3, 지락고하支諾皐下, 이정기 조를 보면

> 후희일이 이회옥李懷玉(즉 이정기)을 병마사에 임명하였다. 얼마 후 유언비어가 나돌자 후희일이 노하여 이회옥을 감옥에 가두고 법으로 다스리려 하였다. 이회옥은 원망하였지만 호소할 길이 없어 감옥 안에서 돌부처를 쌓아두고 조용히 명보冥報를 빌었다. …… 잠시 후 삼군三軍이 떠드는 소리가 들리더니 후희일을 몰아내고 쇠사슬을 부수어 이회옥을 꺼내어준 후 함께 유후留後로 삼았다(中華書局, 222쪽).

라고 하여, 이정기가 후희일을 축출하기 직전 두 사람 사이에 상당한 충돌이 있었음을 암시하고 있다.

그렇다면 이정기와 후희일은 서로 피를 나누고 또 숱한 생사고락을 같이 해온 사이임에도 불구하고 서로 충돌한 이유는 무엇일까. 더 이상 기록이 보이지 않기 때문에 자세한 것은 알 수 없지만, 두 사람이 충돌하기 전에 내부적으로 심각한 갈등이 있었을 것은 앞서 인용한『구당서』이정기전과『유양잡조』의 기사만으로도 쉽게 짐작된다. 여기서 상기되는 것이 천인커陳寅恪의 지적이다. 천인커에 의하면 후희일과 이정기 집단은 하북삼진과 마찬가지로 이민족 내지는 이민족화 된 무리로 구성되어 이민족 기풍을 가지고 있었기 때문에, 앞서 후희일이 안녹산의 지배를 거부하였고 뒤에는 이정기가 당조의 지배를 거부하였던 것이라 한다.[24] 필자도 기본적으로는 이 견

---

[24] 陳寅恪,「統治階級之氏族及其升降」,『唐代政治史述論稿』, 上海古籍出版社,

해에 동의한다. 다만 전술하였듯이 후희일은 축출되기 전 당조에 특별히 불온하거나 반항적 행위를 한 것이 보이지 않는다. 후희일이 이정기에게 쫓겨난 후 장안에서 당조의 후대를 받았던 것[25]도 이것을 뒷받침한다. 결론을 말하면 후희일이 자신들의 기풍과는 달리 당조의 명을 계속 따르자 이정기와 군인들이 이에 반발하면서 내부적 충돌이 일어났고 그것으로 결국 후희일이 축출되었던 것으로 추측된다. 복고회은이 장안을 노리고 있는 상황에서 이정기에게 허를 찔린 당조는 어쩔 수 없이 두 달 후인 동년 7월[26] 그를 절도유후에 임명하며 정기라는 이름을 하사하여 타협을 도모할 수밖에 없었다. 이후 이정기는 자립적 태도를 분명히 하고 세력을 확대하기 위해 기회를 엿보게 된다.

이정기는 절도사가 된 후 하북의 절도사와 산남동도의 양숭의와 연계하여 공동으로 당조에 대항할 태세를 갖추었다. 그때도 당조는 복고회은과 토번의 침공으로 인해 번진에 대해서는 오로지 고식정책(즉 잠시 안전을 추구하는 정책)을 취할 수밖에 없었다. 『자치통감』 권223, 영태 원년(765) 7월 조를 보면

> [이보신, 전승사, 설숭, 이회선이] 산남동도절도사 양숭의 및 이정기와 함께 모두 결탁하여 혼인관계를 맺고 서로 표리를

1982, 37쪽. 후희일 등이 안녹산의 지배를 거부한 것에 대해서는 이 책 제1부 제1장, 39~42쪽에서 자세히 논하였다. 부언하면 陳寅恪은 요서 평로에서 이정기가 당조에 반기를 들어 후희일을 옹립한 것에 대해서는 언급하지 않았지만, 이 역시 같은 맥락으로 이해된다(이 책 제1부 제1장, 47~49쪽 참조).
25 『구당서』 권124, 후희일전, 3534쪽;『신당서』 권144, 후희일전, 4703쪽.
26 『자치통감』 권223, 영태 원년 7월 조, 7175쪽;『구당서』 권11, 대종본기, 영태 원년 7월 조, 279쪽.

이루었다. 조정은 오로지 고식姑息을 일삼고 능히 제어하지 못하였다. 비록 번신藩臣이라고 하지만 기미羈縻할 뿐이었다 (7175쪽).

라고 한다.[27] 원대의 호삼성胡三省은 『자치통감』 권223의 이정기의 후희일 기사에 주석을 달아 "사가史家들은 이정기가 후희일을 몰아낸 것을 들어 번진의 전횡을 말한다"(7175~7176쪽)고 하는데, 실제 이정기의 거사는 반항적 태도를 가진 하북번진들에게도 더욱 자신감을 부여하고 훗날 당조에 정면으로 맞서는 데 자극을 주었을 것이다.

그렇지만 이후 한동안은 당조와 번진 간에 큰 충돌이 일어나지 않는다. 그것은 무엇보다도 당조의 고식정책에 의한 것이지만, 자립적 번진의 입장에서도 아직 자신의 기반을 다지는 데 중점을 두었기 때문일 것이다. 절도사 이정기 역시 한동안 당조를 직접 자극하는 행위를 하지 않았지만, 그런 중 한 가지 흥미로운 사건이 일어났다.[28] 즉 이정기가 절도사가 된 3년 후인 대력大曆 3년(768) 6월 평로의 행군사마行軍司馬 허고許杲가 3천 명의 병사를 거느리고 남쪽으로 경계를 벗어나 호주濠州에 주둔하면서 강회江淮 지방을 넘본 것이었다. 안사의 난 후 강회지방은 하북이 반란군 출신 절도사들에 의해

---

27 『구당서』 권144, 陽惠元傳에는 "初, 大曆中, 兩河平定, 事多姑息. …… 李正己·李寶臣·田承嗣·梁崇義)皆始因叛亂得侯, 各擅土宇, 雖泛稟詔旨, 而威刑爵賞, 生殺自專, 盤根結固, 相爲表裏. 朝廷常示大信, 不爲拘限, 緩之則嫌釁自作, 急之則合謀. 或聞詔旨將增一城, 浚一池, 必皆怨怒有辭, 則爲之罷役, 而自於境內治兵繕壘以自固. 凡歷三朝, 殆二十年, 國家不敢輿拳石撮土之役. 代宗性寬柔無怒, 一切從之. 凡河朔諸道健步奏計者, 必獲賜賚"(3914쪽)라고 보인다.
28 『順宗實錄』 권4(『韓昌黎文集校注』, 上海古籍出版社, 1987), 711~712쪽; 『구당서』 권152, 張萬福傳, 4075쪽; 『신당서』 권170, 장만복전, 5178~9쪽; 『자치통감』 권224, 대력 3년 11월 조, 7206쪽; 『冊府元龜』 권385, 褒異11, 장만복 조, 中華書局, 4575쪽.

점거되면서 당조가 의존하는 최고의 경제지대가 되어 있었다. 양주揚州의 회남절도사淮南節度使 최원崔圓이 병사 천 명을 거느리고 수주壽州에 주둔하고 있던 절도부사節度副使 장만복張萬福을 섭호주자사攝濠州刺史에 임명하여 대응하게 하였다. 그러자 허고는 군대를 이동시켜 당도當塗·진장陳莊에 머물다가 남하하여 서주舒州를 공격하여 함락시켰다. 이에 최원이 장만복을 서주자사舒州刺史에 임명하니, 장만복이 회남 강안江岸의 도적들을 동원하여 허고를 여러 차례 격퇴하였다. 그럼에도 불구하고 허고가 철수하지 않자 대종이 직접 장만복을 궁궐로 불러들여 계책을 물은 다음 그를 회남의 화주자사和州刺史 겸 행영방어사行營防禦使에 임명하여 다시 회남 강안의 도적들을 독려하여 허고를 토벌하게 하였다. 이렇게 황제까지 직접 나섰던 것은 강회지방이 무단으로 점거되거나 대운하를 통해 강회지방에서 올라오는 조운로漕運路가 막힐 것을 우려한 때문이었을 것이다. 장만복이 화주에 이르자 허고는 군대를 승주昇州의 상원上元으로 이동시켰다가 북으로 초주楚州에 이르러 크게 약탈을 자행하였다. 12월 장만복이 신임 회남절도사 위원보韋元甫[29]의 명으로 허고를 공격하기 위해 회음淮陰으로 나아갔는데, 그때 허고의 군대 내부에서 하극상이 일어나 부하 강자권康自勸이 허고를 축출한 다음 지휘권을 장악하였다. 앞서 그들이 초주에서 약탈한 재화의 분배 내지는 이후의 행동양식을 두고 내부 갈등이 있었던 것으로 추측된다. 이후에도 강자권은 군대를 이끌고 회수淮水를 따라 동으로 이동하면서 계속 약탈을 자행하였다. 이에 장만복은 두 배 빠른 속도로 추격하

---

29 대력 3년 6월에 최원이 죽자 대종이 윤6월에 尙書右丞 위원보를 揚州大都督府長史·兼御史大夫·充淮南節度觀察等使에 임명하여 뒤를 잇게 하였다(『구당서』 권11, 대종본기, 대력 3년 6월과 윤월 조, 289~290쪽).

여 마침내 그들을 궤멸시켰고 평로군이 약탈한 금은과 부녀 등을 모두 가족에게 돌려주었다.

　이상이 사건의 전말인데, 과연 허고가 강회 지방을 넘본 이유는 무엇이었을까. 사서史書에서 이정기는 침묵으로 일관하고, 조정 역시 허고의 군사행동과 관련하여 이정기를 질책하는 것이 보이지 않는다. 그렇다면 허고는 독단으로 군대를 움직였던 것인가. 그렇게는 생각되지 않는데, 그것은 만약 허고가 자의적으로 행동한 것이라면 이정기에게도 중대한 사안으로서 이정기가 그냥 가만히 있지는 않았을 것이기 때문이다. 따라서 허고의 남하는 이정기의 치밀한 계산에 따라 이루어졌지만, 다만 표면적으로 이정기는 모습을 드러내지 않았고 조정도 더 이상 문제가 확대되는 것을 우려하여 문책하지 않고 그냥 넘어갔던 것으로 생각된다. 그럼에도 불구하고 허고의 강회 침공은 이정기가 앞으로도 기회가 오면 얼마든지 다시 주변을 넘볼 수 있음을 나타내는 사건으로서 주목된다.

　『신당서』 권65, 방진표方鎭表2에 의하면 대력 4년(769)에 평로의 해주海州·기주沂州·밀주密州 3주를 분리하여 별도로 도방어사都防禦使[30]를 설치하였다가 얼마 후에 폐지하고 다시 그 3주를 평로에 예속시켰다는 것이 보인다(1806쪽). 당조가 평로의 역량을 약화시키기 위한 조치로 단행되었을 것이지만, 이정기가 반발하자 다시 원래대로 환원한 것으로 볼 수 있다. 대종이 자립적 번진의 영역을 삭감하는 것은 매우 이례적인 것으로서 예사롭지 않은 사태가 있었을 것이 짐작되지만, 구체적인 것은 알 수 없다. 다만 추측하면 당조가 전 해

30　절도사와 도방어사는 모두 軍政을 관장하고 觀察使는 民政을 관장하였는데, 지위는 절도사, 관찰사, 도방어사 순이었다.

에 일어난 허고 사건을 핑계로 평로의 영역을 삭감하려 하였던 것은 아닐까.

이정기는 당조와의 적절한 관계를 의식하여 중국의 변경을 침공하는 토번吐蕃 등을 막기 위한 방추병防秋兵[31]을 장안의 서방으로 보내기도 하였다. 즉 『신당서』 권213, 이납전李納傳을 보면 "[이정기의 아들 이납은] 젊어서 봉예랑이 되어 병사를 거느리고 방추하니 대종이 소견召見하여 전중승殿中丞에 임명하고 금자金紫를 하사하였다. 입조 때 겸시어사兼侍御史에 임명되었다"(5990쪽)고 한다.[32] 『구당서』·『신당서』 이납전에는 모두 연대가 적혀 있지 않지만, 『책부원구』 권131, 연상延賞2, 대력 4년(769) 11월 조에

> 활박절도사滑亳節度使 영호창令狐彰과 치청절도사 이정기가 아들을 보내 조알朝謁하였다. 조서를 내려 창의 아들 건建을 겸어사중승, 정기의 아들 납을 겸시어사에 임명하고 또 금자를 하사하였다(中華書局, 1574쪽).

라는 기사가 보이기 때문에 이정기가 방추병을 파견하였던 시점은 대력 4년 11월이었음을 알 수 있다. 그러나 당시 이정기는 방추병을 정기적으로 보낸 것 같지는 않다. 즉 대력 9년 5월에 내려진 조서를 보면 매년 각 번진이 보내야 할 방추병의 숫자가 정해져 있었는데,

---

31 『구당서』 권139, 陸贄傳, "以河隴陷蕃已來, 西北邊常以重兵守備, 謂之防秋, 皆河南·江淮諸鎭之軍也, 更番往來, 疲於戍役"(3804쪽); 『자치통감』 권224, 대력 6년 8월 조의 호삼성 주, "秋高馬肥, 吐蕃數入寇, 唐歲調關東之兵屯京西以防之, 謂之防秋"(7218쪽).
32 『구당서』 권124 이납전, "納少時, 正己遣將兵備秋, 代宗召見嘉之, 自奉禮郎超拜殿中丞·兼侍御史, 賜紫金魚袋"(3536쪽).

여기에는 평로가 보이지 않는 것이다. 즉 『구당서』 권11, 대종본기를 보면

> 각 도道가 매년 보내야 할 방추병마防秋兵馬가 있는데, 회남 4,000인, 절서浙西 3,000인, 위박魏博 4,000인, 소의昭義 2,000인, 성덕成德 3,000인, 산남동도 3,000인, 형남荊南 2,000인, 호남湖南 3,000인, 산남서도 2,000인, 검남서천劍南西川 3,000인, 동천東川 2,000인, 악악鄂岳 1,500인, 선흡宣歙 3,000인, 복건福建 1,500인이다. 영남嶺南·절동浙東·절서는 또한 예例에 준하도록 하라(305쪽).

라고 한다.[33] 이 중 위박·성덕·산남동도 등 '반역의 번진'들이 정기적으로 방추병을 파견하였던 것이 흥미롭다. 즉 그들은 한편으로 이정기보다 더 적극적으로 당조와의 관계를 유지하고 있었던 것이다. 그런데 그 후 이정기가 다시 방추병을 파견한 것이 확인된다. 즉 『신당서』 권225중, 주체전朱泚傳을 보면

> [대종이] 방추병을 나누어 각각 통솔하게 하였는데, 하양河陽·영평永平의 병사는 곽자의가 관할하고, 결승決勝·양유楊猷의 병사는 이포옥李抱玉이 관할하고, 회서淮西·봉상鳳翔의 병사는 마린馬璘이 관할하고, 변송汴宋·치청의 병서는 주체가 관할하였다(6441~6442쪽).

---

[33] 『당대조령집』 권111, 「命諸道平糴勅」에는 검남동천 3,000인으로 적혀있고(580쪽) 『책부원구』 권484, 經費, 대력 9년 5월 조에는 산남서도 3,000인으로 적혀있다(5785쪽). 또 두 책 모두에 '嶺南·浙東·浙西'는 '嶺南·江南·浙東·浙西等'으로 적혀있다.

라고 한다. 그리고 그 시기는 『자치통감』 권225, 대력 9년 9월 조에 "갑진일 곽자의·이포옥·마린·주체에게 명하여 제도諸道의 방추병을 나누어 통솔하게 하였다"(7228쪽)라고 하는 기사를 통해 알 수 있다. 이정기는 비록 정기적으로 방추병을 보내지는 않았지만, 부정기적인 파병을 통해 당조와 일정한 관계를 유지하였던 것으로 여겨진다.

3. 위박절도사魏博節度使 전승사田承嗣와 이정기

비교적 사소한 사건들은 뭇 번진에서 계속 발생하였지만,[34] 당조와 번진이 크게 충돌하는 일은 없었다. 그것은 대종이 계속 고식정책을 고수하고 동시에 자립적 번진의 입장에서도 복고회은의 난과 같은 호재가 없었기 때문이었을 것이다. 이정기 역시 당분간은 자신의 기반을 다지기 위한 시간이 필요했을 것이 분명하다. 그러다가 대력 9년(774) 10월 이후 위박절도사 전승사가 당조의 권위에 정면으로 도전하면서 큰 사건이 일어나게 되었다.

전승사는 당의 절도사가 된 이후에도 안녹산·사사명의 부자父子를 위해 사당을 지어놓고 그들을 '사성四聖'이라 부르고 있었는데, 이때 '성'은 황제를 의미하는 것이었다.[35] 그런 중 대력 8년 9월 그가

---

[34] 대력 5년 4월 湖南兵馬使 臧玠가 관찰사 崔瓘을 죽였다가 澧州刺史 楊子琳에게 곧 토벌되었고(『자치통감』 권224, 7214쪽), 대력 8년 9월 循州刺史 哥舒晃이 嶺南節度使 呂崇賁을 죽이고 반란을 일으킨 것(상동, 7221쪽) 등이 그것이다. 또한 토번도 계속 변방을 침입하였다.

[35] 陳寅恪, 「統治階級之氏族及其升降」, 34~35쪽; 加藤繁, 「竹頭木屑錄」, 『支那經濟史考證』 下, 東洋文庫, 1953, 765쪽; 堀敏一, 「唐五代武人勢力의 一形態 —魏博天雄軍의 歷史」, 『中國古代史의 視點』, 汲古書院, 1994, 129쪽; 黃永年, 「論安史之亂的平定和河北藩鎭的重建」, 『中國古代史論叢』 1981-1, 111~112쪽.

대종에게 재상 관직을 청하자 대종이 환관 손지고孫知古를 보내 완곡하게 전승사를 설득하여 사당을 부수게 하고, 그 대가로 같은 해 10월 동평장사同平章事를 제수해 주었다.[36] 위박 번진에 내재된 반항적 성격과 번진들에 대한 대종의 자세를 잘 보여주는 장면이다. 그리고 대력 9년 3월에는 전승사가 대종의 딸인 영락공주永樂公主를 자신의 아들 전화田華의 처로 삼기를 청하여 허락되었다. 대종은 혼인을 통해 전승사의 마음을 묶어두려 한 것이지만, 전승사는 이후 더욱 교만해졌다.[37]

대력 9년(774) 10월 마침내 전승사가 소의昭義(=상위相衛) 번진의 장리將吏들을 선동하여 반란을 일으키게 하면서 야욕을 드러냈다. 소의는 대력 8년 정월 절도사 설숭이 죽은 후 내부적 갈등을 겪고 있었는데, 전승사가 그 틈을 이용한 것이었다.[38] 그러자 다음 해 대력 10년 정월 소의병마사 배지청裵志淸이 설숭의 동생인 절도유후 설악薛崿을 축출한 후 군대를 이끌고 전승사에게 귀순해 왔다. 당시 전승사는 위주·박주·덕주·창주·영주·전주澶州 6주를 거느렸고,[39] 소의는 상주·위주·명주·형주·패주·자주 6주를 거느렸으며, 치소는 각각 위주와 상주였다. 배지청이 귀순해오자 전승사는 구원을 핑계로 바로 군대를 이끌고 상주를 습격하여 점령하였고, 설악은 명주로 달아났다가 장안으로 갔다.[40]

---

36 『자치통감』 권225, 대력 8년 9월 및 10월 조, 7222쪽.
37 『구당서』 권141, 전승사전, 3838쪽;『신당서』 권210, 전승사전, 5924쪽;『자치통감』 권225, 대력 9년 3월 조, 7226쪽.
38 『자치통감』 권224, 대력 8년 정월과 대력 9년 10월 조, 7219쪽 및 7228쪽.
39 『신당서』 권66, 方鎭表3, 1840~1843쪽. 澶州는 대력 7년 魏州를 나누어 만든 주이다.
40 『자치통감』 권225, 대력 10년 정월 조, 7228쪽.

당조가 이 사건을 크게 우려한 것은 당연했다. 그때까지 자립적 번진들은 서로 연대하여 당조에 대응하면서도 한편으로는 균형을 유지하며 서로 견제하는 관계에 있었는데, 전승사의 소의 병합은 자칫 그러한 견제와 균형을 무너뜨릴 우려가 있었기 때문이다. 이에 같은 달(정월) 당조는 설숭의 일족들을 소의 순속巡屬(=지군支郡)의 자사에 임명하였다. 즉 소의 비장裨將 설택薛擇을 상주자사, 설웅薛雄을 위주자사, 설견薛堅을 명주자사에 임명하고, 아울러 전술한 환관 손지고를 위주로 보내 전승사를 설득하여 자신의 영역을 지키게 하였다. 그러나 전승사는 권고를 무시하고 대장大將 노자기盧子期를 보내 명주를 점령하고 또 양광조楊光朝를 보내 위주衛州를 공격하게 하였다.[41] 같은 달 당조는 "제도諸道의 병사가 달아나면 제칙制勅을 받들지 않고서는 바로 소모召募하지 않도록 하라"[42]는 조서를 내려 번진이 마음대로 군대를 확충하는 것을 막으려 하였다. 그러나 전승사는 같은 해 2월 위주자사衛州刺史 설웅을 유인하였지만 따르지 않자 도적을 시켜 그와 가족들을 모두 살해하고, 상주·위주·형주·패주 4주를 점령한 후 주현 관리들을 마음대로 임명하고 또 그 정예병사와 좋은 말을 모두 위주魏州로 끌고 갔다. 그리고 환관 손지고를 협박하여 자주·상주를 함께 순행하며 2주의 군인들에게 귀를 자르고 얼굴을 벗겨낸 후 자신을 군수로 청하게 하였다. 같은 달 당조는 화주자사華州刺史 이승소李承昭를 소의절도유후·상주자사에 임명하였지만,[43] 이승소는 사태를 수습할 수 있는 실력이 없었다. 그럼에도

---

41 『구당서』 권141, 전승사전, 3838쪽; 『신당서』 권210, 전승사전, 5924쪽; 『자치통감』 권225, 대력 10년 정월 조, 7228쪽.
42 『당회요』 권72, 軍雜錄, 대력 10년 정월 조, 上海古籍出版社, 1540쪽; 『자치통감』 권225, 대력 10년 정월 조, 7229쪽.
43 『구당서』 권11, 대종본기, 대력 10년 2월 조, 307쪽; 『자치통감』 권225, 대력 10년 2월

대종의 대응은 사실상 그것이 전부였다.

그런 중인 3월 이정기와 이보신이 대종에게 스스로 전승사를 토벌하겠으니 허락해 달라는 의사를 전해왔다. 『자치통감』에는 그들이 토벌을 자청한 것은 이전에 전승사와 사이가 벌어졌기 때문이었다고 하지만,[44] 전승사의 세력 확장이 자신들에게 위협이 될 수 있다는 인식과 또 그것을 이용하여 이익을 얻으려는 동기가 작용하였던 것이라고 생각된다. 이에 당조는 4월 마침내 칙서를 내려 전승사를 영주자사永州刺史로 강등시키고, 위박 주변의 하동河東·성덕·치청·회서·영평·변송·하양·택로澤潞의 절도사들에게 군대를 내어 전승사를 포위한 후 조금이라도 저항하면 바로 공격하게 하면서 전승사와 그 조카 전열田悅에게만 죄가 있고 나머지는 반성하면 일절 죄를 묻지 않겠다[45]고 하여 분열을 유도하였다.

유주절도유후幽州節度留後 주도朱滔도 대종의 명을 받들었다. 그리하여 같은 달(4월) 주도와 이보신과 하동의 설겸훈薛兼訓이 북쪽에서 위박을 공격하고, 이정기와 회서의 이충신李忠臣 등은 남쪽에서 전승사를 공격하였다. 그러자 5월 전승사의 군장 곽영국霍榮國이 자주磁州를 들어 투항하였다. 이정기는 위박의 덕주德州를 점령하였고, 이충신은 영평·하양·회주懷州·택주澤州 번진의 보기步騎 4만 명을 이끌고 위주衛州로 진공하였다.[46] 6월 전승사가 배지청을 보내

조, 7229쪽.
44 『자치통감』 권225, 대력 10년 3월 조, "初, 成德節度使李寶臣·淄青節度使李正己, 皆爲田承嗣所輕. 寶臣弟寶正娶承嗣女, 在魏州, 與承嗣子維擊毬, 馬驚, 誤觸維死. 承嗣怒 囚寶正, 以告寶臣. 寶臣謝教敕不謹, 封杖授承嗣, 使撻之, 承嗣遂杖殺寶正, 由是兩鎭交惡. 及承嗣拒命, 寶臣·正己皆上表請討之"(7230쪽).
45 『책부원구』 권122, 征討2, 대력 10년 4월 조, 1460쪽; 『자치통감』 권225, 대력 10년 4월 조, 7230쪽; 『구당서』 권141, 전승사전, 3839~3840쪽.
46 『신당서』 권210, 전승사전, 5925쪽; 『자치통감』 권225, 대력 10년 5월 조, 7231쪽.

이보신의 기주冀州를 공격하게 하였지만, 그는 그대로 이보신에게 투항하였다. 이에 전승사가 직접 군대를 이끌고 기주를 포위하였지만, 오히려 역공을 당해 그냥 돌아왔다. 8월 전승사가 대종에게 표表를 올려 단신으로 귀순하겠다는 뜻을 전했다. 그러나 이것은 진심이 아니어서 대종이 답을 내리기도 전에 다시 노자기를 보내 자주磁州를 공격하게 하였기 때문에[47] 상황은 마찬가지가 되었다.

그런 중 평로군에서 작은 사건이 일어나 번진 연합군 진영에 혼란이 생기기도 하였다. 즉 그해 9월 이보신과 이정기가 함께 기주冀州의 조강棗强에서 만나서 패주를 포위한 다음 각각 군사들에게 잔치를 열고 상을 주었는데, 이보신은 상을 후하게 준 반면 이정기는 박하게 주었다. 평로의 군인들이 불만을 품자 이정기가 변고를 우려하여 군대를 뒤로 후퇴시켰는데, 그로 인해 이보신도 군대를 후퇴시키고, 이충신도 번진 연합군의 보기 4만을 이끌고 위주衛州를 포위하고 있다가 황하 이남으로 물러나 정주의 양무陽武에 주둔하게 되었던 것이다.[48] 이정기의 개인적 단면과 번진 연합군에서 그가 차지했던 비중을 알 수 있는 사건이었다. 이정기가 빠진 상황에서 이보신과 주도가 함께 전승사의 종부제從父弟 전정개田庭玠가 지키는 창주滄州를 공격하였지만, 성과가 없었다. 10월 전승사가 그것을 이용하여 노자기를 보내 다시 자주를 공격하게 하였다. 이에 대종이 재차 이보신·이충신 등에게 공격 명령을 내렸다.[49] 이보신과 소의유후 이승소가 노자기를 공격하여 사로잡은 다음 장안으로 보내 참수하게

---

47 『신당서』 권210, 전승사전, 5925쪽; 『자치통감』 권225, 대력 10년 8월 조, 7231쪽.
48 『자치통감』 권225, 대력 10년 9월 조, 7232쪽.
49 『책부원구』 권122, 征討2, 대력 10년 8월 조, "田承嗣上表請束身歸朝, 其將盧子期寇磁州, 詔李寶臣·李正己·李忠臣·李勉·李昭·田神玉·朱滔·李抱玉等同赴磁州討伐"(1460쪽).

하였고, 하남의 절도사군이 함께 변주의 진류陳留에서 전열을 대파하였다.[50]

그렇게 전쟁이 일진일퇴를 거듭하고 있을 때 이정기가 갑자기 마음을 바꾸었다. 이전에 이정기가 전승사에게 사신을 보내자 전승사가 그대로 억류해 두었는데, 전열이 하남의 군대에게 대패한 다음 전승사가 태도를 바꾸어 사신을 돌려보내며 경내의 호구·군대·곡식·재화의 숫자를 모두 적어 주었다. 그러면서 "나는 올해 86세[51]로서 언제 죽을지 모른다. 그런데 아들들은 불초하고 전열은 무능하며 유약하다. 지금 내가 가진 것은 이공李公(즉 이정기)을 위해 잠시 보관하는 것일 뿐이다. 어찌 이공의 군대를 욕보일 수 있겠는가"라고 하며 사신을 마당에 세워두고 남향하여 절한 후 서신을 전하고, 또 이정기의 화상을 그려두고 분향하며 받들었다. 이정기가 그 이야기를 듣고 기뻐하며 군대를 거두고 나아가지 않자, 하남의 군대도 감히 나아가질 못하였다. 이로써 전승사는 남쪽에 대한 우려를 불식하고 오로지 북쪽에만 전념할 수 있게 되었다.[52]

이에 대종이 같은 대력 10년 10월 환관 마승천馬承倩을 보내 이보신을 격려하였다. 그런데 마승천은 성덕을 떠나면서 이보신이 선물로 준 비단을 바닥에 던져버리는 경솔한 행동을 하고 말았다. 성덕 병마사 왕무준王武俊이 이보신에게 "지금 군중軍中에서 공을 세우고 있는 데도 일개 환관의 행동이 이러한데 적이 토벌된 다음은 조서 한 장이면 필부에 불과하게 될 것입니다. 전승사를 놓아주어 자산

---

50 『자치통감』 권225, 대력 10년 10월 조, 7233쪽; 『책부원구』 권359, 立功12, 이승소전, 4256쪽.
51 호삼성은 전승사가 죽을 때의 나이가 75세였다고 하면서 이것은 이정기를 속이는 것이라 한다(『자치통감』 권225, 대력 10년 10월 조의 호삼성 주, 7233쪽).
52 『자치통감』 권225, 대력 10년 10월 조, 7233쪽.

으로 삼는 것이 좋을 것입니다"라고 하자 이보신이 다른 마음을 품게 되었다.[53] 전승사는 평소 이보신이 자신의 고향인 유주幽州를 차지하고 싶어하는 마음이 있다는 것을 알고 있었다. 이에 "[이보신이] 전씨田氏와 함께 유주에 들어갈 것이다"라는 참위讖緯의 말을 돌에 새겨 성덕에 묻게 하고 소문을 퍼뜨려 이보신이 알게 하였다. 그리고 사신을 보내 이보신에게 위박의 창주滄州를 주겠으니 함께 유주를 도모하자고 제의하여 밀약이 성립되었다. 이보신이 먼저 주도를 급습하여 유주를 취하려 하였지만, 유주의 군비가 견고하여 나아가질 못했다. 그때 전승사가 이보신에게 사신을 보내 모든 것은 자신의 장난이었다며 조롱하였다.[54] 이보신은 후회하였지만 소용이 없었다. 당연히 성덕과 유주의 관계는 악화되었고, 번진 연합군은 붕괴된 것이나 다름없었다. 단, 창주는 그때 전승사가 실제로 이보신에게 넘겨준 듯 이후 성덕의 관할이 되었다.[55]

이렇게 하여 전승사는 번진 연합군을 분열시키는 데 성공하였지만, 11월 부하 오희광吳希光이 영주瀛州를 들어 당조에 투항하였다.[56] 위박 역시 내부적으로 흔들리고 있었던 것이다. 이에 12월 원재元載와 왕진王縉이 대종에게 위주魏州는 소금이 귀하니 경내로 소금이 반입되는 것을 막아 전승사를 압박하기를 청하였다.[57] 그러나 대종은 허락하지 않았는데, 그것은 번진의 발호를 틈타 토번 등 이

---

53 『자치통감』 권225, 대력 10년 10월 조, 7233쪽; 『신당서』 권210, 전승사전, 5926쪽.
54 『신당서』 권211, 이보신전, 5949쪽; 『자치통감』 권225, 대력 10년 10월 조, 7234~7235쪽.
55 『신당서』 권66, 方鎭表3, 1843쪽.
56 『구당서』 권11, 대종본기, 대력 10년 11월 조, 308쪽; 『신당서』 권6, 대종본기, 대력 10년 11월 조, 178쪽; 『자치통감』 권225, 대력 10년 11월 조, 7235쪽.
57 『자치통감』 권225, 대력 10년 12월 조, 7236쪽.

민족이 변경을 계속 침공하는 상황에서[58] 전승사를 자극하여 더 이상 사태가 악화되는 것을 바라지 않았기 때문이었다. 당조의 입장을 간파한 전승사는 형식상 입조를 청하였고, 또 이정기도 여러 차례 표를 올려 전승사가 반성할 수 있기를 청하였다.[59] 대력 11년 정월 전승사가 다시 사신을 보내 입조를 청하자 대종은 마침내 간의대부 諫議大夫 두아杜亞를 보내 전승사의 죄를 사면하고 앞서 박탈한 원래의 관작을 회복시켜 주었다.[60] 이것은 그때까지의 상황을 그대로 종식시켜 현상을 유지하게 하는 의미를 지니는 것이었다. 그 결과 전승사는 처음 의도대로는 아니었지만 주州의 숫자만으로 본다면 영역을 일부 확장하는 소득을 올렸다. 즉 부하 오희광이 영주를 들어 당조에 투항하고[61] 이정기가 덕주를 점령하고 또 이보신에게 창주를 넘겨주었지만, 대신 소의가 다스리던 위주衛州·상주相州·명주洺州·패주貝州를 차지하여 결과적으로 순속이 1주 늘어난 것이었다.[62] 『구당서』 권124, 이정기전을 보면, 후술할 이영요李靈曜가 난을 일으켰을 때의 상황을 기술하면서 "제도諸道가 어느 지역을 공격하여 점령하면 각각 자신의 영토로 삼았다"(3535쪽)고 하지만, 이러한 상황은 전승사의 난 때도 마찬가지였다고 하겠다.

---

58 『자치통감』 권225, 대력 10년 9월 조(7232쪽)와 11월 조(7235쪽)와 12월 조(7236쪽) 등 참조. 代宗이 姑息政策을 취한 배경에는 토번 등 이민족의 침공이 있었다는 것을 간과해서는 안되지만, 이에 대해서는 다음 기회에 자세히 논하겠다.
59 『신당서』 권210, 전승사전, 5926쪽; 『자치통감』 권225, 대력 10년 12월 조, 7236쪽.
60 『당대조령집』 권121, 「宥田承嗣詔」와 「復田承嗣官爵制」, 644~645쪽; 『책부원구』 권176, 姑息1, 대력 11년 정월 및 12월 3월 조, 2116~2117쪽; 『구당서』 권11, 대종본기, 대력 11년 정월 조, 308쪽; 『자치통감』 권225, 대력 11년 2월 조, 7237쪽.
61 『신당서』 권66, 方鎭表3에 의하면 瀛州는 그해에 幽州盧龍節度使 관할이 되었다(1843쪽).
62 『신당서』 권66, 方鎭表3, 1843쪽.

4. 이영요李靈曜의 난과 이정기

이정기는 전승사의 난을 이용하여 덕주를 차지하였지만,[63] 같은 대력 11년(776)에 일어난 이영요의 난은 이정기가 더 많은 영토를 차지할 기회를 제공하였다.

대력 11년 5월 변송절도유후汴宋節度留後 전신옥田神玉이 죽자 도우후都虞候 이영요가 병마사 겸 복주자사 맹감孟鑒을 살해하고 변송을 장악한 다음 전승사와 연계하며 자립적 자세를 취하였다.[64] 전신옥은 후희일에 앞서 영주에서 산동으로 들어와 변송절도사가 된 전신공田神功의 동생으로서 전신공이 대력 8년 10월 입조하였다가 다음 해 정월 장안에서 죽자 그해 2월 변송유후에 임명되었다. 당시 전신공의 사망은 변송의 군인들에게 상당한 동요를 가져온 듯 이전에 전신공이 파견한 변송의 방추병 1,500명이 창고의 재물을 약탈한 다음 흩어지는 사건이 발생하였다. 이에 당조는 서둘러 변송을 안무하기 위해 전신옥을 유후에 임명하였던 것인데,[65] 충분한 시간이 지나기도 전에 전신옥이 사망하였고 그 틈을 이용하여 이영요가 변란을 일으킨 것이었다.[66] 당시 변송절도사가 관할하던 지역은 변주汴州·송주宋州·조주曹州·복주濮州·연주兗州·운주鄆州·서주徐州·사주泗州 8주였다.[67]

---

63 『신당서』권65, 方鎭表2, 1807쪽; 같은 책 권66, 方鎭表3, 1843쪽; 『자치통감』권225, 대력 10년 5월 조의 호삼성 주, 7231쪽.
64 『자치통감』권225, 대력 11년, 5월 조, 7237쪽.
65 『구당서』권11, 대종본기, 대력 9년 2월 조, 304쪽; 『자치통감』권225, 대력 8년 10월 조(7224쪽), 같은 책 권226, 대력 9년 정월 및 2월 조, 7225~7226쪽.
66 『구당서』권131, 李勉傳, "[大曆]十一年, 汴宋留後田神玉卒, 詔加勉汴州刺史·汴宋節度使. 未行, 汴州將李靈曜阻兵, 北結田承嗣, ……"(3635쪽).
67 『자치통감』권225, 대력 11년 5월 조 및 胡三省 注, 7237쪽.

이영요가 변란을 일으키자 당조는 같은 달(5월) 영평절도사 이면李勉에게 변송등8주유후汴宋等八州留後를 겸하게 하고 이영요를 복주자사에 임명함으로써 사태를 수습하려고 하였다. 그러나 이영요가 조서의 수령을 거부하자 당조는 6월 이영요를 변송유후에 임명하고 사신을 보내 변송을 위무하였다.[68]

그러나 이영요는 유후에 임명된 후 더욱 교만해져 자신의 당파를 관내 8주의 자사와 현령에 임명하는 등 하북의 번진을 따라 자립적 태도를 분명하게 하였다. 그런 중인 7월 전승사가 개입하여 전열을 보내 이영요와 함께 영평절도사의 치소인 활주滑州를 공격하여 이면을 패배시켰다.[69] 마침내 8월 당조가 회서절도사 이충신, 영평절도사 이면, 하양삼성사河陽三城使 마수馬燧에게 조서를 내려 이영요 토벌을 명하자,[70] 이정기와 회남절도사 진소유陳少遊[71]도 스스로 군대를 보내 토벌전에 참가하였다.[72]

이렇게 하여 하남지방은 대규모 전란에 휩싸이게 되지만, 고식정책을 취하던 대종이 바로 전쟁을 선택하게 된 데에는 조운의 문제가 있었다는 점을 간과할 수 없다. 당시 변주는 조운이 지나는 요충지

---

68 『구당서』 권11, 대종본기, 대력 11년 5월 조, 309쪽; 『자치통감』 권225, 대력 11년 5월 조, 7237쪽.
69 『책부원구』 권359, 立功12, 馬燧 조, 4256쪽; 『자치통감』 권225, 대력 11년 7월 조, 7238쪽.
70 『책부원구』 권122, 征討2, 대력 11년 7월 조, "命淮西節度使李忠臣·滑州永平軍節度使李勉·河陽節度馬燧, 三鎭兵同討之"(1460쪽); 『구당서』 권131, 이면전, "詔[李]勉與李忠臣·馬燧等攻討"(3635쪽); 『자치통감』 권225, 대력 11년 8월 조, 7238쪽.
71 王壽南, 『唐代藩鎭與中央關係之硏究』, 大化書局, 1978, 807쪽에 의하면 진소유는 비교적 조정에 공순한 인물이었다.
72 『자치통감』 권225, 대력 11년 8월 조, 7238쪽. 당조가 이정기에게 이영요를 토벌하라는 명을 내리는 것은 어디에도 보이지 않는다. 이정기는 스스로 토벌전에 참가하였다고 생각된다.

에 있었다. 『자치통감』 권227, 덕종德宗 건중建中 2년(781) 6월 조를 보면, 곽자의의 사망과 그의 공적에 관해 기술하면서

> [이전에] 이영요가 변주를 점거하여 난을 일으켜 변汴을 지나는 공사물公私物을 모두 억류하였다. 그러나 곽자의의 물품에 대해서는 감히 가까이 가지 못하고, 병사를 보내 호위하여 경계 밖으로 보내주었다(7302~7303쪽).

라고 하여, 이영요가 난을 일으켜 국가·개인의 물자를 모두 억류하였지만 곽자의의 물품만은 통과시켰다는 것이 보인다.[73] 안사의 난 후 강회江淮 지방으로부터 올라오는 물자에 절대 의존하고 있던 당조에게 조운로의 단절은 왕조의 생사가 걸린 문제였다.[74] 당시에도 토번은 여전히 변경을 위협하였고,[75] 또 전승사까지 개입하여 사태가 확대될 우려가 있었음에도 불구하고 대종이 이영요 토벌을 결정한 것은 그만큼 조운이 중요한 사안이었음을 말한다고 하겠다.

이영요가 조운로를 차단한 시점을 확인해 보자. 『구당서』 권11,

---

[73] 『구당서』 권120, 곽자의전의 말미, 史臣裵泊曰, "李靈曜據汴州, 公私財賦一皆遏絶, 獨[郭]子儀封幣經其境, 莫敢留之, 必持兵衛送"(3467쪽).
[74] 『구당서』 권14, 憲宗本紀, 元和 2년 12월 조, "史官李吉甫撰元和國計簿, 總計天下方鎭凡四十八, 管州府二百九十五, …… 其鳳翔·鄜坊·邠寧·振武·涇原·銀夏·靈鹽·河東·易定·魏博·鎭冀·范陽·滄景·淮西·淄靑十五道, 凡七十一州, 不申戶口. 每歲賦入倚辦, 止於浙江東西·宣歙·淮南·江西·鄂岳·福建·湖南等八道, 合四十九州, 一百四十四萬戶"(424쪽). 陳寅恪, 「統治階級之氏族及其升降」, 20쪽; 全漢昇, 「唐宋帝國與運河」, 『中國經濟史硏究』 上, 稻鄕出版社, 1991, 308~310쪽 참조.
[75] 『책부원구』 권987, 外臣部, 征討6, "[大曆]十一年正月, 崔寧上言, 大破吐蕃故洪等四節度, 兼突厥·吐渾·氐·蠻·羌·黨項等二十餘萬衆, 斬首萬餘級, 生擒首領一千三百五十人, 獻功闕下"(11589쪽);『자치통감』 권225, 대력 11년 7월 조, "吐蕃寇石門, 入[夏州]長澤川"(7238쪽);『책부원구』 권429, 將帥部, 守邊, 渾瑊 조, "[大曆]十一年, 吐蕃大寇慶州方渠·懷安等鎭, 瑊擊却之"(5111쪽).

대종본기, 대력 11년 8월 조를 보면 "이영요가 변주를 점거하여 반叛하였다. [같은 달] 갑신일 대종이 이충신 등에게 토벌을 명하였다"(309쪽)고 하여 이영요가 변주를 점거한 시점을 같은 해 8월이었던 것처럼 기술하고 있다. 이에 대해 『구당서』 권134, 마수전에는 "대력 11년 5월, 변송대장汴宋大將 이영요가 [맹감을 살해하고] 반反하여 조운로를 단절하고 절제節制를 구하였다"(3691쪽)고 하여 이영요가 맹감을 살해한 후 바로 조운을 단절하였다고 한다.[76] 후자가 타당하다고 생각된다. 그렇다면 그해 6월 대종이 이영요를 변송유후에 임명해준 것도 무엇보다 운하의 재개를 위한 것이었다고 하겠다.

대종이 대력 11년 8월 이충신 등에게 이영요 토벌을 명하자 변송병마사·섭절도부사汴宋兵馬使·攝節度副使 이승혜李僧惠, 변송아장汴宋牙將 고빙高憑·석은금石隱金 등이 함께 당조에 투항하였다. 이에 대종은 이승혜를 송주자사, 고빙을 조주자사, 석은금을 운주자사에 임명하며 이영요를 공격하게 하였다.[77] 그리고 9월 이충신과 마수가 이영요를 공격하기 위해 함께 정주鄭州에 이르렀는데, 『자치통감』 권225의 관련 기사를 보면

> 이충신·마수가 군대를 거느리고 정주에 이르렀다. 이영요가 병사를 이끌고 나와 싸우자 양군兩軍은 미처 예상하지 못한 터여서 정주의 형택滎澤으로 퇴군하였다. 회서 군사軍士 중 무너져 달아난 자가 10의 5~6이나 되었다. 정주의 사민士民이 모두 놀라 동도東都로 달아났다. 이충신이 장차 회서로 돌

---

76 『책부원구』 권359, 立功12, 馬燧 조, 4256쪽에도 거의 같은 기사가 있다.
77 『자치통감』 권225, 대력 11년 8월과 9월 조, 7238쪽.

아가려 하였는데, 마수가 불가하다고 하며 "순順으로 역逆을 토벌하는데 무슨 근심이 있겠는가. 어찌하여 스스로 공명을 버리려는 것인가"라고 하며 조금도 물러서지 않았다. 이충신이 그 말을 듣고 흩어진 병졸을 수습하자 며칠 만에 군세軍勢가 다시 떨쳤다(7238~7239쪽).

라고 하여 이영요가 정주로 와서 싸우려 하자 싸움을 하기도 전에 이충신의 회서군이 대부분 흩어져 버렸다고 한다. 또 『구당서』 권134, 마수전에서는 "이충신이 적을 두려워하여 집들을 불태우고 서쪽으로 도주하였다"(3691쪽)고 한다.[78] 하지만 마수가 공명을 미끼로 이충신을 설득한 후 스스로 선봉이 되어 먼저 전열의 군대를 격파한 후 이충신과 함께 변주로 향하였다.[79]

그 사이 이정기는 운주와 복주를 점령하였다. 그런데 당시 운주는 이미 당조에 투항한 상황에서 이영요를 공격하는 입장에 있었다. 이로써 이정기의 참전 목적이 영토의 확장에 있었다는 것이 명확해졌지만, 그는 같은 달(9월) 그 사실을 조정에 상주上奏하였다.[80] 그때까지 이정기는 당조에 정면으로 맞서는 일은 삼갔지만, 이제 공공연히 자신의 야욕을 드러내기 시작하였던 것이다. 9월 송주자사 이승혜가 변주의 옹구雍丘에서 이영요의 군대를 패퇴시켰고, 10월에는 이충신과 마수가 각각 남북에서 변주를 공격하여 여러 차례 이영요군을 격파하고 이어 회남의 진소유와 합류한 다음 변주성 서쪽에서 이

---

[78] 『책부원구』 권359, 將帥部, 立功12, 마수 조, 4256쪽에도 거의 같은 기사가 있다.
[79] 『구당서』 권134, 마수전, 3691쪽.
[80] 『구당서』 권11, 대종본기, 대력 11년 9월 조, 309~310쪽. 당시 鄆州가 이영요에게 다시 장악되었다는 기사는 전혀 보이지 않는다. 이정기의 上奏는 당조로부터 2주를 점령하였다는 것을 공인받기 위한 행위였다고 이해된다.

영요를 대파하였다.[81] 이영요가 변주성으로 달아나 저항하자 이충신 등이 성을 포위하였다.[82]

그때 전승사가 다시 전열에게 병사 3만을 주면서 이영요를 구하게 하였다.[83] 전열이 활주滑州의 광성匡城에서 영평군 장수인 두여강杜如江을 격파하고 조주曹州를 약탈한 다음 이정기의 유군遊軍을 패배시키고[84] 진군하여 변주성 북쪽 몇 리 밖에 주둔하였다. 그러나 이충신이 해족奚族 출신 이중천李重倩에게 가벼운 기병 수백으로 밤에 전열을 기습하여 혼란에 빠뜨리게 한 다음 마수와 함께 전열의 군대를 궤멸시키자, 전열은 단신으로 도망갔다. 이영요는 활주의 위성韋城으로 달아났지만, 두여강에게 사로잡혀 장안으로 압송되고,[85] 조운도 재개되었다.[86]

이렇게 하여 이영요의 반란은 비교적 쉽게 평정되었지만, 이정기는 운주와 복주 외에도 몇 개 주를 더 획득하였다. 즉 『자치통감』 권225, 대력 12년(777) 12월 조를 보면

> 평로절도사 이정기는 앞서 치주淄州·청주青州·제주齊州·해주海州·등주登州·내주萊州·기주沂州·밀주密州·덕주德州·체주棣州 10주의 땅을 영유하였다. 이영요의 난이 일어나자 제도諸道가 함께 공격하여 각기 점령한 땅을 차지하였는데,

---

81 『구당서』 권134, 마수전에는 "[李]忠臣行汴南, 燧引軍行汴北, 又敗靈曜將張淸於西梁固. 靈曜選銳兵八千, 號爲餓狼軍, 燧獨引軍擊破之, 進至浚儀. 是時河陽兵冠諸軍"(3691쪽)라고 한다.
82 『자치통감』 권225, 대력 11년 9월과 10월 조, 7239쪽.
83 『신당서』 권210, 전승사전, 5926쪽.
84 『구당서』 권134, 마수전, 3691쪽.
85 『자치통감』 권225, 대력 11년 10월 조, 7239쪽; 『구당서』 권134, 마수전, 3691쪽.
86 『구당서』 권132 李芃傳, 3655쪽.

이정기는 조주·복주·서주·연주·운주 5주를 얻었다(7249쪽).

라고 하여, 이영요의 난 중에 이정기가 조주·서주·연주까지 점령하여 순속으로 삼았다는 것을 알 수 있다.[87] 이 중 조주는 전술하였듯이 당조에 투항한 고빙이 다스리던 지역이었는데, 그곳을 점령한 것 역시 이정기의 대담성과 변화된 태도를 알게 한다. 어쨌든 이정기는 이영요의 난에 개입하여 무력으로 변송의 8주 중 5주를 차지하게 됨으로써 그의 영역이 대운하와 접하고 또 동도와도 멀지 않게 되었다.[88] 그러나 당조는 이정기에 대해 아무런 제재를 가하지 못하였을 뿐 아니라, 오히려 반란이 종결된 다음인 12월 그를 동평장사에 임명하였다.[89] 이것은 이정기가 점령한 지역을 당조가 그대로 공인하는 것을 의미했다. 그리하여 이정기는 마침내 하북의 번진을 크게 능가하는 15주를 지배하는 대번의 번수로서 생애 최고의 전성기를 맞이하게 된다.

5. 이정기의 전성기

이정기는 절도사가 된 후 점점 관작이 높아져 왔다. 즉 ① 대종 영

---

87 『구당서』 권124, 이정기전, 3535쪽; 『신당서』 권213, 이정기전, 5990쪽.
88 李正己의 영역이 대운하와 접하고 東都와도 그다지 멀지 않게 된 것은 이정기 일가의 운명에 중대한 의미를 지닌다고 생각된다. 즉 한편으로는 당에 큰 위협을 가할 수 있는 입장이 된 반면, 한편으로는 당조가 훗날 이정기 일가의 발호를 그냥 좌시할 수 없게 만드는 요인으로도 작용하는 것이다.
89 『구당서』 권11, 대력 11년 12월 조, 310쪽; 『자치통감』 권225, 대력 11년 12월 조, 7240쪽. 한편 전술하였듯이 전승사는 대력 8년 10월에 동평장사가 되었지만, 이보신은 이정기와 동시에 동평장사가 되었다.

태 원년(765) 7월 절도사가 되었을 때 검교공부상서(정3품)·겸어사대부라는 관직(朝官)과 요양군왕饒陽郡王[90]이라는 작위를 받고 ② 곧 승진하여 검교상서우복야(종2품)가 되었으며 ③ 어느 시점에 검교사공檢校司空(정1품)·상서좌복야尙書左僕射가 되었고 ④ 대력 11년(776) 12월 동평장사와 사도司徒(정1품)·겸태자태보兼太子太保가 되었던 것이다.[91] 곧 대력 11년 12월에 그는 동중서문하평장사·사도·겸태자태보·겸어사대부·요양군왕이 된 것인데, 황제 아래 더 이상의 벼슬이 없을 정도의 최고급 지위였다.[92] 그 외 그의 '사직使職' 등의 관직에 대해서는 앞의 제1장에서 논하였다.

그리고 이정기는 대력 13년 정월 대종에게 자신을 황실의 호적에 올려줄 것을 청하여[請入屬籍] 허락을 받았다.[93] 이른바 '반측지지叛側之地'의 절도사로서 황족이 된 경우는 이정기가 유일하다. 그렇다면 이정기 집안은 언제부터 이씨 성을 가졌을까. 전술하였듯이 이정기는 영주 출신이며 본래 성명은 이회옥이었다. 그가 중국식 성명을 가지게 된 데는 두 가지 가능성이 상정된다. 첫째는 이정기의 선대에 원래의 고구려식 성명을 버리고 중국식으로 바꾼 것이다. 『구당서』 권121, 이회광전李懷光傳을 보면

---

90 『신당서』 권49하, 百官4下, "節度使兼郡王, 則有奏事一人"(1309쪽).
91 『구당서』 권124, 이정기전, 3535쪽과 『신당서』 권213, 이정기전, 5990쪽 등에 다소 복잡하게 보이는 기사를 나름대로 정리한 것이다.
92 절도사 중 재상을 겸한 자는 '使相'이라 불렸다. 『자치통감』 권247, 武宗 會昌 4년 4월과 권255, 僖宗 中和 3년 7월 조의 호삼성 주, "唐中世以後, 節度使同平章事者則謂之使相"(8000쪽)과 "唐末, 凡節度使帶平章事及檢校三省長官·三公·三師者, 皆謂之使相"(8298쪽) 참조.
93 『구당서』 권11, 대종본기, 대력 13년 정월 조, 313쪽; 『구당서』 권124, 이정기전, 3535쪽; 『신당서』 권213, 이정기전, 5990쪽.

> 이회광은 발해말갈인渤海靺鞨人으로 본래 성이 여茹였다. 그 선조가 유주幽州로 이주하였고, 부친인 상常이 삭방열장朔方列將이 되어 전공으로 성씨를 하사받고 이름을 가경嘉慶으로 바꾸었다(3491쪽).

라고 하여 발해말갈인인 이회광의 부친이 전공을 세워 이 성을 하사 받으면서 이름을 중국식으로 바꾸었다고 한다. 이정기 선조의 경우에도 고구려가 망한 다음 영주로 이주하여 조부 또는 부친이 어느 시기에 중국식 성명을 취하였을 가능성이 있다. 그리고 이회광과 이정기 집안의 성이 모두 이씨였다는 것으로 보아 이정기의 조 또는 부가 성을 바꾼 계기도 이상李常의 경우처럼 군공을 세웠기 때문일 수 있는 것이다. 둘째는 이회옥 세대에 이르러 중국식 성명을 가지게 되었다는 것이다. 이것은 '회옥'이라는 말이 지닌 의미에서 유추해 본 것이다. '회옥'이란 말은 『노자』에서 '타고난 참을 귀중히 한다'는 의미로 사용되고,[94] 『공자가어孔子家語』에서는 '벼슬을 한다' 또는 '인덕仁德을 품는다'는 의미로 사용되고 있다.[95] 이회옥의 회옥은 이 중 후자의 의미를 가졌을 것으로 생각된다. 이렇게 본다면 이회옥이 영주에 있을 때 군공을 세워 이씨 성을 하사받으면서 이름을 회옥으로 바꾸었을 가능성이 있다. 만약 그렇다면 그 시점은 안사의 난이 발발한 직후인 현종 천보 15년 4월 영주에서 유객노劉客奴·후희일·이정기 등이 안녹산을 이반하고 당조에 투항하였을 때였다

---

[94] 『老子』, 70장, "知我者希, 則我者貴. 是以聖人被褐懷玉"(中華書局, 281쪽). 王弼, 『왕필의 노자』, 임채우 역, 예문서원, 1997, 246쪽 참조.
[95] 『孔子家語』 제9, 三恕, "子路問于孔子曰, 有人于此, 被褐而懷玉, 如何. 孔曰, 國無道, 隱之可也, 國有道, 則袞冕而執玉"(北京燕山出版社, 64쪽).

고 생각된다. 그때 유객노도 정신正臣이란 중국식 이름을 하사받았다.[96] 여기서는 이 두 가지 가능성을 제시하는 데 그치겠다.

황실의 호적에 올려줄 것을 청하기 전인 대력 12년 12월 이정기는 자신의 치소를 청주에서 서쪽의 운주로 옮겼다.[97] 그것은 새로 획득한 지역을 확실히 지배하면서[98] 동시에 지리상 동쪽으로 나아가는 것이 불가능한 상황에서 서쪽으로 더 진출할 수 있음을 나타낸 것이라 하겠다. 그러면서 그는 전全 영역에 대한 통제를 더욱 강화하였다. 즉 『자치통감』 대력 12년 12월 조를 보면 "[이정기가] 아들 전前 치주자사 이납을 청주자사에 임명하였고"(7249쪽), "형벌을 엄하게 하여 사람들이 감히 서로 마주보고 이야기하지 못하였다"(7250쪽)[99]고 하는 것이다. 또한 동시에 그는 심복 군장들을 순속의 '자사 등'에 임명하여[100] 군사적 지배를 강화하였지만, 그럼에도 반드시 평로를 엄하게만 다스린 것은 아니어서 한편으로 "법령이 한결같고 부세가 균일하며 가벼웠다"(『자치통감』, 7250쪽)고 한다.

얼마 후 이정기는 주청奏請을 통해 이납을 평로치청의 행군사마行軍司馬에 임명하고 조주·복주·서주·연주·기주·해주 6주의 유후留後와 조주자사를 겸하게 하였다.[101] 이 중 조주·복주·서주·연주 4주는 대력 11년 이영요의 난 때 획득한 영토였다. 주목되는 것은 이

---

96 이 책 제1부 제1장, 40쪽.
97 『구당서』 권124, 이정기전, 3535쪽; 『자치통감』 권225, 대력 12년 12월 조, 7249쪽.
98 『구당서』 권124, 이정기전, "正己復得曹·濮·徐·兗·鄆, 共十有五州, 內視同列"(3535쪽).
99 『책부원구』 권448, 殘酷, 5314쪽에도 같은 기사가 있다.
100 『구당서』 권124, 이정기전, "後自青州徙居鄆州, 使子納及腹心之將分理其地"(3535쪽); 『신당서』 권213, 이정기전, "因徙治鄆, 以子納及腹心之將守諸州"(5990쪽); 『자치통감』 권225, 대력 12년, 12월 조, "使其子前淄州刺史納守青州"(7249쪽).
101 『구당서』 권124, 이납전, 3536쪽; 『신당서』 권213, 이납전, 5990쪽.

납이 '6주 유후'에 임명된 사실이다. 유후는 사실상의 절도사 권한을 가진 자를 가리키는 명칭이지만,[102] '6주 유후'의 존재는 어떤 면에서 평로치청 안에 다시 하위 번진을 둔 것을 의미한다. 이납이 6주 유후로서 조주자사를 겸한 것도 그러한 성격을 더해 주는데, 그때 조주는 물론 절도사의 치소와 유사한 역할을 하였을 것이다. 이러한 형태의 이중구조는 다른 번진의 경우에는 보이지 않는 독특한 지배 방식이었다. 이정기가 이러한 방식을 취한 것은 평로치청이 15주나 되는 많은 주를 관할하였기 때문일 수도 있지만, 한편으로 이납을 자신의 후계자로 양성하기 위한 것이었다고 생각된다. 사실 이정기는 이전에도 이납에게 자신의 군대를 총괄하고 또 전승사를 공격할 때는 상주上奏하여 절도관찰유후節道觀察留後에 임명한 적이 있지만,[103] 후계를 염두에 둔 것이 아니라면 달리 그 이유를 알기 어렵다. 그렇다면 이정기가 그렇게 일찍부터 후계 구도에 신경을 쓴 이유는 무엇이었을까. 이정기는 스스로 두 번이나 하극상을 일으켜 성공한 경험이 있기 때문에 누구보다도 부하들에 의한 하극상을 두려워하였고 또 대비하였을 것이다. 그리고 대력 3년(768) 6월 유주에서 주희채朱希彩와 주체朱泚 등이 절도사 이회선을 살해한 사건[104]도 이정기에게 후계 구도를 서둘도록 하였을 것으로 여겨진다. 당 후기에 자립적 번진이 후계자 문제로 위기에 빠지는 것은 종종 보이는 현상이었지만, 이정기는 누구보다 앞서 후계 문제로 자신의 번진이 위태로워지는 것을 방지하려 하였던 것이다. 이러한 이정기의 안목은 분

---

102 『자치통감』 권222, 광덕 원년 윤정월 조의 호삼성 주, "唐藩鎭命帥, 未授旌節者, 先以爲節度留後"(7142쪽).
103 『구당서』 권124, 이납전, 3536쪽;『신당서』 권213, 이납전, 5990쪽.
104 『신당서』 권212, 이회선전, 5968쪽;『구당서』 권143, 이회선전, 3896쪽;『자치통감』 권224, 대력 3년 6월 조, 7200~7201쪽.

명 그의 번진이 이후 헌종대憲宗代에 이르러 패망할 때까지 비교적 안정적으로 존속할 수 있는 초석이 되었을 것이다.

『구당서』권124, 이정기전에 의하면 발해의 명마를 사고파는 것이 매년 끊이지 않았다[貨市渤海名馬, 歲歲不絶](3535쪽)고 한다. '세세부절'이란 결국 매우 성황하였다는 것을 나타내는 표현일 것이다. 기사가 매우 짧기 때문에 자세한 것은 알 수 없지만, 이 구절은 이정기가 발해로부터 해로로 명마 등을 사들이고 아울러 그것을 다른 번진들에게 팔아 이득을 보았다는 것을 전하는 것으로 판단된다. 한편 동시대 번진이 다른 지역과 교역을 행하였던 것을 전하는 기록은 매우 드물지만,[105] 이전에 유주절도사 안녹산이 대규모 교역을 행하여 큰 이익을 얻었다는 기록이 있다. 즉 『안녹산사적安祿山事迹』권상卷上, 현종 천보 10년 조를 보면

> [안녹산은] 몰래 제도諸道 상호商胡와 흥판興販하여, 매년 이방異邦의 진화珍貨 수 만을 사들였다. …… 군호羣胡를 시켜 제도에서 몰래 비단[羅帛]을 사들이고, 비자포緋紫袍·금은어대金銀魚袋·요대腰帶 등 백만 개를 만들어 장래 반역의 자금으로 삼은 지 8~9년이 되었다"(上海古籍出版社, 12쪽).

라고 하는데, 안녹산의 경우에는 관하에 상업으로 유명한 소그드인이 다수 거주하고 있었기 때문에 대규모 교역활동이 가능하였다.[106]

---

105 김문경, 「唐代 高句麗遺民의 藩鎭」, 60~61쪽에서는 『자치통감』권236, 順宗 永貞 원년(805) 2월 조에 "吳少誠以牛皮鞾材遺師古, 師古以鹽資少誠, 潛過宣武界, 事覺, [韓]弘皆留, 輸之庫, 曰, '此於法不得以私相餽'. 師古等皆憚之"(7609쪽)라는 기사를 소개하고 있다.
106 이 책 제1부 제1장, 36~37쪽 참조.

그들 소그드인은 안녹산의 군대에도 대거 투신하여 안사의 난 중에 군인으로서도 명성을 떨쳤다.[107] 그런데 이정기의 번진에도 상당수의 소그드인이 존재하였다고 여겨진다. 즉 그것은 평로군이 산동으로 이동하기 전 영주에는 당시 중국 동북 최대의 소그드인 거주지가 있었는데, 후희일이 해족奚族의 침공을 받아 2만여 명의 군대를 이끌고 산동으로 이동할 때[108] 그곳 소그드인의 상당수가 후희일을 따라 함께 남하하였을 것으로 여겨지기 때문이다. 소그드인은 어디에서든 뛰어난 상업적 재능을 발휘하였지만, 그 후 산동에서도 다수가 상업에 종사하면서 이정기의 외국 및 다른 지역과의 교역에서 주요한 역할을 담당하였을 것이다. 더불어 이정기는 '압신라발해양번사'[109]를 겸하였기 때문에 발해 등과의 교역에서 독점적 내지는 매우 유리한 위치에 있었다. 이것은 소그드 상인에게도 매력적이어서 그들을 계속 평로에 머물게 하고 나아가서는 평로 밖의 소그드인 상인들까지 초치하는 작용을 하였을 것으로 생각된다. 그리하여 이정기는 상당수의 소그드인을 관할 하에 두었고 또 그들을 통해 활발한 교역활동을 영위할 수 있었을 것으로 보인다. 물론 그에 따른 경제적 수익은 군대 양성과 내치 등 지배력을 강화하는 데 사용되었을 것이다. 그 외에도 김문경이 비교적 상세히 고찰한 바와 같이 이정기가 지배한 산동지방은 염업鹽業을 비롯하여 광업鑛業·견업絹

---

107 榮新江, 「安祿山的種族與宗教信仰」, 『中古中國與外來文明』, 三聯書店, 2001, 232~233쪽; 이 책 제1부 제1장, 37~38쪽 참조.
108 『구당서』 권124, 후희일전, "旣淹歲月, 且無救援, 又爲奚虜所侵, 希逸拔其軍二萬餘人, 且行且戰, 遂達于靑州"(3534쪽); 『신당서』 권144, 후희일전, "然孤立無援, 又爲奚侵掠, 乃拔其軍二萬, 浮海入靑州據之"(4703쪽); 『자치통감』 권222, 上元 12월 (建丑月) 조, "[侯希逸]乃悉擧其軍二萬餘人襲李懷仙, 破之, 因引兵而南"(7118쪽).
109 『구당서』 권124, 이정기전, 3535쪽; 『신당서』 권65, 方鎭表2, 1805.

業 등이 번창하여 다른 지역에 비해 경제적으로 부족할 것이 없었는데,[110] 그러한 산업의 번창 역시 소그드인의 활동과 무관하지는 않았을 것으로 생각된다.

이정기와 전승사·이보신 등의 '반역의 번진'은 모두 ① 거두어들인 조세를 마음대로 사용하고 ② 군대를 마음대로 징발하고 ③ 관하 주현관을 뜻대로 임명하고 ④ 형벌을 자율적으로 운용하였다. 즉 『자치통감』 권225, 대력 12년 12월 조의 기술을 보면

> [이정기·전승사·이보신·양숭의는] 각기 할거하며 서로 연대[蟠結]하였다. 비록 조정을 받들었지만 그 법령을 사용하지 않았으며, 관작·군대·조부租賦·형살刑殺을 모두 마음대로 하였다. 대종은 관대하고 인자하여 그들이 하려는 것을 모두 들어주었다. 조정이 혹 성성 하나를 쌓거나 병력을 증강하면 바로 원망하고 의심을 하여 매번 그만둘 수밖에 없었다. 그러면서도 그들의 경내에는 보루를 쌓고 전쟁 준비를 하는 데 여념이 없었다. 그리하여 비록 중국에 있고 번신藩臣이라고 하지만 실제는 만맥이역蠻貊異域과 같았다(7250쪽).

라고 한다.[111] 평로와 이들 번진은 독자적인 국명과 연호를 사용하지 않았을 뿐 사실상 국가권력을 구성하는 기본 요소들을 모두 가지고 있었다고 해도 좋을 것이다.

그중에서도 이정기는 뛰어난 개인적 식견과 풍부한 경제력을 바탕

---

110 김문경, 「唐代 高句麗遺民의 藩鎭」, 56~61쪽 참조.
111 『구당서』 권144, 陽惠元傳, 3914쪽; 『구당서』 권142, 이보신전, 3866쪽; 『구당서』 권12, 덕종본기, 건중 2년 3월 조, 328쪽에도 거의 같은 내용이 보인다.

으로 다른 '반역의 번진'보다 더 강력하고 위협적인 세력을 형성하였다. 『자치통감』 대력 12년 12월 조를 보면 "10만의 군대를 옹유하여 동방東方에 웅거雄據하였기 때문에 주변의 번진이 모두 두려워하였다"(7250쪽)고 하고, 『구당서』 권124, 이정기전에는 "가장 강대強大하다고 칭해졌다. 일찍이 전승사를 공격하여 위세가 주변의 적수[鄰敵]에게 떨쳤다"(3535쪽)고 한다. 다른 반역의 번진이 지배한 주와 병력을 보면 ① 전승사는 위주魏州·박주·상주·위주衛州·명주·패주·단주 7주와 군사 5만 ② 이보신은 항주恒州·역주易州·조주趙州·정주定州·심주深州·기주冀州·창주滄州 7주와 군사 5만 ③ 양숭의는 양주襄州·등주鄧州·균수均州·방주房州·부주復州·영주郢州 6주와 군사 2만을 보유하였다.[112] 그들의 군대는 다른 번진에 비해 숫적으로도 많았을 뿐 아니라 내용적으로도 용맹한 이민족 부대를 많이 보유하고 있었다. 그런데 이정기는 그들보다 더 큰 영토와 많은 군대를 가진 상황에서 덕종이 즉위하여 전혀 새로운 차원의 긴장이 고조될 때까지 최고의 전성기를 누렸던 것이다.

소결

안사의 난은 매우 불완전하게 종결되었다. 그것은 장기간의 전란에 지친 당조가 반란군의 투항을 적극적으로 유도하여 반란군이 자

---

112 『구당서』 권144, 양혜원전, 3914쪽; 『구당서』 권12, 덕종본기, 건중 2년 3월 조, 328쪽; 『자치통감』 권225, 대력 12년 12월 조, 7250쪽. 한편 『구당서』 권141, 전승사전, 3838쪽과 『신당서』 권210, 전승사전, 5924쪽에는 전승사가 10만 군대를 양성하였다고 한다.

기붕괴를 하면서 투항한 반란군 장수들이 무장을 유지한 채 계속 원래 지역을 다스렸기 때문이었다. 그들 하북의 번진은 곧 당조로부터 정식 절도사로 임명되었다.

그러나 안사의 난의 파장은 먼저 다른 곳에서 몰아쳤다. 즉 안사의 난이 종결된 해인 대종 광덕(763) 원년 8월, 안사의 난을 평정할 때 당군을 총지휘하였던 삭방군의 복고회은이 반란을 일으킨 것이었다. 그 직접적 이유는 안사의 난을 평정하는 데 가장 큰 공을 세웠던 삭방군이 거대 군단을 형성하자 당조가 위협을 느껴 그것을 분할하려 하였기 때문이었다. 그해 10월에는 토번이 장안을 침공하였다. 이렇게 하여 당조가 안사의 난에 이어 다시 존망의 위기에 빠져있던 영태 원년 5월 이정기가 갑자기 후희일을 몰아내고 스스로 군수가 되었다. 허를 찔린 당조는 7월 이정기를 절도유후에 임명하고 '정기'라는 이름을 하사하였다. 이정기가 거사하였던 것은 무엇보다도 후희일이 자신들의 이민족적 기풍과는 달리 당조의 명을 계속 따랐기 때문이었다. 이후 이정기는 자립적 태도를 분명히 하였다. 한편 그 사이 하북의 번진들은 '안사의 여당餘黨'을 끌어 모으며 자립적 기반을 공고히 하였다.

그때까지 복고회은의 난을 제외하면 당조와 번진이 크게 충돌하는 일은 없었다. 그러다가 대종 대력 9년(774) 10월 이후 하북의 위박절도사 전승사가 같은 하북의 소의 번진을 차지하려고 하면서 큰 전쟁이 일어났다. 대종은 처음에는 전면전을 망설였지만, 대력 10년 3월 이정기와 성덕의 이보신이 나서 자신들이 전승사를 토벌하겠다고 청하면서 마침내 토벌군이 결성되었다. 이정기와 이보신의 주요 목적은 영토 획득에 있었는데, 이정기는 덕주를 점령하였다. 그러나 토벌전은 대력 11년 정월 이정기의 배반으로 인해 당시 상황에서 그

대로 종결되고 전선은 그대로 영토가 되었다.

같은 해인 대력 11년(776) 5월 하남 변송 번진의 이영요가 변란을 일으켜 변주를 지나는 대운하를 차단하였다. 그러자 8월 대종은 전승사에 대한 경우와는 달리 전격적으로 주변의 번진들에게 토벌을 명하였다. 그것은 조운 때문이었다. 그때 이정기는 독자적으로 군대를 보내 토벌전에 참가하였는데 이번의 목적은 명확히 영토의 확장에 있었다. 그리하여 이정기는 변송의 8州 중 5주를 점령하였고 마침내 하북의 번진들을 능가하는 15주라는 대번大藩의 번수가 되었다. 이로써 이정기는 할거 군벌 중에서 가장 성공한 군벌이 되었고 또 그만큼 그의 동정 하나하나가 이전보다 더 큰 영향을 미치는 존재가 되었다.

대력 11년 12월 이정기는 동평장사를 제수받아 마침내 재상을 겸한 절도사를 칭하는 '사상使相'이 되었고, 대력 13년 정월에는 대종에게 자신을 황실 호적에 올려줄 것을 청하여 허락받는 영예를 얻었다. 한편 이정기는 발해의 명마를 사고파는 것이 매년 끊이질 않았다고 하는데, 거기에는 상업으로 유명한 소그드인의 역할이 적지 않았다고 생각된다. 그러면서 이정기는 생애 최고의 전성기를 맞았지만, 대력 14년(779) 5월 덕종이 즉위하여 전혀 새로운 차원의 긴장이 고조되면서 상황이 다시 급변하게 된다. 이에 대해서는 다음 장에서 서술하겠다.

제3장

덕종德宗의 번진개혁 정책과 평로절도사 이정기

 안사의 난(776~763)을 거치면서 당조의 권위는 크게 추락하고 번진들이 세력을 떨치는 시대가 도래하였다.[1] '번진시대'는 약 200년 동안 지속되었지만, 몇 차례 시기적 변화가 있었다. 히노 가이자부로日野開三郎는 번진 권력 자체의 변화를 기준으로 "양세법兩稅法의 시행(780)까지를 발전시대, 헌종憲宗의 개혁까지를 극성시대, 그 이후를 약체화시대, 군웅들이 활개치는 당 말을 변태시대, 오대五代를 종언시대, 송 초를 소멸기[死期]"로 구분하였다.[2] 이에 따르면 덕종

---

1 唐代의 번진은 몇 개의 直屬州를 제외하고 전국에 걸쳐 약 40개가 설치되었으며, 군사를 담당하는 절도사가 민정을 담당하는 觀察使, 재정을 담당하는 支度使 등 많은 관직을 겸직하였다.
2 日野開三郎, 「藩鎭時代の州稅三分制について」, 『日野開三郎 東洋史學論集』 4, 三一書房, 1982(원래는 1956년 발표), 293쪽. 이러한 관점을 둘러싼 이후의 논의에 대

시대(재위 779~805년)는 번진들이 가장 세력을 떨친 극성시기였다.

앞선 대종(재위 762~779년)은 반란의 충격에서 벗어나지 못한 상황에서 번진들과의 충돌을 피하며 현상 유지를 바라는 '고식정책'[3]을 추구하였다. 하지만, 덕종은 즉위 초부터 번진개혁에 강한 의지를 보이며 국정쇄신에 나섰다. 이때 번진들은 조심스럽게 덕종의 분위기를 살피며 타협의 태도를 보이기도 하였지만, 덕종은 강경한 자세를 견지하였다. 긴장이 고조되다가 마침내 '할거 번진'들과 덕종이 정면으로 충돌하여 유명한 '사왕이제四王二帝의 반란'이 일어났다. 그 결과 덕종은 궁지에 몰려 반역 번진들에게 항복을 선언하였다. 그 뒤에도 일부 번진은 반란을 이어갔지만, 가장 강력한 세력을 가진 4왕이 일단 당조를 인정하고 반역을 철회한 상황이어서 그 반란이 오래가지는 못하였다. 이후 한동안 할거 번진들은 마음껏 세력을 떨치며 전성기를 구가하였다.

덕종 시기에 형성된 번진체제의 기본 구조는 훗날 헌종의 번진개혁이 성공한 이후에까지 지속되었다. 헌종이 번진을 제압하는 데 성공하였지만, 이후 당조는 번진 권력이 이미 고착화되었음을 알고 오히려 번진들에게 더 큰 권한을 위임하여 지방 통치에 이용하는 상황이 전개되었던 것이다.[4] 이런 측면에서 덕종과 할거 번진들이 충돌

해서는 정병준, 「唐末五代 藩鎭體制에 대한 研究史的 考察」, 『중국학보』 40, 1999, 386~387쪽 참조.

[3] 고식정책이란 일시적으로 당장의 안전을 추구하는 정책을 말한다. 『자치통감』 권220, 肅宗 건원 원년 12월 조의 논찬, "肅宗遭唐中衰, 幸而復國, …… 自是之後, 積習爲常, 君臣循守, 以爲得策, 謂之姑息. [호삼성 주: 姑, 且也, 息, 安也, 且求目前之安也]"(7065쪽); 같은 책 권223, 대종 영태 원년 5월 조, "(할거 번진들에 대해)朝廷專事姑息, 不能復制, 雖名藩臣, 羈縻而已"(7175쪽); 같은 책 권252, 僖宗 乾符 3년(876) 정월 조, "唐自中世以來, 姑息藩鎭, 至其末也, 姑息亂軍, 遂陵夷以至於亡"(8182쪽).

[4] 鄭炳俊, 「唐後半期의 地方行政體系について －特に州の直達・直下を中心として」,

하는 과정에 대한 연구는 번진체제가 고착화되는 시대적 상황을 이해하는 데 도움이 될 것이다.

덕종의 개혁 정치에 대해 가장 민감한 반응을 보인 것은 '산동'의 15개 주를 지배하던 평로절도사 이정기였다. 당시 이정기는 할거 번진 중에서도 가장 세력이 강하였고[5] 절도사 중에서 가장 높은 '사상 使相(즉 재상 절도사)'의 지위에 올라 있었다.[6] 덕종과 이정기 등이 서로 신경전을 주고받다가 결국 반란으로 이어지는 상황은 사마광의 『자치통감』 등에 잘 묘사되어 있다. 『자치통감』에서는 특히 덕종의 태도에 대한 이정기의 반응을 세심하게 기록하고 있는데, 이는 이정기의 행동이 당시 할거 번진들의 동향에 중요한 의미를 지녔다고 본 때문이다.[7]

이 장에서는 덕종과 이정기가 벌인 신경전과 뒤이은 충돌 과정에 초점을 맞추어 번진체제가 고착화되는 단서들을 살펴보고, 아울러 덕종이 추진하였던 번진 개혁의 성격과 할거 번진들이 지향하였던

『東洋史硏究』 51-3, 1992, 7~81쪽, 94~97쪽; 鄭炳俊, 「唐代の觀察處置使について -藩鎭體制の一考察-」, 『史林』 77-5, 1994, 58~65쪽 참조.

5 謝元魯, 『唐德宗·唐順宗』, 吉林文史出版社, 1995, "[이정기는] 또한 병사 10여 만을 옹유하여 최고로 강대하였다"(47쪽); 劉玉峰, 『唐德宗評傳』, 齊魯書社, 2002, "당시 이정기는 (번진 중에서) 세력 범위가 가장 컸고 실력이 가장 강하였다"(9쪽), 堀敏一, 「藩鎭內地列置の由來について」, 『唐末五代變革期の政治と經濟』, 汲古書院, 2002, "(이정기의 번진은) 영토·병력·재력 어느 것에 있어서도 하북삼진을 능가하였다"(25쪽).

6 이 책 제1부 제2장, 105쪽.

7 사마광은 이정기가 遼西 營州에서 정변을 일으켜 侯希逸을 평로군 수장으로 세웠을 때 당조가 후희일을 그대로 평로절도사에 임명한 것에 대해 장문의 論贊을 달아 "번진에 의한 화란의 연원을 살펴보면 당조가 후희일을 절도사에 임명한 것에서 비롯되었다"(『자치통감』 권220, 건원 원년 12월 조, 7063쪽 끝부분)라고 말하였다. 이는 결국 이정기가 번진 할거를 이끈 역할을 하였다고 본 것을 나타낸다(이 책 제1부 제1장, 51~53쪽). 사마광은 그러한 이정기의 역할이 그 후에도 계속된다고 보고 있다. 이는 이 장의 본문에서도 확인할 수 있을 것이다.

바를 생각해 보려고 한다.[8]

1. 덕종의 즉위와 국정쇄신

안사의 난이 종결된 후 대종은 일반 번진들의 반역에 대해서는 약간의 조치를 취하였으나, 강력한 세력을 지닌 할거 번진들의 반역에 대해서는 전혀 손을 쓰지 못하였다. 즉 ① 영태 원년(765) 5월 이정기가 평로절도사 후희일을 몰아내고[9] 스스로 번수藩帥(번진의 통수)에 오르자 같은 해 7월 그대로 평로절도사에 임명해 주었다.[10] ② 대력 3년(768) 6월 유주병마사幽州兵馬使 주희채朱希彩가 유주절도사 이회선李懷仙을 살해하고 스스로 유후留後(임시 책임자)를 칭하자 같은 해 11월에 절도사로 임명해 주고, 이어 대력 7년(772) 7월에는 유주의 장수 이회원李懷瑗이 절도사 주희채를 살해하고 경략군부사經略軍副使 주체朱泚를 세우자 같은 해 10월 주체를 절도사로 임명하였다.[11] ③ 대력 10년(775) 정월 위박절도사魏博節度使 전승사田承嗣가 반란

---

8 평로 번진에 대한 연구는 다수에 이르지만, 덕종과 이정기의 관계에 초점을 맞춘 연구는 아직 나와 있지 않다. 양자의 관계를 조금이라도 언급한 연구로는 樊文禮,「唐代平盧淄靑節度使略論」,『煙臺師範學院學報』1993-2, 30쪽; 王賽時,「唐代的淄靑鎭」,『東岳論叢』1994-2, 104쪽; 郝黎,「唐代淄靑鎭的特點」,『靑島科技大學學報』2003-4, 77쪽; 謝元魯,「唐德宗·唐順宗」, 31~32쪽; 劉玉峰,『唐德宗評傳』, 20쪽, 47쪽 등이 있다.
9 『자치통감』 권223, 영태 원년 7월 조의 호삼성 주, "史因李正己逐侯希逸, 究言藩鎭之橫"(7175~7176쪽).
10 이 책 제1부 제1장, 64~68쪽.
11 『구당서』 권143, 이회선전, 3896쪽; 같은 책 권200하, 주체전, 5386쪽;『신당서』 권212, 이회선전, 5968쪽; 같은 책 권225중, 주체전, 6441쪽;『자치통감』 권224, 대력 3년 6월과 11월 조, 7201쪽, 7203쪽; 같은 책 권224, 대력 7년 7월, 10월 조, 7219쪽.

을 일으켜 하북 지역을 큰 혼란에 빠뜨렸으나 대력 12년(777) 3월 그를 사면해 주었고, 나아가 대력 14년(779) 2월 전승사가 죽고 그 형의 아들 전열田悅이 스스로 유후를 칭하자 같은 달에 전열을 절도사로 임명해 주었다.[12] ④ 대력 14년 3월 회서淮西의 좌상도우후左廂都虞候 이희열李希烈이 절도사 이충신을 몰아내고 스스로 유후를 칭하자 이희열을 회서절도사淮西節度使에 임명해 주었다.[13]

이 중 ②유주의 이회선과 ③위박의 전승사는 성덕절도사成德節度使 이보신李寶臣과 더불어 원래 안녹산의 부하였다가 안사의 난 말기에 당조에 투항한 이들이다. 또한 ①평로의 이정기 ④변송의 이충신과 이희열도 원래는 안녹산의 부하였으나 안사의 난 중에 당조에 투항한 후 결국 반역의 길로 돌아선 자들이다. 말하자면 당시 할거 번진들은 이전에 거의 안녹산의 부하였다.

황제가 임명한 절도사를 몰아낸 것은 황제권에 대한 도전을 의미하며 당조가 이를 방치하는 것은 왕조 권력의 추락을 인정하는 것이 된다. 그럼에도 불구하고 대종은 할거 번진들에 대해서는 오히려 관직을 높여주거나 인척관계를 맺었으며 심지어 황실 호적에 이름을 올려주기도 하였다.[14] 이런 상황에서 할거 번진들은 기회가 있을 때마다 무력으로 영역을 확장하는 한편 스스로 번진의 우두머리[藩帥]를 세우고 마음껏 세력을 떨쳤던 것이다.

대종이 할거 번진들과의 충돌을 회피하려고 한 배경에는 토번吐蕃

---

12 『구당서』 권141, 전승사전, 3838~3840쪽; 『신당서』 권210, 전승사전, 5924~5926쪽; 『자치통감』 권225, 대력 10년 정월 조 이후, 7228~7239쪽; 같은 책 권22, 대력 12년 정월 조, 7241쪽. 劉玉峰, 「唐德宗評傳」, 7~9쪽 참조.
13 『구당서』 권145, 이희열전, 3943쪽; 『신당서』 권225중, 이희열전, 6437쪽; 『자치통감』 권225, 대력 13년 2월과 3월 조, 7255~7256쪽.
14 이 책 제1부 제2장, 105쪽.

의 침공이라는 외환도 큰 작용을 하였다. 안사의 난에 대응하기 위해 당조가 서북 변방의 군대를 내지로 이동시키자 토번은 그 틈을 이용하여 하서河西와 농우隴右 지역을 함락시켰고[15] 안사의 난 직후에는 한때 장안을 점령하기까지 하였다. 그 후에도 토번은 당의 영토를 끊임없이 침범하였기 때문에[16] 당조는 이 지역에 설치된 번진과 금군인 신책군神策軍의 군사력을 강화하고 동시에 각지의 번진으로부터 방추병防秋兵을 지원받아 토번의 침공을 막는 데 힘썼다. 그 결과 당조의 재정 능력이 크게 소모되었고[17] 이로 인해 번진에 대한 대응 능력은 더욱 약화되었다. 그 사이에 하북과 하남에 위치하였던 할거 번진들은 마음껏 세력을 떨쳤다. 대종은 번진 정책보다 토번 정책을 우선하였던 것으로 보인다. 당시 회흘回紇(위구르)과의 관계는 여러 가지 문제점을 안고 있었음에도 불구하고 "양국 관계는 여전히 당조가 토번 및 내지 번진 문제 등을 고려하여 가능한 한 우호적 관계를 유지하려고 했기 때문에 기존 상태가 유지되었다"[18]고 할 수 있다.

한편, 할거 번진들은 조정의 권위를 무시하면서도 토번의 침공에 대해서는 당조에 협력하는 자세를 보였다. 즉 할거 번진들 역시 방추병을 파견하여 토번의 침공을 막는 데 조력하였던 것이다.[19] 이는

---

15 安應民, 『吐蕃史』, 寧夏人民出版社, 1989, 212~216쪽; 薛宗正, 『吐蕃王國的興衰』, 民族出版社, 1997, 110~113쪽; 李軍, 「唐代河隴陷蕃失地範圍考」, 『雲南師範大學學報』 2010-7, 137쪽 등.
16 佐藤長, 『古代チベット史研究』 下, 東洋史研究會, 1959, 595~606쪽; 薛宗正, 『吐蕃王國的興衰』, 115~125쪽 등.
17 張國剛, 『唐代藩鎭研究』, 湖南教育出版社, 1987, 135~136쪽(同, 『唐代藩鎭研究(增訂版)』, 中國人民大學出版社, 2011, 81~82쪽).
18 丁載勳, 「唐 德宗時期의 對外政策과 西北民族의 對應」, 『중국고중세사연구』 18, 2007, 51쪽.
19 曾我部靜雄 저, 정병준 역, 「唐의 防秋兵과 防冬兵」, 『한국고대사탐구』 25, 2017, 429~448쪽(원래는 1979·1980); 朱德軍, 「中晚唐中原藩鎭"防秋"問題的歷史考察」,

할거 번진들이 토번의 침공으로 당조가 위기에 처하는 것을 원하지 않았음을 암시한다.[20] 다만, 그렇다고 해도 이것은 당조가 자신들의 권익을 파괴하지 않는 범위에서의 상황일 것이다. 당조의 태도나 상황 변화에 따라서는 할거 번진들의 태도가 언제든지 바뀔 수 있음을 염두에 두어야 할 것이다.

대력 14년(779) 5월 덕종은 즉위하자마자 국정을 쇄신하려는 강한 의지를 보였다. 그 몇 가지 예를 보자. 첫째는 재상을 전격적으로 경질하여 국정의 기강을 세우려 한 점이다. 덕종이 즉위한 직후 재상 상곤常衮이 중서사인中書舍人 최우보崔祐甫를 하남소윤河南小尹으로 좌천시키기 위해 상주문을 올릴 때 당시의 관행에 따라 다른 재상들의 이름까지 대신 서명하였다. 하지만 덕종은 이를 중대 사안으로 간주하여 상곤을 조주자사潮州刺史로 좌천시키고 하남소윤 최우보를 재상으로 삼았다. 그러자 군신들은 덕종의 위엄에 떨고 두려워하였다고 한다. 『자치통감』과 『구당서』·『신당서』 덕종본기에는 덕종이 즉위하여 첫 번째로 취한 조치로 모두 이를 들고 있다.[21] 어쩌면 재상 상곤의 좌천은 조정의 기강을 바로잡기 위해 의도된 행위일 수도 있다.

둘째는 같은 해 윤5월 당조를 지탱하는 최고의 군사력이었던 삭방절도사朔方節度使 곽자의郭子儀를 상보·태위·겸중서령·실봉2천호尙父·太尉·兼中書令·實封2千戶로 높이면서 일체의 군사권을 회수하고 삭방군을 세 개의 절도사[22]로 나누었다. 앞서 대종은 삭방군

『寧夏社會科學』 2011-2, 92~94쪽 등.
20 이 책 제1부 제2장, 88~90쪽.
21 『자치통감』 권225, 대력 14년 5월과 윤5월 조, 7256~7257쪽; 『구당서』 권12, 덕종본기, 대력 14년 윤5월 조, 319쪽; 『신당서』 권7, 덕종본기, 대력 14년 윤5월 조, 185쪽.
22 河東·朔方都虞候 李懷光을 河中尹·邠·寧·慶·晉·絳·慈·隰節度使로 삼고, 朔

에서 불온한 움직임이 일어난 경우에도 행여 잘못될까 우려하여 개선 조치를 미루었는데, 덕종은 즉위하자마자 바로 현안을 해결하였던 것이다.[23] 번진에 대한 덕종의 개혁 의지는 같은 해 9월 서천절도사西川節度使 최녕崔寧의 병권을 빼앗은 것을 통해서도 나타났다. 최녕은 10여 년 동안 서천에 있으면서 방자하게 행동하며 부세賦稅도 바치지 않았는데, 대력 14년 9월 뜻밖에 입조를 하였다. 그런데 같은 해 10월 토번이 남조南詔와 함께 10만 군대를 이끌고 세 길로 서천을 공격해 와 서천이 위험에 빠졌다. 덕종은 다급히 최녕을 돌려보내 토번을 막으려 하였으나, 재상 양염楊炎이 이 기회를 이용하여 그 병권을 빼앗을 것을 주장하였다. 결국 덕종은 이를 받아들여 이성李晟이 이끄는 신책군과[24] 유주의 방추병 등을 파견하여 토번을 막아냈으며 마침내 새로운 절도사를 임명하여 서천을 안정시켰던 것이다.[25] 만약 번진 개혁에 대한 덕종의 의지가 약했다면 최녕은 그대로 유임되었을 것이 분명하다. 다만, 곽자의와 최녕은 어느 정도 조정의 통제가 가능한 절도사들이었다.

셋째는 안사의 난 후 번진에 의해 단절된 중앙과 주州의 관계를 회복하기 위해 조집사朝集使 등을 소집하였다. 조집사란 각 주가 매년 중앙으로 관리의 고과考課를 보고하고 공물과 공사貢士를 헌상하기 위해 파견하는 사절이다. 이들은 정월 조의朝儀에도 참가하고 황제

方留後·兼靈州長史 常謙光을 靈州大都督·西受降城·定遠·天德·鹽·夏·豊等軍州節度使로 삼고, 振武軍使 渾瑊을 單于大都護·東·中二受降城·振武·鎭北·綏·恩·麟·勝等軍州節度使로 삼았다.
23 『자치통감』 권225, 대력 14년 윤5월 조, 7259쪽.
24 劉玉峰, 『唐德宗評傳』, 齊魯書社, 2002에서는 高崇文과 李晟이 신책군을 지휘하였다고 한다(13쪽).
25 『자치통감』 권225, 대력 14년 9월과 10월 조, 7270~7271쪽.

를 직접 대면하기도 하였다. 조집사의 상경은 안사의 난 중에 정지된 이래 20여 년 동안 행해지지 못했는데, 덕종 대력 14년 6월에 "제주諸州 자사·상좌上佐는 모두 매년 입계入計하도록 하라", 또 같은 해 7월에 "마땅히 [대력] 15년부터 상식常式에 따르도록 하라",[26] 또 건중 원년 3월에 "각 본주本州는 상좌를 입고入考시키게 하라"[27]는 칙서가 내려짐에 따라 같은 해 11월 마침내 173개 주에서 조집사를 파견하였다.[28] 이러한 조집사의 상경이 계속 이어진다면, 번진 권력은 자연스럽게 견제된다. 다만, 할거 번진들은 조집사를 보내지 않았다.[29]

넷째는 황제의 절제와 근검을 대대적으로 보였다. 황제들은 즉위하면 의례적으로 궁녀를 방출하고 교방敎坊의 악공樂工을 줄이는 등의 조치를 취하였다. 하지만, 덕종의 경우에는 그 규모와 정도가 역대 황제들을 크게 넘어섰다.[30] 통상적 조치 이외의 것을 보면 ① 대력 14년 윤5월 상곤을 좌천시킨 직후 산남山南 지역에서 바치는 비파枇杷[31]와 강남 지역에서 바치는 감귤柑橘 중 종묘에 올리지 않는

---

26 『당회요』 권69, 都督刺史已下雜錄, 같은 연월 조, 上海古籍出版社, 1436쪽.
27 上同.
28 『구당서』 권12, 덕종본기상, 건중 원년 11월 조, 327쪽; 『책부원구』 권107, 帝王部, 朝會1, 건중 원년 11월 조, 1278쪽 등.
29 당은 안사의 난 이전에 300여 개의 州를 설치하였다. 이 중 상당수가 반란 중에 토번에게 함락되었다고 해도, '173개'이라는 숫자는 당 영역 안의 모든 주가 조집사를 파견하지는 않았음을 나타낸다. 『자치통감』 권232, 덕종 貞元 원년(785) 12월 조에는 "戶部奏今歲入貢者凡百五十州. [호삼성 주: 時河朔諸鎭及淄靑·淮西皆不入貢, 河·隴諸州又沒于吐蕃]"(7467쪽)라고 한다. 그리고 얼마 후 조집사는 사실상 폐지되었다(鄭炳俊, 「唐後半期の地方行政體系について」, 79~80쪽).
30 중국사학회 편, 강영매 역, 『중국통사』 2, 범우, 2008에서는 당대 주요 황제들의 국정 자세와 업적을 각각 설명하고 있는데, 덕종에 대해서는 '덕종의 즉위'라는 항목을 설정하여 사치 폐지와 검약의 자세를 크게 부각시키고 있다(271쪽).
31 비파는 장미과의 과실 나무로 잎이 둥글고 꽃은 흰색이다.

것은 상공하지 않게 하고[32] ② 같은 달 옹관邕管에서 매년 노비를 바치던 것과 검남劍南 지역에서 생춘주生春酒를 바치는 것을 그만두게 하고 ③ 상서祥瑞를 보고하지 못하게 하면서 상공한 기물 중 금은으로 장식한 것을 돌려보냈고 ④ 금원의 코끼리·표범·싸움닭·사냥개 등을 방사하고 ⑤ 6월에 양주揚州에서 거울 바치는 것과 유주幽州에서 사향 바치는 것을 그만두게 하고 ⑥ 10월에는 구성궁九成宮에서 짐승 모양으로 된 숯을 바치는 것과 양주襄州에서 사탕수수와 구약나물을 심는 기술자를 바치는 것을 그만두게 하고 ⑦ 사원沙苑에서 사육하던 돼지 3천 마리를 빈민에게 나누어준 것 등이 있다.[33] 이러한 것은 그만큼 국정쇄신의 의지가 확고함을 보여주기 위한 것으로 그 효과는 바로 나타났다. 그 외에도 대력 14년 6월 사서士庶의 전田·택宅·거車·복服에서 규정을 넘어선 것은 담당 관아에게 법도를 만들어 금지시키게 하고, 또 관인이 가게를 열어 장사하는 것을 금지시켰다.[34] 이들은 안사의 난 이후 문란해진 사회 풍속과 관인들의 규율을 바로잡으려는 것이라 할 수 있다.[35]

다섯째는 토번과의 관계를 개선하였다. 대력 14년 8월 위륜韋倫을 태상소경太常小卿으로 삼아 토번에 사신으로 파견하면서 토번 포로 500인을 돌려보냈다.[36] 토번은 처음에 그것을 믿지 않았지만, 포로

---

32 『책부원구』 권168, 却貢獻, 대력 14년 5월 조, "戊寅, 詔曰, 山南之枇杷·江南之柑橘, 歲次第貢者取一次以貢廟享, 餘皆罷之"(2026쪽).
33 정병준, 「『신당서』 권7, 德宗本紀 역주」, 『동국사학』 52, 2012, 434~437쪽 등. 코끼리 방사 등에 대해서는 『자치통감』 권225, 대력 14년 윤5월 조, 7259~7260쪽에 보다 자세히 보인다.
34 정병준, 「『신당서』 권7, 德宗本紀 역주」, 435쪽 등.
35 『자치통감』 권226, 대력 14년 10월 조, "上用法嚴, 百官震悚. ……"(7272쪽).
36 『자치통감』 권226, 대력 14년 8월 조, 7268쪽; 『신당서』 권7, 덕종본기, 대력 14년 8월 조, "還吐蕃俘"(184쪽).

들이 변경으로 들어와 각자의 부락으로 돌아가면서 "새로운 천자가 즉위하여 궁인宮人을 방출하고 금수禽獸를 방면하였다. 뛰어난 위엄과 성스러운 덕德이 중국에 가득하다"라고 말하자, 토번은 기뻐하며 위륜을 맞이하였다. 토번의 찬보贊普(즉 군주)는 곧바로 사신을 보내 위륜과 함께 입당하여 공물을 바치게 하였다. 건중 원년 4월 토번의 사신이 경사에 이르자 덕종은 의례를 갖추어 맞이하였다. 얼마 후 촉蜀을 지키던 장수가 상주하여 "토번은 승냥이나 이리와 같으므로 잡은 포로를 돌려보내면 안된다"라고 말하였지만, 덕종은 "융적戎狄이 요새를 침범하면 공격하여 물리치고 복종하면 포로를 돌려보낼 것이다"라고 말하였다.[37] 다음 달인 같은 해 5월 덕종은 위륜을 태상경으로 임명하여 다시 토번으로 파견하였다. 이때 위륜은 덕종이 친히 맹약서[載書]를 작성하도록 주청하였지만, 재상 양염은 적수[敵]가 아니라고 하며 곽자의 등과 함께 맹약서를 작성하여 올리면 덕종이 '가可'라고 적으면 될 것이라 하였다. 덕종이 이에 따랐다.[38] 이러한 것은 이때부터 당조가 토번과의 회맹 준비를 시작하였음을 알게 한다. 토번은 믿을 수 없다는 장수들의 의견에도 불구하고 덕종이 토번과의 회맹을 추진한 것은 바로 번진 개혁에 주안점을 두기 위함이라 할 수 있다.[39] 같은 해 12월 위륜이 귀국할 때 토번의 재상 논흠명사論欽明思 등 55인이 함께 입당하여 방물을 헌상하고 우호 관계

---

37 『자치통감』 권226, 건중 원년 4월 조, 7279~7280쪽. 촉의 장수가 그 상주를 올린 것은 앞에서 언급하였듯이 전 해인 대력 14년 10월 토번이 雲南 蠻과 함께 대대적으로 黎·茂·文·扶 4주를 침략하였던 것도 작용하였을 것이다(『신당서』 권7, 덕종본기, 대력 14년 8월 및 10월 조, 184쪽 등).

38 『자치통감』 권226, 건중 원년 4월 조, 7280쪽.

39 日野開三郎은 덕종이 번진 개혁을 국정의 최우선 과제로 삼았다고 말한다. 즉 同, 『支那中世の軍閥 —唐代藩鎭の成立と盛衰』(『日野開三郎 東洋史學論集』 1, 三一書房, 1980), 95쪽 등.

를 맺었다.⁴⁰

한편, 당조는 회흘에게 사신을 보내 대종의 죽음을 알림으로써 우호관계를 확인하였다. 이때 회흘에 붙어있던 구성호九姓胡(즉 소그드인 상인)가 등리登里⁴¹ 가한에게 이 틈을 이용하여 당을 공격하자고 주장하였다. 가한의 사촌형이자 재상인 돈막하달간頓莫賀達干이 이에 반대하였으나, 등리 가한이 듣지 않았다. 그러자 건중 원년 6월 돈막하달간이 정변을 일으켜 등리 가한과 소그드 상인 2천 명을 죽이고 스스로 합골돌록비가合骨咄祿毗伽 가한이 되었다. 덕종은 그를 무의성공武義成功 가한으로 책립해 주었다.⁴² 그해 8월 진무유후振武留後 장광성張光晟이 회흘로 귀환하는 소그드 상인 900여 명을 살해하고 재물을 압수하는 사건이 벌어지기도 하였지만,⁴³ 그 후 두 나라의 관계는 큰 무리 없이 유지되었다.⁴⁴

---

40 『구당서』 권12, 덕종본기상, 건중 원년 12월 조, 327쪽.
41 牟羽 또는 뫼귀라고도 한다. 그는 소그드 상인을 우대하고, 초원에 카라 발가순 등의 도시를 건설하고, 마니교를 수용하였다. 정재훈, 『위구르 유목제국사』, 문학과지성사, 2005, 197~225쪽 참조. 그러한 도시의 성격에 관해서는 모리야스 타카오 저, 권용철 역, 『실크로드 세계사』, 민속원, 2023, 109~110쪽 등 참조.
42 『자치통감』 권225, 건중 원년 6월 조, 7282쪽; 『구당서』 권195, 廻紇傳, 5207~5208쪽(동북아역사재단 편, 『구당서 외국전 역주』 상, 동북아역사재단, 2011, 281~283쪽); 『신당서』 권217상, 回鶻傳上, 6121쪽(동북아역사재단 편, 『신당서 외국전 역주』 중, 동북아역사재단, 2011, 439~440쪽). 정재훈, 『위구르 유목제국사』, 230~234쪽; 정재훈, 「唐 德宗時期의 對外政策과 西北民族의 對應」, 53~54쪽 참조.
43 『자치통감』 권226, 건중 원년 8월 조, 7287쪽; 『구당서』 권12, 덕종본기상, 건중 원년 8월 조, "振武軍使張光晟殺領蕃迴紇首頡(領?)突董統等千人, 收駝馬千餘·繒錦十萬匹, 乃徵光晟歸朝, 以彭令芳代之"(326쪽); 『구당서』 권127, 장광성전, "大曆末, 遷單于都護·兼御史中丞·振武軍使. …… 建中元年, …… 死者千餘人"(3573~3574쪽) 등. 부언하면 『구당서』 권12, 덕종본기상, 대력 14년 11월 조에 "以鄜州刺史張光晟單于振武軍使·東中二受降城綏銀鄜勝等軍州留後"라고 하고, 『자치통감』 권226, 대력 14년 11월 조에는 "代州刺史張光晟知單于·振武等城·綏·銀·麟·勝州留後"(7273쪽)라고 한다.
44 정재훈, 「唐 德宗時期의 對外政策과 西北民族의 對應」에 의하면 "덕종이 위구르에

2. 덕종의 번진정책과 이정기

덕종이 국정 쇄신의 의지를 나타냈을 때 주목되는 것은 평로(치청) 번진의 병사들이 크게 두려워하였다고 하는 점이다. 즉 『자치통감』 권225를 보면 덕종이 즉위한 다음 달인 대력 14년 윤5월에 금원의 코끼리·표범 등을 풀어주고 궁녀 수백 인을 방출시켰다는 기사에 이어

> 이에 천하 사람들[中外]이 모두 기뻐하였는데, 치청 번진의 병사들은 무기를 던져버리고 서로 돌아보며 "명주明主가 나왔으니 우리가 어찌 반역을 꾀할 수 있겠는가"라고 말하였다.[45]

라고 한다. 이것은 할거 번진 안에서 가장 먼저 나타난 반응이었다. 그러자 이정기는 같은 해 7월[46] 덕종에게 전錢 30만 민緡을 헌상하겠다는 표表를 올렸다. 즉 『신당서』 권142, 최우보전崔祐甫傳을 보면

> 치청淄青의 이정기가 황제의 위세[威斷]를 두려워하여 전 30만 민을 바치겠다고 표를 올리고 조정의 [반응을] 살폈다. 황제는 이정기가 속인다고 생각하여 응답하지 못하였다. 그러자 최우보가 말하길 "이정기는 진실로 속이는 자이다. 폐하께

대해 더욱 강경한 대응보다 곁으로 유화적 자세를 취한 것은 吐蕃과의 관계가 여전히 대결 구도를 유지하고 있었기 때문이다. …… 이후 양국 관계는 당조가 토번에 기울게 되면서 위구르를 외교적으로 고립시키는 양상으로 전개되었다"(54~55쪽)라고 한다.
45 『자치통감』 권225, 덕종 대력 14년 윤5월 조, 7260쪽.
46 『자치통감』 권225, 대력 14년 6월 조, 7263쪽.

서는 사신을 보내 그 병사들을 위로하고 [이정기가] 바친 것을 장사將士들에게 하사하는 것이 좋을 것이다. 만약 이정기가 조서를 받든다면 폐하의 은혜가 병사들의 마음에 흡족할 것이고 만약 받들지 않는다면 이정기를 원망하여 병사들이 난을 일으킬 것이다. 또한 다른 번진들에게는 조정이 뇌물을 중히 여기지 않는다고 여기게 할 것이다"라고 하자, 황제가 "좋은 의견이다"라고 하고 [이에 따랐다]. 이정기가 부끄럽게 여기며 복종하였다[慙服]. 당시 사람들이 그 모략을 높이 평가하고 정관·개원의 치세를 회복할 수 있을 것이라 하였다.[47]

라고 한다. 이정기가 조정의 반응을 살피기 위해 전 30만 민을 헌상하였는데, 덕종이 처음에는 속임이 있을까 우려되어 답신을 하지 않았다고 한다. 이정기의 금전 헌상은 어쩌면 덕종의 즉위로 평로 병사들이 동요하였던 것과도 관계가 있을 수 있다. 대종 대력 3년(768) 6월 유주병마사 주희채는 유주절도사 이회선을 살해하고 스스로 유후를 칭하였고 또 대력 14년 3월 이희열이 변송절도사 이충신을 몰아내고 스스로 유후를 칭하였던 것은 앞에서 언급하였지만, 당시 번진 군사들의 태도는 절도사와 번진의 향배에 중요한 변수로 작용하였다. 따라서 이정기의 금전 헌상은 병사들의 동요를 진정시키기 위해 조정과의 타협의 자세를 보이기 위한 측면도 있을 수 있다. 그리고 덕종이 이정기에게 바로 응답하지 못하였던 것은 덕종 역시 할거

---

47 『신당서』 권142, 최우보전, "淄青李正己畏帝威斷, 表獻錢三十萬緡, 以觀朝廷 帝意其詐, 未能答. 祐甫曰, ……"(4668쪽). 이 기사 바로 전에는 "神策軍使王駕鶴者, 典衛兵久, 權震中外, 帝將代之, 懼其變, 以問祐甫, 祐甫曰, "是無足慮", 即召駕鶴留語移時, 而代者已入軍中矣"라는 것이 보인다.

번진에 대해서는 신중한 자세로 접근하였음을 나타낸다. 결국 덕종은 재상 최우보의 의견에 따라 사신을 평로 번진으로 파견하여 30만 민을 평로 병사들에게 하사하게 하였다. 당시 번진 병사들은 모두 모병이었기 때문에 경제적 이해관계에 매우 민감하였던 것을 고려할 때 이 조치는 황제가 욕심이 없음을 보임과 동시에 평로 번진의 분열을 의도한 것이라 볼 수 있다. 그러자 이정기는 매우 부끄럽게 여기며 '복종[服]'의 태도를 취하였고, 이에 "당시 사람들은 정관·개원의 치세가 회복될 것으로 여겼다"고 한다. 이때 '복종'이라고 한 것은 이정기가 일단 공순 또는 자중의 태도를 취하였음을 나타낸다.[48] 그렇다면 덕종과 이정기가 최초로 벌인 신경전은 외형상으로 일단 덕종의 승리로 끝난 듯이 보인다. 이 이야기는 매우 유명하여 여러 사서에 전한다. 『당회요』 권51, 식량상識量上, 건중 2년 6월 조에 그 과정이 기술되어 있고[49] 『자치통감』에서는 그 경과를 기술 후 "이정기가 크게 부끄러워하며 복종하였고, 천하 사람들은 태평시대가 거의 도래할 것으로 여겼다"[50]라고 한다. 또 남송 홍매洪邁의 『용재속필容齋續筆』에서는 '이정기가 전을 헌상하다'라는 항목까지 설정하여 그 내용을 기록하였다.[51]

그 다음 해인 건중 원년 정월 덕종은 재상 양염의 건의를 받아들여 새로운 세법인 양세법을 시행하였다. 이 세법은 번진 등이 마음대로 조세를 거두는 것을 제한하였기 때문에[52] 이 제도의 시행으로

---

48 물론 이러한 표현 자체는 왕조의 입장을 반영한 것일 수 있다.
49 『당회요』 51, 識量上, 건중 2년 6월 조, 1045~1046쪽.
50 『자치통감』 권225, 대력 14년 6월 조, 7263쪽.
51 『容齋續筆』 권7(『容齋隨筆』, 上海古籍出版社, 1996), 303~304쪽. 그 외에 『白孔六帖』 권79, 貢獻; 『歷代名臣奏議』 권80, 經國 등에도 보인다.
52 『구당서』 권12, 덕종본기상에는 건중 원년 정월 조에 "大赦天下. 自艱難以來, 徵賦

할거 번진은 더욱 압박을 느꼈을 것이다.[53]

대종 시기에는 번진과 주부州府에서 조세 외에 황제에게 사적인 공헌을 바치는 것이 일종의 관행이 되었다. 특히 매년 원일元日·동지·단오·생일에는 지방에서 다투어 공헌을 바쳤고 대종은 그 양이 많을수록 기뻐하였다. 그로 인해 무장武將과 간리奸吏들이 대종의 마음에 들기 위해 백성들을 착취하는 일이 많았는데, 덕종은 즉위 후 처음으로 맞는 건중 원년(780) 4월의 생일날에 사방의 공헌을 모두 받지 않겠다고 선포하였다.[54] 하지만 이정기와 위박절도사 전열[55]이 공헌품을 바치자 덕종은 이를 받아들였는데,『구당서』권12, 덕종본기, 건중 원년 4월 조를 보면

> 황제의 탄생일에 중외中外의 공헌[貢]을 받지 않았다. 다만 이

  名目頗多, 今後除兩稅外, 輒率一錢, 以枉法論"(324쪽)라고 하고, 또『자치통감』권 226, 덕종 건중 원년 정월 조에는 "始用楊炎議, 命黜陟使與觀察·刺史約百姓丁產, 定等級, 改作兩稅法. [호삼성 주: 楊炎作兩稅法, 夏輸無過六月, 秋輸無過十一月, 視大曆十四年墾田數為定] 比來新舊徵科色目, 一切罷之, 二稅外輒率一錢者, 以枉法論"(7277쪽).
53 日野開三郎,「兩稅法の基本的四原則」,『日野開三郎 東洋史學論集』4, 三一書房, 1982, 27~53쪽; 堀敏一,『世界の歷史(古代の中國)』4, 講談社, 1977, "[양세법]을 실시하기 위해서는 중앙 정부가 절도사 관하의 호수 숫자와 재정 규모 등을 파악하지 않으면 안 되었다. 양세법의 시행은 번진을 압박하게 되었고 다음 해 번진들의 반란을 초래하였다. …… 양세법은 당대에 번진 압박과 중앙권력 강화에 공헌하였다"(419쪽)라고 한다; 松丸道雄 等 編,『中國史』2(三國·唐), 山川出版社, 1996, 455쪽(愛宕元), 489~490쪽(金子修一) 등. 한편 찰스 피터슨은 日野開三郎의 견해에 의문을 제기하면서 해당 新稅制는 당시 정치현실과의 타협을 도모하며 간접적 타격을 가하였을 것이라고 한다. 즉 C. A. Peterson, "Court and province in mid-and late T'ang," in Denis Twitchett, The Cambridge History of China Volume 3: Sui and T'ang China. London·New york·Melbourne: Cambridge University Press, 1979, p.499(中國社會科學院 歷史研究所 譯,『劍橋中國隋唐史(589-906)』, 中國社會科學出版社, 1990, 498쪽).
54 『자치통감』권226, 건중 원년 4월 조, 7280쪽.
55 『신당서』권210, 전열전, "悅, 蚤孤, 母更稼, 平盧戍卒, 悅隨母轉側淄·青間. [田]承嗣得魏, 訪獲之, 年十三, 拜伏有禮 承嗣異之, ……"(5926~5927쪽).

정기와 전열만이 각각 비단[縑] 3만 필을 헌상하였는데, 조서
를 내려 탁지度支로 보냈다(325쪽).

라고 한다.[56] 『자치통감』에서는 덕종이 "모두 탁지로 보내 조부租賦
를 대신하게 하였다"[57]라고 한다. 즉 덕종은 두 사람의 공헌을 받아
들이면서도 형식상으로는 조세를 낸 것으로 처리하였다는 것이다.
그동안 두 번진은 조정에 전혀 조세를 바치지 않았는데,[58] "조부를
대신하게" 한 것은 덕종이 두 번진을 조세 바치는 지역으로 만들겠
다는 의지를 보인 것일 수도 있다.

여기서 주목되는 것은 위박절도사 전열이 이정기와 함께 비단을
바쳤다는 점이다. 이에 대해서는 두 가지 측면에서 이해가 가능하
다. 하나는 덕종의 국정 쇄신 의지에 대해 불안해하는 할거 번진이
더 있었다는 것이고, 다른 하나는 전열이 이정기에 행동에 가세하였
다는 것이다. 기실, 전열과 덕종 사이에는 이미 균열이 있었다. 즉
두 달 전인 건중 원년 2월 덕종이 출척사黜陟使 11인을 전국에 파견
하여 지방 정치를 쇄신하게 하였다. 그때 출척사 홍경륜洪經綸이 위

---

[56] 『책부원구』 권168, 帝王部, 却貢獻, 건중 원년 4월 조에는 인용한 기사와 거의 같은 내용에 이어 "妃父王景仙·駙馬高怡獻金銅佛像, 以爲帝壽, 帝謂曰, '有爲功德, 吾不欲悉還之'"(2026쪽)라는 기사가 보인다.
[57] 『자치통감』 권226, 건중 원년 4월 조, 7280쪽.
[58] 『자치통감』 권225, 대력 12년 12월 조, "[李正己·田承嗣·李寶臣·梁崇義] 雖奉事朝廷而不用其法令, 官爵·甲兵·租賦·刑殺皆自專之"(7250쪽); 同 권232, 덕종 정원 원년(785) 12월 조, "戶部奏, 今歲入貢者凡百五十州 [호삼성 주: 時河朔諸鎭及淄青·淮西皆不入貢, 河·隴諸州又沒于吐蕃]"(7467쪽); 『구당서』 권14, 헌종 원화 2년 12월 조, "史官李吉甫撰元和國計簿, 總計天下方鎭凡四十八, 管州府二百九十五, 縣一千四百五十三, 戶二百四十四萬二百五十四, 其鳳翔·鄜坊·邠寧·振武·涇原·銀夏·靈鹽·河東·易定·魏博·鎭冀·范陽·滄景·淮西·淄青十五, 凡七十一州, 不申戶口. 每歲賦入倚辨, 止於浙江東西·宣歙·淮南·江南·鄂岳·福建·湖南等八道, 合四十九州, 一百四十四萬戶"(424쪽).

박에 당도하여 위박 군대 7만 중에서 4만을 귀농시키게 하였는데, 전열은 겉으로 순응하는 척하다가 병사들을 모아놓고 격분시켜 모두 군대로 돌아가게 하였다. 그러자 군사들은 모두 전열에게 감사하고 조정을 원망하였다고 한다.[59] 이를 계기로 전열은 이정기와 행동을 함께 하기로 마음먹고 마침내 두 달 후 이정기와 함께 비단 3만 필을 덕종에게 헌상하였던 것으로 보인다.

그런 중에 서북 지역에서 덕종 즉위 후 최초의 번진 반역이 일어났다. 앞서 안사의 난이 일어나자 당조는 안서安西와 북정北庭 2절도사 군대를 내지로 이동시켜 반란군과 싸우게 하였다. 이들은 안서·북정행영군行營軍으로 통합되어 장안과 낙양 수복전투 등에 동원되었고, 반란이 종결된 후에는 서북 지역에 주둔하면서 방추의 임무를 수행하였다. 그 후에도 이들은 토번의 장안 함락 때, 또 복고회은僕固懷恩의 반란 때 여러 차례 공을 세웠다. 그러는 사이에 이들은 잦은 이동과 대우에 불만을 품고 변란을 일으키기도 하였고, 두 군대로 나뉘어 다른 번진과 통합되기도 하였다. 대종 대력 12년(777) 9월 단수실段秀實이 안서북정행영절도사·겸경원절도사兼涇原節度使가 되어 군사들의 동요를 진정시켰지만, 덕종 건중 원년(780) 2월 재상 양염이 단수실을 해임시켜 중앙의 사농경司農卿에 임명하고 그 대신 빈녕절도사邠寧節度使 이회광에게 안서북정행영·경원절도사를 겸임하게 하였다.[60] 그러자 안서북정행영 병사들의 불만이 폭발하였고 3월 장수 유문희劉文喜가 경주涇州를 점거하고 반란을 일으켰다.[61] 4월 유문희는 토번에 아들을 인질로 보내며 원조를 요청하

---

59 『신당서』 권210, 전열전, 5927쪽; 『자치통감』 권226, 건중 원년 2월 조, 7277쪽.
60 劉玉峰, 『唐德宗評傳』, 14~19쪽에 관련 내용이 비교적 자세히 기술되어 있다.
61 『구당서』 권12, 덕종본기상에는 건중 원년 4월 乙未朔 조에 "涇原神將劉文喜據城叛"

였다. 덕종은 주체와 이회광에게 토벌을 명하고 신책군사神策軍使 장거제張居濟로 하여금 금병禁兵 2천을 거느리고 돕게 하였다.[62] 하지만 같은 해 5월 가뭄이 심한 가운데 군량을 수송하게 하자 안팎이 소란스러워졌고 많은 조정 신하들이 유문희를 사면하여 지친 백성들을 구제할 것을 주청하였다. 그러나 덕종은 다음과 같이 말하였다.

> 조그만 반란도 제거하지 못한다면 어떻게 천하에 영을 내릴 수 있겠는가?[63]

덕종이 다시 한번 번진 개혁의 의지를 확고히 보인 것이다. 이때 토번은 덕종이 포로를 돌려보낸 것에 대해 기뻐하였기 때문에 유문희를 돕지 않았다. 경주涇州가 곤궁해지자 안서북정행군의 장수 유해빈劉海賓[64]이 유문희를 죽였고 같은 달 그 수급이 조정으로 전달되었다.[65]

바로 같은 달 이정기가 사신을 덕종에게 파견하였다. 즉 『자치통감』 권226, 건중 원년 5월 조를 보면

> 덕종이 즉위한 후 이정기는 계속 불안해하다가 막료[參佐]를 입조시켜 일을 상주하게 하였다(7281쪽).

이라고 적혀 있고, 뒤이은 癸丑日 조에 "덕종의 탄신일에 ……"라고 기술되어 있다.
62 『자치통감』 권226, 건중 원년 3월 및 4월 조, 7279쪽.
63 『자치통감』 권226, 건중 원년 5월 조, 7280~7281쪽. 덕종은 자신의 의지를 밝힌 후 음식비를 줄여 병사들에게 나누어주고 涇州城 안의 將士들에게 예전대로 봄옷을 사여하였다. 후자는 반란군의 분열을 유도하기 위한 것이었다.
64 이전을 회고하면서 기술한 문장인데, 『자치통감』 권226, 덕종 건중 2년 3월 조에 "會帳下殺文喜以降"(7299쪽)이라는 것이 보인다.
65 『자치통감』 권226, 건중 원년 5월 조, 7281쪽.

라고 한다. 이정기의 막료 파견은 유문희의 반란에 대한 조정의 태도를 파악하기 위한 것일 수도 있고 덕종과의 타협을 위한 것일 수도 있다. 그런데 그때 유문희의 수급이 조정에 도착하자, 덕종은 이정기의 막료에게 그 수급을 보여준 후 돌아가게 하였다. 이는 덕종이 번진 개혁에 대한 확고한 의지를 직접 확인시킨 것이라 할 수 있다. 그 소식을 들은 이정기는 "더욱 두려워하였다"고 한다.[66] 만약 이때 이정기가 덕종과의 타협을 시도한 것이라면 현재의 기득권을 크게 손상시키지 않는 범위에서 대화를 모색하였을 것이지만, 덕종은 완전한 굴복을 요구하였던 것이라 할 수 있다.

다른 할거 번진들은 아직까지 특별한 움직임을 보이지 않았다. 그럼에도 불구하고 유독 이정기가 예민하게 반응하며 신속히 움직였던 이유는 무엇일까? 그 구체적 이유는 다음 몇 가지를 추정할 수 있다. 첫째는 이정기가 그동안 번진의 반역을 주도해 왔다는 점이다.[67] 둘째는 이 장의 머리말에서 언급하였듯이 이정기가 할거 번진 중에서도 가장 큰 세력을 형성하였다는 점이다. 셋째는 지리적으로 당의 중심 도시인 낙양을 위협할 수 있는 위치에 있었던 점이다.[68] 넷째는 이정기가 당시 당조를 지탱하던 생명선인 대운하가 지나는 서주徐州를 관할하고 있었다는 점이다.[69] 따라서 덕종이 번진 개혁에 나선다면 이정기로서는 누구보다도 그 개혁 대상이 될 수밖에 없었다.

그런데 이정기는 다른 할거 번진들과 함께 밀약을 맺고 있었다.

---

66 『자치통감』 권226, 건중 원년 5월 조, 7281쪽.
67 이 장의 도입부 말미에서 사마광의 『자치통감』 운운하는 부분에 대한 각주에 인용한 사마광의 論贊 등 참조.
68 이 사실은 훗날 이정기의 손자인 李師道가 조정과 대립하면서 낙양을 직접 위협하였던 것으로도 알 수 있다.
69 이 책 제1부 제2장, 104쪽의 각주 88 참조.

『자치통감』 권226, 건중 2년 정월 조를 보면 성덕절도사 이보신에 대해 기술하면서

> 이전에 [이]보신과 이정기·전승사·양숭의梁崇義는 서로 결합하여 토지를 자손들에게 물려주기로 약속하였다(7292쪽).

라고 한다.[70] 따라서 이정기가 덕종의 의중을 살피거나 타협을 모색한 이면에는 이정기와 다른 할거 번진들의 긴밀한 연계 관계가 있었을 것으로 보아야 한다. 앞서 전열이 이정기와 함께 덕종에게 비단을 바친 것도 이를 뒷받침하지만, 『자치통감』 권226, 건중 2년 정월 조에는 "유문희가 죽자 이정기와 전열 등이 모두 스스로 불안해하였다"(7295쪽)라는 기사도 보인다.[71] 이정기와 전열만이 아니라 다른 번진들도 덕종의 국정 쇄신에 대해 불안을 느꼈다는 것이다. 하지만, 덕종이 유문희의 수급을 이정기 부하에게 보임으로써 이제 양 진영의 타협의 여지는 거의 사라졌다고 할 수 있다.[72]

한편, 염철전운사로서 천하의 재부를 운용하던 유안劉晏[73]이 재상

---

[70] 이 외에도 『자치통감』 권225, 대력 12년 12월 조, "[李正己·田承嗣·李寶臣·梁崇義의 영영과 병력을 각각 기술] 相與根據蟠結, 雖奉事朝廷而不用其法令, 官爵·甲兵·租賦·刑殺皆自專之"(7249~7250쪽); 『자치통감』 권226, 건중 2년 정월 조, "[魏博]長史畢華曰, '先公與二道(즉 淄青·魏博)結好二十餘年, 奈何棄之!'"(7293쪽) 등이 보인다.

[71] 『자치통감』 권246, 武宗 會昌 원년 3월 조에 보이는 李德裕 등의 상주문에는 "德宗疑劉晏動搖東宮而殺之, 中外咸以爲冤, 兩河不臣者由妓恐懼, 得以爲辭, 德宗後悔, 錄其子孫"(7949쪽)라고 한다.

[72] 『구당서』 권144, 陽惠元傳, "及德宗卽位, 嚴察神斷, 自誅劉文喜之後, 知朝法不可犯, 四盜不自安"(3914쪽).

[73] 당시 유안의 관명은 東都·河南·江淮·山南東道轉運·租庸·青苗·鹽鐵使였다(劉玉峰, 『唐德宗評傳』, 72쪽).

양염의 모함으로 건중 원년(780) 2월 충주자사忠州刺史로 좌천되었다가 같은 해 7월 살해되었는데,[74] 그 소식을 들은 이정기 등은 "더욱 두려워하였다"고 한다. 즉 『자치통감』 권226, 건중 2년 정월 조를 보면 "유문희가 죽자 이정기와 전열 등이 모두 스스로 불안해하다가"라는 기사에 이어

> [건중 원년 7월] 유안이 죽자 이정기 등은 더욱 두려워하면서 서로에게 "우리의 죄악은 어찌 유안에 비할 것인가"라 말하였다 (7295쪽).[75]

라고 한다. 다만, 이정기 등이 "더욱 두려워하였다"고 하는 표현을 그대로 받아들이기는 어렵다. 왜냐하면 같은 책의 같은 해 2월 조에는

> 양염이 유안을 죽이자 조야朝野 사람들이 곁눈질[側目]하였고 이정기가 자주 표문을 올려 조정을 비판[譏斥]하였다(7297쪽).

라는 기사가 보이기 때문이다. 즉 유안이 죽은 뒤 어느 시점부터는 이정기가 오히려 재상인 양염의 죄를 물으면서 조정을 비판하였던 것이다. 만약 건중 원년 5월 덕종이 이정기의 부하에게 유문희의 수급을 보인 것을 기점으로 서로 타협의 여지가 사라졌다고 한다면, 유안이 살해된 후 이정기가 조정을 비판한 것은 덕종과 이정기가 대결의 국면으로 들어섰음을 의미하는 것이다. 다만 이정기가 조정을

---

74 『자치통감』 권226, 건중 원년 2월 및 7월 조, 7278쪽, 7284쪽 등.
75 『구당서』 권118, 양염전, 3423쪽에도 보인다.

비판하기 시작하였던 정확한 시점이 중요할 수 있는데, 이에 대해서는 뒤에 언급하겠다.

3. 번진들의 대항과 이정기

앞선 대종 대력 14년(779) 2월 위박절도사 전승사가 죽고 그 조카 전열이 위박 번진을 총괄하였을 때, 성덕절도사 이보신은 앞서 이보신·전승사·이정기 등과 함께 서로 협력하여 영토를 각각 자손에게 물려주기로 한 약속에 따라 대종에게 전열을 위박절도사로 임명해 줄 것을 적극적으로 청원하였다. 그러자 대종은 번진들의 반란을 우려하여 전열을 그대로 절도유후에 임명하였다가[76] 곧이어 정식 절도사로 임명하였다.[77]

건중 2년(781) 정월 성덕절도사 이보신이 죽었는데, 이것이 덕종 시기 대재난의 시작을 알리는 '전주곡[前奏]'이었다.[78] 이보신은 죽기 전에 아들 행군사마行軍司馬 이유악李惟岳이 순탄하게 자리를 물려받을 수 있도록 자신의 부하인 심주자사深州刺史 장헌성張獻誠 등 10여 인을 미리 죽였다. 그리고 이보신이 죽자 이유악은 공목관孔目官 호진胡震과 가동家僮 왕타노王他奴의 의견에 따라 상喪을 20여 일 동안 숨기며 이보신의 이름을 빌려 자신을 성덕절도사에 임명해 주도록 조정에 요청하였다. 덕종이 이를 거부하자 이유악은 발상을 하

---

76 『자치통감』 권226, 건중 원년 정월 조, 7291~7292쪽; 『자치통감』 권225, 대력 14년 2월 조, 7255쪽.
77 『신당서』 권210, 전열전, 5927쪽.
78 謝元魯, 『唐德宗·唐順宗』, 46쪽.

고 스스로 유후가 되어 번진을 통솔하였다. 그리고 부하 장군들에게 자신을 절도사에 임명해 주도록 청원하는 상소문을 덕종에게 올리게 하였지만, 덕종은 또 거절하였다. 그러자 위박절도사 전열이 나서 이유악을 절도사에 임명해 주도록 여러 차례 요청하였는데, 덕종은 또다시 거절하였다.[79] 이러한 덕종의 태도는 이미 예견된 것이라고 해도 좋다.

긴장이 고조되자 어떤 신하가 덕종에게 이유악을 절도사에 임명하지 않으면 반드시 반란을 일으킬 것이라고 하였는데, 덕종은 "이전에 그들이 원하는 대로 임명해 주는 경우가 많았지만, 반란은 더욱 늘어났다. 그들의 요구에 따르는 것은 반란을 그치게 하는 것이 아니라 오히려 그것을 조장하였다. 이유악은 반드시 반란을 일으킬 것이므로 임명하건 임명하지 않건 같을 따름이다"라고 말하였다. 같은 달(건중 2년 정월)에 전열과 이정기는 각각 이유악에게 사람을 보내 "군대를 동원하여[勒兵] 당조에 대항할 것"을 몰래 모의하였다.[80] 이정기와 전열이 적극적으로 반란을 획책하여 전운의 기운이 감돌기 시작하였던 것이다.

흥미로운 것은 당시 할거 번진들이 덕종에 대해 일전을 불사할 태도를 보이면서도 내심으로 적지 않게 불안감을 느꼈다는 점이다. 먼저 평로 번진의 병사들이 일시 동요하였던 것은 앞에서 언급하였는데, 이정기 역시 "두려워하였다"는 표현이 전후로 여러 차례 보이는 것으로 보아 평로 번진 내부에 적지 않은 동요가 있었을 가능성이 있다. 위박의 경우에는 일족인 절도부사 전정개田庭玠가 전열에게 "너는

---

[79] 『자치통감』 권226, 건중 2년 정월 조, 7292~7293쪽; 『신당서』 권210, 전열전, "建中二年, 鎭州李惟岳・淄靑李納求襲節度, 不許, 悅爲請, 不答, 遂合謀同叛"(5927쪽).
[80] 『자치통감』 권226, 건중 2년 정월 조, 7293쪽.

큰아버지(즉 전승사)의 유업에 의지하여 조정을 공순히 섬기기만 하면 앉아서 부귀를 누릴 수 있는데, 어찌하여 이유도 없이 전열·이정기와 함께 반신叛臣이 되려 하는가? 그동안 반역을 일으켜 그 가족을 보전한 자를 보았는가? 만약 반란을 일으키려 한다면 먼저 나를 먼저 죽여서 내가 전씨의 멸족을 보지 않게 하라"고 하며 집으로 돌아가 두문불출하였다. 전정개는 전열이 직접 자신의 집을 방문하여 사죄하였지만 문을 열어주지 않았고, 마침내 우환으로 죽었다.[81]

성덕의 경우에도 이유악이 모반하려 하자 판관判官 소진邵眞이 울면서 만류하며 이정기의 사신을 사로잡아 경사로 보내고, 또 이정기를 토벌하길 청하였다. 그러자 이유악이 이를 수락하고 소진에게 상주문을 만들게 하였다. 그러나 장사長史 필화畢華가 "선공先公께서 치청·위박과 우호관계를 맺은 지 20여 년이 되었는데, 어찌 하루아침에 그것을 버리시려는 것인가? 설령 치청의 사신을 압송해도 조정은 반드시 믿지 않을 것이다. 그때 이정기가 갑자기 우리를 공격해 온다면 고립무원에 빠질 것인데, 그 사태를 어떻게 감당하겠는가?"라고 말하자, 이유악이 이에 따랐다. 이유악 역시 잠시 불안감을 느꼈던 것으로 볼 수 있다. 그리고 전열의 장인인 전 정주자사前定州刺史 곡종정谷從政이 이유악을 만나 여러 근거를 들어 모반해서는 안 된다고 말하고 번진을 잠시 이유악의 배다른 형인 이유성李惟誠에게 맡기고 직접 입조하길 권하였다. 하지만 이유악은 이를 따르지 않았다. 이유성의 이모[母妹]는 곧 이정기의 며느리[子婦]였다. 곡종정이 이유악을 만나고 돌아간 날 이유악은 이유성을 이정기에게 보내버렸다. 그러자 이정기는 이보신·이유악 가족의 본래 성인 장

---

81 上同.

씨張氏로 이유성의 성을 바꾸고 치청을 섬기게 하였다. 그리고 이유악이 곡종정을 압박하자 곡종정은 약을 먹고 자살하면서 내가 죽는 것은 두렵지 않지만, 장씨가 족멸하는 것이 슬프구나"라고 말하였다고 한다.[82]

유안이 살해되자 이정기 등이 더욱 두려워하여 서로에게 "우리의 죄악은 어찌 유안에 비할 것인가"라 말하였던 것은 앞에서 언급하였다. 이유악과 전열의 청원에도 불구하고 덕종이 강경한 자세를 견지하던 건중 2년 정월 때마침 평로 번진과 인접한 변주성汴州城이 좁아 이를 확장하는 공사가 벌어지자 갑자기 긴장이 고조되었다. 『자치통감』 권226, 건중 2년 정월 조에 의하면 변주성을 확장하자 동방東方 사람들이 "황제가 동쪽을 경략하려고 하기 때문에 변주에 성을 쌓는다"라고 와전하여 말하였는데, 이정기가 두려워하여 병사 1만을 내어 조주曹州에 주둔시켰고 전열 역시 성곽을 보수하고 사람들을 소집하여 대비하였으며, 또 산남동도절도사 양숭의 및 이유악과 서로 연락을 취하였기 때문에, 낙양이 있는 하남河南 지역 사민士民들이 놀라 소란해졌다고 한다.[83] 이러한 사실이 『구당서』 권124, 이정기전에는

> 변주성을 축조한다는 소식을 듣고 [이정기가] 군대를 제음濟陰으로 이동시켜 주둔시키고 밤낮으로 훈련시키면서 대비하였다. 하남 지역이 시끄러워지고 천하가 근심에 빠졌다. [조정에서] 긴급 격문을 빠르게 보내 군대를 징발하여 방비를 강화하였다(3535쪽).

---

82 『자치통감』 권226, 건중 2년 정월 조, 7273~7274쪽.
83 『자치통감』 권226, 건중 2년 정월 조, 7295쪽.

라고 기술되어 있고, 『신당서』 권213, 이정기전에는 "덕종 건중 초에 변주에 성을 쌓는다는 소식을 듣고 전열·양숭의·이유악과 함께 반란을 일으키기로 약속하였다. 스스로 조주의 제음에 주둔하며 병사를 진열하고 교련시켰다"(5990쪽)라고 한다.[84] 한유韓愈의 「청변군왕양연기비문淸邊郡王楊燕奇碑文」에 양연기가 "건중 2년 변주에 성을 쌓을 때 많은 공로를 세웠다"[85]라고 하는 것으로 보면, 당시 변주성 확장은 결코 가벼운 공사가 아니었던 것으로 추측된다. 요컨대 건중 2년 정월 이정기는 변주성 확장 공사를 자신에 대한 압박으로 간주하고 전열·이유악·양숭의와 연대하여 정면으로 대응하였던 것이다.[86]

당시 할거 번진들이 반란으로 돌입한 시점에 대해서는 대부분의 사서에 명확하게 기술하고 있지 않다. 이에 비해 『신당서』 권7, 덕종본기에서는 '반反'이란 용어를 사용하여 번진들이 반란으로 돌입한 시점을 명확하게 지적하는 경우가 많다. 이에 의하면 건중 원년 정월 이유악이 스스로 유후를 칭하자 같은 달에 전열이 '반'하였다는 것이 그 최초이다.[87] 해당 기사에서는 더 이상의 근거를 제시하지는 않았지만, 이에 따른다면 이를 기점으로 할거 번진들의 반란(즉 사왕

---

[84] 『신당서』 권210, 전열전, "李勉遂城汴州, 而李正己懼, 率兵萬人屯曹州, 乃遣人說悅同叛. 悅因與梁崇義等阻兵連和, ……"(5927쪽).
[85] 『韓昌黎文集校注』 권6, 「淸邊郡王楊燕奇碑」, "寶應二年春, 詔從僕射[田]神功平劉展, 又從下河北. 大曆八年, 帥師納戎帥[李]勉于滑州. 九年, 從[汴宋節度使田神功]朝于京師. 建中二年, 城汴州, 功勞居多. 三年, 從攻李希烈"(上海古籍出版社, 357쪽).
[86] 『구당서』 권12, 덕종본기상, 건중 2년 3월 조에 "先是汴州以城隘不容衆, 請廣之. 至是築城, [李]正己·田悅移兵於境納戎爲備, 故詔分汴·宋·滑爲三節度, 移京西防秋兵九萬二千人以鎭關東"(328쪽). 이 기사는 변주성 수축이 나아가 방추병을 관동으로 이동시키는 상황으로 연결되었음을 아울러 알게 한다.
[87] 『신당서』 권7, 덕종본기, 건중 2년 정월 조, 186쪽.

이제四王二帝의 난)이 시작되었던 것이라 볼 수도 있다. 그리고 이것은 전열이 단독으로 행동한 것이 아니었음은 앞에서 언급한 대로이다.

그러자 당조도 급히 군대를 징발하며 방비를 강화하였다. 즉 같은 달인 건중 2년 정월에 ① 영평절도사永平節度使 관하의 송주宋州·박주亳州·영주潁州를 분리하여 새로 송·박·영절도사를 설치하고 송주자사 유흡劉洽을 그 절도사에 임명하고 ② 영평 관하의 사주泗州를 회남절도사에 예속시키고 ③ 동도유수東都留守 노사공路嗣恭을 회주懷州·정주鄭州·여주汝州·섬주陝州 4주 및 하양삼성절도사河陽三城節度使에 임명하였다. 이어 ④ 영평절도사 이면李勉을 유흡과 노사공을 지휘하는 2도道 도통都統에 임명하고 ⑤다시 정주를 분리하여 영평 번진에 예속시키고 ⑥ 이전에 군장이었던 자들을 선발하여 제주諸州 자사로 삼아 이정기 등에 대비하게 하였다고 한다.[88] 그 주된 조치는 세 절도사를 신설 내지는 재정비한 것으로[89] 이정기 등이 함께 연대한 만큼 이정기에 중점을 두면서 다른 할거 번진들에 대해서도 대비를 하였던 것이다.

덕종이 이정기 등의 할거 번진들에 대해 강경책을 펼칠 수 있었던 배경에는 토번과의 관계 개선이 있었다는 사실을 다시 한번 확인할 필요가 있다. 앞선 건중 원년 4월 유문희가 토번에 원군을 요청하였으나 토번은 덕종의 호의를 받아들여 유문희에게 원군을 보내지 않았다. 그 후에도 당분간 토번은 당의 변경을 거의 침범하지 않았는

---

[88] 『자치통감』 권226, 건중 2년 정월 조, 7295~7296쪽; 『구당서』 권12, 덕종본기상, 건중 2년 정월 조, 327~328쪽.
[89] 『구당서』 권12, 덕종본기상, 건중 2년 3월 조, "詔分汴·宋·滑爲三節度"(328쪽). 謝元魯, 『唐德宗·唐順宗』에서는 "당조의 통제 하에 있는 河南 지역에 永平軍節度使·鄭汝陝河陽三城節度使·宋亳潁節度使를 설립하고, 조정 대신을 절도사에 임명하여 叛軍에 대한 전략적 前進基地로 삼았다"(48쪽)고 한다.

데, 이는 덕종의 토번 정책이 일단 성공을 거두었음을 말한다.[90] 이에 덕종은 이정기 등과의 전쟁에 대비하기 위해 방추병의 상당수를 동쪽으로 이동시켰다. 『자치통감』 권226, 건중 2년 2월 조를 보면

> 경사 서쪽을 지키는 방추병 1만 2천 인[91]을 징발하여 관동關東으로 보냈다. 황제가 망춘루望春樓로 행차하여 장사將士들에게 연회를 베풀며 위로하였는데, 신책군 병사들만은 [술을] 마시지 않았다. …… (7298쪽).

라고 한다.[92] 아무리 토번과의 화해 정책이 성공을 거두었다고 해도 방추병까지 동쪽으로 이동시킨 것은 주목할 필요가 있다. 토번이 언제든지 배신할 수 있음은 덕종도 충분히 경계하였을 것이지만, 그럼에도 불구하고 방추병을 동쪽으로 이동시킨 것은 덕종 역시 이정기 등과의 전쟁에 대해 큰 부담감을 느꼈음을 알게 한다.[93] 방추병을 관동으로 이동시킨 다음 달에 덕종은 전중소감殿中少監 최한형崔漢衡

---

90 『자치통감』 권227, 건중 3년 4월 조, "吐蕃歸虜日所俘掠兵民八百人. [호삼성 주: 自吐蕃陷河・隴, 入京師, 俘掠唐人, 可以數計邪! 德宗先歸所俘者以懷之, 其歸向日所俘者, 八百人而已. 狼子野心, 姑以此報塞中國, 其志果如何哉! 觀異日平涼劫盟之事可見也]"(7321쪽).
91 『구당서』 권12, 덕종본기상, 건중 2년 3월 조에는 "移京西防秋兵九萬二千人以鎭關東"(328쪽)라고 한다.
92 『구당서』 권144, 陽惠元傳, "汴州奏以城隘狹, 增築城郭, 李正己聞之, 移兵萬人屯于曹州, 田悅亦加兵河上, 河南大擾, 羽書警急. 乃詔移京西戎兵萬二千人以備關東, ……"(3915쪽); 『책부원구』 권390, 將帥部, 誓師, 張巨濟 조에 "張巨濟爲神策軍使, 與兵馬使楊惠元鎭奉天. 德宗初詔, 移京西戎兵萬二千人, 以備關東, ……"(4630쪽)라고 보인다.
93 또, 이것은 덕종이 번진 정책을 국정의 최우선 과제를 설정하였음을 반증한다고 할 수 있다.

을 토번으로 파견하였다.[94]

이정기가 재상 양염의 죄상을 거론하며 조정을 비판하기 시작한 것은 바로 이 무렵부터라고 생각된다. 양염이 유안을 죽게 만든 것에 대해서는 천하 사람들도 곁눈질하였지만, 이정기가 계속 비판하자 양염은 자신을 변호하기 위해 심복 관료들을 각 번진들에 파견하였다. 하지만 양염은 이로 인해 오히려 궁지에 몰리게 되었다. 『구당서』 권118, 양염전을 보면

> 이정기가 덕종에게 자주 표문을 올려 유안이 어떤 죄로 죽었는가를 물으면서 조정을 비난하였다. 그러자 [건중 2년 2월] 양염이 두려움을 느껴 [5명의] 심복을 번진들로 나누어 파견하였는데, 배기裴冀는 동도, 하양河陽, 위박 번진, 손성孫成은 택로澤潞, 자형磁邢, 유주 번진, 노동미盧東美는 하남, 치청 번진, 이주李舟는 산남, 호남 번진, 왕정王定은 회서 번진으로 파견되었다. …… 그러자 혹자가 덕종에게 밀주密奏를 올려 "양염이 다섯 사신을 번진들로 보낸 것은 천하 사람들이 유안을 죽인 죄를 자기에게 돌릴 것이 두려워 잘못을 황제에게 돌리기 위함이다"라고 하였다. 덕종이 환관을 이정기에게 파견하여 양염이 무슨 말을 하였는가를 확인하니, 과연 믿을 만하였다.

---

[94] 『자치통감』 권226, 건중 2년 3월 조, 7298쪽. 그리고 同, 같은 해 12월 조, "崔漢衡至吐蕃, 贊普以敕書稱貢獻及賜, 全以臣禮見處, 又, 雲州之西, 當以賀蘭山爲境 [호삼성 주: 五代志, 靈武弘靜縣有賀蘭山, …… 雲州, 當作靈州, 史誤也], 邀漢衡更請之. 丁未, 漢衡遣判官與吐蕃使者入奏. 上爲之改敕書·境土, 皆如其請 [호삼성 주: 關東·河北方用兵, 不暇與吐蕃較也]"(7312쪽). 또 『구당서』 권122, 최한형전에는 "大曆六年, 拜檢校禮部員外郞, 爲和吐蕃副使, 還, 遷右司郞中, 改萬年令. 建中三年, 爲殿中少監·兼御史大夫, 充和蕃使, 與吐蕃使區頰贊至自蕃中. …… 戊申, 以漢衡爲鴻臚卿. 四年, 吐蕃朝貢, 加檢校工部尙書, 復使吐蕃"(3502~3503쪽)라고 한다.

이로부터 덕종은 양염을 주살하기로 마음을 먹었다(3423쪽).

라고 한다.[95] 양염은 같은 해 7월 재상직에서 해임되고[96] 10월 애주자사崖州刺史로 좌천되어 곧 살해되었다.[97] 이정기의 비판으로 인해 결국 양염이 죽음에 이르게 되었던 것인데, 정작 이정기는 양염에 대한 공격을 통해 덕종의 번진 개혁 정책을 견제하려 하였던 것이라 볼 수 있다.

당시 산남서도절도사 양숭의는 이정기 등 다른 할거 번진들과 연대하고 행동을 함께하였지만, 군사력이 약하여 겉으로는 당조에게 공순한 태도를 취하고 있었다. 이때 회령절도사淮寧節度使[98] 이희열이 누차 양숭의를 토벌할 것을 청하였다. 그러자 양숭의는 두려워서 군대를 더욱 강화하였다. 건중 2년 4월 덕종이 할거 번진들을 분열시키기 위해 양숭의에게 동중서문하평장사를 제수하며 처와 자식들을 모두 책립하고 또 영구히 지위를 보장한다는 철권鐵券을 하사하였다. 그리고 어사御史 장저張著를 보내 그 조서를 전달하고 양숭의를 조정으로 불러들이며 그 비장裨將 인고藺杲를 등주자사鄧州刺史에 임명하였다.[99] 하지만 같은 해 6월 장저가 양양襄陽에 이르러 조

---

95 그 전후 상황 등에 대해서는 劉玉峰,「唐德宗評傳」, 73~75쪽 참조.
96 덕종과 할거 번진들의 전쟁이 시작된 가운데, 盧杞가 양염을 파직시키도록 만들었다. 이때 노기는 淮西의 淮寧節度使 이희열이 반역을 일으킨 양숭의를 적극적으로 토벌하지 않는 것이 양염 때문이라고 말하였다. 즉『자치통감』권227, 건중 2년 7월 조, 7304쪽 참조.
97 『구당서』권12, 덕종본기상, 건중 2년 10월 조, 330쪽.
98 『신당서』권65, 方鎭表2, 淮南西道, 대력 14년(779) 조, "淮西節度使復置蔡州, 是年賜號淮寧軍節度"(1808쪽);『자치통감』권226, 대력 14년 9월 조, "改淮西曰淮寧"(7270쪽).
99 『자치통감』권226, 건중 2년 3월~5월 조, 7298~7299쪽.

서를 전달하였으나, 양숭의는 더욱 두려워하며 끝내 받지 않았다.[100] 한편, 『신당서』 권7, 덕종본기에서는 그 전인 같은 해 2월 덕종이 방추병을 관동으로 이동시킨 직후 양숭의가 반反하였다고 기술되어 있다.[101] 이것으로 본다면 『신당서』 본기에서 말하는 '반'이란 실제로 군대를 일으킨 것을 말하는 것은 아니다.[102]

같은 해 5월 덕종은 상세商稅를 1/30에서 10분의 1로 올렸다.[103] 이는 두말할 나위도 없이 할거 번진들과의 전쟁을 위한 비용을 마련하기 위한 것이다. 이제 남은 것은 전쟁뿐이었다.

4. 덕종과 번진의 충돌 및 이정기의 사망

선제공격을 가한 것은 위박의 전열이었다. 건중 2년(781) 5월 상세를 올린 직후 전열이 이정기·이유악과 함께 군사적 계책을 마련하며 군사 동맹을 맺은 뒤, 병마사 맹우孟祐에게 보병과 기병 5천을 거느리고 북쪽으로 가서 이유악을 돕게 하고, 아울러 병마사 강음康愔에게 8천을 거느리고 소의절도사昭義節度使 관하의 형주邢州를 공격하게 하였다. 그 자신도 3만[104]을 거느리고 소의 관하의 명주洺州 임

---

100 『자치통감』 권227, 건중 2년 6월 조, 7301쪽.
101 『신당서』 권7, 덕종본기, 건중 2년 2월 조, 186쪽. 정병준, 『『신당서』 권7, 德宗本紀 역주』, 441쪽의 각주 63) 참조.
102 다만, 『신당서』는 宋代의 명분론을 강하게 반영하고 있기 때문에 관점에 따라서는 얼마든지 다른 견해가 제시될 수 있다(정병준, 『『신당서』 권7, 德宗本紀 역주』, 431쪽의 '개요').
103 『자치통감』 권226, 건중 2년 5월 조, "以軍興, 增商稅爲什一[호삼성 주: 楊炎定稅法, 商賈三十稅一. 今增之]"(7299쪽). 즉 처음에 양염이 상세를 제정할 때는 10분의 1을 거두었다.
104 『구당서』 권134, 馬燧傳, "[田]悅果與淄靑·恒冀通謀, 自將兵三萬圍邢州, 次臨洺,

명현臨洺縣을 포위하였다.[105] 기왕 덕종과의 결전을 치르게 된 이상 먼저 영토를 확장하기 위한 것이라 하겠다.[106] 그러나 형주자사와 임명을 지키는 장수가 위박군의 공격을 잘 막아냈다.[107]

다음 달(건중 2년 6월) 양숭의가 조서를 받들지 않자, 덕종은 회령절도사 이희열에게 남평군왕南平郡王을 더해주고 한남한북도지제도병마·초무처치사漢南漢北都知諸道兵馬·招撫處置使에 임명하여 한수漢水 남북의 번진들을 거느리고 양숭의를 토벌하게 명하였다.[108] 이는 덕종이 할거 번진 전체를 상대로 전쟁을 벌이는 상황을 잘 보여준다. 다만, 이때 양염이 이희열을 믿지 말라고 간언하였지만, 덕종은 듣지 않았다.[109]

당시 할거 번진들의 영역은 하북·하남만이 아니라 한수 지역(양양)에까지 펼쳐져 있었던 만큼, 당의 군사 동원 범위는 매우 넓었다. 『자치통감』 권227, 건중 2년 6월 조를 보면

> 안으로는 관중關中에서부터 서쪽으로 촉蜀과 한漢에 이르고 남쪽으로는 강江·회淮·민閩·월越에 미치고, 북쪽으로는 태원太原에 이르기까지 모두 군사를 동원하였다(7302쪽).

築重城, 絶其內外, 以拒救兵"(3692쪽).
105 『자치통감』 권226, 건중 2년 5월 조, 7299쪽.
106 앞서 昭義節度使 薛崇이 죽은 후 전승사가 洺州와 相州를 차지하였는데, 전열은 邢州와 洺州 및 명주의 臨洺縣을 이번 기회에 차지하려 하였던 것이다(다음 각주 참조).
107 『자치통감』 권226, 건중 2년 5월 조, 7299~7300쪽.
108 『구당서』 권145, 이희열전, "會山南東道節度梁崇義拒捍朝命, 迫脅使臣. 二年六月, 詔諸軍節度率兵討之, 加希烈南平郡王·兼漢北都知諸兵馬招撫處置使"(3943쪽); 『자치통감』 권227, 건중 2년 6월 조, "進李希烈爵南平郡王, 加漢南·漢北兵馬招討使, 督諸道兵討之"(7301쪽). 『구당서』 권12, 덕종본기상에는 건중 2년 5월 조에 같은 내용의 기사가 실려 있다(329쪽).
109 『자치통감』 권227, 건중 2년 6월 조, 7302쪽.

라고 한다. 민은 복건福建 지역을 가리킨다. 거의 전국에 걸쳐 군사 동원령이 내려졌다고 할 수 있다.

이렇게 덕종이 할거 번진들과 정면 대결을 벌이려고 할 때 이정기가 당조에게 일격을 가하였다. 즉 같은 달 이정기가 서주徐州를 지나는 대운하를 차단하였던 것이다. 『구당서』권152, 장만복전張萬福 傳을 보면

> 이정기가 반反하여 강·회로江·淮路를 단절시키고 병사로 하여금 용교埇橋과 와구渦口를 지키게 하였다. 강·회江·淮에서 조정으로 올라오는 1천여 척의 배가 정박하고 감히 지나가지 못하였다(4076쪽).

라고 한다. 안사의 난 이후 당조는 강회 지역으로부터 올라오는 곡식과 물자에 절대적으로 의존하였을 있었다.[110] 더구나 당시는 당조가 대규모 군대를 동원한 만큼 군량 등이 크게 필요한 상황이다.[111] 뿐만 아니라 대운하 차단은 자칫 당조가 강·회 지역을 상실하는 사태로까지 이어질 수 있는 중대한 사안이었다. 즉 목종 장경 2년(822) 7월 선무宣武 변주汴州에서 군인의 반란이 일어났을 때 조정 회의에서 이봉길李逢吉이 "하북 [번진의 할거를 허용한] 일은 대체로 부득이하여 그런 것이지만, 지금 만약 변주까지 버린다면 강·회 이남은 모두 국가의 소유가 아닌 것이 된다"[112]라고 말한 것이 보인다. 이제

---

110 앞의 2절 중간에 "그동안 두 번진은 조정에 전혀 조세를 바치지 않았는데"라는 구절에 대한 각주 참조. 또 松丸道雄 等 編, 『中國史』2(三國·唐), 455쪽 등 참조.
111 謝元魯, 「唐德宗·唐順宗」, 49쪽.
112 『자치통감』권242, 장경 2년(822) 7월 조, 7819쪽.

당조와 할거 번진들은 서로 운명을 걸고 싸울 수밖에 없게 되었다. 인용한 『구당서』 권152, 장만복전에서는 이정기가 대운하를 차단할 때 이미 '반反'하였음을 명확하게 적고 있다.

이정기가 서주의 대운하를 가로막자 당조는 강남에서 올라오는 운송로를 바꾸었다. 『구당서』 권124, 이정기전에 "[이정기가] 서주에 군대를 증강시켜 강회를 막으니, 이로 인해 운송로가 바뀌게 되었다"(3535쪽)라고 한다.[113] 하지만 같은 달 양숭의가 한수가 지나는 요충지인 양양을 가로막았으므로 남북을 연결하는 조운로는 모두 단절되었고 이로 인해 사람들이 공포[震恐]에 빠지게 되었다.[114] 덕종은 급히 대종 시기에 평로군과 싸워 전과를 올린 바 있는 화주자사和州刺史 장만복[115]을 다시 호주자사濠州刺史에 임명하여 와구의 수로를 소통시키게 하였다. 장만복은 곧장 달려가 말을 탄 채 와구의 언덕 위에서 진봉선을 발진시켰다. 평로 병사들은 언덕에서 노려보면서도 감히 움직이지 못하였다고 한다.[116] 하지만 이것으로 서주의 조운로가 완전히 재개된 것은 아니었다. 즉 『신당서』 권53, 식화지食貨志3을 보면

전열·이유악·이납·양숭의가 당조의 명을 거역하자 천하병天

---

113 당대에 대운하가 막혔을 때 운송로를 바꾼 것은 여러 차례 있었다. 예를 들면, 안사의 난 중에 대운하가 막히자 숙종이 漢水를 통해 군자금을 수송받았다(정병준, 「安史의 亂과 王思禮」, 『신라문화』 26, 2005, 369쪽). 또, 건중 4년에 이희열이 일시 대운하를 막았을 때 한수 방면으로 운송로가 바뀌었다. 즉 『자치통감』 권229, 덕종 건중 4년 11월 조, "李希烈攻逼汴·鄭, 江·淮路絕, 朝貢皆自宣·饒·荊·襄趣武關"(7379쪽).
114 『자치통감』 권227, 건중 2년 6월 조, 7302쪽.
115 이 책 제1부 제2장, 86~87쪽.
116 『책부원구』 권393, 威名2, 張萬福 조, 4663쪽; 『자치통감』 권227, 건중 2년 6월 조, 7302쪽.

下兵을 들어 토벌하였는데, 제군諸軍이 경사京師에 보급을 의
지하였다. 그러나 이납과 전열의 병사들이 와구를 지키고, 양
숭의가 양주襄州·등주鄧州를 막았기 때문에 남북으로 연결되
는 조운이 모두 끊어져 경사가 크게 두려워하였다(1389쪽).

라고 한다. 여기서는 이정기가 아닌 이납의 이름이 보이지만, 뒤에
언급하듯이 같은 해 7월 이납이 이정기를 계승하였고, 양숭의는 같
은 해 8월 이희열의 공격을 견디지 못하고 자살하였던 사실로 미루
어 볼 때 거의 이정기 시기의 상황을 설명하는 것이라고 해도 좋을
것이다.[117] 이때 "[덕종은] 천하의 병사를 들어 토벌하였고" 또 당의
군대가 경사에 보급을 의지하였다고 하는 것이 눈에 띈다. 전자에
대해서는 앞에서 언급한 대로이고, 후자의 '경사'는 대운하를 통해
거의 유지되었던 점을 확인해 두겠다. 양숭의를 토벌하라는 명을 받
은 이희열은 7월이 되어서도 비가 오랫동안 내린다는 이유로 군대를
진군시키지 않았다.[118]

한편, 전열은 임명현을 포위한 지 몇 달이 지났으나 아직 함락시
키지 못하였다. 하지만 임명성 안에는 식량이 바닥났고 병사들도 대
부분 죽거나 다친 상황이었다. 같은 해 7월 소의절도사 이포진李抱
眞이 임명이 함락될 위기에 처했음을 조정에 알리자 덕종은 하동절

---

117 정병준, 「武寧節度使 王智興과 小將 張保皐」, 『중국고중세사연구』 17, 2007에서
는 "이납이 이정기를 계승하여 덕종과 정면으로 충돌하면서 다시 대운하를 차단하
게 된다"(268~269쪽)라고 하였는데, 장만복이 서주의 운하를 완전한 개통시켰다가
이납이 다시 차단하였는지, 아니면 장만복이 일시 개통시켰는지는 기록에 명확하지
는 않다. 서주의 조운로는 건중 2년 11월에 다시 열린다. 즉 『자치통감』 권227, 건중
2년 11월 조에 "官軍乘勝逐北, 至徐州城下, 魏博·淄青軍解圍走, 江·淮漕運始
通"(7312쪽)라고 한다.
118 『자치통감』 권227, 건중 2년 7월 조, 7304쪽.

도사河東節度使 마수馬燧에게 보병과 기병 2만을 거느리고 이포진과 함께 전열을 토벌하게 하고, 또 신책군선봉도지병마사神策軍先鋒都知兵馬使 이성에게 신책군 병사를 이끌고 함께 싸우게 하였다.[119] 아울러 유주유후幽州留後 주도朱滔에게 조서를 내려 이유악을 토벌하게 하였다.[120] 마수와 이포진은 군사 8만을 합쳐 동쪽으로 이동하여 호관壺關[121]을 함락시키고 한단邯鄲[122]에서 전열의 일부 군대를 격파하였다. 이어 마수와 이포진, 이성이 함께 전열과 백여 차례나 싸운 끝에 1만여 급을 참수하는 대승을 거두었다. 전열은 밤중에 달아났고 형주의 포위도 풀렸다.[123]

전쟁은 바야흐로 전면전으로 접어들고 있었는데, 그때 평로의 이정기가 사망하였다.[124] 『구당서』와 『신당서』 덕종본기에는 건중 2년(781) 8월에 죽었다고 기술되어 있지만,[125] 『자치통감』에 보이듯이 7월에 사망하고 8월에 발상한 것으로 보아야 할 것이다.[126] 당시 이정기의 나이는 49세였고 사인은 종기[疽]였다.[127]

---

119 『자치통감』 권227, 건중 2년 7월 조, 7305쪽. 한편 『신당서』 권7, 덕종본기, 선숭 원년 정월 조에는 "其子[李]惟岳自稱留後, 幽州盧龍軍節度使朱滔討之"(186쪽)라고 보인다.
120 『자치통감』 권227, 건중 2년 7월 조, 7305쪽;『책부원구』 권373, 將帥部, 忠4, 張孝忠 조, 4444쪽;『구당서』 권141, 張孝忠傳, 3855쪽. 한편, 『구당서』 권210, 田悅傳에는 "會幽州朱滔等奉詔討[李]惟岳, 悅乃遣孟希祐以兵五千助惟岳, 別遣康愔以兵八千功邢州, ……"(5927쪽)이라 하여 주도가 조서를 받은 시기를 달리 하여 기술하고 있다.
121 潞州에 속한 縣이다.『구당서』 권39, 지리지2, 河東道, 潞州 조, 1476~1477쪽 참조.
122 磁州에 속한 縣이다.『구당서』 권39, 지리지2, 河北道, 磁州 조, 1499쪽.
123 『자치통감』 권227, 건중 2년 7월 조, 7305~7306쪽.
124 『자치통감』 권227, 건중 2년 7월 조, 7306쪽.
125 『구당서』 권12, 덕종본기상, 건중 2년 8월 조, 330쪽;『신당서』 권7, 덕종본기, 건중 2년 8월 조, 186쪽.
126 『자치통감』 권227, 건중 2년 8월 조, 7307쪽.
127 『구당서』 권124, 이정기전, "又於徐州增兵, 以扼江淮, 於是運輸爲之改道. 未幾,

이정기는 이미 병을 앓는 상태에서 덕종과의 대결을 벌였을 수 있다. 『태평광기太平廣記』 권126, 보응報應25, 왕요王瑤 조에 흥미로운 이야기가 실려 있다. 즉 무종 회창 연간(841~846)에 왕요라는 사람이 있었는데, 스스로 다음과 같은 말을 하였다. 그의 조부[遠祖]는 본래 청주靑州 사람으로 평로절도사를 섬겼다. 당시 주군[主公]은 성이 이李 씨이고 이름은 기억나지 않는다. 주군은 항상 등창[背疽]을 앓았는데, 많은 의원들이 치료를 하였으나 모두 고치지 못하였다. 이에 조부[遙祖]가 태산에서 기도를 하였는데, 마침내 감응하여 태산신이 모습을 드러내어 물었다. 조부가 병을 낫게 해 달라고 애원하자 태산신이 이렇게 말하였다.

> 너의 주군[主師]은 방백方伯의 지위에 있고 백성을 기르는 직분에 있으면서도 생령生靈을 잔인하게 해치고[虐害] 부도不道한 일을 널리 행하며 형벌을 가혹하게 남발하였기 때문에 원혼들이 고발[上訴]하기에 이르렀다. 그가 앓고 있는 등창[背瘡]은 [저승에서] 채찍과 곤장[鞭笞]을 맞은 징험이어서 결코 나을 수 없다. 하늘의 법을 어긴 자는 용서받을 수 없다.

이에 조부는 절을 하고 주공을 뵙길 청하여 만났다. 조부가 청주[靑丘]로 돌아왔을 때는 주군이 이미 죽은 뒤였다. 조부가 태산에서 목도한 것을 주군의 부인에게 자세히 말하자 부인이 "어떻게 증명할 수 있는가"라고 말하였다. 조부가 "저승[冥府]에서 주군은 온 몸에 포승이 묶여 있었는데, 속옷 소매를 찢어 저에게 주면서 '우리 집

發疽卒, 時年四十九"(3535쪽); 『신당서』 권213, 이정기전, "會發疽死"(5990쪽).

안사람들에게 보여주라'고 하였고 지금 그 옷소매가 여기에 있다"고 하며 보여주었다. 부인은 그것을 가지고 남편이 임종할 때 입었던 옷과 대조해 보니 과연 찢겨나간 부분이 있고 등창의 피[瘡血]가 그대로 묻어 있었으므로 그 말이 거짓이 아님을 알았다고 한다.[128]

왕요의 조부가 섬겼던 평로절도사는 이정기였다고 생각된다. 그 이유는 회창 연간에서 두 세대를 올려 계산한 경우에도 들어맞지만,[129] 무엇보다도 이정기가 등창을 앓다가 죽었다는 점이 서로 일치하기 때문이다. '등창'은 '종기'보다 더욱 명확한 표현일 것이다. 이납의 경우에는 이정기가 죽은 지 11년 후인 덕종 정원 8년(792) 5월에 "43세로 죽었다"[130]라고만 하고, 이납을 이은 이사고도 헌종 원년(806) 윤6월에 "죽었다"고만 전한다.[131] 따라서 시기적으로나 사인으로 볼 때 왕요의 조부는 이정기의 부하였던 것이 거의 확실하다.[132]

그리고 『태평광기』 양요 조에 "주군은 항상 등창을 앓았다[常患背疽]"고 하는 것으로 보면 이정기는 갑자기 사망한 것이 아니라 일정 기간 투병을 하였음을 알 수 있다. 그렇다면 이정기는 등창으로 투병 생활을 하면서 덕종과 신경전을 벌였고 마침내 전쟁에까지 돌입

---

128 『太平廣記』 권126, 報應25, 王瑤 조, 中華書局, 894쪽(김장환·이민숙 외 역, 『태평광기』 6, 학고방, 2002, 52~53쪽).
129 한 세대를 30년으로 보아 841~846년에서 60년을 소급하면 781~786년이 된다. 이정기는 781년에 죽었다.
130 『구당서』 권124, 이납전, "年三十四, 薨於位"(3536쪽); 『신당서』 권213, 이납전, "死年三十四"(5991쪽).
131 『구당서』 권124, 李師古傳, "卒"(3538쪽); 『신당서』 권213, 이사고전, "元和初, 卒"(5992쪽).
132 태산신이 한 말 중에 "형벌을 가혹하게 남발하였다"는 것도 이정기 열전에 보이는 내용과 거의 유사하다. 『구당서』 권124, 이정기전, "爲政嚴酷, 所在不敢偶語", "法令齊一"(3535쪽); 『신당서』 권213, 이정기전, "政令嚴酷, …"(5990쪽). 이납의 경우에는 형벌이 가혹했다는 기록이 보이지 않는다.

하였던 것이다. 투병 생활이 인간을 나약하게 만들 수 있다는 점을 감안하면 이정기의 자립 의지가 그만큼 강했다고 할 수 있다. 이정기의 사망으로 평로 번진은 자칫 중대한 위기에 처할 수 있었지만, 이납이 위기를 넘기고 다른 번진들과 함께 부친이 벌인 덕종과의 싸움에서 마침내 승리를 거두게 된다. 그 싸움이 바로 '사왕이제의 반란'이다.

이정기는 덕종과의 싸움을 직접 수행하지는 않았다. 하지만 그는 싸움이 벌어지게 되는 과정에 주도적 역할을 수행하였고 전쟁이 개시되어서는 바로 대운하를 차단하여 당조의 숨통을 졸랐다. 이납 등이 전쟁을 수행할 외적·내적 기반을 조성해 두었던 것이다.[133] 이런 면에서 이정기는 '사왕이제의 반란'이 일어나는 과정과 진로에 중요한 역할을 행하였다고 할 수 있다. 사왕의 난이 종결된 후인 흥원 원년(784) 5월 이납이 명을 받들자 덕종이 이정기를 태위太尉로 추증하였다.[134]

마지막으로 덕종과 이정기 등의 할거 번진들이 지향한 것이 무엇이었는가를 생각해 보겠다. 덕종이 즉위하자 이정기는 누구보다도 먼저 덕종과의 타협을 시도하였지만, 결국 실패하였다. 이정기가 초기에 덕종에게 보인 행동으로 볼 때 이정기 등이 제시한 타협책이란 관할 지역의 지배권을 인정받는 대신 조정에 대해 공순한 예[135]를 표하고 자중의 태도를 취하는 것이었다고 생각된다. 후대의 경우를 참

---

133 『신당서』 덕종본기에는 전열과 양숭의에 대해서는 명확하게 '反'이라는 표현을 사용한 반면, 이정기에 대해서는 '반'이라는 표현을 사용하지 않았다. 하지만, 명분론의 입장에서 보아도 이유악과 이정기 역시 앞 두 사람과 다를 바 없었다.
134 『구당서』 권12, 덕종본기상, 흥원 원년 5월 조, "李納上章禀命, 乃贈李正己太尉"(342쪽).
135 '諸侯의 예'라고도 할 수 있으며, 여기에는 공납의 상공 등도 포함될 수 있다.

조하면 일부 지역을 조정에 바치거나 아들을 인질을 보내는 방식도 있을 수 있다.[136] 이러한 것은 당조의 존재가 자신들의 이익과 상반되지 않는다는 판단을 전제로 하는 것이라 할 수 있다. 하지만 덕종은 무조건 복종을 강요하였고, 나아가 번진 할거의 가장 중요한 요소인 절도사 계승권을 회수하려고 하였다. 성덕절도사 이보신의 사망으로 촉발된 절도사 계승권 문제는 두 진영이 충돌하는 직접적 계기가 되었다. 양 진영의 싸움이 시작된 가운데 이납도 자신을 절도사에 임명해 줄 것을 덕종에게 요청하였으나 역시 거절되었다.[137] 만약 덕종이 이납의 요청을 수락하였다면, 이납은 철저하게 반란을 이어가지 않았을 수도 있었을 것이다. 번진들의 연합이란 이해관계에 따라 얼마든지 바뀌었기 때문이다. 결국 덕종은 번진 할거 문제를 한꺼번에 해결하려고 했고 이것이 번진 개혁이 실패한 주요 원인이 되었다. 이정기 등의 할거 번진들은 기득권에 대해서는 모든 위험을 감수하고 지키려 하였던 것이며, 심지어 불가피하다면 당조를 전복시키는 것도 결코 주저하지 않았을 것으로 생각된다.

소결

대력 14년(779) 5월 덕종이 즉위하여 번진개혁의 의지를 강하게 보이자, 할거 번진들은 불안해하면서 조심스럽게 덕종과의 타협을 모

---

136 정병준, 「李正己 一家 藩鎭과 高沐 —온건파와 강경파의 내부분열과 대립—」, 『역사학보』 180, 2003, 137쪽, 144~146쪽; 정병준, 「李師道 藩鎭의 滅亡과 郭昕」, 『중국학보』 52, 2005, 258쪽 참조. 여기에는 兩稅를 바치고 鹽法을 행하는 방안도 보인다.
137 『신당서』 권210, 전열전, "建中二年, 鎭州李惟岳·淄靑李納求襲節度, 不許"(5927쪽); 『자치통감』 권227, 건중 2년 8월 조, "李納始發喪, 奏請襲父位, 上不許"(7307쪽).

색하였다. 가장 먼저 나선 것은 이정기였다. 같은 해 7월 이정기가 전錢 30만 민을 헌상하였던 것이다. 하지만, 덕종은 사신을 보내 그것을 평로 병사들에게 나누어주게 하였다. 이어 건중 원년(780) 4월 이정기와 위박절도사 전열이 각각 비단 3만 필을 바쳤는데, 덕종은 그것을 탁지度支로 보내 조세를 대신하게 하였다. 두 번 모두 타협점을 찾지 못하였던 것이다. 그리고 같은 해 5월 이정기가 막료를 조정에 파견하였지만, 덕종은 경주涇州에서 반란을 일으켰던 유문희의 수급을 막료에게 보여주었다. 이로써 타협의 여지는 사라지고 긴장이 고조되기 시작하였다.

건중 2년(781) 정월 성덕절도사 이보신이 죽자 아들 이유악이 절도사 자리를 세습시켜 줄 것을 요청하였으나 덕종이 거절하였다. 덕종의 태도는 이미 예견된 것이었다. 이에 이정기와 전열이 이유악과 당조에 대항할 것을 모의하였다. 같은 달 변주성 확장 공사가 벌어지자 이정기는 1만 군대를 동원하여 조주曹州에 주둔시키고 전열·이유악·양숭의와 연대를 강화하였다. 덕종 역시 하남 지역의 번진들을 재배치하고 방추병을 동쪽으로 이동시켰다. 양 진영 모두 사실상 전쟁 태세로 돌입하였던 것이다. 그리고 이정기는 재상 양염의 죄상을 거론하며 조정을 비판하였는데, 실제는 덕종의 번진 개혁 정책에 대한 비판이었다. 양염은 결국 궁지에 몰려 실각하고 뒤에 살해되었다. 같은 해 5월 덕종은 군비 마련을 위해 상업세를 올렸다. 이제 남은 것은 전쟁뿐이었다.

선제공격을 가한 것은 위박절도사 전열이었다. 먼저 영토를 넓히기 위해 건중 2년(781) 5월 소의 번진의 영역을 공격하였던 것이다. 다음 달 덕종은 회령절도사 이희열에게 양숭의를 토벌하게 하고, 전국에 걸쳐 군대 동원령을 내렸다. 그때 이정기가 전격적으로 서주徐

州를 지나는 대운하를 차단하였다. 당시 당조는 강회江淮 지역의 곡식과 물자에 절대적으로 의존하고 있었는데, 이정기가 당조의 숨통을 졸랐던 것이다. 이제 그들은 각자의 운명을 걸고 싸울 수밖에 없게 되었다.

양측이 막 전면전으로 접어들던 같은 해 7월 이정기가 사망하고 아들 이납이 그 지위를 계승하였다. 하지만 이후의 싸움은 이정기가 주도하였던 구도에 따라 진행되었고 마침내 '사왕이제의 반란'으로 이어져 번진들이 승리를 거두었다. 덕종이 즉위한 직후부터 이정기는 할거 번진을 대표하여 타협을 시도하였을 뿐 아니라, 번진들의 연대에 중요한 역할을 수행하였다. 또한 전쟁이 시작되자 곧바로 대운하를 차단하였다. 말하자면 이정기는 사왕이제의 반란이 일어나는 과정에 주도적인 역할을 하였던 것이다.

이정기 등은 처음에 덕종에게 공순한 태도(제후의 예)를 취하는 대신 기득권을 인정받으려 하였을 것이다. 하지만 덕종은 무조건 복종을 주장하였고 가장 민감한 절도사 계승권까지 회수하려고 하였다. 요컨대 덕종은 번진 할거 문제를 한꺼번에 해결하려고 했고 이것이 번진 개혁이 실패한 주요 원인이 되었다. 이정기 등은 기득권 박탈에 대해서는 모든 위험을 각오하고 지키려 하였고, 불가피하다면 당조를 전복시키는 것도 결코 주저하지 않았을 것으로 생각된다. 이에 대해서는 차후에 다시 다루겠다.

제2부

평로절도사 이납과 덕종의 충돌 및 타협

제1장

이납의 제齊 건국과 그 성격

 덕종대는 당조와 번진이 가장 격렬하게 충돌한 시기이자 번진 권력이 가장 세력을 떨친 시기였다. 두 진영 간의 충돌이 시작된 것은 이납李納의 부친 이정기가 평로 번진을 다스리던 시기였지만, 양측이 막 전면전으로 접어들던 시기에 이정기는 사망하고 이납이 그 유업을 이어받아[1] 마침내 다른 강번들과 함께 당조의 항복 선언을 받아내기에 이르렀다. 이른바 '사왕의 난'이 그것이다.[2]

 이때 4왕의 한 명인 이납은 제왕齊王을 칭하였는데, 그 제국齊國의 성격에 대해서는 몇 가지 견해가 제시되어 있다. 먼저 북한 학계와 한국의 일부 학자는 이납의 제국을 매우 높게 평가하여 고구려 유민인 이정기 일가가 당 내지에 완전한 독립국을 세웠던 것으로 보고,

---

1 이 책 제1부 제3장, 151~154쪽.
2 정병준, 「唐 德宗代 四王二帝의 亂과 그 限界」, 『동양사학연구』 137, 2016, 17~32쪽 등 참조.

나아가 이정기 일가의 번진 자체를 '제나라' 심지어 '독립국가'라고 부르기까지 한다.[3] 하지만 이전에 필자는 이 견해를 비판하면서 이납 등의 4왕은 당조를 부정할 생각이 없었고 스스로 독립국을 세울 의도도 없었다는 견해를 제시하였다. 즉 이납 등에 의한 4왕의 난이 일어난 원인은 번수藩帥의 계승권 때문이라는 점과 덕종이 패배를 선언하자 이납 등이 바로 왕호를 철회하였다는 것 등을 그 근거로 들었다.[4] 단, 이 견해는 제국 자체에 대한 구체적인 분석을 거친 것이 아니었다.

한편으로 중국의 리샤오제李效杰은 4왕의 국가 구조를 처음으로 비교적 자세히 분석한 후 네 나라의 국체國體는 전국시기 제후들의 제도를 근본 원리로 삼고 당조의 각종 제도를 참조한 것이라고 하였

---

[3] 박시형, 『발해사』, 이론과실천, 1979, 83~90쪽; 사회과학원역사연구소 편, 『발해사』, 한마당, 1989, 42쪽, 46~49쪽; 지배선, 「이정기 일가의 산동 지역 활동」, 『이화사학연구』 30, 2003, 728~734쪽; 지배선, 『고구려 유민의 나라 제와 당, 그리고 신라·발해·일본 교류사』, 혜안, 2012, 6~8쪽, 724~726쪽 등.

[4] 정병준, 「李正己 一家의 藩鎭과 渤海國」, 『중국사연구』 50, 2007, 139쪽; 정병준, 「장보고의 등장과 세력기반」, 편찬위원회 편, 『한국해양사』 Ⅱ, 한국해양재단, 2013, 225쪽. 이러한 견해는 번진체제의 불안정성 혹은 미성숙성을 지적한 東京學派의 견해를 의식한 면이 있다는 점을 그 후 정병준, 「唐 德宗代 四王二帝의 亂과 그 限界」, 3쪽의 각주 9)에서 언급하였다. 東京學派의 해당 견해를 조금 더 소개하면 예컨대 栗原益男, 「안사의 난과 번진 체제의 전개」, 임대희 외 역, 『세미나 수당오대사』, 서경, 2005(원래는 1971)에서 "택로 [번진]의 징병을 보면 당조가 이미 병제 면에서 지양하고 세제 상에서도 마침내 지양하려고 한 낡은 속성(역자주: 古代性)이 배어 있다는 것을 부정할 수 없다. 아마 이러한 것은 …… 다른 번진에서도 많든 적든 나타나고 있었을 것이다. …… 점병(點兵)을 행한 번진에게 낡은 속성이 내포되어 있고"(318쪽), "이것은 '집단형 가자(假子)'라고 부를 수 있다. 이때 가부(假父)인 절도사의 가부장권은 그만큼 강하게 작용하였는데, 이것은 또한 절도사 권력의 낡은 속성을 표현하는 것이다". "아군이 지향한 것은 당조체제를 부정하지 않고 가능한 하삭의 관례를 지키는 것이었다"(322쪽)고 하는 것 등이 있다. 이러한 견해에 내재된 時代區分論的 배경에 관해서는 谷川道雄, 「隋唐政治史に關する二三の問題 -とくに古代末期說をめぐって」, 『谷川道雄中國史論集』 下卷, 汲古書院, 2017(원래는 1975), 170~171쪽 참조.

다. 그러면서 "4왕의 난은 결코 당조를 전복시키기 위한 목적의 반란이 아니라 단지 지방 할거의 이익을 위한 일종의 극단 행동이었다. 그들의 정치적 태도는 결코 당 왕조를 부정하는 것이 아니었다"[5]라고 하였다. 이는 앞에서 말한 필자의 견해와 비슷한 것이다.

하지만 그 후 필자는 이정기 및 4왕의 난을 보다 구체적으로 검토하면서 이전의 견해를 수정하게 되었다. 즉 "이정기 등은 처음에 덕종에게 공순한 태도(제후의 예)를 취하는 대신 기득권을 인정받으려 하였다. 하지만 덕종은 무조건 복종을 주장하였고 가장 중요한 절도사 계승권까지 회수하려고 하였다. 요컨대 덕종은 번진 할거 문제를 한꺼번에 해결하려고 했고 이것이 번진 개혁이 실패한 주요 원인이 되었다. 이정기 등은 기득권 박탈에 대해서는 모든 위험을 각오하고 지키려 하였고, 불가피하다면 당조를 전복시키는 것도 결코 주저하지 않았을 것으로 생각된다"[6]고 하고, 또 다른 논문에서는 "4왕 등은 처음에 당조를 전복시킬 의도가 있었고 실제로도 그것이 가능한 단계에까지 이르렀다고 보임에도 불구하고 상호 간의 의심 내지는 견제라는 내부적 속성으로 말미암아 더 이상 나아갈 수 없었던 것으로 이해된다. 이러한 내부적 한계는 번진들이 스스로 당조로부터 독립된 지배질서를 세우거나 당조를 대체할 세력으로 발전할 수 없었던 중요한 요인이었다"[7]고 하였다. 다만 이러한 견해도 4왕의 난의 전개과정에 대한 고찰을 통해 추출한 결과이고 제국 자체에 대한 구체적인 분석을 거친 것은 아니었다.

---

5 李效杰,「唐德宗初期的四鎭稱王及"署置百官初探"」, 河北師範大學 碩士學位論文, 2003, 28쪽, 30~32쪽, 36쪽.
6 이 책 제1부 제3장, 154~155쪽, 157쪽.
7 정병준,「唐 德宗代 四王二帝의 亂과 그 限界」, 35쪽 및 45쪽.

4왕이 연합하여 반란을 일으켰다고 해도 각자의 입장에는 서로 차이가 있었다. 이 장에서는 이납의 시각에서 반란의 전개과정을 다시 살펴보면서 이전 글을 보완하고 이어서 제국의 제도적 성격을 검토하여 이납이 지향한 바를 더욱 명확하게 서술해 보려고 한다.

1. 평로절도사 이정기 시절의 이납

이정기가 평로절도사로 있던 시기에 아들 이납은 어떠한 위치에 있었는가. 덕종에 앞선 대종 시기에 이정기는 당조의 명을 따르지 않으면서도 당조와의 관계를 의식하여 토번 등의 침공을 막기 위한 방추병防秋兵을 서쪽 변경으로 보내기도 하였다.[8] 이때 그 병사를 이끈 것이 이납이었다. 즉 『구당서』 권124, 이납전을 보면

> 이납이 젊었을 때 이정기는 그에게 군대를 거느리고 가을에 대비하게[防秋] 하였는데, 대종이 불러 접견하고 가상하게 여겨 봉례랑奉禮郎[9]에서 파격적으로 전중승・겸시어사殿中丞・兼侍御史에 임명하고 자금어대紫金魚袋를 하사하였다(3536쪽).

---

8 방추병의 파견은 당시 절도사 등이 조정에 대한 충절을 보여주는 매우 중요한 행위였다(정병준, 「安史의 亂과 遼西 平盧軍의 南下 −李忠臣의 活動을 중심으로」, 『중국사연구』 87, 2013, 172쪽). 방추병에 관한 연구로는 曾我部靜雄 저, 정병준 역, 「唐의 防秋兵과 防冬兵」, 『한국고대사탐구』 25, 2017; 馬勇, 「唐德宗朝在長安西北地區的禦邊措置」, 『雲南民族大學學報(哲學社會科學版)』 2007-4; 朱德軍, 「中晚唐中原藩鎭"防秋"問題的歷史考察」, 『寧夏社會科學』 2011-2 등이 있다.
9 太常寺의 職事官으로 從9品上이다.

라고 하고, 『신당서』 권213, 이납전에서는 "젊어서 봉례랑이 되어 병사를 거느리고 방추하니 대종이 소견召見하여 전중승(殿中省의 종5품상)에 임명하고 금자金紫를 하사하였다. 입조 때 겸시어사(御史臺의 종5품상)에 임명되었다"(5990쪽)라고 한다.[10] 이들 기록에는 연대가 적혀 있지 않지만, 『책부원구』 권131, 연상延賞2, 대력 4년(769) 11월 조에 의하면

> 활박절도사滑亳節度使 영호창令狐彰과 치청절도사 이정기가 아들을 보내 조알朝謁하였다. 조서를 내려 영호창의 아들 건建을 겸어사중승, 이정기의 아들 납을 겸시어사에 임명하고 또 금자를 하사하였다(1574쪽).

라고 하여 이정기가 방추병을 파견하였던 시점이 대종 대력 4년 11월이었음을 알 수 있다.[11] 다만 이때 이납의 나이는 11세였으므로[12] 그가 방추병을 지휘한 것은 상징적 역할이었다고 하겠다. 그 후에도 이정기가 비정기적으로 방추병을 파견한 것이 보이지만,[13] 이때도 이납이 병사를 거느렸는지는 확인되지 않는다.

---

10 시어사는 이른바 '憲官'으로 다른 帶職과는 조금 다르다. 『자치통감』 권243, 文宗 太和 2년(828) 윤3월 조, "[劉]蕡由是不得仕於朝, 終於使府御史. [胡三省 注: 使府, 節度使幕府也. 御史, 幕僚所帶寄祿官, 亦謂之憲官]"(7858쪽). 정병준, 「李師道 藩鎭의 滅亡에서 張保皐의 登場으로」, 『대외문물교류연구』 2, 2003, 220~221쪽 참조. 戴偉華, 『唐代使府與文學研究』, 廣西師範大學出版社, 1998, 36쪽에서는 번진의 幕職官이 憲官을 대직한 경우에는 관하 州縣官의 직무를 糾彈할 수 있었다고 한다.
11 이 책 제1부 제2장, 88쪽.
12 『구당서』 권13, 덕종본기하, 정원 8년(792) 5월 조, "平盧淄靑節度使·檢校司徒·平章事李納卒"(374쪽); 『자치통감』 권234, 정원 8년 5월 조, 7532쪽; 『구당서』 권124, 이납전, "年三十四, 薨於位"(3536쪽); 『신당서』 권213, 이납전, "死年三十四"(3991쪽).
13 이 책 제1부 제2장, 88~90쪽.

그 후 이납은 평로 번진에서 중요한 직책을 맡게 된다. 먼저 『구당서』 권124, 이납전을 보면

> 검교창부랑중檢校倉部郎中을 역임하고 아울러 부친의 군대를 총괄하였으며 주청으로 치주자사淄州刺史에 임명되었다.[14]

라고 한다. 창부랑중은 종5품상으로 전중승과 품계가 같은데, 그 상황에서 평로의 군대를 총괄하였고 이어 이정기의 주청으로 관하의 치주자사가 되었다는 것이다.[15] 당시 이정기는 청靑·치淄·기沂·밀密·해海·등登·내萊·제齊·체棣·사泗 10주를 관할하고 있었다.[16] 위 센하오郁賢皓는 몇 가지 자료를 바탕으로 이납이 치주자사에 임명된 시점을 대력 12년(777) 이전으로 보았지만,[17] 뒤이어 살펴볼 기록에 의하면 대력 10년(775) 4월 이전으로 보는 것이 타당할 것으로 생각된다. 775년은 이납이 17세였던 해이다.

평로의 군대를 총괄하였다는 것은 사실상 번진 내에서 2인자가 되었음을 나타낸다. 이러한 상황은 다음 기사를 통해서도 확인할 수 있다. 즉 『구당서』 권124, 이납전에는 앞 기사에 이어

> 이정기가 군대를 거느리고 전승사田承嗣를 공격할 때 주청하여 [이납을] 절도·관찰유후節度·觀察留後로 삼았다(3536쪽).

---

14 『구당서』 권124, 이납전, "歷檢校倉部郎中, 兼總父兵, 奏署淄州刺史"(3536쪽).
15 치주자사가 된 상황에서 번진의 군대를 총괄하였다면 번진 치소에 있으면서 치주자사를 겸임하였을 것이다.
16 이 책 [부록 논문 2], 484~486쪽.
17 郁賢皓, 『唐刺史考全編』 2, 河南道, 淄州 조, 安徽大學出版社, 2000, 1062쪽.

라고 한다. 이정기가 전승사를 공격한 시점은 대력 10년(775) 4월인데,[18] 이때 이정기가 황제에게 주청하여 이납을 절도·관찰유후에 임명하였다는 것이다. 유후란 임시 책임자를 말하며[19] 절도·관찰유후가 되었다는 것은 곧 번진의 군사·행정을 모두 관할한 것을 의미한다. 즉 이정기가 군대를 이끌고 출전하면서 치주자사였던 이납에게 사실상 번진을 맡긴 것이다. 이정기가 전승사에 대한 공격을 그만둔 것은 같은 해(775) 10월이다.[20]

2년 후인 대력 12년(777) 2월 이납은 또 다른 직책을 맡는다. 즉 『구당서』 권11, 대종본기, 대력 12년(777) 2월 조에 "무자일에 치청절도사 이정기의 아들 이납을 청주자사·충치청절도유후靑州刺史·充淄靑節度留後로 삼았다"(311쪽)라고 하고, 『대종실록代宗實錄』의 해당 연월 조에는 "병술일에 이납을 청주자사·충치청유후로 삼았다"[21]라고 하는 것이다. 비록 날짜는 다르다고 해도 전자는 후자를 바탕으로 한 것이 아닐까 한다. 다만 여기서 청주자사와 함께 치청절도유후에 임명되었다는 것은 이해하기 어려운 면이 있다. 왜냐하면 앞에서 언급하였듯이 앞서 이정기가 군대를 거느리고 전승사를 공격할 때 이납을 절도·관찰유후로 삼았다가 대력 10년(775) 10월 전승사 공격을 그만두면서 다시 치청(평로) 번진을 다스렸을 것이고, 아울러 대력 12년 2월 이후 상황을 서술한 다른 기록에서는 이납이

---

18 이 책 제1부 제2장, 93쪽.
19 『자치통감』 권222, 광덕 원년 윤정월 조의 호삼성 주, "唐藩鎭命帥, 未授旌節者, 先以爲節度留後(7142쪽); 『신당서』 권50, 兵志, "兵驕則逐帥, 帥彊則叛上. 或父死子握其兵而不肯代, 或取捨由於士卒, 往往自擇將吏, 號爲留後, 以邀命於朝"(1329쪽).
20 이 책 제1부 제2장, 95쪽.
21 『자치통감』 권225, 대력 12년 12월 조의 考異, "此年二月丙戌, 以納爲靑州刺史, 充淄靑留後. ……"(7249~7250쪽).

이 관직을 지녔다는 것이 전혀 보이지 않기 때문이다. 즉 대력 12년 (777) 2월에 이납이 치청절도유후가 되었다는 것은 기록의 착오일 가능성이 있다고 생각된다.

그리고 청주는 평로 번진의 치소가 위치한 이른바 '회부會府'[22]였기 때문에 다른 번진의 경우와 마찬가지로 당연히 절도사인 이정기가 그 자사를 겸임하고 있었다.[23] 그렇다면 이정기가 이납을 청주자사에 임명한 것은 무엇을 의미하는가. 이와 관련하여『자치통감』권 225, 대력 12년(777) 12월 조를 보면 그 전후 상황을 일괄하여

> 평로절도사 이정기는 앞서 치·청·제·해·등·내·기·밀·덕德·체 10주의 땅을 가지고 있었다. 이영요李靈曜의 난이 일어나자 제도諸道가 군사를 합쳐 공격하여 획득한 땅을 각각 자신의 소유로 하였는데, 이정기는 다시 조曹·복濮·서徐·연兗·운鄆 5주를 얻었다. 이에 따라 청주에서 운주로 치소를 옮기고 그 아들 전치주자사前淄州刺史 이납에게 청주를 다스리게 하였다. 이정기는 형벌이 엄격하여 사람들이 감히 짝지어 이야기하지 못하였으며 …… 이리하여 비록 중국에서 번신藩臣이라 하였으나 실제는 만맥蠻貊의 이역異域과 같았다(7249~7250쪽).

---

22 『자치통감』권259, 昭宗 景福 원년(892) 7월 조의 호삼성 주, "巡屬諸州, 以節度使府爲大府, 亦謂之會府"(8431쪽). 日野開三郞, 『支那中世の軍閥』(『日野開三郞 東洋史學論集』第1卷, 三一書房, 1980), "번진의 治州를 會府라고 하고 그 자사는 번진 자신이 겸임하고 치주 이외의 領州를 支郡 혹은 巡(州)라고 하였다"(49쪽).
23 吳廷燮, 『唐方鎭年表(1)』, 中華書局, 1980의 平盧, 대력 11년 및 13년 조, 334쪽 참조. 청주는 전임 평로절도사인 侯希逸 시기부터 번진의 會府였다(同, 광덕 원년 조, 332쪽).

라고 정리하고 있다. 이영요의 난은 대력 11년(776) 5월부터 10월까지 일어났는데, 이때 이정기가 새로 조·복·서·연·운 5주를 얻었다는 것이다.[24] 그리고 그에 따른 조치로 번진의 치소를 운주로 옮겼다는 것인데, 운주자사는 당연히 절도사 이정기가 겸임하게 되었을 것이다. 이납에게 청주를 맡긴 것은 바로 대력 12년(777) 2월[25] 이정기가 운주로 옮겨갈 시점이었을 것으로 생각된다. 사마광은 이 기사를 서술하면서 이납이 단지 청주자사에 임명되었다고 하였는데, 그 역시 당시 이납이 치청절도유후에 임명되었다는 것을 의심한 때문으로 이해된다.

또, 『구당서』 권124, 이정기전에 "뒤에 청주에서 운주로 옮겨 거주하고 아들 이납과 복심의 장수들에게 그 땅을 나누어 다스리게 하였다"(3535쪽)고 하고, 『신당서』 권213, 이정기전에서도 "치소를 운주로 옮기고 이납과 복심의 장수들에게 제주諸州를 다스리게[守] 하였다"[26]라고 한다. 이로 보면 새로운 영역은 이정기 자신이 직접 다스리고 기존의 영역은 이납 등에게 맡긴 구조였다고 할 수 있다. 이납이 청주자사에 임용된 대력 12년 2월 그의 나이는 19세였다.

그로부터 얼마 후 이납은 또 다른 직무를 맡게 된다. 즉 『구당서』

---

24 이 책 제1부 제2장, 98~104쪽; 이 책 [부록 논문 2], 488~490쪽 등 참조.
25 『자치통감』 대력 12년 12월 조에 관련 기사가 서술되어 있는 것을 근거로 해당 연월에 치소를 운주로 옮긴 것으로 볼 수도 있다. 하지만, 吳廷燮, 『唐方鎭年表(1)』, 平盧, 대력 12년 조, 334쪽; 郁賢皓, 『唐刺史考全編』 2, 河南道, 靑州 조, 1083쪽에서는 앞의 『구당서』 대종본기, 대력 12년 2월 조와 『자치통감』 대력 12년 12월 조 등을 바탕으로 대력 12년 2월에 이납이 청주자사에 임명된 것으로 간주하였다. 만약 이정기가 운주로 옮겨갈 때 이납에게 청주를 맡긴 것이 타당하다고 한다면, 이정기가 치소를 운주로 옮긴 시점도 대력 12년 2월일 가능성이 크다고 생각된다.
26 『신당서』 권213, 이정기전, "[李]正己復取曹·濮·徐·兗·鄆, 凡十有五州. …… 請附屬籍, 許之. 因徙治鄆, 以納及腹心將守諸州"(5990쪽).

권124, 이납전을 보면

이어서 청주자사로 옮겼으며 또 [이정기가] 주청하여 행군사마·겸조주자사·조복서연기해유후行軍司馬·兼曹州刺史·曹濮徐兗沂海留後로 삼고 또 어사대부御史大夫를 더하였다.[27]

라고 하여 이정기가 황제에게 주청하여 행군사마·겸조주자사·조복서연기해유후 및 어사대부에 임명하였다고 한다. 당 후기에 있어서 행군사마는 원래의 지위를 넘어 절도부사節度副使보다 상위에 위치하면서 절도사를 계승하는 경우가 많았는데,[28] 이납이 행군사마에 임명된 것도 그러한 상황을 말하는 것으로 보인다.[29] 그리고 이납이 다스리게 된 조·복·서·연·기·해 6주 가운데 조·복·서·연 4주는 전 해(776)에 이정기가 새로 획득한 5주 안에 속한다. 그중 운주를 제외한 4주를 안정시키는 임무가 이납에게 새롭게 부여된 것으로 볼 수 있다.

여기서 흥미로운 것은 이납이 '6주 유후'에 임명되었다는 사실이다. 즉 '6주 유후'는 어떤 면에서 평로치청 안에 다시 하위 번진을 둔 것을 의미한다. 이납이 6주 유후로서 조주자사를 겸한 것도 그러한 성격을 말해주는데, 절도사가 치소의 자사를 겸하는 것은 당시 번진의 기본적 권력 구조였다. 이때 조주는 앞에서도 언급한 회부와 같

---

27 『구당서』 권124, 이납전, "尋遷青州刺史, 又奏署行軍司馬, 兼曹州刺史·曹濮徐兗沂海留後, 又加御史大夫"(3536쪽).
28 嚴耕望, 「唐代方鎭使府僚佐考」, 『唐史研究叢稿』, 新亞研究出版, 1969, 183~186쪽.
29 다음 3절의 둘째 문단에서 언급할 成德 번진의 행군사마 李惟岳도 같은 사례에 속한다고 할 수 있다.

은 역할을 하였을 것이다.[30] 평로에서 보이는 이러한 이중적 권력 구조는 다른 번진에서는 극히 드물게 보이는 형태이다.[31] 한편, 『신당서』 권213, 이납전에서는 "이정기가 [이납을] 치주·청주 2주 자사로 삼고, 또 행군사마·복서연기해유후로 삼았으며 어사대부로 승진되었다"[32]라고 하지만, '복서연기해유후'가 하위 번진의 성격을 지닌 것이 타당하다면, 앞의 『구당서』 권124, 이납전에 보이듯이 동시에 회부의 기능을 가진 조주의 자사를 겸한 것이라 하겠다.

이정기가 이러한 이중적 권력구조를 채택한 이유는 평로치청이 15주나 되는 많은 주를 관할하였기 때문일 수 있지만, 한편으로는 이납을 확실하게 자신의 후계자로 삼기 위한 것으로도 보인다. 이전 글에서 필자는 이정기가 일찍부터 후계자로 양성한 이유에 대해 하극상을 방지하고 후계 문제로 번진이 위태로워지는 것을 방지하기 위한 것이라 하였다.[33] 그런데 그 뒤 다른 논문을 작성하면서 이정기가 등창으로 장기간 투병생활을 한 것을 알게 되었다.[34] 이를 바탕으로 본다면 이정기가 일찍부터 이납을 후계자로 지명하고 중대 임무를 맡긴 배경에는 이러한 병마와도 관련이 있었을 것으로 생각된다.

---

30 이 책 제1부 제2장, 107~108쪽; 정병준, 「平盧節度使 李正己의 생애와 활동」, 『고구려인의 海外進出과 그 활동』, 2004년 중앙대 민족발전연구원 해외민족연구소 학술세미나 발표집, 2004.11.27, 46쪽(『해외민족발전연구』 제11-12호, 2005, 158쪽).
31 『자치통감』 권227, 건중 3년 4월 조, "[王]武俊以其子士眞爲恒·冀·深三州留後, 將兵圍趙州"(7322쪽), 『신당서』 권66, 方鎭表3, 성덕에 의하면 성덕절도사는 [대종] 보응 원년(762) [11월]에 설치되면서 恒·定·易·趙·深 5주를 관할하였고(치소는 恒州), 대종 광덕 원년(763) 기주를 增領하였으며, 대력 10년(775) 滄州를 增領하였다고 한다(1840~1843쪽). 이 상태에서 왕무준과 당조가 충돌하였던 것인데, 당시 상황에 관해서는 정병준, 「唐 德宗代 四王二帝의 亂과 그 限界」, 14쪽 참조.
32 『신당서』 권213, 이납전, "正己署爲淄·靑二州刺史, 又爲行軍司馬·濮徐兗沂海留後, 進御史大夫"(5990쪽).
33 이 책 제1부 제2장, 108쪽; 정병준, 「平盧節度使 李正己의 생애와 활동」, 46쪽.
34 이 책 제1부 제3장, 152~154쪽.

요컨대 이납은 번진을 물려받기 이전에 이미 젊은 나이에도 불구하고 상당한 권력기반을 확보하였던 것이다.

2. '사왕四王의 난'과 이납의 제왕 선포

이납이 조주자사 겸 6주 유후에 임명된 후 대력 14년(779) 5월 덕종이 즉위하였다. 덕종은 즉위한 직후부터 기존의 정책을 전환하여 번진 권력을 삭감하기 위한 여러 가지 조치를 취하고 동시에 할거 번진에 대해 직접 통제를 가하기 시작하였다. 이때 이정기는 할거 번진들을 대표하여 주도적으로 덕종과 타협을 시도하였지만, 덕종의 반응은 냉담했다. 번진에 대한 덕종의 압박은 더욱 거세졌고, 이에 이정기 등이 반발하면서 결국 덕종과 할거 번진이 정면으로 충돌하는 상황이 전개된다.[35]

그 직접적 계기가 된 것은 건중 2년(781) 정월 성덕절도사成德節度使 이보신李寶臣의 사망이었다. 즉 이보신이 죽자 아들 행군사마 이유악李惟岳이 절도사 자리를 세습시켜 줄 것을 요구하였으나 덕종이 거절하였다. 이에 이정기와 위박절도사魏博節度使 전열田悅은 이유악과 함께 당조에 대항할 것을 모의하였다. 같은 달 평로의 바로 서쪽에 위치한 영평절도사永平節度使 이면李勉 관하 변주성汴州城[36]을

---

35 이 책 제1부 제3장, 127~137쪽, 154쪽, 156~157쪽.
36 『자치통감』권226, 건중 2년 정월 조, "會汴州城隘, 廣之. 東方人訛言, …… [李]正己懼, 發兵萬人屯曹州. …… 永平舊領汴·宋·滑·亳·陳·潁·泗七州, 丙子(17일), 分宋·亳·潁別爲節度使, 以宋州刺史爲之, 以宋州刺史劉洽爲之, 以泗州隷淮南, 又以東都留守路嗣恭爲懷·鄭·汝·陝·河陽三城節度使. 旬日, 又以永平節度使李勉都統洽·嗣恭二道, 仍割鄭州隷之, 選嘗爲將者爲諸州刺史, 以備正己等"(7295~

확장하는 공사가 벌어지자 같은 달 이정기는 직접 1만 군대를 이끌고 관하의 조주曹州 제음濟陰[37]에 주둔하고[38] 전열·이유악 및 산남서도절도사山南西道節度使 양숭의梁崇義와 연대를 강화하였다.[39] 덕종 역시 같은 달 하남 지역의 번진들을 분할 및 재배치하고[40] 2월에는 서쪽 변방의 방추병을 대거 동쪽으로 이동시켰다.[41] 양 진영 모두 사실상 전쟁 태세로 돌입한 것이다.[42]

7296쪽); 『구당서』 권12, 건중 2년 정월 조, "丙子, ①以汴宋滑亳陳潁泗節度觀察使·檢校吏部尙書·同平章事李勉爲永平軍節度·汴滑陳等州觀察等使, ②以兵部尙書·東都留守路嗣恭爲鄭汝陜河陽三城節度·東畿觀察等使, ③以宋州刺史劉洽爲宋亳潁節度使. 以鄭州隷永平軍"(327~328쪽). 전후 시기 汴州를 관할한 번진에 관해서는 吳廷燮, 『唐方鎭年表(1)』, 宣武, 190~191쪽; 정병준, 『구당서』·『신당서』 劉玄佐傳 譯註」, 『역사와교육』 16, 2013, 283쪽 등 참조. 또, 이 절 뒷부분의 都統 李勉에 관한 각주를 아울러 참조.

37 『구당서』 권38, 지리지1, 河南道, 曹州 조, "上, … 天寶元年, 改濟陰郡. 乾元元年, 復爲曹州. …… 天寶領縣六, …… 濟陰[縣], 郭下"(1441쪽).

38 『구당서』 권124, 이정기전, "聞將築汴州, 乃移兵屯濟陰, 晝夜敎習爲備. 河南騷然, 天下爲憂, 羽檄馳走, 徵兵以益備"(3535쪽); 『신당서』 권210, 전열전, "李勉遂城汴州, 而李正己懼, 率兵萬人屯曹州, 乃遣人說[田]悅同叛"(5927쪽); 『자치통감』 권226, 건중 2년 정월 조, "[李]正己懼, 發兵萬人屯曹州, 田悅亦完聚爲備"(7295쪽). 이러한 상황을 통해 曹州가 전략적으로 매우 중요했음을 알 수 있는데, 1절에서 서술한 대로 당시 조주자사는 이납이었을 가능성이 있다. 그리고 지금의 『신당서』 권210, 전열전의 기사와 다음 각주에서 인용한 『신당서』 권213, 이정기전의 기사는 이정기가 직접 군대를 이끌고 제음에 주둔하였음을 나타낸다.

39 『신당서』 권213, 이정기전, "建中初, 聞城汴州, 乃約田悅·梁崇義·李惟岳偕叛. 自屯濟陰, 陳兵按習, 益師徐州以扼江淮"(5990쪽); 『구당서』 권124, 이납전, "建中初, [李]正己·田悅·梁崇義·張惟岳皆反. 二年, 正己卒"(3536쪽).

40 이 절 앞부분에서 서술한 '永平節度使 관하 汴州城'에 관한 각주 참조. 한편, 『구당서』 권12, 덕종본기상, 건중 2년 3월 조에는 "庚申朔, 築汴州城. …… 先是汴州以城隘不容衆, 請廣之. 至是築城. 正己·田悅移兵於境爲備, 故詔分汴·宋·滑爲三節度, 移京西防秋兵九萬二千人以鎭關東"(328쪽)이라는 기사가 보인다. 방추병 이동과 관련해서는 다음 각주 참조.

41 『자치통감』 권226, 건중 2년 2월 조, "發京西防秋兵萬二千人戍關東, 上御望春樓, …… 其將楊惠元對曰, ……"(7298쪽).

42 이 책 제1부 제3장, 140~146쪽.

이 상황에서 선제공격을 가한 것은 위박의 전열이었다.[43] 먼저 건중 2년(781) 5월 소의昭義 번진의 영역을 공격하였던 것이다. 다음 달 덕종은 회령절도사淮寧節度使[44] 이희열李希烈에게 여러 번진 군대를 거느리고 양숭의를 토벌하게 하고, 전국에 걸쳐 군대 동원령을 내렸다. 그러자 이정기는 전격적으로 서주徐州를 지나는 대운하를 차단하였다. 당시 당조는 강회江淮 지역의 곡식과 물자에 절대적으로 의존하고 있었는데,[45] 이정기가 당조의 숨통을 죄였던 것이다. 이제 남은 것은 두 진영의 명운을 건 싸움뿐이었다.[46]

이렇게 양측이 막 전면전으로 접어들던 같은 해(781) 7월 이정기가 49세의 나이로 사망하고 아들 이납이 그 자리를 계승하였다. 이정기는 26세에 쿠데타를 일으켜 평로군을 장악하고 33세에 평로절도사에 올랐지만,[47] 그때 이납의 나이는 23세였다. 그리고 그는 이미 상당한 권력 기반을 확보한 상태여서 흔들림 없이 부친이 주도했던 구도에 따라 반란을 이어가게 되는데, 『구당서』 권124, 이납전에서는 당시 상황을 다음과 같이 기술하였다.

---

43 『신당서』 권7, 덕종본기, 건중 2년 정월 조, "魏博節度使田悅反"(186쪽). 이때의 '反' 용례에 관해서는 정병준, 「『구당서』·『신당서』 등에 보이는 '反' 용례 비교 검토」, 『중국고중세사연구』 46, 2017, 323~324쪽 참조. 孟彦弘, 「"姑息"與"用兵" – 朝廷藩鎭政策的確立及其實施」, 『唐史論叢』 12, 2010에서는 조정이 이유악의 계승을 반대한 것에 대해 전열이 가장 격렬하게 반응하였다고 한다(122쪽).
44 『자치통감』 권225, 대력 14년(779) 5월 조, "以淮西留後李希烈爲節度使"(7260쪽); 같은 책 권226, 대종 대력 14년 9월 조, "改淮西曰淮寧"(7270쪽); 같은 책 권232, 덕종 貞元 2년(786) 4월 조, "以[陳]仙奇爲淮西節度使"(7469쪽).
45 松丸道雄 等 編, 『中國史』 2(三國·唐), 山川出版社, 1996, 494쪽 등 참조. 『신당서』 권53, 食貨志3, "及田悅·李惟岳·李納·梁崇義拒命, 擧天下兵討之, 諸軍仰給京師. 而李納·田悅兵守渦口, 梁崇義搤襄·鄧, 南北漕引皆絶, 京師大恐"(1369쪽).
46 이 책 제1부 제3장, 146~149쪽.
47 이 책 제1부 제1장, 48쪽, 64~65쪽 참조.

건중 2년 이정기가 죽자, 이납이 상喪을 감추고 부친의 군대
를 통솔하여 계속 반란을 일으켰다[仍復爲亂](3536쪽).

같은 달(7월) 이정기가 사망하기 직전 덕종이 보낸 하동절도사河東
節度使 마수馬燧와 신책선봉도지병마사神策先鋒都知兵馬使 이성李晟
및 소의절도사 이포진李抱眞의 당군[48]이 소의 관하의 명주洺州 임명
현臨洺縣[49]에서 전열을 대파하였다. 이 상황에서 이정기가 사망하고
이납이 그 지위를 계승하여[50] 같은 달(7월) 관내의 복주濮州 복양濮
陽[51]에서 전열을 만난 뒤 그의 요청에 따라 1만의 병사를 보내 구원
하게 하였다.[52] 이때 성덕의 이유악도 전열의 요청에 응해 군사 3천
을 전열에게 보내주었다. 전열은 흐트러진 2만여 군사를 모아 관하

---

48 『책부원구』 권359, 將帥部, 立功12, 李晟 조, "建中二年, 魏博田悅反, 將兵圍臨洺·
邢州. 詔以晟爲神策先鋒都知兵馬使, 與河東節度馬燧·昭義節度李抱眞合兵救臨
洺. …… 擊田悅大破之. 三年正月復以諸道軍擊悅軍於洹水, 遂進攻魏州"(4254
쪽) 등. 같은 조서의 사료들이 東洋文庫唐代史硏究委員會 編, 『唐代詔勅目錄』, 東
洋文庫, 1981, 331쪽에서는 건중 2년 7월 항에 열거되어 있지만, 날짜는 알 수 없다.
그 시점을 이정기의 사망 이전으로 본 것은 다음 각주에서 인용한 『자치통감』의 기사
에 따른 것이다.
49 『자치통감』 권226, 건중 2년 5월 조, "[대력 10년 정월]薛嵩之死也, 田承嗣盜據洺·
相二州, 朝廷獨得邢·磁二州及臨洺縣"(7299쪽).
50 이 책 제1부 제3장, 151쪽, 154쪽. 『자치통감』 권227, 건중 2년 7월 조, 7305~7306쪽
등 참조.
51 『신당서』 권38, 지리지2, 河南道, 濮州·濮陽郡 조, "縣五, 鄄城·濮陽·范·雷『신
당서』 권38, 지리지2, 河南道, 濮州·濮陽郡 조, "縣五, 鄄城·濮陽·范·雷澤·臨
濮"(993쪽). 당시 복주의 치소는 鄄城에 있었다.
52 『신당서』 권213, 이납전, "[李]正己死, 秘喪不發, 以兵會田悅于濮陽. 馬燧方擊悅,
納使大將衛俊救之, 爲燧所破略盡, 收洹水"(5990쪽); 『구당서』 권124, 이정기전, "正
己死, …… 比會[田]悅於濮陽, 遣大將衛俊將兵一千救悅, 爲河東節度使馬燧敗於
洹水, 殺傷殆盡. 詔諸軍誅之"(3536쪽). 이납이 군사를 보내기 전에 濮州 濮陽에서
전열을 만났다는 기사는 다른 문헌에서는 보이지 않는다.

의 상주相州 원수현洹水縣[53]에 군영을 세웠고 평로군과 성덕군은 그 동과 서에 각각 군영을 세웠다.[54]

다음 달(781년 8월) 양숭의가 이희열의 공격으로 궁지에 몰려 자살하자 이를 고비로 세력 균형의 축이 급속히 당조로 기우는 형세가 되었다. 『신당서』 권148, 장효충전張孝忠傳을 보면 혹자가 당시 상황을 설명하여

> 지금 소의·하동군이 이미 전열을 격파하였고 회서군淮西軍(즉 이희열)은 양양襄陽을 함락시킨 뒤 양숭의의 시신을 우물에서 꺼내고 한강漢江 가에서 참수한 자가 5천 인이었다. 하남군河南軍이 머지않아 북으로 향할[北首] 것이며 조趙·위魏는 멸망할 것이다.[55]

라고 언급한 것이 기술되어 있다. 여기서 소의·하동·회서(회령)는 번진의 명칭이고 조·위도 성덕과 위박을 가리키는 말이지만, 하남이라는 용어의 의미가 명료하지 않다. 이에 『자치통감』 권227, 건중

---

53 기록에는 洹水로 적혀있지만, 이를 縣名으로 본 것은 호삼성의 견해에 따른 것이다(『자치통감』 권227, 건중 2년 7월 조의 호삼성 주, 7306쪽). 단, 호삼성은 원수현을 魏州 관하라고 하였지만, 『구당서』 권39, 지리지2에 의하면 洹水縣은 相州의 속현이라고 하고(1492쪽), 실제로 洹水가 지나는 지역도 원수현이다(호삼성의 해당 해석에 의하면 현명도 하천 이름에서 지은 것이라고 함). 이로 보면 호삼성이 말하는 위주는 위박 번진을 말하는 것일 수 있다(위박의 치소는 위주에 있음). 그리고 문헌에는 물론 원수가 하천 명칭으로 언급된 것들도 적지 않다(『자치통감』 권227, 건중 3년 정월 조, 7313쪽 등).
54 정병준, 「唐 德宗代 四王二帝의 亂과 그 限界」, 7~8쪽.
55 『신당서』 권148, 장효충전, "[朱滔]使判官蔡雄往說曰, '······ 今昭儀·河東軍已破田悅, 而淮西軍下襄陽, 梁崇義尸出井中, 斬漢江上者五千人, 河南軍計日北首, 趙·魏滅亡可見'"(4768쪽); 『구당서』 권141, 장효충전, "今昭義·河東攻破田悅, 淮西李僕射收下襄陽, 梁崇義投井而卒, 臨漢江而誅者五千人, 即河南軍計日北首, 趙·魏滅亡可見也"(3855쪽).

2년(781) 8월 조를 보면 앞의 하남군을 더 자세히 표현하여 하남제국 河南諸軍이라고 서술하고 있는데,[56] 이는 하남에 포진한 당 진영의 번진들을 가리키는 것으로 보인다.[57] 하지만 이납이 버티는 상황에서는 하남의 군대가 전면적으로 북상하기는 어렵다. 그럼에도 불구하고 반란군 진영에서 이반이 나오기 시작하였다. 즉 먼저 이유악의 부하 장수로 8천을 거느리고 역주易州를 지키던 장효충張孝忠이 혹자의 유세를 듣고 이유악을 치기 위해 남하하던 (유주幽州)범양절도사范陽節度使 주도朱滔에게 투항하였는데, 9월 덕종은 그를 성덕절도사에 임명하였다.[58]

곧이어 당조와 가장 치열한 공방을 벌인 것은 이납이었는데, 그 역시 상황이 불리하게 돌아가기 시작하였다. 즉 같은 해(781) 9월 이납은 선무절도사宣武節度使 유흡劉洽[59] 관할의 송주宋州를 공격하였지만, 오히려 10월 자신의 서주자사徐州刺史 이유李洧가 주를 들어[60] 당조로 투항하였다. 그러자 같은 달 이납이 왕온王溫을 보내 위박의

---

56 『자치통감』 권227, 건중 2년 8월 조, "今昭儀·河東軍已破田悅, 淮寧李僕射克襄陽, 計河南諸軍, 朝夕北向, 恒·魏之亡, 可佇立而須也"(7307쪽).
57 곧이어 인용할 『자치통감』 권227, 건중 3년 2월 조의 기사에서는 명확하게 당 진영의 하남 번진들이라는 용례로 사용된다.
58 『자치통감』 권227, 건중 2년 8월 및 9월 조, 7307~7308쪽.
59 선무절도사에 관해서는 『구당서』 권12, 덕종본기상, 건중 2년 2월 조, "以宋亳節度(즉 유흡)爲宣武軍"(328쪽); 同, 2월 조, "以宋亳節度爲宣武軍"(상동); 『신당서』 권65, 方鎭表2, 河南, 건중 2년 조, "置宋亳潁節度使, 治宋州, 尋號宣武軍節度使"(1809쪽); 同, 흥원 원년(784) 조, "宣武軍節度使徙治汴州"(1810쪽); 『자치통감』 권226, 건중 2년 2월 조, "丙午, 更汴宋軍曰宣武. [호삼성 주: 按是時李勉以永平軍節度使鎭汴州, 蓋以宋·亳·潁爲宣武軍. 當從新書方鎭表]"(7297쪽). 이 절 앞부분에서 언급한 '永平節度使 관하 汴州城'의 각주도 참조.
60 『구당서』 권124, 이유전, 3542쪽; 『신당서』 권213, 이납전, "其從父[李]洧以徐州歸, 大將李士眞以德州, 李長卿以棣州送款, 納患洧背己, 且徐險集, 悉兵攻洧"(5990쪽). 이사진과 이장경의 투항은 얼마 후의 일이다.

장수 신도숭경信都崇慶과 함께 서주를 공격하게 하니 덕종은 삭방군朔防軍 5천을 급파하여 유흡 등과 함께 서주를 구원하게 하였다. 11월 유흡 등이 서주성 아래에서 치청·위박군을 대파하였고 곧이어 강회조운이 재개되었다.[61] 그리고 같은 달 평로 관하의 해주가 당조에 투항하고 12월에는 밀주가 투항해갔다.[62]

이듬해인 건중 3년(782) 정월 마수·이성 등의 당군이 원수洹水에서 전열과 평로·성덕의 연합군을 대파하자 전열은 위주魏州로 달아났다. 같은 달 이납은 관하의 복주 복양현濮陽縣에 진을 쳤다가 하남 제군이 압박을 가해오자 복주로 달아나 전열에게 원군을 청하였다.[63] 이에 전열이 부린符璘에게 기병 3백 인을 거느리고 지원하게 하였으나 부린은 바로 당군에 투항하였고 위박 관하의 박주博州·명주洺州[64]가 잇달아 투항해 갔다.[65]

이러한 때(정월) 주도와 장효충이 성덕의 심주深州 속록현束鹿縣을 함락시켰다. 그러자 이유악은 덕종과 타협을 시도하다가 전열로부터 질책을 받고 또 위박과 평로의 군대가 여전히 강하고 식량이 넉넉하

---

61 『구당서』권145, 劉玄佐傳, "詔[劉]洽與諸軍援[李]洧, 與賊接戰, 大破之, 斬首萬餘級, 由是轉運路通"(3931쪽); 『자치통감』권227, 건중 2년 11월 조, "上爲之發朔方兵五千人, 以[唐]朝臣將之, 與[劉]洽·[曲]環·[李]澄共救之. …… 官軍乘勝逐北, 至徐州城下, 魏博·淄靑軍解圍走, 江·淮漕運始通"(7311~7312쪽). 이후에도 이납은 지속적으로 서주를 공격하였으나 뜻을 이루지 못하였다. 정병준, 「武寧節度使 王智興과 小將 張保皐」, 『중국고중세사연구』17, 2007, 269~271쪽 참조.
62 『신당서』권7, 덕종본기, 건중 2년 11월 및 12월 조, 187쪽; 『자치통감』권227, 건중 2년 11월 조, "淮南節度使陳少遊遣兵擊海州, 其刺史王涉以州降" 및 12월 조, 7312쪽.
63 『자치통감』권227, 건중 3년 정월 조, 7213~7215쪽.
64 『신당서』권66, 方鎭表3, 魏博, 대력 11년 조, "魏博節度(즉 전승사)增領衛·相·洺·貝四州"(1843쪽). 同, 方鎭表3에 의하면 전열 당시까지 영역의 변화가 없었다. 단 洺州 관하의 臨洺縣에 관해서는 앞서 이정기 사망을 전후한 시기를 서술하면서 언급한 洺州 臨洺縣의 각주 참조.
65 정병준, 「唐 德宗代 四王二帝의 亂과 그 限界」, 10~11쪽.

므로 족히 천하와 겨룰 만하다는 판관判官 조필畢華의 말을 수용하여 타협을 철회하였다. 하지만 이유악의 장수 강일지康日知는 조주趙州를 들어 당조로 투항하였고,[66] 다음 달인 윤정월 마침내 성덕의 숙장 왕무준王武俊이 이유악·필화 등을 죽이고 당조로 투항하였다.[67]

그 사이인 같은 해(782) 정월 회남절도사淮南節度使 진소유陳少遊가 해주·밀주를 접수하였으나 바로 이납이 2주를 공격하여 탈환하였다.[68] 하지만 이납의 세력은 계속 위축되어 반란 번진들이 곧 평정될 듯이 보였다. 즉 『자치통감』 권227, 건중 3년 2월 조에 의하면

> 이유악이 임명한 정주자사定州刺史 양정의楊政義가 [당조에] 투항하니 당시 하북은 거의 평정되어 오직 위주魏州가 남아 있을 뿐이었고, 하남 제군이 이납을 복주에서 공격하니 이납의 세력이 날로 위축되었다(7319쪽).

라고 한다. 사실상 위박의 전열과 평로의 이납만 남았다는 것이다. 같은 달 덕종은 장효충을 역·정·창삼절도사易·定·滄三節度使에 임명하고, 왕무준을 항·기도단련관찰사恒·冀都團練觀察使에 임명하고, 강일지를 심·조도단련관찰사深·趙都團練觀察使에 임명하면서 주도에게는 이납 관하의 덕주·체주를 관할하게 하였다.[69] 그때까지

---

66 『자치통감』 권227, 건중 3년 정월 조, 7216~7217쪽.
67 『구당서』 권142, 왕무준전, 3873쪽; 『자치통감』 권227, 건중 3년 정월 및 윤정월 조, 7318~7319쪽.
68 『신당서』 권7, 덕종본기, 건중 3년 정월 조, "癸未(29일), 李納陷海·密二州"(187쪽); 『자치통감』 권227, 건중 3년 정월 조, "淮南節度使陳少遊拔海·密二州, 李納復攻陷之"(7318쪽).
69 정병준,「唐 德宗代 四王二帝의 亂과 그 限界」, 11~12쪽.

성덕 번진은 항·정·역·조·심·기·창 7주를 관할하였는데,[70] 이것이 3개의 번진으로 나누어진 것이다.[71] 그리고 덕주·체주는 당시 이납 관하의 주였는데, 이에 관해서는 뒤에 언급하겠다. 하지만 그러한 덕종의 조치에 대해 주도와 왕무준은 큰 불만을 품었다. 그러자 전열이 두 사람에게 사람을 보내 조정에 항거할 것을 권하자 이에 호응하였다.[72]

이런 중(782년 2월) 선무절도사 유흡이 복주에 있던 이납을 공격하여 그 외성을 함락시키자[73] 이납은 스스로 성 위에 올라 울면서 죄를 뉘우칠 기회를 달라고 하였다. 이에 유흡 등을 지휘하던 도통都統 이면[74]이 사람을 보내 유세하니 이납은 판관判官 방열房說을 파견하여 친동생 이경李經과 아들 이성무李成武를 입조시키고 유흡을 통해

---

70 吳廷燮, 『唐方鎭年表(1)』, 成德, 576~578쪽 참조.
71 『신당서』 권148, 장효충전, "月餘, 王武俊果斬惟岳首以獻. 已而定州刺史楊政義以州降孝忠, 遂有易·定. 時三分成德地, 詔定州置軍, 名義武, 以孝忠爲節度·易定滄州觀察使"(4769쪽);『구당서』 권141, 장효충전, "王武俊果斬惟岳首以獻, 如孝忠所料. 後定州刺史楊政義以州降, 孝忠遂有易·定之地. 時既誅惟岳, 分四州各置觀察使, 武俊得恒州, 康日知得深·趙二州, 孝忠得易州. 以成德軍額在恒州, 孝忠既降政義, 朝廷乃於定州置義武軍, 以孝忠檢校兵部尙書, 爲義武軍節度·易定滄等州觀察使"(3857쪽);『구당서』 권143, 程日華傳, "朝廷以恒·冀授王武俊, 深·趙授康日志, 易·定·滄授張孝忠, 分爲三帥"(3904쪽). 앞서 조정은 당 진영의 영평 번진을 3개로 분할한 적이 있다.
72 정병준, 「唐 德宗代 四王二帝의 亂과 그 限界」, 12쪽.
73 『신당서』 권213, 이납전, "[李納]悉兵攻洧. 帝命宣武劉玄佐(즉 劉洽)督諸軍進援, 大破其兵. 納還濮陽, 玄佐進圍之, 殘其郛"(5990쪽);『자치통감』 권227, 건중 3년 2월조, 7321쪽. 또 정병준,『『구당서』·『신당서』 劉玄佐傳 譯註』, 286쪽 및 296쪽 참조.
74 당시 이면은 永平節度使로서 宣武節度使 유흡과 懷鄭汝陝河陽三城節度使 노사공을 도통하고 있었다. 즉 앞에서 언급한 '永平節度使 관하 汴州城'에 관한 각주의『자치통감』 기사 참조.『당회요』 권78, 都統, 건중 원년 12월 조에는 "以汴州(=永平)節度使李勉充河南宋滑亳·河陽等道都統使"(上海古籍出版社, 1685쪽)라고 하는데, 여기서 河南은 宣武의 다른 이름이고 宋·亳은 선무 관하이며, 河陽은 노사공을 가리키는 것으로 보인다. 滑은 영평절도사 관할이었다.

귀순하길 청하였다. 하지만 환관 송봉조宋鳳朝[75]가 옆에서 지켜보다가 이납을 죽여 자신의 공적으로 삼고자 하여 황제에게 용서하지 않도록 주청하였다. 그러자 덕종이 방열 등을 궁궐로 압송하게 하였는데, 그 사이에 이납은 위기를 모면하고 운주로 돌아가 다시 전열 등과 연대하였다.[76] 이납의 지략이 돋보이는 장면이다.

같은 해(782) 3월 덕종은 이납의 세력이 아직 쇠퇴하지 않았다고 여기고[77] 뒤늦게 평로군을 분할하기 위해 이유를 서·해·기·(밀)[78]도단련관찰사에 제수하였지만, 명목상의 번진일 뿐이었다.[79] 하지만 같은 달 평로에서 또 이반자가 나왔는데, 즉 덕주자사 이사진李士眞과 체주자사 이장경李長卿이 함께 주를 들어 당조에 투항한 것이다.[80] 4월 덕종이 두 사람을 각각 해당 주 자사로 임명하자[81] 곧바로 주도가 반反하여 두 주를 점령하였다.[82] 호삼성胡三省은 이를 설명하여 "덕

---

75 당시 송봉조는 監軍의 역할을 맡았을 것이다.
76 『구당서』 권124, 이납전, 3536쪽; 『신당서』 권213, 이납전, 5990쪽; 『자치통감』 권227, 건중 3년 2월 조, 7321쪽. 정병준, 「唐 德宗代 四王二帝의 亂과 그 限界」, 13쪽 참조.
77 지금까지의 경과로 보면 당시 이납의 군사력과 영역이 큰 손실을 입었다고 보기는 어렵다.
78 『신당서』 권65, 방진표2, 徐海沂密, 건중 3년 조, "置徐海沂密都團練觀察使, 治徐州"(1809쪽). 이로 보면 徐海沂 3주가 아니라 徐海沂密 4주 번진이었을 가능성이 크다고 생각된다.
79 『구당서』 권12, 덕종본기상, 건중 3년 3월 조, "乙未, 以徐州刺史李洧爲徐沂海團練觀察使"(332쪽); 『자치통감』 권227, 건중 3년 3월 조, "乙未, 始以徐州刺史李洧兼徐海沂都團練觀察使, 海·沂已爲[李]納所據, 洧竟無所得"(7321쪽); 同, 건중 2년 10월 조, "[李洧]乞領徐海沂三州觀察使"(7310쪽). 이유가 귀순하면서 해주·기주와 밀약을 맺어 두었으니 3주 관찰사로 임명해 주면 공을 세울 수 있다고 조정에 말하였으나 기회를 놓쳤다(정병준, 「唐 德宗代 四王二帝의 亂과 그 限界」, 6쪽).
80 『구당서』 권12, 덕종본기상, 건중 3년 4월 조, 332쪽; 『신당서』 권7, 덕종본기, 건중 3년 4월 조, 187쪽; 『구당서』 권124, 이납전, 3536쪽; 『자치통감』 권227, 건중 3년 3월 조, 7321쪽 등.
81 『자치통감』 권227, 건중 3년 4월 조, 7321쪽.
82 『신당서』 권7, 덕종본기, 건중 3년 4월 조, "朱滔反, 陷德·棣二州"(188쪽). 이때의 '反' 용례에 관해서는 정병준, 『구당서』·『신당서』 등에 보이는 '反' 용례 비교 검토」,

종이 덕주·체주를 주도에게 주었으나 주도는 끝내 속임과 폭력으로 이를 얻었다"라고 한다. 이어 호삼성은 "[뒤에] 이를 왕무준의 관할로 삼은 것에 대해서는 잘 모르겠다"[83]라고 하는데, 실제 『신당서』 방진표方鎭表, 성덕·덕종 정원 3년(785) 조에 "성덕군절도사가 덕·체 2주를 증령增領하였다(1845쪽)"[84]라고 하는 기사가 보일 뿐이다.

같은 달(782년 4월) 주도는 전열을 구원하기 위해 군대를 움직였고 왕무준도 군사행동에 나서기 시작하였다.[85] 한편 이즈음 선무절도사 유흡은 이납 관하의 복주 복양현을 공격하여 수장守將 고언소高彦昭를 항복시켰다.[86]

5월 주도와 왕무준이 심주 영진에서 함께 남하하여 6월 전열의 위주에 당도하여 덕종이 보낸 당군을 대파하였다. 이때 이납이 주도 등에게 구원을 요청하였는데, 주도는 위박병마사 신도승경信都承慶[87]에게 군사를 이끌고 가서 돕게 하였다. 반란 진영이 서로 군대를 교류하듯이 파견하여 지원하는 형태가 흥미롭다. 그리고 이납이 유흡의 송주를 공격하였으나 이기지 못하자 부하 병마사 이극신李克信·이흠요李欽遙를 보내 복주 복양현과 조주曹州 남화현南華縣을 지키며[戍]

325~326쪽 참조.
83 『자치통감』 권227, 건중 3년 4월 조의 호삼성 주, 7321쪽.
84 『신당서』 권66, 방진표3, 성덕에는 이어서 그 뒤 두 주의 관할이 어떻게 변경되는가에 관한 기록이 보인다.
85 『자치통감』 권227, 건중 3년 4월 조, 7323~7324쪽.
86 『구당서』 권145, 劉玄佐傳, "又收濮州, 降其將楊令暉, 分兵挾之, 徇濮陽, 降其將高彦昭, 以通濮陽津"(3931쪽); 『자치통감』 권227, 건중 3년 4월 조, 7328쪽; 『太平廣記』 권270, 高彦昭女 조, "守濮陽, 建中二年, 挈城歸河南都統劉玄佐, 屠其家"(中華書局, 2122쪽).
87 앞서 서주자사 이유가 당으로 투항하자 이납이 자신의 부하와 함께 위박의 信都嵩慶을 보내 서주를 공격했다고 하였는데, 신도승경은 그와 동일인 아니면 일족일 것으로 생각된다(信都는 複姓이다).

유흡을 막게 하였다.[88]

같은 달(7월) 덕종은 회령절도사 이희열에게 평로치·청·연·운·등·내·제주절도사를 겸임시키며 이납을 토벌하게 하였다.[89] 이는 당시 이납이 영유하고 있던 12주[90]의 중요 지역을 나누어 7주 번진을 새로 설치한 것을 의미한다. 이와 관련하여 『신당서』 권65, 방진표2, 청밀靑密, 건중 3년 조에서는

> 치청평로절도사를 폐지하고 치청도단련관찰사淄靑都團練觀察使를 설치하여 치청등래제연운 7주를 관할하고 청주에 치소를 두었다. 조복도단련관찰사曹濮都團練觀察使를 설치하여 복주에 치소를 두었다(1809~1810쪽).

라고 한다. 즉 기존의 평로 번진을 폐지하고 새롭게 앞의 7주 번진을 설치하여 치소를 청주에 두고, 또 조·복 2주 번진을 설치하여 치소를 복주에 두게 하였다는 것이다. 이 중 후자의 2주 번진에는 누가 번수에 임명되었는지 알 수 없지만,[91] 명목상으로나마 이납의 평로 번진을 분할한 것은 분명하다. 그리고 앞서 같은 해(782) 3월 이유를 서·해·기·밀도단련관찰사에 임명한 사실을 상기하면 당시 이납

---

88 『자치통감』 권227, 건중 3년 7월 조, 7333쪽. 얼마 전인 같은 해 4월에 유흡이 복양현의 守將을 항복시켰다고 하였는데, 이때는 이납이 복양현 지역을 다시 점령한 것을 말하는 것으로 이해된다.
89 『구당서』 권145, 이희열전, "加檢校司空, 兼淄靑克鄆登萊齊等州節度·支度·營田新羅渤海兩蕃使, 令討襲正己(李納?)"(3943쪽); 『자치통감』 권227, 건중 3년 7월 조, "以淮寧節度使李希烈兼平盧淄靑克鄆登萊齊州節度使, 討李納"(7333쪽).
90 이납은 이정기로부터 15주를 물려받았지만, 서주·덕주·체주가 당으로 투항해 간 것은 앞에서 언급하였다.
91 명목적 조치인 만큼, 曹濮 번진에는 번수가 임명되지 않았을 가능성도 있다.

이 영유하고 있던 12주를 세 개의 번진으로 분할한 것을 알 수 있다. 말하자면 ① 치·청·연·운·등·내·제 7주 번진, ② 조·복 2주 번진, ③ (서)·해·기·밀 번진이다. 하지만 이는 실효적인 것이 아님은 두말할 나위도 없다.

당시 이희열의 군사력이 매우 강했다는 것은 양숭의를 손쉽게 멸망시킨 것으로 판명되었다. 따라서 만약 그가 평로를 공격하게 된다면 이납에게 큰 위협이 될 수 있다. 하지만 이납은 양숭의보다 훨씬 강한 군사력을 지녔기 때문에[92] 이희열이 쉽게 이길 수 있는 상대가 아니었다. 어쨌든 이희열은 한동안 사태를 관망하다가 병사 3만을 거느리고 관하의 허주許州에 주둔하면서 겉으로 이납을 초유招諭한다고 말하면서도 실제로는 이납과 몰래 내통하였다. 뿐만 아니라 이때부터 그는 공공연히 오만한 행동을 보이면서 하북의 반란 번진들과도 연대를 맺었다.[93] 한편 그 전인 같은 해(782) 8월 이유가 죽자 9월 이유의 부하 장수인 고승종高承宗을 서주자사·서해기밀도단련관찰사에 임명하였는데,[94] 이 역시 명목상의 조치에 불과하였다.[95]

같은 해(782) 11월 기묘일(1일) 전열은 주도가 자신을 구원해 준 것

---

[92] 『구당서』 권121, 양숭의전, "然於羣兇, 地最褊, 兵最少, 法令最理, 禮貌最恭"(3490쪽); 『자치통감』 226, 건중 2년 3월 조, "梁崇義雖與李正己等連結, 兵勢寡弱, 禮數最恭"(7298쪽).

[93] 『구당서』 권145, 이희열전, "······ 將與[李]納同爲亂, ······ 日遣使交通河北諸賊帥等"(3943~3944쪽); 『신당서』 권225중, 이희열전, "······ 希恣遣使者約河朱滔·田悅等連和, 凶焰熾然"(6438쪽); 『자치통감』 권227, 건중 3년 11월 조, 7336~7337쪽. 이 중 『자치통감』에서는 이희열이 이납 및 하북 3진과 내통한 것을 네 번진이 칭왕한 후의 상황으로 서술하고 있다. 이를 반영하여 본문에 "한동안 사태를 관망하다가"라는 표현을 넣었다.

[94] 『구당서』 권12, 덕종본기상, 건중 3년 8월 및 9월 조, "九月, 以李洧部將高承宗爲徐州刺史·徐海沂都團練使"(334쪽); 『자치통감』 권231, 덕종 興元 원년 5월 조, "徐·海·沂·密觀察使高承宗卒"(7431쪽).

[95] 이 책 [부록 논문 2], 184쪽.

에 감사를 표하면서 왕무준과 함께 주도를 주군으로 받들어 칭신하기로 모의하였다. 하지만 주도는 왕무준의 공으로 승리한 것이라고 하며 받아들이지 않았다. 이에 유주판관幽州判官 이자천李子千과 항기판관恒冀判官 정유鄭濡 등이 함께 협의한 바에 따라 주도·전열·왕무준·이납이 모두 왕을 칭하고 나라를 세우기로 하였다. 이에 같은 날 주도는 스스로 기왕冀王을 칭하고, 전열은 위왕魏王을 칭하고, 왕무준은 조왕趙王을 칭하고, 이납은 제왕을 칭하였다.[96] 11월 1일에 이르러 이른바 4왕의 난이 정점에 이른 것이다.[97] 이때 이납의 나이는 24세였다.

다음 달(12월) 29일 회서의 이희열도 천하도원수·건흥왕天下都元帥·建興王 등을 칭하였고[98] 이듬해인 건중 4년(783) 10월에는 4왕 등을 진압하기 위해 동쪽으로 출전하던 경원군涇原軍이 장안에서 반란을 일으켜 주체朱泚를 옹립하자 주체가 황제를 칭하였다.[99] 칭제稱帝는 당조의 완전 부정을 의미한다. 궁지에 몰린 덕종은 이듬해인 흥원 원년(784) 정월 패배를 선언하고 4왕과 이희열의 관작을 회복시켜 주었다. 같은 달 왕무준·전열·이납은 바로 표를 올려 왕호를 철회하였지만,[100] 이희열은 같은 달 오히려 황제를 칭하며 당과 대결을

---

96 김문경, 「唐代 高句麗遺民의 藩鎭」, 『唐代의 社會와 宗敎』, 숭전대학교출판부, 1984, 40쪽 등.
97 『자치통감』 권227, 건중 3년 11월 조, 7335~7336쪽. 정병준, 「唐 德宗代 四王二帝의 亂과 그 限界」, 17~18쪽 참조. 그 날짜를 11월 기묘일(1일)로 본 것에 관해서는 『자치통감고이』의 설명(7336쪽)을 참조하였다.
98 堀敏一, 「藩鎭內地列置の由來について」, 『唐末五代變革期の政治と經濟』, 汲古書院, 2002, 24쪽; 武强, 「唐淮西節度使相關問題考論」, 『史學月刊』 2010-4, 55쪽 등. 이희열이 天下都元帥·建興王 등을 칭한 배경에 대해서는 다음 절 마지막 부분에서 서술한다.
99 『자치통감』 권228, 건중 4년 10월 조, 7354~7360쪽.
100 李效杰, 「唐德宗初期的四鎭稱王及"署置百官初探"」, 8~9쪽에서는 몇 개의 관련

벌인다. 하지만 3왕이 왕호를 철회한 상황에서 반란 세력은 더 이상 세력을 떨치지 못해[101] 같은 해(784) 5월 말 주체가 패망하고[102] 정원 2년(786) 4월 이희열이 부하 진선기陳仙奇에게 독살되면서 약 5년 동안 이어진 '사왕이제四王二帝의 난'이 종결되었다.[103]

3. 제국齊國의 관제官制와 그 성격

이납을 비롯한 4왕의 건국은 어떤 성격을 지닌 것일까? 782년 11월에 유주판관 이자천과 항기판관 정유 등이 함께 협의한 내용을 살펴보자. 『자치통감』 권227, 건중 3년(782) 11월 조에 의하면

> 청컨대 운주의 이李 대부大夫(즉 이납)와 더불어 네 나라를 세워 모두 왕을 칭하되 연호를 바꾸지 않음으로써 옛날에 제후가 주周 왕실의 정삭을 받든 것과 같게 한다. 단을 쌓아 함께 맹약하여[同盟] 만약 약속한 것을 지키지 않으면 무리가 함께 토벌하도록 한다. 그렇지 않으면 항상 반신叛臣이 되고 망연 茫然히 주군이 없으며 군대를 동원해도 명분이 없고 공을 세

기록을 바탕으로 네 번진이 왕호를 철회한 시점이 조금씩 달랐고, 또 이납은 전열·왕무준보다 늦었다고 한다.
101 주도는 흥원 원년(784) 5월 왕무준에게 패한 후 크게 위축되어 있다가 같은 해 8월 덕종에게 표를 올려 사죄하였고 이듬해인 정원 원년(785) 6월 병들어 죽었다. 정병준, 「唐 德宗代 四王二帝의 亂과 그 限界」, 40~42쪽 참조.
102 『자치통감』 권231, 흥원 원년 5월 조, 7436쪽. 이 시점은 주도가 왕무준에게 패한 후이다.
103 『구당서』 권145, 이희열전, 3945쪽; 『신당서』 권225중, 이희열전, 6440쪽; 『자치통감』 권232, 정원 2년 4월 조, 7468쪽.

운 이에게 관작을 상으로 주지 못하니 어찌 장리將吏로 하여
금 의지할 수 있게 하겠는가!(7336쪽).

라고 한다. 마치 춘추전국시대에 제후들이 회맹하면서 주 왕실의 정삭을 받들었던 사례를 모범으로 하여 나라를 세운다고 서술되어 있다. 여기서 이 대부란 이납을 말하는데, 즉 앞의 2절 말미에서 언급한 대로 이정기가 황제에게 주청하여 이납이 행군사마·검조주자사·조복서연기해유후 및 어사대부에 임명되었으나 그 후 번진들의 반란이 일어나면서 이납은 더 이상 조관朝官을 수여받지 못하였고 그에 따라 이납을 지칭할 때 줄곧 어사대부라고 한 것으로 보인다.

위와 같은 내용이 『신당서』 권212, 주도전에서는 다음과 같이 전한다.

주도와 왕무준의 관속官屬이 함께 의논하길 "옛날에 열국列國이 연형連衡하여 함께 진秦에 대항하였다. 지금은 공公 등이 여기에 있고 이대부가 운에 있는데, 7국과 마찬가지로 모두 나라 이름을 세우되[建號], 천자의 정삭을 사용하길 청한다. 또 군사가 밖에 있으면서 그 움직임에 이름이 없으니 어찌 장구히 반신叛臣이 되어 군사들로 하여금 의지할 곳이 없게 하겠는가? 마땅히 택일하여 맹약함으로써[定約] 인심에 순응하고, 만약 맹맹盟에 참가하지 않는 자는 함께 토벌한다"라고 하니, 주도 등이 이를 따랐다. 주도는 안녹산과 사사명이 모두 연燕에서 일어나 잠깐 사이에 복멸되었다고 하여 그 명名을 싫어하고 기冀는 요堯가 수도로 삼은 것이라고 하여 기라고 칭하였다. 왕무준은 조라고 칭하였고 전열은 위라고 칭하

였고 이납은 제라고 칭하였다. 건중 3년(782) 겨울 10월 경신일(11일)에 위 서쪽에 단을 세우고 하늘에 제사지내고[祀天] 각각 왕을 참칭하였다. 왕무준 등과 함께 세 번 사양한 후 자리에 올랐다. 주도가 맹주가 되어 고孤라고 칭하고 왕무준·전열 및 이납은 과인寡人이라고 칭하였다.[104]

여기서는 4왕이 직접적으로 전국시대 7국을 모범으로 하였다고 명확하게 기술되어 있다. 또 『구당서』 권141, 전열전을 보면 표현을 조금 달리하여

> 주도의 판관 이자모李子牟와 왕무준의 판관 정유鄭儒 등이 의논하길 "옛날 전국시대에 연형하고 서약하여 진에 대항하였는데, 청컨대 주 말기의 칠웅고사에 따라 모두 나라를 세워 제후라고 칭하도록 하며 국가(즉 당)의 정삭을 사용하고 현재의 연호를 바꾸지 않기로 하자"고 하였다. …… 11월 1일 위현魏縣에 단을 쌓아 하늘에 알리고 왕호를 받았다[告天受之]. 주도는 맹주가 되어 고라고 칭하고 ……(3844~3845쪽).

라고 한다. 즉 전국시대에 6국이 합종하여 진에 대항한 사실을 언급하면서 그러한 '전국7웅'의 고사에 따라 제후라고 칭하기로 하였다

---

104 『신당서』 권212, 주도전, "滔·武俊官屬共議, '古有列國連衡共抗秦. 今公等在此, 李大夫在鄆, 請如七國, 並建號, 用天子正朔. 且師在外, 其動無名, 豈長爲叛臣, 士何所歸? 宜擇日定約, 順人心, 不如盟者共伐之', 滔等從之. 滔以祿山·思明皆起燕, 俄覆滅, 惡其名, 以冀, 堯所都, 因號冀, 武俊號趙, 悅號魏, 納號齊. 建中三年冬十月庚申, 爲壇魏西, 祀天, 各僭爲王, 與武俊等三讓乃就位. 滔爲盟主, 稱孤, 武俊·悅及納稱寡人"(5970쪽).

는 것이다. 그러면서 당의 정삭을 사용하고 연호를 세우지 않았다는 서술이 이어지지만, 전국시대에도 회맹이 행해졌고 주의 정삭이 사용되었으므로[105] 4왕이 전국시대를 모델로 삼았다는 것은 분명해 보인다. 그리고 앞의 『신당서』 주도전 등에 보이는 대로 4왕이 왕을 칭하면서 자신을 고·과인이라고 부르고 하늘에 제사를 지낸 것은 전국시대 7국이 주 왕실에 대한 태도와 마찬가지로 당의 권위를 인정하지 않은 것을 나타낸다. 특히 직접 하늘에 제사지냈다는 것은 아무래도 위협적이다. 이는 4왕이 언제든 당의 존재를 부정할 수도 있음을 드러낸 것이라 할 수 있다.

4왕이 회맹하면서 주도가 맹주가 되었다는 것은 『구당서』 권12, 덕종본기상, 건중 3년(782) 10월[106] 조에서도 확인된다. 즉

> 이달에 주도·전열·왕무준은 위현의 군루軍壘에서 각각 서로 추장推獎하여 왕호를 참칭하였다. 주도는 대기왕大冀王을 칭하고, 왕무준은 조왕을 칭하고, 전열은 위왕을 칭하였다. 또 이납에게 권하여 제왕을 칭하게 하였다[勸李納稱齊王]. 참서僭署한 관명은 국초國初의 친왕親王 행대行臺의 제도와 같게 하였다(335쪽).

---

105 『史記』 권82, 廉頗藺相如列傳, "[趙王]遂與秦王會澠池. 秦王飲酒酣, 曰, '寡人竊聞趙王好音, 請奏瑟', 趙王鼓瑟. 秦御史前書曰, '某年月日, 秦王與趙王會飲, 令趙王鼓瑟'"(2442쪽); 同 권26, 曆書, "其後戰國並爭, 在於彊國禽敵, 救急解紛而已, 豈遑念斯哉! 是時獨有鄒衍, 明於五德之傳, 而散消息之分, 以顯諸侯"(1259쪽) 등.
106 앞의 『신당서』 주도전은 稱王한 것이 10월이라고 하지만, 11월의 오류일 가능성이 있다. 앞의 『구당서』 전열전에서는 11월 1일이라고 하였고, 『자치통감』에서도 11월 1일로 보았다. 후자에 있어서는 『資治通鑑考異』을 아울러 참조하라. 여기에는 해당 날짜에 관한 여러 기록들을 소개하고 있다.

라고 하여 주도의 경우에는 왕 앞에 '대'를 더하여 대기왕을 칭하였다고 한다. 이에 대해 리우위펑劉玉峰은 주도의 병력이 가장 강했기 때문에 맹주로 추대된 것이라고 한다.[107] 다만 이때의 맹주 혹은 대기왕은 다른 3왕에 대해 실질적 패권을 가진 것이 아니고 사실상 대등한 것으로 보여진다.

『구당서』 덕종본기상의 기사에서는 또한 세 명이 칭왕하기로 결정한 후 이납에게 칭왕을 권유하였다는 것이 주목된다. 『책부원구』 권438, 장수부將帥部, 무공武功, 장경칙張敬則 조를 보면 그 상황이 보다 명확하게 전한다.

> 마수가 덕종 건중 3년에 위주대도독부장사·겸위박단상4주절도관찰초토등사魏州大都督府長史·兼魏博澶相四州節度觀察招討等使가 되었다. 전열·주도·왕무준의 군대 역시 위현魏縣에 이르러 관병官兵과 강을 사이에 두고 보루를 마주하였다. 세 도적[盜]은 위현의 군중軍中에서 돌아가며 서로 왕호를 추장하여 주도가 기왕을 칭하고 전열이 위왕을 칭하고 왕무준이 조왕을 칭하였다. 또 이납에게 사신을 보내니 이납은 제왕을 칭하였다. 네 도적이 함께 회서 이희열을 추대하여 천하병마원수·태위·건흥왕로 삼았다. 모두 관호를 위서僞署하였는데, 국 초의 행대 제도와 같았다. 명목이 자못 요벽妖僻한 것이 있었으나 감히 연호를 위칭僞稱하지는 못하였다. 그러나 다섯 도적은 합종合從하여 사직을 무너뜨리려고 하였으므로 양하兩河(즉 하남과 하북)가 들끓었으며 구도寇盜가 횡행하였다(5199쪽).

---

107 劉玉峰, 『唐德宗評傳』, 齊魯書社, 2002, 25쪽.

이에 의하면 전열 등 3인이 먼저 왕을 칭한 다음 이납에게 사신을 보내 왕을 칭하게 하였다고 한다. 이는 『구당서』 권141, 전열전에도 보인다. 즉 "주도는 기왕을 칭하고 전열은 위왕을 칭하고 왕무준은 조왕을 칭하였으며, 또 이납에게 제왕齊王을 칭하도록 청하였다(3844~3845쪽)"라고 한다. 이러한 기록에 따르면 이납은 주도적으로 칭왕 모의에 참여한 것이 아니라 3왕에 동조하여 제왕을 칭한 것으로 여겨진다. 물론 그때까지 그 또한 다른 세 번진들과 긴밀히 협력해 온 것은 두말할 나위도 없다. 그럼에도 불구하고 이납이 3왕의 권유에 따라 제왕을 칭했다고 하는 것[108]은 이전에 이정기가 할거 번진을 대표하여 덕종과 타협을 시도하고 아울러 번진들의 연대에 주도적 역할을 수행하였던 것[109]과는 차이가 있어 보인다.

그렇다면 이납은 이정기의 구상에 따라 반란을 이어갔음에도 불구하고 왜 다른 세 번진에 비해[110] 다소 수동적인 태도를 보인 것일까. 이를 명확하게 전하는 기록은 보이지 않지만, 그간의 전세戰勢 추이에 따른 것이 아닐까 하는 생각이 든다. 즉 하남에 위치한 이납의 번진은 당의 하남 제군을 한꺼번에 상대하면서 서주 등 3주를 상실하였을 뿐 아니라 일시 위기에 처하기도 하였다. 반면, 하북 3진은 공동으로 당조에 대항한 이후 당군에게 밀리지 않았고 오히려 큰 승리를 거두기까지 하였다.[111] 이러한 상황에서 이납은 번진의 내적 안정

---

108 李效杰,「唐德宗初期的四鎭稱王及"署置百官初探"」, "11월 1일 魏縣 군영에 단을 쌓아놓고 칭왕하며 관제를 세울 때 이납은 없었다"(7쪽)고 한다.
109 이 책 제1부 제3장, 154쪽, 157쪽.
110 세 번진 중에서도 특히 위박의 전열이 반역을 주도하는 장면이 몇 차례 보인다. 즉 정병준,「唐 德宗代 四王二帝의 亂과 그 限界」, 6쪽, 12쪽 등 참조.
111 정병준,「『구당서』·『신당서』 李納·李師古 등 列傳 譯註」,『한국고대사탐구』 22, 2016, 381~382쪽, 386~387쪽, 397~402쪽, 409~410쪽, 418쪽, 423~424쪽; 정병준,「唐 德宗代 四王二帝의 亂과 그 限界」, 13~16쪽 등.

에 주력하게 되었고 그러면서 하북 3진에 비해 수동적인 면모를 보였던 것은 아닐까 한다. 물론 이러한 것이 세 번진에 비해 이납의 번진이 약해졌음을 의미하는 것은 아니다. 이납은 여전히 하북의 번진들보다 많은 12주를 영유하였고 군사적으로도 큰 손실을 입지는 않았다.[112]

앞의 『구당서』 덕종본기상, 건중 3년 10월 조 및 『책부원구』 권438, 장수부將帥部, 장경칙 조에 의하면 4왕 혹은 4왕 등[113]이 설치한 관명 혹은 관호는 당 초의 행대 제도와 같았다고 한다. 행대란 위진 시기 이래 이따금 설치된 임시적 지방 군사·행정기구였는데, 당대에는 수의 제도를 계승하여 행대상서성行臺尚書省이라 칭하고 수대와 마찬가지로 왕조 초기에 출현하였다가 얼마 후 폐지되었다.[114] 『구당서』 권42, 직관지職官志1을 보면 "[고조] 무덕 연간 초에 제도諸道 군무軍務의 일이 많아 행대상서성을 분치分置하였다"고 한 뒤 먼저 섬동도대행대陝東道大行臺의 관제를 다음과 같이 나열하고 있다.

그 섬동도대행대상서성은 영슈 1인[원주原註: 정2품]이 관내 군인軍人을 관장하고 성사省事를 총괄하였다. 복야僕射 1인

---

112 앞의 3절에서 건중 3년(782) 3월 덕종이 이유를 徐·海·沂·(密)都團練觀察使에 제수한 것을 서술한 문장 및 각주 참조.
113 '4왕 등'이라고 한 것은 『책부원구』 권438, 將帥部, 無功, 張敬則 조의 기사에 의한 것이다. 다른 문헌은 거의 4왕만 언급하고 있다.
114 杜文玉,「論隋唐時期的行臺省」,『渭南師專學報(社會科學版)』1993-2, 51쪽; 葉文飛,「唐初行臺省淺析」,『北京理工大學學報(社會科學版)』2006-4, 84쪽 등. 당대 행대의 폐지에 대해서는 『구당서』 권42, 職官志1, "其陝東道大行臺尚書令給天策上將, 太宗在藩爲之. 及升儲, 幷省之. 山東道行臺, 武德五年省, 餘道, 九年省"(1811쪽) 등의 기사가 보인다.

[종2품 · 3품이 임명됨]은 영令의 일을 보좌하는 일을 관장하였다. 좌승左丞 1인[정4품하]과 우승 1인[정4품하]은 분사分司를 관장하고 성내省內를 규정糾正한다. 도사都事 1인[종7품상]과 주사主事 4인[종9품상. 제사諸司의 주사는 모두 동일]은 모두 경성京省과 같은 것을 관장한다. (1) 병부상서 1인[정4품. 제상서諸尚書가 모두 동일]은 이부의 일을 겸장兼掌한다. ① 사훈랑중司勳郎中 1인[정5품상 · 제랑중諸郎中이 모두 동일], 주사 1인이다. ② 고공랑중考功郎中 1인, 주사 1인이다. ③ 병부랑중 1인, 주사 2인이다. ④ 가부랑중駕部郎中 1인, 주사 2인이다. (2) 민부랑중民部尚書 1인은 예부禮部의 일을 겸장한다. ① 예부랑중 1인, 주사 1인이다. ② 선부랑중膳部郎中 1인, 주사 1인이다. ③ 탁지랑중度支郎中 1인, 주사 2인이다. ④ 창부랑중倉部郎中 1인, 주사 2인이다. (3) 공부상서 1인은 형부의 일을 겸장한다. ① 형부랑중 1인, 주사 1인이다. ② 도관랑중都官郎中 1인이고, 주사 1인이다. ③ 공부랑중 1인이고, 주사 1인이다. ④ 둔전랑중屯田郎中 1인이고, 주사 1인이다. 매 낭중은 경성京省 2사司를 겸한다. [각각 영사令史 · 서령사書令史 및 장고掌固가 있고 모두 유외流外이다]. Ⓐ 식화감食貨監 1인[정8품하 · 제감諸監은 동일]이 선수膳羞 · 재물 · 빈객賓客 · 포설鋪設 · 음악 · 의약의 일을 관장한다. 승丞 2인[정9품하 · 제감諸監의 승이 동일]이다. Ⓑ 농포감農圃監 1인은 창름倉廩 · 원포園圃 · 시탄柴炭 · 추고芻藁 · 조운의 일을 관장한다. 승 4인이다. Ⓒ 무기감 1인은 병정兵仗 · 구목廏牧의 일을 관장한다. 승 2인이다. Ⓓ 백공감百工監 1인은 주거舟車 및 영조잡작營造雜作의 일을 관장한다. 승 4인이다. [각각 녹사錄

事 및 부사府史·전사典事·장고 등이 있으며 모두 유외이다] (1809쪽).[115]

이는 당대 최초로 고조 무덕 원년(618) 12월 설치된 섬동도행대가 무덕 4년(621) 10월에 승격된 것으로 무덕 9년(626) 6월 낙주도독부洛州都督府로 바뀌면서 폐지되었다.[116] 그리고 『구당서』 직관지1을 계속 보면 앞 기사에 이어서

> 제도諸道 행대상서성[원주: 익주도益州道·양주도襄州道·동남도·하동도·하북도]의 영令 1인[종2품]은 섬동도대행대의 경우와 같은 것을 관장한다. 복야 1인[정3품·좌우로 임명함], 승 1인[좌우로 임명함. 좌승은 종4품상이고, 우승은 종4품하], 도사都事 2인[정8품상], 주사 2인이다. (1) 병부상서 1인[종3품·제상서諸尙書가 동일]은 이부·예부의 일을 겸장한다. ① 고공랑중考功郎中 1인[종5품상·제랑중諸郎中이 모두 동일], 주사 2인[종9품하·제주사諸主事가 동일]이다. ② 선부랑중 1인, 주사 2인이다. ③ 병부랑중 2인, 주사 2인이다. (2) 민부상서 1인은 형부·공부를 겸장한다. ① 창부랑중 2인, 주사 2인이다. ② 형부랑중 1인, 주사 2인이다. ③ 둔전랑중 1인, 주사 2인이다. 매 낭중은 경성 3사을 겸장한다. 각각 영사·서령사·장고가 있으며 모두 유외이다. 식화감 1인[종8품상·무기감도 동일]은 농포감의 일을 겸장하고 승 1인이다. 백공감의

---

115 ⑴, ①, Ⓐ 부호는 편의를 위해 필자가 붙인 것이다(이하 동일).
116 杉井一臣, 「唐初の行臺尚書省」, 『中國史硏究』 7, 1982, 20~21쪽 등.

일을 겸장하고 승 2인이다. 두 감에 각각 녹사·부사·전사·장고 등이 있으며 모두 유외이다(1809~1810쪽).

라고 한다. 행대는 대행대보다 한 등급 낮은 기구이지만, 대행대만 해도 중앙의 상서성에 비하면 직제의 등급이 낮고 조직도 상당히 축소되어 있다.[117] 다만 행대에 식화감·무기감 등이 설치된 것은 상서성의 기능에 더해 중앙 제감諸監의 기능도 함께 합쳐진 것이라 할 수 있다.

하지만 4왕의 관제는 반드시 당 초의 행대와 같았다고 보기 어려운 면이 있다. 즉 『자치통감』 권227, 덕종 건중 3년(782) 11월 조를 보면

> 주도가 스스로 기왕을 칭하고 전열이 위왕을 칭하고 왕무준이 조왕을 칭하고, 이납에게 청하여 제왕을 칭하게 하였다. 이날 주도 등이 군중軍中에 제단을 쌓고 하늘에 고한 후 왕호를 받았다. 주도가 맹주가 되어 자신을 고라고 칭하고 왕무준·전열·이납은 과인이라 칭했다. 거처하는 건물을 전殿이라 부르고, 자신들이 처분하는 것을 영令이라 부르고, 아래에서 올리는 글을 전牋이라 부르고, 처를 비妃라고 부르고, 장자를 세자라고 불렸다. 각각 치소가 있는 주를 부府로 삼아 유수留守 겸 원수를 설치하여 군정을 맡겼다. 또 동·서조東·西曹를 두어 중서中書·문하성門下省과 같게 하고, 좌·우내사左·右內史를 두어 시중侍中·중서령中書令과 같게 하고, 나머지 관官은 모두 천조天朝를 모방하고 그 이름만을 바꾸었다(7336쪽).

---

117 葉文飛, 「唐初行臺省淺析」, 85쪽의 표1 「尙書省與行臺尙書省官職對照表」 등 참조.

라고 한다. 이 기사의 후반부에 4왕의 관제에 관한 내용이 적혀 있는데, 즉 ① 4왕의 관아가 있는 주를 부로 삼아 유수 겸 원수를 두어 다스리게 하고 ② 동·서조를 두어 중서·문하성의 역할을 맡게 하고 그 장관을 좌·우내사라고 불렀으며 ③ 나머지 관제는 모두 당조를 모방하면서 명칭을 다르게 하였다는 것 등이 보인다. 『신당서』권 212, 주도전에는 더욱 자세한 내용이 보이는데, 즉

> 주도는 유주를 범양부范陽府로 바꾸어 아들을 부의 유후留後로 삼으며 원수라고 칭하고, 친신親信을 유수留守로 기용하였다. 주도 등의 거실은 모두 전殿이라고 하고, 처를 비라고 하고 아들을 국공國公이라고 하였으며, 아랫사람은 모두 신하를 칭하고 전하殿下라고 불렀다. 올리는 글을 전이라 하고, 내리는 것을 영이라고 하였다. 좌·우내사를 두어 승상丞相에 견주고[視], 내사령內史令·감監을 [두어] 시중·중서령에 견주고, 동·서시랑을 문하·중서에 견주고, 동조급사東曹給事·서조급사西曹給事를 급사중給事中·중서사인中書舍人에 견주고, 사의대부司議大夫를 간의대부諫議大夫에 견주고, 6관성官省을 상서尚書에 견주고, 동·서조복야를 좌·우복야에 견주었으며, 어사대를 집헌執憲이라고 하고 대부大夫에서부터 감찰어사까지 두었으며, 구사驅使·요적관要籍官을 승령丞令이라고 하고, 좌·우장군을 호아虎牙·표략豹略이라고 하고, 군사軍使를 응양鷹揚·용양龍驤이라고 하였다(5970~5971쪽).

라고 한다. 이 중 관제에 있어서는 Ⓐ 주도의 관아가 있는 유주를 범양부로 칭하며 그 장관을 유후 및 유수라고 하고 Ⓑ 좌·우내사

를 두어 승상[118]에 견주며 내사령·감을 각각 시중·중서령에 견주고,[119] 동·서시랑을 문하·중서(혹 황문시랑·중서시랑?)에 견주고, 동조급사·서조급사를 (문하성의) 급사중과 (중서성의) 중서사인에 견주고, 사의대부를 (문하성의) 간의대부에 견주었으며 ⓒ 6관성을 상서에 견주고, 동·서조복야를 좌·우복야에 견주었으며 ⓓ 어사대를 집헌이라고 하고 대부에서부터 감찰어사까지 두었다는 것으로 정리할 수 있다. 이러한 것은 앞의 『자치통감』 기사와 조금 다른 점이 있는데, 4왕의 관제가 완전히 일치하지는 않은[120] 데 따른 것이라 하겠다.

『신당서』 권212, 주도전에서는 앞의 관제 설치에 관한 기사에 이어서 그 중요 관직에 가까운 사람들을 임명한 상황이 서술되어 있다.

> 유평劉怦을 범양부유수로 삼고, 유량기柳良器·이자천李子千을 좌·우내사에 임명하고, 주도의 형 경괴瓊瑰·육경陸慶을 동·서조복야에 임명하고, 양제楊霽·마식馬寔·구첨寇瞻·양영국楊榮國을 사문司文·사무司武·사례司禮·사형시랑司刑侍郎에 임명하고, 이사진李士眞·번파樊播를 집헌대부·중승에 임명하였다. 그 나머지는 차례에 따라 보서補署하였으며, 처

---

118 당대는 시중과 중서령을 宰相이라 칭하였다. 다만 개원 시기에 한때 左右僕射를 左右丞相이라 칭한 적이 있다. 즉 『구당서』 권8, 현종본기상, 개원 원년(713) 12월 조, "大赦天下, 改元爲開元, 內外官賜勳一轉. 改尙書左·右僕射爲左·右丞相, 中書省爲紫微省, 門下省爲黃門省, 侍中爲監"(172쪽).

119 隋代와 당 초기에 중서성을 內史省이라고 칭하고 그 장관을 監이라고 한 적이 있다. 즉 『隋書』 권28, 百官志下, "內史省, 置監, 令各一人. 尋廢監. 置令二人, 侍郎四人, …"(774쪽); 『唐六典』 권9, 中書省, 中書令 조의 원주, "隋氏改中書省爲內史省, 置內史省監·令各一人, 尋廢監, 置令二人, 正第三品. 文帝廢三公府寮, 令中書令與侍中知政事, 遂爲在上之職. 煬帝二年, 改爲內書省, 武德初, 內史省, 三年, 改爲中書省. …… 光宅二年, 改中書省爲鳳閣, 令爲內史, 神龍元年復置"(中華書局, 273쪽) 등.

120 李效杰, 「唐德宗初期的四鎭稱王及"署置百官初探"」, 27~28쪽.

사處士 장수張遂·왕도王道를 초빙하여 사간司諫[121]에 임명하였다(5971쪽).

이러한 것은 앞의 『자치통감』 권227, 덕종 건중 3년 11월 조의 내용과 거의 부합한다.[122] 그리고 특히 "주도의 형 경괴·육경을 동·서조복야에 임명하고, 양제·마식·구첨·양영국을 사문·사무·사례·사형시랑에 임명하고"라는 것은 당 초의 행대 제도와 부합하는 것으로 보인다. 이로 보면 4왕 관제의 기본 골격은 당 초의 행대를 본받은 것으로 볼 수도 있다. 하지만 4왕의 관제는 행대 제도를 넘어[123] 당의 3성을 모방한 면이 있는데, 이에 관해서는 잠시 후 언급하겠다. 한편, 이 『신당서』 주도전을 통해 보면 주도는 비록 대기왕을 칭하였다고는 해도 관제에 있어서는 본질적으로 다른 3왕과 차이를 두

---

[121] 司諫에 관해서는 명확히 알 수 없다. 다만 『당회요』 권55, 省號下, 諫議大夫, 永徽 2년 9월 조, "左武候引駕盧文操踰垣盜左藏庫物, 上以引駕職在糾繩, 而身行盜竊, 命有司誅之. 諫議大夫蕭鈞進曰, '文操所犯, 情實難原, 然準諸常法, 罪未至死. 今致之極刑, 將恐天下聞之, 必謂陛下輕法律, 賤人命, 任喜怒, 貴財物. 臣之所職, 以諫爲名, 愚臣所懷, 不敢不奏. 上納之, 謂鈞曰, '卿職在司諫, 遂能盡規, 特爲卿免其死'. 顧侍臣曰, '真諫議也'"(1115쪽)이라고 하여 고종대에 간의대부를 '司諫'이라고 하는 것이 보이므로 어쩌면 주도가 설치한 司議大夫를 가리키는 것일 수도 있지만 명확하지 않다.
[122] 물론 앞서 인용한 『신당서』 주도전에 보이는 丞相이라는 표현과 內史令·監이라는 관명 등이 『자치통감』 권227, 덕종 건중 3년 11월 조의 "동·서조를 두어 중서·문하성과 같게 하고, 좌·우내사를 두어 시중·중서령과 같게 한다"라는 것과 조금 차이가 있다. 하지만 지금 인용한 『신당서』 주도전의 기사 안에 "柳良器·李子千을 좌·우내사에 임명하고"라는 서술이 보이므로 여기서는 문제 삼지 않겠다.
[123] 『자치통감』 권227, 건중 3년 11월 조, "(稱王 이후)武俊以孟華爲司禮尙書, 華竟不受, 嘔血死, 以兵馬使衛常寧爲內史監, [호삼성 주: 彼所謂內史監, 當位於左·右內史之上] 委以軍事. 常寧謀殺武俊, ……"(7336쪽)라고 하는데, 사례상서는 당 초의 행대에서는 民部尙書 혹은 兵部尙書가 겸임한 관명인데, 왕무준은 단독으로 사례상서를 임명하였던 것이다. 한편 內史監은 행대와는 별개의 성격을 지닌 것인데, 곧이어 언급하겠다.

지 않은 듯하다. 『구당서』 권141, 전열전에서 "주도는 유주를 범양부라고 하고, [성덕의] 항주恒州는 진정부眞定府라고 하고 위주는 대명부大名府라고 하고 운주는 동평부東平府라고 하였으며 모두 장자를 원수로 삼았다"(3845쪽)고 하는 것도 그러한 상황을 말한다.

이납 등 4왕의 관제는 과연 어떤 성격을 지닌 것일까. 앞에서 인용한 『자치통감』 건중 3년 11월 조와 『신당서』 주도전에 의하면 ① 주도는 맹주가 되어 자신을 고라고 부르고 왕무준·전열·이납은 과인이라 칭했으며[124] ② 4왕이 처분하는 것을 令이라 부르고, 아래에서 올리는 글을 전이라 불렀으며 ③ 처를 비라고 부르고, 장자를 세자라고 불렀는데, 이로 보면 4왕의 국제國制는 일단 당조의 제도에 비해 한 단계를 낮추어 제정한 것이 분명하다. 무엇보다도 네 사람이 왕을 칭한 것 자체가 이를 잘 나타낸다.

이에 반해 같은 기사에서 "동·서조를 두어 중서·문하성과 같이 하고, 좌·우내사를 두어 시중·중서령과 같이 하고, 나머지 관은 모두 당조를 모방하고 그 이름만을 바꾸었다"고 하는 것으로 보면 비록 명칭의 격은 낮았다고 해도 사실상 당국唐國 자체를 모방한 것으로 이해된다. 여러 문헌에 그들이 백관을 설치하였다고 하는[125] 것은 이러한 상황을 말하는 것이라 하겠다. 또 4왕은 자신들이 거처하는 건물을 전이라 부르고 또 각각의 치소가 있는 주를 부라고 칭하

---

124 趙翼에 의하면 4왕이 孤를 높은 것으로 하고 寡를 낮게 한 것은 僭竊의 무리가 진실로 禮文을 考訂하는 것을 알지 못한 때문이라고 한다(『陔餘叢考』 권36, 稱孤, 河北人民出版社, 1990, 749쪽).
125 『구당서』 권124, 이납전, "僭稱齊王, 建置百官"(3536쪽); 『신당서』 권213, 이납전, "納於是還鄆, 與悅·李希烈·朱滔·王武俊連和, 自稱齊王, 置百官"(5990~5991쪽); 『구당서』 권143, 朱滔傳, "[建中]三年十一月, 滔僭稱大冀王, 僞署百官, 與李納·田悅·王武俊並稱王, 南結李希烈"(3897쪽).

며 별도로 유수 겸 원수를 설치하였다. 이러한 것은 4왕이 "하늘에 제사지냈다" 혹은 "하늘에 알렸다"고 하는 것과 함께 모두 당조에게 매우 위협적인 것이라 하지 않을 수 없다.

하지만, 주도와 왕무준은 몇 달 동안 자신의 영토를 떠나 있으면서 보급을 전적으로 전열에게 의지하였기 때문에 세 번진의 군대가 함께 곤궁해졌다. 그런 때 이희열의 군세가 매우 성대하다는 소식을 듣고 서로 모의하여 허주許州(당시 회서 관하)에 있던 회서절도사 이희열에게 사신을 보내 칭제하도록 권하였다. 그러자 앞 장 마지막에서 언급한 대로 같은 해인 건중 3년(782) 12월 이희열은 스스로 천하도원수·태위·건흥왕이라 칭하여 이에 호응하였다.[126] 다음 해(784) 정월 이희열은 여주汝州 등을 점령하여 동도 낙양을 위협하였고 같은 달 4왕은 각각 사신을 보내 이희열에게 칭신하면서 다시 칭제를 권하였다.[127] 하지만, 이희열은 이에 따르지 않고 사태의 추이를 주시하면서 군사활동을 더욱 강화하였고[128] 그 후의 상황은 대략 앞 장의 마지막에서 서술한 대로 전개되었다.

이렇게 볼 때 이납 등 4왕은 제도적으로 당조를 부정한 것은 아니었다. 그들이 이희열에게 칭제를 권한 것도 이를 뒷받침한다. 하지만 그들이 당의 관제를 모방하고 하늘에 제사를 지낸 것 등은 상황에 따라 얼마든지 당조를 부정할 수도 있는 가능성을 내포한 것으로 생각된다.[129] 얼마 후 실제로 그들은 당조를 전복시킬 수도 있는 단

---

126 『자치통감』 권227, 건중 3년 12월 조, 7337쪽; 『구당서』 권12, 덕종본기상, 건원 3년 11월 丁丑(29일) 조, "李希烈自稱天下都元帥·太尉·建興王, 與朱滔等四盜膠固爲逆"(335쪽); 『구당서』 권145, 이희열전, 3944쪽.
127 『자치통감』 권228, 건중 4년 정월 조, 7338~7340쪽.
128 정병준, 「唐 德宗代 四王二帝의 亂과 그 限界」, 19~21쪽.
129 전국시대 7국 및 한대 제후왕의 관제도 기본적으로 周와 漢朝의 관제와 거의 동일

계에 이르지만,[130] 정작 상호 간의 의심과 견제라는 내부적 속성으로 말미암아 더 이상 나아가지 못하고 당조와 타협하는 선에서 반란을 종결하였던 것이다.

소결

이납은 일찍부터 이정기로부터 후계자 수업을 받다가 대종 대력 12년(777) 2월 평로 번진 관하의 청주자사에 임명되고 이로부터 얼마 후 15주 가운데 조曹·복濮·서徐·연·기·해 6주를 관할하는 유후 겸 조주자사가 되면서 후계자로서의 기반이 확고히 마련되었다. 그가 청주자사에 임명된 때의 나이는 19세였다.

이 상황에서 대력 14년(779) 5월 덕종이 즉위하여 번진들에 대해 강경한 정책을 펼치기 시작하였다. 이에 이정기는 할거 번진들을 대표하여 주도적으로 덕종과 타협을 시도하였으나 접점을 찾지 못하고 마침내 양 진영이 정면으로 충돌하게 된다. 바로 그때 이정기가 사망하지만, 당시 이납(23세)은 이미 권력기반을 확고하게 다진 상태였으므로 흔들림 없이 이정기가 주도했던 구도(이 장의 머리말 및 각주

하였고 따라서 관제의 모방 여부로 상호관계를 판단하기는 어렵다는 의견을 청취하였다. 더구나 한대 제후왕은 한의 질서 속에 있었다. 중국고대사 전공자인 해당 평자는 나아가 4왕이 당시의 상황을 '전국시대'와 같은 식으로 파악했다면 당조를 직접 부정해야 할 필요성을 거의 느끼지 못할 정도로 무시했다고 보아야 할 것이라고도 한다. 좋은 지적이라 생각된다. 다만 唐代는 군현제가 기반이었다는 점을 감안하면 4왕의 관제는 아무래도 위협적 성격을 내포한 것으로 이해된다.

130 이러한 점에서 이납이 한때 독립된 제나라를 건국한 것이라고 해도 좋을지 모른다. 하지만 그렇다고 해도 그 기간이 짧았기 때문에 이정기 일가의 번진 자체를 제나라로 칭하는 것은 아무래도 무리가 있다고 생각된다.

참조)에 따라 하북 3진 등과 함께 반란을 이어가게 된다. 이납은 하북 3진과 긴밀하게 연계하면서도 이정기와는 달리 다소 피동적 면모를 보였다(2절·3절). 이는 평로군이 하남 제군諸軍을 한꺼번에 상대하는 가운데 서주 등 3주를 상실하고 일시 위기에 처하기도 하면서 번진의 방어·안정에 주력한 때문일 것이다.

건중 3년(782) 11월 네 번진은 마침내 왕을 칭하며 관제를 설치하였는데, 당 초의 행대 제도와 같았다고 한다. 하지만 그 내용을 자세히 살펴보면 행대를 넘어 사실상 당의 관제를 모방한 것이었다. 이는 그들이 칭왕할 때 하늘에 제사지내고 또 그들이 거처하는 건물을 전殿이라 부른 것 등과 함께 당조를 완전히 무시한 것이며 나아가 상황에 따라서는 당조를 부정할 수도 있음을 나타낸다. 요컨대 이납 등 4왕은 제도적으로 직접 당조를 부정하지는 않았다고 해도 경우에 따라 얼마든지 부정할 수도 있는 가능성의 범위에서 건국하였던 것이다. 얼마 후 이납 등은 실제로 당조를 전복시킬 수도 있는 단계에 이르지만, 정작 상호 간의 의심과 견제라는 내부적 속성으로 말미암아 더 이상 나아가지 못하고 당조와 타협하는 선에서 반란을 거두었던 것이다.

제2장

'사왕四王의 난' 이후 평로절도사 이납의 양면성

당 덕종의 번진정책에 반발하여 하북3진河北三鎭과 평로의 이납이 일으킨 '사왕의 난'은 흥원興元 원년(784) 정월 덕종이 패배 선언으로 일단락되었지만, 그 후에도 나머지 반란은 한동안 계속되었다. 그중 회서淮西의 이희열李希烈 등에 의한 '이제二帝의 난'은 명실 공히 당조를 부정한 반란이었다. 하지만 4왕이 반란을 철회한 상황에서 다른 반란들은 더 이상 확대되지 못하고 정원貞元 2년(786) 4월 이희열이 패망하면서 모두 종결되었다.

이후 덕종은 정원 21년(805) 정월까지 약 19년 동안 더 재위하였지만, 이 기간에 그는 번진들에 대해 더 이상 강경책을 펼치지 못한 반면 번진들은 전성기를 구가하였다.[1] 이러한 연유로 2제의 난 이후

---

[1] 日野開三郞, 「藩鎭時代の州稅三分制について」, 『日野開三郞 東洋史學論集』 4,

덕종의 번진정책은 종종 '고식姑息'이라는 말로 표현되었다.[2] 즉 목전의 평안을 위해 "잠시 내버려두는" 정책이라는 의미이다.[3]

이러한 견해는 당 헌종憲宗 시기에 재상 두황상杜黃裳이 언급한 이래 오늘날까지 여러 논자들에 의해 계승되어 왔다.[4] 또 비슷한 맥락에서 혹자는 4왕의 난 이전 상황과 비교하여 "[번진들이] 중앙을 경시·발호하는 것이 반란 전보다도 한층 심해졌다"[5]고 하고, 혹자는 "꼬박 5년에 걸친 전란의 결과는 산남동도山南東道가 멸망한 것 외에는 결국 번진들의 특별한 지위가 당조 관료체제 안에 승인되고 아울러 영토의 세습, 세금의 독점, 관리임면의 자유 등을 원칙으로 하는 '하삭구사河朔舊事'(또는 하북고사河北故事)라는 전통이 확립되었

三一書房, 1982, "번진은 양세법 창설까지가 발전시대, 憲宗의 개혁까지가 극성시대, 그 이후가 弱體化時代, 군웅이 할거[進占]하는 唐末은 이른바 變態時代, 오대가 終焉時代, 宋初가 死期이다"(293쪽).

2 『자치통감』 권237, 憲宗 元和 원년(806) 정월 조, "上與杜黃裳論及藩鎭, 黃裳曰, '德宗自經憂患, 務爲姑息, 不生除節帥, 有物故者, 先遣中使察軍情所與則授之, 中使或私受大將賂, 歸而譽之, 即降旄鉞, 未嘗有出朝廷之意者. 陛下必欲振擧綱紀, 宜稍以法度裁制藩鎭, 則天下可得而理也', 上深以爲然, 於是始用兵討蜀, 以至威行兩河, 皆黃裳啟之也"(7627쪽).

3 『자치통감』 권220, 肅宗 乾元 원년(758) 12월 조의 臣光曰, "肅宗遭唐中衰, 幸而復國, 是宜正上下之禮以綱紀四方, 而偸取一時之安, 不思永久之患, 彼命將帥, 統藩維, 國之大事也, 乃委一介之使, 徇行伍之情, 無問賢不肖, 惟其所欲與者則授之. 自是之後, 積習爲常, 君臣循守, 以爲得策, 謂之姑息. [胡三省 注: 姑, 且也, 息, 安也, 且求目前之安也]"(7065쪽).

4 日野開三郎, 『支那中世の軍閥』(『日野開三郎 東洋史學論集』 1, 三一書房, 1980), 98쪽; 王仲犖, 『隋唐五代史』 上, 上海人民出版社, 1988, 184쪽; 傅樂成 저, 신승하 역, 『중국통사』 하, 우종사, 1981, 496쪽 등. 두황상의 견해는 앞의 각주 2 참조.

5 日野開三郎, 『支那中世の軍閥』, 98쪽. 또 김문경, 「唐代 高句麗遺民의 藩鎭」, 『唐代의 社會와 宗敎』, 숭전대학교출판부, 1984에서도 "이 뒤로는 德宗의 고식적인 政策으로 말미암아 사태는 變亂 이전보다 더욱 악화되고, 그의 治世 末年에 가서는 世襲藩鎭의 수도 河北三鎭, 平盧淄靑, 淮西 밖에도 滄景(橫海), 易定(義武)을 합하여 모두 7개 번진으로 늘어났다"(41쪽)라고 한다.

다"⁶라고도 한다.⁷

이와는 달리 '할거 번진' 이외의 다른 번진들에 대해서는 덕종이 여러 가지 억제 정책을 추진하여 나름의 성과를 거두었다는 견해도 제시되어 있다. 예컨대 찰스 피터슨은 "[헌종이 번진을 개혁하여 중흥을 이룰 수 있었던] 기반은 그의 선임자들에 의해, 특히 덕종(재위 779~805)에 의해 훌륭하게 마련되었다. 이 불행한 군주 덕종은 번진에 대한 그의 강경정책에 반발하여 일어난 781~786년의 대규모 번진 반란으로 인하여 황제위를 거의 잃을 뻔하였으며, 어떤 점에서 그는 패배의 상처를 복구하는 데 나머지 재위 기간을 모두 보냈다. 어떠한 환경하에서도 또 다른 반란의 위험을 무릅쓰려 하지는 않았지만, 그럼에도 불구하고 덕종은 제국의 주요 지역에 대한 정부의 지배를 강화하였다. [금군인] 신책군神策軍의 규모를 늘리고 감군사監軍使 제도를 설립함으로써 중앙의 권위를 재천명할 수 있는 수단을 강구하였다. 또한 …… 진봉進奉을 장려함으로써 중앙 재정을 현저히 회복시켰다. 간단하게 말해서 덕종은 재위 기간 중 제국을 그가 황제위에 올랐을 때보다 훨씬 강력하게 만들었다"⁸라고 한다.

---

6 堀敏一,「唐末諸反亂の性格 -中國における貴族政治の沒落について」,『唐末五代變革期の政治と經濟』, 汲古書院, 2002, 291쪽.
7 한편, 愛宕元,「唐代後期の政治」, 松丸道雄 等 編,『中國史』2, 山川出版社, 1996에서는 "할거 번진의 反중앙적 태도는 반란 이전과 전혀 바뀌지 않았다"(457쪽)라고 한다.
8 찰스 피터슨,「중흥의 완성: 憲宗과 藩鎭」, 아서 라이트·데니스 트위체트 엮음, 위진수당사학회 역,『唐代史의 조명』, 아르케, 1999, 203쪽. 또 데니스 트위체트가 쓴 이 책의 서론에서는 "더욱이 781년에는 동북지역에서 반란이 일어났고 그 파장은 향후 5년 동안 제국을 마비시켜 당조는 안녹산의 난 당시보다 더 큰 존립의 위기에 처했다. 당조는 반란군의 내분에 크게 힘입는 한편, 또한 안녹산의 난 때처럼 남부지역이 중앙에 충성을 했기 때문에 살아남게 되었다. 덕종의 적극적인 정책은 결국 실패했지만 그럼에도 불구하고 그의 치세에는 통치 전반에 걸쳐 대대적인 개선이 이루어졌다. 외교적인 면에서 보자면 …… 국내적으로 덕종은 비록 더 이상 절도사를 제어하려는 노력을 하지 않았지만, 정상적인 관료제에 의한 지배력이 꾸준히 회복되었다. …… 치세 말

또 리우위펑劉玉峰은 두황상의 견해를 자세히 검토하여 먼저 (1) 경사涇師의 난 이후에도 덕종이 고식에 힘쓴 것이 아니라고 하며 그 근거로 ① 덕종이 정원 원년(785) 가을에 이르러 이희열의 칭제稱帝에 효율적으로 대응한 점 ② 정원 원년에 일어난 섬괵도병마사陝虢都兵馬使 달해포휘구達奚抱暉鳩의 반란을 잘 평정한 점 ③ 당조에 귀순한 회서의 진선기陳仙奇를 살해한 오소성吳少誠의 음모에 적극적으로 대응한 점 ④ 오소성이 반역을 일삼자 토벌군을 동원한 점 등을 들었다. (2) 경사의 난 이후 조정의 의지로 번수를 임명한 적이 없다는 것을 비판하며 그 근거로 ① 정원 원년 덕종이 이부시랑 최종崔縱을 동기당여등도관찰사·하남윤東畿唐汝鄧都觀察使·河南尹에 임명하고 ② 정원 2년(786) 7월 농우행영절도사隴右行營節度使 곡환曲環을 진허절도사陳許節度使에 임명하고 ③ 같은 해 9월 동도유수東都留守 가탐賈耽을 의성절도사義成節度使에 임명하고 ④ 양襄·등鄧이 회서를 억제하는 요충이므로 종실인 형남절도사荊南節度使 조왕曹王 이고李皋를 산남동도절도사山南東道節度使에 임명하며 양·등·하夏·영郢·안安·수隨·당唐 7주를 관할시킨 점 등을 들었다. 그리고 이러한 점들을 바탕으로 경사의 난 이후 덕종이 이룬 성과를 들었는데, 즉 ① 유주幽州의 체주棣州와 치청淄靑의 덕주德州를 분리시켜 횡해橫海 번진을 두어 하북번진을 견제하였고 ② 정원 연간에 신책군을 크게 확충하였고 ③ 번진의 속주屬州 자사 임면권을 중앙으로 회수하였고 ④ 환관의 번진 감군을 제도화하였다는 것 등이다. 요컨대 덕종은 제어할 수 있는 번진들과 제어할 수 없는 번진들을

년에 국가 재정은 750년대 이래 처음으로 안정된 상태에 놓였다. 게다가 덕종은 점진적으로 새로운 궁성 호위군을 조직했는데, 이것은 중앙정부에 어떠한 지방군보다도 우월한 강력한 힘을 제공하였다"(24쪽)라고 한다.

구별하여 여러 가지 정책을 시행함으로써 일정한 성과를 거두었다는 것이다.⁹

이영철도 경사의 난이 종결된 이후 정원 연간에 덕종이 절도사들을 파견·임명한 점과 번진의 막직관幕職官을 통해 번진에 영향력을 행사한 점 등을 들어 이 시기에 당조가 지방에 어느 정도 권위를 확립한 것으로 보았다.¹⁰

이납은 하북3진과 함께 4왕의 난을 일으켜 당조를 굴복시킨 후 당조와의 공존을 지향한 듯이 보인다. 하지만 실제의 행동을 보면 간단히 단정하기 어려운 점들이 있다. 이 장에서는 4왕의 난 이후 이납이 취한 태도에 대한 검토를 통해 그 시기 번진체제에 내재된 구조적 성격을 파악해 보려고 한다. 서술 과정에서는 사건의 전후 관계를 파악하기 위해 날짜를 함께 적는 경우가 있음을 미리 밝혀둔다.

1. 이희열李希烈의 칭제稱帝와 이납의 동태

덕종 건중 2년(781) 정월 성덕절도사 이보신이 사망하자 그 후계를 둘러싸고 당 조정과 번진들 간의 갈등이 고조되다가 마침내 정면으로 충돌하였다. 처음에 반역에 나선 것은 위박(전열)·성덕(이유악)·평로(이정기)·산남동도(양숭의)의 네 번진이지만,¹¹ 얼마 지나지 않아

---

9 劉玉峰,「評唐德宗"姑息"藩鎭說」,『學術月刊』1993-7, 71~75쪽; 劉玉峰,『唐德宗評傳』, 齊魯書社, 2002, 55~65쪽.
10 이영철,「唐 德宗의 藩鎭政策」,『중국사연구』60, 2009, 39~65쪽.
11 『구당서』권124, 이납전, "建中初, [李]正己·田悅·梁崇義·張惟岳皆反. 二年, 正己卒, ……"(3536쪽) 등. 堀敏一,「唐末諸反亂の性格」, 286쪽; 정병준,「唐 德宗代 四王二帝의 亂과 그 限界」,『동양사학연구』137, 2016, 4~5쪽 참조.

노룡(주도)과 회서(이희열) 등이 차례로 가담하면서 반란이 확대되었다.

이것이 이른바 '4왕의 난'으로 불리는 사건인데, '4왕'이란 건중 3년(782) 11월 함께 왕을 칭한 ① 노룡의 주도 ② 위박의 전열 ③ 성덕의 왕무준[12](이상 하북) ④ 평로의 이납[13](하남)을 가리킨다. 산남동도의 양승의는 4왕이 칭왕하기 전인 건중 2년 8월 덕종의 명에 따라 출병한 이희열에게 멸망하였지만, 네 번진이 칭왕한 다음 달인 건중 3년 12월 회서의 이희열이 4왕에 호응하여 천하도원수·태위·건흥왕을 칭하면서 반란은 정점을 향해 치달았다. 『신당서』 권225 중, 이희열전에 의하면 "[건중 3년(782) 12월] 이희열 역시 스스로 건흥왕·천하도원수를 칭하였다. 오적五賊이 작당하여 천하의 반을 점거하였다"(6438쪽)라고 한다. 아울러 이들을 '오도五盜'[14]라고 칭한 것도 보이는 만큼 당시의 내란은 '5왕의 난'으로 불러도 좋다고 생각된다.[15]

그런 중인 건중 4년(783) 10월 서쪽 변경에 설치된 경원군涇原軍이 동쪽으로 출전하다가 장안에서 반란을 일으켜 전前 노룡절도사 주체朱泚를 옹립하니 주체가 대진황제大秦皇帝를 칭하였다.[16] 덕종은

---

12 王武俊은 건중 3년 윤정월 李惟岳을 죽이고 성덕을 다스렸다. 吳廷燮 撰, 『唐方鎭年表』 1, 成德, 中華書局, 579~580쪽 참조.
13 李納이 李正己를 계승한 것은 건중 2년(781) 7월이다.
14 『구당서』 권134, 馬燧傳, "[건중 3년]十一月, 三盜於魏縣軍中遞相推獎王號, 朱滔稱冀王, 田悅稱魏王, 王武俊稱趙王, 又遣使於李納, 納稱齊王. 四道共推淮西李希烈爲天下兵馬元帥·太尉·建興王, 皆僞署官號, 如國初行臺之制, 而名目頗有妖僻者, 然未敢僞稱年號. 而五盜合從圖傾社稷, 兩河鼎沸, 寇盜橫行. 燧等雖志在勤王, 竟莫能驅攘患難"(3695쪽).
15 정병준, 「唐 德宗代 淮西節度使 李希烈의 稱帝와 그 性格」, 『중국사연구』 126, 2020, 80~81쪽.
16 『구당서』 권12, 덕종본기상, 건중 4년 10월 조, 337쪽; 『자치통감』 권228, 건중 4년 10

절체절명의 위기에 빠진 상황에서 이듬해인 흥원 원년(784) 정월 '죄기조罪己詔'[17]를 내려 이희열과 4왕을 사면하였다. 그러자 같은 달 전열·왕무준·이납 3인은 즉시 왕호를 철회하고 표表를 올려 사죄하였는데, 이는 4왕 등이 거의 당조를 전복시킬 수 있는 상황에 이르렀음에도 그들 상호 간의 의심 내지는 견제라는 내부적 한계에 따른 것이다.[18] 하지만 이희열은 오히려 대초황제大楚皇帝를 칭함으로써 당조와의 결전을 선포하고[19] 주도도 반역을 이어갔다.[20]

이납은 왕호를 철회한 후 어떤 태도를 보였을까. 『구당서』 권124, 이납전에 의하면

> 흥원 [원년 정월 덕종이] 죄기조를 내리자 이납이 이에 효순效順하였다(3536쪽).

라고 한다. 여기서 '효순'이란 순종의 의미로 같은 사실이 ① 『신당서』 이납전에서는 '귀명歸命'이라고 하고[21] ② 『신당서』 이정기전에서는 '순명順命'이라고 하고[22] ③ 『구당서』 이정기전과 『책부원구』

월 조, 7360쪽.
17 『册府元龜』 권89, 帝王部, 赦宥8, 흥원 원년 정월 조, "李希烈·田悅·王武俊·李納 等有以忠勞任膺將相, 有以勳舊繼守藩維. 朕撫馭乖方, 誠信未著, 致使疑懼, …… 其希烈·武俊·田悅·李納幷所管將吏等, 一切並與洗滌, 復其爵位, 待之如初. 仍即遣使分道宣諭. 朱滔雖緣朱泚連坐, 路遠必不同謀. 朕念其舊勳, ……"(中華書局, 1059쪽) 등.
18 정병준, 「唐 德宗代 四王二帝의 亂과 그 限界」, 31~35쪽.
19 정병준, 「唐 德宗代 淮西節度使 李希烈의 稱帝와 그 性格」, 86~87쪽.
20 이것이 이른바 '二帝의 난'이지만, 주도는 같은 해 5월 왕무준에게 대패하고 같은 해 8월 덕종에게 표를 올려 사죄하였다.
21 『신당서』 권213, 이납전, "興元初, 帝下詔罪己, 納復歸命"(5991쪽).
22 『신당서』 권213, 이정기전, 5990쪽.

권439, 장수부將帥部, 이정기 조에서는 '귀순歸順'이라고 한다.[23] 모두 당조와의 대결이 아닌 공존을 지향한 것이라 할 수 있다. 덕종은 같은 달(정월) 신묘일(19일)에 왕무준을 항·기·심·조절도사恒·冀·深·趙節度使에 임명하고, 병신일(24일) 전열에게 검교좌복야檢校左僕射를 더해주고, 조주자사曹州刺史였던 이납을 운주자사·평로절도사에 임명해 주었다.[24] 이납이 비로소 절도사에 임명된 것이다. 같은 달(정월) 덕종은 이희열에 대한 전열을 정비하기 위해 하남도통河南都統의 직책을 영평절도사永平節度使 이면李勉에서 선무절도사宣武節度使 유흡劉洽으로 바꾸었다.[25]

여기서 주목되는 것은 이희열이 송주宋州[26]의 속현인 영릉寧陵을 공격할 때 복주자사濮州刺史 유창劉昌이 당군의 일원으로 활약한다는 점이다. 즉 『자치통감』 권230, 흥원 원년 2월 조를 보면

> 이희열이 병사 5만을 거느리고 [송주의] 영릉을 포위하여 물을 끌어 흘려보냈으나 복주자사 유창이 3천을 이끌고 그곳을 지켰다. ……(7400~7401쪽)

---

23 『구당서』 권124, 이정기전, 3535쪽; 『책부원구』 권436, 將帥部, 繼襲, 李正己 조, 5179쪽.
24 『자치통감』 권229, 흥원 원년 정월 조, 7398쪽.
25 『당회요』 권78, 諸使中, 都統, 건중 원년 12월 조, "以汴州節度使李勉充河南·汴州·宋·滑·亳·河陽等道都統使"(上海古籍出版社, 1685쪽); 『신당서』 권7, 덕종본기, 흥원 원년 정월 조, "戊戌(27일), 劉洽爲汴·滑·宋·亳都統副使"(190쪽); 『자치통감』 권229, 흥원 원년 정월 조, "戊戌, 加劉洽汴·滑·宋·亳都統副使, 知都統事, 李勉悉以其衆授之"(7399쪽); 『신당서』 권7, 덕종본기, 흥원 원년 3월 조, "丁酉(26일), 劉洽權知汴·滑·宋·亳都統兵馬使事"(191쪽); 『구당서』 권12, 덕종본기상, 흥원 원년 3월 조, "丁丑(6일), 宣武節度使劉洽加同平章事"(341쪽). 정병준, 「唐 德宗代 淮西節度使 李希烈의 稱帝와 그 性格」, 74쪽, 85쪽, 92쪽 등 참조.
26 宋州의 치소는 宋城縣에 있었다. 즉 『구당서』 권38, 지리지1, 河南道, 宋州 조, "宋城[縣], 郭下"(1440쪽)라고 한다.

라고 한다. 당시 송주는 선무절도사 유흡의 치소가 있던 곳이고 영릉은 대운하의 요지에 해당하였다. 이희열이 전 해(783) 12월 변주汴州를 함락시킨 직후부터 여세를 몰아 이곳을 공격하자 강회江淮 지역이 크게 두려워하였고 회남절도사淮南節度使 진소유陳少遊는 이희열에게 굴종의 자세를 보이며 이납에게도 결탁을 시도하였다.[27] 하지만 이희열은 칭제한 다음 달인 흥원 원년(784) 2월에 이르기까지 몇 달 동안 영릉을 함락시키지 못하다가 그달에 5만을 이끌고 공격하자 복주자사 유창이 3천을 이끌고 이를 지원한 것이다.

당시 복주는 이납이 다스리는 평로의 속주이다.[28] 따라서 복주자사 유창은 이납이 파견한 장수일 수 있다. 그러나 황러우黃樓는 유창을 유흡의 심복 장수로 보았는데, 이는 『구당서』 권145, 유현좌전劉玄佐傳에 "이희열이 영릉을 포위하였으나, 유흡[劉洽](즉 유현좌)[29]의 대장大將 유창이 굳게 지켜 함락되지 않았다"(3932쪽)라고 하는 기사에 의거한 것이다. 다만 『책부원구』 권385, 장수부將帥部, 포이襃異 11, 유창 조에 "덕종 시기에 복주자사를 섭攝하였다. 이희열이 변주를 함락시키자 유창이 3천 인을 거느리고 영릉을 지켰다"[30]라는 기사도 보이는 만큼 유창이 실제로 복주자사였는지는 여전히 의문이 남는다. 이에 『신당서』 권170, 유창전을 보면

---

27 『구당서』 권145, 이희열전, 3944쪽; 『자치통감』 권229, 건중 4년 12월 조, 7388쪽.
28 이 책 [부록 논문 2], 491~494쪽.
29 『신당서』 권7, 덕종본기, 정원 원년(785) 4월 조, "汴帥劉洽賜名玄佐"(348쪽); 『자치통감』 권231, 정원 원년 5월 조, "劉洽更名玄佐"(7452쪽).
30 『책부원구』 권385, 將帥部, 襃異11, 劉昌 조, "德宗時攝濮州刺史. 李希烈旣陷汴州, 昌以三千人守寧陵, 躬勵士卒, 大破希烈, 擒其將翟曜. 希烈退保蔡州, 自此不復侵軼. 詔加簡較工部尙書, 增實封通前二百戶. 貞元中爲涇原節度等使"(4580쪽).

유현좌(즉 유흡)가 선무절도사로 있을 때 유창을 좌상병마사左
廂兵馬使로 발탁하였다. 이납이 반反했을 때 편사偏師로 고성
考城(즉 조주曹州의 속현)을 함락시키니 행영제군마보도우후行
營諸軍馬步都虞候에 충임되었다. 유현좌가 복주를 공격하면서
유창을 섭자사攝刺史로 삼았다. …… 유창이 3천을 거느리 [31]
고 영릉을 지켰다. …… [이희열이] 다시 진주陳州를 공격하니
유창은 유현좌를 따라 절서浙西 병사 3만을 이끌고 구원하였
다. …… 이희열이 채주蔡州로 달아났다.[32]

라고 한다. 즉 유창이 영릉을 지킬 때 유흡의 장수로 여전히 복주자
사를 섭하였을 가능성이 있는 것이다. '섭'이란 조정으로부터 정식으
로 임명된 것이 아니라 절도사 등이 편의로 임명한 형식을 말한다.[33]
그리고 당시 복주는 이전과 같이 이납이 관할한 것으로 보이기 때문
에[34] 섭복주자사는 형식상의 직함에 지나지 않는다. 하지만 이것이
사실이라면 이납에 대한 당조의 태도를 엿보게 하는 것으로 주목된
다. 즉 이납이 이미 왕호를 철회한 상황임에도 불구하고 당 조정은
여전히 이납에 대한 경계의 끈을 늦추지 않고 있음을 알게 한다.

---

31 이 책 제2부 제1장, 180~183쪽 참조.
32 『신당서』 권170, 劉昌傳, "玄佐攻濮州, 以昌攝刺史. 李希烈取汴, 玄佐別將高翼提
精卒守襄邑, 城陷, 翼赴水死, 江淮大震. 昌以兵三千守寧陵, …… 乃解圍去. 更攻
陳州, 昌從玄佐以浙西兵三萬救之, ……希烈奔還蔡州"(5174쪽).
33 정병준, 「唐代 藩鎭의 州縣官 任用」, 『동양사학연구』 54, 1996, 14~16쪽 참조.
34 郁賢皓, 『唐刺史考全編』 2, 濮州(濮陽郡) 조, 安徽大學出版社, 2000, 982~983쪽
등. 단 『구당서』 권145, 유현좌전, "又收濮州, 降其將楊令暉, 分兵挾之, 徇濮陽, 降
其將高彦昭"(3931쪽); 『자치통감』 권227, 건중 3년 2월 조, "宣武節度使劉洽攻李納
於濮州, 克其外城, 納於城上涕泣求自新, 李勉又遣人說之"(7321쪽)와 같은 기사에
보이듯이 앞서 유흡이 복주를 공격하여 일정 지역을 점령하였던 것으로 보인다.

같은 달(흥원 원년 2월) 주체를 토벌하던 삭방절도사朔方節度使 이회광李懷光이 반역의 행동을 보이자 덕종이 놀라 봉천奉天에서 양주梁州를 향해 피신하였다.[35] 3월 임신일(1일) 위박의 전열이 위박병마사 전서田緒에게 살해되었는데, 전서는 주도의 맹약 제의를 거절하고 덕종에게 표를 올려 공순한 태도를 취하였다. 4월 경술일(10일) 덕종은 전서를 위박절도사에 임명하였다.[36]

5월 계유일(3일) 서·해·기·밀관찰사徐·海·沂·密觀察使 고승종高承宗[37]이 죽자 덕종이 그 아들 고명응高明應을 그 후임에 임명하였다.[38] 이때 서주는 당의 통제 하에 있었지만, 해주·기주·밀주는 이납이 관할하던 지역이다. 말하자면 서·해·기·밀관찰사는 사실상 명목상의 관직임에도 불구하고 줄곧 존속한 것인데, 앞의 섭복주자사의 경우와 마찬가지로 당조가 이납에 대한 경계심을 풀지 않고 있었음을 나타낸다. 다만 『신당서』 방진표方鎭表2, 서해기밀, 흥원 원년 조에 의하면 이 번진은 같은 해에 폐지되었다고 하고,[39] 또 『구당서』 권12, 덕종본기상, 흥원 원년 5월 조에서는 "서기해단련사 고승종이 졸하자 그 아들 고명응을 지서주사知徐州事로 삼았다"(342쪽)고 한다. 이로 보면 고명응은 서주만을 다스렸을 가능성이 크다고 보이

---

35 정병준, 「唐 德宗代 四王二帝의 亂과 그 限界」, 36~37쪽. 이회광의 반역이 드러난 것은 劉昌이 寧陵을 지켜낸 이후의 일이다. 즉 『자치통감』 권230, 흥원 원년 2월 조, 7401~7403쪽, 7409~7410쪽 등 참조.
36 『자치통감』 권230, 흥원 원년 3월 임신일 조, 7413쪽 및 同, 4월 경술일 조, 7422쪽. 한편 『구당서』 권12, 덕종본기상, 흥원 원년 4월 조, "魏博行軍司馬田緒殺其帥田悅, 詔贈悅太尉, 以緒爲魏州長史·魏博節度觀察使"(342쪽)라고 하는데, 관명은 이쪽이 더 정확할 것이다.
37 이 책 제2부 제1장, 184쪽 등.
38 『자치통감』 권231, 흥원 원년 5월 조, "徐·海·沂·密觀察使 高承宗, 甲戌, 使其子明應知軍事"(7431쪽).
39 『신당서』 권65, 方鎭表2, 徐海沂密, 흥원 원년 조, 1810쪽.

지만,⁴⁰ 그렇다고 해도 그때까지 당조가 이납에 대한 경계를 유지한 것만은 분명하며 이후에도 상황이 크게 바뀐 것으로 보이지는 않는다.⁴¹

그렇다면 당 조정은 왜 이납에 대한 경계를 풀지 못하고 있었던 것일까. 『구당서』 권142, 왕무준전을 보면

> ① 당시 주체는 주도를 거짓 책명하여 황태제로 삼았고, 주도는 유幽·단檀의 경졸勁卒을 거느리고 회흘迴紇 2천 기병을 꾀어 들여 이미 패주貝州를 수십 일 동안 포위하였으며 나아가 장차 백마진白馬津을 차단하고 남쪽으로 낙도洛都를 도둑질[盜]하여 주체와 합세하려고 하였다. ② 그때 이회광은 반反하여 하중河中을 점거하였고 ③ 이희열은 이미 대량大梁을 함락시키고 남쪽으로 강江·한漢을 핍박하였으며 ④ 이납은 여전히 제齊(즉 평로)에서 반하였고 ⑤ 전서는 아직 임명[用]되지 않았으며 ⑥ 이성李晟은 고립된 군대로 위渭 옆에 보루를 쌓아 주둔하고[壁] 있으니 천자의 위급한 격서[羽書]가 통제할 수 있는 곳은 천하에 겨우 10의 2~3에 지나지 않아서 해내海內가 부서져 흩어지고 인심이 의지할 곳을 잃었다. [흥원 원년 5월] 가림이 또 왕무준에게 유세하여 이포진과 군대를 합쳐

---

40 이 책 [부록 논문 2], 495~496쪽; 정병준, 「唐 德宗代 四王二帝의 亂과 그 限界」, 39쪽에서는 고명응이 고승종의 관명을 그대로 이어받은 것으로 보았는데, 이는 잘못으로 여겨진다.

41 『자치통감』 권233, 정원 4년 11월 조, "李泌言於上曰, '江·淮漕運以甬橋爲咽喉, 地屬徐州, 鄰於李納, 刺史高明應年少不習事, 若李納一旦復有異圖, 竊據徐州, 是失江·淮也, 國用何從而致! ……"(7516~7517쪽) 등. 이에 따라 덕종은 徐泗濠 번진을 설치하고 張建封을 절도사에 임명하였다. 즉 정병준, 「武寧節度使 王智興과 小將 張保皐」, 『중국고중세사연구』 17, 2007, 273~274쪽 참조.

함께 위박을 구하게 하며 왕무준을 위해 득실을 진술하여 말하길 ⋯⋯(3875쪽).

라고 한다. 여기서 ① 주체가 주도를 황태제로 삼은 것은 전 해인 건중 4년(783) 10월이고,[42] 주도가 패주를 공격한 것은 3왕이 왕호를 철회한 흥원 원년 정월부터이며[43] ② 이회광이 하중을 점거한 것은 흥원 원년 3월이고[44] ③ 이희열이 대량(즉 변주汴州)을 함락시킨 것은 전해(783) 12월이고(前述) ⑤ 전서가 전열을 죽인 것은 흥원 원년 3월 1일이며 절도사에 임명된 것은 같은 해 4월 10일이고(前述) ⑥ 이성이 경성을 수복하는 것은 흥원 원년 5월 28일[45]이다.

이로 보면 3왕이 왕호를 철회한 이후에도 "이납은 여전히 제齊에서 반하였다"는 것인데, 전서가 절도사에 임명되지 않은 점으로 보면 그 시기는 일단 흥원 원년(784) 3월 1일에서 4월 12일 사이라고 할 수 있다. 하지만 그 전인 같은 해 2월 유창이 복주자사를 섭하고

---

[42] 『자치통감』 권228, 건중 4년 10월 조, 7360쪽.
[43] 『자치통감』 권229, 흥원 원년 정월 "朱滔引兵北圍貝州, 引水環之, 刺史邢曹俊嬰城拒守, 縱范陽及回紇兵大掠諸縣, 又拔武城, 通德·棣二州, 使給軍食, [호삼성 주: 建中二年, 朱滔據有德·棣] 遣馬寔將步騎五千屯冠氏以逼魏州"(7396쪽).
[44] 『구당서』 권12, 덕종본기상, 흥원 원년 3월 조, "甲申(13일), 以秘書監崔漢衡爲上都留守, 右散騎常侍于頎爲京兆尹. 是日, 懷光燒營, 走歸河中"(341쪽);『신당서』 권7, 덕종본기, 흥원 원년 3월 조, "李懷光奪鄜坊·京畿·金商節度使李建徽, 神策軍兵馬使陽惠元兵, 惠元死之. 癸酉(2일), 魏博兵馬使田緒殺其節度使田悅, 自稱留後"(190~191쪽);『자치통감』 권230, 흥원 원년 2월 조, "李懷光夜遣人奪李建徽·楊惠元軍"(7409쪽); 同 3월 조, "(이회광)至河中, 或勸河中守將呂鳴岳焚橋拒之, 鳴岳以兵少恐不能支, 遂納之. 河中尹李齊運棄城走"(7417쪽).
[45] 『구당서』 권12, 덕종본기상, 흥원 원년 5월 조, "戊辰(戌?), 列陣於光泰門外, ⋯⋯ 晟收復京城"(343쪽);『자치통감』 권231, 흥원 원년 5월 조, "戊戌(28일), [李]晟陳兵於光泰門外, ⋯⋯ 賊衆大潰, 諸軍分道並入. ⋯⋯ 至白華門, ⋯⋯ 晟屯含元殿前, 舍於右金吾仗, [호삼성 주: 含元殿, 唐東內之前殿也. 左金吾仗, 在殿之東, 右金吾仗, 在殿之西]"(7435~7436쪽).

있고 또 같은 해 5월에 고명응이 지서주사에 임명된 것으로 볼 때 이납은 왕호를 철회한 이후 줄곧 그러한 태도를 보인 것으로 판단된다. 이는 뒤에 다시 확인될 것이다. 당시에 "천자의 위급한 격서가 통제할 수 있는 곳은 천하에 겨우 10의 2~3에 지나지 않았다"라고 하는 것은 주체와 이희열이 황제를 칭한 터에 주체를 토벌하던 이회광까지 반란을 일으킨 데 따른 것이지만, 그때 이납의 '반'은 구체적으로 어떠한 것일까.

2. 덕종과 이납의 관계

이납의 반역적 태도에도 불구하고 그동안 덕종은 이납을 회유하기 위해 지속적인 노력을 기울였다. 흥원 원년(784) 정월 계유일(1일) 덕종이 죄기조를 내려 이납 등에게

> 일체를 모두 씻어주고 각각의 작위를 회복시켜 이전처럼 대우한다.[46]

라고 하였다. 그때까지 이납은 절도사에 임명되지 못한 채 부친인 이정기가 평로를 다스리던 시기에 대종으로부터 받은 관직에 머물고 있었다. 즉 대력 12년(777) 2월에서 얼마 지나지 않은 시점에 이

---

[46] 『陸贄集』 권1, 「奉天改元大赦制」, "其李希烈·田悅·王武俊·李納及所管將士·官吏等, 一切並與洗滌, 各復官爵, 待之如初. 仍卽遣使, 分道宣諭"(中華書局, 7쪽); 『자치통감』 권229, 흥원 원년 정월 계유일 조, "…… 宜幷所管將吏等, 一切待之如初"(7391~7392쪽); 『신당서』 권7, 덕종본기, 흥원 원년 계유일 조, "復李希烈·田悅·王武俊·李納官爵"(190쪽).

정기의 주청으로 행군사마·겸조주자사·조복서연기해유후·어사대부行軍司馬·兼曹州刺史·曹濮徐克沂海留後·御史大夫에 제수된 것이 마지막 관직이었다.[47] 따라서 이납에게 작위를 회복시켰다는 것은 바로 이 관직을 회복시켜 준 것을 의미할 것이다.[48] 이튿날인 갑술일 (2일) 덕종은 이납·왕무준·전열 등에게 철권鐵券을 내렸는데, 이는 전 날의 조서를 보증하기 위한 것이라 하겠다.[49]

같은 해(784) 정월 24일 덕종이 이납에게 운주자사·평로절도사를 제수한 것은 앞 장에서 언급하였지만, 같은 사실이 『구당서』 권124, 이납전에 의하면

> 이납이 효순하니 조서를 내려 검교공부상서·평로절도사·치청등주관찰사檢校工部尙書·平盧節度使·淄靑等州觀察使를 더하였다(3536쪽).

라고 하여 검교공부상서도 함께 제수되었다고 한다. 그때 운주는 평로절도사의 치소가 있는 주(즉 회부會府)[50]이므로 그 자사는 당연직으

---

47 이 책 제2부 제1장, 170쪽.
48 앞 장에서 흥원 원년 정월에 조주자사 이납이 정식으로 절도사에 임명되었다고 한 것도 참고가 된다.
49 『陸贄集』 권10, 制誥, 「賜李納·王武俊等鐵券文」, "維興元元年, 歲次甲子, 正月癸酉朔, 二日甲戌, 皇帝咨爾某官某. 嗚呼! 王者所以撫人. …… 朕是用上順天意, 俯從人心, 滌爾疵瑕, 復爾爵位, 坦然靡阻, 君臣如初. 功載鼎彝, 名藏王府, 子孫代代, 爲國勳臣, 河山帶礪, 傳祚無絶"(291~292쪽);『당대조령집』 권64, 鐵券, 「賜李納·王武俊·田悅等鐵券文」, "維興元元年, 歲次甲子, 正月癸酉朔, 二日甲戌, 皇帝若曰, 咨爾李納. 嗚呼! …… 吏部尙書·同中書門下平章事蕭復宣"(商務印書館, 353~354쪽).
50 『자치통감』 권259, 昭宗 景福 원년(892) 7월 조의 호삼성 주, "巡屬諸州, 以節度使府爲大府, 亦謂之會府"(8431쪽).

로 겸임한[51] 것이다.

2월 이희열은 병사 5만을 보내 동쪽을 공격하였지만, 송주의 속현인 영릉에서 하남도통[52] 겸 선무(송박영宋亳潁)절도사인 유흡에게 저지되었다.[53] 이로써 이희열이 강회를 차지하려던 야망은 좌절되었지만, 그의 반란은 이후에도 계속되었다. 그런 중인 4월 병인일(26일) 이납은 동중서문하평장사同中書門下平章事에 임명되었다.[54] 이는 절도사로서 재상을 겸한 이른바 '사상使相'[55]이 된 것을 의미한다. 이정기 역시 사상이 되었지만,[56] 부자父子가 나란히 최고의 지위에 오르는 영예를 누리게 된 것이다. 이에 대해 『구당서』 권124, 이납전에서는

얼마 지나지 않아 [784년 4월 26일] 검교우복야·동중서문하 평장사檢校右僕射·同中書門下平章事가 되었다(3536쪽).

라고 하므로 동시에 검교상서우복야도 함께 제수되었음을 알 수 있다. 이러한 것 또한 이납에게 은혜를 베풀어 이희열·주체 등의 반란

---

51 日野開三郞, 『支那中世の軍閥』,(『日野開三郞 東洋史學論集』 1, 三一書房, 1980), 49쪽.
52 당시 河南都統은 永平·宣武·河陽을 도통하였다.
53 정병준, 「唐 德宗代 淮西節度使 李希烈의 稱帝와 그 性格」, 87~88쪽. 이희열의 영릉 공격 상황에 관해서는 앞 장 참조.
54 『구당서』 권12, 덕종본기상, 흥원 원년 4월 조, "丙寅, 加李納平章事"(342쪽); 『자치통감』 권230, 흥원 원년 4월 조, "丙寅, 加平盧節度使李納同平章事"(7426쪽); 『陸贄集』 권7, 制誥, 「李納檢校右僕射平章事制」, 228~229쪽.
55 『자치통감』 권247, 武宗 會昌 4년 4월 조의 호삼성 주, "唐中世以後, 節度使·同平章事者則謂之使相"(8000쪽); 同 권255, 僖宗 中和 3년 7월 조의 호삼성 주, "唐末, 凡節度使帶平章事及檢校三省長官·三公·三師者, 皆謂之使相"(8298쪽). 사상에 대한 덕종의 인식을 보면 『자치통감』 권233, 정원 4년 2월 조, "上曰, '…… 凡相者, 必委以政事. …… 以以官至平章事爲相, 則王武俊之徒皆相也'. [호삼성 주: 唐之使相, 時主未嘗不知名器之濫也]"(7512쪽)라고 한다.
56 이 책 제1부 제2장, 105쪽.

에 가담하는 것을 방지하기 위한 것으로 볼 수 있다.

한편 『신당서』 권213, 이납전을 보면 그간의 과정을 일괄하여 다음과 같이 서술하고 있다.

> 흥원 초에 황제가 죄기조를 내리자 이납이 다시 귀명하였는데, [정월] 검교공부상서를 제수하며 평로 수절帥節을 회복[復]시키고 철권을 하사하였다. [4월] 또 동중서문하평장사에 임명하고 농서군왕隴西郡王에 봉하였다(5991쪽).

여기서 농서군왕에 봉해진 시점은 명확하지 않지만, 대략 동평장사에 임명되면서 동시에 봉해졌다고 보아도 좋을 것이다. 『당육전』에 보이는 개원 시기의 규정에 의하면 군왕은 9등급의 작제爵制에서 두 번째에 해당하는 종1품의 작호로 식읍은 5천호였다.[57] 앞서 이정기는 대종 영태 원년(765) 7월 절도사가 된 후 요양군왕饒陽郡王에 봉해졌다.[58]

5월 경인일(20일)에는 덕종이 이정기를 태위로 추증하였는데, 이에 대해서는 몇 가지 검토가 필요하다. 먼저 『구당서』 권12, 덕종본기 상, 흥원 원년 5월 조를 보면 "경인일 이납이 장장을 올려 명을 받들자[稟命] 이정기를 태위로 추증하였다"(342쪽)라고 하여 같은 달에 이납이 명을 받들었기(즉 효순) 때문에 덕종이 이정기를 태위로 추증한

---

57 『唐六典』 권2, 尙書吏部, 司封郎中·員外郎 조, "[封爵]凡有九等, 一曰王, 正一品, 食邑一萬戶. 二曰郡王, 從一品, 食邑五千戶. 三曰國公, 從一品, 食邑三千戶. 四曰郡公, 正二品, 食邑二千戶. ……"(中華書局, 37쪽).
58 『구당서』 권124, 이정기전, "朝廷因授平盧淄青節度觀察使·海運押新羅渤海兩蕃使·檢校工部尙書·兼御史大夫·青州刺史, 賜今名. 尋加檢校尙書右僕射, 封饒陽郡王. 大曆十一年十月, 檢校司空·同中書門下平章事. 十三年, 請入屬籍, 從之"(3535쪽); 『신당서』 권213, 이정기전, "歷檢校司空, 加同中書門下平章事, 以司徒兼太子太保, 封饒陽郡王, 請附屬籍, 許之"(5990쪽).

것으로 적혀 있다. 마찬가지로 『신당서』 권213, 이정기전에서도 "흥원 초에 이납이 순명하니 조서를 내려 [이정기를] 태위로 추증하였다"(5990쪽)라고 한다. 이를 그대로 받아들이면 이납이 왕호를 철회한 것은 같은 해 5월이 될 수 있다. 다만 『구당서』 권124, 이정기전에 의하면

> 이납이 군대에 의지하다가[阻兵] 흥원 원년 4월 귀순하자 바야흐로 이정기를 태위로 추증하였다(3535쪽).

라고 하여 이납이 귀순하고 태위가 수여된 시점이 모두 같은 해 4월인 것으로 적혀 있다. 그리고 『책부원구』 권436, 장수부將帥部, 계습繼襲, 이정기 조를 보면

> [이납이] 흥원 원년 4월 귀순하자 조서를 내려 간교簡較(검교?)공부상서 · 충평로치청절도등사工部尙書 · 充平盧淄靑節度等使를 더해주었다(5179쪽).

라고 하여 이납이 4월에 귀순하자 그에 따라 비로소 검교공부상서 · 평로절도사를 제수한 것으로 적혀 있다. 말하자면 이납이 귀순한 시점 자체가 4월이라고 하는 것이다. 리샤오제李效杰은 이 『책부원구』의 기사와 『구당서』 권124, 이정기전을 바탕으로 이납이 왕호를 철회한 시점을 흥원 원년 4월로 파악하면서 이는 전열 · 왕무준보다 늦고 주도보다는 빠른 것이라고 한다.[59]

---

[59] 李效杰, 「唐德宗初期의四鎭稱王及"署置百官初探"」, 河北師範大學 碩士學位論

하지만 앞의 『책부원구』 기사는 『자치통감』 권22, 흥원 정월 조에 덕종이 이납을 운주자사·평로절도사에 임명하였다고 한 것과 차이가 있다. 사마광은 『책부원구』의 해당 기사를 보았을 것임에도 불구하고 이납이 운주자사·평로절도사에 임명된 시점을 흥원 정월 조에 서술한 것은 다른 기록에 의거한 것이 분명하다.[60] 더구나 이납이 같은 해 4월에 검교우복야·동중서문하평장사에 임명되었다는 점을 상기하면 『책부원구』의 해당 기사(4월)는 모순이 느껴진다. 즉 해당 『책부원구』 기사에는 날짜 간지가 없기 때문에 명확한 시점을 알 수는 없지만, 모두 같은 4월이라고 하는 경우에 있어서 ① 만약 검교우복야·동중서문하평장사가 검교공부상서에 앞서 임명되었다면 신분이 낮아지기 때문에 분명한 오류가 있고 ② 검교공부상서에 임명된 후 검교우복야·동중서문하평장사에 임명되었다면 그 승진 시기가 너무 빠르다는 생각이 드는 것이다.

『신당서』 권7, 덕종본기와 『자치통감』 권229~231, 흥원 원년 조에는 이정기가 태위로 추증되었다는 기사가 보이지 않는다. 그 대신에 『자치통감』 권229, 같은 해 정월 조에

왕무준·전열·이납이 사령赦令을 보고 모두 왕호를 거두고 표를 올려 사죄하였다(7393쪽).

라고 하여 3인이 사서를 보고 바로 왕호를 철회하였다는 기사가 보인다.[61] 아마도 『자치통감』 흥원 정월 조에서는 덕종이 이납을 운주

文, 2003, 9~10쪽.
60 해당 기록에 날짜 간지가 적힌 것도 이를 뒷받침한다.
61 『신당서』 권7, 덕종본기에는 이정기가 태위로 추증되었다는 기사도 없지만, 이납 등이

자사·평로절도사에 임명하였다고 한 기사와 이 기사를 선후로 연계하여 서술하였을 것이다. 이에 여기서는 『자치통감』의 견해에 따라 이납 등이 흥원 원년 정월에 왕호를 철회한 것으로 보겠다. 어쨌든 이정기가 태위로 추증된 직후인 같은 달(5월) 28일 이성이 경성을 수복하면서 내전은 새로운 국면을 맞게 되었다.

같은 해 8월 이납은 육해운·압신라발해양번등사陸海運·押新羅渤海兩蕃等使에 임명되었다. 즉 『구당서』 권12, 덕종본기상, 흥원 원년 8월 조에 의하면

> 치청절도사는 이전과 같이 육해운·압신라발해양번등사를 대직[帶]하게 하고 마땅히 이납에게 겸하게 하였다(342쪽).

라고 한다. 이 관직은 앞서 이정기가 겸임하였는데,[62] 이때에 이르러 이납에게도 수여된 것이다. 이는 새로운 상황에 따른 것이라기보다는 부친의 관직을 그대로 계승시키는 의미로 이해된다.[63]

같은 해(784) 윤10월 이희열이 진주陳州를 포위하였는데,[64] 이납이 군대를 보내 당군을 지원하였다. 즉 『책부원구』 권385, 장수부, 포이襃異11, 이납 조를 보면

왕호를 철회하였다는 기사도 없다.
62 정병준, 「押新羅渤海兩蕃使와 張保皐의 對唐交易」, 『중국고중세사연구』 21, 2009, 358쪽.
63 앞서 이정기 시기에 押新羅渤海兩蕃使를 설치한 배경에 관해서는 정병준, 「8세기 동북아 정세의 변화와 당조의 대응체제 −평로절도사 겸임의 '압번사' 계통 관직들」, 이기동·연민수 외, 『8세기 동아시아의 역사상』, 동북아역사재단, 2011, 242~251쪽 참조.
64 『자치통감』 권231, 흥원 원년 윤10월 조, "李希烈遣其將翟崇暉悉衆圍陳州, 久之, 不克. …… 宋亳節度使劉洽遣馬步都虞候候劉昌與隴右·幽州行營節度使曲環等將兵三萬救陳州"(7446~7447쪽).

이희열이 진주를 포위하자 이납이 군대를 보내 여러 절도사들 [諸軍]과 함께 힘써 공격하여 대파하니 포위를 풀었다. 검교簡較(검교?)사공司空이 더해지고 500호에 봉해졌다(4574쪽).

라고 하고, 『구당서』 권124, 이납전에도 거의 같은 기사가 보인다.[65] 또한 『책부원구』 권434, 헌첩獻捷1, 유흡 조에 의하면 "유흡은 송박절도가 되었다. 흥원 원년 11월 유흡과 곡환曲環이 치청의 장수 이흠요李欽瑤와 함께 이희열 군대를 진주성 아래에서 대파하여 역중逆衆 3만 5천 인을 살획殺獲하고 그 대장 적숭휘翟崇揮를 사로잡아 바쳤다"(5161쪽)[66]라고 하여 이납 등이 이희열 군대를 격파한 시점을 같은 해 11월로 명시하고 있다. 이희열은 진주에서 대패한 여파로 변주를 버리고 채주로 달아나게 된다.[67]

앞의 『책부원구』 권385, 장수부, 포이11, 이납 조에서는 이납에게 검교사공이 더해지고 500호에 봉해진 정확한 시점이 보이지 않지만, 『구당서』 권12, 덕종본기상, 정원 원년(785) 3월 조를 보면 "검교사공을 더하고 500호에 봉했다"(348쪽)라고 하여 정원 원년 3월로 명시하고 있다. 그리고 『신당서』 권213, 이납전에서는 이납이 진주陳州로 지원군을 보내 이희열의 군대를 격파하였다는 기사에 뒤이어 "검교사공·실봉500호를 더해주었다"(5991쪽)고 하여 앞의 500호는 실봉이라고 한다. 당시 이납은 농서군왕으로 이미 식봉5천호에 봉

---

65 『구당서』 권124, 이납전, "無幾, 檢校右僕射·同中書門下平章事. 時希烈圍陳州, 納遣兵與諸軍奮擊, 大破之, 因解圍. 加檢校司空, 封五百戶"(3536쪽).
66 『책부원구』 권414, 將帥部 75, 赴援, 李納 조, "建中四年, 李希烈攻圍陳州, 納遣大將軍李克信·李欽遙將兵救之, 與諸軍奮擊大破之, 因解陳州之圍, 加簡較(檢校?)司空·實封五百戶"(4930쪽).
67 정병준, 「唐 德宗代 淮西節度使 李希烈의 稱帝와 그 性格」, 91쪽.

해졌을 것이므로[68] 500호는 작호가 아니라 실제로 수여받은 실봉 혹은 식실봉食實封이 분명하다. 당시의 실봉 500호는 다른 실봉의 사례를 참조할 때[69] 매우 각별한 대우로 보이는데, 이는 덕종이 이희열에 대한 이납의 군사 동원을 그만큼 특별하게 평가해 준 때문일 것이다.

덕종 정원 원년(785) 8월 이회광이 하중河中에서 궁지에 몰려 자살하였다.[70] 그러자 덕종이 육지陸贄에게 다음 현안에 대해 묻자 육지가 답하길

> 이희열은 반드시 그 관하 사람과 새로 당조에 귀부한 자들 (즉 이납·왕무준·전서 등)을 유인하여 …… 라고 할 것입니다. …… 하삭河朔과 청제靑齊는 진실로 호응할 것입니다. …… 도적을 멸망시킨 위엄을 몰아 은혜를 베풀어야 합니다. 신이 생각하건대 반드시 따르지 않을 자는 이희열 한 사람뿐입니다. …… 폐하께서는 다만 제진諸鎭에 칙령을 내려 각각 봉강封疆을 지키게 하면 저들은 이미 기세가 꺾이고 계책이 궁해져 감옥에 갇힌 형국이 될 것입니다.

라고 하여[71] 지금도 이납·왕무준·전서 등이 이희열에 동참할 가능

---

68 물론 식읍은 반드시 『당육전』에 규정된 대로 봉해진 것은 아니었다. 仁井田陞 저, 서용석·채지혜 역, 「唐代의 封爵과 食封制」, 『역사와교육』 10, 2010, 326~328쪽을 보면 그 사례들이 나열되어 있다.
69 仁井田陞, 「唐代의 封爵과 食封制」에서는 당대 실봉의 사례를 약 40개 들고 있다. 이납의 실봉500호도 그 안에 포함시킬 수 있다.
70 『자치통감』 권231, 정원 원년 6월 조, 7453쪽; 『신당서』 권231, 정원 원년 8월 조, "李懷光伏誅"(193쪽).
71 『자치통감』 권231, 정원 원년 8월 조, 7463~7465쪽과 『陸贄集』 권16(下冊), 奏章6,

성이 있기 때문에 이희열을 철저하게 고립시킬 필요가 있다고 하였다. 여기서 주목되는 것은 세 사람 등이 호응할 가능성이 큼에도 불구하고 은혜를 베풀면 결국 이희열만 남게 될 것이라고 한 점이다. 즉 이납 등이 지닌 이중적 성격을 지적하며 당 조정이 어떻게 대처하느냐가 중요하다고 한 것이다.

이에 같은 달(정원 원년 8월) 덕종이 조서를 내려 "회서와 연접한 제도諸道는 마땅히 각각 봉강을 지키며 상대가 공격하지 않으면 나아가 토벌하지 말라"고 하는 것 등의 조치를 내렸다.[72] 이후 이희열은 고립무원에 빠진 상황에서 계속 위축되었고 다음 해인 정원 2년(786) 4월 부하인 진선기에 의해 독살되었다.[73] 육지의 예견이 그대로 들어맞았던 것인데, 이로써 약 6년에 걸친 사왕이제의 난이 종결되었다.

덕종은 죄기조를 반포한 이래 이납의 관직을 계속 높이는 것 등으로 은혜를 베풀어 왔다. 즉 육지의 의견에 따라 이희열을 고립시키는 전략을 펼치기 이전부터 덕종은 이납에게 계속 은혜를 베풀었는데, 이 또한 이납 등이 여러 반란에 동참할 가능성을 막기 위한 것이라 할 수 있다. 동시에 비슷한 이유로 다른 할거 번진들에게도 여러 가지 은혜를 베푼 것은 두말할 나위도 없다.[74] 하지만 그러한 덕종의 은혜에도 불구하고 『구당서』 왕무준전에 보이듯이 "이납은 여전

「收河中後請罷兵狀」, 529-532쪽을 간략하게 재정리한 것이다.
72 『자치통감』 권231, 정원 원년 8월 조, 7465~7466쪽.
73 정병준, 「唐 德宗代 淮西節度使 李希烈의 稱帝와 그 性格」, 95~96쪽.
74 예컨대 『구당서』 권141, 田緒田, "緒遣兵助王武俊·李抱真, 大破朱滔于經城, 以功授檢校工部尚書. 貞元元年, (3월)以嘉誠公主出降緒, 加駙馬都尉. 尋遷檢校左僕射, 封常山郡王·食邑三千戶. 改封雁門郡王·食實封五百戶. 尋(정원12년 정월)加同平章事"(3846쪽); 『자치통감』 권230, 흥원 원년 2월 조, "加王武俊同平章事兼幽州·盧龍節度使. [호삼성 주: 欲使之討朱滔也]"(7406쪽) 등이 보인다. 嘉誠公主와 관련해서는 정병준, 「唐 德宗代 淮西節度使 李希烈의 稱帝와 그 性格」, 93쪽 참조.

히 제齊(즉 평로)에서 반하였던" 것이지만, 끝내 이전과 같은 노골적인 반란을 일으키지는 못하였다.[75] 말하자면 이납은 반역과 타협의 중간에서 줄타기를 한 것으로 보이는데, 육지는 이러한 것을 충분히 간파하고 그에 맞춘 시책을 제시하였던 것이다. 4왕의 속성에 대한 이희열과 육지의 판단은 상당 부분 일치했지만, 최종적으로 육지의 인식이 더 정확했던 것이라 하겠다. 즉 이희열은 이납 등을 끌어들이는데 실패한 반면 당조는 지속적인 시혜와 적절한 대응을 통해 이납 등을 묶어둘 수 있었던 것이다.[76]

정원 2년(786) 4월 이희열이 평정되자 같은 달 덕종은 유현좌(즉 유흡)·가탐·이납·전서 등의 공적을 평가하여 자손 1인에게 정원관正員官을 수여하였다.[77] 이는 이희열 평정에 대한 직접적 보상의 하나지만, 이납 등에게 계속하여 은혜를 베푼다는 의미도 있을 것이다. 이납에 대한 은혜는 이후에도 계속되는데, 이에 관해서는 다음 절에서 살펴보자.

---

[75] 그 이유는 번진들 간의 의심 혹은 견제라는 내부적 제약이 계속 작용한 때문으로 보인다.
[76] 당 조정은 반역 번진들 상호 간에 존재하는 모순관계를 주시하면서 상황에 맞는 정책을 취했을 것으로 보인다. 번진 간의 내부적 한계에 관해서는 1절 앞부분에서 왕무준·이납 3인은 왕호를 철회하고 表를 올려 사죄한 것을 서술한 부분의 각주 참조.
[77] 『책부원구』 권131, 제왕부, 延賞2, 정원 2년 4월 조, "都統簡較(檢校?)司空·平章事劉玄佐宜與子孫一人五品正員官, …… 簡較司空平章事李抱真·簡較(檢校?)司空平章事李納·簡較(檢校?)右僕射平章事韓滉·工部尚書田緖等各遣將士五千人, 赴河南行營, 同討不庭厥有成績. 抱真·納·滉各與子孫一人六品正員官, 緖與子孫一人八品正員官"(1576쪽); 『陸贄集』 권5, 「平淮西後宴賞諸軍將士放歸本道詔」, 139~140쪽; 『당대조령집』 권65, 「襃賞淮西立功將士詔」, 361쪽.

3. 주변 번진과 이납

이희열이 패망한 해인 정원 2년(786) 8월 의성절도사 이징李澄이 죽자 아들 이극녕李克寧은 번진을 계승하기 위해 발상하지 않고 비밀에 부쳤다. 이어 9월 이극녕이 발상하면서 군사적 움직임을 보이자 유현좌가 그 경계 지역에 군사를 배치하여 견제하였다. 이에 덕종이 동도유수東都留守 가탐을 의성절도사에 임명하니 이극녕은 창고의 재물을 취해 밤에 떠났다.[78]

그때 평로의 병사 수천 인이 행영行營으로부터 귀환하면서 의성절도사의 치소가 있는 활주滑州를 지나게 되었다. 『자치통감』 권232, 정원 2년 9월 조에 의하면

> 정유일 동도유수 가탐을 의성절도사義成節度使로 삼았다. …… 치청 병사 수천이 행영에서 귀환하면서 활주를 지나갔는데, [가탐의] 장좌將佐들이 모두 "이납은 비록 겉으로 조정의 명[朝命]을 받들고 있으나 속으로는 겸병의 뜻을 품고 있으니 그 병사를 성 밖에서 묵게 하길 청한다"고 하였다. 하지만 가탐은 "그 사람들과 영역[道]이 인접한데, 어찌 그 장사將士를 들판에 자게 하겠는가"라고 하고 성 안에 묵게 하였다. 가탐은 때때로 100기騎를 이끌고 이납의 경내에서 사냥을 하였는데, 이납이 이를 듣고 크게 기뻐하고 그 도량에 탄복하여 감히 범하지 못하였다(7472쪽).

---

78 『자치통감』 권232, 정원 2년 8월 및 9월 조, 7470~7472쪽.

라고 한다. 여기서 가탐의 장좌들이 "이납은 비록 밖으로 조정의 명을 받들고 있으나 속으로는 겸병의 뜻을 품고 있다"고 한 것이 흥미롭다. 같은 사실이 『구당서』 권138, 가탐전에서는

> 정원 2년 검교우복야·겸활주자사·의성군절도사가 되었다. 그때 치청절도사 이납은 비록 거짓 왕호를 버리고 겉으로 조지朝旨를 받들었으나 마음으로는 항상 병탄의 음모를 꾸미고 있다. 이납의 병사 수천 인이 행영으로부터 귀환하면서 활주를 경유하였다. ……. [79]

라고 한다. 즉 대반란이 종식되어 정국이 상당히 안정을 회복한 상황에서도 이납은 항상 겸병의 뜻을 품고 있다는 것이다. 앞 장에서 언급한 대로 이납의 불온한 태도는 왕호를 철회한 이후 지속적으로 드러났지만, 『구당서』 가탐전에 보이는 '항상'이라는 표현은 바로 그러한 상황을 말하는 것으로 볼 수 있다.

다만 이전에는 이납이 "제齊에서 반하였다"라고 한 것에 비해 정원 2년 무렵에는 "겸병의 뜻을 품고" 혹은 "병탄의 음모를 꾸미고" 있다고 하는 차이가 있다. 하지만 전자의 "반하였다"는 것은 반드시 당조를 부정하는 형태의 '반'이라기보다는 반역적 태도를 가리키는 것일 수 있다. 즉 앞의 이납이 반하였다는 것 역시 '겸병' 혹은 '병탄'의 음모를 가리킬 수 있다는 것이다. 이에 관해서는 잠시 후 다시 언

---

[79] 『구당서』 권138, 賈耽傳, "貞元二年, 改檢校右僕射·兼滑州刺史·義成軍節度使. 是時淄靑節度使李納雖去僞王號, 外奉朝旨, 而心常蓄倂吞之謀. 納兵士數千人自行營歸, 路由滑州, 大將請城外館之, 耽曰, '與人鄰道, 奈何野處其兵?' 命館之城內, 淄靑將士皆心服之. 耽善射好獵, 每出畋不過百騎, 往往獵於李納之境. 納聞之, 大喜, 心畏其度量, 不敢異圖"(3783쪽).

급하겠다.

여기서 법제적 개념을 확인해 두면 '반反'은 "천자에게 위해를 가하는 것[危社稷]", 반叛은 "국가를 배신하고 외국 또는 거짓 정권 측에 붙는 것[背國從僞]"을 의미한다. 다만, 사서史書에서는 양자가 엄밀하게 구별되어 사용되지는 않는다.[80] 즉 이납의 '반反' 역시 어쩌면 '반叛'의 의미를 지닌 것일 수 있는데, 중요한 것은 그 상황에 따른 의미이다.

앞의 『자치통감』 정원 2년 9월 조와 『구당서』 가탐전에 의하면 이납이 활주를 경유한 이유는 행영에서 평로로 귀환하기 위한 것이라고 한다. 이에 대한 호삼성의 주를 보면

> 이정기 이래로 치청의 병사는 일찍이 조발調發하여 행영으로 달려간 적이 없다. 이는 필시 이납이 병사를 보내 스스로 그 경계[境]를 지키면서 또한 행영이라고 칭한 것일 뿐이다(7472쪽).

라고 한다. 즉 이납의 병사는 행영으로 갔던 것이 아니라 자신의 경계를 지키며 행영이라고 칭했을 뿐이라는 것이다. 그런데 이 견해에는 동의하기 어렵다. 무엇보다도 활주는 평로의 경계를 벗어난 지역인데, 병사들이 여기를 통과하였기 때문이다.

관련 사료를 검토해 보면, 먼저 이희열이 평정된 정원 2년 4월에 덕종이 그 공로를 포상하여 유현좌·가탐·이납·전서 등의 자손 1인에게 정원관을 수여하였다고 하였는데(앞의 3절 끝부분), 해당 조서인 「포상회서입공장사조褒賞淮西立功將士詔」를 살펴보면

---

80 정병준, 「『구당서』·『신당서』 등에 보이는 '反' 용례 비교 검토 −신라사의 반란 용례와도 관련하여」, 『중국고중세사연구』 46, 2017, 311~314쪽, 322쪽, 338쪽 참조.

검교사공·평장사 이포진李抱真, 검교사공·평장사 이납, 검교
우복야·평장사 한황韓滉, 공부상서 전서 등은 각각 장사將士
5,000인을 하남행영으로 파견하여 함께 부정不庭을 토벌하여
성적을 올렸다(『당대조령집唐大詔令集』 권65, 361쪽).

라고 하여 이납 등이 장사 5천인을 하남행영으로 파견하여 함께 공
적을 세웠기 때문에 포상한다고 명기하고 있다. 그리고 『구당서』 권
145, 유현좌전을 보면

이희열이 변주를 버리자 유흡이 군대를 이끌고 변주를 점령하
였다. 조서를 내려 변송절도를 더해 주었다. 얼마 지나지 않
아 본관本管 및 진주제군행영도통陳州諸軍行營都統에 제수하
고 [정원 원년(785) 5월] 현좌란 이름을 하사하였다(3932쪽).

라고 하여 이희열이 진주陳州를 공격할 때 유흡이 진주제군행영도통
에 임명되었다고 한다. 즉 이납 등이 진주로 보낸 행군을 총괄한 것
은 유흡이었던 것이다. 이렇게 보면 이납이 진주로 행군을 파견한
것과 그 숫자가 5천 인이라는 것은 분명해 보인다.
  그간 이납은 줄곧 반역적 태도를 보여 왔음에도 불구하고 진주로
행군을 보낸 이유는 무엇일까. 여기서 상기되는 것이 앞에서 언급한
"겸병의 뜻" 혹은 "병탄의 음모"이다. 그 전까지 반역을 일으킨 번진
을 다른 번진이 공격하여 어느 지역을 점령하면 그대로 자신의 영역
으로 삼는 일이 다반사였다.[81] 이납도 "항상 병탄의 음모를 꾸미는"

---

81 이 책 제1부 제2장, 97쪽 및 [부록 논문 2], 484~493쪽; 정병준, 「安史의 亂과 遼西

가운데 이희열의 영토에 대해서도 병탄의 기회를 엿본 것이 아닌가 하는 생각이 든다. 그렇다면 이납이 "제에서 반하였다"라고 할 때의 반도 이러한 주변에 대한 병탄의 의도를 나타내는 것이 아닐까 한다.

하지만 리우위펑劉玉峰도 지적하듯이 정원 원년(785) 8월에 이르러 덕종이 육지의 견해에 따라 이희열에 대해 효율적으로 대응하였기 때문에 이납은 병탄의 기회를 얻지 못한 것으로 보인다. 당시 조정의 전략은 상당히 성공적이었다고 할 수 있다.

그러한 상황 속에서 가탐은 행영에서 귀환하는 평로 병사 5천을 활주성 안에 묵게 하였고 또 "때때로 100기를 이끌고 이납의 경내에서 사냥을 하였다"고 한다. 이에 대해 이납은 그 도량에 탄복하여 감히 범하지 못하였다고 하는데, 가탐의 이러한 태도는 경계를 늦추어 이납을 자극하지 않으면서도 대범함을 보여 함부로 행동하지 못하게 하려는 것으로 보인다. 이 역시 양면적인 것이라 하겠지만, 당시 조정의 의중을 반영한 행동으로 보여진다.

이납의 병사가 진주陳州 전투에 참여한 것은 홍원 원년(784) 11월이고 그들이 귀환하면서 활주를 지난 것은 정원 2년(786) 9월이다. 즉 진주 전투가 있은 때로부터 2년 가까운 시간이 흘렀는데, 그 사이에 그들이 어떤 활동을 하였는지가 궁금하다. 진주 전투로부터 이희열이 패망하는 정원 2년 4월 때까지 1년 5개월 동안에도 당군과 이희열 군대는 적지 않은 공방을 주고받았다.[82] 이때 이납의 5천 병사도 그 일대에 있었을 가능성이 있지만, 자세한 것은 알 수가 없다.

平盧軍의 南下 −李忠臣의 活動을 중심으로」, 『중국사연구』 87, 2013, 174~176쪽 등.
82 정병준, 「唐 德宗代 淮西節度使 李希烈의 稱帝와 그 性格」, 91쪽, 93~96쪽 참조.

덕종과 마찬가지로 이납 역시 불필요하게 조정을 자극하려 하지는 않은 듯하다. 즉 정원 3년(787) 8월 평로절도사 이납이 모구毛龜를 조정에 바치자 덕종이 조서를 내려 백관에게 보였다고 한다.[83] 모구는 상서의 징조를 나타내는 동물인데, 이것이 평로에 출현하였다고 헌상하는 것은 조정에 대해 우호적 신호를 보낸 것이라 할 수 있다. 그리고 덕종 역시 이를 백관에게 보임으로써 이납과의 관계가 원만하다는 점을 드러내는 효과가 있었을 것이다.

정원 4년(788) 정월 덕종은 운주鄆州를 승격시켜 대도독부大都督府로 삼고[84] 이납을 장사長史[85]에 제수하였다.[86] 흥원 원년 3월 덕종이 전서를 위박절도사에 임명하면서 동시에 위주장사에 임명한 형식과 같은 것으로[87] 이 역시 이납에 대한 대우를 나타낸다.

그런 중인 정원 6년(790) 2월 왕무준 관하의 체주를 지키는 장수인 조호趙鎬가 주를 들어 이납에게 귀순하자 왕무준이 노하여 병사를 동원하여 이를 공격하였다.[88] 그 배경에 관해서는 『자치통감』 권233, 정원 6년 2월 조에 다음과 같이 서술되어 있다. 즉

> 이전에 [흥원 원년 5월] 주도朱滔가 패주貝州에서 [왕무준에게] 패하자 그 체주자사棣州刺史 조호가 주를 들어 왕무준에

---

83 『책부원구』 권25, 帝王部, 符瑞4, 정원 3년 8월 조, 269쪽; 『구당서』 권37, 五行志, "貞元三年, 李納獻毛龜"(1372쪽).
84 『구당서』 권13, 덕종본기하, 정원 4년 정월 조, 364쪽.
85 이납이 長史에 제수되었음은 다음 사료를 통해서도 할 수 있다. 즉 『구당서』 권13, 덕종본기하, 정원 8년 8월 조, "以青州刺史李師古爲鄆州大都督府長史·平盧淄青等州節度觀察·海運陸運·押新羅渤海兩蕃等使"(375쪽).
86 『구당서』 권124, 이납전, "貞元初, 升鄆州爲大都督府, 改授長史"(3536쪽).
87 1절에서 전서가 위박절도사에 임명되었다고 한 부분의 각주 참조.
88 『구당서』 권13, 덕종본기하, 정원 6년 2월 조, "丁酉, 王武俊守棣州將趙鎬以郡歸李納, 武俊怒, 以兵攻之"(369쪽).

게 항복하였다. [하지만 조호는] 왕무준에게 죄를 짓게 되었고 [왕무준이] 불렀으나 이르지 않았다. 전서가 잔인하였으므로 그 형인 [전田]조朝는 이납을 섬겨 제주자사齊州刺史가 되었다. 혹자가 말하길 이납이 전조를 위魏에 보내려 한다고 하자 전서가 두려워하였으므로 판관判官 손광좌孫光佐 등이 전서를 위해 모의하여 이납에게 뇌물을 후하게 주고 또 이납에게 유세하여 조호를 불러들여 체주를 취하라고 하여 기쁘게 하였다. 그러면서 [이납에게] 전조를 경사로 보내도록 청하자 이납이 이에 따랐다. 정유일(30일) 조호가 체주를 들어 이납에게 투항하였다(7520~7521쪽).

라고 하고, 동同 3월 조에는 "왕무준이 그 아들 사진士眞을 보내 공격하게 하였으나 이기지 못하였다"(7521쪽)라고 한다. 그리고 5월에 왕무준이 기주冀州에 주둔하며 장차 조호를 공격하려고 하니 조호가 그 수하[屬]를 거느리고 이납의 운주로 달아났고 이납은 병사를 나누어 체주를 점거하였다. 그러자 위박의 전서가 손광좌를 운주의 이납에게 보내 조서를 사칭하여 체주를 이납에게 예속시킨다고 하였다. 이에 왕무준이 노하여 아들 왕사청王士淸을 보내 위박의 패주貝州를 공격하여 경성經城 등 4현을 점령하였다.[89] 위박 전서의 모략으로 조호가 체주를 들어 이납에게 항복하면서 강번强藩들 간에 불안이 조성되어 자칫 대규모 전쟁으로 비화될 조짐까지 보인 것이다.

이에 같은 해 11월 덕종이 누차 이납에게 조서를 내려 체주를 왕무준에게 돌려주라고 하였다. 하지만 이납은 백방百方으로 미루며

---

89 『자치통감』 권233, 정원 6년 5월 조, 7521쪽.

관하의 해주海州를 이와 바꾸길 조정에 청하였는데, 덕종이 허락하지 않았다. 그러자 이납은 덕종이 왕무준에게 조서를 내려 먼저 패주의 4현을 전서에게 돌려주게 하도록 청하니 덕종이 이에 따랐다. 12월 이납은 체주를 왕무준에게 돌려주었다.[90] 그리고 『구당서』권132, 덕종본기하, 정원 6년 11월 조를 보면

> 청주青州의 이납이 왕무준에게 체주와 그 병사 3천을 함께 돌려주었다(370쪽).

라고 한다. 병사 3천까지 함께 돌려주었다는 것이 흥미롭지만, 11월에 행해졌다는 점에 차이가 있다. 다만 이에 대해서는 『자치통감』에 의거하여 12월로 보는 것일 좋을 듯하다.

하지만 이납은 체주 관하에 위치한 염지鹽池만은 돌려주지 않았다. 즉 『신당서』권213, 이사고전에 의하면

> 이전부터 체주에 합타蛤垜 염지가 있었는데, 매년 산출되는 소금이 수십만 곡斛이었다. [이납 때] 이장경李長卿이 주를 들이 주도에 투항하였으나, 합타만은 이납이 점거하고 이익을 독점하였다. 후에 덕주와 체주는 왕무준에게 편입되었지만, 이납이 덕주 남쪽에다 황하에 걸쳐 보루를 쌓아 합타를 지키며 이를 삼차三汊(성城)라고 불렀고, 또 [이를 통해] 위박의 전서와 통교하면서 덕주를 도략盜掠하였기 때문에 왕무준이 근심하였다(5991쪽).

---

90 『자치통감』 권233, 정원 6년 11월 및 12월 조, 7522쪽.

라고 하여 이납이 막대한 소금을 생산하는 합타 지역의 염지를 계속 점거하여 큰 이익을 거두었다고 한다. 이납이 체주 반환을 미루며 이를 해주와 바꾸려고 한 이유도 바로 이러한 상황과 관련이 있을 것이다. 이로 인해 그들 간에 불화의 소지가 잔존하여 당조 역시 우려하였지만, 이납 시기에는 더 이상의 분쟁으로 비화되지 않았다.[91]

이납과 왕무준 등은 한때 '4왕의 난'을 일으켜 함께 당조를 굴복시킨 적도 있다. 그러나 체주의 영유를 둘러싼 분쟁을 통해 알 수 있듯이 이납 등은 각자의 이익을 위해 끊임없이 기회를 엿보았고, 필요한 경우 언제든 군사력을 동원하기까지 하였다. 이납과 당 조정의 관계가 양면적이듯이 이납과 주변 번진들의 관계도 양면적이었던 것이다. 이러한 양면성이야말로 당시의 번진체제에 내재된 모순관계를 나타내는 것이지만, 그로 인해 번진체제가 오히려 안정된 면도 있었다고 생각된다. 즉 이납 등 강번들 상호간 및 이들 번진과 당 조정 간에 일정한 균형이 유지되면서 안정이 이루어졌다는 것이다. 이러한 안정성은 차후의 황제에 의해 이루어질 번진개혁을 위한 밑거름이 되었을 것으로도 여겨진다. 즉 덕종이 신책군을 확충하고 재정을 안정시키는 시책 등을 추진할 여유를 마련해 주었다는 것이다.

그렇다고 해도 해당 시기는 번진 권력의 전성기였다는 점을 부정할 수는 없다. 해당 시기에 이납 등은 덕종으로부터 최고의 예우를 누리면서도 한편으로 자신들의 세력 확장을 위해 끊임없이 기회를 엿보았지만, 덕종은 수세적 입장에서 이에 대응할 수밖에 없었던 것이다. 이 점으로 보면 두황상이 말한 '고식'도 전혀 근거가 없는 것은 아니다. 실제로 그가 주장한 것도 궁극적으로 평로 등 할거 번진

---

[91] 이 책 [부록 논문 2], 496~499쪽.

에 대한 고식정책의 전환이기 때문이다.[92] 번진사의 관점에서 이납 등의 할거는 당대 번진체제의 기본 골격이 잡히는 데 중요한 작용을 한 것으로 보인다.[93] 하지만 그런 중에도 당 조정은 번진들의 내부적 속성과 한계를 파악하고 그에 맞춘 정책을 시행함으로써 나름의 성과를 거두었던 것이라 할 수 있다.

이납은 정원 8년(792) 5월 34세의 나이로 죽었다.[94] 그러자 덕종은 3일 동안 조회를 열지 않고 부의를 보내며 태부太傅로 추증하였다.[95] 이납의 뒤를 이어 아들 이사고가 그 지위를 계승하는데, 그는 과연 어떤 태도를 보이게 될까.

소결

이납 등이 왕호를 철회한 이후에도 덕종은 이납에 대한 경계를 늦추지 않았는데, 이는 이납이 계속하여 반역적 태도를 보였기 때문이다. 즉 기록에 의하면 "이납이 여전히 제齊에서 반反하였다"고 한다. 그 정확한 시점은 이희열의 난 등이 지속되던 흥원 원년(784) 3월 1일에서 4월 12일 사이지만, 왕호를 철회한 이후 줄곧 그러한 태도를 보인 것으로 판단된다. 다만 이때 이납의 '반'은 이전과 같이 조정에

---

[92] 앞의 각주 2에 보이는 "上深以爲然, 於是始用兵討蜀, 以至威行兩河, 皆黃裳啓之也"를 참조.
[93] 정병준,「安史의 亂과 遼西 平盧軍의 南下」, 148쪽 참조. 당대 번진체제의 기본 골격이란 당 조정이 번진을 필요로 하는 구조를 말한다.
[94] 『구당서』권13, 덕종본기하, 정원 8년(792) 5월 조, "平盧淄靑節度使·檢校司徒·平章事李納卒"(374쪽);『자치통감』권234, 정원 8년 5월 조, 7532쪽.
[95] 『구당서』권124, 이납전, 3536쪽;『신당서』권213, 이납전, 5991쪽 등.

대해 직접 반란을 일으키는 형태가 아니었다.

그런 가운데 덕종은 이납에게 지속적으로 관작을 높여주는 등의 은혜를 베풀었다. 이납은 그 은혜를 모두 누리면서도 한편으로는 반역의 태도를 거두지 않는 이중적 모습을 보인 것이다. 그즈음 조정의 육지는 이납 등이 이희열의 반란에 동참할 가능성을 배제하지 않았다. 하지만 이납은 끝내 그러한 반란에 가담하지 않았는데, 이는 강번들 간의 의심 혹은 견제라는 내재적 한계를 인지한 때문이다. 당시 이납의 행동은 반란과 타협의 중간에서 줄타기를 한 듯이 보인다. 하지만 이납은 종국에 이르러 당군에 참가하여 이희열을 멸망시키는 데 일조하였는데, 그 이유는 당조를 위해서라기보다 이희열의 영토를 노린 때문으로 보인다. 하지만 조정은 적절한 대응으로 그 의도를 저지하였다.

이희열의 반란이 종식된 후에도 이납은 주변 번진에 대한 겸병의 뜻을 버리지 않았다. 이전에 네 번진이 연대하여 칭왕한 것을 함께 고려하면 번진들의 관계는 이납과 조정의 관계와 마찬가지로 양면성이 있었던 것이다. 이는 당시의 번진체제에 내재된 모순관계를 나타내지만, 그로 인해 번진체제가 오히려 안정된 면도 있었다. 즉 다층적 양면성으로 인해 번진들 상호간 및 중앙과 번진 간에 균형관계가 형성되어 구조적 안정성이 이루어졌다는 것이다. 이는 뒤에 헌종의 번진개혁을 위한 밑거름이 되었다고도 생각된다. 즉 덕종이 신책군을 확충하고 재정을 안정시키는 것 등을 추진할 여유가 주어졌다는 것이다. 한편으로, 그러한 구조가 한동안 지속되면서 당대 번진체제의 기본 골격이 굳어지는 결과도 낳았다고 보인다.

제3부

평로절도사 이사고의 할거와 내외 정세

제1장

평로절도사 이사고와 주변 번진의 관계

'4왕의 난' 이후 정원貞元 연간(785~805)에 덕종德宗이 번진에 대해 더 이상 강경책을 펼치지 못한 반면 번진들은 전성시대를 구가하였다.[1] 다만 이 시기에도 덕종은 기존의 할거 번진을 자극하지 않으면서 다른 번진들에 대해서는 여러 가지 억제정책을 추진하여 나름의 성과를 거두었다.[2]

---

1 '전성시대'라는 것은 관점에 따라 그 내용이 다를 수 있다. 지금 말하는 전성시대란 특히 할거 번진들이 어느 시대보다도 조정의 간섭을 받지 않고 스스로 번수를 계승하면서 자신들의 이익을 추구하였던 상황을 말한다.
2 劉玉峰,「涇師之變后的藩鎭政策」,『唐德宗評傳』, 齊魯書社, 2002(원래는 同,「評唐德宗"姑息"藩鎭說」,『學術月刊』1993-7), 61~65쪽; 이영철,「唐 德宗의 藩鎭政策」,『중국사연구』60, 2009, 39~65쪽 등. 또 그러한 이분법에 따른 정책 차이에 관해서는 찰스 피터슨,「중흥의 완성: 憲宗과 藩鎭」, 아서 라이트·데니스 트위체트 엮음, 위진수당사학회 역,『唐代史의 조명』, 아르케, 1999, 204~206쪽; 孟彦弘, "姑息"與"用兵" —朝廷藩鎭政策的確立及其實施」,『唐史論叢』12, 2010, 115쪽 등 참조. 또 해당 시기 할

제2부 제2장에서 이사고李師古의 부친인 평로절도사 이납의 정치적 태도를 중심으로 당시 번진체제를 형성한 구조적 성격에 대해 살펴보았다. 즉 이납은 하북삼진과 함께 4왕의 난을 일으켜 덕종을 굴복시킨 후 조정과의 직접적 대결을 그만두었다. 하지만 그는 덕종이 회유를 위해 내린 은택을 모두 누리면서도 한편으로 여전히 반역적 태도를 거두지 않았다. 덕종 역시 이납 등에게 지속적으로 은택을 내리면서도 경계의 태세를 풀지 않았다. 양자 모두 양면적 속성을 보였던 것이다. 이러한 양면성은 이납과 주변 번진의 관계에서도 드러났다. 즉 그들은 '4왕'으로 함께 연대하였던 적이 있음에도 끊임없이 서로 주변 번진에 대해 겸병의 태도를 보였던 것이다.[3] 『구당서』 권144, 양혜원전陽惠元傳의 표현을 빌면 "급하면 함께 모의하여 [연대하지만] 느슨해지면 서로 의심하여 사이가 벌어졌다"[4]라고 할 수 있다.[5]

거 번진에 대한 덕종의 정책적 태도에 대해서는 孟彥弘, 「"姑息"與"用兵"」, 126~127쪽, 138쪽; 朱華, 「唐德宗朝河朔政策之變 -以王武俊諡號用字之爭爲視角」, 『保定學院學報』 2014-3, 55쪽 등 참조.
3 이 책 제2부 제2장, 208~219쪽, 227~235쪽.
4 『구당서』 권144, 陽惠元傳, "初, 大曆中, 兩河平定, 事多姑息. …… 朝廷常示大信, 不爲拘限, 緩之則嫌釁自作, 急之則合謀"(3914쪽)라고 하지만, 해당 구절의 순서를 바꾸어 번역하였다. 이 사료의 자세한 의미에 관해서는 정병준, 「唐 德宗代 四王二帝의 亂과 그 限界」, 『동양사학연구』 137, 2016, 34쪽 및 40쪽 참조.
5 孟彥弘, 「"姑息"與"用兵"-朝廷藩鎭政策的確立及其實施」, "[번진과 덕종 간의 전쟁을 거치면서] 河朔(즉 할거 번진들)은 서로 균형을 유지해야 했으며 그렇지 않으면 서로 간에 병탄될 수 있음을 알게 되었다(薛崇 사후 相衛 번진이 쪼개진 것은 그 좋은 예이다). 그리고 균형을 이루기 위해서는 중요한 전제가 있었는데, 즉 중앙에 공개적으로 대항할 수 없다는 것이다. 하지만 당조에 대해서는 서로 간의 동류의식이 강화되었다"(127쪽)라고 하고, 또 한편으로는 "河北三鎭(즉 할거 번진)은 서로 병탄하려고 하고 서로 경계하는 관계였다. 어느 순간 어떤 번진의 세력이 강대해지면 그들 간의 균형이 파괴되었다. 그러한 균형은 단지 중앙에 대해 공개적으로 무력 대항을 할 때만 실현되었다"(128쪽)라고 한다.

이러한 것은 당시 번진체제에 내재된 모순관계를 나타내지만, 그로 인해 당시 번진체제가 오히려 안정된 면도 있었다. 즉 각 세력 상호 간에 일정한 균형이 유지되면서 안정이 유지되는 효과가 있었다는 것이다.[6]

덕종 정원 8년(792) 5월 이납이 사망하자 아들 이사고가 그 지위를 계승하였지만, 그가 평로절도사였던 기간도 덕종의 재위 기간과 거의 중복된다.[7] 그렇다면 이사고는 과연 조정 및 주변 번진에 대해 어떠한 태도를 보였는가. 즉 이납의 방침을 그대로 유지하였는가 아니면 어떤 변화가 있었는가를 살펴보고 아울러 이를 통해 번진에 대한 덕종의 태도와 번진체제의 구조적 성격에 변화가 없었는가를 검토해 보는 것이 이 장의 목적이다.

1. 덕종과 이사고의 관계

『신당서』권75하, 재상세계표하宰相世系表下, 고려高麗 이씨李氏 조에 의하면 이납에게는 5명의 아들이 있었는데, 이승무李承務·이사고·이사도李師道·이사현李師賢·이사지李師智의 순으로 보인다.[8] 즉 이사고는 이납의 둘째 아들이었던 것이다. 그리고 이사고를 계승하는 셋째 이사도는 이사고의 이복동생이라고 하므로[9] 이사현과 이사

---

6 이 책 제2부 제2장, 235~236쪽.
7 덕종이 사망한 것은 貞元 21년(805) 정월이고, 이사고가 사망한 것은 이듬해인 憲宗 元和 원년(806) 윤6월이다.
8 『신당서』권75하, 宰相世系表下, 高麗 李氏 조, 3448~3449쪽.
9 『구당서』권124, 李師道傳, 3538쪽 등.

지도 이복동생일 가능성이 있다.[10] 그런데 이납에게는 그가 위기에 처했을 때 조정에 인질로 보냈던 이성무李成務라는 아들이 더 있었다.[11] 어쩌면 이때의 이성무가 이승무와 같은 인물일 수도 있지만, 기록상 명확하지 않다.[12] 다만 훗날 이사도가 조정의 압박을 받을 때 장남을 조정에 인질로 보내려 하였던 것을 고려하면[13] 이성무가 이승무와 동일인일 가능성은 있다고 생각된다. 이 경우, 이사고가 이납을 계승한 것으로 보면 이성무는 금중禁中에 계속 구금되었거나 아니면 평로로 돌아온 뒤 이납보다 먼저 사망하였을 것으로 판단된다.[14]

평로절도사 이납 시기에 이사고는 평로 관하의 청주자사青州刺史에 임명되었다. 먼저 『신당서』 권213, 이사고전을 보면

음蔭으로 누차 승진하여 청주자사에 임명되었다.[15]

라고 하여 부친의 음으로 입사入仕한 후 여러 차례 승진하여 청주자

---

10 단, 『구당서』 권124, 이사도전에서는 "師道妻魏氏及小男並配掖庭. 堂弟師賢·師智配流春州, 姪弘巽配流雷州"(3541쪽)라고 한다.
11 『구당서』 권124, 이납전, "納自城上見[劉]洽, 涕泣悔罪, 遣判官房說以其弟經·男成務朝京師, 請因[李]洽從順. …… 上乃械說等繫禁中. 納遂歸鄆州"(3536쪽); 『책부원구』 권426, 將帥部, 招降, 李勉 조, "李勉爲汴宋滑豪河陽等道節度使. 德宗建中三年, 淄青李納叛, 使勉誘說於納, 許降. 乃遣其叛官·簡較(檢校?)戶部郎中房說以其母弟經·男成務朝於京師"(中華書局, 5079쪽); 『자치통감』 권227, 德宗 建中 3년(782) 2월 조, "[李]納遣其判官房說以其母弟經·子成務入見. …… 上乃囚說等於禁中, 納遂歸鄆州"(7321쪽); 『신당서』 권213, 이납전, "遣判官房說與子弟質京師"(5990쪽) 등.
12 이성무라는 이름은 여러 기록에 보이지만, 이승무라는 이름은 앞의 재상세계표에 한 번 보일 뿐이다.
13 『자치통감』 권240, 元和 13년 정월 조, 7747쪽. 정병준, 「李正己 一家 藩鎭과 高沐 - 온건파와 강경파의 내부분열과 대립」, 『역사학보』 180, 2003, 144쪽 참조.
14 이성무는 궁궐로 압송되어 禁中에 갇혔다고 하는데, 이후의 행방은 명확하지 않다.
15 『신당서』 권213, 이사고전, "以蔭累署青州刺史"(5991쪽).

사에까지 이르렀다고 한다. 이납은 4왕의 난이 종료된 덕종 흥원興元 원년(784) 정월 검교檢校[16]공부상서工部尙書·평로절도사 등에 임명되고, 같은 해 4월에는 검교우복야·동중서문하평장사檢校右僕射·同中書門下平章事에 임명되어 절도사로서 재상을 겸하는 이른바 '사상使相'에 올랐다. 이에 따라 그 자손이 여러 가지 음의 자격을 얻었을 것은 두말할 나위도 없다. 또 사상이 되면서 동시에 농서군왕隴西郡王이 더해졌으므로[17] 이에 따른 작위의 세습 자격도 얻었을 것이다.[18]

또 황제를 칭한 회서淮西의 이희열李希烈이 정원 2년(786) 4월 평정되자 같은 달 덕종은 이희열 평정에 공을 세운 이들에게 은택을 내려 그 자손들에게 정원관正員官을 수여하였는데, 여기에 이납의 자손도 들어있다. 즉 『당대조령집』 권65, 녹훈錄勳, 「포상회서입공장사 조褒賞淮西立功將士詔」를 보면[19]

① 도통·검교사공·평장사都統·檢校司空·平章事 유현좌劉玄佐에게는 마땅히 자손 1인에게 5품 정원관을 수고 ② 설노사·검교우복야 이징李澄, 검교공부상서 곡환曲環, 검교호부상서

---

16 檢校官에 관해서는 『자치통감』 권209, 中宗 景龍 2년(708) 7월 조의 호삼성 주, "時有員外置之官, 有員外同正之官, 有試官, 有攝官, 有檢校官. 判, 謂判某官事, 知, 謂知某官事也"(6623쪽); 같은 책 권246, 文宗 開成 4년(839) 5월 조의 호삼성 주, "蓋唐制藩鎭及諸使僚屬率帶檢校官, 而權知則爲職事官故也"(7939쪽)라는 설명이 보인다. 또 王壽南, 「唐代文官任用制度之硏究」, 『唐代政治史論集』, 臺灣商務印書館, 1977, 31~35쪽에 의하면 당 전기에는 '監臨'의 의미로 사용되다가 中唐 이후에는 특히 번진 및 使府 僚佐의 지위를 나타내는 일종의 虛銜으로 사용되었다고 한다.
17 이 책 제2부 제2장, 216~219쪽.
18 仁井田陞 저, 서용석·채지혜 역, 「唐代의 封爵과 食封制」, 『역사와 교육』 10, 2010, 308~322쪽 참조.
19 연월은 『책부원구』 권131, 제왕부, 延賞2, 정원 2년 4월 조, 1576쪽에 의거하였다.

이고李皐, 겸어사대부兼御史大夫 번택樊澤 등에게는 각각 1인 자손에게 7품 정원관을 주고 ③ 도방어사都防禦使·공부상서 가탐賈耽, 도단련사都團練使·어사대부 노현경盧玄卿과 장건봉張建封 등에게는 각각 1인 자손에게 8품 정원관[을 주고] ④ 검교사공·평장사 이포진李抱眞, 검교사공·평장사 이납, 검교우복야·평장사 한황韓滉, 공부상서 전서田緖 등은 각각 장사將士 5천인을 하남행영河南行營으로 보내 부정不庭을 토벌하여 공적을 세웠으니 ⓐ 이포진·이납·한황에게는 각각 자손 1인에게 6품 정원관을 주고 ⓑ 전서에게는 자손 1인에게 8품 정원관을 준다(商務印書館, 361쪽).

라고 하여 이납의 자손 1인에게 6품 정원관을 내려준다고 한다. 이사고가 이납을 계승한 것으로 보면 그는 여러 음의 가장 큰 수혜자였을 것이다.

한편 『구당서』 권124, 이사고전에 의하면 "누차 주청하여 청주자사에 이르렀다"[20]라고 하여 이납이 황제에게 여러 차례 주청하여 이사고가 청주자사에 이르렀다고 한다. 이납은 자신의 재량으로도 자사 등의 직무를 맡게 할 수 있었음에도 불구하고 조정으로부터 정식임명장을 받게 한 것이다. 이는 이납이 당조와의 관계를 유지하면서 또 이사고에게는 조정의 권위를 부여하기 위한 것으로 보인다.

청주는 안사의 난 중인 숙종 상원 2년(761) 12월 이납의 부친 이정기가 평로절도사 후희일과 함께 요서에서 바다로 남하하여 상륙했던 곳이고 또 부근을 잠시 돌다가 이듬해인 대종 보응 원년(762) 5월 이

---

20 『구당서』 권124, 이사고전, "累奏至靑州刺史"(3537쪽).

를 함락시켜 산동에 처음으로 근거지를 마련했던 곳이기도 하다. 그러자 대종은 후희일을 평로치청절도사·청주자사에 임명하였다.[21] 이어 이정기가 평로절도사·청주자사에 올라 영역을 15주로 넓히면서 치소를 운주로 옮긴 뒤에도 청주는 여전히 중요한 지역이었다.[22] 이사고가 청주자사에 임명된 것은 그에 걸맞은 중요한 지위에 있었음을 나타낸다.

정원 8년(792) 5월 이납이 죽고 이사고가 그 뒤를 잇자[23] 같은 해 8월 덕종이 그를 평로절도사에 임명해 주었다.[24] 즉 『구당서』 권124, 이사고전을 보면

> 정원 8년 이납이 죽자 군인들이 이사고를 추대하여 그 지위를 잇게 하고 [조정에] 상청上請하니 [8월][25] 조정이 그에 따라 제수하였다. [즉 상중喪中에 있으나] 기복起復시켜 우금오대장군 동정·평로 및 청치제절도·영전·관찰·해운·육운·압신라발해양번사右金吾大將軍同正·平盧 및 靑淄齊節度·營田·觀察·海運陸運·押新羅渤海兩蕃使로 삼았다(3537쪽).

---

21 이 책 제1부 제1장, 53~56쪽; 이 책 [부록 논문 1], 450쪽; 이 책 [부록 논문 2], 470쪽. 당시 평로가 청주에 치소를 두었다는 것은 『자치통감』 권222, 대종 보응 원년 5월 조, "甲申, 以平盧節度使侯希逸爲平盧·靑淄等六州節度使. [胡三省 注: 靑·淄·齊·沂·密·海六州] 由是靑州節度有平盧之號"(7126쪽) 등에 의거한 것이다.
22 이 책 제2부 제1장, 167~169쪽.
23 『구당서』 권13, 덕종본기하, 정원 8년 5월 조, "平盧淄靑節度使·檢校司徒·平章事李納卒"(374쪽); 『자치통감』 권234, 정원 8년 5월 조, "癸酉, 平盧節度使李納薨, 軍中推其子師古知留後"(7532쪽).
24 『자치통감』 권234, 정원 8년 8월 조, "以前靑州刺史李師古爲平盧節度使"(7534쪽).
25 『구당서』 권13, 덕종본기하, 정원 8년 8월 조, "以靑州刺史李師古爲鄆州大都督府長史·平盧淄靑等州節度觀察海運陸運·押新羅渤海兩蕃等使"(375쪽); 『자치통감』 권234, 정원 8년 8월 조, "以前靑州刺史李師古爲平盧節度使"(7534쪽).

라고 하고, 『신당서』 권213, 이사고전에서는 간략하게 "이납이 죽자 군인들이 번수를 잇게 하길 청하였다. 조서를 내려 기복시켜 우금오위대장군·본군本軍절도사에 임명하였다"(5991쪽)라고 한다. 말하자면 이사고가 이납을 이은 3개월 후 평로 및 청치제절도·영전營田·관찰·해운·육운·압신라발해양번사 등에 임명되었던 것이다.

3개월이 지나 덕종이 이사고를 절도사에 임명한 것은 혹 상중이기 때문일 수 있지만, 당 후기의 다른 사례를 보면 반드시 정해진 기간이 있었던 것은 아니다.[26] 그리고 뒤에 이사도가 이사고를 이은 지 두 달이 되어도 헌종憲宗으로부터 절도사 임명장이 내려오지 않자 불만을 품고 헌종에게 압박을 가하려고 한 것을 참조하면[27] 덕종이 3개월이나 지난 후 이사고를 절도사에 임명한 것은 어쩌면 견제의 의미가 있었을 수도 있다. 하지만 덕종은 머지않은 시기에 이사고를 절도사에 임명하였으므로 적극적인 의도가 있었다고 보이지는 않는다. 4왕의 난 이후 덕종과 이납의 관계로 미루어 보면 덕종이 할거 번진에 대해서는 가능한 한 타협이나 회유의 자세를 보였다고 이해된다.[28]

이사고가 수여받은 앞의 관직들은 모두 이전에 이납이 받았던 것

---

26 예컨대 『자치통감』 권224, 대종 대력 5년(770) 5월 조, "荊南節度使衛伯玉遭母喪, 六月, 戊戌, 以殿中監王昂代之. 伯玉諷大將楊銑等拒昂留己, 甲寅, 詔起復伯玉鎮荊南如故"(7214쪽); 같은 책 권235, 정원 13년 6월 조, "光祿少卿同正張茂宗, 茂昭之弟也, 許尚義章公主, 未成婚, 茂宗母卒, 遺表請終嘉禮, 上許之. 秋, 八月, 癸酉, 起復茂宗左衛將軍同正"(7577~7578쪽); 같은 책 권237, 憲宗 원화 4년(809) 4월 조, "昭義節度使盧從史遭父喪, 朝廷久未起復, 從史懼, 因[吐突]承璀說上, 請發本軍討[王]承宗, 壬辰, 起復從史左金吾大將軍, 餘如故"(7660쪽) 등. 황제에 의한 起復의 기능에 관해서는 김정식, 「唐 前期 官人 父母喪의 확립과 그 성격 －心喪·解官을 중심으로」, 『중국고중세사연구』 28, 2012, 237~241쪽 참조.
27 정병준, 「李正己 一家 藩鎭과 高沐」, 136~137쪽.
28 이 책 제2부 제2장, 216쪽, 232쪽.

들이다. 다만 신분적 관함의 경우는 잠시 후 서술하듯이 처음에는 조금 낮추어 주었다가 시간이 지나면서 점차 높여주었다.[29] 신분적 관함은 주로 율령관직에 속한 것으로 '조관朝官' 등으로 불렸는데, 이사고가 절도사에 임명되면서 받은 조관은 앞에서 본대로 우금오대장군(정3품)[30]동정同正이었다. 이때 동정은 정책定額 이외 원외관이면서도 정원관과 같은 신분의 관명이다.[31]

하지만 그 후 이사고는 겉으로 조정의 명을 받들면서도 속으로는 항상 다른 마음을 품었다. 즉 『구당서』 권124, 이사고전에 의하면

> 이사고는 비록 겉으로는 조정의 명령을 받들었으나 속으로는 항상 침략[侵軼]의 마음을 품고 망명자들을 불러 모아 모두 후하게 대우하였으며, 특히 조정에서 죄를 짓고 도망쳐 온 자는 바로 기용하였다(3537쪽).

라고 하여 이사고가 겉과는 달리 속으로 항상 침략의 마음을 품었다고 한다. 여기서 떠오르는 것이 이납의 행석이다. 즉 『구낭서』 권138, 가탐전賈耽傳을 보면 "치청절도사 이납은 비록 거짓 왕호를 버리고 밖으로 조지朝旨를 받들었지만, 마음에 항상 병탄의 음모를 꾸미고 있었다"(3783쪽)라고 한다. 즉 『구당서』 권124, 이사고전에 보이는 앞의 구절과 표현만 조금 바꾼 것이라고 해도 좋을 정도이다. 두

---

29 이는 발해왕 등 주변국 왕을 책립할 때도 일반적으로 보이는 방식이다.
30 김택민 주편, 『역주 당육전』 상, 신서원, 2003, 760쪽의 [표 33] 참조.
31 『당회요』 권67, 員外官, 永徽 5년 8월 조, "蔣孝璋除尙藥奉御, 員外特置, 仍同正員. 員外官自此始也. [原註: 又顯慶五年五月, 授廖紹文檢校書郞員外, 置同正員. 又云, 員外官自此始, 未知孰是也"(上海古籍出版社, 1390쪽); 『자치통감』 권199, 영휘 6년 8월 조, "尙藥奉御蔣孝璋員外特置, 仍同正員. 員外同正自孝璋始"(6289쪽).

사람 모두 겉과 속이 다른 양면성을 보였던 것인데, 이 점에서 이사고는 이납의 방침을 그대로 계승한 것으로 볼 수 있다.

이사고가 망명자들을 불러 모았다는 것은 여러 사료에서 확인된다. 먼저 『구당서』 권161, 유오전劉悟傳을 보면

> 유오는 젊어서부터 용력勇力이 있었다. 숙부 일준逸準(즉 유전량劉全諒의 본명)이 변수汴帥(즉 선무절도사宣武節度使)가 되어 민전緡錢 수백 만을 낙중洛中(즉 동도東都 낙양)에 쌓아두었는데, 유오가 순식간에 빗장과 자물쇠를 부수고 모두 훔쳐 사용하였다. 얼마 후 유오는 두려워 이사고에게 망명하였는데, 이사고가 처음에는 잘 알지 못하였다(4230쪽).

라고 한다. 또 같은 사실이 『신당서』 권214, 유오전에서는 "이사고가 폐물을 후하게 주어 유오를 맞아들였지만, 처음에는 잘 알지 못하였다"(6012쪽)라고 하는데, 폐물을 후하게 주었다는 것은 뛰어난 인재를 모으기 위함이고, 처음에는 잘 알지 못하였다는 것은 불러 모은 망명자의 숫자가 많았음을 시사한다. 이사고가 많은 사람을 불러 모았다는 것은 『태평광기太平廣記』 권308, 유원형劉元逈 조에 보이는 다음 기사를 통해서도 짐작할 수 있다.

> 유원형이란 자는 교활하고 요망한 사람이었다. 그는 스스로 능히 수은을 연련鍊하여 황금을 만들 수 있다고 하고 또 교묘한 귀도鬼道로 사람을 미혹시키니 많은 사람이 이에 미혹되고 이로써 부富를 모았다. 이사고가 평로를 다스리면서 사방의 사士를 초빙하였는데, 한 가지 재주만 있어도 후하게 대우하였

다. 유원형이 마침내 이 술수로 이사고를 찾아가니 이사고가
기이하게 여기고 그 능력을 직접 시험해 보았다. ……(2439
쪽).

여기서 "사방의 사를 초빙하였는데, 한 가지 재주만 있어도 후하
게 대우하였다"는 것은 이사고가 매우 다양한 사람들을 받아들였음
을 알게 한다.

평로에서 불순한 의도로 망명자들을 모은 것은 이사고만이 아니었
다. 즉 『신당서』 권213, 이사도전에 의하면

이정기 이래로 비록 겉으로 왕명을 받들면서도 망반亡叛을 불
러 모았는데, 조정에 죄를 지은 자는 후하게 받아들였다(5992쪽).

라고 하여 이정기 때부터 이사도에 이르기까지 양면적 태도를 보이
며 망명자들을 불러 모았다고 한다. 이때 특히 "조정에서 죄를 짓고
도망쳐 온 자는 바로 기용하였다"고 하는 것은 조정에 대해 불온한
느낌을 주기에 충분하였을 것이다. 하지만, 이사고는 당조에 직접
반역을 일으키지는 않았는데, 이 또한 4왕의 난 이후에 보이는 이납
의 태도[32]와 거의 같은 것이다. 이 또한 이사고가 이납의 방침을 그
대로 계승한 것을 말한다.

그럼에도 불구하고 덕종은 이사고에게 은택을 내려 그 지위를 계
속 높여주었다. 즉 『구당서』 권124, 이사고전에 의하면 먼저

---

32 이 책 제2부 제2장, 228쪽, 230~231쪽.

① 정원 10년(794) 5월 이사고가 탈상하자 검교예부상서檢校
禮部尙書를 더해주었다(3537쪽).

라고 하는데, 예부상서는 정3품의 직사관職事官이다. 또 이어서

② 정원 12년(796) 정월 검교상서우복야가 되었다(상동).

라고 하는데, 상서우복야는 종2품의 직사관이다. 『책부원구』권 176, 고식姑息1에 의하면 이 관함을 수여받을 당시 이사고의 관명은 평로군치청절도·탁지·영전·관찰·육운·압신라발해양번사·간교(검교?)예부상서·겸운주장사·어사대부平盧軍淄靑節度·度支·營田·觀察·陸運·押新羅渤海兩蕃使·簡較(檢校?)禮部尙書·兼鄆州長史·御史大夫였다.[33] 여기에는 관찰사라는 직명이 보이지 않지만, 이를 함께 지닌 것은 두말할 나위도 없다. 또 이어서

③ 같은 해(정원 12년) 11월 이사고가 모친상을 당했는데, 기복시켜 좌금오상장군동정에 임명하였다(상동).

라고 한다. 좌금오위 등 제위諸衛는 현종 천보 연간 이래 거느리는 병사가 없었고 덕종 정원 10년에는 제위의 대장군 위에 대장군上將軍(종2품)이 설치되고 상장군 이하 모든 위관衛官이 무산관武散官이 되었다고 한다.[34] 또 이어서

---

33 『책부원구』권176, 姑息1, 정원 12년 2월 조에는 李師古와 邢君牙 등 5인이 簡較(檢校?)右僕射에 제수된 상황이 적혀 있다(2122쪽).
34 濱口重國, 「府兵制度より新兵種へ」, 『秦漢隋唐史の硏究』上卷, 東京大學出版會,

④ 정원 15년(799) 정월 이사고·두우杜佑·이란李欒의 첩잉妾
滕이 나란히 국부인國夫人에 제수되었다(상동).

라고 하는데,[35] 국부인은 1품 및 국공의 모母와 처妻가 봉해지는 명호였다.[36] 당시 두우는 회남절도사淮南節度使였고[37] 이난은 삭방절도사朔方節度使였다.[38] 또 이어서

⑤ [정원] 16년(800) 6월 회남절도사 두우와 함께 같은 제서[同制]로 중서문하평장사가 더해졌다(상동).[39]

라고 한다. 지위를 나타내는 관함이 높아져 마침내 이정기 및 이납과 같은 재상의 지위에까지 올랐던 것이다.[40]

이러한 과정 역시 이납의 경우와 거의 동일하다. 즉 이납의 경우에도 그의 양면적(혹은 반역적) 태도에도 불구하고 덕종이 회유를 위

1966, 64쪽.
35 『신당서』 권213, 이사고전, "貞元末, 與杜佑·李欒皆得封妾滕以國爲夫人, 進同中書門下平章事"(5991쪽).
36 『唐六典』 권2, 司封郞中·員外郞 조, "凡內命婦之制, …… 王母·妻爲妃, 一品及國公母·妻爲國夫人, 三品已上母·妻爲郡夫人, ……"(38~39쪽).
37 吳廷燮 撰, 『唐方鎭年表』 2, 中華書局, 1980, 淮南 조, 723쪽 참조.
38 吳廷燮 撰, 『唐方鎭年表』 1, 朔方 조, 142쪽. 그 직함과 관련해서는 『구당서』 권13, 덕종본기하, 정원 11년 5월 조, "又以朔方留後李欒爲靈州大都督府長史·朔方靈鹽豐夏四州·受降·定遠城·天德軍節度副大使·知節度事·管內度支營田觀察押蕃落等使"(381쪽) 등 참조.
39 『구당서』 권13, 덕종본기하, 정원 16년 6월 조, "鄆州李師古·淮南杜佑並加同平章事"(393쪽); 『자치통감』 권235, 정원 16년 6월 조, "丙戌, 加淄青節度使李師古同平章事. 徐州亂兵爲張愔表求旄節, 朝廷不許, 加淮南節度使杜佑同平章事, 兼徐·濠·泗節度使, 使討之"(7589~7590쪽).
40 이때는 淮西節度使 吳少誠의 반란이 일어난 와중이었다. 오소성의 난에 대해서는 다음 2절에서 서술하겠다.

해 지속적으로 관작을 높여주었다.[41] 다만 덕종은 이납에 대해 경계를 늦추지 않았으나[42] 이사고에 대해서는 특별한 경계를 취한 것이 보이지 않는다. 하지만, 이납과 덕종 간에 보이는 기본적 관계는 이사고와 덕종 간에 그대로 이어졌다고 해도 좋을 것이다.

2. 이사고의 주변 번진에 대한 태도

이사고가 덕종에 대해 직접적으로 반란을 일으키지는 않았지만, 그가 항상 주변 번진을 침략하려 했다는 것은 여러 기사를 통해 알 수 있다. 먼저『구당서』권168, 풍숙전馮宿傳을 보면

> 후에 [서·사·호절도사徐·泗·濠節度使] [장張]건봉建封이 죽고 그 아들 [장]음愔이 군사들에게 옹립되자 이사고가 상喪을 이용하여 [서주를] 습격하여 취하려고 하였다. 그때 [성덕절도사成德節度使] 왕무준王武俊이 그 틈을 잠시 관망하니 장음이 두려워하였으나 계략이 나오지 않았다. 풍숙이 이에 격서檄書를 보내 이사고를 어루만지고[招], 왕무준에게 유세하여 말하길 "장공張公(즉 장건봉)과 그대는 형제로 지내면서 힘을 합쳐 양하兩河로 하여금 천자에게 귀순하게 한 것은 사람들이 다 아는 바이다. 지금 장공이 죽고 어린 아들이 난병亂兵에게 협박받아 안으로는 참된 마음[誠款]을 조

---

41 이 책 제2부 제2장, 216~226쪽 등.
42 이 책 제2부 제2장, 213~214쪽.

정에 전할 수 없고 밖으로는 강한 도적[强寇]으로부터 영토를 침핍侵逼당하고 있다. 고립되고 위험한 것이 이와 같은데, 공께서 어찌 좌시하시는가! 진실로 능히 천자에게 상주하여 돌아가신 복야의 충훈忠勳을 잊지 않고 그 아들의 핍박을 제거하여 능히 자신을 결박하여[束身] 스스로 귀순하게 하면 공께서는 조정에 난을 수습한 공을 세우고 장씨에게는 계절繼絶의 공덕을 베푸는 것이 될 것이다"라고 하였다. 왕무준이 크게 기뻐하고 즉시 [황제에게] 표를 올려 보고하였다. 이로 말미암아 조정이 장음에게 절월節鉞을 내려 주었다(4389쪽).

라고 하는데, 서주절도사 장건봉이 죽은 것은 정원 16년(800) 5월이다.[43] 여기서 주목되는 것은 이사고가 장건봉의 사망을 틈타 서주를 습격하여 취하려고 했다는 점이다. 이때 이사고가 '강한 도적'이라고 표현된 것은 그만큼 위협적인 존재였다는 것을 말한다고 하겠다.

사실 서주는 원래 평로의 영역이었으나 앞선 '4왕의 난' 중에 당조로 투항한 주이다. 그 후 이납은 기회가 있을 때마다 이를 되찾기 위해 군대를 동원하였으나 끝내 되찾지 못하였다.[44] 이러한 연유로 『신당서』 권177, 풍숙전에서는

---

43 정병준, 「武寧節度使 王智興과 小將 張保皐」, 『중국고중세사연구』 17, 2007, 269~275쪽.
44 『구당서』 권145, 吳少誠傳, "[貞元十五年]九月, 遂圍許州. 尋下詔削奪少誠官爵, 分遣十六道兵馬進討"(3946쪽); 『구당서』 권141, 韓全義傳, "吳少誠以蔡拒命, 詔合十七鎭兵討之"(4659쪽); 『신당서』 권7, 덕종본기, 정원 15년 9월 조, "丙辰 宣武, 河陽, 鄭滑, 東都汝, 成德, 幽州, 淄青, 魏博, 易定, 澤潞, 河東, 淮南, 徐泗, 山南東·西, 鄂岳軍討吳少誠"(202쪽).

> 이사고가 장차 상을 이용하여 옛 땅을 회복하고자 하니 장음이 크게 두려워하였다. 이에 왕무준이 병사를 거느리고[擁兵] 틈을 관망하였다(5277쪽).

라고 하여 아예 이사고가 "옛 땅을 회복하고자"라고 표현한 것이다. 또 이때는 당조가 회서의 오소성吳少誠을 토벌하기 위해 대군을 동원하여 싸우고 있을 때라는 점도 염두에 둘 필요가 있다. 즉 오소성이 주변 번진을 침략하자 정원 15년(799) 9월 덕종이 17개(혹은 16개) 번진군에게 토벌을 명하였던 것이다.[45] 이 전쟁은 이듬해 10월 종결되지만,[46] 이를 좋은 기회로 여기고 이사고가 서주를 회복하려 한 것으로 보인다.

그러한 때 성덕절도사 왕무준이 군사를 거느리고 또 기회를 엿보았던 것인데, 자칫 서주를 둘러싼 문제가 크게 확대될 수도 있음을 말한다. 하지만 『구당서』 풍숙전에 보이는 대로 결국 왕무준은 실리 대신 명분을 세우는 것에 만족하였고 덕종까지 개입하자 이사고 역시 더 이상 무리를 하지 않았던 것이다.

하지만 이사고는 이후에도 서주를 회복할 마음을 버리지 않았다고 보인다. 이는 뒤에 헌종이 번진개혁의 일환으로 회서의 오원제吳

---

[45] 『구당서』 권145, 吳少誠傳, "[貞元十五年]九月, 遂圍許州. 尋下詔削奪少誠官爵, 分遣十六道兵馬進討"(3946쪽); 『구당서』 권141, 韓全義傳, "吳少誠以蔡拒命, 詔合十七鎭兵討之"(4659쪽); 『신당서』 권7, 덕종본기, 정원 15년 9월 조, "丙辰 宣武, 河陽, 鄭滑, 東都汝, 成德, 幽州, 淄靑, 魏博, 易定, 澤潞, 河東, 淮南, 徐泗, 山南東·西, 鄂岳軍討吳少誠"(202쪽).

[46] 『구당서』 권13, 덕종본기하, 정원 16년 10월 조, "吳少誠引兵歸蔡州, 上表待罪. 戊子詔雪吳少誠, 復其官爵"(393쪽); 『자치통감』 권235, 정원 16년 10월 조, "吳少誠引兵還蔡州. …… 戊子, 詔赦少誠及彰義將士, 復其官爵"(7592쪽).

元濟를 공격할 때 평로의 이사도가 서주를 자주 공격하였던 것으로[47] 미루어 알 수 있다. 이사고가 서주에 대해 더 이상의 행동을 취하지 않은 것은 단지 적절한 기회가 오지 않은 때문일 것이다.

주변 번진에 대한 이사고의 침략 의도는 서주에 대해서만이 아니었다. 즉 그로부터 약 5년 후인 정원 21년(805) 정월 덕종이 사망하고 같은 달 순종順宗이 새로 즉위하자 그 틈을 이용하여 이사고가 주변 번진에 대한 침략의 의도를 드러내게 된다. 즉 『구당서』 권124, 이사고전에 의하면

> [정원 21년(805) 정월 (순종이) 덕종의 유조遺詔를 선포하였다].[48] [2월] 고애사告哀使가 아직 이르지 않았을 때 의성군절도사義成軍節度使 이원소李元素가 이사고와 경계를 접하고 있음을 이유로 유조를 베껴 이사고에게 전해주면서 내외로 구별하여 보지 않음[無外][49]을 나타냈다. 그러자 이사고가 드디어 군사[將士]를 소집한 후 이원소의 사자使者를 끌어다 놓고 "내가 근래에 받은 보고서[邸吏狀]에는 황제가 건강하다고 적혀 있다. 이원소가 반역을 꾀하고자 유조를 위조하여 보낸 것이 아니겠는가. 나는 3대에 걸쳐 나라의 은혜를 입었고[受國恩] 지위가 장군과 재상[將相]을 겸하였다. 도적을 보고 토벌하지 않을 수 없다"고 말하였다. 마침내 이원소의 사신을 매질하고[杖] 곧바로 군대를 출동시키며 이원소 토벌을 명분으로 삼았

---

47 정병준, 「武寧節度使 王智興과 小將 張保皐」, 280~283쪽.
48 『자치통감』 권236, 정원 21년(805) 정월 조, 7607쪽. 같은 해 8월 永貞으로 개원하였다.
49 『자치통감』 권236, 順宗 정원 21년 2월 조의 "欲示無外"에 대한 호삼성 주, "春秋公羊傳曰, 王者無外. 此唐人以化外待藩鎭, 故有此語"(7608쪽).

으나, 실제로는 국상을 이용하여 주현을 침탈[侵]하려고 한 것이다. 그 직후(같은 2월)[50] 순종이 즉위하였다는 소식을 듣고 이사고는 군대를 거두었다(3537~3538쪽).

라고 한다. 여기서는 "곧바로 군대를 출동시켜 …… 실제로는 국상을 이용하여 주현을 침탈[侵]하려고 하였다"라고 하여 실제 군사행동을 했다는 언급이 없지만, 『구당서』 권14, 순종본기, 정원 21년 2월 조에는

치청의 이사고가 군사를 동원하여 활滑의 동쪽 변경을 침구하였다(406쪽).

라고 하여 이사고가 의성 번진[滑][51]의 동쪽 변경을 공격한 듯이 적혀 있고 또 『신당서』 권162, 이건전李建傳에서도 "순종이 즉위하자 이사고가 병사를 보내 조주曹州를 침공하였다"라고 하여 실제 공격을 한 것으로 적혀 있다. 단 후자에서 조주는 평로에 속하기 때문에 문맥이 맞지 않는데, 잠시 후 다시 언급하겠다.

이에 여러 기록을 종합하여 서술한[52] 『자치통감』 권236, 순종 정원 21년 2월 조를 보면 "이사고가 군사를 내어 서경西境에 주둔시켜 활주를 위협하였다. …… 국상을 이용하여 이웃 영토를 침탈[侵噬]하려고 하였다. …… 마침내 이원소의 사신을 매질하고[杖] 군사를 내어 조주에 주둔시키고 ……"(7608쪽)라고 하므로 실제 군사행동에 나서

---

50 순종이 즉위한 것은 전 달(805년 정월)이다.
51 의성 번진의 치소가 滑州에 있었으므로 의성을 滑이라고 한 것으로 보인다.
52 해당 기사에 대한 司馬光의 考異 참조.

지는 않았다고 보는 것이 좋을 듯하다.

앞의 『자치통감』 기사에 이어서는 의성과 평로 모두에 인접한 선무절도사도 연루된 것이 서술되어 있다.

> 군사를 내어 조주曹州에 주둔[屯]시키고 또 변汴(즉 선무의 치소)에 길을 빌려달라고 하니 선무절도사 한홍韓弘이 사신을 [이사고에게] 보내 말하길 "네가 능히 나의 영역을 넘어 도적이 될 것이라면 응대하겠다. 공언이 아니다"라고 하였다. 이원소가 위급함을 알리자 한홍이 사신을 보내 "내가 여기에 있으니 공公은 안심하고 두려워 말라"고 하였다. 혹자가 알리길 "[이사고가] 가시나무를 자르고 길을 평탄하게 하니 군사가 곧 이를 것인데, 이에 대비하길 청한다"라고 하자 한홍은 "군사가 오는 것이라면 도로를 치우지 않는다"라고 하고 이에 상대하지 않았다. 이사고는 속임수와 변통이 막히고 또 황제가 즉위했다는 소식을 듣고 군사를 파하였다(7608~7609쪽).

당시 이사고는 의성으로 바로 진입할 수도 있지만, 선무의 한홍에게 우회로를 빌려달라고 한 것으로 국상의 상황에서 다른 번진의 영역으로 군대가 들어가는 자체가 매우 위협적인 것이라 할 수 있다. 하지만 한홍은 이사고의 속임수를 간파하고 좌절시켰던 것이다.[53]

또 앞의 기사에서 이사고가 "황제가 즉위했다는 소식을 듣고 군사를 파하였다"고 하는데, 이와 관련하여 『신당서』 권162, 이건전을 보면

---

53 『신당서』 권158, 한홍전에서는 "李師古屯曹州, 以謀鄭·滑, 或告, '師古治道矣, 兵且至, 請備之'. 弘曰, '師來不除道也'. 師古情得, 乃引去"(4944쪽)라고 한다.

순종이 즉위하여 이사고가 병사를 보내 조주曹州를 침侵하자,
이건이 조서를 작성[作]하여 [이사고를] 깨우쳐 돌아가게 하였
는데, 글에 용서하는 바[假借]가 없었다. 왕숙문王叔文이 이를
고치려 하였으나 이건이 응하지 않았다(5005쪽).

라고 한다. 즉 조정이 개입하여 이사고의 군대를 돌리게 하였다는
것인데, 이사고의 행동에 대해 당시 조정의 권력자인 왕숙문이 긴장
하여 조서의 문구를 부드럽게 고치게 하려고 했다는 것이 흥미롭다.
이 기사에서도 이사고가 조주를 침략한 것으로 적혀 있지만, 조주는
평로 관할이었으므로 활주의 오자이거나 '침'이 '둔屯'의 오자일 것으로
판단된다.

한홍이 이사고의 계략을 저지시켰을 무렵 이사고가 몰래 선무의
영역을 통해 오소성과 물자를 교환하다가 한홍에게 발각되었다. 즉
앞의 『자치통감』을 계속 보면 앞 기사에 이어서

오소성이 소가죽[牛皮]과 신발 만드는 재료[鞾材]를 이사고에
게 보내고, 이사고는 소금을 오소성에게 제공하기 위해 몰래
선무의 영역을 지나다가 발각되었다. 한홍이 모두 몰수하여
창고에 넣으면서 말하기를 "법에 의하면 사사로이 서로 물건
을 주고받을 수 없다"라고 하였다. 이사고 등이 모두 한홍을
꺼리게 되었다(7609쪽).

라고 한다. 원래 이 구절은 한유韓愈의 문장에 보이지만,[54] 사마광이

---

54 『韓昌黎文集校注』 권7, 「司徒兼侍中中書令贈太尉許國公神道碑銘」, 上海古籍出版社, 505~506쪽.

그 시점을 추정하여 대략 한홍이 이사고의 계략을 저지시킨 즈음으로 서술한 것으로 반드시 그 시점이 정확하다고 단정할 수는 없다. 하지만 평로와 회서가 이후에도 서로 긴밀하게 연계한 것으로 보면 오소성이 덕종과 싸울 때, 또 이사고가 의성 등을 엿볼 때 서로 물자를 도와주었을 가능성이 충분히 있다고 생각된다.[55] 이는 이사고가 끊임없이 주변에 대한 침략의 마음을 드러내면서도 한편으로는 다른 번진과 연대하기도 했음을 보여주는 것이다.

3. 이사고와 성덕절도사成德節度使 왕무준王武俊

이사고는 기회가 있을 때마다 주변 번진을 침탈하려고 하였지만, 반대로 주변 번진도 이사고의 영토를 엿보았다. 즉 이사고가 번진을 물려받은 3달 후인 정원 8년(792) 11월 성덕절도사 왕무준이 군대를 거느리고 평로의 영토를 침탈하려고 하였던 것이다.[56] 『구당서』 권124, 이사고전에 의하면

> [11월] 성덕군절도사 왕무준이 군대를 거느리고 덕주德州·체주棣州로 와서 [체주의] 합타蛤蜍와 [덕주의] 삼차성三汊城을 빼앗으려고 하였다. 당시 체주의 염주鹽池 합타[57]에서 1년

---

55 이것이 지닌 번진 交易史에서의 의미 등에 대해서는 정병준, 「李正己 一家의 交易活動과 張保皐」, 『동국사학』 40, 2004, 535쪽 등 참조.
56 『자치통감』 권234, 정원 8년 11월 조, "是月, 引兵屯德·棣, 將取[棣州]蛤蜍及[德州]三汊城"(7538쪽).
57 원문은 "棣州之鹽與蛤蜍"라고 적혀 있지만, 『자치통감』 권234, 정원 8년 11월 조, "初, 李納以棣州蛤蜍有鹽利, 城而據之"(7538쪽); 『신당서』 권213, 이사고전, "棣州

에 생산되는 소금의 양은 수십 만 곡斛에 달하였다. [원래] 체주는 치청 번진에 속하였다. [이납 시기에] 그 자사 이장경李長卿이 성을 들어 주도朱滔에게 투항하였지만, 합타는 이납이 계속 점거하고 성을 쌓아 지키면서 염리를 독점하였다. 그 후 [흥원 원년(784) 5월] 왕무준이 주도를 패퇴시킨[58] 공으로 [정원 원년(785)] 덕주와 체주를 얻었으나,[59] 합타는 여전히 이납이 지켰다. 이납은 앞서 덕주 남쪽에다 황하를 걸쳐 성을 쌓아 지키면서 이를 삼차라 부르고, 전서田緒와 통교하며 위박魏博의 길을 이용하여 덕주를 침략하였기 때문에 왕무준의 우환이 되었다. [정원 8년 5월] 이납이 죽고 이사고가 뒤를 잇자, 왕무준은 이사고가 약관의 나이로 갓 [번수에] 올랐고 또 옛 장수들이 대부분 죽었기 때문에 마음속으로 매우 손쉽게 여겼다. [11월] 이에 왕무준이 군대를 거느리고 합타와 삼차를 취한다는 명분으로 진군하였지만, 실제는 이납의 영토를 노렸다 (3537쪽).

라고 한다. 왕무준의 군대가 매우 강하다는 것은 이전에 노룡의 주도를 대패시켜 '이제二帝의 난'의 판도를 바꾼 것으로도 알 수 있지만,[60] 왕무준의 평로 공격은 이사고에게 큰 위협이 될 수 있다.

이러한 상황의 배경에는 덕주와 체주를 둘러싼 복잡한 내력이 깔려있다. 즉 앞의 기사에도 보이듯이 덕주와 체주는 원래 평로의 관

有蛤蜍鹽池"(5991쪽)라고 하는 것에 의거하여 바꾸어 번역하였다.
58 『구당서』 권12, 덕종본기상, 흥원 원년 5월 조, 342쪽; 『자치통감』 권231, 흥원 원년 5월 조, 7432쪽.
59 『신당서』 권66, 方鎭表3, 성덕, 정원 원년 조, "成德軍節度使增領德・棣二州"(1845쪽).
60 정병준, 「唐 德宗代 四王二帝의 亂과 그 限界」, 40~41쪽.

할이었다.[61] 그러다가 덕종 건중 2년(781) 정월의 성덕절도사 이보신 李寶臣 사망을 계기로 시작된 당조와 할거 번진들 간의 충돌에서 먼저 당조가 승기를 잡았던 건중 3년 2월 덕종이 논공행상을 벌이면서 두 주를 노룡盧龍(범양范陽)절도사 주도[62]의 관할로 삼았다.[63] 하지만 같은 달 논공행상에 불만을 품은 번진들이 다시 반란을 일으키자 3월 덕주자사 이사진李士眞과 체주자사 이장경李長卿이 주를 들어 당조에 투항하였다. 즉 『구당서』 권12, 덕종본기상, 건중 3년 4월 조를 보면

이납의 덕주를 지키는 장수인 이사진과 체주를 지키는 장수 이장경이 모두 성을 들어 항복해 왔다(332쪽).[64]

라고 하고, 『신당서』 권7, 덕종본기, 건중 3년 4월 조에서는 "이납의 장수인 이사진이 덕·체 2주를 들어 항복하였다"(187쪽)라고 한다.[65] 이에 따르면 앞서 덕종이 두 주를 주도에게 예속시켰다고 하지만, 그때까지 이납이 여전히 실효적으로 관할하고 있었음을 알 수 있다.[66] 그러자 덕종은 바로 두 사람을 덕주자사와 체주자사에 임명하

---

61 이 책 [부록 논문 2], 484~488쪽, 490쪽 참조.
62 『자치통감』 권225, 대종 대력 10년(775) 정월 조, "[幽州盧龍節度使]朱滔表請留闕下, 以弟滔知幽州·盧龍留後, 許之"(7228쪽); 같은 책 권227, 건중 2년 7월 조, "又詔幽州留後朱滔討惟岳"(7305쪽).
63 『구당서』 권143, 주도전, "以功加檢校司徒, 爲幽州刺史盧龍節度使, 以德·棣二州隸焉"(3897쪽); 『자치통감』 권227, 건중 3년 2월 조, "以德·棣隸朱滔, 令還鎭"(7319쪽).
64 『구당서』 권124, 이납전, "李士眞以德州, 及棣州李長卿, 皆以州歸順"(3536쪽).
65 이는 두 주가 투항할 때 이사진의 역할이 컸기 때문이라 하겠다. 즉 『자치통감』 권227, 건중 3년 3월 조에는 "李納之初反也, 其所署德州刺史李西華備守甚嚴, 都虞候李士眞密毁西華於納, 納召西華還府, 以士眞代之. 士眞又以詐召棣州刺史李長卿, 長卿過德州, 士眞劫之, 與同歸國"(7321쪽).
66 정병준, 「唐 德宗代 四王二帝의 亂과 그 限界」, 13쪽.

였다.[67] 이때 두 사람에게 각각 실봉實封 100호까지 수여되었던 것으로 보면[68] 두 주의 투항이 당조에게 큰 의미가 있었음을 알게 한다. 하지만 같은 달 주도가 반反하여 두 주를 점령해 버렸다.[69] 한편, 이로써 이납은 덕종과 대결하는 와중에 3주를 상실하여 이후 12주를 관할하게 되었다.

'4왕' 중 3왕이 왕호를 철회한(흥원 원년 정월) 후인 흥원 원년(785)에 앞에서 인용한 『구당서』 이사고전에 보이듯이 왕무준이 주도를 패퇴시킨 공으로 덕주와 체주를 얻었다. 왕무준이 주도를 패퇴시킨 것은 같은 해 5월이므로 같은 달 혹은 그로부터 멀지 않은 시점에 두 주가 왕무준의 영역이 되었을 것이다. 이와 관련하여 『자치통감』 권232, 정원 6년 2월 조를 보면

> 이전에 [흥원 원년 5월] 주도가 패주貝州에서 [왕무준에게] 패하자 그 체주자사 조호趙鎬가 주를 들어 왕무준에게 항복하였다(7520쪽).

라고 하여 주도가 패하자 체주자사 조호가 왕무준에게 투항하였다고 한다. 이에 앞의 『구당서』 권124, 이사고전 기사에 보이는 대로 덕종이 나서 체주와 덕주를 왕무준에게 예속시켰던 것이라 하겠다.

---

[67] 『자치통감』 권227, 건중 3년 4월 조, "戊午, 以士眞·長卿爲二州刺史"(7321쪽).
[68] 『책부원구』 권165, 招懷3, "李納將攝德州刺史王士眞·攝潁州刺史李長卿皆以州降, 因授士眞兼御史中丞·德州刺史, 長卿簡較(檢校?)秘書監兼爲潁州刺史, 各實封一百戶"(1986쪽).
[69] 『신당서』 권7, 덕종본기, 건중 3년 4월 조, "朱滔反, 陷德·棣二州"(188쪽); 『자치통감』 권227, 건중 3년 4월 조, "[李]士眞求援於朱滔, ……"(7321쪽). 그 후 주도가 두 주를 실효적으로 지배하였다는 것은 『자치통감』 권229, 흥원 원년 정월 조, 7396쪽; 같은 책 권231, 흥원 원년 5월 조, 7431쪽 등을 통해 알 수 있다.

하지만 체주의 합타는 여전히 이납이 영유한 채 염리를 독점하였는데, 이는 주도 관할 시기에도 마찬가지였다.[70] 또한 이납은 왕무준의 관할이 된 덕주 남쪽의 황하 지점에 "성을 쌓아 지키면서 이를 삼차라 부르고, 전서와 통교하며 위박의 길을 이용하여 덕주를 침략하였기 때문에 왕무준의 우환이 되었다"고 하는데, 이때 '침략'[71]이라는 표현으로 보면 이납이 어쩌면 덕주를 되찾으려는 마음까지 품었을 가능성도 없지 않다. 하지만 이납과 왕무준은 모두 충돌을 피하여 더 이상 문제를 일으키지는 않았다. 그 이유는 4왕의 난 중에 드러난 그들 상호 간의 의심 내지는 견제라는 내부적 한계가 계속 작용한 때문으로 이해된다.[72]

그런 중 조호가 왕무준에게 죄를 짓게 되었고 왕무준이 조호를 불렀으나 이르지 않았다. 이 상황에서 위박의 전서가 개입하여 이납에게 조호를 불러들여 체주를 취하도록 유세하자 이납이 이에 따랐고 정원 6년(790) 2월 조호가 주를 들어 이납에게 투항하였던 것이다.[73] 화가 난 왕무준은 같은 해 3월과 5월 체주를 되찾기 위해 두 차례나 군대를 동원하였으나 성공하지 못하였다. 그러자 5월 왕부순은 이납을 충동한 위박의 전서를 공격하여 패주貝州의 4현을 빼앗았다.[74] 체주 문제가 여러 강번 간의 충돌로 이어질 수도 있는 상황이었다.

같은 해 11월 덕종이 사태의 확대를 우려하여 누차 이납에게 조서

---

70 앞의 『구당서』 이사고전의 기사 및 『신당서』 권213, 이사고전, 5991쪽.
71 『신당서』 권213, 이사고전에는 '盜掠'이라고 한다(5991쪽).
72 정병준, 「唐 德宗代 四王二帝의 亂과 그 限界」, 31~35쪽.
73 『자치통감』 권233, 정원 6년 2월 조, "初, 朱滔敗於貝州, 其棣州刺史趙鎬以州降於王武俊, 既而得罪於武俊, 召之不至. 田緒殘忍, 其兄朝, 仕李納為齊州刺史. 或言納欲納朝於魏, 緒懼, 判官孫光佐等為緒謀, 厚賂納, 且說納招趙鎬取棣州以悅之, 因請送朝於京師. 納從之. 丁酉, 鎬以棣州降于納"(7520~7521쪽).
74 『자치통감』 권233, 정원 6년 3월 및 5월 조, 7521쪽.

를 내려 체주를 왕무준에게 돌려주도록 하였다. 이납은 여러 가지 핑계를 대며 시간을 끌다가 패주의 4현을 전서에게 돌려주는 것을 선결 조건으로 12월 체주를 왕무준에게 돌려주었다.[75] 하지만 앞의 『구당서』 이사고전 기사에도 보이듯이 이후에도 이납은 체주의 합타와 덕주의 삼차를 계속 영유하였다.[76]

이 상황에서 정원 8년(792) 5월 이사고가 이납을 잇자 11월 성덕절도사 왕무준이 군대를 거느리고 합타와 삼차를 빼앗으려고 하였던 것이다. 『자치통감』 권234, 정원 8년 11월 조에 의하면

> 이사고가 [이납의] 지위를 잇자 왕무준은 그 나이가 젊다고 하여 가볍게 여기고 이달(11월)에 병사를 이끌고 덕주·체주에 주둔하며 장차 합타 및 삼차성을 취하려고 하였다(7538쪽).

라고 한다.[77] 이때 주목되는 것은 앞의 『구당서』 이사고전에 보이는 "왕무준이 군대를 거느리고 합타와 삼차를 취한다는 명분으로 진군하였지만, 실제는 이납의 영토를 노렸다"라고 하는 점이다. 앞 장에서 이사고가 장건봉의 사망을 이용하여 서주를 되찾으려고 하니 왕무준이 그 틈을 엿보았다는 것을 언급하였다. 왕무준 역시 기회만 있으면 주변 번진의 영역을 노렸던 것이다.

그러면서 양자가 자칫 정면으로 충돌할 상황이 전개된다. 즉 『구

---

75 『자치통감』 권233, 정원 6년 11월 및 12월 조, "(11월)上屢詔李納以棣州歸王武俊, 納百方遷延, 請以海州易之於朝廷, 上不許, 乃請詔武俊先歸田緖四縣, 上從之. 十二月, 納始以棣州歸武俊"(7522쪽); 『구당서』 권132, 덕종본기하, 정원 6년 11월 조, "靑州李納以棣州還王武俊, 幷其兵士三千"(370쪽).
76 이 책 [부록 논문 2], 496~497쪽; 이 책 제2부 제2장, 232~235쪽 참조.
77 『신당서』 권213, 이사고전, 5991쪽.

『당서』권124, 이사고전을 계속 보면

> 이사고는 체주에서 투항한 장수 조호에게 막게 하였다. 왕무준은 아들 왕사청王士淸에게 군대를 거느리고 먼저 적하滴河[78]를 건너게 하였다. 마침 그때 왕사청의 군영에서 화재가 일어나 군인들이 놀라고 불길하게 여겼으므로 나아가지 못하였다(3537쪽).

라고 한다. 그러자 이때 덕종이 또 나서게 된다. 『구당서』권124, 이사고전에 의하면

> [그런 때] 덕종이 사신을 파견하여 조서[旨]를 유시하자 왕무준이 바로 철수하여 돌아갔다. 이사고도 삼차구성三汊口城을 헐어버리고, 조지詔旨에 따랐다(3537쪽).

라고 하는데, 왕무준이 군대를 철수시킨 시기는 군대를 출발시킨 정원 8년 11월이고, 이사고가 삼차성을 헐어버린 것은 다음 해인 정원 9년(793) 4월이다.[79] 왕무준은 아무리 명장이라고 해도 이사고를 쉽게 이길 것이라고 장담할 수 없는 상황에서 병사들이 화재에 불안해

---

78 滴河는 縣名이기도 하다. 즉 『신당서』권38, 지리지2, 河南道, 棣州·樂安郡 조, "貞觀十七年, 復以滄州之厭次, 德州之滴河·陽信置. …… 縣五. ……"(995쪽); 『자치통감』권240, 憲宗 元和 13년(818) 4월 조의 호삼성 주에 "棣州領厭次·滴河·陽信·蒲臺·渤海五縣"(7749쪽)라고 한다.
79 『자치통감』권234, 정원 8년 11월 조, "上遣中使諭止之, 武俊乃還"(7538쪽); 同, 정원 9년 4월 조, "上命李師古毀三汊城, 師古奉詔, 然常招聚亡命, 有得罪於朝廷者, 皆撫而用之"(7543쪽).

하고, 여기에다 황제가 중재에 나서자 이를 명분으로 회군한 것이다.[80] 또 이사고가 삼차성을 무너뜨린 것은 이제 덕주를 노리기 어렵게 되었다는 것을 의미할 수 있다. 하지만 이사고가 덕주의 삼차성을 무너뜨렸다고 해도 "1년에 수십 만 곡의 소금을 생산하였다"(앞의 『구당서』 이사고전)라는 체주의 합타 염지는 그대로 점유하였다.

이렇게 볼 때 당시 할거 번진들은 이납 시기와 마찬가지로 여전히 양면적 속성을 보였다고 할 수 있다. 이런 환경에서 이사고는 내부적으로 번진을 매우 엄혹하게 다스렸다. 즉 『구당서』 권124, 이사고전을 보면

> 이사고가 부하에게 외지[外]로 임무를 맡길 때는 항상 그 처자를 억류해두고 혹시라도 조정에 귀순[歸款]하려다가 발각되면 그 가족[家]을 모두 죽였기 때문에 사람들이 두려워서 감히 다른 마음을 품지 못하였다(3537쪽).

라고 하는 것이다. 또한 『책부원구』 권931, 총록부總錄部, 왕횡枉橫, 독고조獨孤造 조를 보면

> 독고조는 치청절도순관淄靑節度巡官이 되었다가 정원 12년(796)에 [경사의] 진주원進奏院에서 죽었다. 진주관進奏官 곽숙郭淑과 대장大將 왕제王濟가 그를 액살縊殺한 것이다. 겉으

---

[80] 이 책 [부록 논문 2], 497~498쪽. 한편, 呂思勉, 『隋唐五代史(上)』, 九思出版, 1977, 297쪽에서는 이사고가 삼차성을 무너뜨린 것은 번진들의 세력이 비슷하고 또 싸움이 벌어지면 조정이 그 틈을 이용하여 토벌에 나설 것을 알았기 때문에 감히 틈을 보일 수 없었던 것이라고 한다.

로 말하길 "독고조가 본사本使인 이사고를 위해 사당[廟]을 세우면서 비단 6,500필과 전錢 3,000관貫을 낭비[破用]하였는데, 모두 공功과 견줄 수 없어 두려워하다가 스스로 목을 맨 것이다"라고 하였다. 대臺·부府가 모두 거론[案擧]하지 않았다"(10977쪽).

라고 하는데, 같은 사실이 『신당서』 권213, 이사고전에서는 "일찍이 막료[僚]인 독고조에게 노하자 경사로 일을 상주하게 보낸 뒤 대장 왕제를 시켜 목 졸라 죽이게 하였다"(5991쪽)라고 한다. 즉 실제는 이사고가 죽인 것이다.

『구당서』 권124, 이정기전에 의하면 "다스리는 것이 엄혹하여 어디에서건 사람들이 감히 마주보고 말하지 못하였다"[81]라고 하고, 『구당서』 권124, 이사도전에서도

> 무리가 자기를 따르지 않을까 두려워 모두 엄법으로 통제하였다. 대장이 병사를 거느리고 외지[外]에 주둔하면 모두 그 처자를 인질로 삼고 혹 조정에 귀순할 것을 모의하다가 발각되면 그 집안은 소장少長을 불문하고 모두 죽였다. 그리하여 능히 그 무리를 위협하여 부자형제가 서로 전하여 이을 수 있었다(3538쪽).

라고 하여 이사도가 번진을 엄혹하게 다스렸음을 전한다.[82] 즉 이러

---

81 『구당서』 권124, 이정기전, "爲政嚴酷, 所在不敢偶語. …… 法令齊一, 賦稅均輕"(3535쪽); 『신당서』 권213, 이정기전, "政令嚴酷, 在所不堪偶語"(5990쪽).
82 『신당서』 권213, 이사도전, "以嚴法持下, 凡所付遣, 必質其妻子, 有謀順者, 類夷其

한 엄혹함은 이정기 이래 계속된 것이고 이를 통해 그 일가가 3세대 동안 번진을 계승할 수 있었다는 것이다.

앞에서 번진들 사이에 분쟁이 발생했을 때 덕종이 나서 사태를 수습한 것은 여러 차례 보았는데, 그 모두가 사실상 성공적이었다. 제2부 제2장에서 4왕의 난 이후 덕종이 번진들의 내부적 속성과 한계를 정확하게 파악하여 적절히 대응함으로서 이납 등의 병탄 의지를 잘 저지하였다고 하였지만,[83] 이사고 시기에도 마찬가지로 잘 대응하였다고 평가할 수 있다.

당시 덕종이 번진 간의 분쟁에 개입한 의도는 무엇보다도 번진들의 안정이 당조의 안정에 도움이 된다고 본 때문으로 생각된다. 머리말에서 언급하였듯이 4왕의 난 이후 이납 등 강번들 상호간 및 이들 번진과 당 조정 간에 보이는 다중적 양면성이 일정한 균형을 유지하면서 번진체제가 오히려 안정된 면도 있었는데,[84] 그 시기에 덕종은 금군인 신책군神策軍을 증강하고 재정을 안정시킴과 동시에 할거 번진 이외의 일반 번진들에 대해 여러 가지 억제정책을 추진할 여유를 가질 수 있었던 것이다.

家. 以故能脅迂士衆, 傳三世云"(5992쪽).
83 이 책 제2부 제2장, 226쪽, 231쪽, 236쪽.
84 堀敏一, 「唐末諸反亂の性格 －中國における貴族政治の沒落について」, 『唐末五代變革期の政治と經濟』, 汲古書院, 2002, "꼬박 5년에 걸친 전란(즉 4왕의 난)의 결과는 山南東道가 멸망한 것 외에는 결국 번진들의 특별한 지위가 당조 관료체제 안에 승인되고 아울러 영토의 세습, 세금의 독점, 관리임면의 자유 등을 원칙으로 하는 '河朔의 舊事'(또는 하북의 故事)라는 전통이 확립되었다. 이리하여 이들 諸藩의 특별한 지위를 包攝하는 것에 의해 당의 지배체제가 일시 안정되었던 것인데, '唐室의 中興'이라 불리는 다음 憲宗의 시대(805~820)이다. 이 시대에 당조의 권위가 신장되어 淮西와 平盧를 격파하고 말년에는 하북삼진도 명을 받들게 되지만, 곧 河朔의 舊事가 부활하여 오대에 이르게 된다"(291쪽)라고 하는데, 아울러 음미해 볼 가치가 있다고 생각된다.

소결

　이사고는 평로절도사가 된 후 겉으로 조정의 명을 받들면서도 속으로는 항상 침략의 마음을 품었다. 이는 이납의 태도와 매우 비슷한 것이다. 또 이사고는 항상 망명자들을 불러 모았는데, 이는 조부 이정기 때부터 이사고를 계승한 이사도에 이르기까지 줄곧 보이는 것이다. 다만 이사고가 당조에 대해 직접 반역을 일으킨 것은 보이지 않는데, 4왕의 난 이후 이납도 거의 같았다. 이러한 것은 이사고가 이납의 방침을 그대로 계승한 것을 나타낸다. 한편, 덕종은 이사고의 양면적 태도에도 불구하고 이납에게 한 것처럼 지속적으로 은택을 내려 그 지위를 높여주었다. 이납과 덕종 간에 보이는 기본적 관계가 이사고 시기에도 그대로 이어진 것이다.

　덕종과 회서의 오소성 사이에 대규모 군사 충돌이 벌어지던 중인 정원 16년(800) 5월 혹은 그 직후 이사고가 그 기회를 이용하여 이전에 평로에 속했던 서주徐州를 되찾으려고 하였다. 그러자 성덕절도사 왕무준이 이사도의 움직임에 편승하여 군사를 거느리고 영토확장의 기회를 엿보았다. 하지만 이때 이사고 등은 크게 무리를 하지 않았고, 그 외 다른 경우에 있어서도 대부분 적당한 선에서 그만두었다.

　반대로 주변 번진이 이사고의 영토를 엿보기도 하였다. 즉 이사고가 절도사에 오른 초기에 성덕절도사 왕무준이 평로를 침탈하려고 한 것인데, 이납 시기와 마찬가지로 이 시기에도 강번들이 양면적 태도를 보였던 것이다. 이런 상황에서 이사고는 내부적으로 번진을 매우 엄혹하게 다스렸는데, 이는 이정기 시기부터 이사도 시기까지 지속되었던 것이다.

이납 시기에 덕종은 번진들의 내부적 속성과 한계를 비교적 정확하게 파악하여 그 병탄 의지를 잘 저지하였지만, 이사고 시기에도 번진들 사이에 분쟁이 발생하면 적극 중재하여 대부분 잘 진정시켰다. 덕종이 번진 간의 분쟁에 적극 개입한 것은 번진들의 안정이 당조의 안정에 도움이 될 뿐 아니라 그 시기 본인이 추진하던 일반 번진에 대한 개혁정책에도 유리했기 때문이다.

제2장

805년 일본 견당사의 귀국보고에 보이는 이사고 등의 발호와 당 정세

 당 덕종 정원貞元 20년(804) 7월 일본 히젠국肥前國 미쓰우라군松浦郡 다우라田浦에서 출항하여 이듬해(805) 6월 쓰시마對馬島에 귀착歸着한 견당사가 제출한 귀국보고가 『일본후기日本後紀』권12, 엔랴쿠延曆 24년(805) 6월 조에 실려 있다. 그 전반부에는 견당사 일행의 행로와 당에서의 각종 의례 및 일행 속 쿠가이空海와 사이초最澄의 행적 등이 서술되어 있고, 후반부에는 이른바 '당소식唐消息'이라고 하여 ① 황제와 당실 ② 평로절도사 이사고 등의 번진 상황 ③ 당과 토번의 관계에 관한 정보가 언급되어 있다.
 와타나베 신이치로渡邊信一郎는 『천공의 옥좌』「들어가기」에서 '당소식'의 내용을 바탕으로 당시 당의 국내외 상황을 다음과 같이 묘

사하였다.[1]

> 당시 변경에서는 토번吐蕃이 장안 서북 500리(약 280km) 지역까지 국경선을 넘어 자주 군사를 보내 중국을 침입했다. 한편 안으로는 반세기에 걸쳐 반항해 온 하북의 3개 번진뿐만 아니라 산동의 치청절도사淄靑節度使 이사고가 50만 병사를 양성해 당 왕조와 대치하고 있었고, 회서淮西의 채주절도사蔡州節度使 오소성吳少誠도 많은 병사를 길러 틈을 보고 있었다. 이처럼 내우외환이 한창인 때에 권력의 공백상태는 위험한 것이었다.

즉 당이 내우외환으로 인해 매우 위태로운 상황에 처해 있었던 듯이 서술되어 있는데, 이는 정원 21년(805) 정월 새로 즉위한 황제(즉 순종順宗)가 건강상 문제로 국정을 제대로 수행하지 못한 상황을 전제로 한 인식이라 할 수 있다. 다만 해당 사료의 진위에 관해서는 보다 정확한 검토가 필요하다.

야마우치 신지山內晉次는 일본사 전공자임에도 불구하고 당대唐代 사료를 풍부하게 이용하여 '당소식'의 사료적 신빙성을 검토한 후, 당시 당의 내외정세를 거의 정확하게 전하고 또 그 안에는 중국의 문헌에 남아있지 않은 사실을 전하는 귀중한 기사도 포함되어 있다는 결론을 내리고 있다. 뿐만 아니라 '당소식'의 마지막 부분에서 "안으로 절도사를 의심하고 밖으로 토번을 혐오함으로 인해 경사京師가 동요하여 잠시도 편할 날이 없었다"[2]라고 한 구절에 대해서는 당

---

1 渡邊信一郎 저, 문정희·임대희 역, 『천공의 옥좌』, 신서원, 2002(원서는 1996), 13쪽.
2 『日本後紀』 권12, 延曆 23년 6월 조, "內疑節度, 外嫌吐蕃, 京師騷動, 無蹔休息"(吉川弘文館, 43쪽).

시의 반당조적反唐朝的 절도사와 토번의 동향, 덕종의 사망과 순종의 즉위 및 그에 수반된 중앙정계에서의 권력투쟁 등을 고려하면 참으로 적절한 서술이라고 할 수 있다고 하여 앞의 와타나베와 비슷한 인식을 보이고 있다.[3] 야마우치가 '당소식'을 검증하면서 당대 사료를 풍부하고 정치하게 다루고 있는 점은 당대사 전공자로서도 배울 점이 있을 정도이다. 다만, 그 가운데에는 동의하기 어려운 점들이 있고 또 새로 보충해야 할 점도 있다고 판단된다.

이 장에서는 야마우치 신이치로의 연구를 바탕으로 '당소식'에 전하는 정보를 다시 검토하여 당시 번진의 발호 등을 이해하는 새로운 자료로 삼아 보려고 한다. '당소식'의 기사는 모두 본문에 차례대로 인용하며 앞에 ○를 붙여두겠다.

1. 순종順宗과 당 왕실

'당소식'에는 먼저 당시 황제 순종과 당실에 대한 내용이 적혀 있다.[4] 이는 세 부분으로 나눌 수 있는데, 첫째는 순종에 관한 내용이다.

> ○ 지금의 천자는 휘諱가 송誦이다. 대행황제大行皇帝의 아들은 한 명뿐이다. [황제의] 나이는 45세이고 40여 명의 아들·딸

---

3 山內晉次,「遣唐使と國際情報 −延曆の遣唐使がもたらした唐·吐蕃情報」,『奈良平安期の日本とアジア』, 吉川弘文館, 2003(원래는 1994), 60쪽. 그 외 小宮秀陵도 '唐消息'에 대해 언급하고 있는데, 본문에서 인용하겠다.
4 小宮秀陵,「8세기 新羅·渤海의 情報傳達과 日本의 對唐外交 −遣唐使 연구의 비판적 검토를 위하여」,『한일관계사연구』38, 2011, 137쪽에 의하면 황제의 이름이나 가족 관계는 일본 견당사들이 전하는 '당소식'에는 꼭 보이는 내용이라고 한다.

이 있다(43쪽).

지금의 천자 순종의 이름이 송이라는 것은 당대 여러 사서에 전한다. 예컨대 『구당서』 권14, 순종본기의 첫부분에 "순종지덕대성대안효황제順宗至德大聖大安孝皇帝는 휘가 송이고 덕종의 장자이다"(405쪽)라고 한다.[5] 대행이란 군주나 후비后妃가 죽은 뒤 시호를 올리기 전 존칭을 말하고 대행황제는 덕종을 가리킨다. 순종의 나이가 45세라고 하지만, 언제 즉위하였는가에 대한 언급은 없다. 이는 보고서의 전반부에 순종의 즉위 과정과 일시를 적어 두었기 때문일 것이다.[6] 이듬해인 헌종憲宗 원화元和 원년(806) 정월 갑신일(19일) 태상황太上皇 순종이 46세로 사망하였다고 하므로[7] 그 전 해에 45세의 나이로 즉위한 것은 틀림없는 사실이다. 즉 정원 21년(805) 정월 계사일(23일) 덕종이 죽자 병신일(26일) 순종이 태극전에서 황제에 즉위하였다.[8] 그리고 순종은 즉위한 해인 정원 21년(805) 8월 4일 황태자인 장자 이순李純에게 양위하며 태상황이 되고 다음날 영정永貞으로 개원하였다.[9]

---

[5] 『신당서』 권7, 순종본기, 205쪽.
[6] 『日本後紀』 권12, 延曆 23년, 6월 조, "[貞元]廿一年正月元日於含元殿朝賀. 二日天子不豫. 廿三日天子雍王(德宗)适崩, 春秋六十四. 廿八日臣等於亟天門立仗, 始着素衣冠. 是日, 太子(순종)卽皇帝位, 諒闇之中, 不堪萬機. 皇太后王氏臨朝稱帝"(42쪽).
[7] 『구당서』 권14, 헌종본기상, 원화 원년 정월 조, "甲申, 太上皇崩于興慶宮, 遷殯于太極殿, 發喪"(414쪽); 『신당서』 권7, 헌종본기, 원화 원년 정월 조, "甲申, 太上皇崩"(208쪽).
[8] 『구당서』 권14, 순종본기, 405쪽.
[9] 『신당서』 권7, 순종본기, 영정 원년(805) 8월 조, "庚子(4일), 立皇太子爲皇帝, 自稱曰太上皇. 辛丑(5일), 改元[貞永]"(206쪽); 『구당서』 권14, 순종본기, 貞元 21년(805) 8월 조, "庚子, 詔, '… 宜令皇太子卽皇帝位, 朕稱太上皇, 居興慶宮, 制稱誥'. 辛丑, 誥, '… 宜以今月九日册皇帝於宣政殿. … 宜改貞元二十一年爲永貞元年'"(409쪽); 『韓昌黎文集校注』 外集下卷에 수록된 『純宗實錄』 권5, 영정 원년 8월 조, 上海古籍出版社, 720쪽; 『자치통감』 권236, 헌종 영정 원년 8월 조, 7619쪽.

다만 '당소식'에서 덕종의 아들이 한 명이라고 한 것은 잘못이다. 즉 『구당서』 권150, 덕종순종제자전德宗順宗諸子傳을 보면

덕종황제는 11명의 아들이 있었고, 소덕황후昭德皇后 왕씨王氏가 [장자] 순종황제를 낳았다. [다만] 서왕舒王 의誼는 소정태자昭靖太子(즉 대종代宗의 셋째 아들)의 아들이고, 문경태자文敬太子는 순종의 아들이었다"(4041쪽).

라고 한다. 말하자면 서왕 이의는 원래 덕종의 동생인 이막李邈(소정태자로 추증)[10]의 아들이었으나 이막이 일찍 죽자 덕종이 자신의 아들로 삼았고, 문경태자[11] 이원李諼은 원래 순종의 아들이었으나 자신의 아들로 삼았다는 것이다.[12] 또 『신당서』 권70하, 종실세계표하宗室世系表下에서도 "11명의 아들이 있다"고 한 후 통왕通王 이심李諶 등 6명의 이름을 적고 있다(2163쪽). 이 가운데 이의는 덕종이 매우 총애하여 새 태자로 삼으려는 마음을 가졌다가 재상 이필李泌[13]의 설득으로 그만두었다고 한다.[14] 런스잉任士英에 의하면 덕종 재위기간

---

10 『신당서』 권82, 十一宗諸子, 昭靖太子李邈傳, "[代宗永泰元年5月]淄青牙將李懷玉(즉 李正己)逐其帥侯希逸, [7月]詔邈爲平盧淄青節度大使, 以懷玉知留後"(3622쪽); 『구당서』 권116, 肅宗代宗諸子, 昭靖太子李邈傳, "上(代宗)惜其才早夭, 冊贈昭靖太子"(3391쪽).
11 정원 15년(799) 11월 이원이 18세로 죽자 덕종이 문경태자로 추증하였다.
12 『구당서』 권150, 德宗順宗諸子, 舒王李誼傳, "本名謨, 代宗第三子昭靖太子邈之子也. 以其最幼, 德宗憐之, 命之爲子"(4042쪽); 同, 文敬太子李諼傳, "順宗之子. 德宗愛之, 命爲子"(4045쪽).
13 『자치통감』 권232, 정원 3년 6월 조, "以陝虢觀察使李泌爲中書侍郎·同平章事"(7488쪽).
14 『자치통감』 권233, 정원 3년(787) 8월 조, 7497~7501쪽(권중달 역, 『자치통감』 24, 삼화, 2009, 494~503쪽).

내내 이의는 순종의 강력한 정치적 경쟁자로서 환관세력의 지지를 받았다.[15]

순종에게는 40여 명의 아들·딸이 있다고 하는데, 『구당서』 권150, 덕종순종제자전에 의하면 "순종은 23명의 아들이 있다"(4047쪽)고 하고, 또 『신당서』 권70하, 종실세계표하에서는 "22명의 아들이 있다"고 하며 장자 헌종을 제외한 22명의 이름을 적고 있다(2164~2166쪽). 딸의 숫자에 대해서는 기록이 전하지 않지만, 야마우치 신지도 언급하듯이 순종이 "40여 명의 아들·딸"을 두었다는 것은 견당사 일행이 당에서 얻은 정보를 바탕으로 한 독자적인 귀중한 사료로 보인다.[16] 만약 그렇다면 순종에게는 20여 명의 공주가 있었던 셈이 된다.

둘째는 황태자에 대한 내용이다.

○ 황태자 광릉왕廣陵王 순純은 나이가 28세이다(43쪽).

순종의 장자인 이순李純(즉 헌종)의 본래 이름은 순淳이며[17] 대력 13년(778) 2월에 태어났다.[18] 이듬해인 대력 14년(779) 5월 조부 덕종이 황제에 즉위하고[19] 같은 해 12월 부친 순종이 태자에 책립되었다.[20] 그리고 덕종 정원 4년(788) 6월 이순은 11세의 나이로 광릉군왕廣陵

---

15 任土英 저, 류준형 역, 『황제들의 당제국사』, 푸른역사, 2016, 259쪽, 261쪽, 281~282쪽.
16 山內晉次, 「遣唐使と國際情報」, 39~40쪽.
17 『韓昌黎文集校注』 外集下卷에 수록된 『純宗實錄』 권2, 정원 21년 3월 癸巳(24일) 조, 704쪽.
18 『구당서』 권14, 헌종본기상, 411쪽.
19 『구당서』 권12, 덕종본기상, 319쪽.
20 『신당서』 권7, 순종본기, 205쪽; 『자치통감』 권226, 대력 14년 12월 조, 7273쪽.

郡王에 책립되고[21] 순종 정원 21년(805) 3월 황태자로 책립되면서 이름을 순純으로 바꾸었다.[22] 이때 황태자 이순의 나이가 28세였으므로 견당사가 보고한 것과 일치한다. 같은 해 8월 순종이 태상황이 되면서 이순이 황제에 즉위하고 영정으로 개원한 것은 앞에서 언급한 대로이다. 황태자 이순에 대한 정보는 정확하다.

셋째는 황태후에 대한 내용이다.

○ 황태후 왕씨王氏는 금상今上의 모친으로 대행황제의 황후이다(43쪽).

『순종실록』권1을 보면 "모친은 소덕황후 왕씨이다"(694쪽)라고 하고,『신당서』권77, 덕종소덕황후왕씨전德宗昭德皇后王氏傳에 의하면 "본래 벼슬한 집안이지만, 보계譜系가 없어졌다. 덕종이 노왕魯王일 때 받아들여 빈嬪으로 삼고 순종을 낳으니 더욱 총애하였다. [덕종이] 즉위하여 숙비淑妃로 책립하였다. …… 정원 3년(787) 숙비가 오랫동안 병을 앓자 황제가 염려하여 마침내 황후로 책립하였다. 책례冊禮가 바야흐로 마치자 황후가 붕어하였다"(3502쪽)라고 한다. 이로 보면 왕씨를 황태후로 부른 것은 오류이다.『신당서』권77, 덕종소덕황후왕씨전을 더 보면

이우李紆가 시책謚冊을 올려 '대행황후大行皇后'로 하였는데, 황제가 또 예의에 어긋난다고 하였다. 아울러 한림학사 오통

---

21 『구당서』권14, 헌종본기상, 411쪽.
22 『자치통감』권236, 순종 정원 21년 3월 조, 7613쪽.

현旲通玄에게 조서를 내려 개찬改撰하게 하니 책冊에 '자후왕
씨呑后王氏'라고 하였다. 그러나 논자들이 말하길 잠문본岑文
本이 올린 문덕황후의 책에 '황후장손씨皇后長孫氏'라고 한 것
이 예법에 부합한다고 하였다(3502쪽).

라고 한다. 즉 왕씨는 사후에 황후라고만 칭해졌을 뿐 황태후라고
칭해진 것은 보이지 않는 것이다.
 이상과 같이 황제와 황실에 관한 정보를 언급한 후 당시 당과 일
본의 시간을 적고 있다. 즉

○ 연호로는 정원 21년(805)이며 엔랴쿠延曆 24년에 해당한
다"(43쪽).

라고 한다.

2. 평로절도사 이사고 등의 발호

앞에 이어서는 당 국내 정세에 관해 두 가지 내용을 서술하고 있
다. 첫째는 평로절도사 이사고에 관한 것이다.

○ 치청도절도사·청주자사淄青道節度使·青州刺史 이사고는
[원주原註: 이정기의 손자이며 이납의 아들이다] 병마 50만을
양성하였다. 조정이 [덕종의] 국상을 제도諸道 절도사에게 알
리면서 청주 경계[界]로 들어갔으나 이사고가 거부하여 받아

들이지 않았다. 병사 10만을 △하여 국상을 조문한다는 것을 명목으로 정주鄭州를 습격하였다. 제주諸州가 힘을 합쳐[勠力] 맞서 싸워 서로 죽였다. 즉시 이사고를 위로[宣慰]하기 위해 중사中使 고품高品 신희천臣希倩을 파견하였다(43쪽).

치청 번진은 평로군이라는 군호를 받았기 때문에 엄밀하게는 평로군절도사 혹은 치청관찰사라는 것이 정확한 표현이다. 관련 용례를 보면 『자치통감』 권222, 대종 보응 원년(762) 5월 조에 "평로절도사 후희일侯希逸을 평로·치청등6주절도사에 임명하였다. 이로 인해 청주절도사는 평로라는 명호를 가지게 되었다"(7126쪽)[23]라고 하는데, 이때 평로·치청등6주절도사는 평로절도사·치청등6주관찰사의 줄임말이다. 또 『구당서』 권124, 이정기전을 보면 "이정기를 평로·치청절도관찰사와 해운·압신라발해양번사·검교공부상서·겸어사대부·청주자사에 제수하였다"(3535쪽)라고 하는데, 평로·치청절도관찰사는 평로절도사·치청관찰사와 같은 말이다. 다만 문헌을 보면 치청절도사라는 용례도 많이 보이므로[24] 치청도절도사라고 해도 반드시 틀린 것은 아니다. 도道는 군사적 관할구역이자 행정 단위를 나타내는 명칭이다. 또 원주에 이사고가 이정기의 손자이며, 이납의 아들이라는 것은 정확한 사실이므로 따로 언급할 것이 없다.

---

[23] 『신당서』 권144, 후희일전, "以希逸爲平盧·淄青節度使. 自是淄青常以平盧冠使"(4703쪽).
[24] 『구당서』 권11, 대종본기, 永泰 원년(765) 5월 조, "淄青節度使侯希逸爲副將李懷玉所逐"(279쪽); 同, 大曆 13년(778) 정월 조, "淄青節度使李正己請附屬籍, 從之"(313쪽); 『당회요』 권19, 百官家廟, 원화 2년 6월 조, "淄青節度使李師道立私廟, 追祔曾祖·祖父三代及兄師古神主, 詔下太常, 議曰, ……"(上海古籍出版社, 450쪽); 同 권57, 翰林院, 원화 3년 조, "淄青節度李師道, 進絹爲魏徵子孫贖宅, 翰林學士白居易諫曰, …… 憲宗深然之"(1148쪽).

치청도절도사・청주자사 이사고라고 하지만, 청주자사는 오류이다. 즉 청주는 원래 이정기 시기에 번진의 치소가 위치한 곳으로 앞의 『구당서』 이정기전에 보이듯이 평로절도사 이정기가 청주자사를 겸하였다. 그리고 대종 대력 11년(776) 9월 이정기가 운주鄆州 등을 차지하여 영역을 넓히고[25] 이듬해(777) 12월 이정기가 치소를 운주로 옮긴 후[26] 이 구조가 이사고 시기까지 줄곧 그대로 이어졌다. 즉 『구당서』 권13, 덕종본기하, 정원 8년(792) 8월 조를 보면 "이전 청주자사 이사고를 운주대도독부장사鄆州大都督府長史・평로치청등주절도・관찰・해운・육운・압신라발해양번등사에 임명하였다"(375쪽)라고 하는데, 운주대도독부장사를 겸한 것은 사실상 운주도독을 겸한 것을 말한다. 아울러 "청주 경계로 들어갔으나 이사고가 거부하여"라고 할 때의 청주는 주州로서의 청주가 아니라 평로 번진을 가리키는 것으로 보아야 한다.

이사고가 병마 50만을 양성하였다는 것에 대해 검토해 보자. 『자치통감』 대력 12년(777) 12월 조에 의하면 "[평로절도사 이정기는] 10만의 군대를 옹유하여 동방에 웅거雄據하였기 때문에 주변의 번진이 모두 두려워하였다"(7250쪽)고 한다. 즉 이정기 시기에 10만을 양성하였다는 것이다.[27] 그리고 이사고에 이어 평로절도사가 되는 이사도 시기에 이르러서도 10만 병사를 거느렸다는 것이 보인다. 즉

---

25 『구당서』 권11, 대종본기, 대력 11년 9월 조, 309~310쪽.
26 『구당서』 권124, 이정기전, 3535쪽; 『자치통감』 권225, 대력 12년 12월 조, 7249쪽 등.
27 『구당서』 권144, 陽惠元傳, "大曆中, 兩河平定, 事多姑息. 李正己有淄・青・齊・海・登・萊・沂・密・德・棣・曹・濮・徐・兗・鄆十五州之地, 養兵十萬, 李寶臣有恒・易・深・趙・滄・冀・定七州之地, 有兵五萬, 田承嗣有魏・博・相・衛・洺・貝・澶七州之地, 有兵五萬, 梁崇義有襄・鄧・均・房・復・郢六州之地, 其眾二萬"(3914쪽)에도 이정기가 10만 병사를 양성하였다고 한다. 정병준, 「平盧節度

『책부원구』 권323, 재보부宰輔部, 기략機略, 배도裴度 조를 보면 "원화 13년 운주절도사 이사도가 12주를 영유하고 병사 10만을 거느렸다"(3821쪽)라고 하여 이정기 시기와 거의 같은 군사력을 유지하였다고 한다.[28]

다만 그와는 달리 ①『자치통감』 권240, 헌종 원화 13년(818) 4월 조에 "[이사도의 처 위씨魏氏와 측근들이 이사도에게] 지금 경내의 병사를 헤아리면 수십 만을 내려가지 않는다"(7750쪽)라고 하고[29] ②『심하현집沈下賢集』 권3에 수록된 「정고평로군절사旌故平盧軍節士」에서는 "이사도가 우장군右將軍 유오劉悟를 파견하여 전후로 병사 30만 인을 거느리고 가서 위魏(즉 위박의 전홍정田弘正)를 상대하게 하였다"[30]라고 하는 것이 보인다. 만약 ①과 ②가 타당하다면 이정기 시대에 10만이었던 군사력이 이사도 시기에 이르러 당조와 정면 대결을 벌이면서 약 30만에까지 팽창한 것이 된다. 어쩌면 이날 시기에 당조와 정면충돌을 벌일 때 군사력이 팽창하였을 수도 있다. 하지만 그렇다고 해도 50만이라는 숫자는 너무 많다는 생각이 든다. 뿐만 아니라 이사도가 유오에게 거느리게 한 병사의 숫자만 해도 다른 기록에서는 달리 보인다. 즉『자치통감』 권241, 원화 14년(819) 2월 조에 의하면 "이사도가 유오에게 1만여 명을 거느리고 양곡陽穀에서 관군을 막게 하였다. …… 전홍정이 황하를 건넜지만 유오의 군대가 대비하지 않아 여러 차례 패하였다"(7762쪽)라고 한다. 물론 당시 전

---

28 정병준,「李師道 藩鎭의 滅亡에서 張保皐의 登場으로」,『대외문물교류연구』 2, 2003, 196쪽.
29 앞뒤 상황에 관해서는 정병준,「李正己 一家 藩鎭과 高沐 -온건파와 강경파의 내부 분열과 대립」,『역사학보』 180, 2003, 145쪽 참조.
30 『沈下賢集』 권3, 雜著,「旌故平盧軍節士」, 四部叢刊正編 36, 법인문화사, 15쪽. 정병준,「李師道 藩鎭의 滅亡과 郭昕」,『중국학보』 52, 2005, 259쪽 참조.

홍정이 격파한 평로군의 숫자만 해도 대략 10만이었기 때문에 1만이라는 숫자는 유오가 새롭게 거느리고 간 병사들일 수 있다.[31] 그래도 이사도 시기에 50만을 양성하였다는 것은 아무래도 과장된 숫자로 보인다.

야마우치 신지는 50만이라는 숫자가 중국의 사료에 보이지 않으며 다소 과장된 감이 있다고 하면서도 『일본기략日本紀略』 전편前篇, 고진弘仁 10년(819) 6월 조에 보이는 다음 기사를 들어 50만이 사실일 수 있다고 조심스럽게 추측한다.[32]

> 앞선 [헌종] 원화 11년(816) 원주円洲(청주青州?)절도사 이사도가 반反하였다. 옹유한 병마가 50만이고 매우 정예로웠다. 천자가 제도諸道의 병사를 내어 토벌하였으나 이기지 못하여 천하가 술렁거리고 소란스러웠다.[33]

이는 이사고를 이어 평로절도사에 오른 이사도가 헌종과 대결을 벌이던 시기를 회고하여 적은 것이지만,[34] 흥미롭게도 50만이라는 숫자가 꼭 일치한다. 하지만 중국 문헌을 함께 고려한다면 이를 그

---

31 정병준, 「李師道 藩鎭의 滅亡에서 張保皐의 登場으로」, 204~205쪽, 207쪽 참조.
32 山內晉次, 「遣唐使と國際情報」, 42~43쪽.
33 『日本紀略』 前篇, 嵯峨天皇, 弘仁 10년 6월 조, "壬戌, 大唐越洲人周光翰·言升則等承新羅人船來. 問唐國消息, 光翰等對曰, 己等遠州鄙人, 不知京邑之事. 但去元和十一年, 円洲節度使李師道反. 所擁兵馬五十万, 極爲精銳. 天子發諸道兵討, 未克, 天下騷擾"(新訂增補國史大系 第10卷, 吉川弘文館, 309쪽).
34 원화 13년(818) 7월 헌종이 이사도 토벌을 명하여 이듬해(819) 2월에 멸망시켰다(정병준, 「李師道 藩鎭의 滅亡에서 張保皐의 登場으로」, 197쪽, 209~210쪽). 따라서 원화 11년에 이사도가 반反하였다는 것과 "천자가 諸道의 병사를 내어 토벌하였으나 이기지 못하여 천하가 술렁거리고 소란스러웠다"라고 하는 것은 잘못된 정보이다.

대로 신뢰하기는 어렵다. 만약 30만 혹은 수십 만이라는 숫자가 타당하다고 해도 이는 전시에 총동원될 수 있는 숫자이고, 상비군은 이정기 이래 10만 가량을 유지한 것으로 생각된다. 사실 10만이라는 숫자만 해도 번진 병사로는 엄청난 규모이다. 즉 『구당서』 권14, 헌종본기상, 원화 2년(807) 12월 조를 보면 "천하의 병사[兵戎]로 국가에서 급료를 받는[仰給] 자는 83만여 인이다. [현종] 천보 연간의 사마士馬와 비교하면 3분의 1이 많으니 대략 2호가 병사 1인을 양성하는 것이다"(424쪽)라고 한다. 이때 83만여라는 것은 일반 번진 병사를 포함한 숫자이다. 요컨대 50만이라는 숫자는 이사고 혹은 이사도가 반란을 일으키면서 숫자를 부풀려 선전한 것으로 보이지만, 견당사 일행이 이를 그대로 받아들인 것이 아닐까라고 판단된다.

국상을 알리는 사신이 평로의 영역으로 들어갔으나 이사고가 이를 받아들이지 않고 오히려 병사를 동원하여 정주를 습격하였다는 것에 대해 살펴보자. 정주는 의성義成 번진(이전의 영평永平 번진)[35] 관하의 주이다. 덕종이 죽은 것은 정원 21년(805) 정월 23일이고 같은 달 26일 순종이 즉위하였는데, 『구당서』 권124, 이사고전에 의하면

> [정원 21년 2월] 고애사告哀使가 아직 이르지 않았을 때 의성군절도사 이원소李元素가 이사고와 경계를 접하고 있음을 이유로 [덕종의] 유조遺詔를 베껴 이사고에게 전해주면서 내외로 구별하여 보지 않음[無外][36]을 나타냈다. 그러자 이사고는

---

35 『구당서』 권12, 덕종본기상, 정원 원년 4월 조, "改滑州永平軍名曰義成"(348쪽); 『元和郡縣圖志』 권8, 河南道4, 滑州 조, "今爲鄭滑節度使理所. 管州二, 滑州·鄭州"(中華書局, 197쪽).
36 『자치통감』 권236, 순종 정원 21년 2월 조의 "欲示無外"에 대한 호삼성 주, "春秋公羊傳曰, 王者無外. 此唐人以化外待藩鎭, 故有此語"(7608쪽).

드디어 장사將士를 소집한 후 이원소의 사자使者를 끌어다 놓고 "내가 근래에 받은 보고서[邸吏狀]에는 황제가 건강하다고 적혀 있다. 이원소가 반역을 꾀하고자 유조를 위조하여 보낸 것이 아니겠는가. 나는 3대에 걸쳐 나라의 은혜를 입었고 지위가 장상將相을 겸하였다. 도적을 보고 토벌하지 않을 수 없다"고 말하였다. 마침내 이원소의 사신을 매질[杖]하고 곧바로 군대를 출동시키며 이원소 토벌을 명분으로 삼았으나, 실제로는 국상을 이용하여 주현을 침탈하려고 한 것이다. 그 직후(즉 같은 2월) 순종이 [이미] 즉위하였다는 소식을 듣고 이사고는 군대를 거두었다(3537~3538쪽).

라고 한다. 여기서는 이사고가 직접 의성 번진을 공격하였다는 언급이 없지만, 『구당서』 권14, 순종본기, 정원 21년 2월 조에 의하면 "치청의 이사고가 군사를 동원하여 활滑(즉 의성 번진)[37]의 동쪽 변경 지역을 침구하였다"(406쪽)라고 하여 이사고가 의성의 동쪽 변경을 공격한 것으로 적혀 있다. 하지만 한유韓愈의 「사도겸시중중서령증태위허국공신도비명司徒兼侍中中書令贈太尉許國公神道碑銘」에 "이사고가 말을 꾸미고[作言] 일을 일으켜 조주曹에 병사를 주둔시켜 활滑의 번수를 위협하고 또 [선무절도사宣武節度使 한홍韓弘에게] 길을 빌려달라고 알렸다"[38]라고 하고, 또 『자치통감』 권236, 순종 정원 21년 2월 조에서도 "이사고가 군사를 내어 서경西境에 주둔시켜 활주

---

37 의성 번진의 치소가 滑州에 있었으므로 의성을 滑이라고 한 것으로 보인다. 『구당서』 권13, 덕종본기하, 정원 16년 9월 조, "以左丞李元素爲滑州刺史·兼御史大夫·義成軍節度使"(393쪽).
38 『韓昌黎文集校注』 권7, 碑誌, 505쪽.

를 위협하였다. …… 국상을 이용하여 인접 영토를 침탈하려고 하였다. …… 마침내 이원소의 사신을 매질하고 군사를 내어 [평로 관하] 조주에 주둔시키고 ……"(7608쪽)라고 하므로 실제 군사행동에 돌입하지는 않았다고 보는 것이 좋을 듯하다.[39]

그렇다면 국상을 알리는 사신이 평로 영역으로 들어갔으나 "이사고가 거부하여 받아들이지 않았다"고 하는 것은 어떻게 이해해야 할까. 앞의 『구당서』 이사고전에 의하면 "고애사告哀使가 아직 이르지 않았을 때" 이원소의 사신이 먼저 평로에 이르렀다고 하므로 이사고가 직접 조정의 사신을 거부한 것은 아닌 것으로 보인다. 이사고는 먼저 장안의 진주원進奏院이 올린 보고서를 통해 국상을 인지한 상황에서 이원소의 처신을 문제 삼아 군사적 조치를 취한 것일 수 있다.

또한 "병사 10만을 동원하여 국상을 조문한다는 것을 명목으로 정주를 습격하였다"고 하지만, 10만이라는 숫자도 다소 과장된 것일 수 있다고 생각된다. 즉 문맥에 따르면 50만 가운데 10만을 동원하였다는 것이지만, 50만의 숫자에 과장이 있다면 10만도 과장이 있을 수 있는 것이다. 이 역시 이사고가 과장하여 선전한 숫자로 이해된다. 그리고 이사고가 "정주를 습격하였다"고 하는데, 이때의 정주[40]는 평로의 조주曹州와 인접한 활주의 서쪽에 위치하므로 의성 번진 자체를 가리키는 것으로 보인다. 또 "제주諸州가 힘을 합쳐 맞서 싸워 서로 죽였다"라고 하지만, 이 역시 중국의 문헌에는 보이지 않는 내용이다. 만약 제주가 힘을 합쳐 이사고에 대항하여 서로 죽이는

---

39 이 책 제3부 제1장, 258~259쪽.
40 정주는 의성절도사의 치소가 있는 州(즉 會府)가 아닌 번진 관하의 일반 주(즉 支郡 혹은 巡屬)였다.

일이 발생하였다면 이는 매우 중대한 사안으로 중국 문헌에 기록되었을 가능성이 매우 크다. 이 또한 '당소식'을 그대로 신뢰하기는 어렵다고 생각된다.

조정은 이사고를 위로하기 위해 즉시 환관 고품 신희천을 파견하였다고 한다. 여기서 신희천이 누구인지 궁금한데, 야마우치 신지는 『문원영화』 권932, 비碑89, 환관하宦官下에 수록된 「내시호군중위팽헌충신도비內侍護軍中尉彭獻忠神道碑」[41]를 면밀히 분석한 후 신도비에 보이는 팽헌충彭獻忠의 사자嗣子 팽희천彭希倩이 신臣 희천希倩일 가능성이 크다는 의견을 제시하였다.[42] 이것이 타당하다면 신희천은 신 [팽]희천으로 팽이라는 성이 생략된 것이 된다. 하지만 야마우치 자신도 지적하듯이 『일본후기』 엔랴쿠 24년 6월 조에 보이는 다른 당의 관인 가운데 신臣 모某라고 표기된 것이 없으므로 신 희천은 아무래도 어색하다. 게다가 해당 조문의 다른 당 관인과는 달리 이 경우에만 성이 생략된 것도 뭔가 맞지 않는다.

희천의 용례를 더 조사해 보자. 먼저 『문원영화』 권643, 장狀16, 잡주장奏雜狀에 수록된 「주차병마부허주구원병사선위장奏差兵馬赴許州救援幷謝宣慰狀」(영호초令狐楚)이라는 문서가 주목된다. 이를 보면 "우右와 같다. 중사 거희천巨希倩이 이르렀으므로[至] 조서詔書 및 선은지宣恩旨를 받들건대 …… 오소성이 속으로 간사奸詐를 품고 위로 성명聖明을 저버리고 이웃의 상을 요행으로 여겨 마침내 신절臣節을 버리고 역당逆黨과 제휴하여 고립된 성城을 핍박하였다"(3302쪽)라고 한다. 즉 정원 15년(799) 8월 인접한 진허절도사陳許節度使 곡환曲

---

41 『文苑英華』 권932, 碑89, 「內侍護軍中尉彭獻忠神道碑」(張仲素), 中華書局, 4902~4903쪽.
42 山內晉次, 「遣唐使と國際情報」, 43~44쪽.

環이 죽자 회서절도사 오소성이 그 틈을 이용하여 같은 달부터 진허를 침공한 것을 말하는데,[43] 이와 관련하여 '중사 거희천'이 파견되어 조서 등을 전달하였다는 것이다. 이외에도 거희천은 비슷한 임무를 수행한 것이 더 보인다. 즉 ①『문원영화』 권637, 장狀10, 하하賀下, 「하한복야충초토사장賀韓僕射充招討使狀」에 "우右와 같다. 중사 거희천이 이르렀으므로 엎드려 조서를 받드니 ……"(3283쪽) ② 동同, 「하파적겸우술장사장賀破賊兼優卹將士狀」에 "우와 같다. 중사 거희천이 이르렀으므로 엎드려 조서를 받드니 ……"(상동)라고 한다. 시간적으로 모두 앞의 신희천이 활동한 때와 거의 겹치기 때문에 양자가 동일인일 가능성이 있는 것이다. 거희천이라는 인물 자체에 대해서는 더 이상 알 수 없지만, 만약 신희천이 거희천의 오자라는 추정이 타당하다면 신臣 모라는 용례 혹은 성이 생략되었다는 용례의 어색함을 피할 수 있다.

이들 문서는 『전당문全唐文』에도 수록되어 있는데,[44] 모두 '신희천'으로 적혀 있다. 『일본후기』에 보이는 '신희천'과 꼭 일치하기 때문에 어쩌면 이쪽이 맞을까 하는 생각도 들지만, 『전당문』의 해당 분서늘은 『문원영화』의 그것을 그대로 전사轉寫한 것으로 보이기 때문에 그 과정에 오류가 있었던 것이 아닐까 생각된다.[45] 이에 『문원영화』에서 비슷한 문서 용례를 더 살펴보면 예컨대 ①「위인사단오사물등장爲

---

43 『구당서』 권13, 덕종본기하, 정원 15년 8월 조, "吳少誠謀逆漸甚, 陷[許州]臨穎, 進圍許州"(391쪽). 자세한 상황은 정병준, 「唐 德宗 貞元 시기 淮西 藩鎭의 성격 —吳少誠의 태도를 중심으로」, 『동국사학』 69, 2020, 395~399쪽 참조.

44 『전당문』 권542, 令狐楚4, "奏差兵馬赴許州救援幷謝宣慰狀", 中華書局, 5504쪽; 同, 「賀韓僕射充招討使狀」, 5497쪽; 同, 「賀破賊兼優卹將士狀」, 5498쪽.

45 『全唐文新編』 9, 吉林文史出版社, 2000에도 모두 수록되었는데(권542, 令狐楚4, 6277쪽, 6284쪽), 『전당문』과 마찬가지로 '臣希倩'이라고 적혀 있다. 이는 『전당문』을 그대로 옮긴 데 따른 것으로 보인다.

人謝端午賜物等狀」, "중사 왕진경王進卿이 이르렀으므로 ……"(권632, 3262쪽) ②「사사춘의아척장謝賜春衣牙尺狀」에 "중사가 이르렀으므로 ……", (권633, 3269쪽) ③「사사승니고신병화엄원액장謝賜僧尼告身幷華嚴院額狀」에 "중사 왕진경이 이르렀으므로 ……"(권634, 3275쪽) ④「위오대산승사사가사등장爲五臺山僧謝賜袈裟等狀」에 "중사 소명준蘇明俊이 이르렀으므로 ……"(권634, 3275쪽)라고 보인다.[46] 반면, '신 모'라는 용례는 전혀 보이지 않는다. 따라서 '신희천'은 오자일 가능성이 크다고 생각된다.[47]

이렇게 볼 때 이사고에 관한 정보는 정확한 것도 있고 그렇지 않은 것도 있다. 이는 와타나베 신이치로와 야마우치 신지의 견해와는 다른 것이다. 다만 이 단계에서 관심이 가는 것은 정보의 정확성 여부와는 별개로 이사고에 대한 조정이나 견당사 일행의 인식 문제인데, 이에 관해서는 뒤에 다시 거론하겠다.

이사고의 위협적 행동에도 불구하고 순종은 이사고의 관직을 계속 높여주어 같은 해 3월 이사고를 겸검교사공兼檢校司空에 제수하고, 7월에는 검교시중檢校侍中을 더해주었다.[48] 이는 '사왕의 난' 이후 덕종이 번진 정책의 일환으로 평로절도사 이납 등의 관작을 계속 높여준 방식과 마찬가지로 이사고를 회유하여 당조 아래 계속 묶어두기 위한 것이라고 할 수 있다.[49]

당 국내 정세에 관한 두 번째 내용은 회서절도사 오소성의 행동에

---

46 이들 문서는『全唐文新編』9, 영호초3, 6273~6276쪽에도 수록되어 있다.
47 尹占華·楊曉靄 整理校箋,『令狐楚集』, 甘肅人民出版社, 1998에서도『전당문』에 보이는 '臣希倩'은 잘못이라고 하며『문원영화』에 따라 '巨希倩'이라고 하였다(32쪽, 35쪽).
48『구당서』권14, 순종본기, 정원 21년 3월 및 7월 조, 406쪽, 408쪽.
49 이 책 제2부 제2장, 216~219쪽, 225~226쪽; 이 책 제3부 제1장, 252~254쪽 등.

관한 것이다.

○ 또 채주절도사 오소성은 갑병甲兵을 많이 양성하고 몰래 틈을 엿보았다[竊挾窺窬](43쪽).

채주절도사라는 것은 회서절도사의 치소가 채주蔡州에 있었기 때문에 부른 명칭이다.[50] 오소성은 정원 2년(786) 7월 거병하여 회서절도사 진선기陳仙奇를 죽이고 같은 달 덕종으로부터 절도유후節度留後(즉 임시 책임자)에 임명되었다가 3년 후인 정원 5년(788) 정식으로 절도사에 임명되었다. 오소성은 유후가 된 초기부터 당조에 대해 반역적 태도를 보였다.[51] 그리고 앞에서 언급한 대로 정원 15년(799) 8월 진허절도사·허주자사 곡환이 죽자 오소성이 군대를 보내 그 영역을 침범하기 시작하였다. 오소성의 반역이 노골화되었던 것이다. 그러자 9월 15일 덕종이 17개 번진에게 오소성 토벌을 명하였고 개전 초기에 당군이 약간의 승리를 거두었다. 하지만 같은 해 12월 당군은 대패하여 뿔뿔이 흩어지게 되었다. 이듬해(800) 2월 덕종이 하수절도사夏綏節度使 한전의韓全義[52]를 채주행영초토처치사蔡州行營招討處置使에 임명하여 당군을 총괄하게 하였다. 하지만 같은 해(800) 5월 또다시 당군이 대패하여 오소성에게 밀리게 되었다. 이런 중 오소성은 더 이상 싸워도 이익이 없다고 여겨 당조와 협상에 나섰고 같은 해(800) 10월 덕종이 오소성을 사면하면서 전쟁이 종결되

---

50 『元和郡縣圖志』 권9, 河南道5, 蔡州 조, "今爲蔡州節度使理所. 管州三, 蔡州·申州·光州"(237쪽).
51 정병준, 「唐 德宗 貞元 시기 淮西 藩鎭의 성격」, 386~395쪽.
52 吳廷燮, 『唐方鎭年表』1, 夏綏, 中華書局, 110~111쪽.

었다.⁵³ 이후 오소성은 덕종과 더 이상 충돌하지 않았고 정원 21년 (805) 3월 순종이 오소성에게 재상인 동중서문하평장사同中書門下平章事를 더해 주었다.⁵⁴

절도사가 재상을 겸한 것은 '사상使相'이라고 하여 최고의 지위를 나타냈다. 순종 시기의 사상은 유자劉滋, 위고韋皐, 이사고, 장무소張茂昭, 오소성 5인이었다. 이 중 유자·위고·이사고 3인은 덕종 시기에 사상이 되어 순종대까지 이어진 것이다.⁵⁵ 앞에서 본 『구당서』 이사고전에 "나는 3대에 걸쳐 나라의 은혜를 입었고 지위가 장상을 겸하였다"라고 할 때의 장상은 바로 사상을 가리키는 것으로 보인다.⁵⁶ 이사고와 오소성은 순종 시기에 최고의 지위와 권력을 가졌고 그런 만큼 당조는 그들의 동향에 대해 민감하게 반응하였을 것으로 생각된다.

앞에서 본 『문원영화』 권543, 잡주장雜奏狀에 수록된 「주차병마부허주구원병사선위장奏差兵馬赴許州救援幷謝宣慰狀」에서 "[오소성이] 신절을 버리고 역당과 제휴하여 고립된 성을 핍박하였다"(3302쪽)라고 할 때의 "역당과 제휴하여"라고 하는 것이 주목된다. 정원 15년 (799) 8월 오소성이 반란을 일으켜 진허를 공격할 때 연대한 세력은

---

53 정병준, 「唐 德宗 貞元 시기 淮西 藩鎭의 성격」, 399~408쪽.
54 『구당서』 권14, 순종본기, 정원 21년 3월 조, 406쪽; 『자치통감』 권236, 정원 21년 3월 조, 7612쪽.
55 『당회요』 권1, 帝號上, 덕종 및 순종 조, 9~10쪽. 이사고의 경우를 보면 『구당서』 권13, 덕종본기하, 정원 16년 6월 조, "鄆州李師古·淮南杜佑並加同平章事"(393쪽)라고 한다.
56 비슷한 용례로는 『자치통감』 권231, 덕종 흥원 원년(784) 11월 조, "[蕭]復獨留, 言於上曰, '陳少遊任兼將相, 首敗臣節, 韋皐幕府下僚, 獨建忠義'"(7449쪽); 同 권232, 정원 3년 3월 조, "[李]晟在鳳翔, …… 晟斂容曰, '司馬失言. 晟任兼將相, 知朝廷得失不言, 何以爲臣!'"(7483쪽) 등이 있다. 단 당대의 將相 용례가 모두 사상을 가리키는 것은 아니다.

선무절도사 유전량劉全諒이 유일한데, 유전량의 갑작스러운 사망(9월 9일)[57]으로 실제적 행동에는 이르지 못하였다.[58] 그럼에도 불구하고 "역당과 제휴하여 고립된 성을 핍박하였다"라고 하는 것은 다소 모순이 느껴진다. 오소성과 유전량의 연대는 그 자체만으로도 위협이 되었음을 나타내는 것으로 이해된다.

'당소식'에 전하는 오소성에 대한 정보는 순종이 즉위한 이후의 상황을 말한 것으로 보인다. 하지만 중국 문헌에는 해당 시기에 오소성이 특별한 행동을 하였다는 기록이 전하지 않는다. 만약 "갑병을 많이 양성하고 몰래 틈을 엿보았다"고 하는 것이 사실이라면 오소성도 순종이 즉위하였을 때 이사고와 마찬가지로 주변의 허점을 엿본 것이 된다. 하지만 중국 문헌에 관련 기록이 전하지 않는 것으로 보면 적극적 행동을 취한 것으로 보이지는 않는다. "몰래 틈을 엿보았다"고 한 것은 당조가 오소성을 매우 경계하였음을 나타내는 것일 수도 있다.

'당소식'에서 당 국내 정세에 대해서는 이사고와 오소성에 관한 내용이 전부이다. 해당 시기에 당 국내에 다른 문제가 전혀 없었던 것은 아니지만,[59] 견당사 일행이 두 사람의 움직임만을 보고한 것은 순

---

57 『구당서』 권13, 덕종본기하, 정원 15년 9월 庚戌 조, "宣武軍節度使·檢校工部尙書·汴州刺史劉全諒卒"(391쪽); 『자치통감』 권235, 정원 15년 9월 庚辰(戌?) 조, "宣武節度劉全諒薨"(7584쪽).
58 정병준, 「唐 德宗 貞元 시기 淮西 藩鎭의 성격」, 400~401쪽. 유전량과의 제휴는 오소성이 진허에 대한 공격을 개시하기 전에 이루어졌다. 또 뒤에 오소성이 당군(韓全義가 총괄)을 대파하자 山南東道節度使 于頔이 그 틈을 이용하여 세력을 넓히려고 하였지만, 오소성과 제휴했다는 기록은 보이지 않는다(같은 논문, 404~405쪽).
59 『신당서』 권7, 순종본기, 정원 21년 7월 조, "辛卯(24일), 橫海軍節度使程懷信卒, 其子執恭自稱留後"(206쪽); 『구당서』 권14, 순종본기, 정원 21년 7월 조, "癸巳(26일), 橫海軍節度使·滄州刺史程懷信卒, 以其子副使執恭起復滄州刺史, 橫海軍節度使. …… 乙未(28일), 詔, ……. 藩鎭屢上牋於皇太子(즉 李純), 指三豎(즉 李忠言·王伾·

종 시기에 두 번진의 동향이 그만큼 중요한 사안으로 인식되었음을 나타낸다.[60]

3. 당 왕조와 토번吐蕃의 관계

당 국내 정세에 이어서는 당과 토번의 관계에 관한 내용이 언급되어 있다. 먼저 당의 용무장군龍武將軍 설심薛伾을 매개로 전개된 양국의 관계이다.

> ○ 또 지난 정원 19년(803) [6월][61] 용무장군 설심을 파견하여 토번과 화친和親하였다. [설심이 토번에] 도착하자 구류[拘△]되어 복명復命할 수 없었다. 설심이 속여 말하길 "내가 화和하러 온 이유는 공주를 시집보내기 위함이다"라고 하자 토번이 즉시 설심을 돌려보내 아내를 맞을 수 있게 하도록 하였다[歸娶]. 천자가 화를 내며 말하길 "공주를 시집보내는 것[嫁娶]은 짐이 아는 바가 없다. 마땅히 다시 앞의 뜻을 알리도록 하라[廻允]. 만약 일을 이루지 못하면 돌아올 수 없다"라고 하였다. 설심이 다시 토번의 경계[界]에 이르렀으나 거부하여 안으로 들이지 않았기 때문에 지금도 여전히 양국 경계상에 머물

王叔文)之撓政, 故有是詔"(409쪽) 등.
60 견당사가 이사고에 대해 자세히 설명한 것은 산동반도에 대한 정보가 일본에게 중요하였기 때문이라는 견해도 있지만(小宮秀陵, 「8세기 新羅·渤海의 情報傳達과 日本의 對唐外交」, 137~138쪽), 논란의 여지가 있다고 생각된다.
61 『자치통감』 권236, 정원 19년 6월 조, "壬辰(13일), 遣右龍武大將軍薛伾使于吐蕃"(7601쪽).

고 있다(43쪽).

이때 설심이라는 인물은 중국 문헌에는 보이지 않는다. 하지만 야마우치 신지가 지적하듯이 그와 동일인으로 추정되는 인물이 있다. 즉 『구당서』 권146, 설비전薛伾傳에 의하면

> 설비는 승주자사勝州刺史 [설薛]환澴의 아들이다. 상보尚父 분양왕汾陽王 [곽자의郭子儀]가 불러 휘하에 두었는데, 이름이 제장諸將 사이에 드러났다. 좌복야左僕射 이규李揆가 서번西蕃에 사신으로 갈 때 설비가 장將이 되어 호송하였다. 그때 적적賊 [주朱]체泚의 난難이 일어나자 서융[昆夷]이 국난을 구하기 위해 왔는데, 설비가 말을 달리며 길을 안내하였다. 무공武功에 이르니 좌위위장군左威衛將軍에 탁수擢授되었다. 절역絶域에 사신 간 것이 전후에 서너 차례였고 누차 승진하여 좌금오위대장군·검교공부상서·겸장작감左金吾衛大將軍·檢校工部尚書·兼將作監에 올랐다. 외지로 나가 부방관찰사鄜坊觀察使가 되었다. [헌종] 원화 8년(813)에 그 관직에서 卒하니 노주대도독潞州大都督으로 추증되었다(3970쪽).

라고 하는데, 이때의 설비가 앞의 설심과 동일인으로 여겨지는 것이다.[62] 이규가 토번에 사신으로 간 것은 덕종 건중 4년(783) 7월로 이른바 '건중회맹建中會盟'[63]을 위한 것이다.[64] 그때 곽자의 휘하에 있었

---

62 山內晉次, 「遣唐使と國際情報」, 46~47쪽.
63 『구당서』 권12, 덕종본기상, 건중 4년 7월 조, "甲申, 以國子祭酒李揆爲禮部侍郎, 復其爵. 甲午, 以李揆爲左僕射·兼御史大夫, 爲入吐蕃會盟使"(336쪽); 『구당서』 권

던[65] 설비가 그 수행 군장이 되었던 것인데, 그 시기는 '하북삼진'과 평로 번진의 이납이 '사왕四王의 난'을 일으켜 당조와 대립하고 있던 때이다.[66] 그리고 이 상황에서 같은 해 10월 경원涇原의 병사들이 동쪽으로 이동하다가 장안에서 반란을 일으켜 주체를 대진황제大秦皇帝로 추대한 이른바 '경사涇師의 난'(혹은 '주체朱泚의 난')이 일어났다.[67]

그러자 토번이 구원을 위해 군대를 보냈고 그때 설비가 그 향도를 맡았다는 것이다. 스가누마 아이고菅沼愛語의 연구에 의하면 건중 4년 10월 주체의 난이 일어나자 같은 달 변경의 농우영전판관隴右營田判官 위고韋皐가 토번에 구원을 요청하고, 이어 이듬해인 흥원興元 원년(784) 정월에는 덕종이 최한형崔漢衡을 토번의 대상大相 상결찬尙結贊에게 보내 파병을 청하였다. 그때 당조는 '봉천맹서奉天盟誓'를 작성하여 사진四鎭과 북정北庭을[68] 토번에게 할양하고 매년 비

---

[123], 班宏傳, "尋除吏部侍郎, 爲吐蕃會盟使李揆之副"(3519쪽); 『자치통감』 권228, 건중 4년 7월 조, "甲申, 以禮部尙書李揆爲入蕃會盟使. 壬辰, 詔諸將相與區頗贊盟於[長安]城西"(7347쪽). 이규가 토번으로 간 것은 라사에서의 맹약을 위한 것이고, 임진일에 諸將에게 명한 것은 장안에서의 맹약을 위한 것인데, 이 모두를 '건중회맹'이라 부른다. 즉 菅沼愛語, 「7世紀後半から8世紀の東部ユーラシアの國際情勢とその推移 -唐・吐蕃・突厥の外交關係を中心に」, 溪水社, 2013, 123쪽, 288쪽 참조.

[64] 정병준, 「唐 德宗代 四王二帝의 亂과 그 限界」, 『동양사학연구』 137, 2016, 23쪽 참조.

[65] 곽자의는 안사의 난 직후인 천보 14년 11월 삭방절도사에 임명되어 반란 토벌에 큰 공을 세웠고, 대종 광덕 2년(764) 정월 다시 삭방절도사에 임명되었다가(吳廷燮, 『唐方鎭年表』 1, 朔方, 136~139쪽) 덕종이 즉위한 다음 달인 대력 14년(779) 윤5월 삭방절도사에서 파직되었다(이 책 제1부 제3장, 121~122쪽; 정병준, 「'四王의 亂' 이후 德宗의 藩鎭政策」, 『중국고중세사연구』 58, 2020, 230쪽). 그리고 그는 2년 후인 덕종 건중 2년(781) 6월에 85세로 사망할 때까지 군권을 맡지 않았다(穆渭生, 『郭子儀評傳』, 三秦出版社, 2000, 241~248쪽 등). 따라서 설비는 곽자의가 삭방절도사에서 파직된 후 다른 직책에 있다가 이규의 호송 군장이 되었을 수 있다.

[66] 사왕의 난이 일어난 것은 전 해인 건중 3년(782) 11월이다.

[67] 정병준, 「唐 德宗代 四王二帝의 亂과 그 限界」, 26쪽.

[68] 한편 『신당서』 권216하, 吐蕃傳下에는 "初, 與虜約, 得長安, 以涇・靈四州畀

단 1만필을 준다고 약속하였다. 2월 최한형이 출병을 재촉하였으나 상결찬은 파병을 위해서는 당의 관할 장수인 이회광李懷光의 서명이 필요하다고 하면서 출병을 거부하였고, 조정에 불만을 가졌던 이회광은 같은 달 반란으로 돌아섰다. 당조가 토번의 출병을 위한 이회광의 서명을 받지 못한 것은 두말할 나위도 없다. 하지만 얼마 후 최한형이 재차 출병을 요구하자 4월 토번의 논망라論莽羅는 당의 장수 혼감渾瑊과 함께 장안 서쪽에 위치한 무공의 무정천武亭川에서 주체의 군사 1만여 명을 참수하였고, 5월에는 기일을 정해 장안을 수복하겠다고 약속하였다.[69]

하지만 같은 달(5월) 주체가 토번에게 금백金帛을 뇌물로 주자 토번은 무공을 약탈한 후 철수하였다. 다행히 같은 달 당군의 이성李晟이 주체를 격파하여 장안을 수복하였다. 7월 덕종이 장안으로 돌아오자 토번이 봉천맹서의 이행을 요구하였다. 이에 당은 매년 비단 보내는 것만 들어주기로 하고 영토 할양은 거부하였다. 불만을 품은 토번은 이후 앞서 획정한 국경을 여러 차례 침공하였고, 정원 3년 (787) 윤5월에는 평량平涼에서 회맹하자고 하고 당의 사절단을 습격하여 사절 60여 명과 병사 500여 명을 살해하고 1천여 인을 잡아가는 사건을 일으켰다.[70]

같은 해(787) 9월 당 재상 이필李泌이 덕종에게 회흘回紇[71]·남조南

之"(6094쪽)라고 한다.
69 菅沼愛語,『7世紀後半から8世紀の東部ユーラシアの國際情勢とその推移』, 293~295쪽, 300~301쪽; 정병준, 「陸贄의「論緣邊守備事宜狀」에 대한 검토」,『중국고중세사연구』41, 2016, 257쪽 등.
70 菅沼愛語,『7世紀後半から8世紀の東部ユーラシアの國際情勢とその推移』, 301~304쪽, 307쪽, 315~319쪽. 관련 사료로는『신당서』권216하, 토번전하, 6094~6096쪽 (동북아역사재단 편,『신당서 외국전 역주』상, 동북아역사재단, 2011, 321~328쪽) 등이 있다.
71 『구당서』권195, 廻紇傳, 5195~5216쪽;『신당서』권217상·하, 回鶻傳上·下,

詔·대식大食과 연계하여 토번을 고립시키는 외교노선을 제안하여 대략 정원 9년(793)과 10년(794)까지 회흘·남조와의 연계가 실현되었다.[72] 반면 토번에서는 궁정의 내홍, 명재상 상결찬의 사망(796), 명군 적송덕찬赤松德贊[73]의 사망(797) 등이 이어지면서 당에 대한 공세가 약화되었다. 그 후 헌종 원화 12년(817)까지 눈에 띄는 전투가 거의 없고 양국 관계는 평온한 상태가 되었다. 원화 13년(818) 경부터 토번이 당의 서북 변경을 침공[74]하기도 하지만, 당의 수비체제가 충실하고 또 당·회흘·남조 간의 연계가 지속되면서 토번은 불리한 상황에 있었다. 그 결과 목종穆宗 장경長慶 원년(821) 토번이 당에 사신을 보내 화의를 청하여 마침내 같은 해 장안에서 회맹하고 이듬해(822) 라사에서도 회맹이 이루어졌다. 이것이 이른바 장경회맹이다. 이후 당과 토번 사이에는 거의 전투가 일어나지 않았고 이 화평관계는 9세기 중반 토번이 분열·붕괴할 때까지 지속되었다.[75]

그 사이 당에 대한 토번의 공세가 약해져 있던 정원 19년(803)에 앞의 '당소식'에 보이는 대로 용무장군 설비가 토번과 화친和親[76]하기 위해 파견되었다가 억류된 것으로 보인다. 용무군은 현종 개원

6111~6151쪽;『자치통감』 권233, 정원 4년(788) 10월 조, "回紇(사신단)至長安, [回紇合骨咄祿]可汗仍表請改回紇爲回鶻, 許之"(7515쪽). 정재훈,『위구르 유목제국사(744~840)』, 문학과지성사, 2005, 57쪽 참조. 이 글에서는 回紇로 통일하겠다.
72 정병준,「陸贄의「論緣邊守備事宜狀」에 대한 검토」, 258쪽.
73 재위는 756~797년이고, 치송데첸 또는 트리송데첸이라고 읽는다.
74 菅沼愛語,『7世紀後半から8世紀の東部ユーラシアの國際情勢とその推移』, 328쪽; 同,「九世紀前半の東部ユーラシア情勢と唐の內治のための外交 —吐蕃との長慶會盟·ウイグルへの太和公主降嫁の背景」,『史窓』73, 2016, 11~14쪽.
75 山內晉次,「遣唐使と國際情報」, 50~51쪽; 菅沼愛語,「九世紀前半の東部ユーラシア情勢と唐の內治のための外交」, 20쪽.
76 和親은 당의 공주를 시집보낸다는 뜻의 용례도 있지만, 문맥상 여기서는 화평을 의미한다.

26년(738) 겨울 만기萬騎가 명칭을 바꾼 것으로 금군의 하나였다.[77] 앞의 『구당서』 설비전에 의하면 설비는 토번군을 향도하여 무공에 이른 공으로 파격적으로 좌위위장군左威衛將軍에 제수되었다고 하는데, 그 뒤 용무장군으로 바뀐 상황에서 다시 토번에 파견된 것으로 짐작된다.[78]

정원 19년(803)에 설비가 파견된 구체적 이유는 명확하지 않지만, 토번이 그를 억류한 것은 아마도 당에 대한 이전의 감정이 작용한 때문이 아닐까 생각된다. 그러자 설비는 꾀를 내어 자신이 토번에 파견된 목적은 당의 공주를 시집보내기 위한 것이라고 하였는데, 토번이 즉시 설비를 돌려보내 양국의 혼인을 준비하게 하였다. 하지만 덕종은 그 이야기를 듣고 화를 내며 그런 말을 한 적이 없음을 토번에게 전하게 하였다. 설비가 다시 토번으로 갔으나 입경이 저지되었기 때문에 일본의 견당사가 당을 떠날 때까지 여전히 양국 경계상에 머물고 있었다는 것이다.

야마우치 신지는 이 사료의 신빙성을 확인하기 위해 그간에 당·회흘·토번 3대 세력이 어떤 관계에 있었는가를 비교적 상세히 고찰하였다. 그에 따르면 당 현종 천보 3년(744) 회흘이 돌궐을 멸망시키고 당 북방의 강자로 대두한 상황에서 천보 14년(755) 11월 안사의

---

[77] 『구당서』 권9, 현종본기하, 개원 26년 冬 조, "析左右羽林軍置左右龍武軍, 以左右萬騎營隸焉"(210쪽). 曾我部靜雄 저, 정병준 역, 「唐의 防秋兵과 防冬兵」, 『한국고대사탐구』 25, 2017, 417쪽; 林美希, 『唐代前期北衙禁軍研究』, 汲古書院, 2020, 70~72쪽, 146~156쪽 등 참조.
[78] 『책부원구』 권980, 外臣部, 通好, 정원 19년 5월 조, "吐蕃使論頰熱等至. 其年以右龍武將辥伾軍兼御史大夫使於吐蕃"(11514쪽); 『자치통감』 권236, 정원 19년 5월 조, "乙亥(26일), 吐蕃遣其臣論頰熱入貢"(7601쪽); 同, 6월 조, "壬辰(13일), 遣右龍武大將軍薛伾使于吐蕃"(7601쪽)이라고 한다. 이로 보건대 그때 설비는 우용무대장군이라는 직함을 지녔을 가능성이 크다고 생각된다.

난이 발발하자 당이 회흘에게 원군을 요청하였다. 이에 회흘의 갈륵가한葛勒可汗이 원군을 파병하니 반란 중인 숙종 건원 원년(758) 숙종이 딸 영국공주寧國公主를 가한에게 시집보냈다. 이어 이듬해(759) 모우가한牟羽可汗(등리가한登里可汗)이 즉위하자 난폭한 태도를 보이고 또 뒤이어 반란을 일으킨 사조의史朝義와 복고회은僕固懷恩을 지원하면서 한편으로 당에 대해 막대한 물자를 강요하였다. 그럼에도 불구하고 모우가한이 돈막하달간頓莫賀達干에게 살해되는 덕종 건중 원년(780)[79]까지 표면상 두 나라의 친선관계는 유지되었다. 같은 해 8월 돈막하달간이 무의성공가한武義成功可汗에 책립된 후 종래의 강압적 태도를 버리고 당에 사신을 보내 칭신하며 적극적으로 친선관계를 맺으려 하였다. 그리고 앞서 언급한 대로 덕종 정원 3년(787) 9월부터 토번을 고립시키는 외교정책이 추진되어 이듬해(788) 덕종의 딸인 함안공주咸安公主가 회흘 가한에게 시집가고 목종 장경 원년(821) 5월에는 목종의 여동생인 태화공주太和公主가 숭덕가한崇德可汗에게 시집갔다. 그러면서 두 나라는 큰 충돌 없이 대체로 평온한 관계를 유지하였는데, 이는 당이 토번을 고립시킨 것과 대조된다고 한다.[80]

또 야마우치는 토번과 회흘의 관계를 통해서도 정원 19년(803) 용무장군 설비가 토번으로 파견된 당시의 토번과 당 관계를 살필 수 있다고 한다. 즉 토번은 안사의 난을 틈타 당의 서방 영토를 침식하여 780년대에는 하서회랑河西回廊의 대부분을 점령하였다. 그러자

---

[79] 정재훈, 『위구르 유목제국사(744~840)』, 227~231쪽. 관련 기록은 『자치통감』 권226, 건중 원년 6월 조, 7282쪽에 보인다.
[80] 山內晉次, 「遣唐使と國際情報」, 51~53쪽. 또 菅沼愛語, 『7世紀後半から8世紀の東部ユーラシアの國際情勢とその推移』, 320~328쪽; 菅沼愛語, 「九世紀前半の東部ユーラシア情勢と唐の內治のための外交」, 14~19쪽 등 참조.

이듬해 이서북정절도사伊西北庭節度使 이원충李元忠과 사진절도유후 四鎭節度留後 곽흔郭昕이 회흘의 지배 영역을 통과하여 당에 연락을 취하는데 성공하였으나 그러면서 그들 지역은 회흘의 간접 지배하에 놓이게 되었다. 이후 토번과 회흘이 북정을 둘러싼 쟁탈전을 전개하였고 결국 회흘이 승리하였다. 이후, 회흘은 북정·서주西州를 중심으로 하는 천산天山 동부에서 동북부에 걸친 지역을 차지하고, 토번은 파미르에서부터 서역남도, 나아가 하서河西 지방에 걸친 지역을 차지하여 양자 사이에 세력균형이 이루어졌다. 이런 상황에서 장경 원년(821)과 2년(822)에 장경회맹이 체결되고 장경 2년(822)과 3년(823)에는 토번과 회흘 사이에도 회맹이 맺어진 것이다. 이는 삼자 간의 세력균형이 상호 회맹이라는 형식으로 보증된 것을 의미한다.[81] 삼자 간 균형관계의 형성과 토번의 고립화라는 상황 속에서 만약 당이 토번에게 혼인을 제안한다면 토번으로서는 바로 받아들였을 가능성이 충분하다는 것이 야마우치의 견해이다.[82]

당시 설비는 토번을 둘러싼 국제정세에 비교적 능통하였을 것으로 파악된다. 즉 『구당서』권146, 설비전에 보이듯이 그는 이규를 따라 토번으로 갔다가 주체의 난이 일어나자 토번의 군대를 안내하였으며, 이후에도 서너 차례 절역에 사신으로 갔고 또 헌종 원화 8년

---

[81] 근래의 연구에 의하면 장경회맹이 체결된 시기에 토번은 회흘만이 아니라 남조와도 각각 회맹을 체결하여 이른바 '四國 會盟'이 성립되었다고 한다. 즉 토번이 당의 포위망을 타파하기 위해 자신의 주도로 각국과 개별로 회맹을 맺었다는 것이다. 또한 토번은 당의 방해를 받지 않기 위해 회흘 및 남조와는 비밀리에 회맹을 진행하여 당조가 이 사실을 알지 못했기 때문에 중국 문헌에는 '사국 동맹'에 관한 기록이 남아있지 않다고 한다(岩尾一史, 「古代チベット帝國の外交と「三國會盟」の成立」, 『東洋史硏究』72-4, 2014, 3~19쪽, 27쪽; 菅沼愛語, 「九世紀前半の東部ユーラシア情勢と唐の内治のための外交」, 2~3쪽, 21쪽).

[82] 山內晉次, 「遣唐使と國際情報」, 54~56쪽.

(813) 4월 토번과 대치하는 부방관찰사에 임명된 것[83]이 그것을 뒷받침한다. 설비는 당시 토번의 처지를 정확하게 간파하여 공주 혼인이라는 거짓말로 궁지에서 벗어나려 한 것이라고 한다.[84] 실제로 거짓말을 통해 설비가 실제로 토번을 벗어난 것 자체가 그러한 가능성을 뒷받침한다고 하겠다.

당과 회흘의 결혼 동맹에 대해 토번이 민감하게 반응한 것은 다른 사실을 통해서도 확인된다. 즉 목종 장경 원년(821) 5월 태화공주가 회흘로 시집갈 때 토번이 혼인을 방해하기 위해 군대를 동원하였다.[85] 이는 당과 회흘의 혼인이 토번에게 불리함을 느끼게 한 때문이라 할 수 있다.

이러한 것을 바탕으로 야마우치는 당 조정이 화번공주를 시집보내려고 한다는 설비의 거짓말로 인해 전개된 일련의 과정은 중국의 문헌에 전하지 않는 귀중한 사료라고 말한다. 그리고 이를 전제로 '당소식'에 뒤이어 보이는 다음 구절을 해석한다.

---

83 『구당서』 권15, 헌종본기하, 원화 8년 4월 조, "以將作監薛伾爲鄜坊觀察使"(445쪽); 『문원영화』 권408, 中書制誥, 「授薛伾鄜坊觀察使制」(白居易), 2070쪽; 『白居易集箋校』 5(권55), 翰林制詔2, 「薛伾鄜坊觀察使制」, 上海古籍出版社, 3188~3189쪽. 그 전의 기록으로는 『구당서』 권14, 헌종본기상, 원화 3년 4월 조, "中使郭里旻酒醉犯夜, 杖殺之, 金吾薛伾·巡使韋繟皆貶逐"(425쪽)이 보인다.

84 山内晋次, 「遣唐使と國際情報」, 56~57쪽. 山内는 이러한 내용을 요약하여 "당·토번·회흘 세력이 균형을 이루고 또한 그 가운데 토번이 고립화되고 있다는 당시 국제정세를 정확히 인식한 설비는 구류에서 벗어나기 위한 궁여지책으로 당이 공주를 시집보낸다는 거짓말을 하면 토번이 그 말을 바로 받아들여 자신이 귀국할 가능성이 높다고 계산하였을 것으로 생각된다"(57쪽)라고 한다.

85 『자치통감』 권241, 장경 원년 5월 조, "癸亥, 以太和長公主嫁回鶻. 公主, 上之妹也. 吐蕃聞唐與回鶻婚, 六月 辛未, 寇青塞堡, 鹽州刺史李文悅擊却之. 戊寅, 回鶻奏, '以萬騎出北庭, 萬騎出安西, 拒吐蕃以迎公主'"(7791~7792쪽). 단, 실제 공주가 장안을 출발한 것은 같은 해 7월이다(같은 책 권242, 같은 해 7월 조, 7796쪽).

○ 작년(804) 12월 토번 사신 등이 본국으로 돌아갔다. 그 연유를 알아보니 공주를 취하는 일에 있었다. 천자가 화를 내며 들어주지 않자 이로 인해 하정賀正에 모이지[會] 않았던 것이다(43쪽).

즉 정원 20년(804) 당으로 온 토번 사신이 공주와의 결혼 이야기가 진척되지 않자 이듬해 정월의 원회의례[86]에 참가하지 않고 그해 12월 본국으로 돌아갔다는 내용인데, 토번이 당 공주와의 결혼에 대한 기대가 컸던 데 따른 반발로 이해된다는 것이다.[87] 일본의 견당사는 정월 21년(805) 정월 설날 아침 대명궁大明宮 함원전含元殿에서 개최된 원회의례에 함께 참가하였기 때문에[88] 해당 기사는 토번 사신이 의례에 불참한 것을 확인한 후 보고한 귀중한 사료라고 한다.[89]

앞에서 설비가 덕종의 명으로 화번공주 건을 처리하기 위해 다시 토번으로 간 것을 보았다. 이 사실을 직접 전하는 중국 사료는 없지만, 이와 관련하여 『책부원구』 권980, 외신부外臣部, 통호通好, 정원 20년(804) 5월 조의 다음 기사가 주목된다.

비서감·사관수찬秘書監·史館修撰 장천張薦을 공부시랑·겸

---

86 渡邊信一郎, 『천공의 옥좌』, 129~161쪽 등.
87 山內晉次, 「遣唐使と國際情報」, 57쪽. 여기서 山內는 토번이 정원 20년 12월에 당에 왔다고 하는데, 12월인지 아니면 그 전인지는 명확하지 않다.
88 渡邊信一郎, 『천공의 옥좌』, 12쪽. 일본의 견당사는 같은 해 정월 23일 덕종의 죽음 및 그에 따른 일련의 과정을 직접 목도하고 상례도 행하였다.
89 山內晉次, 「遣唐使と國際情報」, 57쪽. 설비를 매개로 전개된 일련의 과정에 관한 기록이 중국 문헌에는 전하지 않는 귀중한 사료라고 한 山內의 견해에 대해서는 菅沼愛語도 동의하고 있다(『7世紀後半から8世紀の東部ユーラシアの國際情勢とその推移』, 327쪽).

어사대부·의전사관수찬·지절·조증토번工部侍郎·兼御史大夫·依前史館修撰·持節·弔贈吐蕃에 임명하고, 좌금오위장군左金吾衛將軍 설경薛俓을 검교공부상서·겸우금오위장군·겸어사대부·지절·화토번和吐蕃에 임명하였다(11514쪽).

야마우치가 지적하듯이 이때 화토번사에 임명된 설경은 설비일 가능성이 크다. 토번에서는 정원 13년(797)과 14년(798)에 찬보贊普(즉 군주)가 연이어 사망하였으나 정원 20년(804)에 이르러서야 당에 알렸고, 이에 당조가 장천을 조증토번사弔贈吐蕃使에 임명하면서 설경을 화토번사로 파견하였던 것이다. 또 장천의 부사副使로 따라간 여온呂溫[90]이 쓴 「대도감사주토번사의장代都監使奏吐蕃事宜狀」에 "[토번의] 기리서綺里徐 등이 신으로 하여금 설비와 함께 토번의 사신을 데리고 귀국하여 일을 상주하게 합니다"[91]라고 하므로 당시 설비는 장천 일행과 함께 행동하였음을 알 수 있다. 이러한 것은 설경이 설비와 동일인이라는 것을 나타낸다. 또한 토번이 설비 등에게 당으로 돌아가게 한 것은 앞의 '당소식'에서 "설심이 다시 토번의 경계[界]에 이르렀으나 거부하여 안으로 들이지 않았다"라는 것을 말하는 것으로 볼 수 있다. 하지만 천자가 화를 내며 설비를 다시 토번으로 보내며 일을 완수하지 못하면 돌아오지 못하게 하였기 때문에 견당사가 당을 떠나던 시점까지 설비는 양국 경계상에 머물고 있었던 것이라 하겠다.[92]

---

90 『신당서』 권160, 呂溫傳, "以侍御史副張薦使吐蕃, 會順宗立, 薦卒於虜. …… 溫在絶域不得遷, 常自悲"(4967쪽).
91 『呂和叔文集』 권5, 四部叢刊正編 35, 법인문화사, 34쪽.
92 山內晉次, 「遣唐使と國際情報」, 58~60쪽.

'당소식'에서는 설비를 매개로 전개된 당과 토번의 관계를 서술한 후 다음과 같이 토번에 대해 언급하고 있다.

○ 그 토번은 장안 서북에 있으면서 자주 병사를 일으켜 중국을 침략하였다. 지금의 장안성은 토번 경계와 500리 거리에 있다(43쪽).

안사의 난으로 당의 하서·농우 군사력이 약해진 틈을 타 토번이 당의 영토를 차례로 점령하여 덕종 초기 무렵에는 그들 지역을 완전히 차지하였다. 게다가 앞의 견당사가 입당하기 직전인 정원 14년(798)·16년(800)·17년(801)에는 토번이 염주鹽州를 침입하였다. 야마우치는 이러한 것을 바탕으로 토번이 "자주 병사를 일으켜 중국을 침략하였다"고 한 것은 정확한 정보라고 하고, 또 『원화군현도지元和郡縣圖志』권2, 관내도關內道, 농주隴州 조에 보이는 기록[93]을 바탕으로 "지금의 장안성은 토번 경계와 500리 거리에 있다"라는 것도 정확한 정보라고 하는데,[94] 모두 타당한 견해이다.

'당소식'의 마지막에는 당이 처한 상황을 총괄하여 머리말에서 인용한 구절을 언급하고 있다.

○ 안으로 절도사를 의심하고 밖으로 토번을 혐오함으로 인해 경사京師가 동요하여 잠시도 편할 날이 없었다.

---

93 『元和郡縣圖志』권2, 關內道, 隴州 조, "東至上都四百六十五里. …… 汧源縣, 上, 郭下. … 隴山, 在縣西六十二里"(中華書局, 44~45쪽). 즉 주 치소가 있던 견원현은 장안에서 465리, 토번과 당의 경계로 보이는 농산은 개원현에서 서쪽으로 62리, 장안에서는 서쪽으로 527리에 있었다.
94 山內晉次, 「遣唐使と國際情報」, 48~49쪽.

이 정보가 타당하다면 당은 절도사와 토번으로 인해 매우 불안정한 상황에 있었던 것이 된다.[95] 덕종 시기의 절도사 문제는 크게 '사왕의 난'을 경계로 두 시기로 나누어 볼 수 있다. 그 전기에는 덕종과 할거 번진들이 정면으로 충돌하여 덕종이 완패를 하였고, 후기에는 덕종이 번진들에게 더 이상 강경책을 펼치지 못하고 번진들은 전성기를 구가하였다. 하지만 그 후기에도 덕종은 할거 번진을 제외한 일반 번진들에 대해 여러 억제정책들을 추진하여 나름의 성과를 거두었다. 또 이 시기에 번진 간에 충돌이 발생하면 덕종이 개입하여 대부분 잘 수습하였다.[96] 앞에서 언급한 대로 이사고가 덕종의 사망을 틈타 의성 번진을 엿본 것도 실제 군사행동에 돌입한 것이 아니며 순종의 즉위 소식과 조정의 회유[97]에 따라 바로 철회하였다. 오소성의 경우에도 정원 16년(800) 10월 덕종이 관작을 회복시킨 후 더 이상 충돌을 일으키지 않았고 견당사가 귀국하기 직전인 정원 21년(805) 3월에는 순종이 오소성의 지위를 높여 동중서문하평장에 제수하였다.[98] 이러한 사실은 '당소식'의 마지막 구절과는 조금 다르다. 즉 당시의 번진 상황이 과연 마지막의 해당 구절만큼 당조에게 엄중하였을까 하는 의문이 드는 것이다.

---

95 小宮秀陵, 「唐 憲宗代의 對藩鎭政策과 國際關係」, 『중국고중세사연구』 36, 2015, 349~351쪽, 372쪽에서는 '당소식'의 이 구절 등을 인용하면서 "일본은 번진의 반란에 휘말리지 않았으므로 번진 문제란 唐 내부에서 일어난 문제에 불과하였을 것이다"라고 하지만, 견당사가 과연 內外 문제를 명확하게 분리하여 판단하였을까 하는 생각이 든다.
96 이 책 제2부 제2장, 231쪽, 236쪽; 이 책 제3부 제1장, 241쪽, 270쪽; 정병준, 「'四王의 亂' 이후 德宗의 藩鎭政策」, 219쪽, 252~253쪽.
97 이 책 제3부 제1장, 260쪽.
98 오소성이 불온한 태도를 보였음에도 당조가 그를 달래기 위해 관직을 주었을 수도 있다. 하지만 그렇다고 해도 평장사가 제수된 것으로 보면 그다지 심각한 상황은 아닌 것으로 보인다.

해당 시기 토번 문제도 과연 그렇게 심각하였을까 하는 생각이 든다. 앞에서 언급하였듯이 정원 3년(787) 9월 재상 이필이 회흘·남조·대식과 연계하여 토번을 고립시키자는 제안을 하여 대략 정원 9년(793)과 10년(794)까지 회흘·남조와의 연계가 실현되었다. 또 토번은 국내적으로 불안한 정국이 이어지면서 당에 대한 공세를 약화시키지 않을 수 없었고 그에 따라 양국 관계는 비교적 평온한 상태를 유지하였다. 목종 장경 원년(821) 토번의 제안으로 마침내 장경회맹이 이루어졌고 이 형세는 9세기 중반 토번이 분열·붕괴할 때까지 지속되었다. 이러한 경과로 볼 때 805년 당시 토번의 위협이 그렇게 심각했다고는 생각되지 않는다.

그렇지만 견당사는 이사고·오소성의 행동과 토번 문제를 매우 심각하게 인식하였던 것인데, 그 이유는 무엇일까. 견당사의 '당소식'은 당 조정의 인식을 그대로 받아들인 것으로 보인다. 사왕의 난 이후 덕종과 번진은 표면적으로 비교적 안정된 관계를 유지하였음에도 불구하고,[99] 그 내면에는 여전히 긴장이 유지된 것일까. 만약 그렇다면 앞에서 "일반 번진들에 대해서는 여러 가지 억제정책을 추진하여 나름의 성과를 거두었다. 또 이 시기에 번진들 간에 충돌이 발생하면 덕종이 개입하여 대부분 잘 수습하였다"라고 하는 논지는 조금 조정되어야 할 필요가 있다. 아울러 토번 문제도 비슷한 상황일 가능성을 배제할 수 없다.

하지만 필자가 이전에 이사고와 오소성의 행동에 관해 비교적 상세히 고찰한 결과에 의하면,[100] '당소식'에 보이는 당 국내의 긴장관

---

[99] 물론 정원 15년(799) 8월부터 이듬해(800) 10월까지 펼쳐진 오소성과 당조의 충돌을 간과하는 것은 아니다.
[100] 지금까지 인용해 온 이 책 제3부 제1장; 정병준,「唐 德宗 貞元 시기 淮西 藩鎭의

계를 그대로 받아들이기 어렵다. '당소식'에 전하는 불안정한 상황은 어쩌면 인식의 문제가 아닐까라고 생각된다. 즉 실제에 있어서는 이사고 등이 특별한 행동을 취하지 않았지만, 그들이 언제든 돌발 행동을 취할 수 있다는 잠재적 불안감이 당 조정에 있었는데, 이를 견당사가 확대 인식하여 일본 조정에 보고한 것일 수 있다. 실제가 아닌 과장이 있다는 것이다. '당소식'에 적지 않은 오류가 있는 것도 그러한 가능성을 더해 준다. 그리고 여기에는 새로 즉위한 순종이 건강상 이유로 국정을 제대로 수행하지 못하는 특수한 상황이 상당한 작용을 한 것으로 보인다. 즉 순종의 건강 문제는 그 자체로 조정에 적지 않은 불안감을 느끼게 하였고, 이것이 국내외 상황을 실제 이상으로 불안하게 인식하도록 만들었다는 것이다.

소결

'당소식'에 보이는 당국 정보를 분석한 결과 대부분은 정확하지만, 정확하지 않는 것도 적지 않았다. 전자의 예로는 순종의 자녀가 40여 명이라는 것, 황태자 이순(훗날 헌종)의 나이가 28세였다는 것, 이사고 일가에 대한 여러 정보들, 설비薛伾를 매개로 전개된 당과 토번의 관계에 관한 사실 등이 있는데, 이 중에는 역시 중국 사서에 전하지 않는 귀중한 자료들도 있다. 후자의 예로는 덕종의 아들이 한 명이라고 한 것, 순종의 모친 왕씨를 황태후로 칭한 것, 이사고가 청주자사를 겸했다고 한 것, 이사고가 50만 병사를 양성하였다고 한

성격 −吳少誠의 태도를 중심으로」라는 논문을 말한다.

것 등이 있다. 그리고 야마우치 신지의 고증 가운데 동의하기 어려운 것도 있다. 예들 들면 이사고를 위로하기 위해 팽희천彭希倩이 파견되었다고 하지만, 거희천巨希倩이 맞다고 생각된다.

'당소식'의 마지막 부분에서 당의 국내외 상황을 총괄하여 "안으로 절도사를 의심하고 밖으로 토번을 혐오함으로 인해 경사京師가 동요하여 잠시도 편할 날이 없었다"라고 하지만, 이사고와 오소성에 관한 최근의 연구 결과에 의하면 당시의 번진 상황이 그렇게 엄중한 것으로 보이지는 않는다. 또 토번 상황도 그렇게 심각하지 않았다.

그럼에도 불구하고 견당사가 이사고·오소성의 행동과 토번 문제를 매우 엄중하게 인식한 이유는 무엇일까. '당소식'에 전하는 불안정한 상황은 인식의 문제가 아닐까라고 생각된다. 즉 실제에 있어서는 이사고 등이 특별한 행동을 취하지 않았지만, 당 조정 안에 그들에 대한 잠재적 불안감이 있었는데, 이를 견당사가 확대 인식하였다는 것이다. '당소식'에 적지 않은 오류가 있는 것도 그러한 가능성을 더해 준다. 여기에는 새로 즉위한 순종이 건강상 이유로 국정을 제대로 수행하지 못한 특수한 상황이 상당한 작용을 한 것으로 보인다. 즉 순종의 건강 문제는 그 자체로 조정에 적지 않은 불안감을 느끼게 하였고, 이것이 국내외 상황을 실제 이상으로 불안하게 인식하도록 만들었다는 것이다.

제4부

평로절도사 이사도와 헌종의 결전

제1장

헌종憲宗 전기의 번진개혁과 평로절도사 이사도

안사의 난을 기점으로 당조의 권위는 크게 추락하고 각지에서 번진들이 세력을 떨치는 시대가 도래하였다. 특히 관할 지역을 사실상 독립적으로 지배하면서 번수藩帥를 스스로 세습하던 이른바 '할거번진'들은 덕종의 번진정책에 반발해 함께 연대하여 덕종을 굴복시키기도 하였다. 이러한 번진들의 분권적 추세를 되돌려 중앙집권력을 크게 회복한 황제가 바로 왕조 중흥中興의 영주英主로 불리는 헌종이다(재위 805~819). 그의 번진개혁으로 이후 당조는 약 100년 가까운 시간 동안 더 존속할 수 있게 되었다.

헌종의 번진개혁에 관해서는 지금까지 많은 연구가 나와 있고[1] 필

---

[1] 日野開三郎, 『支那中世の軍閥 －唐代藩鎭の成立と盛衰』(『日野開三郎 東洋史學論集』 1, 三一書房, 1980), 98~104쪽, 135~146쪽; 谷川道雄, 「唐代の藩鎭について －浙西

자도 그 과정과 성격에 대해 여러 차례 언급한 바 있다.[2] 즉 그 번진 개혁은 원화元和 10년(815) 정월 할거 번진인 회서淮西 오원제吳元濟에 대한 토벌 개시 시점을 기준으로 전기와 후기로 구분할 수 있다. 전기는 덕종이 번진들을 한꺼번에 개혁하려다가 대패한 것을 거울 삼아 기존의 할거 번진에 대해서는 신중하게 접근하면서도 새로 반역을 꾀하는 번진에 대해 즉시 토벌을 명해 연이어 성공을 거두었고, 후기는 전기의 성공을 기반으로 마침내 할거 번진들에 대한 본격적인 토벌을 명해 순차적으로 굴복시켰다고 할 수 있다.[3]

다만 헌종의 번진 개혁과정을 더 자세히 살펴보면 할거 번진과 새로 반란을 꾀한 번진을 과연 명확하게 구분하여 정책을 펼친 것일까

の場合」,『谷川道雄中國史論集』下卷, 汲古書院, 2017; 粟美玲, 「唐憲宗與元和中興」, 『廣西民族學院學報』1989-4; 卞師軍·王瑞平, 「淺論唐憲宗平定藩鎭割據的策略」, 『黃淮學刊』1991-2; 李天石, 『唐憲宗』, 吉林文史出版社, 1995; 李天石, 「略論唐憲宗平定藩鎭的歷史條件與個人作用」, 『浙江師大學報』2001-6; 李煥靑, 「唐憲宗朝藩鎭政策初探」, 『昭烏達蒙族師專學報』1984-1; 李煥靑, 「唐憲宗中興與藩鎭政策」, 『內蒙古社會科學』2001-3; 味滄, 「略論唐憲宗與元和中興」, 『揚州師院學報』1982-Z1; 趙映林, 「唐憲宗效法先祖中興唐王朝」, 『文史天地』2020-7; 肯木, 「唐憲宗與元和中興」, 『文史雜志』2021-3; 許超雄, 「元和削藩與唐憲宗時期的財政二元格局」, 『中國社會經濟史研究』2019-4; 찰스 피터슨, 「중흥의 완성: 憲宗과 藩鎭」, 아서 라이트·데니스 트위체트 엮음, 위진수당사학회 역, 『唐代史의 조명』, 아르케, 1999 등.

2 鄭炳俊, 「唐後半期の地方行政體系について −特に州の直達·直下を中心として」, 『東洋史硏究』51-3, 1992, 80~81쪽; 鄭炳俊, 「唐代の觀察處置使について −藩鎭體制の一考察」, 『史林』77-5, 1994, 58~60쪽; 정병준, 「李師道 藩鎭의 滅亡에서 張保皐의 登場으로」, 『대외문물교류연구』2, 2003; 정병준, 「李正己 一家 藩鎭과 高沐 −온건파와 강경파의 내부분열과 대립」, 『역사학보』2003; 정병준, 「唐 穆宗代 河北三鎭의 叛亂과 山東 藩鎭」, 『중국사연구』33, 2004, 71~72쪽; 정병준, 「李師道 藩鎭의 滅亡과 郭昈」, 『중국학보』52, 2005 등.

3 정병준, 「李師道 藩鎭의 滅亡에서 張保皐의 登場으로」, 193~197쪽; 정병준, 「李師道 藩鎭의 滅亡과 郭昈」, 249~261쪽 등. 한편, 할거 번진과 기타 번진을 구분하는 정책은 앞선 '四王의 난' 이후의 덕종 시기에도 행해졌다. 즉 이 책 제2부 제2장, 205~207쪽; 정병준, 「'四王의 亂' 이후 德宗의 藩鎭政策」, 『중국고중세사연구』58, 2020, 219쪽 등.

라는 의문이 들기도 한다. 특히 헌종 전기에 있어서 할거 번진인 평로·성덕成德·회서가 각각 스스로 번수를 계승한 후 조정에 정식 임명을 요구하였을 때 헌종의 대응이 달랐기 때문이다. 즉 평로의 이사도李師道에 대해서는 결국 세습을 용인한 반면, 성덕의 왕승종王承宗에 대해서는 토벌을 명했다가 실패하였고, 회서에 대해서는 한번은 용인하고(오소양吳少陽) 한번은 토벌을 명하였던(오원제) 것이다. 이로 보면 헌종 전기의 번진정책이라는 것도 다소 복잡하고 다양한 문제를 안고 있었다고 할 수 있다.

이 장은 영정永貞 원년(805) 8월 헌종이 즉위하고 이듬해인 원화 원년(806) 윤6월 이사도가 평로 번진을 계승한 때로부터 오원제 토벌이 시작된 원화 10년(815) 정월에 이르는 시기의 헌종과 이사도의 관계에 초점을 맞추어 해당 시기 번진정책의 성격을 재음미해 보려는 것이다. 이 시기는 아직 번진정책이 완전히 정립되지 못한 것으로 보이지만, 그런 만큼 당시 번진체제가 안고 있던 모순이 잘 드러난다고 생각된다.

1. 헌종의 즉위와 서천西川 유벽劉闢의 반란

영정 원년(805) 8월 헌종이 즉위하자 그 직후 조정에 대해 세습을 요구하는 번진이 나타났다. 즉 같은 달 서천절도사西川節度使 위고韋皐가 죽은 직후 부하 유벽이 스스로 절도유후節度留後(유후는 임시 책임자)가 되어 조정에 절도사로 임명해 주길 요구한 것이다.『구당서』권140, 유벽전에 의하면 "영정 원년 8월 위고가 죽자 유벽이 스스로 서천절도유후가 되어 성도장교成都將校를 거느리고 [헌종에게] 표表를 올려 절월節鉞을 내려주길 청하였다"(3826쪽)라고 하고, 『신당서』권158, 유벽전에서는 "위고가 죽자 유벽이 후무後務(즉 유후의 업무)를 주관하며 제장諸將에게 모절旄節을 요구하도록 사주하였다"(4938쪽)라고 한다.

당시 유벽의 직함은 지탁부사支度副使였는데,[4] 지탁사는 절도사가 겸임하던 사직使職으로 번진의 재정을 조달하는 직무를 지녔다.[5] 또 『구당서』권140, 유벽전을 보면 "[덕종] 정원貞元 연간에 진사進士에 급제하고 굉사宏詞에 등과登科하였다"(3826쪽)라고 하고, 『신당서』권158, 유벽전에서는 "진사와 굉사과宏詞科에 급제하여 위고의 부府를 보좌[佐]하고 어사중승御史中丞·지탁부사로 승진하였다"(4938쪽)라고 한다. 여기서 굉사과는 황제가 시행하는 제거制擧로 보이는데, 특별한 인재가 아니면 합격하기 어려웠다.[6] 이로 보면 유벽은 재능을 인정받은 문관이었다.

할거 번진의 경우에는 대개 번수의 아들이나 군권을 가진 자가 번진을 계승하였다. 이에 비해 유벽은 위고의 일족도 아니고 군권도 없는 상황에서 곧바로 번진을 장악하여 세습을 요구한 것이어서 매우 이례적으로 느껴진다.

그렇다면 유벽이 반역적 행동에 나선 배경은 무엇일까. 앞서 위고는 21년 동안 서천을 다스리면서 많은 변공邊功을 세운 것[7]을 바

---

4 『자치통감』권236, 영정 원년 8월 조, 7620쪽.
5 齊勇鋒,「度支使與支度使」,『歷史硏究』1983-5, 78쪽; 卞孝萱,「唐代的度支使與支度使 -新版舊唐書校勘記之一」,『中國社會經濟史硏究』1983-1, 59쪽.
6 정병준,「唐 後期의 吏部銓選과 官途의 多邊化」,『신라문화제학술발표회논문집』19, 1998, 166쪽.
7 趙文潤,「論韋皋」,『人文雜志』1984-5, 91~92쪽; 王永興,「論韋皋在唐和吐蕃·南詔關係中的作用」,『唐代後期軍事史略論稿』, 北京大學出版社, 2006, 54~72쪽 등.

탕으로 주변의 두 번진을 더 관할하기 위해 은밀히 조정의 실권자와 거래를 시도하였다. 그때 조정으로 파견된 인물이 유벽이었는데, 『구당서』 권140, 위고전을 보면

> [정원 21년(805) 정월] 순종順宗이 즉위하여 [3월] 검교태위檢校太尉를 더해주었다. 순종이 오랫동안 병을 앓아 임조臨朝하여 정사를 볼 수 없자 환관 이충언李忠言, 시기대조侍棋待詔 왕숙문王叔文, 시서대조侍書待詔 왕비王伾 등 3인이 자못 국정에 간여하여 모든 것을 자신들이 결정하였다. 이에 위고가 지탁부사 유벽을 경사京師로 보내자 유벽이 사사로이 왕숙문을 만나 "태위께서 나로 하여금 족하足下에게 정성을 다하게 하였다. 만약 모某에게 검남삼천劍南三川을 모두 관할하게 해주면 필히 보답이 있을 것이다. 하지만 이를 유의하지 않으면 또한 대가가 있을 것이다"라고 하였다. 왕숙문이 대노하여 장차 유벽을 참수하여 두루 보이려 하였으나 [재상] 위집의韋執誼[8]가 그만두게 하였다. 유벽이 이에 몰래 돌아갔다.[9]

라고 한다. 당시 유벽은 위고의 두터운 신임을 받은 것이 분명하다. 나아가 위고는 조정의 대권大權 문제에까지 관여하였다. 즉 『구당서』 권140, 위고전을 계속 보면

---

8 『자치통감』 권236, 순종 정원 21년 2월 조, "以吏部郞中韋執誼爲尙書左丞·同平章事. 王叔文欲掌國政, 首引執誼爲相, 己用事於中, 與相唱和"(7608쪽).
9 『신당서』 권158, 위고전, "會王叔文等干政, 皋遣劉闢來京師謁叔文曰, '公使私於君, 請盡領劍南, 則惟君之報. 不然, 惟君之怨', 叔文怒, 欲斬闢, 闢遁去"(4936쪽).

위고는 인정人情이 왕숙문을 따르지 않고 또 위집의와 틈이 있다는 것을 알고 자신이 대신大臣으로서 사직 대계大計를 논할 수 있다고 생각하고 이에 표를 올려 황태자 감국監國을 청하며 …… 라고 하였다. 또 황태자에게 전牋을 올려 …… 라고 하니 태자가 우령優令을 내려 답하였다. 그리고 배균裵均·엄수嚴綬의 전표牋表가 계속 이르자 이로 말미암아 정치가 태자에게 돌아가고 왕비와 왕숙문의 당黨이 모두 쫓겨났다. 이해에 폭질暴疾로 죽었다(3824~3826쪽).

라고 한다. 『자치통감』에 의하면 위고가 황태자 감국을 청한 것은 정원 21년 6월이고, 같은 내용의 전표를 올린 배균은 형남절도사荊南節度使, 엄수는 하동절도사河東節度使였다.[10] 런스잉任士英에 의하면 태자 감국을 가장 먼저 건의한 것은 위고였고, 또 절도사들이 태자 감국을 청한 배후에는 환관들이 있었다고 한다.[11] 같은 해 7월 환관 구문진俱文珍의 압력으로 마침내 황태자(즉 헌종)가 감국에 임하였다가[12] 8월 황제로 즉위하였던 것이다. 위고가 황태자 감국을 청하는 과정에 있어서도 유벽이 일정한 역할을 하였을 것으로 생각된다.

그동안 서천 번진은 비록 무장들의 반란이 자주 일어났고[13] 위고

---

10 『자치통감』 권236, 정원 21년 6월 조, 7616쪽. 任士英 저, 류준형 역, 『황제들의 당제국사』, 푸른역사, 2016, 280~281쪽.
11 『자치통감』 권236, 정원 21년 6월 조, 7616쪽. 任士英, 『황제들의 당제국사』, 280~281쪽.
12 『신당서』 권7, 순종본기, 정원 21년 7월 조, 206쪽; 『자치통감』 권236, 정원 21년 7월 조, 7619쪽.
13 염경이, 「唐 德宗代, 唐詔關係와 劍南西川節度使의 外交的 役割」, 『중국사연구』 114, 2018, 42~47쪽 등 참조.

도 서천을 자의적으로 다스렸지만,[14] 할거 번진들과는 근본적으로 달랐다. 그럼에도 불구하고 유벽이 정면으로 반란을 일으킨 것인데, 여기서 먼저 상기되는 것은 헌종 즉위까지 불안정했던 조정의 상황이다. 선제先帝인 순종은 영정 원년(805) 8월에 즉위하였지만, 전 해 9월부터 풍질에 걸려 말을 할 수 없었고 부친 덕종이 병에 걸린 상황에서도 병으로 그 시봉을 하지 못하였다. 덕종은 점점 위독해지면서 태자(즉 순종)가 보고 싶은 마음에 오래도록 눈물을 흘리기도 하였다고 한다.[15] 그리고 덕종이 죽자 조야朝野가 큰 위기감에 휩싸이게 되었는데, 『구당서』 권14, 순종본기 정원 21년 정월 조에 의하면

> 덕종이 서거하여 발상하자 인심[人情]이 떨며 두려워하였다. 황제가 병든 몸으로 상복을 입고 구선문九仙門(즉 대명궁大明宮 서쪽의 세 문 중 북쪽 문)에서 백관을 접견하였다. 황제에 오르자 사직에 주인이 있음을 알고 중외中外가 비로소 안심하였다(405쪽).

라고 한다. 여기서는 순종이 백관을 만나자 중외가 안심하였다고 하지만, 순종의 병세는 호전되지 않았다. 즉 앞의 『구당서』 권140, 위고전에 보이듯이 순종이 오랫동안 병으로 정사를 볼 수 없자 이충언·왕숙문·왕비 등이 국정을 좌우하였던 것이다.

더구나 당시는 국내적으로 번진이 세력을 떨치고 대외적으로는 특히 토번吐蕃이 위협을 가하고 있었다. 일본 견당사遣唐使 일행이 순

---

14 陳樂保, 「唐代宗至憲宗時期的西天節度使繼任危機與終結」, 『中國邊疆史地研究』 2015-2, 85쪽 등.
15 『구당서』 권14, 순종본기, 정원 21년 정월 조, 405쪽.

종의 즉위식과 그 직후 상황을 직접 목도한 것을 일본 조정에 보고한 기록이『일본후기日本後紀』권12, 엔랴쿠延曆 24년(805) 6월 조에 전하는데, 국내외 정세와 조정의 분위기가 생생하게 묘사되어 있다. 즉

> 치청도절도사·청주자사 이사고는 병사 50만을 양성하였다. 조정이 [덕종의] 국상을 제도諸道 절도사에게 알리면서 청주 경계로 들어갔으나 이사고가 거부하여 받아들이지 않았다. 병사 10만을 △하여 국상을 조문한다는 것을 명목으로 정주鄭州를 습격하였다. 제주諸州가 힘을 합쳐 맞서 싸워 서로 죽였다. 바로 이사고를 위로[宣慰]하기 위해 중사中使 고품高品 신의 천신希倩을 파견하였다. 또 채주절도사蔡州節度使 오소성吳少誠은 군대를 많이 양성하고 몰래 틈을 엿보았다. 그 토번은 장안 서북에 있으면서 자주 군사를 일으켜 중국을 침략하였다. 지금의 장안성은 토번 경계와 500리 거리에 있다. 안으로 절도사를 의심하고 밖으로 토번을 혐오함으로 인해 경사가 동요하여 잠시도 편할 날이 없었다(吉川弘文館, 43쪽).

라고 한다.[16] 와타나베 신이치로渡邊信一郎 등은 이 기록을 바탕으로 당시 당이 내우외환으로 인해 매우 위태로운 상황에 처한 것으로 서술하고 있다.[17] 하지만 최근의 연구에 의하면 당시의 실제 상황은 해당 기록과는 조금 차이가 있다. 즉 실제에 있어서는 이사고와 토번

---

16 이 책 제3부 제2장, 273~308쪽 참조.
17 渡邊信一郎 저, 문정희·임대희 역,『천공의 옥좌』, 신서원, 2002(원서는 1996), 13쪽; 山內晉次,「遣唐使と國際情報 －延曆の遣唐使がもたらした唐·吐蕃情報」,『奈良平安期の日本とアジア』, 吉川弘文館, 2003(원래는 1994), 60쪽.

등이 직접적 행동을 취하지 않았으나 당 조정에는 그들이 언제든 돌발 행동을 취할 수 있다는 잠재적 불안감이 있었고 이를 견당사가 확대 인식하여 일본 조정에 보고하였다는 것이다.[18] 말하자면 해당 기록에 전하는 상황은 새로 즉위한 순종이 국정을 제대로 수행하지 못함에 따라 실제 이상으로 불안감이 증폭되어 있었다는 것이다.

일본의 견당사 일행이 목도한 상황은 같은 해 8월 헌종이 즉위한 시기까지 이어졌을 가능성이 크다. 예컨대 『자치통감』 권236, 영정 원년 10월 조를 보면

> 산인山人 나영칙羅令則이 장안에서 [진주秦州] 보윤普潤으로 가서 태상황의 고誥를 사칭하여 진주자사 유옹劉澭에게 병사를 징발하면서 유옹에게 [황제를] 폐위시키도록 유세하였다. 유옹이 장안으로 압송하니 그 당과 함께 장살杖殺하였다(7622쪽).

라고 하는데, 『신당서』 권148, 유옹전에서는 나영칙이 '방사方士'라고 적혀 있다.[19] 유옹은 앞선 정원 10년(794) 2월 진주자사·농우경략군사隴右經略軍使에 임명되어 보윤에 치소를 두고 있었다.[20] 인용한 기사에 의하면 나영칙의 모반은 다소 무모한 것으로도 보이지만, 실제 적지 않은 파장이 있었다. 『책부원구』 권374, 장수부將帥部, 충忠5, 유옹 조에 의하면

---

18 이 책 제3부 제2장, 308쪽.
19 『신당서』 권148, 유옹전, "憲宗立, 方士羅令則詣澭營, 妄言廢立以動澭, 命繫之, 辭曰, '吾之黨甚眾, 公無囚我, 約大行梓宮發兵, 無不濟', 澭械送闕下, 殺之. 錄功, 號其軍曰保義"(4781쪽).
20 『자치통감』 권234, 정원 10년 2월 조, 7553쪽.

유옹은 정원 말에 농우경략사隴右經畧使가 되었다. 순종이 병
으로 눕게 되어 헌종에게 전위傳位하고 태상황을 칭하였을
때 산인[21] 나영칙이 경사에서 유옹에게 가서 망령되게 이설
異說을 무릇 수백 언言이나 꾸몄는데, 모두 폐립에 대한 것이
었다. 또 태상황의 조詔라고 속여 유옹에게 병사를 청하였다.
유옹이 바로 명해 가두고 국문하여 간장奸狀을 얻었다. 나영
칙이 또 말하길 "나의 당黨은 많다. 10월 덕종의 산릉山陵이
거행될 때 기회를 엿보아 움직이기로 하였다"라고 하였다.
유옹이 나영칙을 압송하고 역驛으로 표表를 황제에게 올렸
다. 조서를 내려 금군禁軍에게 보내 그 당을 안문按問하게 하
여 모두 함께 장사杖死에 처하였다. 유옹이 다시 스스로 병사
를 이끌고 영무靈武(구柩?)를 호위하여 유사시에 대비하길 청
하였으나 조서를 내려 불허하였다. 중사를 보내 명마 · 금옥 ·
증금繒錦을 하사하고 또 그 공을 평가하여 그 군액軍額을 보
의保義라고 칭하였다(4449~4450쪽).

라고 한다. 즉 ① 유옹이 스스로 병사를 이끌고 덕종의 영구를 호송
하겠다고 하고, ② 헌종이 금군에게 다시 사건을 심문하게 하고, ③
유옹의 공을 인정하여 많은 재물을 하사하고, ④ 그 군대에게 군호
軍號를 하사한 것은 해당 사안이 결코 단순한 사건이 아님을 나타낸
다. 보의군이라는 군호를 하사한 것은 그를 절도사에 임명한 것을 의
미한다.[22] 이에 대해 런스잉任士英은 사건 자체에는 여러 가지 의문이

---

21 『구당서』 권143, 유옹전, 3901쪽에서도 '山人'이라고 한다.
22 『구당서』 권14, 헌종본기상, 원화 원년 4월 조, "戊申, 以隴右經畧使·秦州刺史劉澭
爲保義軍節度使"(417쪽).

들기도 하지만 어찌 되었건 헌종의 입장에서는 정적을 제거할 수 있는 기회가 되었다고 평가한다.[23] 요컨대 나영칙의 모반은 헌종 초기의 불안정한 상황을 반영한 사건으로 보인다. 유벽이 반란을 일으킨 것은 바로 그러한 조정의 불안정한 상황을 틈 탄 것으로 생각된다.

이에 더해 덕종은 번진개혁에 나섰다가 참패를 당한 이후 절도사가 죽으면 대부분 군인들의 의중을 살펴 후임자를 임명하였다. 즉 『구당서』 권147, 두황상전杜黃裳傳을 보면 두황상이 헌종에게 다음과 같이 말한 것이 전한다. 즉

> 덕종은 전란[艱難] 이후에 [번진] 일에 대해 대부분 고식姑息하였다. 정원 연간에 매 번수[帥守]가 죽으면 반드시 먼저 환관을 보내 그 군대의 동태를 살폈고, 그 부이副貳의 대장大將 중 명망이 있는 자는 반드시 근신近臣에게 후하게 뇌물을 주어 임명되기를 구하였다. 황제는 반드시 그 칭찬[稱美]하는 바에 따라 임명하니 이것이 관례[因循]가 되어 방진方鎭 가운데 번수를 특명特命한 것이 드물었다. 폐하께서는 마땅히 정원의 고사故事를 깊이 생각하시어 점점 법도로 제후諸侯를 정숙하게 하면 천하가 다스려지지 않을 걱정이 있겠는가(3974쪽).

라고 하고, 또 『신당서』 권141, 노종사전盧從史傳에서도 "정원 연간 이후 번신藩臣 [자리]가 비면 덕종이 반드시 본군本軍에서 추대하는 자를 취해 제수하였다"(4660쪽)라고 한다. 다만 이들 기사에서는 덕종이 모든 번진에 대해 고식정책을 펼쳐 번진의 뜻에 따라 번수를

---

23 任士英, 『황제들의 당제국사』, 281쪽.

임명한 것으로 적혀 있지만, 당조의 명을 따르는 이른바 '순지順地' 번진에 대해서는 조정이 번수를 교체한 사례도 보이므로 해당 기록은 특히 할거 번진에 대한 것으로 보는 것이 타당할 것이다.[24] 유벽이 반란을 일으킨 데에는 정원 연간의 이러한 관행도 중요한 작용을 하였을 것이다.[25]

서천은 할거 번진이 아니었음에도 불구하고 같은 해 12월 헌종이 유벽의 세습을 용인하였다.[26] 즉 『구당서』 권140, 유벽전을 보면

> 당시는 헌종이 처음 즉위하여 아무 일 없이 백성들을 쉬게 하려고 하였기 때문에 마침내 유벽을 검교공부상서·충검남서천절도사檢校工部尚書·充劍南西川節度使에 제수하였다. 유벽은 점점 흉패凶悖해져 반역[不臣]의 말을 하고 삼천三川을 도통都統하길 청하였으며 동막同幕 노문약盧文若과 사이가 좋아서 그를 동천절도사東川節度使로 삼고자 하여 마침내 병사를 내어 재주梓州를 포위하였다. 헌종은 군대를 일으키는 것이 어렵다고 여겼는데, 재상 두황상이 상주하여 ⋯⋯(3826~3827쪽).

---

24 이 책 제2부 제2장, 206쪽, 235~236쪽; 정병준, 「'四王의 亂' 이후 德宗의 藩鎭政策」, 226~227쪽, 231~232쪽 등 참조.
25 『文苑英華』 권892, 碑49, 神道10, 王爵3, 「南平郡王高崇文神道碑」(韋貫之), "自至德已還, 天下多壘, 擁旄守土者, 至五十餘鎭, 每主帥就世, 將吏有得其柄者, 多假衆怙力, 以求代襲, 朝廷每不得已因而命之. 是歲也, 西蜀戎師相國韋公, 其佐劉闢, 將踵武前事, 乃拒詔命, 逼恊使臣, 圍逼梓潼, 爭擔劒門之險"(中華書局, 4696쪽); 『全唐文』 권531, 「南平郡王高崇文神道碑」, 中華書局, 5391쪽; 『全唐文新編』 9, 「南平郡王高崇文神道碑」, 吉林文史出版社, 2000, 6172쪽.
26 정병준, 「唐 憲宗 초기 淮西 藩鎭의 地域割據 −吳少陽의 행동을 중심으로」, 『중국사연구』 135, 2021, 65쪽.

라고 하고, 『신당서』 권158, 유벽전에도 거의 같은 내용이 적혀 있다.[27] 헌종이 유벽을 절도사에 임명한 것은 스스로 당시 상황이 불안정하다고 인식한 때문일 것이다. 그러자 유벽은 더 나아가 삼천을 모두 관할하게 해 달라고 요구하였다. 이는 위고도 이루지 못한 것으로 유벽이 당시 조정을 얼마나 쉽게 여겼는가를 알게 알 수 있다.

하지만 헌종은 재상 두황상의 건의를 받아들여 이듬해인 원화 원년(806) 정월 유벽 토벌을 명하여 9월에 평정하였다.[28] 유벽 토벌의 성공은 번진개혁의 시작을 알린 것인데, 『자치통감』 권237, 원화 원년 정월 조에 의하면

> 이에 [헌종이] 비로소 병사를 일으켜 촉蜀을 토벌하여 이로써 [훗날] 위령이 양하兩河에 행해지기에 이르는데, 모두 두황상이 이끈[啓] 것이다. [호삼성 주: 역사에서는 두황상이 헌종에게 번진을 삭평削平하는 책략을 열어(開) 주었으니 그 공이 배도裴度 아래에 있지 않다고 말한다](7627쪽).

라고 한다. 이때 "위령이 양하에 행해졌다"라는 것은 헌종이 할거 번진을 모두 굴복시킨 것을 가리킨다. 말하자면 유벽 토벌은 이후 번진개혁의 완수로 연결되는 중요한 출발점이었다는 것이다. 두황상의 공로는 사실상 유벽 토벌에 그쳤음에도 불구하고[29] 뒤에 할거 번

---

27 『신당서』 권158, 유벽전, "時帝新即位, 欲靜鎭四方, 即拜檢校工部尙書·劍南西川節度使. 闢意帝可動, 益驁蹇, 吐不臣語, 求統三川, 欲以所善盧文若節度東川, 即以兵取梓州, 且以術家言五福·太一舍于蜀, 乃造大樓以祈祥, 帝始重征討, 而宰相杜黃裳勸帝, ……"(4938쪽).
28 정병준, 「唐 憲宗 초기 淮西 藩鎭의 地域割據」, 66~67쪽.
29 두황상은 할거 번진들에 대한 토벌전이 행해지기 전인 원화 3년 9월에 죽었다.

진의 토벌에 큰 역할을 한 재상 배도보다 더 공이 컸다고 하는 것도 그 토벌의 의미를 잘 알게 한다.

2. 이사도의 평로 세습과 헌종의 대응

평로절도사 이사고를 계승한 것이 그의 배다른 동생인 이사도이다.[30] 하지만 원래 이사고는 이사도에게 번진을 넘겨주지 않으려고 하였다. 즉 『자치통감』 권237, 원화 원년(806) 6월 조를 보면

> 애초 이사고에게는 이사도라는 이복동생이 있었는데, 항상 밖으로 배척되어 가난을 벗어나지 못하였다. 이사고가 가까운 사람에게 사사로이 말하길 "나는 이사도와 우애롭지 않은 것이 아니다. 내가 15세에 절모節旄를 옹유하였지만, 농사의 어려움을 알지 못한 것을 스스로 한스럽게 여긴다. 하물며 이사도는 또 나보다 몇 살이 적으므로 나는 그에게 의식衣食이 만들어지는 바를 알게 하고자 하여 주현州縣의 일을 맡겼다. 생각건대 공들은 이를 잘 헤아리지는 못하고 있다"고 하였다. 이사고가 위독해졌을 때 이사도는 지밀주사知密州事였는데, 그림과 필률觱篥[이라는 악기]를 좋아하였다. 이사고가 판관判官 고목高沐과 이공도李公度에게 말하기를 "내가 위태롭기 전에 그대들에게 물어보겠다. 내가 죽으면 그대들은 누구를 수장으로 받들 것인가"라고 하자, 두 사람은 서로 바라보며

---

30 『구당서』 권124, 이사도전, 3538쪽; 『신당서』 권213, 이사도전, 3992쪽.

대답하지 못하였다. 이사고가 말하기를 "어찌 이사도가 아니겠는가? 사람의 정情은 누가 골육을 박하게 하고 다른 사람을 후하게 하겠는가마는 생각건대 번수를 잘못 받들면 단지 군정軍政을 망칠 뿐 아니라 나의 일족을 멸망시키게 될 것이다. 이사도는 공후公侯의 자손이나 훈병訓兵과 이인理人에 힘쓰지 않고 오직 소인의 천한 일을 익혀 자신의 재능이라고 여기는데, 과연 번수에 합당하겠는가. 제공은 잘 살펴 도모하길 바란다"라고 하였다(7633~7634쪽).

라고 하고, 또 『신당서』 권213, 이사도전에서도 "어찌 사람의 정情 때문에 이사도에게 맡길 것인가? 그는 군복을 입은 적이 없고 작은 재주로 자신을 뽐내니, 우리 종족을 복멸시킬까 우려된다. 공 등은 잘 살펴 헤아리길 바란다"(5992쪽)라고 하여 이사고가 측근인 고목·이공도에게 이사도를 자신의 후계자로 세우지 않도록 당부하고 있다. 이사고가 말하는 이사도의 작은 재주란 그림 그리기와 악기 연주를 말하는 것이 아닐까라고 생각된다. 만약 그렇다면 이사도는 군사보다 예능에 더 취향이 있었던 것으로 볼 수 있다.

이사고의 당부에도 불구하고 다음 달(윤6월) 이사고가 죽자 고목과 이공도는 상을 비밀에 부치고 몰래 이사도를 밀주에서 불러들여 절도부사節度副使로 삼았다.[31] 그런데 『신당서』 권213, 이사도전에 의하면 "[이사도가] 죽자 고목·이공도와 가노家奴가 끝내 이사도를 세웠다"(5992쪽)라고 하여 '가노' 즉 이른바 '가병'의 존재가 함께 보인다.

---

[31] 『자치통감』 권237, 원화 원년 7월 조, "壬戌朔, [李]師古薨, 沐·公度秘不發喪, 潛逆師道于密州, 奉以爲節度副使"(7634쪽).

나아가 『구당서』 권124, 이사도전에서는 "이사도가 죽자 그 노奴가 발상하지 않고 몰래 사람을 보내 밀주에서 이사도를 맞이하여 받들었다"(3538쪽)라고 하여 아예 가병이 이사도를 추대한 것으로 기술되어 있다. 고목과 이공도가 이사고의 가까운 측근이었던 점을 감안하면 실제는 가병이 이사도를 추대한 것으로 보는 것이 타당할 것이다.[32]

잠시 번수의 가병에 대해 살펴보자. 호리 도시카즈堀敏一에 의하면 당·오대 번진에서는 국가의 급료를 받는 건아健兒 외에도 번수가 사적으로 양성한 대량의 가병(사병)이 존재하였다. 그들은 사료에 가노·노·친병親兵·복복僕·시양廝養·가동家僮·부곡部曲·사종자私從者·가병家兵 등으로 보이고 또 때로는 번수와 가부자假父子 관계를 맺었기 때문에 양자養子로 보이기도 하는데, 그 규모는 1천을 넘는 경우가 많고 때로는 1만을 넘는 경우도 있었다.[33] 그들이 번수의 신변에 있으면서 번수의 계승에 간여하기도 한 것은 앞에서 본 이사도의 경우를 통해서도 알 수 있다. 또한 친병은 후원병後院兵·후루병後樓兵이라고 불리기도 하였는데, 그것은 절도사 처소가 대개 사부使府의 뒤쪽에 위치하였기 때문이었다.[34]

그 외 가병들이 번수의 계승에 관여한 것을 보면 예컨대 ① 덕종 건중 2년(781) 정월 성덕절도사 이보신李寶臣이 죽자 아들 이유악李惟岳이 공목관孔目官 호진胡震과 가동 왕타노王他奴의 권유에 따라 20여 일 동안 상을 숨기고 이보신의 표라고 속여 자신을 절도사에

---

32 정병준,「李正己 一家 藩鎭과 高沐」, 134~136쪽.
33 堀敏一,「藩鎭親衛軍の權力構造」,『唐末五代變革期の政治と經濟』, 汲古書院, 2002, 60~64쪽.
34 張國剛,「唐代藩鎭的軍事體制」,『唐代政治制度硏究論集』, 文津出版社, 1994, 198~198쪽.

임명해 주기를 조정에 청하였고[35] ② 헌종 원화 4년(809) 10월 회서절도사 오소성이 위독해지자 가노 집단이 오소양을 불러들여 번진을 다스리게 하였고[36] ③ 원화 7년(812) 8월 위박절도사魏博節度使 전계안田季安이 죽고 아들 전회간田懷諫이 절도사를 계승하자 가노 장사칙蔣士則에게 정무政務를 위임하였고[37] ④ 목종 원화 15년(820) 겨울(10월) 성덕절도사 왕승종이 죽자 참모參謀 최수崔燧가 몰래 병권을 가진 자와 모의하여 조모祖母 양국부인涼國夫人의 명의로 친병과 제장諸將에게 알려 동생 왕승원王承元을 세우려 하였던 것[38] 등이 보인다. 또한 이사도의 경우에는 그가 절도사에 오른 이후에도 가병이 계속 큰 권력을 행사하였다. 즉 회서절도사 오원제가 헌종에게 패망하자 이듬해인 원화 13년(818) 4월 이사도가 두려워하며 번진을 제대로 다스리지 못하고 군부軍府의 큰일은 오로지 처 위씨魏氏, 노노 호유감胡惟堪·양자온楊自溫, 비첩 포씨蒲氏·원씨袁氏 및 공목관 왕재승王再升과 함께 모의하였고,[39] 또 같은 달 헌종이 파견한 좌산기상시左散騎常侍 이손李遜이 이사도에게 복종을 설득하였으나 사노비私奴婢 노파가 반대하여 관철시킨 것이 전한다.[40] 이로 보면 평로 번진은 가병의 세력이 유달리 강했다고 느껴진다.

이사도의 모친은 장충지張忠志의 딸이다.[41] 장충지는 성덕절도사 이보신의 원래 이름으로[42] 일찍이 이사도의 조부인 이정기가 이보신

---

35 『자치통감』 권226, 건중 2년 정월 조, 7292쪽.
36 정병준, 「唐 憲宗 초기 淮西 藩鎭의 地域割據」, 60~61쪽.
37 『신당서』 권148, 田弘正傳, 4672쪽.
38 『구당서』 권142, 왕승원전, 3883쪽.
39 『자치통감』 권240, 원화 13년 4월 조, 7750쪽.
40 『신당서』 권213, 이사도전, 5994쪽.
41 『구당서』 권124, 이사도전, 3538쪽.
42 『자치통감』 권222, 代宗 寶應 원년(762) 11월 조, "以張忠志爲成德軍節度使, 統恒·

과 상호 연대를 위해 그 딸을 이사도의 부친인 이납과 결혼시켰던 것이다. 『구당서』 권142, 이유성전李惟誠傳을 보면 그 관계가 보다 구체적으로 전하는데,

> [이보신의 아들] 이유성은 이유악의 이모형異母兄으로 부친의 음蔭으로 전중승殿中丞이 되고 여러 차례 승진하여 검교호부원외랑檢校戶部員外郎이 되었다. 유서儒書·이도理道를 좋아하였고 이보신이 사랑하여 군사軍事를 맡겼으나 성격이 겸손하며 후덕하고 이유악이 적자[嫡嗣]였기 때문에 사양하고 받지 않았다. 동모매同母妹가 이정기 아들 이납에게 시집갔는데, 이보신은 이납이 같은 성[宗姓]이라는 것을 이유로 이유성의 본래 성(즉 장張)을 회복하기를 청하였고, 또 운주鄆州에 입사入仕하게 하였다. 이납의 영전부사營田副使가 되었다가 연兗·치淄·제濟·회淮 4주 자사를 역임하고 끝내 동평東平(즉 평로)에서 객사하였다(3870쪽).

라고 한다. 또 『자치통감』 권223, 대종 영태 원년(765) 7월 조에는 당시 할거 번진들이 혼인 등을 통해 연대한 상황이 다음과 같이 기술되어 있다.

> 정왕鄭王 [이李]막邈을 평로·치청절도대사로 삼고, [이李]회옥懷玉을 지유후知留後에 임명하며 정기라는 이름을 하사하였다. 당시 성덕절도사 이보신, 위박절도사 전승사田承嗣, 상위

趙·深·定·易五州, 賜姓李, 名寶臣"(7136쪽).

절도사相衛節度使 설숭薛嵩, 노룡절도사盧龍節度使 이회선李懷仙은 안사安史의 나머지 무리를 거두어 각각 경졸勁卒 수만을 옹유하고 군비를 다스리며 성성을 완비하였고, 스스로 문무장리文武將吏를 임명하며 공부貢賦를 상공하지 않았고 산남동도절도사山南東道節度使 양숭의梁崇義 및 이정기와 함께 모두 결합하여 혼인을 맺고 상호 표리를 이루었다(7175쪽).

그리고 이유악이 이보신을 이었으나 덕종과 할거 번진들이 정면으로 충돌하는 가운데 성덕의 숙장 왕무준王武俊이 이유악을 죽이고 성덕절도사에 올랐다.[43] 그럼에도 불구하고 이정기 일가와 성덕 번진과의 혼인관계는 계속 이어졌다. 즉『신당서』권213, 이사도전에 의하면 "친장親將인 왕승경王承慶은 [성덕절도사] [왕]승종承宗의 동생인데, 이사도가 형의 딸을 처로 시집보냈다"(5995쪽)라고 한다. 이러한 것 등을 들어 장바이둥張百棟은 이정기 일가가 특히 성덕 번진과 긴밀한 혼인관계를 맺었다고 한다.[44]

원화 원년 윤6월 이사고의 가병이 중심이 되어 이사도를 절도부사로 옹립한 후 조정에 절도사로 임명해 주기를 청하였다.[45] 하지만 헌종은 한동안 이사도의 요구에 응하지 않았다. 그러자 이사도는 불안감을 느낀 것으로 보인다. 즉『구당서』권124, 이사도전에 의하면

> 조정의 명이 오랫동안 이르지 않자 이사도가 장리將吏와 모의하였는데, 혹자가 사방 경계에 병사를 증강하자고 하였다. 하

---

[43] 이 책 제1부 제3장, 137~140쪽; 이 책 제2부 제1장, 179쪽.
[44] 張百棟,「淄青鎭李正己家族婚姻關係研究」,『青春歲月』2013-2, 361쪽 등 참조.
[45]『신당서』권213, 이사도전, "[高]沐·[李]公度與家奴卒立之, 而請于朝"(3992쪽).

지만 그 판관判官 고목이 강하게 저지하고 이에 양세兩稅를 바치고 염법鹽法을 지키며 관원官員을 상신하겠다고 요청하게 하니 판관 최승총崔承寵과 공목관孔目官 임영林英을 연이어 파견하여 상주하였다(3538쪽).

라고 하고, 『신당서』 권213, 이사도전에서도 "당시 제서制書가 오랫동안 내려오지 않자 이사도는 군대를 내어 경계를 지키고자 하였으나 고목이 간쟁하여 그만두게 하고 상서上書하여 양세를 받들고 염법을 준수하고 조정에서 관리를 파견해 주길 청하게 하였다"(5992쪽)라고 한다. 조정의 명이 오랫동안 내려오지 않자 처음에는 이사도가 무력시위를 하려고 하였다가 고목 등의 의견을 받아들여 양세·염법 등 국가의 제도를 준수하겠다는 타협책을 제시하였다고 하는데, 모두 불안감의 발로로 이해된다.

조정의 명이 오랫동안 내려오지 않았다고 하는데, 어느 정도의 시간이었을까. 『자치통감』 권237에서는 해당 내용이 원화 원년 8월 조에 서술되어 있다. 즉 실제 시간은 그해 윤6월부터 8월까지 불과 두 달에 지나지 않았던 것이다. 이는 다른 사례들과 비교하면 결코 긴 시간이 아니었다. 이사고의 경우만 해도 덕종 정원 8년(792) 5월 부친 이납의 사망으로 번진을 계승한 후 같은 해 8월 절도사에 임명되었고,[46] 회서절도사 오소성의 경우에는 덕종 정원 2년(786) 4월 번진을 승계한 후 3년이 지난 정원 5년(789) 절도사에 임명되었다.[47] 그렇다면 이사도가 두 달이라는 시간에 불안감을 느낀 이유는 무엇일까.

---

[46] 이 책 제3부 제1장, 247~248쪽.
[47] 정병준,「唐 德宗 貞元 시기 淮西 藩鎭의 성격 —吳少誠의 태도를 중심으로」,『동국사학』69, 2020, 385~386쪽.

다름 아닌 헌종의 전격적인 유벽 토벌을 본 때문으로 판단된다. 유벽 토벌은 순종 시기 이래의 불안정한 정국을 타파하려는 결단의 표명이고 그 자체로 새로운 시대의 도래를 알게 하였다는 것이다.

그때 재상 두황상은 이사도가 아직 안정되지 못한 점을 이용하여 평로 번진을 삭감하자는 의견을 냈다. 즉 『구당서』 권124, 이사도전에 의하면

> 당시 두황상이 재상으로 있으면서 [이사도가] 아직 안정되지 않은 틈을 이용해 계획을 내어 평로를 분삭分削하려고 하였으나 헌종은 촉천蜀川이 바야흐로 어지럽기 때문에 능히 이사도에게 병사를 동원할 수 없다고 여겼다(3538쪽).

라고 하고,[48] 『자치통감』 권237, 원화 원년(806) 8월 조에도 "두황상이 이사도가 아직 안정되지 못한 것을 틈타 번진을 나누기를 청하였으나 헌종은 유벽이 아직 평정되지 않은 것을 들어 ……"(7635쪽)라고 한다. 헌종은 유벽 토벌에 집중하기 위해 그 의견을 받아들이지 않고 마침내 같은 달(8월) 건왕建王 이심李審에게 평로절도사를 요령遙領하게 하며 이사도를 검교좌산기상시·겸어사대부·권지운주사·충치청절도유후檢校左散騎常侍·兼御史大夫·權知鄆州事·充淄青節度留後에 제수하였다가[49] 10월 검교공부상서·겸운주대도독부장사·충평로군급치청절도부대사·지절도사·관내지탁영전·관찰처치·육운

---

48 『신당서』 권213, 이사도전, "宰相杜黃裳欲橈削其權, 而憲宗方誅劉闢, 未皇東討"(5992쪽).
49 『구당서』 권124, 이사도전, 3538쪽; 『구당서』 권14, 헌종본기상, 원화 원년 8월 조, 418쪽; 『자치통감』 권237, 원화 원년 8월 조, "己巳, 以師道爲平盧留後·知鄆州事"(7635쪽).

해운압신라발해양번등사檢校工部尙書·兼鄆州大都督府長史·充平盧軍 及淄靑節度副大使·知節度事·管內支度營田·觀察處置·陸運海運押新羅 渤海兩蕃等使에 임명하였다.[50]

　헌종이 이사도를 절도사에 임명해 준 배경을 두 가지 측면에서 검토해 보자. 첫째는 이사도의 평로 번진이 할거 번진이기 때문에 헌종이 일단 충돌을 피했을 가능성이다. 하지만 원화 4년(809) 10월 헌종이 토돌승최吐突承璀에게 성덕의 왕승종을 토벌하게 명한 것이 보이므로[51] 반드시 할거 번진이라고 토벌을 미룬 것이라고 볼 수 없다. 둘째는 두 곳에서 전쟁을 벌이는 것을 회피하였을 가능성이다. 헌종의 조정에서는 두 곳에서 동시에 전쟁을 벌이는 것을 피해야 하는 여론이 강하였다. 예컨대 ① 원화 4년(809) 7월 회서절도사 오소성의 병이 심해지자 이강李絳 등이 상주하여 조정에서 회서 번수를 임명하도록 하고 만약 명을 거부하면 토벌 중인 왕승종을 사면하고 회서를 토벌하길 청하였고[52] ② 원화 11년(816) 8월에는 재상 위관지韋貫之가 오원제와 왕승종 두 번진을 동시에 토벌하는 것을 중지하고 회서 오원제에 대한 토벌에 전념하도록 주장한 것[53] 등이 보인다. 하지만 후자를 통해 알 수 있듯이 당시 헌종은 회서와 성덕에서 동시에 전쟁을 벌이고 있었던 것이다.[54] 물론 원화 12년(817) 4월 결국 왕승

---

50 『구당서』 권124, 이사도전, 3538쪽; 『구당서』 권14, 헌종본기상, 원화 원년 10월 壬午(23일) 조, 419쪽; 『자치통감』 권237, 원화 원년 10월 임오 조, 7637~7638쪽.
51 정병준, 「『구당서』·『신당서』 李師道·吳元濟·王承宗 등 列傳 역주」, 『동국사학』 72, 2021, 482~485쪽 참조.
52 『신당서』 권152, 이강전, 4838쪽.
53 『구당서』 권15, 헌종본기하, 원화 11년 8월 조, 457쪽; 『자치통감』 권239, 원화 11년 7월 및 8월 조, 7724쪽. 그때 위관지는 황제의 면전에서 재상 裴度와 논쟁을 벌인 탓에 좌천되었다.
54 『구당서』 권15, 헌종본기하, 원화 11년 정월 조, "癸未, 削奪王承宗在身官爵, ……,

종에 대한 토벌을 그만두고 회서에 군사력을 집중하여[55] 마침내 10월 토벌에 성공하였다. 그럼에도 불구하고 두 곳에서 전쟁을 벌이는 것을 회피하기 위해 헌종이 이사도를 절도사에 임명하였다는 것도 명확하지 않다.

이때 상기되는 것이 앞의 『구당서』 권124, 이사도전에 "양세를 바치고 염법을 지키며 관원을 상신하겠다고 요청하였다"고 하는 점이다. 이사도가 군사적 위협을 가하는 대신에 조정과의 타협을 시도한 것이지만, 헌종이 이를 받아들여 그를 절도사로 임명해 주었던 것이다. 다만 이사도는 절도사에 임명된 후 해당 약속을 지키지 않았다.[56] 한편 원화 4년(809) 3월 성덕을 계승한 왕승종의 경우에는 조정의 의중을 반영하여 8월 영토 할양 등의 타협안을 제시하였는데, 9월 헌종이 그를 절도사로 임명하면서 바로 두 주를 분할하여 새로운 번진을 만들자 왕승종이 반발하여 10월 큰 충돌로 이어졌다.[57] 당시에도 아직 번진 정책이 완전히 정립되지 않은 것으로 판단된다.[58]

같은 해(805) 9월 유벽이 평정되자 번진들은 두려움을 느끼기 시작하여 입조를 청하는 자가 많았다. 원화 2년(807) 9월에는 윤주潤州에 치소를 둔 진해절도사鎭海節度使 이기李錡가 입조를 청하였다가 10월 마음이 바뀌어 반란을 일으켰다. 그러자 같은 달 헌종은 이번에

令河東·河北道諸鎭加兵進討"(455쪽); 『자치통감』 권239, 원화 11년 정월 조, "制削王承宗官爵, 命河東·幽州·義武·橫海·魏博·昭義六道進討"(7721쪽).
55 『구당서』 권15, 헌종본기하, 원화 12년 4월 조, "詔權罷河北行營, 專討淮蔡"(459쪽).
56 찰스 피터슨, 「중흥의 완성: 憲宗과 藩鎭」, 213쪽.
57 정병준, 「唐 憲宗 초기 淮西 藩鎭의 地域割據」, 69~70쪽; 정병준, 『『구당서』·『신당서』 李師道·吳元濟·王承宗 등 列傳 역주』, 494~495쪽 등.
58 李懷生, 「試論唐憲宗削藩戰爭的策略失誤」, 『晉陽學刊』 1991-3, 41~44쪽에서는 당 헌종의 번진정책은 전반적으로 많은 실책이 있었다고 하며 관련 사례들을 들고 있다.

도 바로 토벌을 명해 같은 달 이기를 사로잡아 처단하였다.[59]

3. 이사도의 번진 지배와 헌종과의 관계

이사도가 평로절도사에 임명된 후 조정에 대해 어떤 태도를 보였을까. 먼저 그의 번진 통치에 대해 보자.『구당서』권124, 이사도전에 의하면

> 이정기로부터 이사도에 이르기까지 60년 동안 운운(鄆)·조조(曹) 등 12주를 점거하였다. 무리가 자신을 따르지 않을 것을 두려워하여 모두 엄법을 이용하여 통제하였다(3538쪽).

라고 한다. 여기서는 이정기 이래로 줄곧 12주를 지배한 것으로 적혀 있지만, 이정기는 처음에 10주를 다스리다가 5주를 더 차지하여 15주를 관할하였으며 이납 시기에 그중 3주를 상실하여 12주가 된 것은 이미 밝혀진 사실이다.[60] 그리고 이정기 이래 줄곧 엄혹한 법으로 번진을 통제하였다고 하는데, 실제『구당서』권124, 이정기전에 "위정爲政이 엄혹하여 어디에서건 사람들이 감히 마주보고 말하지 못하였다"(3535쪽)라고 하고,『신당서』권213, 이정기전에도 거의 같은 기사가 보인다.[61] 이러한 통치방식은 회서 번진에서도 보이는데, 즉『구

---

59 谷川道雄,「唐代の藩鎭について」, 18~19쪽; 정병준,「唐 憲宗 초기 淮西 藩鎭의 地域割據」, 69쪽.
60 이 책 [부록 논문 2], 482~496쪽.
61 『신당서』권213, 이정기전, "政令嚴酷, 在所不敢偶語"(5990쪽).

『당서』 권173, 배도전裵度傳에서 "앞서 오원제는 길에서 마주하여 말하는 것을 금지시키고 밤에 촛불을 켜지 못하게 하였으며 주식酒食을 서로 제공하면 군법軍法으로 논하였다"(5212쪽)라고 한다.

이사도가 번진을 엄혹하게 다스렸다는 구체적 기록이 전한다. 즉 『구당서』 권124, 이사도전에 의하면

> 대장大將이 병사를 이끌고 바깥에 주둔하는 경우에는 모두 그 처자를 인질로 삼았다. 혹자가 조정에 귀순하려고 모의하다가 일이 누설되자 나이를 불문하고 그 가족을 모두 살해하였다. 이런 까닭에 능히 그 무리를 위협하여 부자·형제가 서로 계승할 수 있었다(3538쪽).

라고 한다. 이는 앞의 "이정기로부터 이사도에 이르기까지 ……"라는 구절에 이어지는 것으로 모두 이정기 이래의 상황을 말한다. 또한 『구당서』 권124, 이사고전에서도 "바깥으로 임무를 맡길 때는 항상 그 처자를 억류해두고 혹시 조정에 귀순하려다가 발각되면 그 가족을 모두 죽였기 때문에 사람들이 두려워서 감히 다른 마음을 품지 못하였다"(3537쪽)라고 하는 것이 전한다.[62] 그러한 통치방식은 위박에서도 행해진 것이다. 즉 『신당서』 권148, 전홍정전田弘正傳에 "이에 앞서 제장諸將이 밖으로 나가 주둔하면 처자를 인질로 삼았고 이민里民은 서로 왕래할 수 없었다"(4782쪽)라고 한다.

『신당서』 권213, 이사도전에서는 이정기 이래의 통치방식을 다음과 같이 기술한다. 즉

---

62 이 책 제3부 제1장, 268~269쪽 참조.

이정기 이래 비록 겉으로는 왕명을 받들었다고 해도 망반亡叛을 불러 모으고 조정에 죄를 얻은 자를 후하게 받아들였다. 엄법으로 아래를 통제하고 무릇 임무를 주어 파견할 때는 반드시 그 처자를 인질로 삼고 귀순을 도모하면 그 가족을 모두 죽였다. 이리하여 능히 사중士衆을 협박하여 3세世 동안 전할 수 있었다(5992쪽).

라고 한다. 이때 "3세 동안 전할 수 있었다"는 것은 앞의 "부자·형제가 서로 계승할 수 있었다"라는 것과 같은 말이다. 그리고 주목되는 것은 "[이정기 이래] 망반을 불러 모으고 조정에 죄를 얻은 자를 후하게 받아들였다"라고 하는 구절이다. 그 구체적인 예를 보면, ①『태평광기』권308, 유원형劉元迴 조에 "이사고가 평로를 다스리면서 사방의 사士를 초연招延하였다"(2439쪽)라고 하고 ②『구당서』권124, 이사고전에 "이사고는 비록 겉으로는 조정의 명령을 받들었으나 속으로는 항상 침략의 마음을 품고 망명亡命을 불러 모아 모두 후하게 대우하였으며, 특히 조정에서 죄를 짓고 도망쳐 온 자는 바로 기용하였다"(3537쪽)라고 하고 ③『구당서』권161, 유오전劉悟傳에 "숙부 일준逸準(즉 유전량劉全諒)이 변汴(즉 선무宣武)의 절도사가 되어 민전緡錢 수백만을 낙중洛中(즉 낙양)에 쌓아두었는데, 유오가 순식간에 빗장과 자물쇠를 부수고 모두 훔쳐 사용하였다. 얼마 후 유오는 두려워서 이사고에게 망명하였다"(4230쪽), 또『신당서』권214, 유오전에는 "이사고가 폐물을 후하게 주어 유오를 맞아들였다"(6012쪽)라고 하고 ④『신당서』권213, 이사도전에 "망명소년亡命少年이 이사도에게 계책을 내어 말하길 ……"(5992쪽)라고 하는 것 등이 보인다.[63] 이 중 ②의

---

63 이 책 제3부 제1장, 249~252쪽.

"특히 조정에서 죄를 짓고 도망쳐 온 자는 바로 기용하였다"라고 하는 것은 그들의 자립적 성격을 잘 알게 한다. 기실 이러한 것은 다른 할거 번진에서도 보이는데, 즉 성덕절도사 이보신이 "망명亡命의 무리를 불러 모았다"[64]고 하고, 회서절도사 오소양도 "자주 망명을 숨겨주고 그 군대를 부강하게 하였다"[65]라고 한다.

이러한 통치방식의 연속성은 다른 정책에 있어서도 마찬가지였을 것으로 보인다. 이전에 필자는 ① 이정기를 언급하며 "이정기 등의 할거 번진은 기득권에 대해서는 모든 위험을 감수하고 지키려 하였고, 심지어 불가피하다면 당조를 전복시키는 것도 결코 주저하지 않았을 것으로 생각된다"[66]라고 하고 ② 이납에 대해서는 "이납은 조정의 은택을 모두 누리면서도 한편으로는 반역적 태도를 거두지 않는 이중적 태도를 보였다", "이납은 주변 번진에 대한 겸병의 뜻을 버리지 않았다. 이전에 네 번진이 연대하여 칭왕한 것을 아울러 고려하면 이납과 조정의 관계와 마찬가지로 [주변 번진과의 관계도] 양면성이 있었던 것이다"[67]라고 하고 ③ 이사고에 대해서는 "이사고는 평로절도사가 된 후 겉으로 조정의 명을 받들면서도 속으로는 항상 침략의 마음을 품었다. 이는 이납의 태도와 매우 비슷한 것이다", "이납 시기와 마찬가지로 이사고 시기에도 강번强藩들이 양면적 태도를 보였다"[68]라고 하였다.

그렇다면 이사도와 조정의 관계는 어떠했을까. 먼저 『당회요』 권

---

64 『구당서』 권142, 이보신전, 3866쪽.
65 『구당서』 권145, 오소양전, 3947쪽.
66 이 책 제1부 제3장, 155쪽.
67 이 책 제2부 제2장, 225~226쪽, 235쪽, 237쪽. 인용문에서는 일부 표현을 알기 쉽게 바꾸었다.
68 이 책 제3부 제1장, 249쪽, 260~261쪽, 271쪽 등.

57. 한림원翰林院, 원화 3년 조를 보자.

치청절도 이사도가 비단을 진상하여 위징魏徵의 자손을 위해 [저당된] 집을 대신 되갚아 주려고 하자 한림학사 백거이白居易가 간언하여 말하길 "위징은 폐하 선조先朝의 재상으로 태종太宗께서 일찍이 궁전의 재재를 하사하여 그 정실正室을 짓게 하였으므로 제가諸家의 제택第宅과는 다르다. 관官에서 대신 빚을 갚아 주어야 하며 이사도에게 미명을 훔치게 하는 것은 실로 마땅하지 않다"라고 하였고 헌종이 깊이 그렇게 여겼다(上海古籍出版社, 1148쪽).[69]

이와 같은 내용은 『자치통감』권237, 원화 4년 윤3월 조에도 전하는데, 즉 "위징의 현손玄孫인 위조魏稠가 매우 가난하여 고제故第를 다른 사람에게 저당으로 잡혔는데, 평로절도사 이사도가 사재를 내어 대신 갚기를 청하였다. 황제가 백거이에게 명해 조서를 기초하게 하자[草詔] 백거이가 상주하여 '이 일은 격려하고 권장하는 것에 관련되므로 마땅히 조정에서 해야 한다. 이사도는 어떤 사람인데 감히 미명을 훔치려 하는가! 유사有司에 칙을 내려 관전官錢으로 갚아 후사에게 돌려주기를 바란다'라고 하였다. 황제가 이에 따라 내고전內庫錢 2천 민緡을 내어 대신 갚아 위조에게 돌려주고 저당이나 매매를 금지시켰다"(7657~7658쪽)라고 한다.[70] 그 시점은 『자치통감』쪽이

---

69 『구당서』권166, 白居易傳, "又淄靑節度使李師道進絹, 爲魏徵子孫贖宅, 居易諫曰, '徵是陛下先朝宰相, 太宗嘗賜殿材成其正室, 尤與諸家第宅不同. 子孫典貼, 其錢不多, 自可官中爲之收贖, 而令師道掠美, 事實非宜', 憲宗深然之"(4343~4344쪽).
70 『雍錄』권10, 魏證(徵?)宅 조, "魏證宅在丹鳳門直出南面永興坊內. 封演見聞錄曰, 證所居室屋卑陋, 太宗欲爲營造, 輒謙不受. 洎證寢疾, 太宗將營小殿, 遂輟其材爲

더 타당할 것이다. 그렇다면 이사도는 왜 미명을 얻으려고 하였을까. 위징이라는 인물의 상징성을 생각하면 이사도가 스스로 당조의 일원임을 보이려 한 것으로 이해된다. 이는 이정기 일가가 보여 온 양면성 중 타협 혹은 공존의 측면을 나타낸다.

또 원화 5년(810) 7월 이사도는 검교상서우복야檢校尙書右僕射에 임명되었다.[71] 이는 전 해(809) 10월 헌종이 환관 토돌승최에게 성덕의 왕승종을 토벌하게 하였다가 원화 5년 7월 왕승종을 사면하면서[72] 행해진 것으로『구당서』권14, 헌종본기상, 원화 5년 7월 조에 의하면

> 정미일 조서를 내려 왕승종을 용서하고 그 관작을 회복시켜 이전과 같이 하였다. …… 당시 초토招討[사使]가 적임이 아니어서 제군諸軍이 흩어지고 인근의 번진은 관망하며 노략질을 행하고 공연히 머뭇거리며 국부國賦를 소모하였다. 그런 중에 이사도와 [유주幽州의] 유제劉濟가 누차 죄를 씻어주도록 청하였으므로 노종사에게 죄를 돌리고 왕승종을 용서하였지만, 부득이하여 행한 것이다. 유주의 유제에게 중서령中書令을 더하고 위박의 전계안에게 사도司徒를 더하고 치청의 이사도에게 복야를 더해주었는데, 모두 용병을 그만둔 것에 따라 상으

造正堂, 五日而就. 開元中此堂猶在, 家人不謹, 遺火燒之, 子孫哭臨三日, 朝士皆赴弔. 唐傳所載亦同, 惟百官赴弔, 出於詔命, 則與封說差異耳. …… 至白居易傳, 則又有異焉. 曰, 李師道上私錢六百萬為證孫贖故第. 居易時為拾遺, 當元和四年建言, …… 若如居易所言, 則是太宗殿材所造之寢, 至元和猶在, …… 予詳思其理, ……. 至會要所載, 又異於是, 曰, 元和四年上嘉魏證諫諍, 詔訪其故居, 則質賣已更數姓, 析為九家矣. 上出內庫錢二百萬贖之, 以還其家, 禁其質賣. 據此所記, 與居易傳略同, 當是會要又欲歸美憲宗, 不欲出自臣下建請耳"(中華書局, 223~224쪽).

71 『구당서』권124, 이사도전, 3538쪽.
72 『구당서』권14, 헌종본기상, 원화 5년 7월 조, 431쪽;『자치통감』권239, 원화 5년 7월 조, 7677~7678쪽.

로 준 것이다. 을묘일 유주절도사 유제가 그 아들 [유劉]총總에게 독살되었다(431쪽).[73]

라고 한다. 할거 번진에 대한 헌종의 타협적 자세를 보여주는 것이지만, 이사도는 앞선 이납·이사도 등과 마찬가지로[74] 조정의 은택은 모두 누렸던 것이다.

원화 8년(813) 9월에는 이사도가 헌종에게 송골매[鶻] 12마리를 진상하였다. 두말할 나위도 없이 헌종과 관계를 유지하기 위한 행동이지만, 헌종은 그것을 돌려보냈다.[75] 그 이유는 이사도를 무시한 때문이 아니라 앞선 대력大曆 14년(779) 윤5월 덕종이 "조서를 내려 천하주부天下州府 및 신라·발해가 매년 매[鷹]·새매[鷂] 바치는 것을 그만두게 하고 이미 온 것은 현지에서 풀어주도록 하라"[76]고 한 것과 관련이 있다고 보인다. 이 시기에 헌종이 이사도에게 대결의 자세를 취한 것은 보이지 않는다.

이사도는 이납·이사고 등과 마찬가지로 반역적 태도도 보였다. 원화 7년(812) 8월 위박절도사 전계안이 죽고 아들 전회간이 스스로 지군부사知軍府事를 칭하였으나 10월 위박군이 전흥田興(즉 전홍정田弘正)을 번수로 추대하였다. 같은 달 헌종이 전홍정을 위박절도사에

---

73 『책부원구』 권177, 帝王部, 姑息2, 원화 5년 7월 조에는 조금 더 상세한 내용이 보인다.
74 이 책 제2부 제2장, 216~226쪽; 이 책 제3부 제1장, 251~254쪽.
75 『구당서』 권15, 헌종본기하, 원화 8년 9월 조, 447쪽.
76 『책부원구』 권168, 却貢獻, 대력 14년 윤5월 조, "德宗以大曆十四年五月卽位, 閏五月丙子, 詔曰, 天下州府及新羅·渤海歲貢鷹鷂者皆罷, 旣來者, 所在放之"(2026쪽); 『신당서』 권7, 덕종본기, 대력 14년 윤 5월 조, "丙子, 罷諸州府及新羅·渤海貢鷹鷂"(184쪽).

임명하자 전홍정이 6주를 들어 조정에 귀순하였는데,[77] 이사도 등의 할거 번진들이 일제히 귀순을 철회시키려 하였다. 즉 『구당서』권 141, 전홍정전에 의하면

> 전홍정이 조정에 귀순하자 유幽·항恒·운鄆·채蔡가 치한齒寒의 두려움을 느껴 자주 객客을 보내 간세間說하여 다방면으로 유조誘阻하였으나 전홍정은 끝내 그 지조를 바꾸지 않았다 (3850쪽).

라고 한다. 이때 유·항·운·채는 각각 유주·성덕·평로·회서를 가리킨다. 5개 할거 번진의 하나인 위박이 조정에 귀순하자 이사도 등이 계속 이간하였지만, 되돌리지 못했던 것이다. 이사도 등은 할거를 고수한 것이었다. 한편 전홍정은 헌종 후기에 행해진 번진개혁에 중요한 역할을 수행하게 된다.[78]

이사도와 헌종의 이중적 모순관계는 원화 10년(815) 정월까지 유지되었다. 그 외부적 배경으로는 두 가지를 들 수 있다. 즉 ① 원화 4년(809) 헌종과 왕승종이 서로 충돌하여 같은 해 9월 헌종이 왕승종 토벌을 명한 것 ② 그런 중인 같은 해 11월 회서절도사 오소양이 스스로 번진을 계승하였으나 두 개의 할거 번진을 동시에 상대하기 어려워 오소양의 번진 세습을 용인한 상황[79] 등이 있다. 하지만 헌종과 이사도의 미봉적 관계는 언제든 바뀔 수 있었고 마침내 원화 10년

---

77 『신당서』권7, 헌종본기, 원화 7년 8월 및 10월 조, 212쪽; 『구당서』권15, 헌종본기 하, 원화 7년 10월 조, 443쪽; 『자치통감』권238·239, 원화 7년 8월, 10월, 11월 조, 7694~7695쪽, 7697쪽.
78 찰스 피터슨, 「중흥의 완성: 憲宗과 藩鎭」, 219~221쪽.
79 정병준, 「唐 憲宗 초기 淮西 藩鎭의 地域割據」, 70~71쪽.

(815) 정월 오원제에 대한 토벌이 시작되자 양자가 직접적 대결을 벌이는 관계로 바뀐다.

소결

영정 원년(805) 8월 헌종이 즉위하자 같은 달 서천의 유벽이 반란을 일으켰다. 서천 번진은 할거 번진이 아니었음에도 불구하고 유벽이 번진 계승을 요구한 것인데, 이는 같은 해 정월 순종이 즉위한 이래 번진이 세력을 떨치고 토번이 위협을 가한다는 위기감이 조정을 감싸고 있는 틈을 이용한 것이다. 아울러 덕종 정원 시기 이래 절도사가 죽으면 군인들의 의중에 따라 후임자를 임명하던 관행을 배경으로 한 것이기도 하다. 이에 같은 해 12월 헌종이 유벽을 절도사에 임명해 주었으나 유벽은 조정을 더욱 가볍게 보고 삼천三川을 모두 다스리길 요구하였다. 하지만 재상 두황상이 번진개혁을 진언하자 이듬해인 원화 원년(806) 정월 헌종이 전격적으로 유벽 토벌을 명하여 9월 평정하였다.

헌종이 유벽을 토벌하던 중인 원화 원년 윤6월 이사도가 평로 번진을 승계하였으나 헌종은 한동안 대응을 하지 않았다. 그 기간이 두 달밖에 되지 않았음에도 불구하고 이사도는 상당한 불안감을 느꼈는데, 바로 유벽에 대한 헌종의 단호한 태도를 본 때문이었다. 이사도는 결국 양세를 바치고 염법을 지키며 관원을 요청하겠다는 타협안을 제시하였고 헌종이 이를 수용하여 8월 그를 평로절도사에 임명하였다. 하지만 이사도는 그 약속을 지키지 않았다. 한편 원화 4년(809) 3월 성덕을 계승한 왕승종은 조정의 의중을 반영하여 8월 영토 할양 등의 타협안을 제시하였는데, 9월 헌종이 그를 절도사로 임명하면서 바로 두 주를 분할하여 새로운 번진을 만들자 왕승종이 반발하여 10월 큰 충돌로 이어졌다. 당시에도 아직 번진 정책이 완전히 정립되지 않은 것으로 보인다.

이사도는 절도사에 임명된 후 이정기 이래의 통치방식을 그대로 계승함과 동시에 당과의 관계도 이전 정책을 유지하였다. 즉 조정의 은택을 모두 누리면서도 한편으로 반역의 태도를 보이는 이중성을 유지한 것이다. 하지만 그러한 모순관계는 원화 10년(815) 정월까지 지속되었다. 그 외부적 배경으로는 ① 원화 4년(809) 헌종과 왕승종이 서로 충돌하여 같은 해 9월 헌종이 왕승종 토벌을 명하였고 ② 그런 중인 같은 해 11월 회서절도사 오소양이 스스로 번진을 계승하였으나 두 개의 할거 번진을 동시에 상대하기 어려워 오소양의 번진 세습을 용인한 상황 등을 들 수 있다. 하지만 그러한 미봉적 관계는 언제든 바뀔 수 있었고 마침내 원화 10년(815) 정월 오원제에 대한 토벌이 시작되면서 서로 대결을 벌이는 관계로 바뀐다.

제2장

헌종의 회서淮西 토벌과 평로절도사 이사도

 헌종은 즉위 초부터 번진개혁에 나서 차례로 반역 번진들을 토벌하여 조정의 권위를 크게 회복하였다. 그 가운데 가장 중요한 고비를 이루었던 것은 회서 번진에 대한 토벌전이다. 회서 토벌은 초기부터 여러 난관에 부딪혔는데,[1] 그 이유의 하나가 평로절도사 이사도 등의 방해 책동이었다. 그들이 방해 행동에 나선 것은 회서가 토벌될 경우 곧 자신들이 위기에 처한다는 것을 알았기 때문이다.

 히노 가이자부로日野開三郎은 그러한 상황을 다음과 같이 서술하였다. 즉 "원화元和 9년 윤8월 회서절도사淮西節度使 오소양吳少陽이 죽자 그 아들 오원제吳元濟가 세습 승인을 요구하였다. 헌종이 같은 해 10월 토벌군을 일으키자 이듬해 오원제는 평로의 이사도와 성덕

---

1 정병준, 「唐 憲宗의 淮西 討平과 그 의미」, 『중국고중세사연구』 66, 2022, 210~219쪽.

成德의 왕승종王承宗 등에게 구원을 요청하였다. 양자는 이에 응답하여 조정에게 군대 철회를 강요하였고 그것이 받아들여지지 않자 곧바로 군사를 발동하여 사방을 공략하였다. 특히 이사도는 입술이 없으면 이가 시리다는 것을 알고 오원제 구원에 힘을 기울였다. 즉 자객을 보내 재상 무원형을 암살하고 관창官倉을 불태우고 동도東都를 요란하게 하는 것 등 후방을 교란시켰다. 일시는 이것이 효과를 거두어 조정의 여론도 점차 군대 철수와 화평으로 기울어 곧 목적이 달성될 것 같았다. 하지만 헌종은 그러한 여론을 물리치고 강경하게 토벌 속행의 방침을 견지하여 ① 성덕에 대해서는 위박魏博·유주幽州·진무振武·의무義武·횡해橫海·소의昭義·하동河東 등의 번진에게 포위 태세를 갖추게 하고 ② 평로에 대해서도 변汴·호濠 등 요충의 주에 서진西進을 막는 군사를 배치하여 두 번진에 대해서는 오로지 회서와의 연락 차단을 목적으로 하는 방어태세를 취하면서 공격력을 회서에 집중하였다(조금 축약)"[2]라고 한다. 세부 내용에서는 약간 불안전한 점도 보이지만, 회서 토벌에 대해 특히 이사도가 적극적으로 방해 행동에 나섰다고 하는 점은 주목된다.

이사도는 회서 토벌을 방해하기 위해 다양한 책동을 벌였다. 다만 그 상당수는 왕승종과 연대하여 일으킨 것이었고, 또 그중 어떤 것은 왕승종의 행위로 지목되어 회서 토벌의 와중임에도 불구하고 헌종이 왕승종 토벌군을 일으키기까지 하였다. 앞의 ①은 바로 그러한 토벌전에 대한 서술이다.

이 장은 이사도가 벌인 방해 공작들이 왕승종과 연대하여 벌인 것

---

[2] 日野開三郎,「支那中世の軍閥」(『日野開三郎 東洋史學論集』1, 三一書房, 1980), 101~102쪽. 또 김문경,「唐代 高句麗遺民의 藩鎭」,『唐代의 社會와 宗敎』, 숭전대학교출판부, 1984, 42~43쪽에도 거의 같은 서술이 보인다.

인지 아니면 그가 단독으로 벌인 것인지를 검토하면서 헌종의 번진 개혁에 대한 '할거 번진'[3]들의 입장을 살펴보고, 나아가 앞의 ②와 관련하여 그들 번진들의 반역이 이전의 덕종德宗 시기에 일어난 '사왕四王의 난'과 같은 전면전으로 발전하지 않은 배경 등을 살펴보려는 것이다.

1. 헌종의 회서 공격과 이사도의 하음河陰 전운원轉運院 방화

원화 9년(814) 윤8월 회서절도사 오소양이 죽자 장자인 오원제가 헌종에게 그 뒤를 잇길 청하였다. 하지만 헌종은 이전부터 회서를 토벌할 마음을 먹고 있었다.[4] 그 이유와 관련하여 『신당서』 권211, 왕승종전을 보면

> [원화 4년(809) 11월 오소양에 앞선 회서절도사] 오소성吳少誠이 죽자 [한림학사] 이강李絳이 상주하여 "채蔡(즉 회서)는 사방 이웃에 구해줄 자가 없으므로 토벌하면 쉽게 성공할 수 있다"고 하였다(5957쪽).

---

[3] 조정의 통치를 거부하면서 스스로 번진을 세습하는 번진을 가리킨다.
[4] 『신당서』 권146, 李吉甫傳, "自蜀平, 帝銳意欲取淮西. 方吉甫在淮南, 聞吳少陽立, 上下攜泮, 自請徙壽州, 以天子命招懷之, 反間以撓其黨, 會討王承宗, 未及用"(4743쪽); 『자치통감』 권239, 원화 9년 윤8월 조, "上自平蜀, 卽欲取淮西. 淮陽節度使李吉甫上言, 少陽軍中上下攜離, …… 會朝廷方討王承宗, 未暇也"(7705쪽); 同, 9월 조, "李吉甫言於上曰, '淮西非如河北, 四無黨援, 國家常宿數十萬兵以備之, 勞費不可支也. 失今不取, 後難圖矣'"(7706쪽). 정병준, 「唐 憲宗 초기 淮西 藩鎭의 地域割據 — 吳少陽의 행동을 중심으로」, 『중국사연구』 135, 2021, 75쪽 등 참조.

라고 하고, 또 『구당서』 권146, 이길보전李吉甫傳에서도 "오원제가 부친의 지위를 세습하길 청하자 이길보가 말하길 '회서는 내지內地여서 하삭河朔과는 다르고 또 네 경계에 당원黨援이 없음에도 불구하고 국가는 항상 수십만 병사를 주둔시켜 수어守禦하니 마땅히 적당한 시기에 취해야 한다'고 하였다. 자못 황제의 뜻에 부합되었으므로 비로소 회서를 경략할 모의를 하였다"(3996쪽)라고 한다.[5]

같은 해(814) 9월 헌종은 회서 주변의 번진 장수들을 재배치하고 10월 산남동도절도사山南東道節度使 엄수嚴綬를 신광채申光蔡(즉 회서)초무사招撫使에 임명하여 오원제를 토벌하게 하였다. 초무사는 다른 여러 번진을 통괄하는 직위이다. 다만 아직 본격적인 토벌을 개시한 것은 아니었다.

이 상황에서 같은 달(10월) 이길보가 죽고[6] 앞선 원화 2년(807) 정월 이길보와 함께 재상에 오른[7] 무원형武元衡이 토벌의 일을 총괄하였다.[8] 그리고 이듬해(815) 정월 본격 토벌을 명하는 조서가 반포되어 오원제의 관작을 삭탈하고 선무宣武 등 16도道 번진에게 토벌하게 하였다.[9] 처음에는 당군이 패하였으나 3월 및 4월 중무설도사忠武節

---

[5] 『신당서』 권152, 李絳傳, "吳少誠病甚, 絳建言, '淮西地不與賊接, 若朝廷命帥, 今乃其時, 有如阻命, 則決可討矣. 然鎭·蔡不可幷取, 願赦承宗, 趣立蔡功'"(4838쪽); 『자치통감』 권238, 원화 4년 7월 조, "時吳少誠病甚, 絳等復上言, '少誠病必不起. 淮西事體與河北不同, 四旁皆國家州縣, 不與賊鄰, 無黨援相助, ……' 旣而承宗久未得朝命, 頗懼, 累表自訴"(7664쪽).

[6] 『구당서』 권15, 헌종본기하, 원화 9년 10월 조, 450쪽; 『자치통감』 권239, 원화 9년 10월 조, 7707쪽.

[7] 『구당서』 권158, 무원형전, 4160쪽; 『자치통감』 권239, 원화 10년 5월 조, "以戶部侍郎武元衡爲門下侍郎, 翰林學士李吉甫爲中書侍郎, 並同平章事"(7639쪽).

[8] 『구당서』 권158, 무원형전, "及[李]吉甫卒, 上方討淮蔡, 悉以機務委之"(4160쪽); 『신당서』 권152, 무원형전, 4834쪽; 『자치통감』 권239, 원화 10년 5월 조, 7713쪽.

[9] 『唐大詔令集』 권119, 討伐上, 「討吳元濟敕」, 1959, 632쪽; 『책부원구』 권122, 帝王部, 討伐2, 원화 10년 정월 조, 1465쪽; 『자치통감』 권239, 원화 10년 정월 조, 7707쪽.

度使 이광안李光顏이 연이어 회서 병사를 격파하였다.

같은 해(815) 4월 오원제가 평로의 이사도와 성덕의 왕승종에게 구원을 요청하자 같은 달 두 사람이 자주 표表를 올려 오원제를 사면하길 청하였는데, 황제가 따르지 않았다.[10] 『구당서』 145, 오원제전에 의하면 "4월 이광안이 적적의 무리를 격파하자 오원제가 사람을 보내 진주鎭州의 왕승종과 치운淄鄆의 이사도에게 구원을 청하였다. 두 군수가 조정에 표를 올려 오원제의 죄를 사면하길 청하였지만 조지朝旨를 내려 허락하지 않았다. 이로부터 양하兩河의 적수賊帥는 도처[所在]에서 몰래 행동하여 왕사王師를 방해하려고 하였다"(3949쪽)라고 한다.[11]

먼저 행동에 나선 것은 이사도였다. 즉 같은 달(4월) 이사도가 대장大將에게 2천을 거느리고 회남淮南 관하의 수주壽州 수춘현壽春縣으로 달려가게 하였는데, 겉으로는 관군官軍을 도와 오원제를 토벌한다고 하면서 실제는 오원제를 원조하기 위함이었다.[12] 다만 이들 2천의 병사들이 이후 구체적으로 어떤 활용을 하였는지는 명확하지 않다.

또 이사도는 평소 자객刺客·간인奸人 수십 인을 양성하며 재물을 후하게 주고 있었는데, 같은 달(원화 10년 4월) 그들이 이사도에게 말하길

---

10 『자치통감』 권239, 원화 10년 4월 조, "吳元濟遣使救於恒·鄆, 王承宗·李師道數上表請赦元濟, 上不從"(7711쪽).
11 『책부원구』 권57, 帝王部57, 英斷, 원화 10년 조, "御史中丞裴度獻議, 請討淮西吳元濟. 是時, 王承宗居鎭, 李師道據鄆, 外順朝旨內實違命, 陰助元濟"(636쪽).
12 『신당서』 권213, 이사도전, "帝討蔡, 詔興諸道兵而不及鄆, 師道選卒二千抵壽春, 陽言爲王師助, 實欲援蔡也"(5992쪽); 『자치통감』 권239, 원화 10년 4월 조, "… 師道使大將將二千人趣壽春, …"(7711쪽).

ⓐ 군대를 일으킬 때 다급한 것은 군량이다. 지금 하음원河陰院에 강회江淮의 조부租賦를 저장하고 있으니 몰래 가서 불태우길 청한다. 또 ⓑ 동두東都의 악소년惡少年 수백을 모집하여 도시都市를 겁탈하고 궁궐을 불태우면 조정이 회서를 토벌할 겨를이 없어 먼저 스스로 복심腹心을 구할 것이다. 이 역시 회서를 구하는 하나의 좋은 계책이다.

라고 하였다고 하고(『자치통감』 권239, 7711쪽), 또 『신당서』 권213, 이사도전에서는 "망명소년亡命少年이 이사도를 위해 계책을 내어 말하길 '하음은 강회에서 위수委輸하는 곳이고 하남은 제도帝都이다. 청컨대 ⓐ 하음의 식량창고[敖庫]를 불태우고 ⓑ 낙洛의 장사壯士를 모집하여 궁궐을 겁탈하면 즉 조정이 복심의 질환을 구원할 것이니 이는 채蔡[에 대한 포위를] 푸는 하나의 기책이다'라고 하였다"(3992쪽)라고 한다. 하음원이란 하남부河南府 하음현河陰縣[13]에 설치된 전운원轉運院을 말하는데,[14] 강회 지방에서 올라오는 곡물 등의 상당 부분을 보관하는 곳으로[15] 기록에 종종 하음창河陰倉으로도 보인다. 김문경이

---

13 『通典』 권177, 州郡7, 古荊河州, 河南府(洛州) 조, 中華書局, 4657쪽; 『구당서』 권38, 지리지1, 河南道, 河南府 조, "[開元]二十二年, 置河陰縣"(1422쪽).
14 『구당서』 권49, 食貨志下, "[開元]二十二年八月, 置河陰縣及河陰倉·河西柏崖倉·三門東集津倉·三門西鹽倉. 開三門山十八里, 以避湍險. 自江淮而泝鴻溝, 悉納河陰倉. 自河陰送納含嘉倉, 又送納太原倉, 謂之北運. 自太原倉浮于渭, 以實關中"(2115쪽).
15 『陸贄集』 권18, 中書奏議2, 「請減京東水運收脚價於緣邊州鎭儲蓄軍糧事宜狀」, "頃者每年從江西·湖南·浙東·浙西·淮南等道, 都運米一百一十萬石, 送至河陰, 其中減四十萬石, 留貯河陰倉, 餘七十萬石, 送至陝州, 又減三十萬石, 留貯太原倉, 唯餘四十萬石, 送赴渭橋輸納"(中華書局, 594~595쪽); 『자치통감』 권234, 덕종 貞元 8년(792) 8월 조, "頃者每年自江·湖·淮·浙運米百一十萬斛, 至河陰留四十萬斛, 貯河陰倉, 至陝州又留三十萬斛, 貯太原倉, 餘四十萬斛輸東渭橋. 今河陰·太原倉見米猶有三百二十餘萬斛, …"(7536쪽); 『구당서』 권49, 食貨志下, "舊制, 每歲

언급한 대로 당시 이곳에는 번진 토벌을 위한 물자가 대량으로 저장되어 있었는데, 즉 『원진집元稹集』 권57, 비명비명, 「당고조의랑시어사내공봉염철전운하음유후하남원군묘지명唐故朝議郎侍御史內供奉鹽鐵轉運河陰留後河南元君墓誌銘」에 "그 하음에 있을 때 조정이 치·채(즉 평로와 회서)를 토벌하였는데, 수백만의 경비가 모두 여기서 나왔다"(中華書局, 605쪽)라고 한다.[16]

그러자 이사도는 그 의견에 따랐고 이로부터 각지에서 도적盜賊이 몰래 일어났다. 즉 『자치통감』 권239, 원화 10년 4월 조에 "신해(10일) 저녁에 도적 수십 인이 하음 전운원을 공격하여 10여 인을 살상하고 전백錢帛 30여만 민필緡匹과 곡식 3만여 곡斛을 소각시키자 이에 인정人情이 두려워하였다"(7711~7712쪽)라고 하고, 『구당서』 권15, 헌종본기, 원화 10년 4월 조에서는

> 도적이 하음 전운원을 불태웠는데, 무릇 전백 20만 필과 미米 2만 4천 800석, 창실倉室 55간間을 소실시켰다. 전운원을 지키는 병사 500인이 하음현 남쪽에 군영을 두었는데, 도적이 발화하였으나 구하지 않았으므로 [동도유수] 여원응呂元膺이 그 군장을 불러 죽였다. 도적이 하음에 불을 지르자 인정人情이 놀라고 요란해졌다(452쪽).

라고 한다.[17] 하음 전운원은 덕종 정원貞元 15년(799) 2월 변주汴州

運江淮米五十萬斛, 至河陰留十萬, 四十萬送渭倉. [劉]晏歿, 久不登其數, 惟[李]巽秉使三載, 無升斗之闕焉"(2120쪽) 등.
16 김문경, 「唐代 高句麗遺民의 藩鎭」, 42쪽.
17 『신당서』 권211, 왕승종전, "凡敗錢三十萬緡·粟數萬斛"(5958쪽).

전운원을 옮겨온 것으로 원화 3년(808) 4월 창옥倉屋 150간을 증치增置하였다.[18] 그중 창실 55간이 소실되었다는 것은 상당한 피해를 입었음을 알게 한다.

이렇게 보면 하음창 방화는 이사도가 저지른 것처럼 보인다. 하지만 『구당서』 권142, 왕승종전에 의하면 "이로부터 이사도와 함께 온갖 간계를 내어 토벌을 방해하였다. 4월 도적을 보내 하음창을 불태웠다"(3881쪽)[19]라고 하고, 또 『구당서』 권145, 오원제전에서도 "이로부터 양하의 적수賊帥는 도처에서 몰래 절발竊發하여 왕사王師를 방해하려고 하였다. 5월(4월?) 왕승종과 이사도가 도적을 보내 하음창을 불태웠다"(3949쪽)라고 한다. 즉 이사도와 왕승종이 함께 협력하여 하음창을 불태웠다는 것이다.

그럼에도 불구하고 앞에서 본 『자치통감』 권239, 원화 10년 4월 조의 기사에 의하면 방화의 계책을 낸 것은 이사도가 분명하고, 또 『구당서』 권124, 이사도전에서는 "원화 10년에 왕사가 채주를 토벌하자 이사도가 도적을 보내 하음창을 불태우고 건릉교建陵橋를 잘랐다"(3538쪽)라고 하여 이사도가 단독으로 하음창을 불태웠다고 하는 것도 보이는 만큼 해당 사건은 이사도가 주도하고 왕승종이 함께 협력하여 일으킨 것으로 볼 수 있다.

하음창 방화로 사람들이 놀라고 요란해지자 많은 군신들이 회서 토벌을 그만두길 청하였지만, 황제는 받아들이지 않았다.[20] 하지만

---

18 『당회요』 권87, 漕運, 德宗 貞元 15년(799) 2월 조, "于頔奏移轉運汴州院於河陰, 以汴州累遇兵亂, 失散錢帛故也"(上海古籍出版社, 1894쪽); 同, 원화 3년 4월 조, "增置河陰倉屋一百五十間"(1894쪽).
19 『신당서』 권211, 왕승종전, "承宗怨甚, 與師道謀, 遣惡少年數十曹伏河陰, 乘昏射吏, 吏奔潰, 因火漕院, …"(5957~5958쪽).
20 『자치통감』 권239, 원화 10년 4월 조, "羣臣多請罷兵, 上不許"(7712쪽).

이사도의 방해 공작은 이제부터 시작이었다. 그 가운데 앞의 ⓑ에 관해서는 이 장 3절에서 자세히 서술하겠다.

2. 이사도의 재상 암살

하음창이 불탄 원화 10년(815) 5월 헌종은 회서 토벌의 상황을 확인하기 위해 어사중승御史中丞 배도裴度를 회서행영淮西行營으로 보내 군사들을 위로하며 전쟁의 형세를 살피게 하였다. 같은 달 배도가 돌아와 반드시 회서를 평정할 수 있을 것이라고 하자 헌종이 기뻐하고[21] 회서 토벌의 의지를 굳혔다.[22]

같은 달(5월) 이사도는 자신이 양성하던 객客이 회서 토벌을 총괄하는 재상 무원형을 암살하길 청하여 말하길 "천자가 한마음으로 회서를 토벌하는 것은 무원형이 돕기 때문이니 몰래 가서 그를 죽이길 청한다. 무원형이 죽으면 다른 재상도 감히 그 모의를 주관하지 못하고 앞 다투어 천자에게 군대를 거두길 권할 것이다"라고 하였다.[23] 이 사실이 『신당서』 213, 이사도전에서는

> 또 혹자가 이사도에게 말하길 "황제는 비록 채를 토벌하는 데 뜻이 있지만, 모략은 모두 재상에게서 나온다. 무원형이 황제

---

21 『구당서』 권15, 헌종본기하, 원화 10년 5월 조, "自徵兵討賊, 凡十餘鎭之師, 環於申·蔡, 未立戰功. 裴度使還, 奏曰, …"(452쪽); 『자치통감』 권239, 원화 10년 5월 조, 7712쪽.
22 『신당서』 권173, 배도전, "王師討蔡, 以度視行營諸軍, 還, 奏攻取策, 與帝合意"(5210쪽).
23 『자치통감』 권239, 원화 10년 5월 조, 7713쪽.

의 신임을 얻고 있으니 원컨대 원앙袁盎의 일를 본받으면 이후의 재상은 반드시 두려워서 군대를 거두길 청하고 그리하여 군대를 일으키지 않으면 채蔡의 포위가 풀릴 것이다"라고 하였다(5992쪽).

라고 하는데, 이때 원앙의 일이란 한漢 경제景帝 때 오초7국吳楚七國의 반란이 일어나자 원앙이 황제를 독대하여 반란 수습의 방안으로 제후국 삭감을 추진한 조조鼂錯를 죽이길 청해 마침내 주살한 것을 말한다.[24] 물론 조조가 제거되었다고 해서 반란이 그대로 수습된 것은 아니지만, 조조를 처단한 것은 다른 사람에게 경각심을 주는 효과가 있었으므로 "다른 재상이 감히 토벌의 모의를 주관하지 못하고 다투어 군대를 거두길 권할 것"이라고 한 것이다.

그에 따라 같은 달 이사도가 자금을 주어 자객을 경사로 보냈다고 하는 기사가 『자치통감』 권239, 원화 10년 5월 조에 보인다(7713쪽). 또 같은 달 성덕의 왕승종은 아장牙將 윤소경尹少卿을 조정으로 보내 오원제를 변호하게 하였는데, "윤소경이 중서中書에 이르러 재상을 배견하여 논열論列하면서 말투가 불손하였기 때문에 무원형이 화를 내고 꾸짖어 보내니 왕승종은 더욱 불손해졌다. 이로부터 이사도와 함께 온갖 간계를 꾸며 토벌을 저지하였다"[25]라고 한다.

6월 3일 미명 무원형이 입조하기 위해 경사 정안방靖安坊의 동문을 나섰을 때 도적이 어둠 속에서 갑자기 나와 활을 쏘자 무원형의

---

24 『史記』권101, 원앙전, 2742~2743쪽. 니시지마 사다오 저, 최덕경 등 역, 『중국의 역사: 진한사』, 혜안, 2004, 157~165쪽 등 참조.
25 『구당서』권142, 왕승종전, 3880~3881쪽; 『자치통감』권239, 원화 10년 5월 조, 7713쪽.

종자들이 모두 흩어져 달아났다. 곧이어 도적이 무원형의 말을 잡고 10여 보를 가서 살해한 후 두개골을 베어 갔다. 또 통화방通化坊으로 들어가 배도를 공격하여 목에 상처를 입히고 도랑에 떨어뜨렸으나 배도는 다행히 착용한 털모자가 두꺼워서 목숨을 건졌다. 이 사건으로 경성이 크게 놀랐고, 헌종은 조서를 내려 재상이 드나들 때는 금오위金吾衛의 기병에게 활시위를 당기고 칼을 뽑은 상태로 호위하게 하였다. 또 지나는 방문坊門을 엄하게 수색하였고 조정 신료들은 날이 밝기 전에 문밖으로 나오질 못하였다. 하지만 도적은 금오위와 경조부 및 두 현縣에 글을 쓴 종이를 남겨 "나를 서둘러 잡으려 하지 말라 내가 먼저 너희를 죽일 것이다"라고 하였기 때문에 도적을 체포하는 자가 감히 서둘지 못하였다.[26] 8일 조서를 내려 도적을 잡는 자에게 전錢 1만 민과 5품관을 내리겠다고 하고 경성을 대대적으로 수색하였다. 10일 신책군 장군 왕사칙王士則 등이 경사에 있는 성덕군의 진주원進奏院이 수상하다고 고발하니 관리들이 장안張晏 등 8인을 체포하고 경조윤과 감찰어사가 그들을 국문하였다.[27]

배도는 20일 동안 집에서 상처를 치료하였는데, 혹자가 배도를 파직시켜 성덕과 평로를 안심시키길 청하였다. 하지만 헌종은 "만약 배도를 파직시킨다면 이는 간사한 모략이 성공하고 조정의 기강을 무너뜨리는 것이다. 나는 배도 한 명으로 족히 두 적賊을 깨뜨릴 것이다"라고 하고, 6월 24일 배도를 재상으로 삼았다. 그러자 배도가 말하길 "회서는 복심의 병이어서 제거하지 않으면 안 된다. 또 조정이 이미 토벌을 시작하였고 양하兩河의 발호하는 번진이 이를 보고

---

26 『자치통감』권239, 원화 10년 6월 조, 7713~7714쪽.
27 『자치통감』권239, 원화 10년 6월 조, 7714쪽.

행동을 결정할 것이므로 중지할 수 없다"라고 하였다. 이사도와 왕승종의 발호를 막기 위해서라도 회서 토벌을 더 밀어붙여야 한다는 것이다. 헌종이 배도에게 회서 토벌의 일을 위임하니 배도가 공격을 더욱 서둘렀다.[28]

같은 달(6월) 진중사陳中師가 장안 등을 심문하여 무원형을 살해하였다는 자백을 받았다. 재상 장홍정張弘靖은 사실이 명확하지 않다고 하며 누차 상주하였으나 헌종은 듣지 않고 28일 장안 등 5인을 참수하고 그 무리 14인을 죽였다.[29] 당시 헌종은 무원형을 살해한 자가 왕승종이라고 확신하였던 것이다. 사실 앞서 왕승종은 무원형을 비난하는 표를 세 번이나 올렸는데, 헌종이 그 표를 보관하고 있다가 장안 등을 참수하기 5일 전인 계해일(23일)에 신하들에게 보여주며 죄를 논하게 하였는데,[30] 이는 그가 왕승종을 무원형 살해범으로 판단한 것을 나타낸다. 즉 『신당서』 권211, 왕승종전에 의하면 "얼마 지나지 않아 장안 등이 재상 무원형을 해쳤으므로 경사를 대대적으로 수색하고 천자는 끼니를 제때 먹지 못하였다. 왕승종이 일찍이 무원형의 허물을 지적[疏]하였으나 궁중에 계류해 두었다. 이때에 이르러 황제가 꺼내 군신들에게 보이며 대의大議하게 하자 모두가 그 죄를 공포하고 토벌하기를 청하였다"(5958쪽)라고 한다.

이에 대해 『자치통감』 권239, 원화 10년 6월 조에서는 "[그 사이에] 이사도가 보낸 자객은 마침내 몰래 도망쳤다"(7715쪽)라고 한다.

---

28 『자치통감』 권239, 원화 10년 6월 조, 7714쪽.
29 『자치통감』 권239, 원화 10년 7월 조, 7715쪽; 『구당서』 권129, 장홍정전, "盜殺宰相武元衡, 京師索賊未得. 時王承宗邸中有鎮卒張晏輩數人, 行止無狀, 人多意之, 詔錄付御史陳中師按之, 皆附致其罪, 如京中所說. 弘靖疑其不直, 驟於上前言之, 憲宗不聽, 竟殺張晏輩"(3610~3612쪽).
30 『자치통감』 권239, 원화 10년 6월 조, 7714쪽.

마치 이사도의 자객이 무원형을 살해하였으나 이를 놓친 것처럼 느껴진다. 앞에서 이사도가 자객에게 자금을 주어 경사로 보냈다고 한 『자치통감』의 기사를 함께 고려하면, 사마광은 이사도가 무원형 살해를 주도한 범인이라고 서술한 것일까라고도 생각된다.[31]

하지만 왕승종이 무원형 암살에 관여하였다는 것은 여러 기록에서 보인다. 예컨대 ①『구당서』 권142, 왕승종전에 "6월 도적을 보내 정안리靖安里에 숨겨두었다가 재상 무원형을 살해하니 경사가 놀라고 두려워하였다"(3881쪽)라고 하고 ②『구당서』 권145, 오원제전에 "6월 왕승종과 이사도가 도적을 경성京城에 매복시켜 재상 무원형과 중승 배도를 살해하였는데, 무원형이 먼저 살해되고 배도는 중상을 입었으나 죽음을 면하였다"(3949쪽) ③『신당서』 권173, 배도전에서도 "왕승종과 이사도가 회서를 공격하는 군대를 느슨하게 하기 위해 모의하여 도적을 경사에 매복시켜 권력을 행사하는 대신大臣을 찔렀는데, 재상 무원형을 해쳤고 이어 배도를 공격하여 …"(5210쪽)라고 한다.[32] 따라서 무원형 암살 역시 이사도가 왕승종과 공모하여 벌인 것으로 보아야 할 것으로 생각된다. 다만 훗날 이사도가 보낸 자객에 대한 새로운 사실들이 밝혀지게 되는데, 이에 대해서는 3절에서 다루겠다.

7월 5일 헌종은 조서를 내려 왕승종의 죄악을 헤아리며 조공을 단

---

31 김문경, 「唐代 高句麗遺民의 藩鎭」에서는 이러한 기사를 바탕으로 "이사도가 파견한 자객에 의한 소행이었음이 판명되었다"(43쪽)라고 한다.
32 『구당서』 권170, 배도전, "十年六月, 王承宗·李師道俱遣刺客刺宰相武元衡, 亦令刺度. 是日, 度出通化里, 盜三以劍擊度, …… 度已墮溝中, 賊謂度已死, 乃捨去. 居三日, 詔以度爲門下侍郎·同中書門下平章事"(4414쪽); 『구당서』 권15, 헌종본기하, 원화 10년 6월 조, "鎭州節度使王承宗遣盜夜伏於靖安坊, 刺宰相武元衡, ……"(453쪽) 등

절시킨 뒤 "회개하여 잘못을 고치고 자신을 구속하여 귀순하길 바란다. 공격하여 토벌하는 기일은 다음 명을 기다리도록 하라"라고 하였다.[33] 오원제 토벌전이 진행되는 와중임에도 불구하고 사실상 왕승종 토벌이 시작된 것이다.

3. 이사도의 동도東都 전복 기도

같은 해(원화 10년) 8월 이사도의 방해 공작은 계속되었다. 즉 회서 병사들이 동기東畿를 침범하였기 때문에 수비병이 모두 하남부 이궐현伊闕縣에 주둔한 틈을 이용하여 이사도가 숭산嵩山의 승려 원정圓淨과 모의하여 몰래 용감한 병사 수백 인을 동도의 평로 진주원에 매복시켜 두었다가 궁전을 불태우고 약탈을 자행하려고 하였다.[34] 즉 『구당서』 권124, 이사도전에 의하면

> 앞서 이사도는 하남부에 유저留邸를 두고 병사 간첩이 뒤섞여 왕래하였으나 관리들이 감히 알아내지 못하였다. 오원제가 북쪽으로 여주[汝]·정주[鄭]를 침범하였기 때문에 교기郊畿가 자주 경계하고 방어병이 모두 이궐을 지켰는데, [8월] 이사도가 몰래 병사 수십~백 인을 그 저邸에 넣어두고 궁궐을 불태

---

33 『당대조령집』 권119, 討伐上, 「王承宗絶朝貢敕」, 630~631쪽; 『신당서』 권211, 왕승종전, 5958쪽; 『자치통감』 권239, 원화 10년 7월 조, 7715쪽.
34 『구당서』 권15, 헌종본기하, 원화 10년 8월 조, "丁未, 淄靑節度使李師道陰與嵩山僧圓淨謀反, 勇士數百人伏於東都進奏院, 乘洛城無兵, …"(454쪽); 『자치통감』 권239, 원화 10년 8월 조, "李師道置留後院於東都, 本道人雜沓往來, 吏不敢詰. 謀焚宮闕, 縱兵殺傷, …"(7715~7716쪽).

우며 멋대로 죽이고 약탈하려고 모의하였다. 소를 삶아 무리를 배불리 먹인 후 다음날 실행하기로 하였는데, 그때 소장小將 양진楊進·이재흥李再興라는 자가 유수留守 여원응에게 가서 변고를 알렸다. 여원응이 이궐의 병사들을 불러 그들을 포위하였으나 반나절이 지나도 감히 나아가 공격하지 못하였다. 방어판관防禦判官 왕무원王茂元이 한 명을 죽인 후 나아가니 어떤 자가 그 담벽을 부수고 진입하였다. 적적賊의 무리가 갑자기 나와 사람을 죽이자 둘러싼 병사들이 놀라 달아났다. 적이 길거리에서 대오를 갖추고 그 처자를 포대기로 싼 채 갑주甲胄로 후미를 경비하면서 나아가니 방어병이 감히 추격하지 못하였다. 적은 장하문長夏門을 나가서 옮겨가며 교외[郊墅]를 약탈하고 동쪽으로 이수伊水를 건너 숭산으로 들어갔다. 여원응은 경계상의 병사들에게 큰 상을 내걸어 잡게 하였다(3538~3539쪽).

라고 한다. 비록 이사도의 계획은 실패하였지만, "도성都城이 놀라고 두려워한"[35] 것은 당연하다. 히노 가이자부로日野開三郎은 이 사건을 '이사도가 동도를 탈취하려고 기도한 사건'이라고 명명하였다.[36] 이사도가 단독으로 동도를 탈취하려고 한 사건이라는 의미이다. 실제로 앞선 같은 해 4월 이사도의 객客이 "동도의 악소년惡少年 수백을 모집하여 도시를 겁탈하고 궁궐을 불태우기를" 권한 것은 앞의 1절에서 보았다. 다만 『신당서』 권211, 왕승종전에 "또 낙양洛陽

---

35 『자치통감』 권239, 원화 10년 8월 조, 7716쪽.
36 日野開三郎,「唐代の戰亂と山棚」,『日野開三郎 東洋史學論集』1, 三一書房, 1980, 495쪽, 506~506쪽.

에 무기를 숨겨 반反하려고 하였으나 이루지 못하였다"(5958쪽)라고 하는 것이 보이므로 이사도가 동도를 전복하려고 할 때 왕승종도 나름의 동조를 취한 것이 아닐까라고 생각된다.

이사도의 동도 전복 계획은 매우 면밀하였다. 『구당서』 권124, 이사도전에 의하면 "이전에 이사도는 이궐과 육혼陸渾 사이에 밭을 많이 샀는데, 무릇 10군데였고 산붕山棚에게 집을 지어주고 의식을 제공하려고 하였다. 자가진訾嘉珍과 문찰門察이라는 자가 몰래 그들을 나누어 거느리고 원정에게 속하였다. 이사도의 전錢 천만으로 거짓으로 숭산의 불광사佛光寺를 수리한다고 하고 자가진이 몰래 일어날 때 산중에서 불을 지르면 2현縣의 산붕인山棚人을 모아 난을 일으키기로 하였다"(3539쪽)[37]라고 한다. 여기서 '산붕'은 산속에서 수렵을 하면서 사는 사람들인데,[38] 그 종족적 연원에 대해서는 ① 개원 10년에 하남·강회 일대로 이주된 하곡육주河曲六州(소그드인) 후손으로 보는 천인커陳寅恪의 견해[39] ② 한족漢族의 확장에 따라 산속으로 밀려난 선주先住의 이민족으로 보는 히노 가이자부로日野開三郎의 견해[40] ③ 고종 시기에 고구려가 멸망한 후 이 지역으로 이주된 고구려인으로 보는 왕훙싱王紅星의 견해[41] 등이 있다. 다만 한족이 아니라는 점에서는 모두 일치하지만, 어느 것도 명확한 것은 아니다.

---

37 『구당서』 권154, 여원응전, 4105쪽에도 거의 같은 기사가 보인다.
38 日野開三郎, 「唐代の戰亂と山棚」, 498~500쪽; 新見まどか, 「平盧節度使の軍事·經濟活動と海商·山地狩獵民」, 『唐帝國の滅亡と東部ユーラシア －藩鎭體制の通史的研究』, 思文閣出版, 2022, 84~85쪽.
39 陳寅恪, 『讀書札記一集 －舊唐書之部』, 三聯書店, 2001, 177쪽(王紅星, 「唐代山棚與明清山棚的比較研究」, 『平頂山學院學報』 2016-1, 52쪽에서 재인용); 陳寅恪, 『陳寅恪讀書札記 －舊唐書新唐書之部』, 上海古籍出版社, 1989, 107쪽. 후자에서 陳은 또 자가신과 문찰의 姓名 또한 漢人에 속하는 것이 아니라고 한다.
40 日野開三郎, 「唐代の戰亂と山棚」, 500~502쪽.
41 王紅星, 「唐代山棚與明清山棚的比較研究」, 51~52쪽.

그 후 숭산으로 달아난 무리는 어떻게 되었을까. 즉 『구당서』 권 124, 이사도전을 계속 보면

> 수개월 후 어떤 산붕이 시장에 사슴을 팔려고 하였다가 적적賊을 만나 사슴을 빼앗겼다. 산붕이 달려가 그 당黨을 부르고 혹자는 관군을 데리고 함께 그들을 계곡 안으로 포위하여 모두 사로잡았다. 추궁하여 그 수괴를 잡으니 중악사中岳寺 승려 원정이었다. 나이가 80여 세로 일찍이 사사명史思明의 장將이 되었는데, 신체가 장대하고 사나운 것이 보통사람이 아니었다. 처음에 잡아서 힘센 자에게 쇠망치로 내리치게 하였으나 능히 정강이를 부러뜨리지 못하였다. 원정이 욕하며 말하길 "쥐새끼야. 사람 다리도 부러뜨리지 못하면서 감히 건아健兒라고 칭하는가!"라고 하고 스스로 그 발을 놓고서 부러뜨리게 하였다. 사형에 임해 말하길 "나의 일을 그르쳐 낙성洛城에 피를 흐르게 하지 못하였다"라고 하였다.[42] 죽은 자가 무릇 수십 인이었다(3539쪽).

라고 하여 여원응이 오히려 산붕의 도움을 받아 원정과 그 무리들을

---

[42] 『구당서』 권15, 헌종본기하, 원화 10년 8월 조, "丁未, 淄青節度使李師道陰與嵩山僧圓淨謀反, 勇士數百人伏於東都進奏院, 乘洛城無兵, 欲竊發焚燒宮殿而肆行剽掠. 小將楊進·李再興告變, 留守呂元膺乃出兵圍之, 賊突圍而出, 入嵩岳, 山棚盡擒之. 訊其首, 僧圓淨主謀也. 僧臨刑歎曰, '誤我事, 不得使洛城流血!'"(454쪽); 『자치통감』 권239, 원화 10년 8월 조, 7715~7717쪽; 『구당서』 권163, 崔弘禮傳, "元和中, 呂元膺爲東都留守, 以弘禮爲從事. 時淮西吳少陽初死, 吳元濟阻兵拒命, 山東反側之徒, 爲之影援, 東結李師道謀襲東洛, 以脅朝廷. 弘禮爲元膺籌畫, 部分兵衆, 以固東都, 卒亦無患. 累除汾州·棣州刺史. 會田弘正請入覲, 請副使, 乃授弘禮衛州刺史·充魏博節度副使, 歷鄭州刺史"(4265쪽).

잡아 처단하였다고 한다.⁴³ 같은 해 12월 또 여원응은 산붕을 모집하여 궁성을 방어하길 청하여 허락받았다.⁴⁴

반란이 평정되면서 새로운 사실들이 밝혀졌다. 즉 『구당서』 권124, 이사도전에 의하면 "동도유수의 어장禦將 2인과 도정역都亭驛의 졸卒 5인과 감수역甘水驛의 졸 3인이 모두 몰래 이사도에게 직임을 받아 그 눈과 귀가 되었기 때문에 처음 모의부터 실패할 때까지 아무도 알지 못하였다"(3935쪽)⁴⁵라고 한다. 도정역과 감수역은 각각 동도의 남쪽과 서남쪽에 위치한 역이다.⁴⁶ 이를 통해서도 이사도가 치밀하게 동도 전복을 준비한 것을 알 수 있는 반면, 왕승종이 관여한 흔적은 찾을 수 없다.

또 무엇보다 흥미로운 것은 무원형을 살해한 자들이 새롭게 드러났다는 점이다. 즉 『구당서』 권154, 여원응전을 보면 "[숭산에서 잡은 자들을] 추궁하니 자가진과 문찰이 모두 무원형을 해쳤다고 하므로 여원응이 황제에게 보고하고 상도上都로 보냈다"(4105쪽)라고 하고, 『구당서』 권124, 이사도전 등에도 같은 내용이 서술되어 있다.⁴⁷ 하지만 헌종은 더 이상 그들을 추궁하지 않았다. 즉 『자치통감』 권239, 원화 10년 8월 조를 보면

---

43 『구당서』 권154, 여원응전, 4105쪽; 『자치통감』 권239, 원화 10년 8월 조, 7717쪽.
44 『자치통감』 권239, 원화 10년 12월 조, 7720쪽.
45 『구당서』 권154, 여원응전, 4105쪽.
46 嚴耕望, 『唐代交通圖考(一)』, 臺灣商務印書館·學生書局, 三民書局, 1985, 10~13쪽, 16쪽(圖1), 90쪽(圖2).
47 『구당서』 권124, 이사도전, "及窮按之, 嘉珍·門察, 乃賊武元衡者. 元膺具狀以聞"(3539쪽); 『신당서』 권213, 이사도전, "及窮治, 嘉珍·察乃害武元衡者"(5993쪽); 『자치통감』 권239, 원화 10년 8월 조, "元膺鞫訾嘉珍·門察, 始知殺武元衡者乃師道也, 元膺密以聞, 以檻車送二人詣京師. 上業已討王承宗, 不復窮治"(7717쪽).

여원응은 자가진과 문찰을 국문하면서 비로소 무원형을 살해한 자가 이사도라는 것을 알았다. 여원응이 비밀리에 황제에게 보고하고 두 사람을 함거檻車에 태워 경사로 보냈다. 황제는 이미 왕승종을 토벌하는 중이었으므로 더 이상 추궁하여 다스리지 않았다(7717쪽).

라고 한다. 이에 의하면 여원응의 보고로 헌종은 무원형을 살해한 이가 이사도라는 것을 알게 되었지만, 7월 5일부터 사실상 왕승종 토벌전이 시작된 상황이어서 이사도를 문책하지 않았다고 한다.

다만 앞 기사에 이어서 "여원응이 상주하길 '근래에 번진藩鎭이 발호跋扈하고 불신不臣해도 가히 용서하는 경우가 있지만, 이사도가 도성을 도륙하고 궁궐을 불태우려고 도모한 것은 패역이 더욱 심하므로 주살하지 않을 수 없다'라고 하였다. 황제가 그렇게 여겼으나 바야흐로 오원제를 토벌하고 왕승종의 [조공을] 단절시킨 상황이어서 이사도를 다스릴 겨를이 없었다"(7717쪽)라고 하는 기사가 보인다. 즉 여원응이 이사도의 동도 전복 기도를 들어 이사도를 토벌해야 한다고 한 것이지만, 자가진 등이 무원형을 살해한 것에 대해서는 아무런 언급이 없다.

이때 주목되는 것은 자가진과 문찰의 진술이 앞과는 다르게 전하는 기사이다. 즉 『신당서』 권152, 무원형전에 의하면

달을 넘겨 동도방어사東都防禦使 여원응이 치청 유저留邸의 적적賊인 문찰·자가진을 잡았는데, 스스로 말하길 먼저 무원형을 살해하기로 모의하였지만[始謀殺元衡者], 때마침 장안이 먼저 실행하였기 때문에 그것을 빌어 이사도에게 알리고 그 상

을 훔쳤다라고 하였다. 황제가 비밀리에 주살하였다(4835쪽).

라고 하여 자가진과 문찰이 먼저 암살 계획을 모의하였으나 때마침 성덕의 장안 등이 먼저 실행에 옮겼다는 것이다. 이러한 것은 이사도가 패망한 후 다시 한번 밝혀진다. 즉『자치통감』권211, 원화 14년(819) 2월 조에 의하면

> [이사도가 패망하자 위박절도사] 전홍정田弘正이 운주鄆州로 들어가 이사도의 장부[簿書]를 열람하니 무원형을 살해한 사람인 왕사원王士元 등에게 상을 주고 또 동관潼關·포진蒲津의 이졸吏卒에게 상을 준 문안이 있었으므로 이전에 모두 이 졸들이 적賊에게 뇌물을 받고 그 간사함을 묵인한 사실을 알았다(7767쪽).

라고 하고,[48] 또 동同, 같은 해 7월 조에

> 전홍정이 무원형을 살해한 적賊인 왕사원 등 16인을 보냈다. 조서를 내려 경조부와 어사대에 가두어 두루 국문하게 하니 모두 자복하였다. 경조윤 최원략崔元略이 무원형의 형색을 물으니 차이가 많았다. 최원략이 그 이유를 물으니 대답하길 "성덕과 평로가 함께 모의하여 객客을 보내 무원형을 살해하기로 하고 왕사원 등은 뒷날을 기약하였는데, 성덕 사람이 이

---

[48]『구당서』권129, 張弘靖傳, "及田弘正入鄆, 按簿書, 亦有殺元衡者, 但事曖昧, 互有所說, 卒未得其實"(3611쪽).

미 일을 완수하였다는 것을 듣고 마침내 몰래 자신의 공이라고 돌아가 보고하고 상을 받았을 따름이다. 지금 스스로 헤아리건대 저지른 죄는 똑같아 끝내 죽음을 면하지 못할 것이므로 승복한 것이다"라고 하였다. 황제 역시 더 이상 변정辨正하지 않고 모두 죽였다(7769쪽).

라고 하는 것이다. 왕사원이건 자가진·문찰이건 이사도의 부하인 것은 마찬가지라고 한다면, 요컨대 ㉠ 평로 쪽에서 먼저 무원형 암살을 계획하고 ㉡ 성덕과 평로가 함께 모의하여 객客을 보냈으나 ㉢ 때마침 성덕의 장안 등이 먼저 실행하여 무원형을 죽인 것이라 할 수 있다. 여기서 ㉠은 이사도가 자객에게 자금을 주어 경사로 보냈다고 하는『자치통감』권239, 원화 10년 5월 조의 기사로 볼 때 거의 명확하다. 또 ㉡의 경우에도 앞의 2절에서 살펴본 대로 이사도와 왕승종이 모두 자객을 보냈다는 것이 보이기 때문에 거의 의심의 여지가 없다.

여기서 궁금한 것은 무원형을 죽인 자가 과연 누구인가이다. 청대의 조익趙翼은 관련 사료를 대략 시간 순서에 따라 제시하면서 마지막에 ① 여원응이 동도 반란 사건을 수습하면서 문찰과 자가진이 무원형을 살해하였다고 하는 자백을 받았다는 기사와 ② 전홍정이 운주에 들어가 비로소 이사도가 무원형 암살에 대해 상을 준 것을 알았다는 기사를 인용하고 있다.[49] 이를 그대로 받아들이면 이사도가 무원형을 죽였다고 보는 것이 아닐까라고 판단된다.

---

[49] 『卄二史箚記校證』권20, 「盜殺宰相有二事」, 中華書局, 1984, 432~433쪽(박한제 역주, 『이십이사차기』 4, 소명출판, 2009, 348~352쪽).

반면, 위강兪鋼은 자가진·문찰과 왕사원이 무원형을 죽인 것은 장안 무리라고 진술한 것을 언급한 뒤 헌종이 그 후 왕승종과 이사도에 대해 반포한 다음 조칙들의 기록을 근거로 성덕의 장안 등이 무원형을 죽인 것으로 보았다.[50] 즉 ① 원화 10년(815) 6월의「주살무원형적장안등칙誅殺武元衡賊張晏等敕」[51] ② 원화 11년(816) 정월의「토진주왕승종덕음討鎭州王承宗德音」③ 원화 13년(818) 6월의「영백료의정이사도칙令百僚議征李師道敕」④ 같은 해 7월의「토이사도조討李師道詔」안에 이사도를 범인으로 명확하게 언급하는 것이 보이지 않는데, 이는 헌종이 마지막까지 무원형을 살해한 자가 왕승종이라고 간주한 때문이라고 한다.

무원형 살해범에 대한 기존의 이해에 대해 특별히 더할 것은 없다. 다만 여기서 생각해 보고 싶은 것은 이사도와 왕승종이 오원제 토벌을 방해하기 위해 함께 긴밀히 협력하면서도 한편으로는 자신들의 입장에 따라 행동하였다는 점이다. 특히 동도 전복 기도는 이사도가 거의 단독으로 벌인 것으로 보인다. 이 점에서 이사도는 더 적극적으로 오원제 토벌을 방해하였다고 할 수 있다. 또 그 이유는 오원제가 패망할 경우 자신이 더 위험에 처할 수 있다고 판단한 때문일 것이다.

하지만 이사도 등은 더 이상의 행동을 취하지 못하였다. 이는 덕종 시기에 할거 번진들이 함께 연대하여 '사왕의 난'[52]을 일으킨 것과는 다른 점이다. 만약 헌종이 원화 10년(815) 7월과 이듬해(816) 정

---

50 兪鋼,「唐朝元和刺相案的始末」,『上海師範大學學報』1992-2, 102~103쪽.
51 『당대조령집』권126, 誅戮上, 682쪽; 同 권119, 討伐上, 631~632쪽; 同 권120, 討伐下, 634쪽; 上同.
52 정병준,「唐 德宗代 四王二帝의 亂과 그 限界」,『동양사학연구』137, 2016, 17~31쪽.

월 왕승종 토벌을 명하였을 때 이사도가 함께 대거 반란을 일으켰다면 어떻게 되었을까. 물론 앞선 원화 7년(812) 10월 위박의 전홍정이 조정에 귀순하였고, 또 유주절도사 유총劉聰도 형식상이나마 조정의 명을 받들고 있었기 때문에 사왕의 난과 같은 반란으로 확대되기는 어려웠다. 그럼에도 불구하고 그 가능성이 전혀 없다고 볼 수도 없다. 즉 『자치통감』 권239, 원화 11년(816) 정월 조를 보면

> 제서를 내려 왕승종의 관작을 삭탈하고 하동·유주·의무·횡해·위박·소의 6도에게 진토進討하게 하였다. 위관지韋貫之가 누차 상주하여 먼저 오원제를 취한 후 왕승종을 토벌하자고 하며 "폐하께서는 덕종 건중建中 시기의 일을 보지 못했는가? 처음에는 위魏와 제齊를 토벌하였으나 채蔡·연燕·조趙가 모두 호응하였고 끝내 주체朱泚의 난까지 일어났다. 덕종께서 수년 동안의 분노를 참지 못하고 태평의 공을 빨리 이루려고 한 때문이다"라고 하였으나 황제가 듣지 않았다(7721쪽).

라고 하여 재상 위관지가 '사왕의 난'과 같은 상황이 재현될 수도 있음을 말하고 있다.[53] 헌종은 이를 받아들이지 않았지만, 호삼성胡三省은 해당 기사에 주를 달아 "대략 크게 잘못된 말은 아니다"라고 한다. 연대 반란의 가능성마저 부정할 수 없다는 것이라 하겠다.

---

53 『신당서』 권169, 韋貫之傳, "討吳元濟也, 貫之請釋鎭州, 專力淮西, 且言, '陛下豈不知建中事乎? 始於蔡急而魏應也, 齊·趙同起, 德宗引天下兵誅之, 物力殫屈, 故朱泚乘以爲亂. 此非它, 速於撲滅也. 今陛下獨不能少忍, 俟蔡平而誅鎭邪?', 時帝業已討鎭, 不從. 終之, 蔡平鎭乃服"(5154쪽). 이러한 우려는 앞선 원화 4년 7월 李絳이 제기하였던 문제이기도 하다. 즉 정병준, 「唐 憲宗의 藩鎭改革과 成德節度使 王承宗」, 『동국사학』 75, 2022, 195~196쪽 참조.

이렇게 보면 이사도 등은 반란의 확대를 망설였다는 느낌이 드는데, 그 가장 큰 이유는 위박절도사 전홍정 때문으로 보인다. 즉 『구당서』 권141, 전홍정전에 의하면

> 이사도는 전홍정이 조정에 충성을 다하여 자신의 배후를 습격할 것을 우려하여 감히 공공연히 오원제를 돕지 못하였기 때문에 그 기각掎角의 원조를 끊어 왕사가 능히 토벌을 이룰 수 있었다(3850쪽).

라고 하여 전홍정이 배후를 공격할까 우려하여 이사도가 더 이상 강력하게 반역을 일삼지 못하였다고 한다.[54]

그럼에도 불구하고 이사도 등은 오원제 토벌을 방해하기 위해 나름의 노력을 계속하였다. 즉 동도 전복 기도가 실패한 후인 같은 해(815) 10월 도적이 하남부 하청현河淸縣의 백애창柏崖倉을 불태웠고,[55] 11월에는 양주襄州의 절에 보관 중이던 군량과 말먹이 건초가 도적에게 불탔기 때문에 경성京城에 쌓아둔 말먹이 꼴을 사방 교외로 옮겨 방화에 대비하였다. 또 같은 달 11일 도적이 고조高祖 헌릉獻陵의 침궁寢宮과 영항永巷(즉 궁녀 거처)을 불태웠고,[56] 이듬해(816)

---

[54] 해당 기사에 이어서는 "俄而王承宗叛, 詔弘正以全師壓境, 承宗懼, 遣使求救於弘正, 遂表其事, 承宗遂納二子, 獻德·棣二州以自解"(3850쪽)라는 기사도 보인다. 또 『신당서』 권148, 전홍정전에도 "李師道疑其襲己, 不敢顯助蔡, 故元濟失援, 王師得致誅焉. 王承宗叛, 詔弘正以全師壓境, 破其衆南宮, 承宗懼, 歸窮於弘正, 弘正表諸朝, 遂獻德·棣二州以謝, 納二子爲質"(4793쪽)이라고 한다.
[55] 『자치통감』 권239, 원화 10년 11월 조, 7719쪽.
[56] 『구당서』 권15, 헌종본기하, 원화 10년 11월 조, 455쪽; 『신당서』 권7, 헌종본기, 원화 10년 11월 조, 215쪽; 『자치통감』 권239, 원화 10년 11월 조, 7719쪽.

정월에는 숙종肅宗 건릉建陵의 문극門戟 47지枝를 절단하였는데,[57] 모두 이사도와 왕승종의 소행으로 보인다.[58] 하지만 헌종이 오원제 토벌전을 끈기 있게 밀어붙이자 앞서 배도가 예상한 대로 이사도 등의 방해 공작은 점차 약해졌고 마침내 원화 12년(817) 10월 오원제의 패망을 보게 된다.[59]

소결

원화 9년(814) 윤8월 회서절도사 오소양이 죽자 장자인 오원제가 헌종에게 번진을 계승하길 청하였다. 하지만 헌종은 이전부터 회서를 토벌할 마음을 가지고 있었는데, 그 이유는 다른 할거 번진에 비해 회서가 상대적으로 약하다고 판단한 때문이었다. 원화 10년(815) 정월 헌종이 오원제 토벌을 명하자 4월 오원제는 평로의 이사도와 성덕의 왕승종에게 구원을 요청하였다. 이후 이사도와 왕승종은 토벌을 방해하기 위해 각종 책동을 벌였다. 먼저 이사도가 주도하여 회서 토벌을 위한 군량 등이 보관되어 있던 하음 전운창을 불태웠

---

57 『자치통감』 권239, 원화 11년 정월 조, 7721쪽.
58 『구당서』 권142, 왕승종전, "是時, 承宗·師道之盜, 所在竊發, 焚襄州佛寺, 斬建陵門戟, 燒獻陵寢宮, 欲伏甲屠洛陽, 憲宗赫怒, 命田弘正出師臨其境, 并鄰道六節度之衆討之"(3881쪽). 다만 앞에서 『구당서』 권124, 이사도전에 "이사도가 도적을 보내 河陰倉을 불태우고 建陵橋를 잘랐다"라고 하는 사료를 인용하였지만, 『신당서』 권213, 이사도전에는 "及窮治, 嘉珍·察乃害武元衡者, 鹽鐵使王播又得嘉珍所藏弓材五千, 幷斷建陵戟四十七"(5993쪽)이라고 하는 것이 보인다. 해당 사건도 이사도가 주도적이었음을 알게 한다.
59 辻正博, 「唐朝の對藩鎭政策について —河南「順地」化のプロセス」, 『東洋史硏究』 46-2, 1987, 114~115쪽.

다. 그러자 많은 군신들이 회서 토벌을 그만두길 청하였지만, 황제가 받아들이지 않았다.

같은 해(815) 6월 이사도와 왕승종이 자객을 보내 재상 무원형을 암살하였다. 하음 전운창 방화와 이 사건은 모두 이사도가 주도한 것이지만, 같은 달 경사에 설치된 성덕의 진주원에서 잡힌 장안 등이 무원형 살해를 자백하자 헌종은 왕승종을 응징하기 위해 7월 토벌태세를 갖추고 이듬해(816) 정월 정식 토벌의 명을 내렸다.

그 사이에도 이사도의 방해 공작은 계속되어 원화 10년(815) 8월 이사도가 거의 독자적으로 동도를 전복하려다가 발각되어 동도를 뒤흔든 사건이 발생하였다. 그리고 그 관련자를 조사하는 과정에서 무원형 살해를 기획한 것이 이사도였고 장안 등은 때마침 먼저 실행에 옮긴 자라는 것이 밝혀졌다.

이사도와 왕승종은 함께 연대하면서도 각자의 입장에 따라 행동하였다. 이사도가 더 적극적으로 오원제 토벌을 방해한 것은 오원제가 패망할 경우 자신이 더 위험에 처해질 수 있다고 판단한 때문이다. 하지만 이사도 등은 더 이상 적극적 행동을 취하지 못했는데, 그 가장 큰 이유는 위박절도사 전홍정의 견제 때문이었다.

제3장

평로절도사 이사도의 패망과 그 의미

안사의 난을 계기로 전국에 걸쳐 광역 지배기구인 번진들이 설치되어 강력한 권한을 행사하는 시대가 도래하였다. 이때 가장 문제가 되었던 것은 당조의 명을 거부하며 스스로 번진을 세습하던 이른바 '할거 번진'들이었다. 당조는 주州를 중심으로 한 이전의 지방제도를 의식하면서 번진 권력을 삭감하려고 하였으나[1] 번진들의 반발로 실패하였다.[2] 하지만 헌종은 반역 번진들을 무력으로 제압하는 번진개혁을 단행하여 큰 성공을 거두었고 이후 당조는 한동안 비교적 안정된 시기를 맞이하였다.[3]

---

1 鄭炳俊,「唐後半期の地方行政體系について -特に州の直達·直下を中心として」,『東洋史硏究』51-3, 1992, 71~80쪽; 鄭炳俊,「唐代の觀察處置使について -藩鎭體制の一考察」,『史林』77-5, 1994, 51~56쪽.
2 정병준,「唐 德宗代 四王二帝의 亂과 그 限界」,『동양사학연구』137, 2016, 31~43쪽.
3 찰스 피터슨,「중흥의 완성: 憲宗과 藩鎭」, 아서 라이트·데니스 트위체트 엮음, 위진수당사학회 역,『唐代史의 조명』, 아르케, 1999, "대체로 제국은 이 [헌종의] 개혁 이

헌종의 번진개혁에서 가장 중요한 고비가 된 것은 회서淮西 토벌이고 그 정점을 이룬 것은 평로절도사 이사도에 대한 토벌이었다.[4] 그에 따라 헌종의 이사도 토멸討滅에 대해서는 일찍부터 여러 논자들이 주목하였다. 예컨대 ① 히노 가이자부로日野開三郞은 "회서 평정으로 조정의 위세를 실감한 번진들은 [원화元和 13년(818) 7월 헌종이 이사도 토벌을 명하자] 이전의 관망주의를 버리고 분투·역전하여 이듬해(819)] 2월 빠르게 그를 평정하였다. 평로의 이씨는 대종 영태 원년(765) 이정기가 번수藩帥를 축출하고 자립한 이래 이때까지 4세 54년 동안 세습하다가 멸망한 것이다. 헌종은 그 영역 12주를 세 번진으로 분할하여 강대 번진의 재현을 방지하였다"라고 하고, 또 "풍요로운 12주를 영유하여 반세기 동안 세습하며 강대함이 천하에 비할 바 없던 평로가 반년 만에 허망하게 토멸된 것은 회서의 멸망 이상으로 강한 충격을 번진들에게 안겨주었다. 위박절도사魏博節度使 전홍정田弘正이 번진 창건자인 전승사田承嗣가 정식으로 봉해진 이래 5세 59년이라는 깊은 인연의 봉지를 버리고 입조·교대

후 40년간 평화를 유지하였다"(247쪽), "헌종 이후의 수십년 동안에 중앙의 통제권과 제국의 안정성이 크게 증진되었음을 말해주는 한 가지 좋은 사례가 있다. 그것은 황소의 반란 전야까지는 번진의 반란이 실재적으로 일어나지 않았다는 것인데, 이 시기에 몇몇 지방 주둔군 내에서 일어난 군사 반란은 지방의 단기적인 폭동에 지니지 않았으며 ……"(249쪽); 누노메 조후·구리하라 마쓰오 외 저, 임대희 역, 『중국의 역사(수당오대)』, 혜안, 2001, "번진의 역사는 크게 나누면 안사의 난을 경계로 하여 변경번진 시기와 내지번진 시기로 나뉘며, 다시 내지 번진 시기는 이 9세기 초의 개혁(즉 헌종의 번진개혁)을 경계로 하여 그 이전을 제1기, 이후를 제2기로 나눌 수 있다. 그리고 후에 기술하겠지만 황소의 대반란을 경계로 하여 제3기로 들어가게 된다. 이러한 개혁의 결과 제2기로 들어선 당왕조는 당분간 번진과의 관계에서 비교적 안정된 시기를 맞이하게 된다"(209쪽). 또 후자에서 말하는 제2기 번진의 성격에 대해서는 구리하라 마스오(栗原益男), 「안사의 난과 번진체제의 전개」, 임대희 외 역, 『세미나 수당오대사』, 서경, 2005, 323~332쪽(「9세기 초의 개혁과 중기 번진」) 등 참조.
4 정병준, 「韓愈의 '平淮西碑' 검토」, 『중국사연구』 139, 2022, 1쪽.

하고, 선무절도사宣武節度使 한홍韓弘이 입조·교대한 것은 모두 이 충격을 가장 민감하게 받아들인 결과이다. …… 당시 사람들은 헌종을 당실唐室 중흥자라고 하여 그 공적을 현종玄宗에 비견하였는데, 앞에서 본 혁혁한 무공만으로도 타당한 상찬이라고 인정해야 할 것이다"[5]라고 하였다. ② 김문경도 "강번强藩 치청(즉 평로)이 토멸되자 다른 교번驕藩에게는 회서의 멸망 이상으로 큰 충격을 주었다"라고 하고 그에 따라 전홍정과 한홍이 입조하였던 것을 언급하고 있다.[6] ③ 리텐스李天石은 "헌종이 서천西川·하수夏綏·진해鎭海·회서·성덕成德·평로 등 강대하거나 비교적 강대한 번진을 평정하여 천하의 모든 방진方鎭에게 큰 충격을 주었다. 처음에 그들은 헌종의 능력과 결심에 대해 회의를 품고 관망의 태도를 지녔지만, 회서·평로의 평정은 그들에게 헌종이 결코 예사롭지 않은 인물이고 또 천하를 一統할 결심과 의지가 흔들리지 않을 것임을 알게 하였다. 이러한 형세 하에 할거하거나 공순하지 않았던 방진들이 잇달아 자진하여 헌종에게 머리를 숙이고 칭신·납공하였다"라고 한다.[7] 요컨대 헌종이 이 사도를 토멸한 후 천하의 번진들이 헌종에게 복종함으로써 당조 중흥이 완수되었다는 것이다.

한편 쓰지 마사히로辻正博는 "8세기 중엽의 유주幽州·평로 두 절도사에 연원을 둔 하남의 두 번진(즉 회서·평로)은 모두 헌종의 번진 강경책 앞에 멸망하여 원화元和 '중흥中興'이 완성되었다"라고 하면서도 그 중흥의 진정한 달성은 헌종에 이은 목종 시기에 하남 지역

---

5 日野開三郞, 「支那中世の軍閥 —唐代藩鎭の成立と盛衰」(『日野開三郞 東洋史學論集』 1, 三一書房, 1980), 102~104쪽.
6 김문경, 「唐代 高句麗遺民의 藩鎭」, 『唐代의 社會와 宗敎』, 숭전대학교출판부, 1984, 45쪽.
7 李天石, 『唐憲宗』, 吉林文史出版社, 1995, 390쪽.

번진들의 아군牙軍이 완전히 정리된 단계에서 이루어졌다고 한다.[8] 그럼에도 불구하고 이사도의 패망을 들어 원화 중흥의 완성이라는 용어를 사용하는 것으로 본다면 이사도의 패망에 큰 의미를 두는 것은 분명하다.

이 장에서는 이사도의 평로 번진이 패망하는 과정과 그 내외적 원인을 살펴보고 나아가 당대唐代 번진사의 관점에서 이사도의 패망이 지닌 의미를 생각해 보려고 한다.

1. 회서淮西의 멸망과 이사도의 귀순 및 번복

원화 10년(815) 정월 헌종이 회서의 오원제吳元濟 토벌을 명하자 이사도는 성덕절도사 왕승종王承宗과 함께 그 토벌을 방해하기 위해 여러 가지 책동을 벌였다.[9] 여기에는 평로 내에서 강경파가 온건파를 몰아내고 권력을 장악한 것이 큰 작용을 하였다.[10] 그럼에도 불구하고 헌종은 왕승종을 대했던 것과는 달리 이사도를 바로 응징하지 않았는데, 그 이유는 이사도가 '할거 번진' 중에서도 가장 큰 세력을 가졌기 때문일 것이다. 이때 흥미로운 것은 『일본기략日本紀略』전편前篇, 고진弘仁 10년(819) 6월 조에 보이는 다음 기사이다. 즉

앞선 원화 11년(816) 원주円洲(청주靑州?)절도사 이사도가 반

---

8 辻正博,「唐朝の對藩鎭政策について -河南「順地」化のプロセス」,『東洋史研究』46-2, 1987, 117~118쪽.
9 이 책 제4부 제2장, 350~370쪽.
10 정병준,「李正己 一家 藩鎭과 高沐 -온건파와 강경파의 내부분열과 대립」,『역사학보』180, 2003, 139~144쪽.

反하였다. 옹유한 병마가 50만이고 매우 정예로웠다. 천자가 제도諸道의 병사를 내어 토벌하였으나 이기지 못하자 천하가 술렁거리고 소란스러웠다.[11]

라고 하여 이사도가 반란을 일으키자 헌종이 그를 토벌하였지만 이기지 못하였다고 한다. 이는 와전되어 전해진 것이 분명하지만,[12] 이사도의 방해공작이 매우 강력했기 때문에 반란을 일으킨 것으로 인식된 것이 아닐까라고 생각된다.

헌종은 이사도를 응징하지 못했을 뿐 아니라 오히려 이사도를 달래기 위해 사신을 파견하였다. 즉 『책부원구』권136, 제왕부帝王部, 위로慰勞, 원화 11년(816) 6월 조에

경자일 급사중給事中 유공작柳公綽에게 치청淄靑을 위로하게 하고 우보궐右補闕 장숙張宿을 판관判官으로 삼았다(1648쪽).

라고 한다. 또 같은 해 11월에는 헌종이 이사도의 관직을 높여주었는데, 이에 대해서는 뒤에 언급하겠다.

하지만 헌종이 회서 토벌을 끈기 있게 밀어붙이자 이사도는 조금씩 불안해져 회서 내부의 허실을 엿보기도 하였다. 즉 『신당서』권213, 이사도전에 의하면

---

11 『日本紀略』前篇, 嵯峨天皇, 弘仁 10년 6월 조, "壬戌, 大唐越洲人周光翰·言升則等承新羅人船來. 問唐國消息, 光翰等對曰, 己等遠州鄙人, 不知京邑之事. 但去元和十一年, 円洲節度使李師道反, 所擁兵馬五十万, 極爲精銳. 天子發諸道兵討, 未克, 天下騷擾"(『新訂增補國史大系』제10卷, 吉川弘文館, 1929, 309쪽).
12 이 책 제3부 제2장, 284쪽의 각주 34.

앞서 이사도는 오원제의 허실을 알고자 하여 유안평劉晏平을 샛길로 보내 회서로 달려가게 하였다. 오원제는 날마다 그와 연회를 베풀며 두텁게 친교를 맺었다. 유안평이 돌아와 알리기를 오원제는 군사 수만을 바깥에 보내놓고 안에서 편안하게 지내며 처첩과 유희를 즐기고 있으니 반드시 패할 것이라고 하였다. 이사도는 본래 채蔡(즉 회서)에 의지하는 것을 중요하게 여겼으므로 그 말을 듣고 노하여 다른 일을 핑계로 유안평을 살해하였다(5993쪽).

라고 하고, 또 『자치통감』 권240, 원화 12년(817) 11월 조에서는 이전을 회고하여 "관군이 오원제를 이기자 이사도가 사람을 모집하여 회서에 사신을 보내 그 형세를 살피게 하였다. 아전우후牙前虞候 유안평이 모집에 응해 변汴·송宋 사이로 나가 몰래 회서에 이르자 오원제가 크게 기뻐하며 두텁게 예우하고 보냈다. 유안평이 운鄆(즉 평로)으로 돌아오자 이사도가 사람을 물리치고 묻자 유안평이 말하길 '오원제는 병사 수만을 밖에 내어놓고 위험에 처하게 한 것이 이와 같지만, 매일 안에서 복僕·첩妾과 놀고 도박을 하면서 편안해하며 일찍이 근심하는 기색이 없다. 제가 보건대 아마도 머지않아 반드시 망할 것이다'라고 하였다. 이사도는 평소 회서에 의지하여 원군으로 삼았기 때문에 이를 듣고 놀라고 화가 나서 곧이어 다른 허물로 무고하여 장살杖殺하였다"(7745쪽)라고 한다. 유안평이 정확한 사실을 알렸음에도[13] 불구하고 이사도가 받아들이지 않은 것은 불안감의 발로라고 해도 좋을 것이

---

13 해당 기사에 대한 胡三省의 注, "以劉晏平之善覘, 其智識必有過人者. 李師道不能委心歸計以求自安之術, 乃怒而殺之, 終亦必亡而已矣!"(7745쪽).

다. 다만 유안평이 회서를 다녀온 시점은 명확하지 않다.

『신당서』이사도전을 계속 보면 앞 기사에 이어서 다음과 같이 서술되어 있다. 즉

> 이광안李光顔이 [회서의] 능운책凌雲柵을 함락시켰다는 소식을 듣고 [이사도가] 비로소 크게 두려워서 [조정에] 사신을 보내 귀순하였다(5993쪽).

라고 한다. 진허陳許(충무忠武)절도사 이광안 등이 요지인 능운책을 함락시킨 것은 원화 11년(816) 9월 23일이고[14] 이사도가 그 소식을 듣고 거짓으로 귀순을 청한 것은 같은 해 11월이다.[15] 이로 보면 유안평이 회서를 다녀온 것은 늦어도 원화 11년(816) 11월 이전이 된다. 다만 당군이 능운책을 함락시켰다고 해도 아직 전세가 기운 것은 아니었다.[16] 그에 따라 이사도가 거짓으로 조정에 귀순을 청하여 상황을 살폈던 것이지만, 같은 달(11월) 헌종은 오히려 이사도에게 검교사공檢校司空을 더해주었다. 즉『신당서』권213, 이사도전에 의하면

> 황제는 병사를 나누어 두 도적(즉 회서와 평로)을 상대하는 것

---

14 『구당서』권15, 헌종본기하, 원화 11년 9월 조, "乙酉(23일), 蔡州軍前奏拔凌雲柵"(457쪽);『자치통감』권239, 원화 11년 9월 乙酉 조, "李光顔·烏重胤奏拔吳元濟凌雲柵"(7725쪽).
15 『구당서』권15, 헌종본기하, 원화 11년 11월 조, "師道聞拔凌雲柵, 乃懼, 僞貢款誠"(457쪽);『자치통감』권239, 원화 11년 11월 조, "李師道聞拔凌雲柵而懼, 詐請輸款"(7725쪽).
16 정병준,「唐 憲宗의 淮西 討平과 그 의미」,『중국고중세사연구』66, 2022, 218~219쪽.

이 어렵다고 여기고 급사중 유공작에게 명해 위무慰撫하게 하
고 검교사공을 더해 주었다(5993쪽).

라고 한다.[17] 여기서 이사도를 검교사공에 임명하기 위해 유공작을 파견하였다는 것은 앞의 『책부원구』 권136, 제왕부, 위로, 원화 11년 (816) 6월 조의 기사로 볼 때 오류로 판단되지만,[18] 헌종이 검교사공을 더해준 것은 회서에 더해 성덕에 대해서도 토벌군을 일으킨 상황이기 때문에[19] 이번에도 이사도를 어루만지기 위한 것이라 하겠다.

같은 해(816) 12월 태자첨사·한구궁원사太子詹事·閑廐宮苑使 이소李愬가 당수등절도사·등주자사唐隨鄧節度使·鄧州刺史에 임명된 후 회서 토벌의 형세는 당군 쪽으로 기울기 시작하였고 마침내 원화 12년(817) 10월 오원제를 멸망시켰다.[20] 그러자 할거 번진들은 큰 충격을 받아 차례로 조정에 귀순하였다. 히노 가이자부로日野開三郎의 서술에 의하면 "① 먼저 원화 13년(818) 정월 강대한 평로의 이사도가 그 관하 기沂·밀密·해海 3주의 봉환과 장남의 입경시종入京侍從을 맹서하고[21] ② 2월에는 횡해군절도사橫海軍節度使(창주滄州에 치소를 두고 경주景州를 관할함) 정권程權이 부하 장사將士들의 맹렬한 반대

---

17 『구당서』 권15, 헌종본기하, 원화 11년 10월 조, "丙寅, 幽州劉總加平章事, 鄆州李師道加檢校司空. 師道聞拔凌雲栅, 乃懼, 僞貢款誠, 故有是命"(457쪽);『자치통감』 권239, 원화 11년 11월 조, "李師道聞拔陵雲栅而懼, 詐請輸款, 上以力未能討, 加師道檢校司空"(7725쪽).
18 정병준,「李師道 藩鎭의 滅亡과 郭昈」,『중국학보』 52, 2005, 257쪽 참조.
19 정병준,「唐 憲宗의 藩鎭改革과 成德節度使 王承宗」,『동국사학』 75, 2022, 207~208쪽.
20 정병준,「唐 憲宗의 淮西 討平과 그 의미」, 219~231쪽.
21 정병준,「李師道 藩鎭의 滅亡에서 張保皐의 登場으로」,『대외문물교류연구』 2, 2003, 195~197쪽; 정병준,「李正己 一家 藩鎭과 高沐」, 144~146쪽.

를 뿌리치고 가족과 함께 입조하니 창·경 2주는 앉아서 중앙에 귀속되었다. 정씨는 덕종德宗 흥원興元 원년(784) 정일화程日華가 [절도사]에 임명된 이래 이때까지 5세世 35년을 세습하였다.[22] ③ 앞서 덕德·체棣 2주의 회수에 반대하여 군사를 일으켜 헌종에게 일시 굴욕을 안긴 성덕의 왕승종도 4월에 이르러 마침내 두 주의 봉환과 두 아들의 입시를 맹서하였고, ④ 유주의 유총劉總도 공순한 태도를 취하게 되었다"[23]라고 한다. 전형적 할거 번진인 평로·성덕·유주에 더해 횡해까지 조정에 귀순하였던 사실을 지적하고 있다.

하지만 이사도는 얼마 지나지 않아 귀순을 번복하였다. 그 과정은 당시 평로 번진이 안고 있던 내부 상황을 잘 알게 한다. 원화 12년(817) 10월 오원제가 평정된 후 어느 시점에 이사도가 3주를 바치고 장자를 입시시키길 청하자[24] 원화 13년(818) 정월 헌종이 그것을 허락하였다. 즉 『구당서』 권15, 헌종본기하, 원화 13년 정월 조에 의하면

> 경인(6일) 칙을 내려 "이사도가 빈번하게 표장表章을 올려 간절한 정성을 표현하므로 마땅히 간의대부諫議大夫 장숙[25]을 보내 선위宣慰하게 한다"라고 하였다(462쪽).

---

22 『구당서』 권143, 정권전, "十三年, 淮西賊平, 藩方惕息, 權以父子世襲如三鎮事例, 心不自安, 乃請入朝. 十三年, 至京師, 表辭戎帥, 因命華州刺史鄭權代之"(3905쪽). 정병준, 「'四王의 亂' 이후 德宗의 藩鎭政策」, 『중국고중세사연구』 58, 2020, 223~225쪽 참조.
23 日野開三郎, 『支那中世の軍閥』, 102쪽.
24 『구당서』 권124, 이사도전, "及誅吳元濟, 師道恐懼, 上表乞聽朝旨, 請割三州幷遣長子入侍宿衛, 詔許之"(3539쪽).
25 『자치통감』 권240, 원화 12년 10월 조, "上竟用張宿爲諫議大夫, 崔群·王涯固諫, 不聽, 乃請以爲權知諫議大夫, 許之. 宿由是怨執政及端方之士, 與皇甫鎛相表裏, 譖去之"(7740쪽).

라고 하여 이사도의 요청에 따라 헌종이 장숙을 파견하였다고 한다. 또 장숙이 이사도를 만난 장면이 『신당서』 권213, 이사도전에 전하는데,

> 비부원외랑比部員外郞 장숙을 보내 토지를 분할하고 아들을 인질로 보내도록 완곡히 말하게 하였다. 장숙이 [이사도에게] 말하길 "공公께서 지금 ① 귀국歸國하여 종성宗姓이 되어 있는데[26] 존비로 논해도 황제가 숙부에 해당하므로 굽히지[屈] 않는 첫 번째이다. ② 12주를 들어 300여 주의 천자를 섬기며 북면하여 번藩을 칭하는 것이므로 굽히지 않는 두 번째이다. ③ 50년 동안 작爵을 세습한 신분으로 200년 천자에게 신하를 칭하는 것이므로 굽히지 않는 세 번째이다. 지금 반란의 정황이 이미 드러났으나 황제께서 여전히 스스로 살피는 것을 허락하여 마땅히 아들을 보내 숙위하게 하고 영역을 분할하여 속죄하게 하는 것이다"라고 하였다. 이사도가 이에 3주를 바치고 아들 홍방弘方을 보내 입시시키기로 하였다(5993쪽).

라고 하여 이사도에게 영토를 나누어 바치고 아들을 인질로 보내게 하자 이사도가 그것을 받아들였다고 한다. 하지만 장숙이 돌아간 뒤 이사도는 곧 후회하여 장수들을 불러 의논하니 모두 다음과 같이 말하였다. 즉

---

[26] 이사도 일가는 조부인 이정기 시기에 황실의 호적에 이름이 올라 皇族이 되었다. 즉 『당회요』 권65, 宗正寺, 代宗 大曆 13년 정월 조, "淄靑節度使李正己請附入屬籍, 勅旨從之"(上海古籍出版社, 1350쪽). 이 책 제1부 제2장, 105쪽 참조.

채채蔡는 수주數州를 거느리고 3~4년을 싸운 후 패배하였다.
공께서는 지금 12주를 거느리고 있는데, 무슨 근심이 있는가?

라고 하였다. 다만 대장大將 최승도崔承度가 홀로 나서 말하길 "공께서는 처음에 장수들을 심복으로 여기지 않다가 지금 군대를 위임하니 그들은 모두 이익을 탐하는 자들이다. 조정에서 하나의 미음[漿]과 10개의 떡[餠]으로 유인하면 곧 가버릴 것이다"라고 하였다. 그러자 이사도가 화를 내고 최승도를 경사로 보낸 후 경사의 후리候吏(즉 진주원進奏院 관리)에게 그가 귀환할 때를 기다려 죽이게 하였다. 최승도는 객성客省[27]에서 명을 기다리고 감히 돌아가지 못하였다고 한다.[28] 이로써 이사도는 장숙에게 말한 약속을 어기게 되었다.

그러자 헌종은 좌산기상시左散騎常侍 이손李遜을 보내 다시 설득하게 하였다. 즉 『신당서』 권213, 이사도전을 보면 앞의 최승도에 관한 기사에 이어

> 황제는 이사도가 약속을 어기자 좌산기상시 이손을 보내 깨우치게 하였다. [이손이 평로에] 이르자 이사도는 병사를 장엄하게 꾸미고 만났다. 이손이 꾸짖어 말하길 "앞서 이미 약속

---

27 客省(또는 內客省)은 사방에서 오는 사신들을 머물게 하는 곳인데, 당 후기에는 大明宮 안에 설치되어 藩鎭에서 온 사신 등을 안치하였다. 즉 吳麗娛, 「試論晚唐五代的客將·客司與客省」, 『中國史硏究』 2002-4, 74~76쪽; 杜文玉, 「唐長安大明宮內機構考論 －少陽院·客省·史館爲中心」, 『江西社會科學』 2014-3, 116쪽 등. 관련 사료로는 『자치통감』 권225, 代宗 大曆 14년(779) 7월 조, "初, 代宗之世, 事多留滯, 四夷使者及四方奏計, 或連歲不遣, 乃於右銀臺門 [호삼성 주: 右銀臺門, 在東內宮城西面. 又北, 則九仙門] 置客省以處之, 及上書言事失職·未敍, 亦置其中, 動經十歲, 常有數百人, …"(7263~7264쪽) 등이 있다.
28 『신당서』 권213, 이사도전, 5993~5994쪽. 정병준, 「李師道 藩鎭의 滅亡과 郭昈」, 258쪽 참조.

하고 지금 어기는 것은 무엇 때문인가? 천자에게 상주할 말을 원한다"라고 하였다. 이사도가 허락하였으나 나약하고 사리에 어두워 스스로 결정하지 못하였다. 사노비私奴婢 노파[媼]가 다투어 말하길 "돌아가신 사도司徒(즉 이납)[29]의 토지를 어찌 하루아침에 바치려는 것인가? 지금 3주를 바치지 않아도 전쟁이 일어날 뿐이다. 만약 이기지 못하면 그때 땅을 할양해도 늦지 않다"라고 하였다. 이사도는 이에 상서上書하여 군대가 복종하지 않는다는 구실을 붙였다(5994쪽).

라고 한다. 이손의 설득으로 이사도가 동요하였으나 사노비 노파의 주장에 따라 다시 마음을 바꾼 다음 군대가 복종하지 않기 때문에 약속을 지키기 어렵다고 상주하였다는 것이다.[30]

이손이 파견된 것도 장숙의 경우와 마찬가지로 원화 13년(818) 정월이었다. 즉 『자치통감』 권240, 원화 13년 정월 조를 보면

회서가 평정되자 이사도가 두려워서 어찌할 바를 몰랐다. 이공도李公度와 아장牙將 이영담李英曇이 그 두려움을 틈타 유세하여 인질을 보내고 토지를 바쳐 스스로 속죄하게 하였다. 이사도가 이를 따라 사신을 보내 표를 올리고 장자를 입시시키며 기·밀·해 3주를 바치길 청하자 황제가 허락하였다. 을

---

29 『구당서』 권13, 덕종본기하, 정원 8년(792) 5월 조, "平盧淄青節度使·檢校司徒·平章事李納卒"(374쪽).
30 『구당서』 권155, 이손전, "[元和]十三年, 李師道效順, 命遜爲左散騎常侍, 馳赴東平諭之. 師道得詔意動, 即請效順, 旋爲其下所惑而止. 遜還, 未幾, 除京兆尹, 改國子祭酒"(4124쪽).

사일(21일) 좌상시 이손을 운주로 보내 선위하게 하였다.[31]

라고 하여 이사도가 먼저 장자를 입시시키고 3주를 바치길 청하자 원화 13년 정월 21일 헌종이 이손을 이사도에게 파견하였다고 한다. 이렇듯 『자치통감』에는 장숙이 이사도에게 파견되었다는 기사가 전혀 보이지 않는다. 하지만 앞에서 본 대로 장숙이 이사도를 만났다는 것이 자세히 전하기 때문에 장숙이 이사도에게 파견된 것을 부정하기는 어렵다. 이때 주목되는 것이 『책부원구』 권136, 제왕부, 위로, 원화 13년 정월 조의 다음 기사이다.

경인(6일) 간의대부 장숙에게 치청으로 가서 이사도를 선위하게 하고 기거사인起居舍人 당경휴唐敬休를 부副로 삼았다. 장숙이 동도에 이르러 갑자기 졸하였다. 좌상시 이손에게 치청에서 선위하게 하고 또 이전과 같이 당경휴에게 부하게 하였다(1646쪽).

즉 헌종이 같은 달 6일 장숙을 파견하였으나 도중에 죽었으므로 다시 이손을 파견하였다는 것이다. 이는 『태평광기太平廣記』 권153, 정수定數8, 최박崔朴 조에도 보이는데, 여기서는 "장숙이 좋은 때를 만나 간의대부에 제수되고 산동山東을 선위하게 되었는데, 헌종이 친히 허락하여 돌아오는 날 재상[相]에 임명하기로 하였다. 동락東洛 도정역都亭驛에 이르러 갑자기 졸하였다"(中華書局, 1097쪽)라고 하여

---

31 『자치통감』 권240, 원화 13년 정월 조, "及淮西平, 師道憂懼, 不知所為. 李公度及牙將李英曇因其懼而說之, 使納質獻地以自贖. 師道從之, 遣使奉表, 請使長子入侍, 幷獻沂·密·海三州. 上許之. 乙巳(21일), 遣左常侍李遜詣鄆州宣"(7747쪽).

장숙이 죽은 장소까지 특정하고 있다. 『자치통감』에서는 장숙이 파견된 것이 누락된 것으로 생각된다.

앞의 『자치통감』 권240, 원화 13년(818) 정월 조 기사에서 이공도와 이영담이 이사도에게 인질을 보내고 토지를 바치길 주장했다고 하는 것이 주목된다. 당시 평로는 강경파가 득세한 상황이었으나 온건파인 이공도 등이 틈을 보아 조정에 귀순할 것을 주장하여 수용되었던 것이지만, 그 시점은 명확하지 않다. 다만 추측하면 앞의 『신당서』 이사도전에 "이사도가 약속을 어기자"라는 것은 장숙이 돌아간 후 이사도가 약속을 번복하였다는 것이고, 또 같은 달 헌종이 다시 장숙을 파견하였으나 도중에 죽었기 때문에 새로 이손을 파견한 것으로 이해된다.[32]

하지만 같은 해 4월 이사도는 처 위씨魏氏 등의 의견에 따라 온건파를 제거하고[33] 이손을 빈손으로 돌려보냈다. 즉 『자치통감』 권240, 원화 13년(818) 4월 조에 의하면

이사도는 암약暗弱하여 군부대사軍府大事는 오로지 처 위씨,

---

[32] 『구당서』 권154, 장숙전, "十三年正月, 充淄青宣慰使, 至東都, 暴病卒, 於是正人相賀. 詔贈祕書監"(4108쪽); 『신당서』 권175, 장숙전, "元和末, 持節至淄青, 李師道願割地遣子入侍. 既而悔, 復遣宿往, 暴卒于道, 贈祕書監"(5251쪽). 한편, 『구당서』 권158, 韋貫之傳, "貫之爲相, 嚴身律下, 以淸流品爲先, 故門無雜賓. 有張宿者, 有口辯, 得幸於憲宗, 擢爲左補闕. 將使淄青, 宰臣裴度欲爲請章服, 貫之曰, '此人得幸, 何要假其恩寵耶?', 其事遂寢. 宿深銜之, 卒爲所搆, 誣以朋黨, 罷爲吏部侍郎, 不涉旬, 出爲湖南觀察使"(4174~4175쪽); 『자치통감』 권239, 원화 9년 12월 조, "以尙書右丞韋貫之同平章事"(7707쪽); 同, 원화 11년 7월 조, "中書侍郎·同平章事韋貫之, 性高簡, 好甄別流品, 又數請罷用兵, 左補闕張宿毀之於上, 云其朋黨, 八月, 壬寅, 貫之罷爲吏部侍郎"(7724쪽); 同, 9월 조, "丙子, 以韋貫之爲湖南觀察使, 猶坐前事也. [호삼성 주: 前事, 謂請罷用兵也] 辛巳, 以吏部侍郎韋顗·考功員外郎韋處厚等皆爲遠州刺史, 張宿譖之, 以爲貫之之黨也"(上同)라고 하는 것도 보인다.

[33] 정병준, 「李正己 一家 藩鎭과 高沐」, 144~145쪽.

노노 오유감胡惟堪·양백온楊自溫, 비비 포씨蒲氏·원씨袁氏, 공목관孔目官 왕재승王再升과 모의하였고, 대장大將과 막료幕僚는 참여할 수 없었다. 위씨는 아들을 인질로 보내지 않고자 하여 포씨·원씨와 함께 이사도에게 "돌아가신 이래 12주를 영유해 왔는데, 어찌 이유도 없이 할양하여 바치려는 것인가. 지금 경내의 병사를 헤아리면 수십 만을 내려가지 않는다. 3주를 헌상하지 않으면, 군대를 가해 올 것이지만, 힘써 싸워 이기지 못하면 그때 3주를 헌상해도 늦지 않을 것이다"라고 하였다. 이에 이사도가 크게 후회하고 이공도를 죽이려 하니, 막료 가직언賈直言이 그 권력을 가진[用事] 노노에게 "지금 큰 화근이 이르려 하는데, 이는 어찌 고목의 원통한 기운 때문이 아니겠는가. 만약 또 이공도를 죽이면 군부軍府가 위험하게 될 것이다"라고 하니, 이에 [이공도를] 가두었다. 이영담은 내주萊州로 옮겼다가 이르기 전에 액살縊殺하였다. 이손이 운주에 이르자 이사도가 병사를 크게 도열시켜 맞이하였다. ……이손은 이사도가 성실하지 않음을 알고 돌아가 황제에게 말하길 "이사도는 완고하고 우매하여 반복한다. 아마도 필히 용병用兵해야 할 것이다"라고 하였다. 이사도가 표를 올려 군정軍情을 말하며 인질과 토지를 바치지 않았다. 황제가 노하여 토벌을 결심하였다(7750쪽).

라고 한다. 이손이 경사를 출발한 것은 같은 해 정월이었으나 4월에야 평로에 이르렀다고 하는데, 평로 내부 상황이 유동적이었으므로 이손이 그 상황을 살피면서 천천히 옮겨간 때문이 아닐까 생각된다.
 앞 기사에 보이는 "처 위씨, 노 호유감·양자온, 비 포씨·원씨, 공목관 왕재승" 혹은 "포씨·원씨"는 앞의 『신당서』 권213, 이사도전의 '사노비 노파'와 대응되는데, 모두 당시 평로의 실권을 장악한 세력이다. 또 『구당서』 권124, 이사도전을 보면

> 이사도는 어리석고 우매하여 정사政事가 모두 여자 종들[羣婢]에 의해 결정되었다. 여자 종 가운데 포대자蒲大姊와 원칠낭袁七娘이 모주謀主였는데, 이에 말하길 "선친인 사도司徒 이래로 이 12주를 영유하였는데, 어찌 하루아침에 고생도 없이 할양하겠는가! 지금 경내의 병사 숫자는 수십 만 인이다. 3주를 바치지 않으면 병사를 내어 공격해 올 따름이다. 가히 힘껏 싸워 이기지 못하면 그때 땅을 할양해도 늦지 않다"라고 하였다. 이사도가 이에 따라 할양하는 것을 그만두고 표를 올려 군정이 화합하지 않는다고 말하였다.

라고 하는데,[34] '포대자와 원칠랑'은 앞의 '비 포씨·원씨'를 가리킨다. 이때 비가 실권을 장악하고 있는 것이 흥미롭다. 앞서 이사도를 옹립한 것도 가노였지만, 이들은 곧 가병을 지칭한다.[35] 따라서 '비' 혹은 '사노비 노파'는 사병집단의 원로 '노파'라고 할 수 있다. 그에 따라 이사도의 처 위씨도 포씨·원씨에 의탁하여 귀순을 거부한 것이라 하겠다.

가병의 노파가 권력을 행사하는 형태는 한인漢人 사회에서는 찾아

---

[34] 앞에서 인용한 『자치통감』 권240, 원화 13년 4월 조, 7750쪽 및 『구당서』 권187하, 賈直言傳, "後從事於李師道, 師道不恭朝命, 直言冒刃說者二, 輿櫬說者一, 師道訖不從"(4912쪽) 참조.
[35] 이 책 제4부 제1장, 327~329쪽.

보기 어려운데, 어쩌면 이민족의 유풍일 수 있다고 생각된다. 즉 요서 평로군 이래 번진 내부에는 이민족이 많았고 그에 따라 이민족의 기풍이 강하게 존재하였지만,[36] 그러한 기풍이 이사도 시기까지 이어져 결국 헌종과의 타협을 철회하게 만들었다고 볼 수 있다.

한편 훗날 목종穆宗 원화 15년 10월 성덕의 왕승종을 이은 왕승원王承元이 의성절도사義成節度使에 임명되어[37] 다음 달 번진을 떠났는데, 그때 장수들이 만류를 하자 왕승원이 한 말을 보면 이사도가 헌종에게 한 약속을 번복하였던 내부 사정이 언급되고 있다. 즉『자치통감』권241, 원화 15년 11월 조에

> 간의대부 정담鄭覃을 진주鎭州로 보내 선위하고 전전錢 1백만 민을 하사하여 장사將士들에게 주었다. 왕승원이 조정의 명을 청하였기 때문에 제장諸將과 인접한 도道가 다투어 고사故事를 들어 권하였으나 왕승원은 모두 듣지 않았다. 의성으로 번진을 옮기려 하자 장사들이 시끄럽게 떠들며 명을 받들지 않았다. …… 왕승원이 말하길 "… 옛날 이사도가 패하지 않았을 때 조정이 그 죄를 사赦하였기 때문에 이사도가 행하고자 하였으나 제장諸將이 굳게 만류하였다. 하지만 그 후 이사도를 죽인 것 역시 제장이다. 제장은 왕승원으로 하여금 이사도

---

36 陳寅恪,「統治階級之氏族及其升降」,『唐代政治史論述稿』, 上海古籍出版社, 1982, 37쪽; 이 책 제1부 제1장, 49쪽.
37 『자치통감』권241, 목종 원화 15년 10월 조, "王承宗薨. 參謀崔燧以承宗祖母凉國夫人命, 告諭諸將及親兵, 立承宗之弟觀察支使承元. 承元時二十, 將士拜之, 承元不受, …… 庚辰, 監軍奏承宗疾亟, 弟承元權知留後, 幷以承元表聞. …… 成德軍始奏王承宗薨. 乙酉, 徙田弘正爲成德節度使, 以王承元爲義成節度使, 劉悟爲昭義節度使, 李愬爲魏博節度使"(7782~7785쪽).

가 되게 하지 않기를 바란다"라고 하였다(7786쪽).

라고 하여 이사도가 강경파 장수들의 주장에 따라 헌종과의 약속을 번복하였다고 한다. 왕승원이 말한 장수들은 앞에서 본 가병 및 그와 연결된 장수들로 볼 수 있다. 말하자면 당시 평로의 강경파는 특히 가병 집단이었던 것이다. 이제 남은 것은 이사도와 헌종의 대결뿐이었다.

2. 헌종의 이사도 토벌

원화 13년(818) 4월 이사도가 약속을 번복하자 6월 헌종이 이사도 토벌을 결심하고 먼저 「영백료의정이사도칙令百僚議征李師道敕」을 내려 이사도 토벌 문제를 논의하게 하였다. 『책부원구』권104, 제왕부, 방문訪問, 원화 13년 6월 조에는 해당 칙서가 약간 축약되어 다음과 같이 적혀 있다.

> 갑인일 문무 백관을 중서中書에 모이게 한 후 칙서를 내렸다. 즉 "이사도는 몰래 역심을 품고 거짓으로 정성[誠懇]을 말하였으며 회서에 군대를 일으킨 이래 잘못을 자주 일으켰으나 누차 진술하여 흉역凶逆을 버릴 것을 청하였다. 하지만 몰래 [다른 번진과] 사신을 주고받으며 자주 서신을 보냈다. 또 역당逆黨 자가진訾嘉珍 등이 흉도凶徒를 모집하여 낙읍雒邑을 불태우려고 하였다. 중사中使 이중수李重秀가 선유宣諭하기 위해 평로에 이르니 또 관건官健을 풀어 능폭凌暴하였다. 하물

며 또한 듣건대 근래 10년 6월 재상을 상해傷害한 사건의 단
서가 본래는 실로 몰래 모의한 것에서 비롯되었다. 무릇 이 죄
명은 모두 마땅히 사赦하지 않는다. 이사도는 스스로 잘못을
알고 많은 말들[羣言]을 엄폐하기 어렵기 때문에 자주 최승총
崔承寵·왕현동王玄同을 파견하여 표를 올려 장자를 입시시키
고 기·밀·해 3주를 헌상하길 청하였다. 지금 홀연히 번복하
여 앞의 뜻을 모두 바꾸니 진술한 모든 것이 망언妄言이 되었
다. 그 이사도와 군장軍將·건아健兒가 올린 표는 모두 3도道
인데, 말이 자못 어그러지고 오만하다. 마땅히 꺼내어 선시宣
示하라"고 하고 마침내 백관에게 토벌할지 용서할지를 의논하
여 보고하게 하였다(1243~1244쪽).

이 기사와 원문에 해당하는 「영백료의정이사도칙」[38]을 함께 보면
헌종은 앞선 원화 10년에 이사도 등이 ⓐ 하남부 하음河陰의 전운창
轉運倉을 불태우고 ⓑ 재상을 암살하고 ⓒ 동도를 전복시키려 하였
던 것을 지적하고 있지만, 이 중 주목되는 것은 ⓑ 재상 암살의 단서
가 이사도에서 비롯되었다고 한 점이다. 당시에 헌종은 성덕절도사

---

38 『唐大詔令集』 권120, 政事, 討伐下, 「令百僚議征李師道敕」, "李師道潛苞禍心, 偽
布誠懇, 緣自淮西用兵已後, 愆釁屢彰, 累有疏陳, 請捨兇逆, 當道租稅, 頻年不送,
陰通信使, 數致帛書. 又逆黨訾嘉珍等畜聚凶徒, 謀燒洛邑, 所圖不軌, 臨發事彰.
又使其徒劫河陰庫倉, 沮國大計. 中使李重秀宣諭到本道. 又縱官健陵暴, 況又
元和十年六月, 傷害宰相, 事之端本, 實啟潛謀. 凡此罪名, 皆當不赦. 朝廷以新平
淮寇, 貴且息人, 素爲含容, 令其獻效. 師道自知罪過, 難掩群言, 累遣崔承寵·王
玄同自將表陳, 請令長子入侍, 兼獻沂密海三州. 林英續來. 又獻三州圖印, 并奏其
男發日. 國家每務弘貸, 屈法招綏. 今忽翻然, 盡變前意, 應所陳列, 無非妄言. 其
師道幷軍將健兒表共三道, 詞頗悖慢, 宜出宣示百寮. 議可征可捨以聞"(商務印書館,
634쪽).

왕승종이 재상을 암살한 것으로 단정하여 왕승종을 토벌하였고(제2차 왕승종 토벌), 또 그 도중에 이사도에서 비롯되었다는 증거가 나왔음에도 불구하고 그것을 묵살하고 토벌전을 그대로 전개하였었는데,[39] 위의 기록으로 보면 그때 헌종은 이사도가 재상 암살을 주도하였음을 알았던 것이 분명하다. 하지만 헌종은 이사도를 동시에 토벌하는 것이 도저히 불가능했기 때문에 해당 보고를 묵살하였던 것이라 하겠다. 그리고 이사도가 세 주의 지도와 인장까지 바치기로 한 후 약속을 번복하였던 것을 알 수 있고, 그러자 헌종이 백관회의[40]를 열게 하여 토벌의 공론을 형성하게 하였던 것이다. 논의의 결과 "사람들이 한마음으로 분노하며 모두가 [이사도를] 주살하여 상上을 업신여기는 것을 징벌하길 청한" 것은 뒤에 인용하는「토이사도조討李師道詔」에서 볼 수 있다.

사실 헌종은 그 전부터 오원제 토벌전에서 공을 세웠던 주요 인물들을 평로 주변 번진에 배치하는 등 이사도 토벌을 준비하고 있었다. 즉『자치통감』권 240, 원화 13년(818) 5월 조를 보면

> 충무절도사 이광안을 의성절도사에 임명하였는데, [호삼성 주: 이광안이 허주許州에서 창주滑州로 옮긴 것이다] 이사도를 토벌하기 위함이다. 회서절도사 마총馬總을 충무절도사·진허은채주관찰사陳許溵蔡州觀察使에 임명하였다. 신주申州를 악악鄂岳에 예속시키고 광주光州를 회남淮南에 예속시켰다. [호삼성 주: 이후 채주蔡州를 절진節鎭으로 삼지 않았다].

---

39 이 책 제4부 제2장, 363~367쪽.
40 와타나베 신이치로 저, 문정희 외 역,『천공의 옥좌』, 신서원, 2002, 39~40쪽 등 참조.

…… 하양도지병마사河陽都知兵馬使 조화曹華를 체주자사棣州刺史에 임명하고 조서를 내려 하양의 병사를 [체주 속현인] 적하滴河로 보내게 하였다. 마침 현이 평로 병사에게 함락되었는데, 조화가 공격하여 물리치며 2천여 인을 죽이고 그 현을 회복한 후 상주하자 조서를 내려 횡해절도부사橫海節度副使를 더해주었다(7751쪽).

라고 하여 이광안을 의성절도사, 마총을 충무절도사, 조화를 횡해절도부사에 임명하였다고 한다. 이 중 의성과 횡해는 평로와 인접한 번진이다. 또 같은 해 7월에는 하양절도사 오중윤烏重胤에게 회주자사懷州刺史를 겸임시켜 하양에 주둔하게 하고, 7월에는 회서 토벌에 가장 큰 공을 세운 이소를 무령절도사武寧節度使에 임명하였는데,[41] 무령도 평로와 인접한 번진이었다.

당시 이사도가 거느린 병사 숫자를 보자. 1절의 첫부분에서 살펴본 『일본기략』에서 이사도가 옹유한 병마가 50만이라고 하고 또 1절의 후반부에서 살펴본 『자치통감』 권240, 원화 13년 4월 조 기사와 『구당서』 권124, 이사도전에서는 평로의 병사 숫자가 수 십 만이라고 한 것을 보았다. 하지만 이정기 이래 평로 번진은 10만을 양성하였다는 기록이 있기 때문에 수십 만 혹은 50만은 상비군 숫자로 보기는 어렵다. 즉 그들 숫자는 전시 상황에서 총동원될 수 있는 숫자를 말하는 것일 수 있다. 하지만 그렇다고 해도 50만은 아무래도 과

---

41 『자치통감』 권240, 원화 13년 6월 조, "丁丑, 復以烏重胤領懷州刺史, 鎭河陽. [호삼성 주: 淮西已平, 故烏重胤自汝州復還鎭河陽]"(7751쪽); 同, 7월 조, "癸未朔, 徙李愬爲武寧節度使"(上同).

장된 숫자로 생각된다.⁴² 다만 이 경우에도 10만 혹은 수 십 만은 당시 번진 병사 가운데 가장 많은 숫자이다. 다른 할거 번진의 병사 숫자는 대체로 위박이 5만 혹은 10만, 성덕이 5만, 산남동도山南東道가 2만이고,⁴³ 회서가 3만 이상이었다.⁴⁴ 앞의 『자치통감』 권240, 원화 13년 4월 조 기사와 『구당서』 권124, 이사도전에 보이듯이 당조와의 대결을 주장한 강경파는 바로 이러한 군사력을 믿었던 것이다. 그리고 평로가 반드시 승리하지는 않더라도 오래 버티기만 하면 다른 번진들의 호응이 있을 수 있다는 계산도 있었을 것으로 생각된다.

마침내 원화 13년(818) 7월 3일 헌종이 「토이사도조」를 반포하여 선무·위박·의성·무령·횡해 다섯 번진에게 이사도를 공격하게 하고 선흡절도사宣歙觀察使 왕수王遂를 공군사供軍使에 임명하여 군수를 담당하게 하였다.⁴⁵ 이때 주목되는 것은 다섯 번진이 모두 평로와 인접한 번진이라는 점이다. 이는 회서 토벌의 경우와는 크게 다르다. 즉 회서를 공격할 때는 16개 번진의 군대를 동원하였으나 대부분 외지에서 차출한 이른바 '객군客軍'이었고, 그 때문에 전투력이 제대로 발휘되지 못해 전쟁이 장기화되었다.⁴⁶ 이전에 덕종은 회서

---

42 이 책 제3부 2장, 282~285쪽.
43 이 책 제1부 2장, 112쪽.
44 『구당서』 권145, 李希烈傳, "希烈遂率所部三萬人移居許州"(3943쪽); 『신당서』 권225 중, 이희열전, "希烈擁衆三萬次許州不進"(6438쪽).
45 『자치통감』 권240, 원화 13년 7월 조, 7751쪽; 『구당서』 권15, 헌종본기, 헌종 13년 7월 조, "詔削奪淄青節度使李師道在身官爵, 仍令宣武·魏博·義成·武寧·橫海等五鎭之師, 分路進討"(463쪽); 『신당서』 권7, 헌종본기, 원화 13년 7월 조, "宣武·魏博·義成·橫海軍討李師道"(217쪽); 『책부원구』 권359, 將帥部, 立功12, 田弘正 조, "十三年, 王師加兵於鄆, 詔弘正與宣武·義成·武寧·橫海等五鎭之師會軍齊進"(4263쪽); 同 권385, 將帥部, 褒異11, 田弘正 조, "十三年, 王師加兵於鄆, 詔弘正與五鎭之師會軍齊進"(4581쪽).
46 정병준, 「唐 憲宗의 淮西 討平과 그 의미」, 208쪽, 212쪽, 235~236쪽. 객군이 종군한 형식을 보여주는 사료를 보면 예컨대 『韓昌黎文集校注』 권7, 「平淮西碑」, "[皇

절도사 오소성吳少誠을 토벌할 때 17개 번진의 병사를 동원하였음에도 불구하고 결국 성공하지 못하였는데,[47] 그 또한 객군이 많았기 때문일 수 있다. 하지만 이번에는 평로와 인접한 번진의 병사들만 동원되고 또 오원제 토벌전에서 공을 세운 장수들이 주로 기용되었다. 즉 비록 동원된 번진의 숫자는 적었지만, 오소성이나 오원제 토벌전 등에 비해 공격력은 더 강했다고 할 수 있다. 이때 앞서 귀순한 성덕의 왕승종에게는 토벌을 명하지 않았는데, 아마도 그가 아직 완전한 복종의 단계가 아니었기 때문으로[48] 보인다.

당군이 이사도를 토벌하는 세부과정에 대해서는 이전에 상세히 고찰하였다.[49] 여기서는 조금 다른 사료를 이용하여 전체 과정을 조망하는 방식으로 서술해 보겠다. 먼저 『당대조령집』 권120, 「토벌하討伐下」에 수록된 「토이사도조」를 살펴보겠는데, 이 조서에는 그간 이사도와 헌종 사이에 있었던 상황들이 비교적 구체적으로 적혀 있다. 먼저 그 전반부에서는 헌종이 회서를 토벌할 때 이사도가 저지른 죄악 등이 언급되어 있다. 즉

> 근래에 회우淮右(즉 회서)를 토벌하면서 병사를 주둔시킨 것이 몇 년이었는데, 종사宗社가 영험을 내려 요사한 기운이 없어

帝]曰, '[李]光顔, 汝爲陳許帥, , 維是河東·魏博·郜陽三軍之在行軍者, 汝皆將之', 曰, '[烏]重胤, 汝故有河陽·懷, 今益以汝, 維是朔方·義成·陝·盆·鳳翔·延慶七軍之在行者, 汝皆將之, …"(上海古籍出版社, 478쪽) 등이 있다.

47 정병준, 「唐 德宗 貞元 시기 淮西 藩鎭의 성격 —吳少誠의 태도를 중심으로」, 『동국사학』 69, 2020, 399~408쪽.
48 정병준, 「唐 憲宗의 藩鎭改革과 成德節度使 王承宗」, 211~212쪽 참조.
49 정병준, 「李師道 藩鎭의 滅亡에서 張保皐의 등장으로」, 197~210쪽. 이는 장보고가 속한 무령군이 이사도 토벌의 최선봉에 섰다는 기존의 학설을 검토해 보기 위해 각 번진군의 진군 내용 및 공적에 유의하면서 서술한 것이다.

졌다. 바야흐로 활을 주머니에 넣고 칼을 상자에 보관하며 백성을 부유하게 하고 사람들을 쉬게 하길 기약하는 것은 진실로 부득이 한 것이다. 이사도는 대대로 총애와 영예를 누렸으나 잘못되게 중요한 자리[垣翰]에 올라 공공功이 훈적勳籍에 오르지 못하고 과오가 역사서[簡書]를 피하기 어렵다. 또한 몰래 화심禍心을 품고 과연 거짓으로 정성을 보였다. 근래에 회서 땅을 토벌하며 병사를 징발하여 함께 포위하였는데, 그 도적을 돕고 감히 뒤에서 후원하며 몰래 사신을 주고받으며 자주 서신을 보냈다. 또 누차 표장表章을 올려 원악元惡(즉 오원제)을 용서하길 청하고 도모하는 것이 법에 어긋나고 저지르는 일이 한 가지가 아니다. 마침내 간흉을 숨겨놓았다가 낙읍洛邑을 두렵고 놀라게 하고 내고內庫를 불태우고 겁탈하여 하음河陰을 요동치게 하였는데, 모두 군대의 요체[深機]를 어지럽히고 나라의 대계大計를 꺾으려는 것이다. 게다가 멋대로 병사를 일으켜 서徐의 영토를 침략하여 융행戎行(즉 토벌)을 핍박하였다. 또 중사中使를 능멸하고 협박하며 악행이 점점 더 만연해졌으며 뜻이 더욱 미쳐 날뛰어서 지난번에 도적이 경사를 어지럽힐 때 실로 단서[端本]를 열었다. 또 상부常賦를 바치지 않고 스스로 과실[愆違]을 저질렀다. 무릇 이러한 죄명은 모두 서赦하는 것이 아니다(634쪽).**50**

---

50 『全唐文』 권61, 憲宗皇帝6, 「討李師道詔」, 中華書局, 651~652쪽; 『全唐文新編』 2, 憲宗皇帝, 「討李師道詔」, 吉林文史出版社, 750쪽. 또 『책부원구』 권122, 帝王部, 征討2, 원화 13년 7월 조, "詔削奪淄靑節度使李師道在身官爵, 仍令宣武·魏博·義成·武寧·橫海等軍分路進討. …… 仍與實封五百戶莊宅各一區·錢二萬貫"(1468쪽) 이라고 한다.

라고 한다. 여기서도 ⓐ 하음창을 불태우고 ⓑ 재상을 암살하고 ⓒ 동도를 전복시키려 하였던 것을 언급하고 있지만, 흥미로운 것은 그에 더해 "서의 영토를 침략하여 융행(즉 토벌)을 핍박하였다"고 한 점이다. 서는 무령군을 가리키는데, 회서 토벌군에 속한 16번진의 하나였다. 즉 이사도가 회서 토벌을 방해하기 위한 방편으로 서주를 공격하기도 하였던 것이다.[51] 『자치통감』 권239, 원화 10년 11월 조에 의하면 "무령절도사 이원李愿이 이사도의 군대를 패배시켰다고 상주하였다. 당시 이사도는 자주 병사를 보내 서주를 공격하여 [서주 속현인] 소蕭·패沛 등 여러 현縣을 패배시켰다. 이원이 보병·기병을 모두 도압아都押牙 온인溫人 왕지흥王智興에게 주어 격파하였다"(7720쪽)라고 한다. 이사도의 회서 토벌 방해 책동은 상당히 광범위하고 치열하였던 것을 알 수 있다.

이어 「토이사도조」의 후반부에는 이사도를 토벌하게 된 직접적 이유 등이 언급되어 있다.

> 짐은 새로 회서의 도적을 제거하였으므로 군대를 쉬게 하는 데 힘쓰고 또 평소 너그럽게 용서하였지만 어찌 받들도록 하면서 그 적악積惡을 품어줄 수 있겠는가. 그 군언群言을 두려워하여 장좌將佐들이 교대로 달려 자주 소疏를 올려 겹쳐서 이를 정도였다. 귀순의 마음으로 죄를 인정하고 명을 청하며 동정을 구하였으므로 특별히 사신을 보내 선유宣諭하게 하니 이사도가 장자를 궁궐에 입시시키길 청하고 3주를 바치길 원

---

51 『신당서』 권193, 高沐傳, "吳元濟拒命, [李]師道引兵攻彭城, 敗蕭·沛數縣而還, 以緩王師"(5557쪽). 정병준, 「武寧節度使 王智興과 小將 張保皐」, 『중국고중세사연구』 17, 2007, 280~281쪽 참조.

하며 도인圖印을 헌상하기로 하고 기일을 정해 출발하며 빠르게 상주하여 보고하기로 하였으나 거짓으로 땅을 바치는 모책을 내었고 번복하여 큰 죄악의 역逆을 쌓았다. 무릇 열거한 것이 모두 원망하고 망령된 것이다. 그 패만悖慢의 언사를 드러낸 것이 봉장封章 안에 갖추어져 있으므로 백관에게 보이니 사람들이 한마음으로 분노하며 모두가 주살하여 상上을 업신여기는 것을 징벌하길 청하였다. 그래도 살피고 생각하면서 10일을 보냈는데, 또 갑자기 경계[封疆]를 넘어 덕德·체棣를 침략하여 촌락을 불태우고 멋대로 포악한 짓을 저질러서 재난을 입히고 대대적으로 위세를 부리며 방자해하고 두려워하며 꺼리는 것이 없었다. …… 마땅히 선무·위박·의성·무령·횡해 등 군軍의 절도병마에게 길을 나누어 나란히 나아가 힘을 합쳐 공토攻討하면서 서로 기각을 이루도록 하라. 그 이사도가 가진 관작은 모두 마땅히 삭탈한다. 그 치청의 장사將士로 능히 흉거兇渠를 참살하면 6품 이하 관官에게는 3품 정원관正員官을 제수하고, 5품 이상 관에게는 절급節級을 초월하여 내려주고 아울러 실봉實封 500호와 장택莊宅 각 1구區, 전錢 2만 관貫을 하사하겠다. ……(상동).

여기서 주목되는 것은 두 가지이다. 첫째는 이사도 토벌을 결정하기에 앞서 "그래도 살피고 생각하면서 10일을 보냈다"라고 한 점이다. 이는 헌종이 마지막까지 신중을 기했다는 것을 나타낸다. 앞서 오원제를 평정하는 과정에 여러 가지 어려움에 부딪혔지만, 평로는 회서보다 훨씬 강력한 번진이었기 때문일 것이다. 하지만 오원제의 패망으로 대세가 크게 바뀐 것도 분명하다. 둘째는 그에 이어 "또 갑자기 경계를 넘어 덕·체를 침략하였다"고 한 점이다. 덕·체 2주는 원래 성덕의 영역이었지만, 성덕절도사 왕승종이 회서의 패망을 보고 원화 13년 4월에 자진하여 반납하였다.[52] 그러면서 같은 달 횡해의 영역이 되었는데, 그때 횡해절도사에 임명되었던 것이 정권鄭權이다.[53] 그러자 이사도가 두 주를 침략하였던 것인데, 왕승종을 자극하여 동조시키기 위한 의도도 있었다고 생각된다. 헌종으로서는 더 이상 묵과할 수 없는 상황에서 백관이 한마음으로 징벌하길 청하자 마침내 다섯 번진에게 토벌을 명하였던 것이라 하겠다.[54] 부언하면 "[이사도가] 그 패만의 언사를 드러낸 것이 봉장 안에 갖추어져 있으므로 신하들에게 보이니 …… [모두가] 징벌하길 청하였다"라고 하는 것이 흥미롭다. 이는 신하들의 마음을 자극하여 의견을 결집시키기 위한 것이지만, 이러한 수법은 헌종이 제2차 왕승종 토벌을 행할 때도 이용되었다.[55]

당군이 이사도를 공격한 과정은 『신당서』 권213, 이사도전에 다음과 같이 서술되어 있다. 즉

① 횡해절도사 정권은 [제주齊州] 복성福城에서 싸워 5백 급을 참살하였다. ② 무령의 장將 이우李祐는 [연주兗州] 어대

---

[52] 『자치통감』 권240, 원화 13년 3월 및 4월 조, 7748~7749쪽. 정병준, 「唐 憲宗의 藩鎭改革과 成德節度使 王承宗」, 209~211쪽 참조.
[53] 『구당서』 권15, 헌종본기하, 원화 13년 4월 조, "庚辰, 詔復王承宗官爵. 以華州刺史鄭權爲德州刺史·橫海軍節度·德棣滄景等州觀察使"(463쪽). 吳廷燮 撰, 『唐方鎭年表』 1, 義昌, 원화 13년 조, 中華書局, 528쪽 참조.
[54] 그 과정에 재상 裴度가 특별한 역할을 하였다는 기록도 보인다. 즉 『신당서』 권173, 裴度傳, "李師道怙彊, 度密勸帝誅之, 乃詔宣武·義成·武寧·橫海四節度會田弘正致討"(5212쪽)라고 한다.
[55] 정병준, 「唐 憲宗의 藩鎭改革과 成德節度使 王承宗」, 203쪽, 205쪽.

魚臺에서 싸워 패배시켰다. ③ 선무절도사 한홍은 [조주曹州] 고성考城을 함락시켰다. ④ 회남절도사 이이간李夷簡은 이청李聽에게 명해 해주海州로 달려가게 하니 술양沭陽·구산朐山을 함락시키고 동해東海로 나아가 지켰다. ⑤ 위박절도사 전홍정은 직접 병사를 거느리고 양류陽劉에서 황하를 건너 운鄆과 40리 떨어진 곳에 군영을 세우고 다시 접전을 벌여 3만 무리를 격파하고 3천 인을 생포하였다. ⑥ 진허陳許(충무)절도사 이광안은 [복주濮州] 복양濮陽를 공격하여 두문斗門·두장杜莊 2둔屯을 함락시켰다(5994쪽).

라고 한다. 앞의 「토이사도조」에서 "길을 나누어 나란히 나아가 힘을 합쳐 공토攻討하며 서로 기각을 이루도록" 한 것은 각 번진에게 자신의 위치에서 일제히 진격하게 한 것을 말한다. 그리고 지금의 『신당서』 이사도전 기사는 그러한 진격의 상황을 나타낸 것이다. 각 번진의 진격 방향을 보면 ① 횡해의 정권은 북쪽에서 제주 등으로 나아가고 ② 무령의 이우는 남쪽에서 연주 등으로 나아가고 ③ 선무의 한홍은 서남쪽에서 조주로 나아가고 ④ 회남의 이청은 남쪽에서 해주로 나아가고[56] ⑤ 위박의 전홍정은 서북쪽에서 곧바로 이사도의 치소가 있는 운주로 나아가고 ⑥ 충무의 이광안이 합류하여 서쪽에서 복주로 나아갔던 것이다. 즉 회남과 충무가 새로 합류하여 사실상 평로를 완전히 포위한 형세로 일제히 진격하였던 것이다. 이때 가장 중요한 역할을 맡은 것은 평로의 치소가 위치한 운주를 곧장

---

56 『책부원구』 권385, 將帥部, 褒異11, 李聽 조, "李聽憲宗元和中爲楚州刺史, 統淮南之師, 討李師道"(4581쪽).

공격하는 위박군이었고, 실제 군사력에 있어서도 위박군은 다른 번진보다 강력하였다.[57]

앞의 ①~⑥의 공격 상황을 시간순에 따라 재배열하면 다음과 같다. 즉 ⓐ 원화 13년(818) 7월 "창주절도사滄州節度使 정권鄭權이 치청의 적적賊을 제주 복성현에서 격파하여 5백여 급을 참살하였고"[58] ⓑ 9월 오원제 평정에 두려움을 느낀 선무절도사 한홍[59]이 스스로 병사를 이끌고 이사도를 공격하여 조주를 포위하였으며 ⓒ 10월 무령절도사 이소와 병마사 이우가 연주 어대현에서 평로군 3천여 명을 격파하였고 ⓓ 11월 위박절도사 전홍정이 전군을 거느리고 운주 동아현東阿縣의 양류진楊劉鎭을 점령한 후 황하를 건너 운주성에서 40리 떨어진 곳에 보루를 만들고 같은 달(11월) 평로군 3만과 싸워 이겨 3천을 사로잡고 많은 장비를 노획하였다.[60]

이를 전후하여 헌종은 당군의 절도사를 일부 교체하였다. 즉 같은 해(818) 10월 좌금오위대장군左金吾衛大將軍 설평薛平을 의성절도사에 임명하면서 의성의 이광안을 허주許州의 충무절도사에 임명하였고, 11월 하양절도사 오중윤을 횡해절도사에 임명하였다.[61] 그리고 그에 앞서 같은 달(11월) 충무절도사 이광안이 복주의 복양현에서 평로군을 격파하여 두문성·두장책을 점령하고(앞의 『신당서』 이사도전), 같은 달 전홍정이 운주의 옛 동아현에서 평로군 5만을 격파하였다.

---

57 정병준, 「李師道 藩鎭의 滅亡에서 張保皐의 登場으로」, 197쪽. 또 앞서 적은 위박의 군대 숫자를 참조하라.
58 『구당서』 권124, 이사도전, 3540쪽.
59 『책부원구』 권446, 將帥部, 觀望, 韓弘 조, "十三年, 詔誅李師道, 弘遂不敢觝寇以兵圍曹州"(5292쪽).
60 정병준, 「李師道 藩鎭의 滅亡에서 張保皐의 登場으로」, 198~199쪽.
61 『구당서』 권15, 헌종본기하, 원화 13년 10월 및 11월 조, 464~465쪽; 『자치통감』 권240, 원화 13년 11월 조, 7755쪽.

이후 두 사람은 함께 성책들을 공략해 나갔다. 12월 전홍정과 이광안이 앞 전투에서 사로잡은 평로의 도지병마사 하후징夏侯澄과 병마사 주징朱澄 등 47인을 경사로 보냈다. 그러자 헌종은 「유치청대장칙宥淄青大將勅」을 반포하여 모두 사면하고 각각 전홍정과 이광안에게 돌려보내 '구사驅使'하게 하였다. 이는 평로군의 투항을 유도하기 위한 조치였고 예상대로 이후 평로군에서 투항자가 나오기 시작하였다.[62]

원화 13년(818) 12월 무령절도사 이소가 평로 병사와 11번 싸워 모두 이기며 을묘일 그믐에 연주 금향현金鄉縣을 점령하고 나아가 이듬해(819) 정월 연주 어대현을 함락시켰다.[63] 이소는 앞에서 언급하였듯이 전 해(818) 7월 이원을 대신하여 무령절도사가 되었다.[64] 원화 14년(819) 정월 한홍은 조주 고성현을 함락시키고 2천여 인을 죽였다.[65] 이어 같은 달 병술(7일) 이사도가 임명한 [해주海州] 술양령沭陽令 양동梁洞이 현을 들어 회남의 초주자사楚州刺史 이청에게 항복하였고,[66] 2월 이청이 해주를 습격하여 동해東海 · 구산朐山 · 회인懷仁 등의 현을 점령하였다.[67] 그리고 같은 달(2월) 이소가 평로 병사를 기주沂州에서 패배시키고 승현丞縣을 함락시켰다.[68] 요컨대 당군은 사방에서 파죽의 형세로 이사도를 공격해 들어갔던 것이다.[69]

---

62 정병준, 「李師道 藩鎭의 滅亡에서 張保皐의 登場으로」, 199~200쪽.
63 『자치통감』 권240, 원화 13년(818) 12월 및 원화 14년 정월 조, 7757쪽; 『신당서』 권213, 이사도전, "及李祐取金鄉, 左右莫敢白"(5994쪽).
64 吳廷燮 撰, 『唐方鎭年表』 1, 感化, 원화 13년 조, 313~314쪽.
65 『자치통감』 권240, 원화 14년 정월 조, 7757쪽.
66 『자치통감』 권240, 원화 14년 정월 조, 7757쪽.
67 『자치통감』 권241, 원화 14년 2월 조, 7761쪽; 『구당서』 권133, 이청전, "元和中, 討李師道, 聽爲楚州刺史, 統淮南之師. 鄆人素易淮軍, 聽潛訓練, 出其不意, 趨海州, 據險要, 破沭陽兵, 降朐山戌, 懷仁 · 東海兩城望風乞降, 山東平"(3683쪽).
68 『자치통감』 권241, 원화 14년 2월 조, 7761쪽.
69 鄭東岩, 「试论淄青镇被平定的历史原因」, 『山東省農業管理幹部學院學報』 2010-

3. 이사도 패망의 의미

당군이 사방에서 진격해 들어가자 원화 14년(819) 2월 이사도는 마지막 항전을 위해 백성들을 동원하여 운주성과 해자를 수리하고 수비를 엄하게 하였다.[70] 이 상황에서 이사도에게 최후의 일격을 가한 것은 토벌군이 아니라 평로군의 장수였다. 즉 『구당서』 권141, 전홍정전을 보면

> [원화 13년] 11월 전홍정이 직접 전사全師를 거느리고 양류楊劉에서 황하를 건너 보루를 쌓았는데, 운주와 40리 떨어졌다. 이사도가 대장大將 유오劉悟를 보내 중병重兵을 거느리고 전홍정에게 대항하게 하니 두 진영의 보루가 서로 바라보았다. 전후로 교전하여 위군魏軍이 크게 이겼고 또 이소·이광안이 삼면으로 진격하자 적賊이 모두 패배하여 그 형세가 위급해졌다. 14년(819) 3월(2월?) 유오가 황하 변의 군대를 되돌려 운주로 들어가 이사도를 참수한 후 전홍정에게 항복을 청하였다 (3850~3851쪽).

라고 한다. 이사도는 조주에서 한홍을 막던 도지병마사 유오에게 정예부대 1만을 주어 전홍정을 막게 하였지만, 형세가 불리해지자 원화 14년 2월 유오가 군대를 돌려 이사도를 참살하고 전홍정에게 항

1, 106~107쪽에서는 이사도 패배의 원인으로 헌종의 용인술, 평로 인민의 大一統에 대한 지지 등과 함께 토벌군에 監軍을 두지 않은 것도 들고 있다. 다만 그때 번진 군대를 통일적으로 지휘할 統帥를 두지 않았던 것도 함께 기억하면 좋을 듯하다.
70 『자치통감』 권241, 원화 14년 2월 조, 7762쪽.

복하였던 것이다.[71] 이로써 이사도는 마지막 저항을 해보지도 못한 채 역사의 무대에서 사라지고 다음 달(3월) 번진은 3개로 분할되었다.[72]

이렇게 보면 이사도는 매우 손쉽게 패망한 것처럼 보인다. 하지만 당군이 상당히 고전하였다는 기록도 전한다. 즉 『태평광기』 권393, 뇌雷1, 이사도 조를 보면

> 당 원화 연간에 이사도가 청靑·제齊를 점거하고 용감하고 날랜 병사를 양성하였으며 땅은 천 리나 되었고 수백 만의 식량을 비축하였다. 조정에 바치지도 않고 입조하지도 않았다. 헌종이 장차 토벌하라고 명하였지만, 왕사王師가 불리하였다. 이사도는 더욱 교만해져 신궁新宮을 세워 천자의 정전正殿을 모방하고 길일을 점쳐 거주하였다. 이날 밤 구름이 갑자기 몰려와 캄캄해지고 바람과 천둥이 몰아치더니 마침내 벼락이 내려쳐 무너뜨렸고 잠깐 사이에 번갯불이 일어나 남은 것이 없었다. 청·제 사람들이 서로 돌아보며 말하길 "인신人臣이 되어 그 군주에게 역逆하는 자는 화禍가 진실로 마땅하다. 지금 벌이 하늘에서 내렸으니 어찌 그 죄를 피할 수 있겠는가"라고 하였다. 열흘 남짓 후 이사도가 과연 주살되었다(3143~3144쪽).

---

71 정병준, 「李師道 藩鎭의 滅亡에서 張保皐의 登場으로」, 201~207쪽, 鄭東岩, 「试论淄青镇被平定的历史原因」, 106쪽에서는 유오의 거사가 이사도 패망에 결정적[關鍵性] 작용을 하였다고 한다.
72 정병준, 「李正己 一家 이후의 山東 藩鎭 —順地化 過程」, 『대외문물교류연구』 3, 2004, 124~130쪽 등.

라고 하여 헌종의 명을 받은 당군이 불리한 상황에 처하자 이사도는 더욱 교만해졌다고 한다. 이러한 것은 같은 책 권143, 징응徵應9, 이사도 조에도 보이는데, 즉 "당 이사도가 청·제에서 반叛하자 장무제章武帝(즉 헌종)가 장차 토벌하였으나 몇 년이 지나도 왕사가 이기지 못하였고 이사도는 더욱 교만해졌다. 어느 날 당堂에 앉아 있는데, 걸상[榻] 앞에 있던 은銀 솥들이 갑자기 서로 부딪히더니 그 한 솥의 귀와 발이 모두 떨어져 나갔다. 한 달 남짓 있다가 유오가 직접 이사도를 베니 청·제가 마침내 평정되었다. 이는 아마도 은 솥이 서로 부딪친 징험일 것이다(1032쪽)라고 한다. 하지만 당군이 몇 년이 지나도 이사도를 이기지 못했다는 것은 오류이고 이사도가 당군을 이겼다는 것도 확인되지 않는다. 아마도 당군이 고전하였다는 것은 이사도가 강성한 군사력을 바탕으로 오랫동안 헌종에게 맞서 대립하였던 것을 바탕으로 만들어진 이야기일 것으로 생각된다.

이사도는 헌종과 대결할 때 어떤 태도를 취했을까. 이때 흥미로운 것은 『구당서』 권37, 오행지五行志에 보이는 다음 기사이다.

> [원화] 10년(815) 4월, 하음의 전운원이 불탔다. 11월 헌릉獻陵의 침궁과 영향이 불탔다. 11년(816) 12월 미앙궁未央宮 및 비룡飛龍의 초장草場이 불탔다. 모두 왕승종과 이사도가 용병用兵(즉 오원제 토벌전)을 방해하기 위해 몰래 도적을 보내 불을 지른 것이다. 당시[時] 이사도는 운주에 궁전을 지어 참란僭亂을 도모하려고 하였다. [궁전이] 완성되자 이해에 화재로 모두 타버리고 순식간에 족멸되었다(1367쪽).

즉 원화 10년부터 11년 사이에 이사도 등이 당의 중요한 시설에 불을 질렀고,[73] 또 동시에 이사도는 번진의 치소인 운주에 궁전을 지어 '참란'을 꾀하려고 하였다는 것이다. 운주에 궁전을 지었다는 것은 앞에서 본 『태평광기』 권393, 이사도 조의 "신궁을 세워 천자의 정전을 모방하였다"는 것과 일치한다. 결국 '참란'이란 자립하여 나라를 세우는 것으로 생각된다. 앞선 덕종 시기에 부친 이납이 다른 할거 번진들과 연대하여 각각 나라를 세워 당조를 부정한 경험이 있다. 즉 사왕四王의 난이 그것이다.[74] 이사도의 '참란'은 아마도 그러한 행위를 말하는 것일 수 있다. 『신당서』 권34, 오행지에서는 "이사도가 운주에 궁을 세워 장차 난을 도모하려고 하였으나 완성된 후 불이 났다"(886쪽)라고 한다. 요컨대 궁전이 완성되자 그해에 화재로 불타고 일족이 모두 멸망하였다는 것이다. 일족이 멸망한 것은 원화 14년(819) 2월이었다.

원화 13년(818) 7월 헌종이 이사도 토벌을 명하자 이사도가 대항의 방편으로 참란을 도모한 것일 수 있다. 하지만 당시는 할거 번진들이 사실상 모두 당조에 귀순한 상황이었다. 즉 위박절도사 전홍정은 일찍이 원화 7년(812) 10월 조정에 귀순하였고,[75] 원화 12년 10월 회서의 오원제가 평정되자 원화 13년 정월 이사도가 일시 귀순한 것에 이어 3월 횡해의 정권程權이 귀순하고[76] 4월 성덕의 왕승종이 귀순하였으며[77] 또 같은 달 유주의 유충劉總도 귀순할 결심을 하였던 것

---

73 이 책 제4부 제2장, 369~370쪽.
74 정병준, 「唐 德宗代 四王二帝의 亂과 그 限界」, 17~31쪽.
75 『구당서』 권15, 헌종본기하, 원화 7년 10월 조, 443쪽; 『신당서』 권7, 헌종본기, 원화 7년 10월 조, 212쪽.
76 『신당서』 권7, 헌종본기, 원화 13년 3월 조, 217쪽; 『자치통감』 권240, 원화 13년 3월 조, 7748쪽.
77 『신당서』 권7, 헌종본기, 원화 13년 4월 조, 217쪽; 『자치통감』 권240, 원화 13년 4월 조, 7749쪽.

이다.[78] 따라서 이사도는 사왕의 난 때와는 달리 홀로 당군에 맞섰다가 멸망하였던 것이다. 이로 보면 이사도의 반역은 여러 면에서 무리가 있었지만, 당시 평로는 강경파들이 권력을 완전히 장악하여 강경 일방이 되면서 객관적 판단력을 상실하였다고 여겨진다.[79]

번진개혁의 대미를 장식한 이사도의 패망에 대한 평가는 어떠한가. 먼저 동시대 사람인 이고李翶(772~841)의 「백관행장주百官行狀奏」를 보면

> 엎드려 보건대 폐하께서 즉위한 지 15년이 되었다. 그 원년에 하주夏州를 평정하고, 2년에 촉蜀을 평정하여 유벽을 참수하고, 3년에 강동江東을 평정하여 이기를 참수하고 장무소張茂昭가 마침내 역易·정정을 얻고,[80] 5년에 사헌성史憲誠[81]을 사로잡아 택澤·로潞·형邢을 얻고, 7년에 전홍정이 위박 6주를 가지고 왔기에 상공常貢을 받고, 12년에 회서를 평정하여 오원제를 참수하고, 13년에 왕승종이 덕·체를 헌상하며 조세를 상공하고 창滄·경景에 관리[吏]를 제수하고, 14년에 치청을 평정하여 이사도를 참수하고 12주를 얻었다. 신령스러운 결단과 무공은 자고自古의 중흥 군주가 미치지 못하는 것이다.[82]

---

78 『자치통감』 권240, 원화 13년 4월 조, "幽州大將譚忠說劉總曰, …… 總泣且拜曰, '聞先生言, 吾心定矣', 遂專歸朝廷"(7749쪽).
79 정병준, 「李正己 一家 藩鎭과 高沐」, 146쪽.
80 吳廷燮 撰, 『唐方鎭年表』1, 義武, 502~503쪽에 보이듯이 장무소(즉 張昇雲)가 義武留後에 임명된 것은 원화 7년 7월이었다.
81 史憲誠는 盧從史의 오류이다. 즉 吳廷燮 撰, 『唐方鎭年表』1, 昭義, 481쪽 참조.
82 『李文公集』 권10, 奏議狀6首, 「百官行狀奏」(四部叢刊正編 35, 법인문화사, 1989), 43쪽; 『전당문』 권634, 李翶, 「百官行狀奏」, 6399쪽; 功刀正, 『李翶の硏究(資料編)』, 白帝社, 1987, 131쪽.

라고 한다. 평로까지 토평한 헌종의 번진개혁에 대해 "신령스러운 결단과 무공은 자고의 중흥 군주도 미치지 못한다"라고 할 정도로 높게 평가하고 있다. 찰스 피터슨은 "이러한 평가가 지나친 것일 수도 있지만, 그것은 적어도 이고와 같은 사회계층 사이에서 새롭게 형성된 사기를 보여주고 있다"고 한다.[83] 부언하면 여기서 위박이 상공을 바치고 덕·체가 조세를 상공하고 조정에서 창·경의 관리를 임명하였다는 것이 보이는데, 이는 조정의 법제가 해당 지역에 통용되는 과정을 보여준다. 평로 지역에 대해서는 잠시 후 언급하겠다.

『자치통감』 권241, 원화 14년(819) 2월 조를 보면 이사도의 수급이 조정에 이르렀다는 기사에 이어 다음과 같은 기술이 보인다.

> [숙종] 광덕廣德 연간 이래 60년 동안 번진이 하남·북의 30여 주에서 발호跋扈하여 스스로 관리를 제수하고 공부貢賦를 상공하지 않았는데, 이때에 이르러 모두 조정의 법도[約束]를 따르게 되었다(7765쪽).

즉 하남·하북에 위치한 30여 주[84]가 안사의 난 이후 발호 번진들

---

83 찰스 피터슨, 「중흥의 완성: 憲宗과 藩鎭」, 251쪽.
84 대표적 할거 번진이 패망하거나 귀순한 시점으로 보면 총 36주이다. 즉 ① 평로가 12주, ② 회서가 蔡·申·光 3주(『자치통감』 권239, 원화 10년 5월 조, 7712쪽), ③ 위박이 魏·博·貝·衛·澶·相 6주(『자치통감』 권239, 원화 7년 10월 조, 7696쪽), ④ 성덕이 恒·冀·深·趙·德·棣 6주(『자치통감』 권238, 원화 4년 9월 조, 7665쪽), ⑤ 유주가 幽·涿·營·平·薊·嬀·檀·瀛·莫 9주(『자치통감』 권241, 목종 長慶 원년 6월 조, 7792쪽)이다. 또 『자치통감』 권238, 원화 5년(810) 12월 조에 "[李]絳嘗從容諫上聚財, 上曰, '今兩河數十州, 皆國家政令所不及, 河·湟數千里, 淪於左衽, 朕日夜思雪祖宗之恥, 而財力不贍, 故不得不蓄聚耳'"(7682쪽)라고 하고, 『신당서』 권152, 李絳傳에서는 "對[憲宗]曰, '今法令所不及者五十餘州, 西戎內訌, 近以涇·隴爲鄙"(4840쪽)라고 하는 것도 보인다.

에게 점거되어 법외 지역이 되었으나 이사도의 패망으로 모든 지역이 조정의 법도를 지키게 되었다고 한다. 이사도의 멸망으로 원화 개혁이 완성되었다는 것이다.

또 『구당서』 권124, 이사도전에서는 이사도가 패망하였다는 기사에 이어 다음과 같은 기술이 보인다.

> 국가는 천보 말에 안녹산이 먼저 양하兩河에 반란을 일으켜 [대종] 보응寶應 원년[85] 왕사王師가 사조의史朝義를 평정할 때까지 그 장수 설숭薛嵩·이회선李懷仙·전승사田承嗣·이보신李寶臣 등이 위명僞命(즉 안녹산의 명)을 받아 주군州郡을 거느렸는데, 조정이 전쟁을 싫어하여 복고회은僕固懷恩의 청에 따라 [그들에게] 관작을 주었다. 후희일侯希逸이 군인들에게 축출되고 이정기가 또 제齊·노魯의 땅을 점거하여 번갈아가며 굳게 단결하면서 서로 혼인을 맺고 직공職貢을 바치지 않고 법령을 행하지 않는 것이 거의 관례가 되었다. 또한 모두 그 아들을 부대사副大使로 삼아 부친이 죽으면 아들이 계승하며 [86] 삼군三軍(즉 번진 군대)의 요청이라고 보고하고 또한 대장大將이 [번수를] 살해하고 자립한 경우도 있었다. 안사安史 이후 [덕종] 정원貞元 연간에 이르기까지 조정은 대부분 우용優容에 힘쓰고 매번 멋대로 세습한 것을 들으면 그에 따라 제수해 준 지 60여 년이 흘렀다. 양하는 반측지속反側之俗이라고 칭해졌다. 헌종이 사람을 알아보고 잘 위임하여 난적亂迹을 삭평削平

---

[85] 사조의가 평정된 것은 대종 광덕 원년(763) 정월이다.
[86] 정병준, 「唐 憲宗의 藩鎭改革과 成德節度使 王承宗」, 192쪽 참조.

하니 양하가 다시 왕토王土가 되었다(3541쪽).

즉 이사도 평정을 기점으로 번진들이 완전히 굴복하여 천하가 모두 왕토가 되었다는 것으로 앞의 『자치통감』권241, 원화 14년(819) 2월 조의 견해와 동일하다.

왕부지王夫之의 『독통감론讀通鑑論』에서는 할거 번진들이 완전히 평정되는 과정을 다음과 같이 말하였다.

> 원화 14년 이사도가 참수되고 평로가 평정되었다. 그 이듬해 왕승종이 죽고 왕승원이 귀명歸命하여 새로 번수를 제수해 주길 청하니 성덕이 평정되었다. 또 이듬해에 유총이 그 토지와 사마士馬를 모두 바치고 부장部將을 경사로 보낸 후 승려가 되어 떠나니 노룡盧龍(즉 유주)이 평정되었으며, 전홍정이 성덕으로 옮겨 다스리고 장홍정張弘靖이 노룡을 다스렸다. 숙肅·대代 이래 하북에서 할거하고 발호하는 기풍이 소멸되어 사라지니 당이 이때에 이르러 가히 밝고 안정된 시기를 맞았다고 할 수 있다.[87]

즉 이사도가 평정된 후 성덕과 노룡이 평정되니 밝고 안정된 세상이 되었다고 하는데, 다만 이는 절도사의 교체를 기준으로 말한 것이다. 성덕과 노룡이 이사도에 앞서 귀순하거나 귀순을 결정하였던 것은 앞에서 언급한 대로이다. 그에 따라 북송北宋의 윤원尹源은 "헌종이 촉蜀을 토벌하고 하夏를 평정하고 채蔡를 주살하고 운鄆을 멸

---

[87] 『讀通鑑論』권26, 穆宗1, '河北樂爲盜賊' 조(『船山全書』10, 岳麓書社), 973쪽.

망시킬 때 전쟁이 사방으로 이어졌지만 난이 발생하지 않고 마침내 중흥의 공을 이룬 것은 전씨田氏(즉 전홍정)가 명을 받들고 왕승종이 귀국歸國한 때문이다"[88]라고 한 것이다. 왕부지가 "당이 이때에 이르러 가히 밝고 안정된 시기를 맞았다"고 한 것은 이사도가 평정된 시점을 바탕으로 한 말이라고 해도 좋을 것이다.

하지만 당조는 평로를 세 개로 분할한 후에도 완전한 당의 영토가 되기까지 적지 않은 시간이 필요하였다. 무엇보다도 옛 평로 군인들의 반역적 속성을 청산해야 했다. 즉 원화 14년(819) 7월 삼분된 번진의 하나인 기해沂海의 아장牙將 왕변王弁이 관찰사 왕수王遂를 살해하자 9월 후임 관찰사 조화曹華가 부임하여 1천 2백인을 학살하였고 이어 목종 장경 원년(821) 11월 소小평로의 군인들이 반란을 일으키자 절도사 설평薛平이 이를 진압한 후 2천 인을 참수하였던 것이다.[89] 이러한 과정을 통해 이전의 평로 번진 지역은 모두 당에 순종하게 되었다.

이와 동시에 세 번진을 완전한 당의 영토로 만들기 위한 제도적 조치가 병행되었다. 즉 ① 원화 14년(819) 3월부터 중앙의 이부吏部가 이들 지역의 주현관에 대한 인사권을 행사하기 시작하였다. 단, 그 방식은 이전의 주현관을 한꺼번에 교체하는 것이 아니라 결원이 생기는 대로 조금씩 바꾸는 것이었다. ② 원화 14년 3월부터 조정이 세 번진 안에 각각 각염원榷鹽院을 설치하여 소금 전매를 시작하였다. 하지만 얼마 후 세 번진이 소금 판매권의 상실로 재정적 어

---

88 『宋史』권42, 文苑4, 윤원전, 13082쪽; 『日知錄』권9, 藩鎮, 花山文藝出版社, 1990, 430쪽.
89 辻正博, 「唐朝の對藩鎮政策について」, 116~117쪽; 정병준, 「李正己 一家 이후의 山東 藩鎮」, 137~138쪽; 정병준, 「唐 穆宗代 河北三鎮의 叛亂과 山東 藩鎮」, 『중국사연구』33, 2004, 82~86쪽.

려움에 빠졌기 때문에, 목종 장경 2년(822) 5월 다시 번진들에게 소금 판매권을 주었다가 문종文宗 대와大和 5년(831) 11월 다시 조정의 염법을 행하였다. ③ 원화 15년(820) 윤정월 목종이 양세사兩稅使를 세 번진에 파견하여 양세를 부과하기 시작하였다. 그러나 이 또한 곧 여러 어려움에 봉착하였는데, 그 원인의 하나는 하북삼진에서 반란이 일어났기 때문이었다. ④ 대화 4년(830) 9월부터 염철사鹽鐵使가 세 번진의 동銅과 철鐵을 직접 관리하기 시작하였다. ⑤ 가장 중요한 지표로 대화 6년(832) 또는 7년부터 각 번진이 조세를 상공하기 시작하였다. 요컨대 이사도 번진이 완전한 당의 영토가 되기까지 약 13~14년이 걸렸던 것이다.[90]

그와는 달리 하북삼진은 목종 시기에 다시 반란을 일으켜 '할거 번진'으로 되돌아갔다. 그것이 가능했던 것은 무엇보다도 자진하여 투항하면서 원래의 번진 조직이 와해되지 않고 그대로 보전되었기 때문이다. 이에 반해 회서와 평로는 토벌군에게 무력으로 평정된 후 번진이 완전히 해체되거나 분할되는 운명을 맞았고 게다가 평로의 경우는 주체적 병사들이 철저하게 청산되기까지 하였다.[91] 말하자면 무력 토벌 여부에 따른 차이가 있었던 것이다. 이런 면에서 평로도 온건파가 주장한 대로 조정과 타협을 하였다면 하북삼진과 더불어 훗날을 기약할 수도 있었을 것이라는 생각이 든다.[92]

---

90 정병준,「李正己 一家 이후의 山東 藩鎭」, 139~149쪽.
91 평로의 중심 병사들이 당시에 완전 소멸된 것은 아니고 그 가운데 2천 인이 유오를 따라 昭義로 옮겨가 평로에서의 기풍을 유지하였다. 즉 정병준,『신당서』권214,「列傳」139, '劉悟' 譯註」,『동국사학』43, 2007, 336~337쪽의 '개요' 참조. 이들은 어떤 면에서 고구려 유민이 지배한 평로군의 유풍을 계승한 성격을 지녔다고 볼 수도 있다.
92 평로와 회서는 당조의 생명선인 대운하를 위협할 수 있는 위치에 있었기 때문에 당조가 하북삼진보다 더 강하게 제어하는 조치를 취하였을 수 있다. 하지만 설령 그렇다고 해도 이사도가 헌종에 대한 약속을 지키고 번진의 기본 틀을 보전하였다면 하북삼

당 후기의 번진시대는 헌종의 번진개혁을 기준으로 크게 두 시기로 나눌 수 있다. 그 전기는 '할거 번진'들이 당조와 모순관계를 형성하면서 정세를 주도하였다고 한다면, 후기는 당조가 주도권을 행사하면서 번진들과의 타협·공존을 모색하던 시기였다고 할 수 있다.[93]

그렇다면 헌종은 번진들을 어떻게 위치시키려고 하였을까. 바꾸어 말하면 지방제도를 어떻게 재편하려고 한 것일까. 헌종은 원화 4년(809) 2월 세금 분배제도를 개편하여 지군支郡(즉 속주)과 중앙의 관계를 강화시켰고, 또 원화 14년(819) 3월 지군에 주둔하는 병사의 지휘권을 자사에게 넘기는 개혁을 단행하였다.[94] 또한 원화 13년(818) 7월 절도사가 영전사營田使를 겸임하는 것을 금지시키고[95] 원화 14년(819) 2월에는 현령 임명에 대한 절도사의 역할을 제한하는 조치를 취하였다.[96] 이러한 것은 당 전기와 같은 자사 중심의 제도를 회복하는 측면이 있다.

그러한 것을 바탕으로 다니가와 미치오谷川道雄은 헌종의 번진개혁을 중앙정부-자사의 유지·강화 혹은 중앙-자사체제의 재편성으로 규정하고, 보다 구체적으로는 "헌종대의 자사정치 강화는 요컨

진과 같은 상황이 되었을 수도 있었다고 생각된다.
93 정병준, 「『구당서』·『신당서』 李忠臣·李希烈 열전 譯註」의 '해설', 『동국사학』 54, 2013, 447쪽; 정병준, 「『구당서』·『신당서』 邢君牙·劉全諒 列傳 譯註」의 '해설', 『역사와 담론』 67, 2013, 363쪽.
94 누노메 조후·구리하라 마쓰오 외, 『중국의 역사(수당오대)』, 288~291쪽; 임대희 외 역, 『세미나 수당오대사』, 323~326쪽, 401쪽; 鄭炳俊, 「唐後半期の地方行政體系について」, 80~81쪽; 張達志 저, 邢晨 역, 「당 후기 번진과 주의 관계」, 『동국사학』 72, 2021, 511~515쪽 등.
95 『당회요』 권78, 節度使, 원화 13년 조, 1696쪽; 『당대조령집』 권101, 官制下, 「停諸道支郡營田使敕(元和十三年七月)」, 515쪽. 구리하라 마쓰오, 「안사의 난과 번진체제의 전개」, 325쪽의 각주 22) 참조.
96 찰스 피터슨, 「중흥의 완성: 憲宗과 藩鎭」, 248쪽.

대 양세법에 의한 중앙집권제의 재편성을 목표로 한 것이다", 또 "중앙집권제의 부활을 기도한 것인데, 내용적으로는 자사정치의 강화에 의한 양세법의 준수로 나타났다"라고 하였다.[97] 또 찰스 피터슨은 "[헌종이] 당조 전반기에 이룩하였던 정도의 중앙집권화 수준을 회복하겠다고 기대하지는 않았겠지만, 안정을 이루고 번진에서의 권력 균형을 꾀하려는 강한 집념이 있었음은 확실하다"[98]라고 한다.

하지만 그러한 개편의 방향성 혹은 '번진에서의 권력 균형'이라는 것이 반드시 명료하다고는 생각되지 않는다. 그 이유는 무엇보다도 구체적 자료가 보이지 않기 때문이지만, 거기에는 여러 가지 원인이 있을 수 있다. 즉 헌종이 이사도를 멸망시킨 이듬해(820) 정월 갑자기 사망하면서 그 제도적 개혁이 마무리되지 못한 때문일 수도 있고, 애초 앞에서 살펴본 제도 개편과 함께 할거 번진들을 복종시키는 선에서 개혁을 마무리한 때문일 수도 있다. 두 가지 측면을 모두 염두에 두면서 그 번진개혁의 방향성과 성과를 보다 상세히 고찰할 필요가 있다고 생각된다.

소결

원화 10년(815) 정월 헌종이 회서의 오원제 토벌을 명하자 이사도는 성덕의 왕승종과 함께 토벌전을 방해하기 위해 여러 가지 책동을 벌였다. 하지만 헌종은 이사도에 대해서는 일단 충돌을 피하였다.

---

97 谷川道雄, 「唐代の藩鎭について －浙西の場合」, 『谷川道雄中國史論集』 下卷, 汲古書院, 2017, 22~24쪽, 27쪽, 33쪽.
98 찰스 피터슨, 「중흥의 완성: 憲宗과 藩鎭」, 249쪽.

그러나 원화 12년(817) 10월 오원제가 패망하자 할거 번진들이 차례로 귀순하였고 이때 이사도는 가장 빠른 원화 13년(818) 정월 귀순하였다. 하지만 같은 해 4월 이사도는 강경파 사병집단의 주장에 따라 귀순을 번복하였는데, 그 집단의 최고 의사결정자는 그들의 원로 노파였다. 이러한 권력구조는 요서 평로군 시절부터 간직해 온 이민족의 유풍에 의한 것일 수 있다.

같은 해(818) 7월 헌종이 선무·위박·의성·무령·횡해 다섯 번진에게 이사도를 토벌하게 하였다. 곧이어 회남과 충무까지 토벌군에 합세하여 사방에서 일제히 진격해 들어갔는데, 가장 중요한 역할을 맡은 것은 위박절도사 전홍정이었다. 그는 직접 전군을 이끌고 곧바로 평로의 치소가 있는 운주를 공격하여 연이어 승리를 거두었다. 원화 14년(819) 2월 이사도는 마지막 항전을 준비하면서 도지병마사 유오에게 정예부대 1만을 주어 전홍정을 막게 하였다. 하지만 같은 달 유오는 전세가 불리하자 군대를 돌려 이사도를 참살하고 전홍정에게 항복하였다. 이로써 고구려 유민들이 지배하던 평로군은 역사의 무대에서 사라지고 다음 달(3월) 번진은 3개로 분할되었다.

이사도의 패망을 목도한 이고李翱는 헌종의 공적에 대해 "신령스러운 결단과 무공은 자고自古의 중흥 군주가 미치지 못한다"라고 평가하고, 또 『자치통감』 권241, 원화 14년 2월 조와 『구당서』 권124, 이사도전에서는 이사도의 패망 기사에 이어 "이에 이르러 모두가 조정의 법도를 따르게 되었다", "양하兩河가 다시 왕토가 되었다"라고 하였다. 즉 이사도의 패망으로 번진개혁이 완성되었다는 것이다. 하지만 평로 지역이 완전한 왕토가 되기까지는 일정한 시간이 필요하였다. 우선 군인들의 반역적 습성이 청산되어야 했고, 또 당의 각종 법령이 준수되어야 했다. 후자에서 가장 중요한 조세의 상공은 이사도의 패망에서 약 13~14년이 지난 문종 대화 6년(832) 혹은 7년이 되어서야 이루어졌다.

헌종이 추진한 번진개혁의 제도적 방향성에 대해 다니가와 미치오 谷川道雄과 찰스 피터슨은 중앙-자사를 잇는 이른바 자사정치를 부활시키거나 그것을 지향하였다고 말한다. 하지만 그 구체적인 내용은 아직 명료하지 않은 면이 있다. 이에 대해서는 차후에 고찰하겠다.

결론

 각 장의 소결에서 본문의 내용을 각각 요약해 두었지만, 번진체제의 전개와 관련하여 이정기 일가 번진의 흥망을 짧게 정리하면 다음과 같다.
 안사의 난 중인 천보 15재(756) 4월 평로절도사 관하 안동도호부의 군장이었던 이정기가 거병하여 평로군을 장악하였다. 이때 그가 기반으로 삼은 것은 안동도호부의 고구려인 병사들이었다. 그리고 반란 말기에 이정기 등은 평로의 2만여 병사와 그 가족을 거느리고 바다를 건너 지금의 산동 지역으로 들어왔다. 이어 반란 평정에 공을 세운 뒤 숙종 영태 원년(765) 5월 다시 거병하여 스스로 절도사에 올랐다. 이후 이정기는 자립적 태도를 분명히 하였지만, 한편으로 토번을 막기 위한 방추병防秋兵을 파견하여 조정을 지키기도 하였다. 당시 번진들은 다른 영토를 빼앗으면 그대로 자신의 영토가 되었기 때문에 번진 영역의 변동이 매우 심하였다. 대종 대력 11년(776) 이정기는 5주를 더 점령하여 15주를 영유하게 되었다. 이는 할거 번진 가운데 가장 큰 영토였고 그만큼 거느린 병사 숫자도 가장 많았다. 이정기가 재상의 반열에 오르고 황실 호적에 이름을 올린 것도 이를 기반으로 한 것이다. 하지만 대력 14년(779) 5월 즉위한 덕종이 번진개혁에 나서자 할거 번진들이 반발하면서 긴장이 고조되었는데, 그때 할거 번진들을 주도한 것이 이정기였다. 이정기는 모든 위험을 감수하더라도 기득권을 지키려 하였고 필요하다면 당조 전복도 불사하려고 하였다. 다만 덕종과 할거 번진들이 막 충돌한 건중 2년(781) 7월 이정기는 사망하고 그 유업은 아들 이납에게 계승되었다.

덕종과 할거 번진들의 대결은 처음에 당군唐軍이 우세하였으나 건중 3년(782) 11월 이납을 포함한 네 할거 번진이 연합하여 모두 왕을 칭한 '사왕의 난'으로 발전하면서 전세가 바뀌기 시작하였다. 4왕은 당의 관제를 모방하여 백관을 설치하고 하늘에 제사도 지냈다. 그런 중인 건중 4년(783) 10월 장안에서 경원涇原 번진의 병사들이 반란을 일으키자 흥원 원년(784) 정월 덕종이 4왕에게 항복 선언을 하였다. 그러자 4왕은 바로 왕호를 철회하고 당조와의 공존을 택했는데, 그 이유는 그들 내부의 상호 견제라는 한계가 있었기 때문이다. 전쟁 중에 이납은 세 주를 상실하였고 이것이 멸망할 때까지 이어진다. 하지만 이후에도 이납 등은 주변에 대한 침탈의 태도를 거두지 않았고 덕종도 그에 대한 경계를 늦추지 않았다. 그러면서도 덕종은 이납의 관작을 계속 높여주었고 이납은 그 은택을 모두 누렸다. 양 진영이 모두 양면적 태도를 보인 것이다. 이는 당시 번진체제에 내재된 모순을 보여주지만, 그로 인해 번진체제가 구조적 균형을 유지하며 안정된 면도 있었다.

같은 덕종 시기에 이납의 아들 이사고가 평로절도사가 된 후 겉으로 조정의 명을 받들면서도 속으로는 여전히 주변에 대한 침탈의 마음을 품었다. 그러면서도 이사고는 4왕의 난 이후의 이납과 마찬가지로 당조에 대해 직접 반란을 일으키지는 않았다. 이사고의 기본정책은 이납을 계승하였던 것이다. 동시에 이사고는 매번 망명자들을 불러 모았는데, 이는 이정기 일가가 번진을 지배하는 시기 내내 보인 행동이다. 한편, 덕종도 이납에 대한 것과 마찬가지로 이사고를 경계하면서도 그 관위를 계속 높여주었다. 805년 6월 일본의 견당사가 본국에 올린 귀국보고서에는 중국 문헌에는 보이지 않는 이사고 등에 관한 여러 정보가 전한다. 즉 이사고는 병사 50만을 거느린 상황에서 조정이 덕종의 국상國喪을 전국에 알리자 병사 10만을 내어 주변을 습격하였고, 또 회서절도사 오소성 역시 몰래 틈을 엿보았고, 서쪽의 토번이 자주 중국을 침략한다고 한 후 내외 정세를 총괄하여 "안으로 절도사를 의심하고 밖으로 토번을 혐오함으로 인해 장안이 동요하여 잠시도 편안한 날이 없었다"고 한다. 이는 실제와 상당한 차이가 있지만, 새로 즉위한 순종이 건강상 이유로 국정을 제대로 수행하지 못하는 상황에서 조정이 이사도 등에 대해 상당한 불안감을 품었던 것을 알게 한다.

헌종이 즉위한 이듬해인 원화 원년(806) 윤6월 이사고가 죽고 이복동생인 이사도가 뒤를 이었다. 처음에 이사도는 임명장을 받기 위해 조정에 군사적 압력을 가하려 하였다가 온건파의 의견에 따라 세금을 바치는 것 등의 타협책을 올려 같은 해 8월 절도사에 임명되었다. 그때 조정에서도 이사도에 대한 대응을 두고 강경파와 온건파 사이에 의견 차이가 있었지만, 헌종은 일단 이사도와의 충돌을 피하였다. 그러나 이사도는 앞의 약속을 지키지 않았고 또 부친과 형의 방침을 계승하였다. 한편 원화 4년(809) 3월 성덕을 계승한 왕승종은 영토 할양 등의 타협안을 올렸으며 헌종이 그것을 실행하려다가 군사 충돌이 일어났다.[99] 원화 10년(815) 정월 헌종이 회서의 오원

---

[99] 정병준, 「唐 憲宗의 藩鎭改革과 成德節度使 王承宗」, 『동국사학』 75, 2022, 198~

제를 토벌하자 이사도와 왕승종은 토벌을 방해하기 위해 각종 책동을 벌였다. 같은 해 4월 이사도가 군량을 보관한 하음 전운창을 불태웠고, 6월에는 두 사람이 함께 자객을 보내 재상 무원형을 암살하였다. 헌종은 왕승종이 재상을 암살한 것으로 판단하고 이듬해(816) 정월 성덕에 대해 다시 군사를 일으켰다. 그 외에도 이사도는 왕승종보다 더 적극적으로 회서 토벌을 방해하였는데, 그 이유는 회서가 패망하면 자신이 더 위험에 처해질 수 있다고 판단한 때문이었다. 그럼에도 불구하고 헌종은 이사도와의 충돌을 계속 피하였다. 하지만 원화 12년(817) 10월 오원제가 패망하자 이사도 등의 할거 번진들이 모두 조정에 귀순하거나 공순한 태도를 취하였다. 그런 중인 이듬해(818) 4월 이사도는 강경파의 주장에 따라 갑자기 귀순을 번복하였다. 이는 이사도가 홀로 헌종과 맞선 것을 의미하였다. 그러자 같은 해 7월 헌종의 명에 따라 토벌군이 일제히 공격해 들어가자 이듬해(819) 2월 이사도의 부하 장수인 유오劉悟가 이사도를 죽이고 항복하였다.

이정기 일가의 번진은 같은 해 3월 3개로 분할되었다. 즉 ① 운주鄆州·조주曹州·복주濮州 3주를 관할하는 운조 번진 ② 치주淄州·청주靑州·제주齊州·등주登州·내주萊州 5주를 관할하는 평로 번진 ③ 기주沂州·해주海州·연주兗州·밀주密州 4주를 관할하는 기해(또는 연해) 번진이 그것이다. 그리고 이전 평로 병사들의 반역의 잔재를 철저히 제거하여 더 이상 반란을 일으키지 못하게 하였다.[100] 하지만 해당 지역은 50년 이상 조정의 법도가 통용되지 않았기 때문에 당의 통치력이 완전히 미치기까지는 적지 않은 시간이 필요하였다. 즉

200쪽.
100 정병준, 「唐 穆宗代 河北藩鎭의 叛亂과 山東 藩鎭」, 『중국사연구』 33, 2004, 81쪽.

최종적으로 문종 대화 6년(832) 또는 7년에 이르러 각 번진이 조세를 상공해서야 온전한 당의 영토가 되었다.[101]

한편으로 필자는 이전에 할거 번진을 제외한 대부분 번진들의 시기적 변화양상에 대한 두 편의 논문을 발표하였다. 첫 번째 논문은 조정과 주州의 관계 변화에 대한 것이다.[102] 즉 안사의 난 후 당 조정의 권위가 크게 실추한 상황에 편승하여 번진이 중앙과 주의 관계를 단절시키며 분권적 태세를 강화하였다. 그러자 조정은 주와의 직접 관계를 회복하고 아울러 주가 조정에 직접 상주 혹은 보고하는 '직달直達'과 조정의 명령을 바로 주로 하달하는 '직하直下'를 유지하려고 하였다. 그런데 헌종이 번진개혁에 성공한 후에는 주의 직달과 직하를 실현하려는 조정의 의지가 약해졌다. 심지어 조정이 주의 직달과 직하를 축소시키는 조치를 취하였는데, 그중 선종宣宗 대중 3년 2월의 조치는 주의 직달권을 번진에게 크게 이양시킨 것이었다. 이러한 것은 번진이 조정을 지탱하는 유효한 측면과 중앙집권력을 약화시키는 측면을 동시에 지닌 양면적 존재였기 때문에 행해진 것이다. 요컨대 중앙집권력을 약화시키는 측면이 두드러질 때는 조정이 주의 직달·직하를 실현시키기 위해 노력하고 반대의 경우에는 본래의 유효한 측면을 이용하려고 한 것이다.

두 번째 논문은 번진의 행정적 권한 변화에 관한 것이다.[103] 즉 안사의 난이 종결된 후 조정의 지배를 거부하는 할거 번진들이 출현하였고 다른 번진들도 반란 중에 획득한 관하 주현에 대한 권한을 거

---

101 정병준, 「李正己 一家 이후의 山東 藩鎭 －順地化 過程」, 『대외문물교류연구』 3, 2004, 124~149쪽.
102 鄭炳俊, 「唐後半期의 地方行政體系について －特に州の直達・直下を中心として」, 『東洋史硏究』 51-3, 1992.
103 鄭炳俊, 「唐代의 觀察處置使について －藩鎭體制の一考察」, 『史林』 77-5, 1994.

의 유지하였다. 그러자 조정은 번진 권한의 삭감에 노력하였다. 다만 그 상황에서도 주현에 대한 관리정책의 일환으로 조정이 번진을 이용한 것도 보인다. 그 이유는 '주현정치'가 크게 문란하였기 때문이다. 헌종의 번진개혁이 성공한 후 조정은 중앙과 주의 관계 회복에 노력하고 또 주현정치를 다시 세우기 위한 시책들을 행하였다. 하지만 주현정치는 개선의 기미가 보이지 않았다. 그러자 조정은 번진 권력에 대한 규제를 가하는 한편으로 지방통치를 유지하기 위한 수단으로 번진을 적극적으로 이용하며 그 행정적 권한을 확대해 나갔다. 단 이 시기에도 중앙과 주의 관계는 점차 약화되었다고 해도 당 말까지 유지되었다.

두 논문은 모두 헌종의 번진개혁을 전후하여 번진에 대한 조정의 정책이 근본적으로 바뀌었음을 서술한 것이다. 즉 헌종 시기까지는 조정이 상당 부분 주현정치를 복원하려 한 반면, 헌종 이후는 오히려 지방통치의 방편으로 번진에게 많은 것을 의존하려 하였다는 것이다. 이 중 이정기 일가가 활동한 것은 헌종 시기까지인데, 그들의 역사가 일반 번진에 대한 조정의 정책과 무관하지 않다고 보는 것이 당연하다. 다만 앞에서 정리한 것을 바탕으로 양자를 직접 연계시켜 정합적으로 설명하는 것은 쉽지 않다. 왜냐하면 할거 번진은 조정의 통치력이 미치지 않는 별개의 세계였고, 그에 따라 양자에 대한 조정의 정책도 불가피하게 다르게 행해질 수밖에 없었기 때문이다. 앞에서 언급한 필자의 두 논문 역시 이러한 관점에서 연구된 것이다.

하지만 두 공간이 아무런 관련도 없이 각각 존재하였다고 보기는 어렵다. 즉 이정기 일가 시기에 조정은 주현정치의 복원을 의도하였지만, 할거 번진이 존재하는 한 그것은 근본적으로 실현하기 어려웠다. 왜냐하면 할거 번진에 대응하는 방안으로 조정은 다른 번진들의 관하 주현에 대한 통치력을 용인할 수밖에 없었기 때문이다. 안사의 난 시기에 반란군에 대응하기 위해 전국에 걸쳐 번진을 둔 것과 비슷하였다고 할 수 있다.

헌종 이후 조정이 지방통치를 위해 점차 번진들의 역할을 강화하였던 것은 그 전 시기에 번진이 체제로서의 기반을 갖추어 다시 되돌릴 수 없었기 때문일 수 있다. 사왕의 난 이후 할거 번진들의 독립성을 표현하는 하북고사河北故事의 전통이 확립되었다고 하지만,[104] 이는 율령제도의 파탄을 나타내는 것이기도 하다. 그러한 시기에 이정기 일가의 번진은 할거 번진 중에서도 가장 큰 세력을 가졌고 지리적으로 당 왕조를 직접 위협할 수 있는 위치에 있었다. 번진이 체제로서의 안정기를 맞이하는 것은 헌종 이후지만, 번진체제의 성립과정에 이정기 일가가 주연의 하나로서 큰 역할을 하였다고 평가할 수 있다.

이정기 일가의 번진은 세 개로 분할되어 모두 당조의 명을 받드는 지역이 되었지만, 그 평로의 잔존 세력은 다른 지역에서 살아남아 계속하여 조정의 지배에 순응하지 않았다. 즉 유오는 이사도를 참살한 공으로 소의절도사昭義節度使에 오른 후 그 역시 조정에 불손한 태도를 보였는데, 그를 지탱한 세력이 바로 유오가 평로군을 떠날 때 데려간 2천의 병사들이었다.[105] 그리고 그러한 태도는 소의를 계승한 아들과 그 조카에게까지 이어지다가 무종에게 멸망되었다. 물론 그 2천의 병사들이 고구려인이었는지 여부는 알 수 없다. 하지만 그들이 이정기 일가가 지녔던 할거의 유풍을 계승한 것은 분명하다.

---

104 堀敏一,「唐末諸反亂の性格 −中國における貴族政治の沒落について」,『唐末五代變革期の政治と經濟』, 汲古書院, 2002, 291쪽.
105 정병준,『新唐書』권214,「列傳」139, '劉悟' 譯註,『동국사학』43, 2007, 336~337쪽.

부록

1. 평로절도사平盧節度使 후희일侯希逸의 출자와 활동 −안동도호부의 군장에서 평로치청절도사平盧淄靑節度使로
2. 이정기 일가 번진의 영역 변천
3. 당대唐代의 '사상使相'과 『신당서』 재상세계표

[부록 1]

평로절도사平盧節度使 후희일侯希逸의 출자와 활동 -안동도호부의 군장에서 평로치청절도사平盧淄靑節度使로

1. 머리말
2. 보정군保定軍의 후희일
3. 안녹산의 반란과 평로 번진
4. 평로절도사 취임과 '산동山東'으로의 이동
5. 평로 번진에서 축출됨
6. 맺음말

1. 머리말

당 현종 천보 말기에 일어난 안녹산安祿山·사사명史思明의 반란(755~763)을 계기로 번진들이 전국에 걸쳐 설치되어 군정은 물론 민정·재정 등 거의 모든 분야에 대해 막강한 권력을 행사하는 '번진시대'가 도래하여 이후 약 200년 동안이나 지속되었다. 그런데 당대 번진 중에서 가장 주목을 끈 것은 당조의 통치를 거부하며 스스로 번

진의 통수(즉 번수藩帥)를 계승하였던 이른바 '반역의 번진'들이다. 그 이유는 무엇보다도 이들이 이전의 지배체제를 붕괴시키면서 동시에 새로운 시대의 도래를 이끈 중요한 역할을 수행하였기 때문이다.

당대 '반역의 번진'의 창시자는 모두 이전에 안녹산의 부하들이었지만, 여기에는 두 가지 부류가 있었다. 하나는 안녹산과 함께 반란을 일으켰다가 반란 말기에 당조에 투항하여 절도사에 임명된 후 반역으로 나아간 부류이고, 또 하나는 반란 초기에 집단으로 당조에 투항하여 반란군과 싸우다가 반란이 종결된 뒤에 반역으로 나아간 부류이다. 전자를 대표하는 것은 '하북삼진河北三鎭'이고, 후자를 대표하는 것은 평로와 회서淮西 번진이다. 단, 9세기 초 헌종憲宗의 번진 개혁으로 후자는 모두 멸망하였고, 전자는 당 말까지 존속하여 당대 번진을 대표하는 명성을 얻었다.

그런데 헌종의 개혁 이전에는 이들의 차이가 거의 없었으며, 오히려 당조의 존망에 보다 직접적 위협을 가한 것은 후자였다. 그중에서도 특히 평로 번진은 군인들이 번수를 계승하는 전통을 처음 만들었을 뿐 아니라, '반역의 번진' 중에서도 가장 강대하였고 또 당조에 대해 가장 위협적 태도를 보인 번진이었다. 그리하여 평로 번진에 대해서는 일찍부터 여러 학자들이 다양한 관점에서 연구를 진행해 왔지만,[1] 이에 더해 이 번진을 지배한 이정기 일가가 고구려 유민

---

1 陳寅恪, 『唐代政治史論述稿』, 上海古籍出版社, 1982, 36~37쪽; 日野開三郎, 「支那中世の軍閥」(『日野開三郎 東洋史學論集』1, 三一書房, 1980), 94쪽, 96쪽; 日野開三郎, 「玄宗の平盧軍節度使育成と小高句麗國」, 『日野開三郎 東洋史學論集』8, 三一書房, 1984; 日野開三郎, 「安史の亂による唐の東北政策の後退と渤海の小高句麗國占領」, 『日野開三郎 東洋史學論集』8, 305~322쪽; 堀敏一, 「唐末諸叛亂の性格 -中國におえる貴族政治の没落について」, 『東洋文化』7, 1951, 71~75쪽; 王仲犖, 『隋唐五代史』上, 上海人民出版社, 1988, 523쪽; 孫慧慶, 「唐代治理東北邊疆的重要機構平盧節度使」, 『北方文物』1991-4; 孫慧慶, 「唐代平盧節度使南遷之后瑣議」, 『北方

이라는 점에서 남북한 학계에서도 특별한 관심을 보이고 있다.[2]

이 글은 이정기에 앞서 평로절도사가 되었던 후희일의 출자와 활동에 초점을 맞추어 이정기의 등장 과정과 '이정기 번진'의 계통적 성격을 보다 명확하게 밝혀보려는 것이다. 후희일은 이정기에 의해 평로절도사에 추대되었다가 약 7년 후 다시 이정기에 의해 평로 번진에서 축출되었던 인물이다.[3]

2. 보정군保定軍의 후희일

후희일은 '평로인平盧人' 또는 '영주인營州人'이라고 하였다.[4] 이때 평로는 평로절도사의 관할구역인 평로도平盧道(평로 번진)를 가리키고, 영주는 평로절도사의 치소(회부會府 또는 사부使府)가 위치하였던 지역이다.

먼저 평로 번진의 설치과정에 대해 살펴보자. 『신당서』 권66, 방진표方鎭表, 유주幽州, 개원開元 5년(717) 조를 보면 "[유주절도사 관하

文物』1992-4; 樊文禮, 「唐代平盧淄靑節度使略論」, 『煙臺師範學院學報』1993-2; 王俊, 「唐平盧節度使始置年代辨正」, 『六安師專學報』15-1, 1999; 楊曉燕, 「唐代平盧軍與環渤海地域」, 王小甫 主編, 『盛唐時代與東北亞政局』, 上海辭書出版社, 2003 등.
2 김문경, 「唐代 高句麗遺民의 藩鎭」, 『唐의 社會와 宗敎』, 숭전대학교출판부, 1984; 김문경, 「李氏王國의 經濟的 기반 —移民왕국의 건설자 李正己」, 『WIN』1996-3, 중앙일보사; 박시형, 『발해사』, 이론과실천, 1979, 85~90쪽; 사회과학원역사연구소 편, 『발해사』, 한마당, 42~49쪽; 1989; 金鎭闋, 「唐代 淄靑藩鎭 李師道에 대해」, 『素軒南都泳博士華甲紀念史學論叢』, 태학사, 1984; 문경현, 「리정기」, 『세계사를 바꾼 한국인』, 형설출판사, 2000; 지배선, 「이정기 일가의 산동 지역 활동」, 『이화사학연구』30, 2003; 이 책 제1부 제1장; 이 책 제1부 제2장 등.
3 지금까지 후희일을 주목한 연구는 없다.
4 『구당서』 권124, 후희일전, 3533쪽; 『신당서』 권144, 후희일전, 4703쪽.

의] 영주營州에 평로군사平盧軍使를 설치하였다"(1832쪽)라고 하는데, 이것은 앞서 무측천武則天 만세통천萬歲通天 원년(696) 5월에 일어난 거란족 이진충李盡忠·손만영孫萬榮의 반란으로 폐지되었던 영주도독부營州都督府를 약 9년 후인 중종中宗 신룡神龍 원년(705) 유주 경내에 임시로 설치하였다가, 개원 5년(717) 3월 다시 영주에 설치하면서 군사력 강화를 위해 평로군을 설치하고 영주도독으로 하여금 평로군사를 겸하게 하였던 것을 말한다.[5] 단, 인용한 기사에 보이듯이 이 시기의 영주도독 또는 평로군사는 유주절도사의 통제를 받았다. 그리고 같은 책 권66, 유주, 개원 7년 조를 보면

> 평로군을 승격시켜 평로군절도·경략·하북지탁·관내제번급영전등사平盧軍節度·經略·河北支度·管內諸蕃及營田等使로 삼고, 안동도호安東都護와 영營·요遼·연燕 3주를 겸하여 관할하게 하였다(1833쪽).

라고 하여, 개원 7년(719) 평로군사가 평로절도사로 승격되면서 영주·요주·연주 3주와 안동도호부를 관할하게 되었다고 한다. 안동도호부는 사실상 주와 같은 등급이 되어 영주·요주·연주 3주와 함께 평로절도사의 관할을 받게 되었음을 알 수 있다.

평로절도사가 설치된 정확한 시기는 같은 해 윤 7월이며, 최초 평로절도사는 장경충張敬忠이었다.[6] 그리고 다음 해인 개원 8년(718) 4

---

5 이 책 제1부 제1장, 30~31쪽.
6 『唐會要』 권78, 諸使中, 節度使(每使管內軍附), 平盧節度使 조, "開元七年閏七月, 張敬忠除平盧軍節度使, 自此始有節度之號"(上海古籍出版社, 1692쪽).

월 허흠염許欽琰[7]이 평로절도사에 임명되면서 관내제군·제번급지탁·영전등사管內諸軍·諸蕃及支度·營田等使를 겸하였고, 또 개원 28년(740) 2월 왕곡사王斛斯가 평로절도사에 임명되면서 압양번급발해·흑수등사부경략처치사押兩蕃及渤海·黑水等四府經略處置使를 함께 겸한 후, 이것이 제도화되었다.[8] 그러나 개원 연간에는 평로절도사가 항속적으로 설치되었는지가 명확하지 않을 뿐 아니라, 유주절도사의 지휘를 받는 정황들이 적지 않게 보인다.[9] 그러다가 현종 천보 원년(742) 정월 평로 번진이 유주절도사로부터 완전 분리되면서 평로절도사가 영주도독營州都督을 겸하였으며, 그 초대 절도사에는 안녹산이 임명되었다.[10]

당시 영주는 당의 동북 방면의 이민족을 제어하는 최전방 기지로서 번인蕃人이 많고 한인漢人이 적었다. 즉 영주 관하의 현縣은 주성州城 안에 설치된 유성현柳城縣 1개밖에 없었고, 편호된 인구도 1,031호, 4,732인이었던 반면, 당에 투항한 거란契丹·해奚·돌궐突厥·말갈靺鞨 부락들로 구성된 기미주羈縻州[11]와 이민족 군사집단인 이른바 '성방城傍'들이 영주성 부근에 산재하고 있었다.[12]

이러한 가운데 후희일은 현종 개원 8년(720) 평로 혹은 영주에서

---

[7] 『자치통감』 권212, 開元 8년 11월 조, "營州都督許欽澹遣安東都護薛泰帥驍勇五百與奚王李大酺奉(李)娑固以討之"(6743쪽).
[8] 『당회요』 권78, 諸使中, 平盧節度使 조, 1692쪽.
[9] 이 책 제1부 제1장, 31~34쪽.
[10] 『安祿山事迹』 卷上, "天寶元年正月六日, 分平盧別爲節度, 以(安)祿山爲羽林大將軍·員外置同正員兼柳城郡太守·持節充平盧軍攝御史大夫·管內採訪處置等使"(上海古籍出版社, 3쪽); 『자치통감』 권215, 天寶 원년 정월 조, "分平盧別爲節度, 以安祿山爲節度使"(6847쪽).
[11] 劉統, 『唐代羈縻府州硏究』, 西北大學出版社, 1998, 100~108쪽 등.
[12] 정병준, 「'營州城傍高麗人' 王思禮」, 『高句麗硏究』 19, 2005, 256~260쪽 등.

태어났는데,[13] 비범한 외모를 지녔기 때문인지 그의 신체와 풍모에 관한 기록이 비교적 구체적으로 전한다.[14] 먼저 신장은 7척[15]이었는데, 이것은 당시로서는 매우 큰 키여서 당송唐宋 시기에 걸쳐 만들어진 『백공육첩白孔六帖』 권21의 「장대인長大人」을 보면, 당대까지의 장신 20여 명의 이름을 나열하면서

> 우禹(9척尺 9촌寸), 탕湯(9척), 공자(9척), 한신韓信(8척 9촌), 후희일(7척), 흑치상지黑齒常之(7척여), 이성李晟(6척), 장순張巡(7척), 곽자의郭子儀(7척 2촌), 이사업李嗣業(7척), …… (『사고전서四庫全書』 책冊891, 자부子部197, 臺灣商務印書館, 343~344쪽).

라고 하여, 후희일의 이름을 들고 있다. 또한 후희일의 얼굴 형상은 "풍하예상豐下銳上", 즉 아래턱이 풍만하여 얼굴이 방형이고 머리 부분은 뾰족하고 좁았다고 한다. 전자는 중국에서 일찍부터 귀상貴相을 형용하는 말이었고, 후자는 성격이 강직하여 굴하지 않는다는 것을 나타내는 말이었다.[16]

이러한 외모를 지닌 후희일은 젊어서부터 무예를 익혀[17] 천보 말기에 군장이 되어 보정성을 지키게 되었다. 즉 『신당서』 권144, 후희일전을 보면

---

13 『신당서』 권144, 후희일전에 후희일이 62세의 나이로 德宗 建中 2년(781)에 사망하였다(4703쪽)라고 적혀있는 것으로 추산한 것이다.
14 『신당서』 권144, 후희일전, "長七尺, 豐下銳上"(4703쪽).
15 小尺으로 계산하면 약 172센티미터 가량이지만, 이보다 더 컸을 가능성이 있다.
16 『漢語大詞典』 9, '豐下', 漢語大詞典出版社, 1349쪽; 같은 책 11, '銳上', 1306쪽.
17 『구당서』 권124, 후희일전, 3533쪽.

천보 말기에 주州 비장裨將이 되어 보정성을 지켰다. 안녹산
이 반反하여 …… (4703쪽).

라고 한다. 이때 주는 문맥으로 미루어[18] 일단 영주를 가리키고, 주
비장은 영주도독(즉 유성군태수)[19]을 겸한 평로절도사 휘하의 군장을
가리키는 듯이 보인다.

그런데 보정군은 평로절도사가 아닌 범양范陽(유주)절도사 관할의
군진이었다고 하는 기사가 전한다. 즉 『신당서』 권50, 병지兵志를 보
면

당 초기에 군대가 변방을 지키는 것 중 큰 것은 군軍, 작은 것
은 수착守捉·성성城·진鎭이라하며, 총괄하여 도道라고 하였다.
① 노룡군盧龍軍 1곳, 동군東軍 등 수착 11곳은 평로도平盧道
라고 하였다. ② 횡해橫海·북평北平·고양高陽·경략經略·안
새安塞·납항納降·당흥唐興·발해渤海·회유懷柔·위무威武·
진원鎭遠·정새靜塞·웅무雄武·진안鎭安·회원懷遠·보정군
16곳은 범양도라고 하였다. ③ …… (1328쪽).

라고 하는데, 이때의 보정군은 곧 앞의 보정성이라 하겠다. 반면, 평
로절도사 관하의 군진들을 열거한 기록들에는 보정군의 명칭이 보

---

[18] 『신당서』 권144, 후희일전, "侯希逸, 營州人. 長七尺. 豐下銳上. 天寶末爲州裨將, 守保定城"(4703쪽).
[19] 현종 천보 원년(742) 2월에 州를 郡, 刺史를 太守로 명칭을 바꾸었다가 肅宗 至德 2년(757) 12월 원래대로 회복하였다. 그 기간에는 節度使의 명칭도 바뀌어 州名이 아닌 郡名이 사용되었다. 한편, 천보 3년(744) 정월에는 年을 載로 바꾸었다가, 지덕 3재(758) 2월에 乾元 원년으로 연호를 바꾸면서 다시 재를 년으로 바꾸었다.

이지 않는다. 즉 예를 들어 『자치통감』 권215, 천보 원년 정월 조를 보면, 당시 변방에 설치되었던 10절도사를 기술하면서 평로절도사에 대해

> 평로절도는 실위室韋·말갈을 진무鎭撫하였다. 평로·노룡 2군과 유관수착楡關守捉·안동도호부를 관할하며 영주·평주平州 2주의 경내 주둔하였고, 영주에 치소를 두었다. 병사는 37,500인이었다 [호삼성胡三省 주注: 평로군은 영주성 안에 있었고 병사는 16,000인이었다. 노룡군은 평주성 안에 있었고 병사는 10,000인이었다. 유관수착은 영주성 서쪽 480리에 있었고 병사는 3,000인이었다. 안동도호부는 영주 동쪽 200리에 있었고 병사는 8,500인이었다](6849쪽).

라고 하고, 또 『통전通典』 권172, 주군州郡2와 『구당서』 권38, 지리지地理志1 등에도 비슷한 기사가 적혀있다.[20] 단 『통전』 권172와 『구당서』 권38에는 안동도호부가 영주에서 동쪽으로 270리 떨어져 있었다고 한다.

그렇다면 보정군은 평로절도사가 아닌 범양(유주)절도사 관하의 군진이었는가. 이와 관련하여 『당회요』 권78, 제사중諸使中, 절도사節度使(매사관내군부每使管內軍附)의 범양절도사 조를 보면, 범양절도사 관하 군진들의 위치와 연혁 등이 보다 상세히 적혀있는데, 앞의 『신

---

20 『통전』 권172, 州郡2, 中華書局, 1988, 4481~4482쪽과 『구당서』 권38, 지리지1, 1387쪽에는 각 군단의 말의 숫자 등 더 상세한 내용이 보이지만, 여기에도 보정군의 명칭은 보이지 않는다. 『당회요』 권78, 諸使中, 平盧軍節度使 조, 1692쪽도 마찬가지이다.

『당서』 병지에 범양의 군진으로 거명되었던 진안군鎭安軍과 회원군에 대해

> 진안군은 정원貞元 2년(786) 4월에 연군수착燕郡守捉에 설치되었다. 회원군은 옛 요성遼城에 위치하였는데, 천보 2년 윤7월에 안녹산의 주청으로 설치되었다(1692쪽).

라고 한다.[21] 여기서 ① 진안군과 그 전신인 연군수착은 영주 동쪽 180리에 위치하여[22] 지리적으로 볼 때 평로절도사가 설치되었던 시기에는 연군수착이 평로도에 속하였을 것이 분명하다. 그리고 진안군이 설치되었던 덕종德宗 정원 2년(786) 4월은 평로 번진이 영주를 떠나 오늘날의 산동山東 지역으로 이동한[23] 뒤로서 이후에는 유주절도사가 연군수착(진안군)을 관할하였던 것으로 보인다. ② 회원군은 천보 2년 윤7월 안녹산의 주청으로 옛 요성에 설치되었다고 하는데, 이때는 평로절도사가 유주절도사로부터 완전히 독립되었던 시기였고, 안녹산은 해당 번진의 초대 절도사였다. 따라서 당시 회원군은 평로절도사의 관할을 받았을 것이 분명하다.[24] 그럼에도 불구하고 『신당서』 병지에 회원군이 범양도에 속하였다고 한 이유는 연군수착

---

21 『신당서』 권39, 지리지3, 營州·柳城郡 조에는 "有平盧軍, 開元初置. 東有鎭安軍, 本燕郡守捉城, 貞元二年爲軍城. 西四百八十里有渝關守捉城. 又有汝羅·懷遠·巫閭·襄平四守捉城. ……"(1023쪽)이라 한다.
22 『신당서』 권43하, 지리지7하, "營州東百八十里至燕郡城. 又經汝羅守捉, 渡遼水至安東都護府五百里"(1146쪽).
23 이 책 제1부 제1장, 53~56쪽.
24 懷遠鎭은 隋代에 이미 설치되어 있었는데, 이를 둘러싼 주변 지형 등에 대해서는 이성제, 「高句麗와 契丹의 關係 -對隋·唐戰爭期 契丹의 動向과 그 意味」, 『北方史論叢』 5, 2005, 150쪽 참조.

의 경우와 마찬가지로 해당 군진 역시 평로 번진이 산동으로 옮겨간 이후에는 유주절도사의 관할을 받았기 때문일 것이다. 요컨대 앞의 『신당서』 병지 기사는 범양(유주)절도사의 관할을 받았던 군진들을 모두 총괄하여 기록한 것이다. 이러한 것으로 미루어 볼 때 보정군의 경우에도 회원군·연군수착과 마찬가지로 원래는 평로절도사의 관할을 받았지만, 평로군이 산동으로 이동한 뒤에는 유주절도사의 관할을 받았을 것으로 볼 수 있다.

그렇다면 평로절도사 관하 군진의 명단에 보정군의 명칭이 보이지 않는 이유는 무엇일까. 이와 관련하여 『신당서』 권39, 지리지3, 안동安東(상도호부上都護府) 조를 보자.

> 안동수착이 있고, 회원군이 있는데, 천보 2재에 설치하였다.
> 또 보정군이 있다(1023쪽).

즉 보정군은 회원군 등과 함께 안동도호부 예하의 군진이었다고 한다. 평로절도사 관하 군진들을 기록한 앞의 『자치통감』 권215의 기사 등에 보정군이 보이지 않았던 것은 곧 이 군진이 안동도호부 예하의 군진이었기 때문이라 하겠다. 물론 보정군과 회원군이 모두 안동도호부 관하 군진이었음에도 불구하고 『당회요』 권78, 범양절도사 조에 보정군이 보이지 않는 것은 다른 차원에서 다룰 문제이다.

안동도호부는 그동안 여러 차례 치소를 옮겼다. 즉 ① 고종 상원上元 3년(676년) 2월 한반도의 평양에서 요동군고성遼東郡故城으로 ② 다음 해인 고종 의봉儀鳳 2년(677)에 신성新城으로 ③ 무측천 성력聖曆 원년(698) 거란인 이진충의 반란으로 인해 안동도호부가 일시 폐지되면서 안동도독부가 설치되었다가 ④ 무측천 장안長安 4년(704) 8

월에서 중종 신룡 원년(705) 4월 사이에 안동도호부가 유주에 부활되면서 유·영주도독 당휴경唐休璟이 안동도호를 겸하였고 ⑤ 현종 개원 2년(714) 평주平州로 옮겼고 ⑥ 개원 7년(719) 윤7월 평로절도사가 설치되어 안동도호를 겸하면서 아마도 안동도호부도 영주로 옮겼다가 ⑦ 개원 11년(723) 3월 연군燕郡으로 옮겼고 ⑧ 천보 2재(743) 요서고성遼西故城으로 치소를 옮겼던 것이다.[25]

보정군의 지휘자인 보정군사保定軍使와 관련하여 『신당서』 권66, 방진표方鎭表, 유주, 천보 2년 조를 보자.

> 평로군절도사(안동도호부?)는 요서고성에 치소를 두었고, 부도호副都護가 보정군사를 영령하였다(1837쪽).

이때의 평로군절도사는 여러 가지 정황으로 보아[26] 안동도호부의 오류가 분명하다.[27] 여기서 주목되는 것은 안동부도호가 보정군사를 겸하였다는 것인데, 이것은 『구당서』 권145, 유전량전劉全諒傳을 통해서도 확인된다.

> 안녹산이 동도東都에서 황제에 오른 뒤 심복 한조양韓朝陽 등을 보내 여지회를 초유招誘하니 여지회가 마침내 역명逆命을 받들어 안동부도호·보정군사 마영찰馬靈察을 유인하여 살해하였다. 안녹산이 여지회를 평로절도사에 임명하였다. ……

---

25 日野開三郎,「唐の高句麗討滅と安東都護府」,『日野開三郎 東洋史學論集』8, 31~35쪽 등.
26 이 기사는 전체 문맥으로 볼 때 안동도호부에 관한 것이다. 또 평로절도사의 치소가 요서고성에 두어졌다는 기록은 이 외에 어디에도 보이지 않는다.
27 日野開三郎,「玄宗の平盧軍節度使育成と小高句麗國」, 274쪽, 285~286쪽.

> 천보 15재 4월 …… [현종이] 왕현지王玄志를 안동부대도호安
> 東副大都護·섭어사중승攝御史中丞·보정군 및 영전사營田使
> 에 임명하였다(3938쪽).

즉 안사의 난 초기에 안동부도호와 보정군사를 겸하였던 마영찰이 반란군에게 살해되자 현종이 왕현지를 안도부도호·보정군사 등에 임명하였다고 한다. 후희일은 천보 말기에 평로절도사 관하의 안동부도호·보정군사 마영찰의 부하 군장으로서 보정성을 지키고 있었던 것이다.

연군수착(진안군)과 회원군의 위치에 대해서는 비교적 정확한 비정이 가능하지만,[28] 보정성의 위치에 대해서는 명확하게 알 수가 없다. 히노 가이자부로日野開三郎은 후희일이 뒤에 왕현지와 함께 영주성을 공격하였던 것을 근거로 보정군이 안동도호부의 서쪽에 위치하였을 것이라 추정하였다.[29] 그런데 『자치통감』 권21, 측천후則天后 만세통천萬歲通天 원년(696) 9월 조의 호삼성 주를 보면

> 송백宋白이 말하기를 "영주 동남 270리에 보정군이 있었는데,
> 옛 안동도호부 자리이다"(6508쪽).

라고 하여, 북송의 송백이 편찬한 『속통전續通典』[30]의 기사를 인용하

---

28 嚴耕望, 「幽州東北塞諸道四 －渝關通柳城契丹遼東道」, 『唐代交通圖考』 卷5, 河東河北道, 臺灣商務印書館·學生書局·三民書局, 1986, 1763~1766쪽과 부록의 '唐代幽州東北塞外交通圖' 등. 연군수착은 연군(즉 燕州)에 위치하였고, 회원군은 그 동쪽에 있었다.
29 日野開三郎, 「玄宗の平盧軍節度使育成と小高句麗國」, 287쪽.
30 『속통전』에 대해서는 船越泰次 編, 『宋白續通典輯本附解題』, 汲古書院, 1985의 序

여 보정군은 영주 동남 270리에 있는 옛 안동도호부 자리에 설치되었다고 하고, 또 『태평환우기太平寰宇記』 권71, 하북도河北道20, 영주 조에도 똑같은 기사가 보인다.[31] 여기서 환기되는 것은 앞에서 언급한 안동도호부의 위치와 관련된 내용들이다. 즉 ①『자치통감』 권215, 천보 원년 정월 조에 안동도호부가 영주(치소) 동쪽 200리에 있었다고 하고, ②『통전』 권172와 『구당서』 권38에는 영주 동쪽 270리에 있었다고 하고, ③ 개원 11년(723) 3월에 안동도호부가 연군으로, 천보 2재(743) 요서고성으로 치소를 옮겼다는 사실이다. 이 중 ①은 안동도호부가 연군에 위치하였던 천보 원년 정월의 상황을 말한 것으로 이해된다. 물론 이것은 『신당서』 권43하, 지리지7하에 연군(수착)이 영주 동쪽 180리에 위치하였다고 하는 것과는 약간의 차이가 있지만, 200리와 180리로 수치의 차이가 크지 않고, 또 해당 기록이 천보 원년 정월 조에 실려있는 것이 주목되는 것이다. ②는 『속통전』과 『태평환우기』의 기록과 거의 일치하는 것으로 보아, 안동도호부가 천보 2재에 요서고성으로 옮겨진 이후의 상황을 말하는 것으로 이해된다. 물론 이 경우에도 '동남'과 '동쪽'이라는 차이는 있지만, 여기서는 큰 사안이 아니다. 요컨대 『속통전』과 『태평환우기』에 보이는 '옛 안동도호부 자리'는 천보 2재에 안동도호부의 치소가 두어진 요서고성이었으며, 보정군이 설치되었던 장소 역시 요서고성이었던 것이다.[32] 그리고 보정군이 설치된 시점은 안동도호부가 요서고성으로 옮겨가고 또 회원군 등이 설치되었던 천보 2재였을 가능성이 크

등 참조.
31 『태평환우기』, 권71, 河北道20, 營州 조, 中華書局, 1432쪽.
32 日野開三郎, 「唐の高句麗討滅と安東都護府」, 34~35쪽에는 遼西故城의 위치에 관한 여러 학자들의 견해가 소개되어 있다.

다고 하겠다.

그런데 한 가지 유의할 것은 개원 15년부터 안녹산이 반란을 일으킨 직후까지 영왕潁王 이운李溰이 안동도호·평로군절도대사를 요령遙領[33]하였다는 사실이다.[34] 말하자면 이 기간에 안동도호부를 실질적으로 다스린 사람은 곧 안동부도호였던 것이다.[35] 그리고 각 번진의 치소가 있던 지역의 군진이 해당 번진의 주력군을 형성하였던 것과 마찬가지로, 안동도호부의 가장 유력한 군사력이 되었던 것은 바로 그가 직접 지휘한 보정군이었을 것이라고 볼 수 있다. 이러한 상황에서 후희일이 보정군의 군장으로 있으면서 안녹산의 난을 맞게 되는 것이다.

3. 안녹산의 반란과 평로 번진

범양·평로·하동河東 세 절도사를 겸임한 안녹산은 천보 14재載(755) 11월 반란을 일으키기 직전 범양절도부사 가순賈循에게 범양을,[36] 평로절도부사 여지회呂知誨에게 평로를, 별장別將 고수암高

---

33 '요령'이란 실제는 부임하지 않고 명목상 관할한다는 의미이다. 정병준, 「『唐會要』·『通典』·『新唐書』의 '節度使' 기사 검토」, 『중국고중세사연구』 28, 2012, 400~403쪽 참조.
34 『구당서』 권107, 玄宗諸子, 潁王璬傳, 3263쪽. 개원 15년 이전에는 대개 절도사가 안동도호를 겸임하였다.
35 李大龍, 『都護制度研究』, 黑龍江教育出版社, 2003, 272~273쪽 참조. 단, 영왕 이운이 안동도호·평로군절도대사를 요령하였다고 해도, 평로절도사가 안동도호부를 관할하였던 것은 변함이 없었다.
36 『안녹산사적』 卷中에는 "節度使賈循爲留後"(24쪽)라고 한다.

秀巖에게 하동을 각각 다스리게 하였다.[37] 그리고 안녹산은 파죽지세로 남하하여 같은 해 12월 낙양을 점령한 후 이듬해인 천보 15재(756) 정월 설날 아침[元旦] 낙양에서 연국燕國 황제를 칭하였다.

그러나 반란군은 당군의 가서한哥舒翰이 지키는 동관潼關을 돌파하지 못한 채 전선이 교착되었고, 하북지방에서는 상산태수常山太守 안고경顔杲卿과 평원태수平原太守 안진경顔眞卿 등의 강력한 저항에 직면하였다. 이런 가운데 천보 15재 4월 반란의 2대 본거지의 하나인 평로에서 이반의 움직임[38]이 일어나자, 안녹산은 심복 한조양을 파견하여 여지회[39]로 하여금 안동부대도호·보정군사 마영찰을 유인하여 죽이게 하고 여지회를 평로절도사로 임명하였다.[40] 이때 안동부도호·보정군사 마영찰이 여지회에게 살해당했다는 것은 당시 평로의 이반을 주도하였던 것이 안동도호부와 보정군이었음을 나타낸다.

그러자 같은 4월 평로유혁사平盧遊弈使 유객노劉客奴가 선봉사先鋒使 동진董秦과 안동도호부 군장 왕현지와 함께 모의하여 여지회

---

37 『자치통감』 권217, 천보 14재 11월 조, 6935쪽; 『신당서』 권225상, 안녹산전, 6417쪽.
38 그 전 해 12월에는 범양에서도 이반의 움직임이 있었다. 즉 『신당서』 권155, 馬燧傳, "安祿山反, 使賈循守范陽, 燧說循曰,「祿山首亂, 今雖擧洛陽, 猶將誅覆. 公盡斬向潤客·牛廷玠! 傾其本根, 使西不得入關, 退亡所據, 則坐受禽矣, 此不世功也」. 循許之, 不時決. 會顔杲卿招循擧兵, 祿山遣韓朝陽召循計事, 因縊殺之"(4883쪽); 『자치통감』 권217, 천보 14재 12월 조, "[顔]杲卿又密使人入范陽招賈循, 郟城人馬燧說循曰, …… 循然之, 猶豫不時發. 別將牛潤客知之, 以告祿山, 祿山使其黨韓朝陽召循. 朝陽至范陽, 引循屛語, 使壯士縊殺之, 滅其族, 以別將牛廷玠爲知范陽軍事"(6950쪽) 등.
39 앞서 현종이 안녹산을 토벌하기 위해 安西節度使 封常淸을 범양절도사에 임명하면서 여지회를 평로절도사에 임명하였다는 기사가 전한다. 즉 『구당서』 권145, 劉全諒傳, "天寶末, 安祿山反, 詔以安西節度封常淸爲范陽節度, 以平盧節度副使呂知誨爲平盧節度, 以太原尹王承業爲河東節度. 祿山旣僭位於東都"(3938쪽); 『신당서』 권151, 유전량전, "安祿山反, 詔以平盧節度副使呂知誨爲使"(4823쪽). 이에 반해 『자치통감』 권217, 天寶 12월 조에는 "以常淸爲范陽·平盧節度使"라고 한다.
40 『구당서』 권145, 유전량전, 3938쪽; 『자치통감』 권217, 至德 元載 4월 조, 6960쪽.

를 죽이고[41] 바다를 통해 하북의 안진경에게 소식을 전하며 범양을 공취하여 죄를 씻기를 조정에 청하였다. 이에 안진경은 판관判官 가재賈載를 파견하여 양식과 의복을 보내주고 또 10세 아들을 유객노에게 인질로 보냈다.[42] 이때 주목되는 것은 보정군의 후희일도 유객노 등의 거사에 참여하여 중요한 역할을 수행하였다는 사실이다. 즉 『신당서』 권144, 후희일전을 보면

> 안녹산이 반反하여 중사中使 한조양韓朝敭을 보내 명을 전하니 후희일이 그를 참살하고 두루 보였다(4703쪽).

라고 하여, 후희일이 한조양을 참하고 그 목을 사람들에게 보이며 돌아다녔다고 하는 것이다. 그런데 한편으로 왕현지의 경우에는 유객노 등이 여지회를 살해한 뒤에 멀리 안동도호부에서 호응하였다는 기사가 전한다. 즉 『신당서』 권151, 유전량전을 보면

> 적적賊이 한조양韓朝暘을 보내 유인하니 여지회가 항복한 후, 적이 안동부도호 마영찰을 살해하였다. 유객노가 불평不平하여 제장諸將과 함께 여지회를 살해하고 사람을 보내 안동장安東將 왕현지와 상문相聞하였다. 천보 15재 ······ (4823쪽)

---

41 『자치통감』 권217, 지덕 원재 4월 조, 6960~6961쪽; 『신당서』 권224하, 李忠臣傳, 6387쪽; 『구당서』 권161, 劉悟傳, "[劉]正臣本名客奴. 天寶末, 祿山反, 平盧節度使劉知晦受賊僞署, 客奴時職居牙門, 襲殺知晦, 馳章以聞"(4230쪽).
42 『신당서』 권153, 안진경전, "會平盧將劉正臣以漁陽歸, 眞卿欲堅其意, 遣賈載越海遣軍資十餘萬, 以子頗爲質. 頗甫十歲 ······"(4856쪽); 『자치통감』 권217, 至德 元載 4월 조, 6960~6961쪽.

라고 하고, 또 『구당서』 권145, 유전량전에도 "유객노가 평로제장과 함께 의논하여 여지회를 잡아 살해하고, 이어 안동장 왕현지에게 사람을 보내 멀리서 서로 응원應援하여 바로 주문奏聞하였다"(3938쪽)라고 한다.[43] 그렇다면 후희일도 처음부터 유객노 등의 거사에 참여하였던 것이 아니라, 여지회가 살해된 뒤 왕현지와 함께 유객노 등에 호응하였을 가능성이 있다. 후희일이 왕현지와 같은 안동도호부의 군장이었고 또 이후에도 두 사람이 계속 함께 행동하는 것[44]도 이것을 뒷받침한다. 만약 이러한 것이 타당하다면 후희일이 한조양을 참살하였던 장소도 평로의 치소인 유성이 아닌 안동도호부(보정군)의 영역이었을 것이다.

같은 4월 당조는 유객노를 유성군태수·평로절도·지탁·영전·육운陸運·압양번발해흑수사부경략·평로군사 등에 임명하면서 정신正臣이란 이름을 하사하고, 왕현지를 안동부대도호·보정군·영전사, 동진을 평로병마사에 임명하고,[45] 아울러 함께 거사에 참여하였던 후희일·이정기·전신공田神功 등에게도 조정의 관직을 내려주었다.[46] 그리고 왕현지가 안동부도호·보정군사에 임명된 것으로 볼 때, 후희일 역시 그대로 보정군의 군장에 임명되었을 가능성이 크다.[47] 여기서 훗날 후희일에 이어 평로절도사에 오르는 이정기(원래 이름은 이회

---

43 日野開三郎은 「安史の亂による唐の東北政策の後退と渤海の小高句麗國占領」에서 이러한 『구당서』 유전량전의 기사를 그대로 채용하고 있다(306쪽).
44 『구당서』 권124, 후희일전에 "希逸時爲平盧裨將, 率兵與安東[副?]都護王玄志襲殺徐歸道"(3533쪽).
45 『구당서』 권145, 유전량전, 3938~3939쪽; 『자치통감』 권217, 지덕 원재 4월 조, 6961쪽; 『구당서』 권161, 유오전, 4230쪽.
46 『신당서』 권153, 안진경전, "李正己·田神功·董秦·侯希逸·王玄志等, 皆眞卿始招起之, 後皆有功"(4861쪽). 자세한 것은 이 책의 제1부 제1장, 41~42쪽 참조.
47 단 『구당서』 권124, 후희일전에는 '平盧裨將'으로 적혀있다(3533쪽).

옥李懷玉)가 눈에 띄는데, 그가 이후 후희일과 계속 행동을 함께 하는 것으로 보아, 그 역시 보정군 또는 안동도호부의 군장이었을 가능성이 있다.[48] 이때 후희일의 나이는 36세였고, 이정기는 24세였다.

뒤이어 유정신(즉 유객노) 등은 당군의 일원이 되어 반란의 본거지인 범양을 공취하기 위해 나아가 장양長楊을 공격하고, 독산獨山에서 싸웠으며, 유관楡關과 북평을 습격하여 적장 신자공申子貢과 노선흠勞先欽을 죽이고 주쇠周釗를 사로잡아 장안으로 압송하는 전과를 올렸다.[49] 이때 북평은 장성 안쪽의 북평군北平郡(즉 평주平州), 유관은 북평 동남쪽 180리에 있는 임유관臨楡關을 가리킨다.[50]

그러나 같은 해(756) 6월 8일 동관이 반란군에게 함락되면서 갑자기 전세가 역전되어 현종은 장안을 버리고 촉蜀으로 달아나고, 당군의 곽자의와 이광필李光弼은 하북에서 철군하였다.[51] 그리고 유정신도 같은 6월 안녹산의 사사명에게 대패하여 다급한 나머지 처자까지 버리고 도망가고, 평로의 사졸 7천여 명이 전사하였다. 겨우 살아남은 유정신은 같은 6월 평로 북평(즉 평주)에서 안동도호 왕현지에게 독살당하였다.[52] 그러자 지덕 2재(757) 정월 초 안녹산이 서귀도를 평로절도사에 임명하여 다시 평로를 장악하려 하였지만, 안동도호부의 왕현지가 후희일과 함께 서귀도를 습격하여 죽였고,[53] 곧이어 군

---

48 후희일의 어머니가 이정기의 고모였던 것도 이러한 것을 뒷받침한다. 『구당서』 권124, 이기전, "[俟]希逸母卽(李)懷玉姑也"(3534쪽); 『신당서』 권213, 李正己傳, "[俟]希逸母卽其姑"(5989쪽).
49 『구당서』 권145, 李忠臣傳, 3940쪽; 『신당서』 권224하, 이충신전, 6387쪽; 『冊府元龜』 권358, 將帥部, 立功11, 4247쪽.
50 『통전』 권178, 州郡8, 北平郡 조, 4715쪽.
51 『구당서』 권145, 이충신전, 3940쪽; 『신당서』 권224하, 이충신전, 6387쪽.
52 『자치통감』 권218, 지덕 원재 6월 조, 6980쪽 등.
53 『자치통감』 권219, 지덕 2재 정월 조, 7017쪽; 『구당서』 권145, 유전량전, 3939쪽; 『신

인들이 왕현지를 추대하여 번수藩帥로 삼았다.⁵⁴ 이번에도 안동도호부와 보정군이 평로의 향방을 결정짓는 데 중요한 역할을 수행하고 마침내 자신들이 평로를 장악하였던 것이다.

그런데 이러한 것은 중국 사서에 일치하여 보이는 사실이지만, 『속일본기續日本記』에는 이와는 다른 기록이 전한다. 즉 같은 책 권21, 쥰닌천황淳仁天皇 덴표호지天平寶字 2년(숙종肅宗 건원乾元 원년, 758) 12월 무신일 조를 보면, 일본의 견발해사遣渤海使 오노노아손다모리小野朝臣田守 등이 안녹산의 난에 대해 자국에 보고한 것이 적혀 있는데, 그중 숙종 지덕至德 원재(756)의 일로서

> 평로유후사平盧留後事 서귀도徐歸道가 과의도위·행유성현·겸사부경략판관果毅都尉·行柳城縣·兼四府經畧判官 장원간張元澗을 발해에 파견하여 병마를 징발하며 말하기를 "올해 10월 마땅히 안녹산을 공격할 것이니 왕께서는 기병 4만을 보내 적적을 토평하는 것을 도와주시길 바랍니다"라고 하였다. 발해는 다른 마음이 있을까 의심하여 사신을 억류하고 돌려보내지 않았다. 12월 병오일 서귀도가 과연 북평의 유정신을 짐독鴆毒으로 죽이고, 몰래 안녹산과 통모하였다. 유주절도사 사사명이 천자를 공격할 모의를 하였다. 안동도호 왕현지가 그것을 알고 정예병사 6,000여 인을 이끌고 유성을 공격하여 서귀도를 참살한 후 스스로 권지평로절도權知平盧節度를 칭하고 나아가 북평에 진주하였다(吉川弘文館, 前篇, 258쪽).

『당서』 권144, 후희일전, 4703쪽.
54 『구당서』 권145, 이충신전, "正臣卒, 又與衆議以安東都護王玄志爲節度使"(3940쪽).

라고 한다. 말하자면 유정신이 범양을 공격하기 하기 위해 출전한 상황에서 ① 서귀도가 평로의 임시 책임자로 있으면서 발해에 기병 4만의 원군을 요청하였다가 뜻을 이루지 못하였고 ② 12월 서귀도가 북평에 주둔하고 있던 유정신을 독살하고 안녹산과 통모하니 ③ 안동(부)도호 왕현지가 정병 6,000여 인을 이끌고 영주를 공격하여 서귀도를 참살하고 권지평로절도를 칭한 후 북평에 주둔하였다는 것이다.

이 기록에서 주목하고 싶은 것은 서귀도가 발해에게 "올해 10월 마땅히 안녹산을 공격할 것"이라고 말하였던 점이다. 왜냐하면 같은 해 10월 실제로 당군이 경사를 수복하기 위해 대대적인 공격을 감행하였기[55] 때문이다. 만약 이것이 우연이 아니라면, 서귀도는 발해에게 매우 정확한 정보를 제공하였던 셈이 된다. 당시에는 그가 아직 안녹산과 통모할 의도가 없었을 수도 있다고 보인다. 이에 한 가지를 추측해 보면, 서귀도가 장원간을 발해에 파견하였던 시기에는 그가 아직 안녹산과 통모할 의도가 없었지만, 그 뒤 상황이 바뀌자 유정신을 독살하고 안녹산과 통모하였을 경우이다. 그런데 '10월 공격'을 계획한 숙종이 즉위한 시기는 같은 해 7월이기 때문에 서귀도가 '10월 공격' 계획을 발해에 통보한 시기는 길게 보아도 7월에서 10월 사이가 되지만, 숙종이 경사 수복을 위한 군단 책임자를 임명한 시점은 10월이었다. 만약 이때 '10월 공격' 계획이 확정되었다면 서귀도가 장원간을 파견한 시기는 같은 10월이 된다. 그러나 발해는 상황을 관망하면서 원병을 파견하지 않았고 또 같은 10월 당군이 반란군에게 대패하여 반란군의 우세가 다시 한번 확인되자, 서귀도가 대세를 쫓아 유정신을 독살하고 안녹산과 통모하였을 수 있는 것이다.

---

55 정병준, 「安史의 亂과 王思禮」, 『신라문화』 26, 2005, 369~370쪽.

그런데 중국 사서에 의하면 유정신이 독살된 시점은 6월이었다고 한다. 만약 이것이 타당하다면 앞에서 추정한 내용은 상당 부분 수정되어야 한다. 이 경우 먼저 유정신이 독살되기 직전인 같은 6월 동관이 붕괴되고 또 유정신이 사사명에게 대패당하였다는 것을 환기할 필요가 있다. 즉 동관이 붕괴되면서 당군이 수세에 몰리고 이어 유정신이 대패하자 서귀도가 당을 배반하여 유정신을 독살하고 안녹산과 통모하였을 수 있기 때문이다. 그리고 이 상황에서 7월에서 10월 사이, 아니면 10월에 서귀도가 '10월 공격'을 알게 된 뒤 발해에 사신을 보내 원군을 요청하였을 수 있다고 여겨진다.

이렇게 ① 서귀도가 당군의 입장에서 발해에 원군을 요청하였을 상황, 또는 ② 유정신을 독살한 뒤 안녹산과 통모하면서 발해에 원군을 요청하였을 상황이 추정되지만, 이 중 어느 것이 타당한가를 확정짓는 것은 쉽지 않다. 그러나 서귀도가 "올해 10월 마땅히 안녹산을 공격할 것"이라고 말하였던 점을 중시하면, ①의 가능성이 더 크다고 생각된다. 다만 이 경우에도 서귀도가 발해에 원병을 요청하였던 시기에 이미 그가 안녹산과 통모하고 있었을 수도 있지만,[56] 여기서는 『속일본기』에 기술된 기사의 순서에 의거하여 당시에는 아직 안녹산과 통모하지 않았을 것으로 보겠다.

요컨대, 천보 15재(지덕 원재, 756) 4월 유정신은 범양을 공격하기 위해 출전하면서 휘하의 서귀도를 평로유후사로 삼아 임시로 평로를 다스리게 하였다. 그러나 6월 반란군이 동관을 돌파하면서 당군과 반란군의 전세가 역전되고, 유정신은 사사명에게 대패한 뒤 북평에 주둔하였다. 그렇지만 이후에도 서귀도는 한동안 유정신 편에 있

---

56 日野開三郎, 「安史の亂による唐の東北政策の後退と渤海の小高句麗國占領」, 311쪽.

었다. 이어 7월에 삭방군의 영무靈武에서 즉위한 숙종이 10월 경사 수복의 책임자를 임명하면서 이른바 '10월 공격' 계획을 확정하고 곧이어 이 사실을 평로에도 알렸다. 그러자 같은 10월 서귀도는 장원간을 발해에 파견하여 숙종의 '10월 공격' 사실을 전하며 원군을 요청하였지만, 발해가 응하지 않았다. 그리고 같은 10월 당군이 반란군에게 대패하면서 반란군의 우세가 다시 한번 확인되자, 서귀도는 12월 자구책으로 북평에 주둔하던 유정신을 독살하고 안녹산과 통모하였다. 다음 해인 지덕 2재(757) 정월 초 안녹산이 서귀도를 평로절도사에 임명하자, 안동부도호 왕현지가 후희일 등과 함께 정병 6,000여 인을 이끌고 유성을 습격하여 서귀도를 죽이고 평로를 장악하였고, 곧이어 평로 군인들이 왕현지를 추대하여 권지평로절도로 삼았던 것이다. 이후 보정군 등 안동도호부의 군대는 평로 번진의 주력군이 되어 유성과 북평에 주둔하였고, 후희일과 이정기는 평로의 유력 군장이 되었을 것으로 보인다.

같은 정월 왕현지는 병마사 동진으로 하여금 병사 3천을 거느리고 산동山東 지역으로 들어가 작전을 수행하게 하였다. 이에 동진은 이희열李希烈 등과 함께 범양군의 속현인 옹노雍奴로 가서 뗏목으로 바다를 건너 산동으로 들어가 적장 석제정石帝廷과 오승흡烏承洽을 격퇴하고, 며칠만에 경성군景城郡(창주滄州) 노성현魯城縣, 하간군河間郡(영주瀛州) 하간현河間縣, 경주景州 경성현景城縣을 점령하고 양식과 물자를 확보하였다. 그리고 동진이 대장大將 전신공 등과 함께 평원군平原郡(덕주德州)과 낙안군樂安郡(체주棣州)을 점령하자, 숙종이 동진을 덕주자사에 임명해 주었다.[57]

---

57 이 책 제1부 제1장, 44~45쪽.

한편, 안녹산 진영에서 지덕 2재(757) 정월 5일 내분이 일어나 안경서安慶緒가 부친 안녹산을 죽이고 황제를 칭하였는데, 숙종은 그 틈을 이용하여 다시 반격태세를 가다듬었다. 왕현지가 동진을 산동으로 보낸 것은 바로 이 무렵이다. 따라서 평로군의 산동 이동은 당조와의 긴밀한 연계 속에 이루어졌을 가능성이 있지만, 자세한 것은 알 수 없다. 어쨌든 당조는 다시 반격을 개시하여 마침내 지덕 2재 9월에 장안, 10월에는 낙양을 수복하였다. 12월 승리를 확신한 당조는 대사면령을 내리며 논공행상을 비롯한 여러 가지 조치를 취하였다. 이어 같은 12월 하북을 실질적으로 지배하던 사사명이 당조에 투항하니, 이제 남은 것은 업군鄴郡(즉 상주相州)으로 도망간 안경서뿐이었다.[58]

이러한 상황에서 건원 원년(758) 2월 숙종이 왕현지를 평로절도사 및 영주자사에 임명하였다.[59] 그동안 당조가 왕현지를 평로절도사에 임명하지 않았던 것은 숙종이 양경兩京을 수복하는 데 여념이 없었기 때문일 수 있지만, 한편으로 왕현지가 유정신을 독살하였다고 여겼기 때문일 수도 있다. 이것은 중국 사서에 한결같이 유정신이 왕현지에게 독살되었다고 적혀 있는 것으로 추측해 본 것이다. 그러나 숙종은 결국 왕현지를 평로절도사에 임명해 주었던 것이며, 왕현지는 계속 당조를 섬겼다. 그리고 산동으로 남하한 평로군은 숙종이 안경서에 대한 대대적인 군사작전을 전개할 때 유력한 군사력의 하나로서 함께 참여하였다. 즉 건원 원년 6월 사사명이 다시 반란을 일으킨 가운데 9월 숙종이 삭방절도사朔方節度使 곽자의 등 7절도사

---

58 이 책 제1부 제1장, 46~47쪽. 자세한 내용은 정병준, 「安史의 亂과 王思禮」, 17~25쪽 참조.
59 『자치통감』 권220, 건원 원년 2월 조, 7052쪽.

와 평로병마사 동진에게 보기步騎 20여 만을 이끌고 안경서를 토벌하게 하였던 것이다.[60]

4. 평로절도사 취임과 '산동山東'으로의 이동

같은 해인 숙종 건원 원년(758) 12월 평로절도사 왕현지가 병으로 죽었다. 그러자 숙종이 환관을 사신으로 보내 장졸들을 위문하고 후임 절도사를 임명하려고 하였는데, 예기하지 않은 상황이 발생하였다. 즉 『자치통감』 권220, 건원 원년 12월 조를 보면

> 고려인高麗人 이회옥이 비장裨將으로 있었는데, 왕현지의 아들을 죽이고 후희일을 추대하여 평로군사로 삼았다. 후희일의 모친은 이회옥의 고모이다. 이에 이회옥이 그를 세운 것이다. 조정은 그에 따라 후희일을 절도부사로 삼았다. 절도사가 군인들에 의해 폐립되는 것은 이로부터 시작되었다(7064쪽).

라고 하듯이, 평로의 비장 이회옥(즉 이정기)이 왕현지의 아들을 죽이고 후희일을 번수로 추대하였던 것이다. 그러나 당시는 7절도사 연합군이 반란군과 싸움을 벌이고 있던 시기여서 숙종으로서도 다른 방도가 없어 그대로 후희일을 절도부사(즉 절도사)에 임명해 주었다. 이후 이회옥은 평로에서 후희일에 버금가거나 그 이상의 실력자가 되었을 것으로 보인다.

---

60 『자치통감』 권220, 지덕 2재 12월 조, 7061쪽.

7절도사 연합군은 다음 해인 건원 2년(759) 3월 사사명[61]에게 대패한 후 각각 본영으로 돌아갔고, 사사명은 4월에 대연황제大燕皇帝를 칭하고, 9월에는 낙양을 점령하기 위해 남하하였다. 이때 동진과 전신공은 변주汴州에서 변활절도사汴滑節度使 허숙기許叔冀와 함께 반란군과 싸우다가 모두 사사명에게 항복하고 말았다. 그러나 동진과 전신공은 뒤에 다시 당군에 투항하여 계속 전투에 종사하였다. 다음 해인 上元 2년(761) 3월에는 사조의史朝義가 부친 사사명을 죽이고 낙양에서 황제에 즉위한 뒤 범양을 접수하고 영주 출신 이회선李懷仙을 범양윤·연경유수范陽尹·燕京留守에 임명하였다.[62]

 후희일은 건원 원년 12월 평로절도사가 된 뒤 계속하여 범양의 향윤객向潤客과 이회선 등의 공격을 받았지만, 그때마다 군사들을 격려하여 잘 막아냈다. 그러나 후희일은 당의 구원이 없어 고립무원에 빠진 상황에서 해奚가 북쪽에서 침략해 오자, 숙종 상원 2년(761) 12월 어쩔 수 없이 이정기 등과 함께 휘하 군사 2만여 명을 이끌고 범양 이회선의 방어선을 돌파한 후 처절한 싸움을 계속하며 남하하다가 바다를 통해 산동으로 들어갔다.[63] 이때 군사 2만여는 당시 평로의 전군全軍으로 보인다.

 그리고 후희일은 숙종 보응寶應 원년(762) 정월 청주靑州 북쪽에서 황하를 건너가 연주兗州에서 전신공과 능원호能元皓를 만났다.[64] 능원호는 원래 안경서의 북해절도사北海節度使였지만, 앞선 건원 원

---

61 사사명은 건원 2년 정월 魏州에서 燕王을 칭하였고, 3월 안경서를 자신의 군영으로 불러들여 죽이고 세력을 강화하였다.
62 『자치통감』 권222, 상원 2년 3월 조, 7108쪽.
63 이 책 제1부 제1장, 53~54쪽.
64 『자치통감』 권222, 보응 원년 정월(建寅月) 조, 7118쪽; 『구당서』 권124, 후희일전, 3534쪽.

년 2월 당조에 투항하여 연운절도사兗鄆節度使에 임명되었던 인물이다.[65] 2월 회서절도사 왕중승王仲昇이 신주성申州城 밑에서 사조의의 부하 사흠양謝欽讓과 싸우다가 포로가 되었다. 이에 후희일·전신공·능원호가 함께 회서를 돕기 위해 변주汴州를 공격하니, 사조의가 사흠양을 불러 변주를 구하게 하였다. 그리고 같은 해인 보응 원년 5월 후희일이 청주를 점령하자, 대종代宗이 그를 평로치청절도사平盧淄靑節度使에 임명해 주었다. 당시 후희일이 관할한 지역은 청주·치주·제주齊州·기주沂州·밀주密州·해주海州 6주였고, 치소는 청주에 두었다.[66]

후희일이 평로치청절도사에 임명되었던 보응 원년(762) 5월은 반란이 마무리를 향하던 때였다. 대종은 같은 해 9월 낙양의 사조의에 대한 마지막 공격을 가하기 위해 앞선 지덕 2재(757) 장안과 낙양을 수복할 때 큰 공을 세웠던 회흘回紇에게 다시 원병을 요청하였고, 10월에는 옹왕雍王 이괄李适을 천하병마원수, 삭방절도사朔方節度使 복고회은僕固懷恩을 제군절도행영諸軍節度行營에 임명하였다. 같은 달 이괄이 섬주陝州에서 회흘 가한과 만나 함께 진군하여 마침내 낙양을 수복하였지만, 사조의는 정주鄭州와 변주 등지로 도망가며 저항을 계속하였다.

10월[67] 당군이 정주에서 사조의를 공격할 때 평로치청군도 함께 작전을 수행하는 것이 확인된다. 즉 평로치청의 도우후都虞候 이정기가 방자한 행동을 계속하는 회흘 장수의 기세를 완력으로 꺾었던

---

[65] 『자치통감』 권220, 건원 원년 2월 조, 7052쪽; 같은 책 권221, 상원 원년 12월 조, 7100쪽; 같은 책 권222, 상원 2년 4월과 6월 조, 7113쪽, 7114쪽.
[66] 이 책 제1부 제1장, 56~57쪽.
[67] 『자치통감』 권222, 보응 원년 10월 조, 7134~7135쪽; 『구당서』 권121, 복고회은전, 3481쪽에 의거한 것이다.

것이 보이는 것이다.[68] 앞서 당군이 낙양을 공격할 때도 평로치청의 후희일과도 연계하였을 수 있다.

그리고 후희일은 다른 절도사들과 함께 사조의를 계속 추격하였다. 즉 사조의가 낙양을 빼앗긴 후 정주와 변주를 거쳐 복주濮州, 활주滑州, 위주衛州, 패주貝州로 계속 도망다니다가 같은 해 11월 막주莫州에 이르자, 곧이어 복고회은의 도지병마사 설겸훈薛兼訓과 병마사 학정옥郝庭玉이 전신공·신운경辛雲景과 함께 사조의를 포위하였고 후희일도 군대를 이끌고 합류하였다. 그리고 다음 해인 대종 광덕廣德 원년(763) 정월 사조의가 정병 5천을 이끌고 본거지인 유주(즉 범양)로 달아나자 후희일·설겸훈·복고창이 함께 3만의 군대를 이끌고 추격하였는데, 그 직후 유주의 이회선이 당에 투항하였다. 궁지에 몰린 사조의는 해·거란으로 도망가다가 이회선이 보낸 추격병에 쫓겨 목을 매 자살하였고,[69] 이로써 7여 년에 걸친 반란이 종결되었다.

안사의 난이 종결된 후 후희일은 반란 진압의 공으로 관직이 높아졌다. 즉 『구당서』 권124, 후희일전을 보면

> 보응 원년에 제절도諸節度와 함께 사조의를 토습討襲하여 평정하여 검교공부상서檢校工部尚書가 더해지며 실봉實封이 하사되고 능연각凌煙閣에 도형圖形되었다(3534쪽).

라고 하여,[70] 사조의 토벌전에서 세운 공으로 검교공부상서에 임명

---

68 『구당서』 권124, 이정기전, 3534~3535쪽; 『신당서』 권213, 이정기전, 5989쪽.
69 이 책 제1부 제1장, 62~63쪽.
70 『신당서』 권144, 후희일전에는 "寶應初, 與諸軍討平史朝義, 加檢校工部尚書, 賜實戶, 圖形凌煙閣"(4703쪽)이라 한다.

되면서 실봉을 하사받고 능연각에 그의 화상이 그려졌다고 한다. 이
때 능연각에 화상이 그려졌다는 것은 곧 공신이 되었다는 것을 말한
다. 즉 『남부신서南部新書』 권갑卷甲을 보면

> 능연각은 서내西內의[71] 삼청각三淸閣 옆에 있는데, 화상은 모
> 두 북을 향하였다. 각 안에는 중간에 경계구역[隔]이 있다. 이
> 구역 안 북면하는 곳에는 공이 높은 재보宰輔를 그려두고, 남
> 면하는 곳에는 공이 높은 후왕侯王을 그려두고, 구역 외면에
> 는 순서대로 공신을 그려두었다(中華書局, 1~2쪽).

라고 하고, 또 『옹록雍錄』 권4, 능연각 조에는 이 『남부신서』의 기록
을 인용한 뒤

> 살피건대 서내는 [궁성 안의] 태극궁太極宮이다. 태종 때 전각
> 을 세우고 공신을 그려서 궁 안에 두었다. 화상은 모두 북을
> 향하였는데, 전각 안에는 모두 3개의 구역[隔]이 설치되었다.
> 3구역 안의 한 층면에는 공이 높은 재보를 그려두고, 바깥의
> 한 층면에는 공이 높은 후왕을 그려두고, 또 바깥의 한 층면에
> 는 순서대로 공신을 그려두었다. 이 세 구역은 비록 안과 밖으
> 로 나누어져 있지만, 그 공신들의 형상이 모두 북면하였던 것
> 은 아마도 삼청각 옆에 있었기 때문에 북면함으로써 공경을

---

71 『자치통감』 권216, 현종 천보 11재(752) 4월 조의 호삼성 주에 "京城之內有皇城, 皇城之內有宮城"(6911쪽)라고 하는데, 이때의 궁성은 太極宮이 위치한 곳을 말하며 西內라고도 하였다. 즉 『자치통감』 권201, 용삭 3년(6636) 4월 조, "丙午, 蓬萊宮含元殿成, 上始移仗居之, 更命故宮曰西內. [호삼성 주: 故宮, 謂太極宮, 自武德以來人主居之, 自是以後, 謂之西內]"(6335쪽)라고 한다.

나타내기 위함이었을 것이다(中華書局, 69쪽).

라고 하여, 능연각은 공신들의 초상화를 그려둔 전각이었다고 한다. 후희일은 이른바 '능연각공신'이 되었던 것이다.

후희일이 능연각공신에 봉해진 시점과 관련하여 『구당서』 권11, 대종본기, 광덕 원년(763) 7월 조를 보면

> 원수元帥 옹왕에게 상서령尙書令을 겸하게 하고, 하북부원수 河北副元帥 복고회은에게 태보太保를 더해주고, 회흘 등리가한登里可汗에게 휘호徽號를 주었다. 공신에게 모두 철권鐵券을 하사하고, 이름을 태묘에 올리고, 능연각에 화상을 그렸다"(273쪽).

라고 하고, 또 『신당서』 권6, 대종본기, 광덕 원년 7월 조에는 "대사大赦를 내리고 연호를 [광덕]으로 바꾸었다. …… 내외관內外官에게 계階, 훈勳, 작爵을 하사하였다. 공신에게 철권을 내리고, 이름을 태묘에 올렸으며, 능연각에 도상을 그렸다"(169쪽)라고 한다.[72] 곧 광덕 원년 7월(763) 대종이 연호를 보응에서 광덕으로 바꾸면서 후희일 등을 능연각공신에 봉하였던 것이다. 또한 이들 기사를 통해 후희일은 공신이 되면서 철권을 하사받고 태묘에 배향되는 영예를 함께 얻었다는 것을 알 수 있다.

후희일과 함께 대종으로부터 철권을 하사받고 태묘에 배향되고 능

---

[72] 『자치통감』 권223, 광덕 원년 7월 조, "赦天下. 改元. 諸將討史朝義者進官階, 加爵邑有差. 冊回紇可汗爲 ……"(7145쪽).

연각공신에 봉해지는 영예를 얻은 인물은 모두 32인이었다. 그 자세한 것은 『당대조령집唐大詔令集』 권9와 『책부원구冊府元龜』 권131 등에 적혀있지만,[73] 해당 내용을 간략하게 줄인 『책부원구』 권133, 제왕부帝王部, 포공襃功2, 보응 2년(즉 광덕 원년) 7월 조를 보면

> 하북부원수 복고회은, 하동부원수 이광필, 유주절도사 이회선, 이포옥李抱玉, 곽영예郭英乂, 신운경, 후희일, 전신공, 손지직孫志直, 백효덕白孝德, 영호창令狐彰, 이보신李寶臣, 설숭薛崇, 전승사田承嗣, 장헌성張獻誠, 어조은魚朝恩, 정원진程元振, 복고창僕固瑒, 고언숭高彦崇, 혼일진渾日進, 이건의李建義, 이광일李光逸, 양숭광楊崇光, 이회광李懷光, 장여악張如嶽, 백원광白元光, 온여아溫如雅, 탁발징필拓拔澄泌, 고휘高暉, 노감우盧欱友, 성유량成惟良, 조초옥曹楚玉 등에게 각각 철권을 하사하고, 이름을 태묘에 올리고, 모두 능연의 전각에 도상을 그렸다. 아울러 전란 이래 장상將相으로 훈업勳業이 많은 자는 그 명적名籍과 도화圖畫를 역시 이에 준하였다(1608쪽).

---

73 『당대조령집』 권9, 「廣德元年冊尊號赦」, "河北副元帥(僕固)懷恩, 宜兼太保, 仍與一子三品官, 一子四品官幷階, 更加實封五百戶, 河南副元帥[李]光弼, 與一子三品官幷階, 加實封三百戶, 幽州節度使李懷仙, 與一子三品官幷階, 加實封二百戶, 李抱玉·郭英乂·辛雲京·侯希逸·田神功·孫志直·白孝德·令狐彰, 各與一子三品官幷階, 加實封二百戶, 李寶臣·薛崇·田承嗣·張獻誠等各與一子五品官幷階, 加實封二百戶, 魚朝恩寄崇師律, 程元振勳高佐命, 各加實封二百戶, 仍與一子五品官幷階, 僕固瑒·高彦崇·渾日進·李建義·李光逸·楊崇光·李懷光·張如岳·白元光·溫如雅·拓拔澄泌·高暉·盧欱友·成惟良·曹楚玉等各與一子五品官, 加實封一百戶, 仍各賜鐵券, 以 名藏太廟, 畫像於凌煙之閣. 幷寇難已來將相勳業高者, 其名籍圖畫亦准此"(商務印書館, 58쪽); 『책부원구』 권131, 延賞2, 광덕 원년 7월 조, 1574쪽.

라고 한다. 32인 중 이회선·이보신·설숭·전승사·장헌성은 안사의 난이 종결되기 직전에 반란군에서 당으로 투항하였던 인물들이고,[74] 어조은·정원진은 환관이었다. 나머지는 모두 당의 장수였는데, 평로의 후희일과 전신공도 여기에 속하였던 것이다. 그리고 『당대조령집』 권9, 「광덕원년책존호사廣德元年冊尊號敕」를 보면

> 후희일과 전신공 등은 각각 아들 1명에게 3품의 관官·계階를 내리고, 실봉 200호를 더해주도록 하라. …… 그리고 이들 각각(의 공신)에게 철권을 하사하고 그 이름을 태묘에 올리고, 능연의 누각에 도상을 그리게 하라(58쪽).

라고 하여, 후희일에게 하사되었던 식실봉食實封이 200호였고 또 아들 1명에게 3품의 직사관職事官과 산관散官이 내려졌다는 것을 알게 한다.

5. 평로 번진에서 축출됨

후희일은 평로치청절도사가 된 후 그 명성이 원근에 널리 알려졌고, 군대를 잘 다스렸으며 농사에 힘써 많은 성과를 올렸다.[75] 그리고 그는 문사文士를 초빙하여 막부幕府에 두었는데, 즉 『신당서』 권203, 문예하文藝下, 노륜전盧綸傳을 보면

---

[74] 이 책 제1부 제2장, 75~77쪽 참조.
[75] 『구당서』 권124, 후희일전, "希逸初領淄靑, 甚著聲稱, 理兵務農, 遠近美之"(3534쪽); 『신당서』 권144, 후희일전, "希逸始得靑, 治軍務農有狀"(4703쪽).

노륜은 길중부吉中孚, 한굉韓翃, 전기錢起, 사공서司空曙, 묘발苗發, 최동崔峒, 경위耿湋, 하후심夏侯審, 이단李端과 함께 모두 시를 잘 지어 '대력 10재자才子'라고 불렸다. …… 한굉의 자는 군평君平이고, 남양인南陽人이다. 후희일이 황제에게 표를 올려 치청막부를 보좌하게 하였다. 부府가 파罷한 후 10년 동안 나오지 않았다. 이면李勉이 선무宣武에 있으면서 다시 그를 벽소하였는데, 갑자기 가부랑중·지제고駕部郞中·知制誥에 임명되었다. 당시 한굉韓翃이란 사람이 두 명 있었는데, …… 중서사인中書舍人으로 죽었다(5785~5786쪽).

라고 하여, 시인 한굉이 평로치청절도사 후희일의 벽소를 받아 그의 막료가 되었다고 한다. 또 『태평광기太平廣記』에 수록된 '유씨전柳氏傳'을 보면, 후희일이 한굉을 서기書記로 초빙한 후 그를 검교상서금부원외랑·겸어사檢校尙書金部員外郞·兼御史라고 칭하는 것이 보이는데,[76] 이때 서기는 절도장서기節度掌書記의 약칭이고 검교상서금부원외랑겸어사는 후희일이 조정에 상주하여 내려진 조함朝銜이라 하겠다. 원래 절도사는 스스로 막료를 벽소할 수 있었지만, 후희일이 특별히 대종에게 표를 올려 한굉을 초빙하였다는 것은 인재를 얻기 위해 심혈을 기울였다는 것을 나타낸다. 한굉은 시 중에서도 특히 오언시五言詩를 잘 지어 '대력 10재자'의 한 명으로 일컬어졌던 인물이다.[77] 후희일은 대종 보응 원년(762) 5월에서 영태永泰 원

---

[76] 『太平廣記』 권485, 「柳氏傳」, 中華書局, 3996쪽. 汪辟疆 校錄, 『唐人小說』, 中華書局, 1966, 52~53쪽.

[77] 『구당서』 권163, 盧簡辭傳, "初, 大曆中, 詩人李端·錢起·韓翃輩能爲五言詩, 而辭情捷麗, 綸作尤工"(4269쪽); 『구당서』 권168, 錢徽傳, "父起, 天寶十年登進士第. 起能五言詩. …… 大曆中, 與 韓翃·李端輩十人, 俱以能詩, 出入貴遊之門, 時號 '十

년(765) 5월까지 꼭 3년 동안 평로치청절도사를 지냈는데, 한굉이 벽소되었던 것도 이 기간이었을 것이다. 그리고 후희일이 한굉을 얻기 위해 노력하였던 것으로 볼 때, 한굉 이외에도 다수의 문사가 그의 막부에 초빙되었을 가능성이 크다고 생각된다.

그러나 후희일은 시간이 지나면서 점차 정무에 태만하고 멋대로 행동하여 인심을 잃어갔다. 특히 그는 불교를 숭상하여 불사佛事를 자주 일으키고 또 사냥하며 다니는 것을 좋아하여 사람들이 많은 고통을 받았다.[78] 후희일이 사냥하며 다니는 것을 좋아했던 것은 영주 시절에 몸에 배인 습속에 따른 것으로 볼 수 있다.[79] 그러한 때에 병마사 이정기는 '침착하고 굳센[沈毅]' 성격으로 군인들의 신망을 얻었고, 그로 인해 후희일과 이정기 사이에 불화가 생기게 되었다. 그러다가 대종 영태 원년(765) 5월 후희일이 이정기를 병마사에서 해임하였는데, 모든 군인들이 그의 해직은 부당하다며 불만을 토로하였다. 그러던 중 후희일이 무당[巫]과 함께 밖에서 노숙을 하고 성으로 돌아왔는데, 군인들이 성문을 닫고 열어주지 않았다. 후희일은 급히 활박滑毫(뒤에 영평永平) 번진의 활주滑州로 도망가 표를 올려 죄를 기다리자, 대종이 조서를 내려 사면하고 경사로 불러들여 검교우복야檢校右僕射를 제수해 주었다.[80] 그리고 같은 해 7월 대종은 이회옥(이

才子', 形於圖畵"(4382~4383쪽). 자세한 것은 柳晟俊, 「韓翃과 그의 交遊, 그리고 詩의 世界」, 『唐代 後期詩 硏究』, 푸른사상, 2001, 64~69쪽; 蔣寅, 「盛唐之音的終結 -韓翃」, 『大曆詩人硏究』, 中華書局, 1995, 241쪽 등 참조.

78 『구당서』 권124, 후희일전, "後漸縱恣, 政事怠惰, 尤崇奉釋敎, 且好畋遊, 興功創寺宇, 軍州苦之"(3534쪽); 『신당서』 권144, 후희일전, "後稍怠肆, 好畋獵, 佞佛, 興廣祠廬, 人苦之"(4703쪽).
79 영주지역의 유목적 분위기에 대해서는 정병준, 「'營州城傍高麗人' 王思禮」, 257쪽 참조.
80 대종이 이러한 우대를 한 것은 이전에 후희일이 당조를 위해 공을 세웠기 때문이겠지

정기)을 평로치청절도사에 임명하고 아울러 정기正己란 이름을 하사하였다.[81] 후희일은 평로치청절도사로 있으면서 특별히 당조에 불온한 행위를 하지 않은 반면, 이정기는 당조에 대해 자립적 태도를 분명히 하였고 이후 평로 번진은 하북삼진 등과 함께 '할거 번진'의 길을 걷게 된다.[82]

후희일의 축출 관련 기사에서 한 가지 주목되는 것은 그가 축출되기 직전 무당과 함께 노숙을 하였다[83]는 사실이다. 이와 관련하여 『안녹산사적安祿山事迹』 권상卷上, 현종 천보 10년 조를 보면

> [안녹산은] 몰래 제도諸道 상호商胡와 흥판興販하여, 매년 이방異邦의 진화珍貨 수만을 사들였다. 상인이 도착하면, 안녹산은 항상 호복胡服을 입고 중상重牀에 앉아 향을 사르고 진보珍寶를 진열한 다음 백호百胡로 하여금 좌우에서 시중들게 하였고, 군호羣胡는 아래에서 열을 지어 배拜하며 하늘에 복을 구하였다. 안녹산은 생뢰牲牢를 성대하게 차리고 제무諸巫는 북을 치며 가무를 하여 날이 저물어서야 해산하였다(12쪽).

라고 하여, 안녹산이 무당을 데리고 종교행사를 행하였다고 한다. 이때 '호상'들이 절을 하며 복을 구하였던 대상으로서의 하늘은 중국인이 믿었던 천이 아니라 특히 소그드인들이 신봉하였던 현祆(즉

만, 이후 유사시에 이정기를 견제하기 위한 카드로 이용하기 위한 것으로도 생각된다.
81 이 책 제1부 제1장, 66쪽.
82 이 책 제1부 제2장, 79~85쪽.
83 『구당서』 권124, 후희일전, "與巫者夜宿於城外"(3534쪽); 『자치통감』 권223, 영태 원년 5월 조, "[侯]希逸與巫宿於城外"(7175쪽).

현신祆神)이었다고 이해된다.[84] 또 같은 행위에 대해『신당서』권225 상, 안녹산전에는 "여무女巫가 앞에서 고무鼓舞하며 신神으로 삼았다"(6414쪽)라고 하는 것으로 보아, 무는 곧 여무였던 것을 알 수 있다. 안녹산 자신이 원래 소그드 지방의 강국康國 혈통이고,[85] 그 휘하에도 소그드인 군장과 상인들이 많았다는 것은 주지의 사실이지만, '호상'은 주로 오아시스 실크로드의 주역이었던 소그드 상인이었다고 보아도 무리가 없다. 안녹산이 현교 행사를 주관하였던 배경에는 자신의 휘하 또는 자신과 관계를 맺은 소그드 상인이나 군장들과의 유대를 강화하려는 의도가 있었을 것이다.

그렇다면 후희일과 함께 노숙하였던 무巫 역시 일반적인 무가 아니라 소그드인 또는 현교의 무였을 가능성이 있다. 이를 뒷받침하는 것이 평로군의 원래 본거지였던 영주에 소그드인들이 많았던 점이다.[86] 즉『구당서』권185하, 송경례전宋慶禮傳을 보면,

> 송경례를 어사중승御史中丞 겸 검교영주도독檢校營州都督에 임명하여 둔전屯田 80여 곳을 개발하게 하였다. 유주 및 어양·치청 등의 호戶를 추발追拔하고, 또한 상호를 초집招輯하여 가게[店肆]를 열게 하였다(4814쪽).

라고 하여, 개원 5년(717) 3월 영주도독부를 부활할 때 호상을 대대적으로 유치하였다고 하는데, 이때 호상은 곧 소그드인 상인으로 보이는 것이다. 그리고 후희일이 산동으로 남하할 때 이들 소그드인의

---

84 榮新江,「安祿山的種族與宗教信仰」,『中古中國與外來文明』, 三聯書店, 2001, 235쪽.
85 『신당서』권225상, 안녹산전, "營州柳城胡也, 本姓康"(6411쪽).
86 이 책 제1부 제1장, 36~38쪽.

상당수도 함께 남하하여 이후에도 계속 상업 등에 종사하였을 것으로 보인다.[87] 요컨대 후희일이 무를 데리고 다녔던 것은 평로치청에 소그드인 군장이나 상인이 많았던 것을 암시하며, 아울러 안녹산과 마찬가지로 이들 소그드인과의 유대를 강화하는 수단으로 현교를 이용하였던 것으로 여겨진다.[88] 다만, 후희일은 한편으로 불교를 숭상하여 불사를 자주 일으켰다고 하는 것으로 볼 때 그가 치청지역을 다스리면서 반드시 현교에만 경도되었던 것은 아닌 듯하다.

대종으로부터 검교상서우복야檢校尙書右僕射(정2품)에 임명되었던 후희일은 시간이 지난 후 지[상서]성사知尙書省事에 임명되었다.[89] 그리고 뒤에 부모상을 당하여 관직을 사임하였다가 대력 11년(776) 9월 기복起復하여 검교상서우복야·상주국上柱國(정2품)에 임명되면서 회양군왕淮陽郡王(종1품)에 봉해졌다.[90] 당대에 부모상을 당하면 3년 또는 1년(실제는 27개월 또는 13개월) 동안 관직을 사임하게 되어 있었는데,[91] 만약 전자의 경우라면 후희일이 관직을 사임하였던 시점은 대력 9년 6월이었고, 후자라면 대력 10년 8월이었을 것이다. 그리고 당대에 장수가 군왕에 봉해진 것은 안녹산이 처음이었지만,[92] 지덕

---

87 이 책 제1부 제2장, 110~111쪽; 정병준, 「李師道 藩鎭의 滅亡에서 張保皐의 登場으로」, 『대외문물교류연구』 2, 2003, 235쪽, 244~246쪽.
88 후희일이 이정기와 대립할 때 소그드인을 중요한 권력 기반으로 삼았던 것인지도 모르겠다.
89 『구당서』 권124, 후희일전, "希逸奔歸朝廷, 拜檢校右僕射, 久之, 加知省事"(3534쪽). 한편 『신당서』 권144, 후희일전에는 "遂奔滑州, 召還, 檢校尙書右僕射, 知省事"라고 하지만, 『구당서』의 기사가 더 구체적이라 하겠다.
90 『구당서』 권124, 후희일전, "以私艱去職. 大曆十一年九月, 起復檢校尙書右僕射·上柱國, 封淮陽郡王"(3534쪽); 『신당서』 권144, 후희일전, "大曆末, 封淮陽郡王"(4703쪽).
91 吳麗娛, 『唐禮撫遺 –中古書儀研究』, 商務印書館, 2002, 604~609쪽 등 참조.
92 『자치통감』 권216, 천보 9재 5월 조, 6899쪽.

원재에서 대력 3년까지 이성異姓으로서 왕에 봉해진 자는 무릇 112인이나 되었다.[93]

대종에 이어 덕종이 즉위하여 평로군 등에 대한 공격을 개시하려던 건중建中 2년(781) 7월 후희일은 삼공三公의 하나인 사공司空(정1품)에 임명되었지만, 임명장을 받기 직전 62세의 나이로 죽었다.[94] 덕종은 후희일의 죽음을 애도하여 3일 동안 조회를 철폐하고[95] 그를 태보太保(정1품)로 추증하였으며, 또 칙서를 내려 그동안 후희일에게 하사되었던 실봉을 그 아들에게 이어받게 하였다.[96] 공교롭게도 같은 달 이정기도 등창으로 사망하고, 아들 이납이 권력을 계승하였다.

6. 맺음말

후희일은 천보 말기에 평로절도사의 지휘를 받는 안동도호부 관하의 군진인 보정군의 군장이 되었다. 보정군이 위치한 곳은 안동도호부의 치소가 있던 요서고성이었고, 보정군사는 안동부도호安東副都護가 겸하였다. 당시 안동부도호는 도호부의 실질적인 책임자였고, 보정군은 도호부의 주력군을 이루고 있었다

이러한 상황에서 범양·평로·하동절도사 안녹산이 반란을 일으켜

---

93 『통전』 권31, 職官13, 869쪽.
94 『구당서』 권12, 덕종본기상, 건중 2년 7월 조, "司空·淮陽郡王侯希逸卒"(330쪽); 『신당서』 권144, 후희일전, "建中二年, 遷司空, 未及拜, 卒, 年六十二"(4703쪽); 『구당서』 권124, 후희일전, "遷司空. 詔出而卒"(3534쪽).
95 輟朝(廢朝)의 규정에 대해서는 吳麗娛, 『唐禮撫遺』, 600~604쪽 등 참조.
96 『구당서』 권124, 후희일전, "廢朝三日, 贈太保"(3534쪽); 『신당서』 권144, 후희일전, "遺勅其子上還前後實封, 贈太保"(4703쪽).

낙양을 점령하고 황제를 칭하였는데, 얼마 후 안동부도호·보정군사 마영찰이 안녹산에 대한 이반을 획책하다가 여지회에게 살해당하였다. 그러자 평로의 유객노 등이 거사하여 여지회를 죽이고 평로 번진을 들어 당조에 투항하였다. 이때 후희일도 안동도호부의 군장인 왕현지와 함께 멀리서 거사에 동참하였다. 아울러 후희일과 밀접한 관련을 가진 이정기도 같이 거사에 참여하였는데, 그 역시 안동도호부나 보정군의 군장이었을 가능성이 있다.

천보 15재(지덕 원재, 756) 4월 유정신은 서귀도를 평로유후사平盧留後事로 삼은 후 범양을 공격하기 위해 출전하였지만, 6월 사사명에게 대패한 뒤 북평에 주둔하였다. 이런 상황에서 10월 숙종이 경사를 수복할 계획을 세우고 이 사실을 평로에도 알리자, 서귀도가 장원간을 발해에 파견하여 원군을 요청하였지만, 발해가 응하지 않았다. 같은 10월 경사를 공격하던 당군이 반란군에게 대패하였다. 그러자 12월 서귀도가 자구책으로 북평의 유정신을 독살하고 안녹산과 통모하였다. 다음 해인 지덕 2재(757) 정월 초 안녹산이 서귀도를 평로절도사에 임명하였지만, 안동부도호··정군사였던 왕현지가 후희일 등과 함께 서귀도를 습격하여 죽이고 평로를 장악하였다. 왕현지는 임시로 권지평로절도權知平盧節度가 되었고, 보정군과 안동도호부의 군대는 평로의 주력군이 되었다. 그러면서 후희일과 이정기는 평로의 유력 군장이 되었다고 보인다.

숙종 건원 원년(758) 2월 왕현지는 정식 평로절도사에 임명되었지만, 같은 해 12월 병으로 죽었다. 그러자 숙종이 환관을 보내 후임 절도사를 임명하려고 하였는데, 그때 이정기가 쿠데타를 일으켜 후희일을 번수로 추대하였다. 숙종은 할 수 없이 같은 달 후희일을 평로절도사에 임명해 주었다. 그리고 숙종 상원 2년(761) 12월 후희일은 이정기과 함께 휘하 군사 2만여 명을 거느리고 남하하여 바다를 통해 오늘날의 산동지역으로 들어갔다. 그리고 다음 해인 보응 원년 5월 후희일이 청주靑州를 점령하자 대종이 그를 평로치청절도사에 임명해 주었다.

보응 원년(762) 10월 대종이 반란군의 황제 사조의에 대한 공격을 개시하여 다시 낙양을 수복하였다. 사조의는 변주·복주·활주·막주 등지로 달아나며 저항을 계속하였지만, 결국 다음 해 정월 궁지에 몰려 자살하고 안사의 난이 종결되었다. 이때 후희일도 공을 세워 관직이 높아졌으며 철권을 하사받고 태묘에 배향되고 능연각공신에 봉해지는 영예를 얻었다.

후희일은 처음에는 치청을 잘 다스렸지만, 시간이 지나면서 점차 정무에 태만하고 불사佛事를 자주 일으켰으며 사냥하며 다니는 것을 좋아하여 사람들이 고통을 받았다. 그가 사냥하며 다니는 것을 좋아했던 것은 영주 시절의 습속에 따른 것으로 보인다. 대종 영태 원년 (765) 5월 후희일이 이정기를 병마사에서 해임하였는데, 군인들이 불만을 토로하였다. 그런 중 후희일이 무당과 함께 밖에서 노숙을 하고 성으로 돌아왔는데, 군인들이 성문을 열어주지 않았다. 이정기의 주도로 다시 평로에서 쿠데타가 일어난 것이다. 그리하여 후희일은 평로에서 쫓겨났고, 같은 해 7월 대종은 이정기를 평로치청절도사에 임명해 주었다. 후희일은 그동안 당조에 특별히 불온한 행동을 보이지 않았지만, 이정기는 자립의 태도를 분명하게 하며 '반역의 번진'의 길로 나아간다.

후희일과 이정기가 모두 안동도호부의 군장 출신이었다면, 이정기 일가 번진의 존재 의의를 고구려와 바로 연결하여 이해하던 기존의 시각은 그 사이에 개재된 안동도호부의 고구려인에 대한 보다 심

도있는 고찰을 통해 더욱 체계적으로 발전될 수 있을 것으로 생각한다.

[부록 2]

이정기 일가 번진의 영역 변천

1. 머리말
2. 안사의 난과 '산동山東' 번진의 설치
3. 평로치청절도사 후희일의 영역
4. 이정기의 영역 확장
5. 이납 시기의 영역 축소와 이후
6. 맺음말

1. 머리말

현종 천보 14년(755) 범양范陽·평로平盧·하동河東 세 절도사를 겸임한 안녹산이 반란을 일으켰는데, 그 주력은 범양군과 평로군이었다. 하지만 얼마 지나지 않아 평로군은 '고구려인 무인집단'[1]을 중심

---

[1] 楊曉燕,「唐代平盧軍與環渤海地域」, 王小甫 主編,『盛唐時代與東北亞政局』, 上海辭書出版社, 2003, 191~192쪽; 張春海,「試論唐代營州的高句麗人武人集團」,『江蘇社會科學』2007-2, 229~231쪽.

으로 한 안동도호부 세력이 번진을 장악하여 당조 진영에 가담하였다. 그리고 이 상황에서 이정기가 정변을 일으켜 후희일을 번수藩帥(번진의 수장)로 추대하자 당조는 후희일을 평로절도사로 임명하였다. 이후 평로군은 표면적으로 후희일이 지휘하였지만, 실권은 이정기가 장악하였다.[2]

후희일은 숙종肅宗 상원上元 2년(761) 12월 이정기와 함께 군사 2만여 인을 이끌고 오늘날의 '산둥山東'으로 들어갔다. 당시 산둥 지역은 당조가 임명한 절도사들이 반란군과 싸우고 있었다. 다음 해 5월 후희일이 청주靑州를 함락시키자, 대종代宗은 그를 평로치청平盧淄靑[3]절도사에 임명하였다. 이때 후희일은 치淄·청靑·제齊·기沂·밀密·해海 6주州를 관할하였으나, 반란이 지속되는 과정에 번진들의 영역은 계속 바뀌었다.

반란이 종결된 후인 대종 영태永泰 원년(765) 5월 이정기가 후희일을 몰아내고 7월 평로치청절도사에 임명되었다. 당시 평로 주변에는 반란군 출신 절도사들이 '할거 번진'을 형성하였고 이정기 역시 할거 세력이 되었다. 대종 대력大曆 11년(776) 5월 대운하가 지나는 변송汴宋 번진의 이영요李靈耀가 반란을 일으키자 이정기는 그중 운鄆·복濮·조曹·서徐·연兗 5주를 무력으로 차지하여 치·청·제·기·밀·해·등登·내萊·체棣·덕德·운·복·조·서·연 15주[4]를 거느리게 되었다.

---

[2] 이 책 [부록 논문 1], 448쪽. 이 글에서 '평로치청절도사 후희일의 영역'이라는 목차를 따로 설정한 것은 이 시기에 이미 이정기가 실권을 장악하고 있었기 때문이다.
[3] '평로'는 軍號이며, '치청'은 지역을 가리킨다.
[4] 15주의 영역 범위에 관해서는 譚其驤 主編,『中國歷史地圖集』5, 中國地圖出版社, 1982, 38~39쪽의 '元和方鎭表'; 王壽南,『隋唐史』, 三民書局, 1986, 361쪽의 '大唐方鎭圖'; 王壽南,『唐代藩鎭與中央關係之研究』, 大化書局, 1978, 1021쪽의 부록 '大唐方鎭圖'; 松丸道雄 等 編,『中國史』 2, 山川出版社, 1996, 458쪽의 圖17 '唐代の藩鎭' 등 참조.

아들 이납은 부친의 유업을 계승하여 다른 할거 번진들과 함께 덕종德宗과의 싸움에서 승리를 거두고 할거의 기틀을 확고히 다졌다. 하지만 이납은 그 과정에 3개 주를 상실하였다. 그 후 이납과 아들 이사고, 또 이사고를 이은 이복동생 이사도는 이 판도를 잘 유지하다가 헌종憲宗 원화元和 14년(819) 2월에 패망하였다. 같은 달 평로군은 세 번진으로 분할되었다.

이러한 것은 지금까지 대체로 잘 알려진 내용들이다.[5] 하지만, 평로 번진의 영역은 이보다 훨씬 복잡하게 변화하였고 그 범위가 하북 지역에까지 이르기도 하였다(부록의 '관할 영역 변천표' 참조).[6] 따라서 그 관할 영역의 변화 양상에 대한 고찰은 이정기 일가 번진의 유동성과 그 대외적 상황을 알게 할 뿐 아니라, 이해관계에 민감한 할거 번진들의 속성을 이해하는 데에도 도움이 될 것이다.

이 글에서 말하는 '산동'은 지금의 산둥성山東省 지역을 가리키지만, 해당 시대에는 하남도河南道에 속하였다. 또, ⓐ현종 천보 원년(742) 2월 주州·자사刺史를 군郡·태수太守로 명칭을 바꾸었다가 숙종 지덕 2년(757) 12월에 원래대로 하였고(즉 당대唐代의 군과 주는 같

---

[5] 김문경,「唐代 高句麗遺民의 藩鎭」,『唐代의 社會와 宗教』, 숭전대학교출판부, 1984, 36쪽; 樊文禮,「唐代平盧淄靑節度使略論」,『煙臺師範學院學報』(哲社版) 1993-2, 29쪽; 王賽時,「唐代的淄靑鎭」,『東岳論叢』1994-2, 104~105쪽; 郝黎,「唐代淄靑鎭的特點」,『靑島科技大學學報』(社會科學版) 2003-4, 76~77쪽; 姜淸波,『入唐三韓人研究』, 暨南大學出版社, 2010, 114쪽; 苗威,『高句麗移民研究』, 吉林大學出版社, 2011, 253쪽 등. 필자도 지금까지 관할 영역에 대해서는 대체로 이와 비슷한 수준에서 이해하였다.

[6] 『신당서』 권65, 方鎭表2, 靑密, 1800~1816쪽; 吳廷燮,『唐方鎭年表』1, 中華書局, 1980, 330~340쪽 등에 보이듯이 이정기 일가가 반역을 일으켰을 때 당조는 그 관작을 삭탈하고 다른 사람을 평로절도사 등에 임명하기도 하였는데, 이 경우까지 합하면 그 관할 영역은 더욱 복잡하게 변한 것이 된다. 하지만, 이 글에서는 실제적 관할 범위를 중심으로 살펴보겠다.

음) ⓑ천보 3년(744) 정월에 연年을 재載로 바꾸었다가,[7] 건원 원년 (758) 2월에 다시 원래대로 하였다는 점을 미리 밝혀둔다.

2. 안사의 난과 '산동山東' 번진의 설치

755년 11월 안녹산의 군대가 범양을 출발하여 파죽의 기세로 남하하자 현종은 내지에 처음으로 하남절도사河南節度使를 설치하고 장개연張介然을 절도사에 임명하였다.[8] 이때 하남절도사는 진류陳留 등 13군을 관할하였으며 치소는 진류군(즉 변주汴州)에 두었다. 하지만, 장개연은 진류에 도착한 지 겨우 며칠 만에 안녹산에게 잡혀 참살되었다.[9]

같은 해 12월 안녹산은 낙양을 점령하고 장통오張通晤에게 '산동' 지역을 경략하게 하였다. 그러자 대부분의 군현 관리들이 항복하거나 도망쳤지만, 동평東平(운주鄆州)태수 이지李祗와 제남濟南(제주齊州) 태수 이수李隨가 반란군을 가로막았다. 또 산동의 단보현위單父縣尉 가분賈賁이 남으로 수양睢陽(송주宋州)을 공격하여 장통오를 참살하였다.[10] 이로써 '산동'의 상당 부분은 당 진영에 남을 수 있었다. 이즈음

---

7 『구당서』 권9, 현종본기하, 천보 3재 정월 조, 217쪽; 『신당서』 권5, 현종본기, 천보 3재 정월 조, 144쪽; 『자치통감』 권215, 천보 3재 정월 조, 6859쪽.
8 『자치통감』 권217, 천보 14재 11월 조, 6937쪽; 『구당서』 권9, 현종본기하, 천보 14년 11월 조, "以, 衛尉卿張介然爲 陳留太守·河南節度採訪使"(230쪽).
9 『자치통감』 권217, 천보 14재 11월 조, 6937~6938쪽.
10 『자치통감』 권217, 천보 14재 12월 조, 6940쪽; 『구당서』 권187하, 張巡傳, "祿山之 亂, 巡爲真源令, 說譙郡太守, 令完城, 募市人, 爲拒賊之勢. 時吳王祇爲靈昌太守, 奉詔糾率河南諸郡, 練兵以拒逆黨, 濟南太守李隨副之. 巡與單父尉賈賁各召募豪傑, 同爲義舉. ……"(4900쪽).

하북 지역에서 평원平原(덕주德州)태수 안진경顏眞卿 등이 반란군에 대한 저항군을 결성하여 세력을 넓히기 시작하였는데, 제남태수 이수가 부하를 파견하여 함께 안진경을 추대하여 맹주로 삼았다.[11]

다음 해인 천보 15재(756) 정월 이수가 수양에 이르자 현종이 그를 하남절도사로 임명하고 다시 13군을 관할하게 하였는데, 13군 안에는 훗날 이정기가 지배하는 제음濟陰(조주曹州), 복양濮陽(복주濮州), 치천淄川(치주淄州), 낭야琅邪(기주沂州), 팽성彭城(서주徐州), 동해東海(해주海州) 6군이 포함되었다.[12]

같은 해인 지덕 원재(756) 12월 반란군이 '산동'을 공격하여 노군魯郡(연주兗州), 동평군東平郡(운주鄆州), 제음군濟陰郡(조주曹州)을 함락시켰는데,[13] 이해 숙종은 '산동' 등지에 절도사들을 설치하였다. 즉 『자치통감』 권219, 지덕 원재 12월 조를 보면

이해에 ①북해절도사北海節度使를 설치하여 북해 등 4군을 관할하게 하고 [호삼성 주: 북해군(청주靑州), 고밀군高密郡(밀주密州), 동무군東牟郡(등주登州), 동래군東萊郡(내주萊州)을 관할하였다] ②상당절도사上黨節度使를 설치하여 상당 등 3군을 관할하게 하고 [호삼성 주: 상당군(노주潞州), 장평군長平郡(택주澤州), 양성군陽城郡(심주沁州)을 관할하였다] ③흥평절도사興平節度使를 설치하여 상락上洛 등 4군을 관할하게 하였다 [호삼성 주: 상락군(상주商州), 안강군安康郡(금주金州), 봉상군

---

11 『자치통감』 권217, 천보 14재 12월 조, 6941~6942쪽.
12 『자치통감』 권217, 지덕 원재 정월 조, 6951쪽; 『신당서』 권5, 현종본기, 천보 15재 정월 조, 151쪽.
13 『자치통감』 권219, 지덕 원재 12월 조, 7010쪽.

鳳翔郡(기주岐州)을 관할하였다. 방진표에는 다만 3군만을 적고 있으므로 나머지 1군은 고찰을 요한다](7010~7011쪽).

라고 한다. 북해절도사는 '산동'에 설치된 최초의 절도사이다. 아울러, 이해 산동에 운·제·연3주도방어사都防禦使가 설치되어 제남(제주)에 치소를 두었다.[14] 이로써 산동의 주요 지역은 절도사들이 관할하는 시대가 되었다.

하지만, 당시는 반란군이 '산동' 지역에 세력을 펼쳤기 때문에 북해절도사 등은 제대로 그 역할을 수행하지 못하였다. 즉『구당서』권 129, 한황전韓滉傳을 보면

> 지덕 연간 초에 청제절도靑齊節度 등경산이 [한황을] 판관判官으로 벽소하고 감찰어사·겸북해군사마監察御史·兼北海郡司馬에 제수하였으나, 도로가 두절되었으므로 산남山南 지역으로 피신하였다(3599쪽).

라고 한다.『자치통감』의 호삼성 주에서도 지덕 2재 10월 경에 "북해(청주) 지역은 여전히 적장賊將 능원호能元皓가 점거하고 있었다. 전해에 당조가 북해절도사를 설치하였지만 북해를 수복하지 못한 상황에서 절도사를 두었을 뿐이다"[15]라고 한다. 이들 절도사는 산동에 제대로 들어가지도 못하였던 것이다.

다음 해(757) 8월 숙종은 재상 장호張鎬를 겸하남절도·채방등사兼

---

14 『신당서』권65, 방진표2, 淸密, 지덕 원재 조, "置靑密節度使, 領北海·高密·東牟·東萊四郡, 置北海郡, 置鄆齊兗三州都防禦使, 治齊州"(1801쪽).
15 『자치통감』권200, 지덕 2재 10월 조의 호삼성 주, 7039쪽.

河南節度·採訪等使로 임명하였고[16] 9월 장안을 수복하였다. 이때 하남의 수양(송주)이 위험에 빠지자, 장호는 급히 절동浙東·절서浙西·회남淮南·북해 절도사 등에게 격문을 보내 구원하게 하였다. 수양성은 끝내 함락되었으나,[17] 숙종의 군대는 계속 진군하여 10월 낙양을 수복하였다. 11월 장호는 회서淮西, 회남서도淮南西道, 북정행영北庭行營, 흥평 등 5절도사를 거느리고 하남과 하동의 군현들을 순회하며 대부분 안정시켰는데, 다만 반란군 장수 능원호가 북해(청주)를 지키고 고수암高秀巖이 하동의 대동大同을 지키며 항복하지 않았다.[18] 하지만 다음 해인 지덕 3재(758) 2월 반란군의 치청절도사淄青節度使 능원호가 당에 투항하면서[19] '산동' 지역은 다시 당의 영역이 되었다.

같은 해인 건원 원년(758) 8월 숙종은 허숙기許叔冀를 청밀절도사青密節度使(즉 북해절도사의 후신)에 임명하여 청·밀·등·내·활滑·복 6주를 관할하게 하였다.[20] 그리고 다음 해 산동을 포함한 하남의 번진들이 크게 재편되었는데, 『신당서』 권65, 방진표, 하남, 건원 2년(759) 조를 보면

> 변주도방어사汴州都防禦使를 폐지하고 변활절도사汴滑節度使를 설치하여 활주에 치소를 두고 활滑·복濮·변汴·조曹·송宋

---

16 『구당서』 권10, 숙종본기, 지덕 2재 8월 조, 246쪽; 『자치통감』 권219, 지덕 2재 8월 조, 7029쪽.
17 『자치통감』 권220, 지덕 2재 10월 조, 7039쪽.
18 『자치통감』 권220, 지덕 2재 11월 조, 7044쪽; 『구당서』 권10, 숙종본기, 지덕 2재 11월 조, "是時河南·河東諸郡縣皆平"(248쪽).
19 『구당서』 권10, 숙종본기, 지덕 3재 2월 조, 251쪽; 『자치통감』 권220, 건원 원년 2월 조, "安慶緒所署北海節度使能元皓舉所部來降"(7052쪽).
20 『자치통감』 권220, 건원 원년 8월 조 및 考異, 7059~7060쪽.

5주를 관할하였다. 다시 하남절도사가 설치되어 서주徐州에 치소를 두고 서徐·사泗·해海·박亳·영潁 5주를 관할하였다. 얼마 지나지 않아 이 중 영주를 정진절도鄭陳節度에 예속시켰다가 다시 [하남절도사가에] 예속시켰다. 이해 또 복주濮州를 연운절도兗鄆節度에 예속시키고, 영潁·박亳 2주를 정진절도사에 예속시켰다(1802쪽)

라고 한다. 하남절도사는 관할 영역이 축소되었으나 산동반도 남쪽의 해주海州를 새로 관할하였고, 연운절도사는 청밀절도사가 관할하던 복주를 더 관할한 것이 눈에 띈다.[21] 연운절도사는 앞선 지덕 원재(756)에 설치되었던 운·제·연3주도방어사가 이때 승격된 것으로 연주에 치소를 두었다.[22] 그리고 청밀(북해)절도사는 복주를 연운절도사에게 할양하였을 뿐 아니라 활주도 변활절도사에게 할양하였다. 하지만 청밀절도사는 다른 세 주를 더 관할하게 되어 오히려 관할 구역이 확대되었다.[23]

요컨대 건원 2년(759)에 이르러 '산동' 지역은 크게 ① 청주青州에 치소를 둔 청밀절도사가 청·치·밀·등·내·기 6주 ② 제주齊州의 연운(또는 운제연)절도사가 운·제·연 3주를 관할하게 되었다. 그 다음 해인 숙종 상원 원년(760) 해주는 다시 청밀절도사 관할로 바뀌었다.[24] 한편, 반란군 진영에서는 건원 2년(759) 4월 사사명이 낙양에서 황제를 칭하고 반란을 이어갔다.

---

21 『신당서』 권65, 방진표2, 청밀, 건원 2년 조, "濮州隸鄆齊兗節度使"(1802쪽).
22 『신당서』 권65, 방진표2, 청밀, 건원 2년 조, 1802쪽.
23 上同.
24 『신당서』 권65, 방진표2, 청밀, 상원 원년 조, 1803쪽.

다음 해인 상원 원년(760) 10월 산동 번진은 다시 개편되었다. 『구당서』 권10, 숙종본기, 상원 원년 10월 조에

> [임신일에] 청주자사 은중경殷仲卿을 치주자사淄州刺史 및 치淄·기沂·창滄·덕德·체棣등주절도사에 임명하고, 갑신일에 병부시랑 상형尙衡을 청주자사 및 청등등주절도사靑登等州節度使에 임명하였다(259~260쪽).

라고 한다. 전자는 치기淄沂 번진이 신설되면서 은중경이 그 절도사에 임명된 것을 말한다. 그런데 『신당서』 권65, 방진표2, 청밀, 상원 2년 조에서는 "치기절도사가 (새로) 설치되어 치·기·창·덕·체 5주를 관할하고 치소를 기주에 두었다"(1803쪽)라고 하여 치기절도사의 설치 연대가 다르게 기재되어 있다. 지금 그 정확한 시점을 알기는 어렵지만,[25] 일단 상원 2년은 치기절도사가 정식 관직이 된 시점일 수 있다고 보겠다.[26] 한편, 당의 연운절도사 능원호는 전 해(760) 12월 사사명의 군대를 격파하였고,[27] 상원 2년 4월에는 반란군의 새 황

---

25 郁賢皓, 『唐刺史考全編』 2, 安徽大學出版社, 2000의 하남도, 淄州, 은중경 조에서는 이 방진표의 기록은 오류일 것이라고 한다(1062쪽).
26 『자치통감』 권221, 상원 원년(760) 10월 조에 "置靑·沂等五州節度使"(7059쪽)라고 하지만, 호삼성 주에는 "詳考通鑑所書, 乾元二年四月甲辰, 以尙衡爲靑密節度使, 上元二年四月乙亥, 靑密節度使尙衡破史朝義兵. 如此, 則是年尙衡尙鎭靑密, 安得又置靑沂等州節度使邪! 新書方鎭表, 上元二年置淄沂節度使, 領淄·沂·滄·德·棣五州. 侯希逸自平盧引兵保靑州, 授靑密節度使, 遂廢淄沂節度, 幷所管五州, 號淄靑·平盧節度. 通鑑書侯希逸爲平盧·淄靑節度在寶應元年五月. 蓋新表與通鑑各以所見書爲據, 故參錯不同如此"라고 한다. 또 『신당서』 권66, 방진표3, 유주, 상원 2년 조, "滄·德·隷三州隷淄沂節度, 衛·相·貝·魏·博五州隷滑衛節度"(1839쪽).
27 『자치통감』 권221, 상원 원년 12월 조, 7100쪽. 이에 대한 호삼성의 주에는 "方鎭表, 乾元二年, 升鄆·齊·兗都防禦使爲節度使. 是年以齊州隷靑密, 而兗鄆增領徐州"이라 한다.

제 사조의史朝義의 군대를 격파하였다.[28] 사조의는 그 전 달에 사사명을 죽이고 황제를 칭하였다.

요컨대 상원 원년(760) 10월 또는 상원 2년 무렵 '산동' 일대는 크게 ① 기주沂州에 치소를 둔 치기절도사淄沂節度使 은중경이 치·기·창·덕·체[29] 5주 ② 청주의 청밀절도사 상형이 청·밀·등·내·해 5주 ③ 제주의 연운(또는 운제연)절도사 능원호가 운·제·연 3주를 관할하였다. 그리고 상원 2년(761) 정월 요서 평로군의 장수인 전신공田神功이 강남에서 일어난 유전劉展의 반란을 평정한 공[30]으로 같은 해 6월 서주자사徐州刺史에 임명되었고[31] 또 같은 달 연운절도사 능원호는 사조의의 장수 이원우李元遇를 패배시켰다.[32] 이런 상황에서 같은 해 12월 후희일이 평로군을 이끌고 산동으로 들어왔다.

3. 평로치청절도사 후희일의 영역

상원 2년(761) 12월 후희일이 이정기와 함께 '산동'으로 들어오자

---

28 『자치통감』 권222, 상원 2년 4월 조, 7113쪽.
29 『구당서』 권39, 지리지2, 河北道, 滄州(上) 및 德州 조, 1506~1507쪽, 1509쪽; 『신당서』 38, 지리지2, 하남도, 棣州·樂安郡(上) 조, 995쪽.
30 『자치통감』 권222, 상원 2년 정월 조, "將軍賈隱林射(劉)展, 中目而仆, 遂斬之"(7104쪽); 『구당서』 권124, 전신공전, "[上元]二年二月生擒逆賊劉展, 送于闕下"(3533쪽); 『韓昌黎文集校注』 권6, 「淸邊郡王楊燕奇碑」, "寶應二年(763)春, 詔從僕射[田]神功平劉展, 又從下河北. 大曆八年(773), 帥師納戎帥[李]勉于滑州. 九年, 從[汴宋節度使田神功]朝于京師. 建中二年, 城汴州, 功勞居多. 三年, 從攻李希烈"(上海古籍出版社, 357쪽).
31 『자치통감』 권222, 상원 2년 6월 조, 7114쪽.
32 『자치통감』 권222, 숙종 상원 2년(761) 6월 조, "靑密節度使能元皓敗史朝義將李元遇. [호삼성 주: 按上卷五年冬書兗鄆節度使能元皓. 詳考本末, '靑密'恐當作'兗鄆]"(7114쪽).

숙종은 그를 청밀절도사靑密節度使에 임명하고, 치기절도사淄沂節度使를 폐지하면서 그 관하의 치淄·기沂·창滄·덕德·체棣 5주와 연운절도사 관하의 제주齊州를 청밀절도사에 예속시켰다.[33] 즉 후희일은 산동으로 오자마자 이전 청밀절도사가 관할하던 청靑·밀密·등登·내萊·해海 5주 및 제주에 더해 치淄·기沂·창滄·덕德·체棣 5주까지 모두 11주를 관할한 것이다. 당시는 아직 후희일이 산동에 근거지를 마련하지 못한 것으로 보임에도 불구하고, 당조가 이렇게 넓은 지역을 관할하게 한 것은 이 지역 일대의 형세가 아직 불안정하고 유동적이기 때문에 해당 구역을 안정시키라는 기대의 의미가 있었을 것으로 보인다.[34] 그리고 치기절도사를 폐지하고 그 관하 5주를 후희일에게 예속시키면서 평로치청절도사平盧淄靑節度使라는 칭호를 주었다고 한다.[35] 다만, 뒤에 언급하듯이 이 칭호의 사용 시기에 대해서는 다른 기록도 전한다. 한편, 연운절도사는 제주를 넘겨주었지만, 그 대신 서주를 이관받아 연·운·서 3주를 관할하게 되었다.[36]

다음 해인 숙종 상원 3년(762) 정월 숙종은 전신공을 치청절도사로 임명하였는데,[37] '치청'이라는 명칭으로 볼 때 그 관할 구역이 후희일

---

33 『신당서』 권65, 방진표2, 청밀, 상원 2년(761) 조, "平盧軍節度使侯希逸引兵保靑州, 授靑密節度使, 遂廢淄沂節度, 幷所管五州, 號淄靑平盧節度, 增領齊州. 齊州隸靑密, 而兗鄆節度增領徐州"(1803~1804쪽).

34 이 중 滄州, 德州, 棣州는 후희일이 남하하기 이전인 지덕 2년(757) 정월 遼西 平盧軍의 군장 董秦, 李希烈, 田神功 등이 먼저 남하하여 일시 점령하였던 곳이다. 즉 이 책 제1부 1장, 44~45쪽; 이 책 [부록 논문 1], 446쪽 참조. 후희일이 이 3주 등을 관할한 것은 어쩌면 그러한 배경과 관련이 있는지도 모르겠다.

35 이 절 첫 부분에서 "齊州를 청밀절도사에 예속시켰다"라고 한 구절의 각주 참조.

36 상동.

37 『全唐文』 권328, 顔眞卿, 「有唐宋州官吏八關齋會報德記」, "[肅宗]大悅拜公鴻臚卿, 再襲敬釪(인명)於鄆州, 加中丞, 討劉展於潤州, 斬平之, 遷徐州刺史. 明年, 拜淄靑節度使. 屬侯希逸自平盧至, ……"(中華書局, 3424~3425쪽); 『신당서』 권144, 전신공전, "詔拜鴻臚卿, 襲敬釪鄆州, 不克. …… 俄而禽展送京師, 遷淄靑節度使.

의 관할과 일부 중복되었을 수 있다. 어쨌든 같은 달 후희일은 청주 북쪽에서 황하를 건너 연주兗州에서 전신공과 연운절도사 능원호를 만났으며,[38] 다음 달 세 사람은 함께 반란군의 변주汴州를 공격하였다.[39]

같은 해인 대종 보응寶應 원년(762) [5월] 후희일이 청주를 '함락'시키자[40] 대종은 후희일을 평로청치절도사로 임명하였다고 한다. 즉 『자치통감』 권222, 보응 원년(762) 5월 조에

> 평로절도사 후희일을 평로·청치등6주절도사平盧·青淄等六州節度使로 삼았다. [호삼성 주: 청青·치淄·제齊·기沂·밀密·해海 6주이다. 치주淄州는 치소를 치천淄川에 두었다.[41]] 이로부터 청주절도사는 평로라는 명호를 가졌다](7126쪽).

라고 한다. 이전과 비교하면 그 관할 지역이 11주에서 청·치·제·기·밀·해 6주로 축소되었지만, 그 대신 실질적 통제력을 가지게 되었을 것으로 보인다. 호삼성은 이때 평로치청이라는 칭호가 처음으로 생겨났다고 하는데, 이는 실질성을 중시한 견해라고 생각된다. 한편,

---

……"(4702쪽); 『冊府元龜』 권358, 將帥部, 邢君牙 조, "天寶末, 安祿山亂, 隨節度使侯希逸過海至青徐間. 田神功之討劉展, 君牙又從神功戰伐有功, 歷将軍試光祿卿. 神功既為兗郵節度, 君牙領防秋兵入鎮好峙. ……"(4251쪽). 日野開三郎, 「安史の亂による唐の東北政策の後退と渤海の小高句麗國占領」, 『日野開三郎 東洋史學論集』8, 三一書房, 1984, 312쪽, 319쪽 참조.

38 『자치통감』 권222, 상원 3년 정월 조, "平盧節度使侯希逸於青州北渡河而會田神功·能元皓於兗州"(7118쪽).
39 『자치통감』 권222, 寶應 원년 2월 조, 7120쪽.
40 『구당서』 권124, 후희일전, "會田神功·能元皓於兗州, 青州遂陷於希逸"(3534쪽).
41 이에 이어서는 "본래는 漢 般陽縣이고 宋은 淸河郡 및 貝丘縣을 임시로 두었고, 魏는 東淸河郡으로 삼았다. 隋는 淄州를 두었는데, 淄水에서 이름을 취하였다"라고 한다.

같은 달에 전신공은 연운절도사로 자리를 옮겼다.[42] 관련 기록에는 전신공이 후희일에게 해당 지역을 양보한 것으로도 적혀 있으나[43] 실제로는 후희일의 군세에 눌려 밀려난 것으로 보는 것이 자연스럽다.

기실, 당시 '산동' 지역의 절도사들은 상당한 세력 각축을 벌이고 있었다. 『자치통감』 권222, 대종 보응 원년(762) 5월 조를 보면

> [송주가 사조의에게 함락될 위기에 처하자 이광필李光弼이] 마침내 서주徐州로 빠르게 달려가서 연운절도사 전신공에게 사조의를 공격하게 하여 대파하였다. 이에 앞선 [전 해 정월] 전신공은 이미 유전을 평정한 후 양주揚州에 머물며 귀환하지 않았으며, 태자빈객太子賓客 상형과 좌우림대장군左羽林大將軍 은중경은 연兗·운鄆에서 서로 공격하고 있었다. [상형과 은중경은] 이광필이 이른다는 말을 듣고 그 위명威名을 두려워하였고, 전신공은 급히 하남으로 돌아왔다. [호삼성 주: 이 때의 하남은 하남도를 총칭한 것이다] 상형과 은중경은 잇달아 입조하였다(7127쪽).

라고 한다. 당시 상형과 은중경이 연·운에서 서로 공격을 하였다고 하는데, 사마광의 『고이考異』에서는 당시 상황을 상세히 검토하여

---

42 『자치통감』 권222, 보응 원년(762) 5월 조의 考異, "此年五月, 田神功自淄靑移兗鄆"(7127쪽); 『신당서』 권144, 전신공전, "遷淄靑節度使, 會侯希逸入靑州, 更徙兗鄆"(4702쪽). 한편, 同, 보응 원년 5월 조의 호삼성 주에 "去年六月, 田神功自平盧兵馬使節度兗鄆"(7128쪽)이라고 하는 것으로 보면 전신공이 상원 2년(761)에 치청절도사가 되었을 가능성도 완전 배제할 수는 없다.
43 『전당문』 권328, 顔眞卿, 「有唐宋州官吏八關齋會報德記」, "討劉展於潤州, 斬平之, 遷徐州刺史. 明年, 拜淄靑節度使. 屬侯希逸自平盧至, 公以州讓之"(3424~3425쪽).

다음과 같이 말하였다. 즉 "태자빈객 상형과 좌우림대장군 은중경이 연·운에서 서로 공격하고 있었다"라는 기사를 설명하여

> 상형은 앞선 상원 원년(760) 치청절도사가 되었으며, 이해 (762) 5월 전신공이 치청에서 연운으로 옮기고, 6월 상형이 빈객에서 상시常侍가 되고 7월 은중경이 좌우림대장군에서 광록경光祿卿이 되었으나 연·운에서 서로 공격하였던 것이다. 아마도 상형은 아직 치청을 떠나지 않았고 은중경 역시 그곳에 있었다. 비록 새로운 관직을 제수받았으나 모두 입조하지 않았던 것이다(상동).

라고 한다. 후희일과 전신공이 해당 지역 절도사로 임명되었음에도 불구하고 상형과 은중경이 아직 치청과 치기를 떠나지 않고 있었던 것이다. 이는 당시 산동 지역에 대한 당조의 통치력이 불안정하였음을 나타낸다. 하지만, 상형과 은중경 등은 이광필의 위세에 눌려서 결국 조정에 입조하였고, 곧이어 후희일과 전신공이 각 관할 지역을 장악하였을 것이다.

『신당서』권65, 방진표2, 청밀青密, 보응 원년(762) 조에는 그해 '산동' 번진의 변화 상황이 일괄적으로 정리되어 있다. 즉 등登·내萊·기沂·해海·사泗 5주가 연운절도사에게 예속됨에 따라 연운절도사가 모두 9주를 관할하였다. 하지만 연운절도사는 이해에 폐지되어 등·내·기·해·사 5주는 치청평로절도사에게 예속되고, 운鄆·연兗·복濮·서徐 4주는 하남절도사에게 예속되었다고 한다.[44] 이 경우,

---

44 『신당서』권65, 방진표2, 青密, 보응 원년 조, 1804쪽.

등주와 기주는 이해 5월 후희일이 치·청 등 6주를 관할하는 평로치청절도사에 임명되었을 때의 6주와 중복된다. 기록에서는 그 전후 관계가 명확하지 않지만, 이해 5월 이후 전신공이 연운절도사의 직무를 수행하였던 점 등을 감안하면, 등·내·기·해·사 5주가 치청평로절도사에게 예속된 시점은 5월 이후일 가능성이 크다.[45] 그렇다면 5월 이후 어느 시점에 치청 번진의 영역이 다시 변화하였던 것이다. 요컨대 보응 원년에 후희일은 청靑·치淄·제齊·기沂·밀密·해海·등登·내萊·사泗 9주를 관할하게 되었다고 보인다. 앞선 상원 2년(761) 12월 후희일이 모두 11주를 관할하였던 상황과 비교하면 다음과 같다.

① 761년: 청주, 치주, 제주, 기주, 밀주, 해주, 등주, 내주, 창주, 덕주, 체주(11주).
② 762년: 청주, 치주, 제주, 기주, 밀주, 해주, 등주, 내주·사주(9주).

762년 후희일은 하북의 창주·덕주와 이에 근접한 체주에 대한 관할권을 상실하였지만, '산동'의 중요 지역을 관할한 것은 변함이 없었다.

대종 광덕廣德 원년(763) 정월 사조의가 패해 도주하다가 자살함으로써 안사의 난이 종결되었는데, 이해에 치청 번진의 관할 영역은 다시 바뀌었다. 『신당서』 권65, 방진표2, 청밀, 광덕 원년(763) 조에

[치청평로의] 창滄·덕德 2주가 위박魏博 절도사에게 예속되

---

[45] 뒤에 이정기가 평로절도사가 된 초기에 관할하였던 주와 대부분이 일치하는 것도 이를 뒷받침한다.

었다. 치청평로절도사가 영주瀛州를 증령增領하였다. 얼마 지나지 않아 영주가 다시 위박절도사에게 예속되었다(1804~1805쪽).

라고 한다. 이는 반란군 출신의 전승사田承嗣가 같은 해 윤정월 위박도방어사에 임명되면서 위·박·덕德·창滄·영瀛 5주를 관할하고, 6월 위박절도사에 임명되었던 것[46]과 관련이 있다. 아울러 『신당서』 권66, 방진표3, 위박, 광덕 원년(763) 조를 보면

> 위박등주방어사魏博等州防禦使가 설치되어 위·박·패貝[47]·영瀛·창滄 5주를 관할하고 위주에 치소를 두었다. 이해에 절도사로 승격되었고 덕주를 증령하였다. 영·창 2주가 치청평로절도사에 예속되고, 패주가 명상洺相 절도사에 예속되었다. 얼마 지나지 않아 다시 [위박절도사가] 영·창 2주를 관할하였다(1840~1841쪽).

라고 한다. 요컨대 어느 시점에 창주와 덕주가 다시 치청평로의 관할이 되었지만,[48] 광덕 원년 윤정월 위·박등주방어사가 설치되면서 창주가 위박에게 예속되고 또 위박절도사가 설치되면서 덕주가 위

---

46 『자치통감』 권222, 광덕 원년 윤정월 및 6월 조, 7139쪽, 7144쪽.
47 『자치통감』 권222, 광덕 원년 윤정월 조, "以史朝義降將薛嵩爲相·衛邢洺貝磁六州節度使"(7141쪽).
48 이와 관련된 기록이 전혀 보이지 않는다. 어쩌면 후희일이 761년경에 창주와 덕주를 관할하였던 것을 전제로 해당 기사가 방진표의 청밀 조에 게재되었을 수도 있고, 후희일이 당군과 함께 사조를 토벌하면서 일시 군사적으로 점유한 지역이었을 가능성도 배제할 수는 없다.

박에게 예속된 반면, 어느 시점에 위박의 창·영 2주가 다시 치청평로에 예속되었다가 다시 위박에 예속되었다는 것이다. 안사의 난이 종결되었음에도 불구하고 여전히 관할 영역이 유동적이었음을 보여준다.

같은 해인 광덕 원년(763) 5월 대종은 하북과 하남에 위치한 강번強藩들의 경계를 획정하였다. 즉『자치통감』권222, 대종 광덕 원년(763) 5월 조에

> 제서를 내려 하북의 제주諸州를 나누었다. 유幽·막莫·규嬀·단檀·평平·계薊는 유주幽州(번진)가 관할하고, 항恒·정定·조趙·심深·역易은 성덕군成德軍이 관할하고, 상相·패貝·형邢·명洺은 상주相州가 관할하고, 위魏·박博·덕德은 위주魏州가 관할하고, 창滄·체棣·기冀·영瀛은 청치青淄가 관할하고, 회懷·위衛·하양河陽은 택로澤潞가 관할한다(7143쪽).

라고 한다. 이 제서는 특히 하북 지역을 둘러싼 번진들의 관할 분쟁을 방지하기 위해 내려졌을 것이다. 하지만, 이에 대한 호삼성의 주에 "전승사와 이영요李靈耀가 잇달아 반란叛亂을 일으키면서 각 번진은 이 제서를 준수하지 않았다"라고 하듯이 이 제서는 그다지 실효성이 없었다. 앞에서 언급한 창·덕·영 3주가 한때 평로치청 번진의 영역이었다가 위박절도사가 설치된 6월 이후 위박에 예속되었던 것도 그러한 상황을 나타낸다. 이 제서로 후희일의 관할이 된 하북의 창·체·기·영 4주 가운데[49] 창·영 2주는 위박 관할로 바뀌었지

---

[49] 이 중 滄州, 瀛州, 棣州는 후희일에 앞서 남하한 董晉·田神功 등이 일시 점령하였던

만, 나머지 기冀·체棣 2주는 어떻게 되었는지가 궁금하다. 『신당서』 권66, 방진표3, 성덕, 광덕 원년 조에 의하면 "성덕군절도사가 기주를 증령하였다"(1840쪽)[50]고 하므로 이해에 기주는 성덕절도사의 관할로 바뀌었던 것이 확인된다. 하지만 그 후 체주의 행방은 확인되지 않는다. 어쩌면 후희일이 그대로 관할하였을 가능성이 있는데, 뒤에 다시 언급하겠다.

4. 이정기의 영역 확장

대종 영태 원년(765) 5월 이정기는 후희일을 몰아내고 청青·치淄·제齊·기沂·밀密·해海·등登·내萊·사泗(체棣) 9주(또는 10주)를 계승하였고, 두 달 후 평로치청절도사에 임명되었다.[51] 후희일은 당조에 불온한 태도를 보이지 않았으나, 이정기는 자립적 태도를 분명히 하며 하북삼진河北三鎭 등과 함께 '할거 번진'이 되었다.[52]

이정기가 초기에 관할한 주州에 관한 기사들을 살펴보자. ①『구당서』 권124, 이정기전에 "앞서[初] 청주, 치주, 등주, 내주, 기주, 해주, 사주泗州, 창주滄州, 덕주德州, 밀주 10개의 주를 영유하였다"(3535쪽)고 하고 ②『신당서』 권213, 이정기전에는 "[이정기가 절도사가 되어] 마침내 치주, 청주, 제주齊州, 해주, 등주, 내주, 기주, 밀주, 덕주德州, 체주棣州 10주를 영유하였다"(5989~5990쪽)라고 한

    곳이다.
50 『신당서』 권66, 방진표3, 幽州, 광덕 원년 조에도 "冀州隷成德軍節度"(1840쪽)라고 보인다.
51 이 책 제1부 1장, 64~66쪽.
52 王賽時, 「唐代的淄青鎭」, 104쪽; 이 책 제1부 2장, 79~85쪽.

다. 즉 두 열전에 모두 이정기가 평로치청절도사가 된 초기에 10주를 영유하였다고 하지만, 그 주의 명칭이 조금씩 다르다. 그 내역을 후희일이 관할하였던 9주와 비교하면 다음과 같다.

ⓐ 후희일: 청주, 치주, 기주, 밀주, 해주, 등주, 내주, 제주, 사주(9주).
ⓑ 구당서: 청주, 치주, 기주, 밀주, 해주, 등주, 내주, 사주泗州, 덕주德州, 창주滄州(10주).
ⓒ 신당서: 청주, 치주, 기주, 밀주, 해주, 등주, 내주, 제주齊州, 덕주德州, 체주棣州(10주).

이 중 7주는 모두 일치하지만, ⓐ제주, 사주 ⓑ사주, 덕주, 창주 ⓒ제주, 덕주, 체주가 서로 다르다. 그리고 『자치통감』 권225, 대종 대력 12년(777) 12월 조를 보면 "평로절도사 이정기는 앞서 치주, 청주, 제주齊州, 해주, 등주, 내주, 기주, 밀주, 덕주德州, 체주棣州 10개 주의 땅을 영유하였다"(7249쪽)라고 하여 『신당서』 이정기전과 일치한다. 또 『구당서』 권12, 덕종본기, 건중建中 2년(781) 3월 조를 보면

이전 [대종] 대력 연간에 이정기는 치·청·제齊·해·등·내·기·밀·덕德·체棣·조曹·복濮·서徐·연兗·운鄆 15주를 영유하고, 이보신李寶臣은 …… (328쪽).

라고 한다. 이 중 조·복·서·연·운 5주는 뒤에 기술하듯이 대력 11년(776) 5월 변송 번진의 이영요가 반란을 일으키자 같은 해 9월 이

후 이정기가 무력으로 점령한 주들이다. 따라서 그 나머지 10주는 그 전에 관할하던 지역이며, 『신당서』 이정기전 및 앞의 『자치통감』 권225의 기사와 꼭 같다.

그렇다면 이정기가 15주를 다스리기 이전에 관할하였던 주는 일단 『신당서』 이정기전에 보이는 청·치·기·밀·해·등·래·제·덕·체 10주였다고 볼 수 있다. 이 경우, 덕주와 체주가 언제 이정기의 관할이 되었는지가 문제이다. 덕주는 위박절도사 전승사가 반란을 일으킨 와중인 대력 10년(775) 5월 이정기가 위박 번진으로부터 빼앗은 것이 확인된다.[53] 이에 비해, 체주에 관해서는 앞 절에서 인용하였던 대종 광덕 원년(763) 5월에 내려진 제서에 "창滄·체棣·기冀·영瀛은 청치青淄가 관할한다"라고 하는 기사 이외에는 다른 기록이 보이지 않는다. 따라서 『신당서』 이정기전을 참조하면 체주는 후희일이 그대로 관할하였을 가능성이 매우 크다고 할 수 있다. 즉 이정기는 처음에 후희일로부터 청·치·기·밀·해·등·래·제·사·체 10주를 넘겨받았던 것이다.

『구당서』 이정기전에 보이는 청·치·기·밀·해·등·내·사泗·덕德·창滄 10주를 검토해 보자. 이를 위해서는 먼저 위박절도사의 관할 구역이 참고가 된다. 앞에서 언급한 대로 광덕 원년(763) 윤정월에 위·박등주방어사가 설치되어 위魏·박博·패貝·영瀛·창滄 5주를 관할하였고, 6월 이것이 위박절도사로 승격되면서 덕주를 더 관할하였다. 같은 해 패주는 명상洺相(소의) 절도사 관할로 바뀌었지만, 그 대신에 위박절도사는 평로치청절도사가 잠시 관할하였던 영·창

---

[53] 『자치통감』 권225, 대종 대력 10년 5월 조, "李正己攻德州, 拔之 [호삼성 주: 德州自此屬平盧軍]"(7231쪽); 『신당서』 권65, 방진표2, 青密, 대력 10년 조, "淄青平盧節度又領德州"(1807쪽).

2주를 넘겨받았다.⁵⁴ 이 시점에서 위박절도사는 위·박·덕·창·영 5주를 관할하였던 것인데, 이 안에 창주가 들어있다. 『구당서』 이정기전에 보이는 10주가 일부 잘못되었음을 보여준다.

그런데 『신당서』 권65, 방진표2, 청밀, 대력 11년(776) 조를 보면 (이정기가) 변송의 운鄆·조曹·복濮·서徐·연兗 5주를 더 거느렸다라고 한 후 "사주泗州가 영평절도永平節度에 예속되었다"(1807~1808쪽)라고 한다.⁵⁵ 말하자면 사주⁵⁶는 그때까지 이정기의 관할이었다가 영평 번진의 관할로 바뀌었다는 것이다.⁵⁷ 즉 『구당서』 이정기전은 이정기가 한때 사주를 관할하였음을 명확히 전한다. 물론 이 기록 역시 창주에 대해서는 잘못된 정보를 전하고 있다.

이렇게 볼 때 앞에서 언급한 평로 번진의 영역 관련 기사들은 각각 서로 다른 시점에 관할하였던 주들이 섞여 기술된 것임을 알 수 있다. 이들을 정리해 보면, 이정기는 ① 영태 원년(765) 5월 후희일로부터 청·치·기·밀·해·등·래·제·사·체 10주를 계승한 후 ② 10년 후인 대력 10년(775) 5월 덕주를 더 차지하여 11주를 관할하였으나 ③ 그 다음 해에 사주를 영평 번진에게 넘겨주었던 것이다. 이 점에서 『신당서』 이정기전과 『구당서』 권12, 덕종본기, 건중 2년(781) 3월 조 및 『자치통감』 대력 12년(777) 12월 조에 보이는 10주 기사는 타당하다고 하겠다.

---

54 『신당서』 권66, 방진표3, 위박, 1840~1841쪽.
55 『신당서』 권65, 방진표2, 滑衛, 대력 11년 조, "永平節度增領宋·泗二州"(1087쪽); 同, 河南, 대력 11년 조, "宋·潁·泗三州隸永平軍節度"(1807~1808쪽). 吳廷燮, 『唐方鎭年表』1, 義成, 대력 11년 조, 216쪽.
56 『구당서』 권38, 河南道, 泗州(中) 조, 1444쪽; 『신당서』 권38, 河南道, 泗州·臨淮郡, 조, 990~991쪽.
57 泗州는 뒤에 보이듯이 얼마 후 汴宋 절도의 관할이 된다.

여기서 잠시 그 전에 있었던 상황들을 보자.『신당서』권65, 방진표2, 청밀 조에 의하면, 대력 4년(769) 평로치청 관하의 해·기·밀 3주가 분리되어 별도로 해·기·밀도삼주방어사海·沂·密都三州防禦使가 설치되었다가 얼마 지나지 않아 다시 평로에 예속되었다(1806쪽). 이 시기에는 강번들이 서서히 세력이 떨쳤고 대종은 번진들과의 충돌을 피하며 현상을 유지하는 '고식정책'을 취하였던 것을 감안하면 이러한 조치는 결코 예사로운 것이 아니다. 그럼에도 불구하고 사서에는 당시 이정기의 동정에 관한 기록이 거의 보이지 않는다. 다만, 그 전 해 6월 평로군의 행군사마行軍司馬 허고許杲가 병사 3천을 이끌고 강회江淮 지역을 침범한 사건이 있었다. 허고의 군대는 대종이 급파한 장만복張萬福의 활약으로 12월 회수淮水에서 궤멸되었다. 어쩌면 대종이 이 사건에 대한 응징으로 해·기·밀도삼주방어사를 설치하였으나 이정기가 반발하자 바로 철회하였을 가능성도 있다.[58]

이정기가 덕주를 차지한 과정은 다음과 같다. 대력 8년 정월 소의절도사昭義節度使 설숭薛嵩이 사망하자 소의의 군장들이 설숭의 아들 설평薛平을 협박하여 후사로 세웠으나, 설평은 거짓으로 따랐다가 숙부인 설악薛崿에게 자리를 양도하고 향리鄕里에 숨어버렸다. 대종은 설악을 유후로 임명하였다.[59] 그러자 전승사가 소의의 영토를 빼앗을 기회로 여기고 대력 9년 10월에 소의의 군장들을 사주하여 난을 일으키게 하였다.[60] 대력 10년 정월 소의병마사 배지청裵志淸 등이 설악을 몰아내자 전승사가 구원의 명목으로 군대를 이끌고 상주相州를 습격하여 점령하였다. 대종은 설숭의 일족들을 상주相州

---

58 이 책 제1부 2장, 87~88쪽.
59『자치통감』권224, 대력 8년 정월 조, 7219쪽.
60『자치통감』권224, 대력 9년 10월 조, 7228쪽.

· 위주衛州 · 명주洺州 자사에 임명하고 환관 위지고魏知古를 파견하여 전승사에게 상주에서 물러나고 각각의 영토를 지키게 명하였다. 하지만 전승사는 조서를 받들지 않았을 뿐 아니라 군대를 보내 명주洺州, 위주衛州, 상주相州를 점령하여 마음대로 관리를 임명하고 정예 병사와 좋은 말들을 빼앗았다.[61]

리우위펑劉玉峰에 의하면 대종이 "각각의 영토를 지키라고 한 것"은 바로 광덕 원년(763)의 제서制書에서 획정한 영역을 준수하게 하였을 것이라고 한다.[62] 이는 앞 절에서 인용한 해당 제서에 보이는 대로 당시 번진들의 영역이 정해져 있었을 것을 전제로 하는 견해이다. 하지만 이 제서는 그다지 실효성이 없었다. 호삼성은 이 조서 기사에 대한 주를 달아 "전승사와 이영요가 잇달아 반란叛亂을 일으키면서 각 번진은 이 제서를 준수하지 않았다"라고 하였지만, 전승사와 이영요의 반란이 아니어도 광덕 원년에 이미 번진들의 영역이 매우 유동적으로 변하였던 것이다.

앞서 평로절도사 이정기, 성덕절도사 이보신, 위박절도사 전승사, 소의절도사 설숭, 노룡(유주)절도사盧龍節度使 이회선李懷仙, 산남동도절도사山南東道節度使는 군장과 관리를 스스로 임명하고 공부貢賦를 바치지 않으며 서로 연대하여 세력을 떨쳤다.[63] 하지만 전승사의 소의 공격으로도 알 수 있듯이 이들의 연대는 이해관계에 따라 언제든지 바뀔 수 있었다. 그리고 어떤 일로 이회선·이정기와 전승사의 사이가 벌어진 상황에서, 전승사가 소의 번진을 공격하여 세력을 확장하자 대력 10년(775) 3월 두 사람이 조정에 상주하여 전승사를 토

---

61 『자치통감』 권224, 대력 10년 정월 조, 7228~7229쪽.
62 劉玉峰, 『唐德宗評傳』, 齊魯書社, 2002, 8쪽.
63 『자치통감』 권223, 영태 원년 7월 조, 7175쪽 등.

벌하길 청하였다.⁶⁴ 대종은 강번들의 연대에 균열이 생긴 것을 알고 마침내 그 다음 달에 이보신, 이정기, 하동절도서河東節度使 설겸훈 薛兼訓, 유주·노룡유후幽州·盧龍留後 주도朱滔, 회서절도사 이충신 李忠臣, 영평절도사永平節度使 이면李勉, 변송유후汴宋留後 전신옥田 神玉, 하양삼성진알사河陽三城鎭謁使 마수馬燧, 택로절도사澤潞節度 使 이포진李抱眞⁶⁵에게 함께 전승사를 공격하게 하였다.⁶⁶ 이때 이정 기는 이충신과 함께 남쪽에서 전승사를 공격하여 5월 덕주를 점령 하여 그대로 차지하였던 것이다.⁶⁷ 이로써 이정기는 청·치·기·밀· 해·등·래·제·체·사·덕 11주를 관할하였다가 이듬해에 사주를 영 평 번진에게 넘겨주었던 것이다.

대력 11년(776) 5월 변송절도유후 전신옥이 죽자 도우후都虞候 이 영요가 전승사와 연계하며 자립적 태세를 취하였다. 당시 변송절도 사는 변·송·조曹·복濮·연兗·운鄆·서徐·사泗 8주를 관할하고 있 었다.⁶⁸ 7월 전승사가 전열田悅을 보내 이영요와 함께 영평절도사의 치소인 활주滑州를 공격하게 하여 패배시켰다. 마침내 8월 당조가 회서의 이충신, 영평의 이면, 하양의 마수에게 이영요를 토벌하게 하였는데, 이정기와 회남절도사淮南節度使 진소유陳少遊도 군대를 보내 토벌전에 참여하였다.⁶⁹ 같은 해 8월 변송병마사·섭절도부사汴 宋兵馬使·攝節度副使 이승혜李僧惠, 변송아장汴宋牙將 고빙高憑, 석

---

64 『자치통감』 권225, 대력 10년 3월 조, 7230쪽.
65 이들 藩帥의 인명은 劉玉峰, 「唐德宗評傳」, 8쪽 참조.
66 『자치통감』 권225, 대력 10년 4월 조, 7230쪽.
67 『자치통감』 권225, 대력 10년 5월 조, 7231쪽. 그 전후 상황에 대해서는 이 책 제1부 2 장, 97쪽 등 참조.
68 『자치통감』 권225, 대력 11년 5월 조 및 호삼성 주, 7237쪽.
69 정병준, 「平盧節度使 李正己에 대해」, 120~121쪽.

은금石隱金 등이 함께 당조로 투항하자, 9월 대종은 이승혜를 송주자사宋州刺史, 고빙을 조주자사曹州刺史, 석은금을 운주자사鄆州刺史에 임명하며 이영요를 함께 공격하게 하였다. 하지만 바로 그달 이정기는 운주와 복주濮州를 점령하고 이를 조정에 상주하였다.[70] 당시 운주는 이미 당조에 투항한 상황에 있었는데, 이정기가 무력으로 점령하고 상주까지 하였던 것이다. 그 후 이정기가 다른 주를 점령한 기사는 보이지 않는다. 그런데 『자치통감』 권225, 대력 12년(777) 12월 조를 보면

> [전 해에] 이영요의 난이 일어나자 제도諸道가 함께 공격하여 각기 점령한 땅을 차지하였는데, 이정기는 조曹·복濮·서徐·연兗·운鄆 5주를 얻었다(7249쪽).

라고 한다. 이영요의 반란은 대력 11년(776) 10월에 평정되었지만, 그 전에 이정기는 운주와 복주 외에도 조주·서주·연주까지 차지하였던 것이다. 『구당서』 이정기전과 『신당서』 이정기전에도 같은 내용이 보인다.[71] 그리고 『신당서』 권65, 방진표2, 청밀靑密, 대력 11년 조에는 대력 11년에 이정기가 그 5주를 증령하였다고 한다(1807쪽).[72] 5주 중의 조주는 운주와 함께 당조에 투항한 주였다. 요컨대 이정기는 이영요의 난에 개입하여 변송 번진 관하의 5주를 무력으로 점령하였지만, 대종은 아무런 제재를 가하지 못하였고 오히려 반란

---

70 『자치통감』 권225, 대력 11년 8월 및 9월 조, 7238~7239쪽.
71 『구당서』 권124, 이정기전, "正己復得曹·濮·徐·兗·鄆, 共十有五州"(3535쪽); 『신당서』 권213, 이정기전, 5990쪽.
72 『신당서』 권65, 河南, 대력 11년 조, 1807쪽에도 같은 기록이 보인다.

이 종결된 후인 같은 해 12월에 그를 동평장사同平章事에 임명해 주었다.[73] 이는 이정기가 점령한 지역을 당조가 그대로 공인한 것을 의미한다. 이로써 이정기는 하북의 번진을 크게 능가하는 大번진을 건설하여 최고의 전성기를 누렸다.

다만, 여기서 문제가 되는 것은『신당서』권65, 방진표2, 청밀, 대력 11년(776) 조에 의하면 이정기가 변송의 5주를 점령하여 15주를 관할한 후 사주가 영평절도사에 예속되었다고 적혀 있다는 점이다. 이에 반해,『신당서』권213, 이정기전(5989~5990쪽)과『자치통감』대력 12년(777) 12월 조(7249쪽)에서는 이정기가 치·청·제·해·등·내·기·밀·덕·체 10주를 영유한 다음에 변송 번진의 조·복·서·연·운 5주를 취하였다고 기술되어 있다. 지금 단계에서 그 전후 상황을 정확히 알기는 어렵지만, 여기서는 일단『신당서』이정기전과『자치통감』대력 12년 12월 조에 의거하여 이정기가 사주를 영평절도사를 넘겨준 다음 혹은 사주를 넘겨주면서 변송의 5주를 공인받았던 것으로 보겠다.

2년 후인 대력 14년(779) 5월 덕종이 즉위하여 처음부터 번진 개혁의 의지를 강하게 드러냈다. 그러자 이정기 등의 할거 번진들은 함께 연대하여 덕종과 타협을 모색하기도 하였지만, 덕종은 이를 거부하고 강경한 자세를 견지하였다. 긴장이 고조되다가 마침내 양측이 전면전으로 접어든 직후인 건중 2년(781) 7월 이정기가 사망하고 아들 이납이 그 자리를 계승하였다.[74] 그 직전인 같은 해 6월 이정기는 이영요의 반란 때 차지하였던 서주를 지나는 대운하를 차단하여 당

---

73 『구당서』권11, 대력 11년 12월 조, 310쪽;『자치통감』권225, 대력 11년 12월 조, 7240쪽.
74 『자치통감』권227, 건중 2년 7월 조, 7306쪽.

조의 숨통을 졸랐다.

5. 이납 시기의 영역 축소와 이후

건중 2년(781) 7월 이납은 이정기가 관할하던 청青·치淄·기沂·밀密·해海·등登·내萊·제齊·체棣·덕德·조曹·복濮·서徐·연兗·운鄆 15주를 승계한 상황에서 덕종과의 전쟁을 치렀다. 그런 중인 같은 해 10월 이납이 송주宋州를 공격하는 사이[75]에 이납 관하의 서주자사徐州刺史 이유李洧가 주州를 들어 당조로 투항하였다.[76] 이납은 격노하여 부하 장수인 왕온王溫에게 많은 군사를 이끌고 위박의 장수 신도숭경信都崇慶과 함께 이유를 공격하게 하였다. 그러자 이유는 바로 덕종에게 구원을 요청하였고, 덕종은 삭방군대장朔方軍大將 당조신唐朝臣에게 명하여 선무절도사宣武節度使 유흡劉洽, 신책도지병마사神策都知兵馬使 곡환曲環, 활주자사滑州刺史 이징李澄과 함께 이유를 구원하게 하였다.[77]

같은 해 11월 유흡·곡환·이징·당조신이 합세하여 평로군과 위박군을 서주에서 대파하였다. 이어 왕온과 신도숭경이 서주를 공격하였으나 여의치 않자 이납에게 증원군을 요청하였는데, 이납이 장수 석은금에게 병사 1만을 거느리고 가게 하였다. 그러나 유흡 등이 신도숭경 등을 대파하였고, 당군이 그 뒤를 이어 북쪽으로 추적하

---

75 『신당서』 권7, 덕종본기, 건중 2년 9월 조에는 "[李]納陷宋州"(187쪽)라고 한다.
76 『자치통감』 권227, 건중 2년 10월 조, 7310쪽.
77 『자치통감』 권227, 건중 2년 11월 조, 7311쪽; 『신당서』 권7, 덕종본기, 건중 2년 11월 조, "[李]納寇徐州"(187쪽).

여 서주성 밑에 도착하자 평로군과 위박군이 포위를 풀고 도주하였다.[78] 이로써 강회조운江淮漕運은 다시 개통되었다.[79] 이후에도 이납은 기회가 있을 때마다 서주를 공격하였다. 즉 『구당서』 권156, 왕지흥전에 "이로부터 왕지흥이 항상 서주의 군대를 이끌고 이납을 저지하였다"[80]라고 한다.

한편, 이유는 당조로 투항하면서 서·해·기삼주관찰사徐·海·沂三州觀察使를 설치해 줄 것을 조정에 청하였다. 즉 『자치통감』 권227, 건중 2년 10월 조를 보면

> 서주만으로는 이납을 막는 것이 불가능합니다. 서·해·기삼주관찰사가 되기를 청합니다. 해주·기주 2주는 지금 이납이 영유하고 있지만, 제가 자사 왕섭王涉·마만통馬萬通과 평소 약속을 한 것이 있기 때문에 만약 조정의 조서詔書를 얻게 된다면 반드시 성공을 거두게 될 것입니다.

라고 하였지만, 재상 노기盧杞가 따르지 않았다.[81] 같은 해 11월 강회조운이 재개된 직후 회남절도사 진소유가 군대를 보내 이납의 해주海州를 공격하자 해주자사 왕섭이 항복하였고, 또 12월에는 밀주자사密州刺史 마만통이 항복하였다.[82] 다음 해인 건중 3년(782) 정월 진소유

---

78 『자치통감』 권227, 건중 2년 11월 조, 7311~7312쪽; 『구당서』 권156, 王智興傳, 4139쪽; 『신당서』 권172, 왕지흥전, 5201쪽.
79 『자치통감』 권227, 건중 2년 11월 조, 7312쪽.
80 『구당서』 권156, 왕지흥전, 4139쪽.
81 『자치통감』 권227, 건중 2년 10월 조, 7310쪽.
82 『자치통감』 권227, 건중 2년 11월 및 12월 조, 7312쪽; 『신당서』 권7, 덕종본기, 건중 2년 11월 및 12월 조, 187쪽.

가 두 주를 접수하였지만, 이납은 바로 두 주를 탈환해 버렸다.[83]

이 무렵 당조가 먼저 승기를 잡았다. 즉 같은 해(782) 윤정월 성덕 번진의 장수인 왕무준王武俊이 이유악을 죽여 그 수급을 궁궐로 보내고,[84] 전열의 장수인 이재춘李在春이 박주博州, 전앙田昂이 명주洺州를 들어 당에 투항하였다.[85] 또 2월 성덕 번진의 이유악이 임명하였던 정주자사定州刺史 양정의楊政義가 당에 투항하니[86] 하북의 반란 세력(즉 성덕과 위박 번진)이 대략 평정되어 다만 위박 번진의 위주魏州만이 버티고 있었다. 또, 이때 복주濮州에 있던 이납도 하남河南 제군諸軍의 공격을 받아 나날이 세력이 위축되었다. 이에 조정에서는 천하가 곧 평정될 것으로 여기고[87] 같은 달에 역易·정定·심深·조趙·항恒·기冀 6주의 3년 세금을 면제해 주고, 또 이유악에게 협박 받았던 관리와 백성을 사면하는 조치를 취하였다.[88]

같은 해(782) 3월 덕종은 이납을 압박하기 위해 서주자사 이유를 서·해·기도단련관찰사徐·海·沂都團練觀察使로 임명하였다. 하지만, 해주와 기주는 이미 이납에게 탈환된 상황이어서 실효를 거두지 못하였다.[89] 3월 이납의 장수 이사진李士眞과 이장경李長卿이 덕주德

---

83 『자치통감』 권227, 건중 3년 정월 조, 7318쪽.
84 『구당서』 권142, 왕무준전, 3873쪽; 『구당서』 권12, 덕종본기상, 건중 3년 정월 조, "成德軍兵馬使王武俊殺李惟岳, 傳首京師"(331쪽).
85 『신당서』 권7, 덕종본기, 건중 3년 2월 조, 187쪽.
86 『구당서』 권12, 덕종본기상, 건중 3년 2월 조, 331쪽; 『신당서』 권7, 덕종본기, 건중 3년 2월 조, 187쪽; 『자치통감』 권227, 건중 3년 2월 조, "李惟岳所署定州刺史楊政義降"(7319쪽).
87 『자치통감』 권227, 건중 3년 2월 조, 7319쪽. 이납의 위기 상황에 관해서는 同, 2월 조, 7321쪽도 함께 참조.
88 『신당서』 권7, 건중 3년 2월 조, 187쪽.
89 『자치통감』 권227, 건중 3년 3월 조 및 호삼성 주, "史言帝銳意削平藩鎭, 而不能應機撫接, 以自遺患"(7321쪽); 『구당서』 권12, 덕종본기상, 건중 3년 3월 조, 332쪽. 한편, 『신당서』 권65, 방진표2, 청밀, 건중 3년 조에는 "廢淄靑平盧節度使, 置淄靑都團

州와 체주棣州를 들어 당조에 투항하였기 때문에[90] 이납은 더욱 위기에 처했는데, 이 때문인지 이납이 두 주를 탈환하기 위해 군대를 동원한 것은 보이지 않는다.[91]

덕종의 승세는 여기까지였다. 같은 해(782) 4월 유주절도사 주도가 반란으로 돌아서 덕주와 체주를 차지하고,[92] 5월에는 성덕의 왕무준 역시 반란으로 돌아섰다.[93] 이런 상황에서 같은 해 8월 이유가 죽자, 9월 덕종은 이유의 부하 고승종高承宗을 서·해·기(밀密)[94]관찰사에 임명하였지만,[95] 이 역시 명목적 조치에 지나지 않았다.

같은 해(782) 11월 주도·전열·왕무준·이납이 모여 함께 왕호를 칭하고 백관을 설치하였다.[96] 이른바 '사왕四王의 난'이 정점에 이르고 있었던 것이다. 이를 기점으로 다른 반란 세력들도 생겨나고 승

練觀察使, 領淄·靑·登·萊·齊·兗·鄆七州, 治靑州, 置曹·濮都團練觀察使, 治濮州"(1810쪽)이라 한다.
90 『신당서』 권7, 덕종본기, 건중 3년 4월 조, 187쪽; 『자치통감』 권227, 건중 3년 3월 및 4월 조, "李納之初反也, 其所署德州刺史李西華備守甚嚴, 都虞候李士眞密毀西華於納, 納召西華還府, 以士眞代之. 士眞又以詐召棣州刺史李長卿, 長卿過德州, 士眞劫之, 與同歸國. 夏四月, 戊午, 以士眞·長卿為二州刺史. ……"(7321쪽); 『구당서』 권124, 이납전, 3536쪽.
91 정병준, 「武寧節度使 王智興과 小將 張保皐」, 『중국고중세사연구』 17, 2007, 270쪽.
92 『신당서』 권7, 덕종본기, 건중 3년 4월 조, 188쪽; 『자치통감』 권227, 건중 3년 4월 조, 7321쪽. 또한 『자치통감』 권240, 헌종 원화 13년(818) 4월 조를 보면, 이사도의 부인 魏氏가 이전의 영역을 회고 하는 기사가 실려 있는데, 호삼성이 이에 주를 달아 "李正己初據有十五州. 及李納拒命, 徐州入于朝廷, 德·棣入于朱滔, 有十二州而已"(7750쪽)라고 한다.
93 『자치통감』 권227, 건중 3년 5월 조, 7330쪽; 『신당서』 권7, 덕종본기, 건중 3년 6월 조, 188쪽.
94 『신당서』 권65, 방진표2, 徐海沂密, 건중 3년 조, "置徐海沂密都團練觀察使, 治徐州"(1809쪽)라고 하여 이때 처음으로 번진이 설치되었던 것으로 적혀있다. 한편, 『자치통감』 권231, 덕종 興元 원년 5월 조의 호삼성 주에는 건중 3년에 이유를 徐·沂·密觀察使에 임명하였고, 이유가 죽자 高承宗을 대신 임명하였다고 한다(7321쪽).
95 『구당서』 권12, 덕종본기상, 건중 3년 8월과 9월 조, 334쪽.
96 정병준, 「李正己 一家의 藩鎭과 渤海國」, 『중국사연구』 50, 2007, 136~137쪽.

세가 바뀌어 덕종은 점차 궁지에 몰리게 되었다. 마침내 흥원興元 원년(784년) 정월 덕종은 '흥원'으로 개원하면서 패배를 인정하였다. 그 뒤에도 일부 번진은 반란을 이어갔지만, 가장 강력한 4왕이 반역을 철회한 상황이어서 그들의 반란은 오래가지는 못하고 덕종 정원 貞元 2년(786) 4월에 마무리되었다.[97] 이납은 흥원 원년 정월 정식으로 평로절도사·운주자사에 임명되고,[98] 같은 해 4월 동평장사에 제수되었다.[99]

흥미로운 것은 덕종이 4왕에게 패배를 인정한 후인 흥원 원년(784) 5월 서·해·기·밀관찰사 고승종이 죽자, 아들 고명응高明應을 지군사知軍事에 임명하였다가[100] 같은 해에 번진을 폐지하였다는 점이다.[101] 이 시기에 이납 등이 당조에 대해 특별하게 반역의 행동을 한 것이 보이지 않는다. 다만, 『구당서』 권138, 가탐전賈耽傳에 "정원 2년, 검교우복야·겸활주자사·의성군절도사檢校右僕射·兼滑州刺史·義成軍節度使가 되었다. 이때 치청절도사 이납은 비록 거짓 왕호를 거두고 겉으로 조정의 명을 받들었으나 속으로는 항상 병탄의 음모를 품고 있었다(3783쪽)라는 기사가 보인다.[102] 이로써 추측해 보면 덕종은 이납에 대한 경계를 완전히 풀 수 없었을 것이며 이것이 흥원 원년 5월에 명목상으로나마 고명응을 서·해·기·밀 번진의 지군

---

97 정병준, 「『新唐書』 권7, 德宗本紀 역주」, 『동국사학』 52, 2012, 456쪽 등 참조.
98 『자치통감』 권229, 흥원 원년 정월 조, 7398쪽.
99 『자치통감』 권229, 흥원 원년 4월 조, 7426쪽.
100 『자치통감』 권231, 흥원 원년 5월 조, 7431쪽.
101 『신당서』 권65, 방진표2, 徐海沂密, 흥원 원년 조, 1810쪽.
102 『자치통감』 권232, 정원 2년 9월 조에서는 이납의 군대 수천 명이 '行營'에서 귀환하면서 義成 번진의 滑州를 지나게 되었는데, 이때 활주의 將佐들이 모두 "李納雖外奉朝命, 內蓄兼幷之志"(7472쪽)라고 말한 것으로 기술되어 있다. 같은 사실이 달리 표현된 것이라 하겠다.

사에 임명하였던 것이라고 생각된다.

한편 『신당서』 권65, 방진표2, 청밀, 덕종 흥원 원년(784) 조에는 "다시 치청평로절도사를 설치하여 청·치·등·내·제·연·운·서·해·기·밀·조·복 13주를 관할하고 청주에 치소를 두게 하였다"(1810쪽)는 기사가 보인다.[103] 같은 해 정월 덕종이 이납을 평로절도사에 임명할 때의 상황일 것이지만, 여기에 서주徐州가 들어있는 것이 눈에 띈다. 하지만, 그 시기 서주에 관한 기록을 보면 이납이 서주를 다시 관할하였다는 기사는 보이지 않는다.[104] 아마도 해당 기사는 잘못된 것으로 생각된다. 부언하면 서주는 덕종 정원 4년(788) 서사절도사徐泗節度使에 예속되었다.[105]

이납은 덕종과 싸움을 벌이는 과정에 서徐·덕德·체棣 3주를 잃었다. 하지만 이납을 비롯한 이정기의 자손들은 나머지 치·청·제·해·등·내·기·밀·조·복·연·운 12주에 대해서는 지배권을 공고히 하여 서로 계승하였다.

하지만 그 영역이 아무런 변화도 없었던 것은 아니었다. 덕종 정원 6년(790) 2월 성덕절도사 왕무준의 관할 하에 있던 체주자사棣州刺史 조호趙鎬가 주를 들어 이납에게 투항해 왔다. 이는 위박 번진의 모략에 따라 이납이 조호를 초치한 결과였다.[106] 같은 해 3월과 5

---

103 이에 이어서 "曹·濮都團練觀察使를 폐지하였다"(1810쪽)하지만, 이전에 명분적으로 설치하였던 것을 폐지한 것에 지나지 않는다. 『신당서』 권65, 방진표2, 청밀, 건중 3년(782) 조에 "廢淄靑平盧節度使, 治淄靑都團練觀察使, 領淄靑登萊齊兗鄆七州, 置曹濮都團練觀察使, 治濮州"(1809~1810쪽)라고 보이는데, 이는 덕종이 이납 등과 전쟁을 벌이면서 내린 조치였다.
104 서주를 둘러싼 이납과 唐軍의 공방에 관해서는 정병준, 「武寧節度使 王智興과 小將 張保皐」, 269~274쪽 등 참조.
105 『신당서』 권65, 방진표2, 청밀, 정원 4년 조, 1811쪽.
106 『자치통감』 권233, 정원 6년 2월 조, "初, 朱滔敗於貝州, 其棣州刺史趙鎬以州降於

월 왕무준은 체주를 되찾기 위해 두 차례나 군대를 동원하였으나 성공하지 못하였다.[107] 그러자 덕종이 사태가 확산되는 것을 우려하여 같은 해 11월 이납에게 체주를 돌려주라는 조서를 누차 내렸다. 이납은 여러 가지 핑계로 시간을 끌며 체주를 해주海州와 바꾸게 해달라고 조정에 청하였다. 덕종이 이를 받아들이지 않자 이납은 덕종이 왕무준에게 조서를 내려 먼저 패주貝州의 4현을 위박으로 돌려주게 하도록 청하였는데, 덕종이 이에 따랐다.[108] 같은 해 12월 이납은 비로소 체주를 왕무준에게 돌려주었다.[109] 『구당서』 권13, 덕종본기하, 정원 6년(790) 11월 조에서는 "청주 이납이 왕무준에게 체주와 그 병사 3천을 아울러 돌려주었다"(370쪽)라고 하여 그 병사들까지 함께 돌려준 것이 보인다.

또 이납이 덕종 정원 8년(792) 5월 사망하자 아들 이사고가 청·치·기·밀·해·등·내·제·조·복·연·운 12주를 계승하였고,[110] 같은 해 8월 평로치청절도사에 임명되었다.[111] 그리고 11월[112] 성덕절도사 왕무준이 이사고에게 영토 싸움을 벌여 군대를 동원하였는데, 『신당서』 권213, 이사고전에 다음과 같이 기술되어 있다.

王武俊, 既而得罪於武俊, 召之不至. 田緒殘忍, 其兄朝, 仕李納為齊州刺史. 或言納欲納朝於魏, 緒懼, 判官孫光佐等為緒謀, 厚賂納, 且說納招趙鎬取棣州以悅之, 因請送朝於京師, 納從之. 丁酉, 鎬以棣州降于納"(7520~7521쪽).

107 『자치통감』 권233, 정원 6년 3월 및 5월 조, 7521쪽. 그러자 왕무준은 위박을 공격하여 貝州의 4현을 빼앗았다.
108 『자치통감』 권233, 정원 6년 11월 조, 7522쪽.
109 『자치통감』 권233, 정원 6년 12월 조, 7522쪽.
110 『자치통감』 권234, 정원 8년 5월 조, "平盧節度使李納薨, 軍中推其子師古知留後"(7532쪽).
111 『구당서』 권124, 이사고전, 3537쪽; 『자치통감』 권234, 정원 8년 8월 조, 7534쪽.
112 『자치통감』 권233, 정원 8년 11월 조, 7538쪽.

이전부터 체주에 합타蛤垛¹¹³ 염지鹽池가 있었는데, 매년 산출되는 소금이 수십만 곡斛이었다. [이납 때] 이장경이 주를 들어 주도에 투항하였으나, 합타만은 이납이 점거하고 이익을 독점하였다. 후에 덕德州와 체주棣州는 왕무준에게 편입되었지만, 이납이 덕주 남쪽에다 황하에 걸쳐 보루를 쌓아 합타를 지키며 이를 삼차(성)三汊(城)라고 불렀고, 또 [이를 통해] 위박의 전서田緖와 통교하면서 덕주를 도략盜掠하였기 때문에 왕무준이 근심하였다. 이사고가 처음에 세습하자 왕무준은 이사고가 젊다[弱]고 쉽게 여기고 또 이납 시기의 장수가 없는 [기회를 이용하여] 군대를 이끌고 합타와 삼차를 빼앗으려 하였다. 이사고는 조호로 하여금 맞서 싸우게 하였다. 왕무준의 아들 왕사청王士清의 군대가 먼저 적하滴河를 건넜는데, 마침 군영에서 불이 났다. 병사들이 크게 시끄러워하면서 감히 나아가지 못하였다. 덕종이 사신을 보내 왕무준에게 군대를 거두도록 유시하였다. [정원 9년 4월 덕종의 명에 따라]¹¹⁴ 이사고도 삼차성을 무너뜨리고 명령을 받들었다.

즉 체주 관하였던 합타 염지를 둘러싼 분쟁이 벌어진 것인데, 이전에 이납이 상실하였던 체주와 덕주에 관한 이야기도 보인다. 말하자면 이납 시기에 체주를 잃었지만, 많은 이익을 내던 합타는 이납이 그대로 관할하였고 이것이 이사고 시대에까지 이어졌던 것이

---

113 합타는 古地名으로 지금의 山東省 惠民縣 남쪽이다(『漢語大字典』 4, 四川辭書出版社·湖北辭書出版社, 852쪽).
114 『자치통감』 권234, 정원 9년 4월 조, "[李]師古奉詔, 然常招聚亡命, 有得罪於朝廷者, 皆撫而用之"(7543쪽).

다.[115]

정원 21(805) 정월 덕종이 죽자 고애사告哀使가 전국에 파견되었다. 2월 이사고는 그 틈을 이용하여 의성義成 번진의 주현을 점거하기 위해 군대를 조주曹州에 주둔시켰다가 순종順宗이 즉위하였다는 소식을 듣고 그만두었다.[116] 이사고 역시 이납과 마찬가지로 "비록 겉으로 조정의 명을 받들었으나 항상 침탈의 모략을 품고 있었다"[117]고 한다.

같은 해인 영정 원년(805) 8월 헌종이 순종의 양위를 받아 즉위하였고[118] 다음 해 윤6월에는 이사고가 죽고 이복동생인 이사도가 12주 및 이납 이래의 합타 염지를 이어받았다.[119] 8월 재상 두황상杜黃裳이 헌종에게 평로치청이 아직 안정되지 않은 틈을 이용하여 번진을 나누어 약화시키자는 의견을 내었지만, 헌종은 서천西川 번진의 반란이 평정되지 않은 점을 들어 받아들이지 않고 이사도를 절도유후節度留後에 임명하였다.[120] 그리고 같은 해 10월 이사도는 정식 절도사에 임명되었다.[121] 그 후 헌종의 번진 개혁이 본격화되면서 이사도는 헌종과 대립하면서 다른 번진에 대한 토벌전을 방해하였다. 하

---

115 樊文禮, 「唐代平盧淄青節度使略論」, 29~30쪽 참조.
116 『구당서』 권124, 이사고전, 3537~3538쪽; 『자치통감』 권236, 영정 원년(805) 5월 조, 7608~7609쪽). 후자에서는 의성 번진의 滑州로 가는 길목에 있던 宣武節度使 韓弘이 길을 내어주지 않았다는 이야기도 실려 있다.
117 『구당서』 권124, 이사고전, 3537~3538쪽.
118 『자치통감』 권236, 영정 원년 8월 조, 7619~7620쪽.
119 『자치통감』 권237, 원화 원년 윤6월 조, 7634쪽.
120 『구당서』 권124, 이사도전, 3539쪽; 『자치통감』 권237, 원화 원년 8월 조, 7635쪽. 정병준, 「李正己 一家 藩鎭과 高沐 −온건파와 강건파의 내부분열과 대립−」, 『역사학보』 180, 2003, 138쪽 참조.
121 『자치통감』 권237, 원화 원년 10월 조, 7637~7638쪽.

지만 원화 12년(817) 10월 회서절도사 오원제吳元濟가 토평되자[122] 이사도는 두려움을 느껴 다음 해(818) 정월 장자를 입시入侍시키고 기·밀·해 3주를 조정에 헌상하겠다고 하였다. 헌종은 이를 허락하였지만,[123] 같은 해 4월 이사도가 이를 철회하고[124] 마침내 헌종과 정면 대결을 벌이다가 원화 14년(819) 2월 패망하였다.[125]

같은 달 헌종은 평로치청 번진을 세 개로 분할하였다. 즉 인구와 경제력 및 군대 숫자 등을 고려하여 ⓐ 운주·조주·복주 3주를 1道 ⓑ 치주·청주·제주·등주·내주 5주를 1도 ⓒ 연주·해주·기주·밀주 4주를 1도로 나누었고, 다음 달에 마총馬總을 운조절도·관찰사 겸 운주자사, 설평薛平을 평로치청절도·관찰사 겸 청주자사, 왕수王遂를 기해관찰·도단련사 겸 기주자사로 임명하였다.[126] 이때 절도사와 도단련사는 군정軍政을 관장하고 관찰사觀察使는 민정民政을 관장하였는데, 지위는 절도사, 관찰사, 도단련사 순이었다. 이후 세 번진의 영역은 약간의 변동이 있기도 하지만, 당이 망할 때까지 거의 그대로 유지되었다.

---

122 『자치통감』 권240, 원화 12년 10월 조, 7741~7742쪽.
123 『자치통감』 권240, 원화 13년 정월 조, 7747쪽.
124 『자치통감』 권240, 원화 13년 4월 조, 7750쪽.
125 이사도가 헌종과 일전을 결심하는 과정에 대해서는 정병준, 「李正己 一家 藩鎭과 高沐」, 141~146쪽, 또 이사도의 패망 과정에 대해서는 정병준, 「李師道 藩鎭의 滅亡에서 張保皐의 登場으로」, 『대외문물교류연구』 2, 2003, 195~211쪽 참조.
126 정병준, 「李正己 一家 이후의 山東 藩鎭 −順地化 過程」, 『대외문물교류연구』 3, 2004, 126~130쪽; 아서 라이트·데니스 트위체트 편, 『당대사(唐代史)의 조명』, 위진수당사학회 역, 아르케, 1999, 230~231쪽; 張達志, 『唐代後期藩鎭與州之關係硏究』, 中國社會科學出版社, 2011, 149~153쪽. 부언하면, 穆宗 원화 15년(820) 7월 마총의 운조 번진에게 天平軍이란 군호가 하사되었고(정병준, 「李正己 一家 이후의 山東 藩鎭」, 130쪽), 또 헌종 원화 14년 7월에 왕수의 후임으로 부임한 曹華는 헌종 원화 15년 정월 초에 상주하여 치소를 兗州로 옮김으로써 兗海 번진이란 명칭으로 바뀌었고, 목종 장경 2년(822) 정월 절도사로 승격되었다(同, 139쪽).

6. 맺음말

 안녹산의 군대가 남하하자 현종은 13군을 관할하는 하남절도사를 설치하여 반란군을 막게 하였는데, 여기에는 '산동'의 6군도 포함되었다. 이듬인 지덕 원재(755) 12월 반란군이 산동 지역 대부분을 함락시키자 숙종이 산동에 북해절도사北海節度使와 운·제·연삼주도방어사와鄆·齊·兗三州都防禦使를 설치하여 반란군과 싸우게 하였다. 하지만 이들 절도사는 제대로 산동으로 들어가지도 못하였다.

 지덕 2재(757) 9월 숙종이 장안을 수복하고 10월 낙양을 수복하였다. 11월 하남절도사가 다른 5절도사와 함께 하남·하동 지역을 돌며 대부분 안정시켰지만, '산동'에서는 반란군의 치청절도사淄靑節度使 능원호가 북해北海(청주靑州)를 지키며 항복하지 않았다. 하지만 다음 해(758) 능원호가 당에 투항하면서 산동 지역은 다시 당의 영역이 되었다. 이후 산동의 번진들은 여러 차례 변화를 거쳐 상원 2년경에는 대략 ① 치기절도사淄沂節度使가 치淄·기沂·창淪·덕德·체棣 5주 ② 청밀절도사靑密節度使가 청靑·밀密·등登·내萊·해海 5주 ③ 연운절도사兗鄆節度使가 운鄆·제齊·연兗 3주를 관할하였다.

 이런 상황에서 상원 2년(761) 12월 후희일이 이정기와 함께 평로군을 이끌고 '산동'으로 들어오자, 같은 해 12월 숙종은 후희일을 청밀절도사靑密節度使로 임명하고, 아울러 치기절도사를 폐지하면서 그 관하의 5주와 연운절도사 관하의 제주齊州를 함께 관할하게 하였다. 즉 모두 청靑·밀密·등登·내萊·해海·제齊·치淄·기沂·창淪·덕德·체棣라는 11주를 관할하였다. 아울러 치기절도사의 5주를 이관받을 때 평로치청절도사라는 명호가 생겨났다. 다만, 11주라는 것은 아직 명목적 성격이 강하였다. 보응 원년(762) 5월 후희일이 청주를 '함락'시키자 대종은 그를 치·청·제·기·밀·해 6주를 관할하는 평로치청절도사에 임명하였다. 비록 관할 영역은 축소되었지만, 그 대신 실질적 통제력을 가지게 되었다. 보응 원년(762) 산동 번진들이 다시 개편되면서 후희일은 청靑·치淄·제齊·기沂·밀密·해海·등登·내萊·사泗 9주를 관할하였다. 이듬해인 광덕 원년(763) 5월 후희일은 창滄·체棣·기冀·영瀛까지 일시 관할하였으나, 같은 해에 하북도河北道의 창·영·기 3주는 다시 다른 번진들의 관할로 바뀌었다. 하지만 체주는 후희일이 계속 관할하여 모두 10주를 거느렸다.

765년 5월 이정기는 후희일을 몰아내고 10주를 승계받았다. 그 10년 후인 대종 대력 10년(775) 정월 위박절도사 전승사가 반란을 일으키자 이정기는 전승사로부터 덕주德州를 빼앗았다. 하지만 대력 11년(776)에 사주泗州를 영평永平 번진에게 넘겨주어 다시 10주가 되었다. 하지만 같은 해(776) 5월 변송汴宋 번진의 군장인 이영요가 반란을 일으키자 같은 해 9월 이정기가 그 가운데 운鄆·복濮·조曹·서徐·연兗 5주를 빼앗아 모두 15주를 거느리게 되었다. 이로써 이정기는 하북의 번진을 크게 능가하는 대번진을 건설하여 전성기를 구가하였다.

이정기의 아들 이납은 덕종과 싸움을 벌이는 과정에서 서·덕·체 3주를 상실하였으나, 나머지 12주에 대한 통제력은 확고히 장악하였다. 그 후 이납 시기에도 영역을 둘러싼 분쟁이 있었다. 즉 덕종 정원 6년(790) 2월 성덕절도사 왕무준 관할 하의 체주자사棣州刺史 조호趙鎬가 주를 들어 이납에게 투항하면서 다툼이 일어났던 것이다. 같은 해 12월 이납은 체주를 다시 돌려주었지만, 체주에 속한 합타蛤垜 염지鹽池는 많은 이익을 냈기 때문에 돌려주지 않았다.

이사고 시기에 왕무준이 합타 염지를 다시 차지하기 위해 군대를 동원하였으나 실패하였다. 그리고 정원 21년(805) 정월 덕종이 죽자 이사고가 그 틈을 이용하여 의성義成 번진의 주현들을 빼앗으려 군대를 동원하였다가 그만두었다.

원화 원년(806)의 윤6월 이사도는 번진을 계승하여 헌종의 번진개혁에 맞섰으나, 원화 12년(817) 10월 회서절도사 오원제가 헌종에게 패망하자[127] 다음 해 정월 장자를 입시시키고 기·밀·해 3주를 조정에 헌상하겠다고 하였다. 헌종은 이를 허락하였으나, 얼마 후 이사도가 이를 철회하고 마침내 헌종과 정면 대결을 벌이다가 원화 14년(819) 2월에 패망하였다. 이달에 평로 번진은 세 번진으로 나뉘었다.

이렇게 볼 때 이정기 일가 번진의 영역은 마치 하나의 생명체처럼 계속 변화하였음을 알 수 있는데, 이는 번진의 할거가 당조 및 다른 번진들과의 끊임없는 투쟁 속에서 이루어졌음을 말한다. 그리고 각 번진의 영역은 주변 번진들과 서로 유기적으로 연결되어 있었다. 따라서 이정기 일가 번진의 영역 문제를 더욱 깊이 있게 이해하기 위해서는 위박이나 성덕 번진의 영역 변천에 대한 고찰도 필요하지만, 이에 관해서는 뒤에 다루겠다.

---

[127] 『자치통감』 권240, 원화 12년 10월 조, 7741~7742쪽.

〈첨부〉 관할 영역 변천표

인명	연도	관할 영역
후희일	**숙종** 상원 2년(761) 12월	평로치청절도사가 되어 청青·밀密·등登·내萊·해海·제齊·치淄·기沂·창滄·덕德·체棣 11주를 관할.
	대종 보응 원년(762) 5월	치·청·제·기·밀·해 6주를 관할.
	같은 해	치·청·제·기·밀·해·등登·내萊·사泗州 9주를 관할.
	광덕 원년(763) 5월	창滄·체棣·기冀·영瀛 4주를 더 관할.
	같은 해	창·영·기 3주가 다시 다른 번진들에게 이관됨. 체주는 계속 관할하여 모두 10주를 거느림.
이정기	영태 원년(765) 5월	치·청·제·기·밀·해·등·내·체·사泗 10주를 계승함.
	대력 10년(775) 정월	위박절도사 전승사로부터 덕주德州를 빼앗아 11주가 됨.
	대력 11년(776)	사주泗州를 영평永平 번진에게 넘겨주어 다시 10주를 관할.
	같은 해 9월	변송汴宋 번진으로부터 운鄆·복濮·조曹·서徐·연兗 5주를 빼앗아 모두 15주가 됨.
이납	**덕종** 건중 2년(781) 7월	치·청·제·기·밀·해·등·내·체·덕·조·복·서·연·운 15주를 계승함.
	같은 해 10월	서주徐州가 당조로 투항하여 14주가 됨.
	같은 해 11월, 12월	11월 해주가 당조로 투항하고 12월 밀주가 당조로 투항하였으나, 곧이어 이납이 모두 되찾음.
	건중 3년(782) 3월	덕종이 서·해·기도단련관찰사徐·海·沂都團練觀察使를 설치하였으나 실효성이 없음.

인명	연도	관할 영역
이납	같은 해 4월	덕주德州와 체주棣州가 당조로 투항하여 12주가 됨.
	흥원 원년(784)	명목상의 서·해·기·밀관찰사를 폐지함.
	정원 6년(790) 2월	성덕절도사 관하의 체주가 이납에게 투항함.
	같은 해 12월	이납이 체주를 돌려주었으나, 체주 관하의 합타 염지鹽池는 돌려주지 않음.
이사고	정원 8년(792) 5월	청·치·기·밀·해·등·내·제·조·복·연·운 12주 및 합타 염지를 계승함.
	같은 해 8월	성덕절도사 왕무준이 합타 염지를 되찾기 위해 군대를 동원하였으나 실패로 끝남.
	정원 21(805) 2월	이사고가 덕종의 붕어를 틈타 의성절도사의 주현을 빼앗으려 하다가 도중에 그만둠.
이사도	**헌종** 원화 원년(806) 윤6월	12주와 합타 염지를 계승함.
	원화 13년(818) 정월	이사도가 큰아들을 입시시키고 기·밀·해 3주를 헌상하겠다고 하자, 헌종이 허락함.
	같은 해 4월	이사도가 큰아들 입시와 3주 헌상 약속을 번복함.
	같은 해 7월	헌종이 이사도 공격을 명함.
	원화 14년(819) 2월	이사도가 패망함. 번진이 세 개로 나누어짐(번수 임명은 3월).

[부록 3]

당대唐代의 '사상使相'과 『신당서』 재상세계표

1. 머리말
2. 관련 개념과 사상의 출현
3. 당 후기의 사상과 재상세계표
4. 당 말기의 사상제도
5. 맺음말

1. 머리말

'사상'이란 번진의 수장이 재상을 겸한 것을 말하는데, 구체적으로 '사'는 절도사(혹은 관찰사), '상'은 동중서문하평장사同中書門下平章事 등을 가리킨다.[1] 사상은 절도사 가운데 가장 높은 지위였지만, 실제 재상의 직무를 수행한 것은 아니었다. 즉 청대淸代 전대흔錢大昕의

---

1 張國剛, 『唐代官制』, 三秦出版社, 1987, 18쪽에서는 "[원래] 소위 사상은 出使하여 외지에서 임시로 재상을 맡은 사람을 가리킨다"고 하고 그 예로 『신당서』 권61, 宰相表 上에 보이는 高祖 武德 2년(619)에 黃門侍郎·涼州都督 楊恭仁이 納言을 遙領한 것 (1628쪽)을 들고 있다.

『이십이사고이卄二史考異』권50, 당서唐書10, 종실세계표하宗室世系表下 조에 의하면 "대략 당唐 중엽 이후 절진節鎭에게 재상의 함銜이 더해지는 경우가 매우 많았는데, 이를 사상이라고 하였다. 또한 외재상外宰相이라 칭하였으며 진재상眞宰相이 아니었다"라고 하여[2] 사상은 재상이라고는 해도 진재상과는 달랐다고 한다.

『신당서』권71상~권75하에는 재상에 임명된 인물들의 가계를 정리한 재상세계표宰相世系表가 실려 있는데(이하 재상세계표로 칭함), 여기에 사상은 기재되었는가에 대한 논의가 있다. 즉 당 헌종憲宗 초에 서천西川의 반란을 평정한 후 서천절도사를 거쳐 빈녕절도사邠寧節度使에 임명될 때 사상에 오른 고숭문高崇文[3]의 출자와 관련하여 진위푸金毓黻은 다음과 같이 말하였다.

> 어떤 이는『신당서』재상세계표에 고숭문과 [손자] 고변高駢이 올라 있지 않는 것은 그들이 수현脩縣 출신(즉 발해渤海 고씨高氏)이 아니라는 증거라고 말한다. 그러나 이는 세계표의 예에 사상은 기재하지 않는다는 것을 알지 못한 것이다. 고씨 조손祖孫은 모두 절도사로서 평장사平章事·태위太尉의 직함을 가진 것이어서 진짜 재상과는 다르게 임명되었을 뿐만 아니라 곽자의郭子儀·이성李晟이 출장입상出將入相한 것과도 또한 같다고 말할 수 없다.[4]

---

2 錢大昕 著, 方詩銘·周殿傑 校點,『卄二史考異』下, 上海古籍出版社, 2004, 743쪽. 이 견해는 (淸) 趙紹祖,『新舊唐書互證』권7(楊家駱 主編,『新舊唐書合鈔幷附編十六種』8, 鼎文書局, 1973), 110쪽에 인용되었다.
3 『구당서』권151, 고숭문전, "二年冬, 制加同中書門下平章事·邠州刺史·邠寧慶三州節度觀察等使, 仍充京西都統"(4053쪽);『자치통감』권237, 원화 2년 12월 조, "以高崇文同平章事, 充邠寧節度·京西諸軍都統"(7646쪽).
4 김육불 편저,『신편 발해국지장편』하, 신서원, 2008, 227~228쪽.

말하자면 고숭문과 고변이 재상세계표의 고씨(즉 발해고씨) 조에 기재되지 않은 것은 발해 고씨가 아니었기 때문이 아니라 진재상이 아니었기 때문이라는 것이다. 하지만 평로절도사 이정기 일가의 경우는 사상이었음에도 불구하고[5] 재상세계표에 기재되어 있다.[6] 이로 보면 진위푸의 견해는 잘못이 분명하지만, 그렇다고 해도 이정기 일가의 예가 보편적인지 여부는 확인이 필요하다.

사상은 '번진시대'를 이끈 주역들이라고 할 수 있다. 이에 이 글은 일차적으로 당대 사상이 재상세계표에 어떻게 기재되었는가를 확인해 보려는 것이지만, 사상에 임명된 인물 그 자체에 대해서도 관심을 가지고 해당 사례를 하나하나 살펴보면서 그 제도적 개념과 운영 형태를 새롭게 서술해 보려는 것이다.

2. 관련 개념과 사상의 출현

사상의 개념에 대해 가장 전통적인 견해를 제출한 것은 원대元代 호삼성胡三省이다. 먼저 『자치통감』 권247, 무종武宗 회창會昌 4년 (844) 4월 조에

> 무인일 좌복야左僕射 왕기王起를 동평장사·충산남서도절도사同平章事·充山南西道節度使로 삼았다. 왕기는 문신文臣으

---

[5] 『唐會要』 권1, 帝號上, 代宗 使相 조, 上海古籍出版社, 9쪽(李正己); 同, 德宗 使相 조, 9쪽(李正己, 李納); 同 권2, 帝號下, 順宗 使相 조, 10쪽(李師古); 同, 憲宗 使相 조, 11쪽(이사고). 또 이 책 제1부 2장, 105쪽 등 참조.
[6] 『신당서』 권75하, 재상세계표5하, '高麗李氏' 조, 3448~3450쪽.

로서 일찍이 정사를 관장한[執政] 적도 없는데 바로 사상에 제수되니 이전에 이런 일이 없다고 하여 굳게 사양하였다. 황제가 말하길 "재상은 내외內外의 차이가 없으니 짐에게 잘못[闕失]이 있으면 경卿은 바로 표表를 올려 말하도록 하라"라고 하였다(8000쪽).

라고 하는 기사의 '사상'에 대한 호삼성의 주注를 보면

> 당 중세中世 이후 절도사·동평장사가 되면 이를 사상이라고 하였다.

라고 한다. 즉 절도사가 동평장사를 겸하면 사상이라 하였다는 것이다. 그리고 왕기가 사상을 사양하자 무종이 "재상은 내외의 차이가 없다"라고 한 것은 당시 '외재상'과 '내재상'의 위상이 본질적으로 차이가 없었다는 것을 나타낸다.

이와는 달리 『자치통감』 권255, 희종僖宗 중화中和 3년(883) 7월 조에

> 사도·문하시랑·동평장사司徒·門下侍郞·同平章事 정전鄭畋은 비록 [황제가] 파천[播越] 중이었으나 법도를 신중하게 지켰다. 전영자田令孜가 판관判官 오원吳圓을 낭관郞官에 임명하길 구하였으나 정전이 불허하였고, 진경선陳敬瑄이 재상보다 상위에 오르고 싶어 하였으나 정전이 고사故事를 들어 사상은 품질品秩이 비록 높다고 해도 모두 진상眞相의 아래에 있다고 하며 굳게 다투었다(8298쪽).

부록 509

라고 한 기사의 사상에 대한 호삼성의 주에서는

> 당 말에 무릇 절도사가 평장사 및 검교삼성장관·삼공·삼사檢校三省長官·三公·三師를 대帶하면 모두 사상이라고 하였다.

라고 한다. 즉 당 말에는 절도사가 평장사 이외에도 검교삼성장관·삼공·삼사를 대직하면 사상이라고 하였다는 것이다. 3성 장관이란 시중侍中·중서령中書令·좌우복야左右僕射(즉 좌우승상左右丞相), 삼공은 태사太師·태부太傅·태보太保, 삼사는 태위太尉·사도司徒·사공司空을 가리킨다.[7] 앞의 기사에 보이는 진경선은 환관 전영자의 형으로 희종 광명廣明 원년(880) 3월 좌금오대장군左金吾大將軍에서 서천절도사에 임명된 후[8] 중화 원년(881) 3월 동평장사가 더해지고[9] 중화 2년(882) 4월 겸시중兼侍中(정3품)이 더해졌다.[10] 당시 진경선은 사상이었던 것이다. 하지만 그는 재상보다 상위에 오르고 싶어 했다는 것인데, 아마도 사도(정1품)·문하시랑(정4품상)으로서 동평장사가 된 정전보다 더 높은 지위를 원했다는 것으로 판단된다. 그러자 정전이 "사상은 품질이 비록 높다고 해도 모두 진재상의 아래에 있다"라고 한 것은 품질이 아무리 높아도 진재상보다는 아래에 있었다는 것을 말한다.[11]

---

7 『唐六典』 권1, 三師·三公·尙書都省, 中華書局, 1~6쪽.
8 『자치통감』 권253, 광명 원년 3월 조 및 호삼성 주, 8221쪽. 전영자의 원래 성은 陳이었는데, 懿宗 咸通 연간에 義父를 따라 內侍省으로 들어가 환관이 되면서 田姓이 되었다.
9 『자치통감』 권254, 희종 중화 원년 3월 조, "加[西川節度使]陳敬瑄同平章事"(8247쪽).
10 『자치통감』 권254, 중화 2년 4월 조, 8264쪽.
11 『자치통감』 권233, 정원 4년 2월 조, "上曰, '彼皆非所謂相也. 凡相者, 必委以政事, 如玄宗時牛仙客·陳希烈, 可以謂之相乎! 如肅宗·代宗之任卿, 雖不受其名, 乃眞

당송唐宋 시기 사상제도의 변화를 고찰한 쟈위잉賈玉英은 앞의 호삼성 견해를 바탕으로 당 중세에서 말기에 이르면 동평장사를 겸하였던 것이 동평장사·검교삼성장관·삼공·삼사를 겸하는 것으로 그 범주가 확장되었다고 보았다. 즉 사상의 함의가 변화하였다는 것이다.[12] 하지만 이는 구체적 사례를 검토하여 내린 결론은 아니다.

『당회요』 권1~2, 제호帝號 상·하에는 당대 사상의 명단이 황제 순으로 수록되어 있다.[13] 그 최초는 현종玄宗 시기의 사상 8인으로 원건요源乾曜·장열張說·왕준王晙·장가정張嘉貞·왕거王琚·두섬杜暹·소숭蕭崇·가서한哥舒翰을 들고 있다. 그런데 섭몽득葉夢得의 『석림연어石林燕語』 권4에서는

> 당제唐制에서 절도사가 중서문하평장사를 겸하여 사상이 된 것은 곽원진郭元振에서부터 시작되었고 이광필李光弼 등이 이를 이었다(中華書局, 50쪽).

라고 하여 당의 사상은 곽원진에서 비롯되었다고 한다. 곽원진의 사상 경력은 문헌에 명확히 보이지 않지만, 『문헌영화文苑英華』 권972, 행장行狀, 「병부상서대국공증소보곽공행장(장열)兵部尙書代國公贈少保郭公行狀(張說)」에 관련 단서가 보인다.

> [곽원진은] 경사[京]에 이르러 동중서문하삼품同中書門下三品

相耳. 必以官至平章事爲相, 則王武俊之徒皆相也'. [호삼성 주: 唐之使相, 時主未嘗不知名器之濫也]"(7512쪽).

12 賈玉英, 「唐宋時期使相制度變遷初探」, 姜錫東 主編, 『漆俠與歷史學: 紀念漆俠先生逝世十周年文集』, 河南大學出版社, 2012, 324~325쪽.

13 『당회요』 권1~2, 帝號上·下, 6~18쪽.

이 되며 은청광록대부銀靑光祿大夫가 더해졌고, 병부상서로 승진[遷]하며 관도현남관도현남館陶縣男에 봉해지면서 이전대로 지정사知政事를 맡았다. 얼마 지나지 않아 이부상서로 옮겨 선거選擧를 맡았고 청탁을 받지 않고 초택草澤[의 인재]를 많이 거두었는데, 예종睿宗이 자주 조서를 내려 칭찬하였다. 후에 묵철默啜이 대거 변경을 침략하자 형부상서·충삭방도행군대총관刑部尙書·充朔方道行軍大總管에 배수되어 풍안豊安·정원定遠 등 성城을 쌓아 적적의 통로를 막았다. 얼마 지나지 않아 금자광록대부金紫光祿大夫가 더해지고 다시 병부상서兵部尙書·지정사가 되고 이전대로 원수元帥가 되었다(中華書局, 5113쪽).[14]

즉 곽원진이 동평장사(즉 재상)로 있다가 예종 연화延和 원년(712) 6월[15] 삭방도행군대총관에 임명된 후 다시 병부상서·지정사(즉 동평장사)가 되고 이전대로 원수를 맡았다고 한다. 자오젠젠趙建建은 섭몽득이 이를 바탕으로 곽원진을 사상으로 간주한 것으로 보았다.[16] 『신당서』 권5, 현종본기, 선천 2년(716) 6월 조에 "[병부상서] 곽원진을 동중서문하삼품으로 삼았다"(120쪽)[17]라고 하듯이 곽원진이 동평장사

---

14 『全唐文』 권233, 張說13, 「兵部尙書代國公贈少保郭公(元振)行狀」, 中華書局, 2355~2356쪽.
15 『신당서』 권5, 예종본기, 연화 원년 6월 조, "刑部尙書郭元振爲朔方道行軍大總管, 以伐突厥"(119쪽). 또 『신당서』 권5, 현종본기, 선천 원년(712) 11월 조에 "幽州都督宋璟爲左軍大總管, 幷州長史薛訥爲中軍大總管, 兵部尙書郭元振爲右軍大總管"(120쪽)이라는 것도 보인다.
16 趙建建, 「唐五代使相的权力流变」, 首都師範大學 碩士學位論文, 2007, 17쪽. 아마도 趙建建은 곽원진이 삭방도행군대총관에 임명될 때 知政事를 겸한 것으로 보았을 수 있는데, 반드시 명확한 것은 아니다.
17 『신당서』 권5, 현종본기, 선천 2년(713) 6월 조, "郭元振同中書門下三品"(120쪽); 『자치통감』 권210, 선천 2년 6월 조, "以兵部尙書郭元振同中書門下平章事"(6681쪽).

가 된 것은 선천 2년 6월이고 원수가 된 것도 그 시점 혹은 그 직후로 판단된다. 이는 사상의 형식에 부합된다. 즉 현종 시기의 사상에 곽원진을 포함해도 좋다고 생각된다. 그는 재상표와 재상세계표에 모두 기재되어 있다.[18] 그 뒤를 이어 사상이 되었다는 이광필에 대해서는 3절에서 살펴보겠다.

『당회요』에 보이는 현종 시기의 사상 8인의 행적을 차례로 살펴보자. ① 원건요는 재상이 된 것이 분명하지만 사상에 임명된 것을 전하는 기록은 보이지 않는다. 즉『구당서』권8, 현종본기상, 개원 4년 11월 조에 "상서좌승尚書左丞 원건요가 황문시랑·동자미황문평장사 黃門侍郎·同紫微黃門平章事에 임명되었다"(176~177쪽)라고 하고, 동同, 개원 8년 5월 조에 "원건요가 시중에 임명되었다"(181쪽)라고 하고, 동동, 개원 13년 11월 조에 "시중 원건요가 상서좌승상·겸시중 尚書左丞相·兼侍中이 되었다"(189쪽)라고 하지만, 절도사 등에 임명된 것은 확인되지 않는다. 원건요는 재상표와 재상세계표에 모두 기재되어 있다.[19]

② 장열은 『신당서』권61, 재상표상宰相表上, 재상,[20] 경운 2년(711), 정월 조에 "태복경 곽원진과 중서시랑 장열을 모두 동중서문하평장사로 삼았다"(1678쪽), 또 동同, 현종 개원 9년 9월 조에 "천병

---

18 『신당서』권61, 재상표상, 재상, 睿宗 景雲 2년(711) 정월 조, "太僕卿郭元振·中書侍郎張說並同中書門下平章事"(1678쪽); 同 권74상, 재상세계표4상, 昌樂郭氏 조, "出自太原. … 裔孫居魏州昌樂. 唐有濟州刺史善愛. … 元振(즉 善愛의 아들), 相睿宗"(3135쪽).
19 『신당서』권62, 宰相表中, 宰相, 개원 4년 11월 조, "尚書左丞源乾曜爲黃門侍郎·同紫微黃門平章事"(1685쪽); 同, 개원 8년 정월 조, "京兆尹源乾曜爲黃門侍郎·同中書門下平章事"(1686쪽); 同, 개원 17년 6월 조, "乾曜罷爲左丞相"(1688쪽); 同 75상, 재상세계표5상, 源氏 조, "乾曜, 相玄宗"(3362쪽).
20 『신당서』재상세계표는 세부적으로 宰相, 三師, 三公으로 구성되어 있다.

군절도사天兵軍節度使 장열을 수守병부상서·동중서문하삼품으로 삼았다"(1686쪽)[21]라고 하고, 『구당서』 권97, 장열전에서는 "이듬해(개원 10년) 또 칙서를 내려 삭방군절도대사朔方軍節度大使로 삼아 5성五城을 왕순往巡하며 병마를 처치處置하게 하였다"(3053쪽)라고 한다. 즉 재상이 되었다가 절도사가 되고 다시 재상이 되었다가 절도대사에 임명되었다고 하는데, 절도대사가 되어 변경을 순찰할 때 재상의 직함을 그대로 보유하였을 가능성이 있다.[22] 다카기 시게토시高木重俊에 의하면 개원 9년 9월 장열이 병부상서·동중서문하삼품이 되어 조정으로 복귀한 후 이듬해 4월 삭방군절도대사를 겸하고 5월 삭방을 순찰하였다고 한다.[23] 즉 재상으로서 절도대사를 겸임하였던 것으로 사상에 해당한다고 볼 수 있다. 장열은 재상표에 이름이 보이지만,[24] 재상세계표에는 기재되지 않았다.

③ 왕준은 절도사가 되고 또 재상에도 올랐다. 즉 『신당서』 권5, 현종본기, 개원 8년 9월 조에 "거란契丹이 변경을 침략하자 왕준을 검교유주도독·절도하북제군대사檢校幽州都督·節度河北諸軍大使로 삼았다"(128쪽)라고 하고, 또 『신당서』 권62, 재상표중, 재상, 개원 11년 4월 조에 "이부상서 왕준을 병부상서·동중서문하삼품으로 삼았다"(1686쪽), 『구당서』 권8, 현종본기상, 개원 11년 5월 조에 "왕준이 삭방절도사·겸지하북군·농우·하서병마사朔方節度使·兼知河北郡·

---

21 『신당서』 권5, 현종본기, 개원 9년 9월 조, "天兵軍節度大使張說爲兵部尙書·同中書門下三品"(128쪽).
22 吳廷燮 撰, 『唐方鎭年表』1, 河東, 中華書局, 1980, 406쪽에 의하면 개원 10년 장열의 후임으로 張日用이 임명되었으나 곧 사망하였다고 한다. 이는 『구당서』 권99, 張日用傳에 "十年, 轉幷州大都督長史. 尋卒"(3090쪽)이라고 하는 것에 의거한 것이다.
23 高木重俊, 『張說』, 大修館書店, 2003, 59쪽.
24 『신당서』 권61, 재상표상, 景雲(711) 2년 정월 조, "太僕卿郭元振·中書侍郎張說並同中書門下平章事"(1678쪽).

隴右·河西兵馬使가 되었다"(185쪽)하고 하는데, 이것만으로는 사상이 되었는지 명확하지 않다. 그런데 『책부원구冊府元龜』 권124, 제왕부帝王部, 수무비修武備, 개원 11년 4월 조에 실린 칙서에 "병부상서·동중서문하삼품·삭방군절도대사·상주국·중산군개국공朔方軍節度大使·上柱國·中山郡開國公 왕준은 …… 마땅히 다음 달에 삭방을 순찰하고 겸하여 하서·농우·하동·하북 등의 제군諸軍으로 가서 병마를 검교簡較(檢校?)하고 ……"(中華書局, 1490쪽)[25]라고 하여 그가 재상으로서 절도대사가 되어 삭방 등을 순시하였다고 하는 것이 보인다. 즉 앞에서 본 곽원진·장열과 마찬가지 형식의 사상이라고 할 수 있다. 왕준은 재상표에 기재되었지만, 재상세계표에는 기재되지 않았다.

④ 장가정은 변경 장수가 되었다가 재상에 올랐는데, 사상이 되었다는 명확한 기사는 보이지 않는다. 즉 『구당서』 권99, 장가정전에 "당시 돌궐구성突厥九姓이 새로 내부하여 태원太原 이북에 흩어져 거주하자 장가정이 군군을 설치하여 진鎭하길 주청하였다. 이에 처음으로 병주幷州에 천병군天兵軍을 설치하고 장가정을 사사로 삼았다. … [개원] 8년 봄 송경宋璟과 소정蘇頲이 지정사知政事를 파직하자 장가정을 발탁하여 중서시랑·동중서문하평장사로 삼았다"(3090~3091쪽), 또 『신당서』 권62, 재상표중, 재상, 개원 8년 정월 조에 "병주대도독부장사幷州大都督府長史 장가정을 수중서시랑守中書侍

---

[25] 『전당문』 권34, 元宗皇帝, 「命王晙檢閱朔方諸軍勅」, "咨爾兵部尙書·同中書門下三品·朔方軍節度大使·上柱國·中山郡開國公王晙, 寅亮天地, 弼予一人, 頻總元戎, 克淸河朔, 師徒效力, 武威遠振, 遺甿懷仁, 以思順殊類, 望聲而歙服, 勳載王室, 朕甚嘉焉. 蓋六月出車, 周美仲甫. 古訓是式, 宜以來月巡朔方, 兼往河西·隴右·河東·河北等諸軍, 簡較兵馬, 點閱機械. 各與所管節度處置, 務令得所, 備豫之道, 其在玆乎"(381~382쪽).

郎·중서문하평장사로 삼았다"(1686쪽)라고 하고,[26] 동同 권72하, 재상세계표2하, 하동장씨河東張氏 조에서는 "가정은 현종을 상相하였다"(2679쪽)라고 하는 것이 보일 뿐이다. 장가정은 개원 8년 정월 조정으로 들어가고 후임으로 장열이 임명되었다.[27]

⑤ 왕거는 재상표와 재상세계표에 이름이 보이지 않고 그 이력도 "[현종 초에] 항상 대정大政에 참문參聞하여 사람들이 내재상內宰相이라고 부르며 달리 비교할 것이 없었다. …… [선천 2년] 11월 어사대부에 임명하여 부절을 가지고 천병天兵 이북 제군諸軍을 돌아보게 하였다"(3250~3251쪽)라고 하는 것이 보일 뿐이다.

⑥ 두섬은 절도사에서 재상이 되었지만, 사상이 되었는지는 명확하지 않다. 즉 『신당서』 권62, 재상표중, 재상, 개원 14년 9월 조에 "적서절도사磧西節度使 두섬을 검교황문시랑·동중서문하평장사로 삼았다"(1687쪽)[28]라고 하고, 『자치통감』 권213, 개원 14년 9월 조에도 "안서부대도호安西副大都護·적서절도사 두섬을 동평장사에 임명하였다"(6773쪽)라고 한다. 두섬의 후임에는 개원 14년 12월에 조이정趙頤貞이 임명되었다.[29] 두섬은 재상세계표에 가계가 실려 있는데,[30] 이는 사상과는 무관한 것일 수도 있다.

⑦ 소숭의 경우에도 『신당서』 권5, 현종본기, 개원 16년 7월 조에 "농우절도사隴右節度使 장지량張志亮과 하서절도사河西節度使 소숭

---

26 『신당서』 권5, 현종본기, 개원 8년 정월 조, "幷州大都督府長史張嘉貞爲中書侍郞·同中書門下平章事"(127쪽).
27 吳廷燮 撰, 『唐方鎭年表』 1, 河東, 406쪽.
28 『신당서』 권5, 현종본기, 개원 14년 9월 조, "磧西節度使杜暹檢校黃門侍郞·同中書門下平章事"(132쪽).
29 吳廷燮 撰, 『唐方鎭年表』 3, 磧西北庭, 1231쪽.
30 『신당서』 권72상, 재상세계표2상, 濮陽杜氏 조, "暹, 相玄宗"(2440쪽).

이 토번吐蕃의 대막문성大莫門城을 함락시켰다"(133쪽), 또『신당서』 권62, 재상표중, 개원 16년 11월 조에 "하서절도사 소숭을 수병부상서·동중서문하평장사로 삼았다"(1687쪽)[31]라고 하는 기록이 전한다. 그런데『구당서』8, 현종본기상, 개원 16년 11월 조를 보면 "검교병부상서·하서절도·판량주사判涼州事 소숭이 병부상서·동중서문하평장사에 임명되고 나머지는 이전대로 하였다"(192쪽)라고 하는 것이 보인다. 즉 그는 하서절도사로서 사상이 되었던 것이다. 소숭은 재상세계표에 가계가 실려 있다.[32] 한편『당회요』권78, 재상요령절도사宰相遙領節度使, 개원 16년 11월 조에 "병부상서·하서절도부사·지절도사知節度事 소숭을 동중서문하평장사에 제수하고 절도는 이전대로 하였다. 재상이 절도사를 요령[33]하는 것은 이로부터 시작되었다"(1699쪽)라고 하는 점이 주목된다. 말하자면 재상이 절도사를 요령한 것을 사상으로 간주한 것이다. 이 역시 앞에서 본 곽원진·장열·왕준의 예와 비슷한 형식이라고 할 수 있다. 하지만 뒤이어 이임보李林甫와 양국충楊國忠도 절도사를 요령하였음에도 불구하고[34] 사상으로 간주되지 않았는데, 이는 그들이 실제 절도사가 된 적이 없기 때문으로 판단된다.[35]

⑧ 가서한은 사상에 임명된 것이 명확하다. 즉『구당서』권9, 현종

---

31 『신당서』권5, 현종본기, 개원 16년 11월 조, "蕭嵩爲兵部尙書·同中書門下平章事"(133쪽).
32 『신당서』권71하, 재상세계표1하, 蕭氏, 齊梁房 조, "嵩, 相玄宗"(2283쪽).
33 재상이 조정에 있으면서 절도사를 겸임한 것으로 해당 번진에는 留後(즉 임시 책임자)를 두어 지휘하게 하였다.
34 『당회요』권78, 宰相遙領節度使, 개원 26년 2월 및 천보 10재(751) 11월 조, 1699쪽 참조.
35 劉曉艶,「從唐中後期使相的變遷看唐末地方獨立化的進程」, 天津師範大學 碩士學位論文, 2012, 5쪽에서는 이임보와 양국충도 사상의 범위에 속한다고 본다.

본기하, 천보 14재 12월 조에 "가서한을 태자선봉병마원수太子先鋒兵馬元帥에 임명하여 하河·롱隴의 병모兵募를 거느리고 동관潼關을 지켜 막게 하였다"(230쪽)라고 하고, 동同 천보 15재 정월 조에 "가서한의 지위를 상서좌복야·동중서문하평장사로 높였다"(231쪽)라고 한다. 다만 그는 재상표와 재상세계표에 기재되지 않았다.

이렇게 보면 8인 가운데 사상으로 확인되는 것은 ②장열 ③왕준 ⑦소숭 ⑧가서한 4인인데, 앞의 3인은 재상(모두 동평장사)으로서 절도사를 겸임한 경우이고 가서한은 병마원수로서 동평장사를 겸임한 경우이다. 이들 4인 중 재상세계표에 가계가 실린 것은 소숭이 유일하다. 그리고 그 나머지 4인은 사상이 되었는지가 명확하지 않지만 사상이 아니라고 말할 수도 없다. 이들 나머지 4인 중 재상세계표에 기재된 자는 원건요·장가정·두섬 3인이고 왕거는 재상표와 재상세계표에 모두 이름이 보이지 않는다. 즉 현종대의 사상은 재상세계표에 기재된 경우와 기재되지 않은 경우가 대략 반반이다.[36]

또 쟈위잉에 의하면 당 전기(즉 현종 시기)의 사상은 대부분 재상이 변경 장수로 출사出使한 경우였고, 안사의 난 후 절도사가 재상의 명호를 대직하는 형식과는 다소 차이가 있다고 한다.[37] 이는 곽원진·장열·왕준·소숭의 경우를 고려한 것으로 판단된다. 사상이라는 것이 확인되는 4인 중 3인이 그러한 형식이기 때문에 나름대로 의미있는 견해라고 할 수 있다.[38] 다만 가서한은 후대의 전형적 사상에 가깝고 다른 4인은 구체적으로 확인할 수 없기 때문에 재상이 변경

---

36 곽원진이 재상세계표에 기재되어 있는 것은 앞에서 언급하였다.
37 賈玉英, 「唐宋時期使相制度變遷初探」, 325쪽.
38 劉曉艶, 「略論唐使相的發端」, 『科技風』 2012-3, 220쪽에서는 "사상의 특징은 '在鎭不在朝' 즉 번진에 있고 조정에 있지 않다는 것인데, 당 현종 시기에는 이것이 선명하지 않다"고 한다.

장수로 출사한 것이 일반적이었다고 단정하기는 어렵다. 요컨대, 현종 시기의 사상은 당 후기의 일반적 형식이 정립되기 이전의 단계로 여러 형식이 있었을 수 있다고 생각된다.

여기서 한 가지 궁금한 것은 현종 시기의 사상은 과연 앞에서 살펴본 8인 뿐이었을까 하는 점이다. 즉 곽원진도 사상에 포함되는 것으로 보면 사상이 더 있을 수 있기 때문이다. 이때 주목되는 것은 설눌薛訥이다. 즉 『신당서』 권62, 재상표중, 개원 2년 정월 조, "화융·대무제군절도사和戎·大武諸軍節度使 설눌을 동자미황문삼품同紫微黃門三品으로 삼았다"(1684쪽), 또 『신당서』 권5, 현종본기, 개원 2년 정월 조에 "병주절도대사幷州節度大使 설눌을 동자미황문삼품으로 삼아 거란契丹을 토벌하게 하였다"(123쪽)라고 한다. 이는 설눌이 사상이었다는 것을 나타낸다. 그럼에도 불구하고 『당회요』 권1, 제호상帝號上에 사상으로 기록되지 않은 것은 『당회요』의 명단이 완전하지 않은 때문일 수 있지만, 사상의 기준이 아직 명확하게 정립되지 않은 때문일 수도 있다.

3. 당 후기의 사상과 재상세계표

안사의 난 이후 상황을 보자. 이하에서는 사상의 범주를 대략 세 가지로 나누어 보겠다. 첫째는 절도사가 동평장사를 겸하는 경우로 '전형적 사상'이라고 칭하고, 둘째는 동평장사 이외의 삼사·삼공 등을 겸하는 경우로 '광의의 사상'이라고 칭하고, 셋째는 사상인지 여부가 기록에 명확하지 않은 경우이다.

(1) 안사의 난 중인 숙종肅宗 시기의 사상은 배면裴冕·곽자의·이광

필·최환崔渙·최원崔圓·장호張鎬·왕여王璵·여인呂諲 8인이었다.[39] ① 배면은 번진의 장수에서 동평장사가 되었다는 기록은 보이지만,[40] 사상에 임명된 기록은 전하지 않는다. 재상세계표에는 가계가 실려 있다.[41] ② 곽자의는 삭방절도사로서 동평장사를 겸하여 전형적 사상이 되었고[42] 재상세계표에 가계가 실려 있다.[43] ③ 이광필도 하동절도사河東節度使로서 동평장사를 겸한 전형적 사상이 되었고[44] 재상세계표에도 기재되었다.[45] ④ 최환은 자사에서 동평장사가 된 것은 보이지만[46] 사상이 되었다는 기록은 보이지 않는다. 재상세계표에는 가계가 실려 있다.[47] ⑤ 최원은 숙종 시기에 사상이 되었다는 기록은 보이지 않지만,[48] 대종代宗 시기에 회남절도사淮南節度使로서 상서우복야尙書右僕射를 겸하여 광의의 사상이 된 것이 보이고[49] 재상세계표

---

[39] 『당회요』 권1, 帝號上, 숙종 使相 조, 8쪽.
[40] 『신당서』 권62, 재상표중, 재상, 肅宗 至德 원재(756) 7월 조, "憲部侍郎房琯爲文部尙書, 河西行軍司馬裴冕爲中書侍郎, 並同中書門下平章事"(1693쪽).
[41] 『신당서』 권71상, 재상세계표1상, 東眷裴氏 조, "冕, 字章甫, 相代宗"(2240쪽).
[42] 『신당서』 권62, 재상표중, 三公, 지덕 2재 4월 조, "朔方節度使·同平章事郭子儀爲司空"(1693쪽).
[43] 『신당서』 권74상, 재상세계표4상, 華陰郭氏 조, "出自太原. … 子孫自太原徙馮翊. … 子儀, 字子儀, 相肅·代·德三宗"(3116쪽).
[44] 『신당서』 권62, 재상표중, 삼공, 지덕 2재 12월 조, "河東節度使·同平章事李光弼守司空, 郭子儀爲司徒"(1694쪽).
[45] 『신당서』 권75하, 재상세계표5하, 柳城李氏 조, "世爲契丹酋長, 後徙京兆萬年. 光弼, 太尉兼侍中·臨淮武穆王"(3443~3444쪽). 또, 3454쪽에도 "柳城李氏有光弼, 武威李氏有抱玉, 高麗李氏有正己. 又柳城李氏有寶臣, 鷄田李氏有光顔, ……"라는 것이 보인다.
[46] 『신당서』 권62, 재상표중, 재상, 지덕 원재(756) 7월 조, "蜀郡太守崔渙爲門下侍郎·同中書門下平章事"(1693쪽).
[47] 『신당서』 권72하, 재상세계표2하, 南祖崔氏 조, 2754쪽.
[48] 『신당서』 권62, 재상표중, 재상, 지덕 2재 정월 조, "劍南節度使崔圓爲中書侍郎·同中書門下平章事"(1693쪽); 同, 지덕 2재 정월 조, "圓自蜀來"(上同).
[49] 『구당서』 권11, 대종본기, 永泰 2년 6월 조, "以淮南節度使崔圓檢校尙書右僕射"(283쪽).

에 가계가 실려 있다.[50] ⑥ 장호는 동평장사로서 하남절도사 등을 겸하여[51] 전형적 사상이 되고 재상세계표에 가계가 실려 있다.[52] ⑦ 왕여는 포동강절도사蒲同絳節度使에서 재상에 임명되었다고 하지만,[53] 사상이 되었다는 기록은 전하지 않고 재상세계표에 가계가 실려 있다.[54] ⑧ 여인은 재상에서 형남절도사荊南節度使가 되었지만,[55] 사상이 되었다는 기록은 보이지 않는다. 재상세계표에 가계가 실려 있다.[56] 지금까지 살펴본 8인 중 전형적 사상은 ②곽자의 ③이광필 ⑥장호 3인이고 광의의 사상은 ⑤최원 1인으로 모두 재상세계표에 기재되어 있다. 또 사상이 되었다는 기록이 보이지 않는 나머지 4인도 모두 재상세계표에 올라 있다.

(2) 대종 시기의 사상은 19인이었다.[57] 그중 곽자의·이광필·최원·배면 4인은 앞에서 보았고 이정기에 대해서도 머리말에서 언급하였으므로 그 나머지 14인을 보자. ① 복고회은僕固懷恩은 삭방절도사로서 동평장사를 겸하여[58] 전형적 사상이 되었다. 또 재상세계표에서는 마지막 부분에 이름만 적고 반신叛臣이기 때문에 가계를

---

50 『신당서』 권72하, 재상세계표2하, 淸河靑州房 조, "圓, 相肅宗"(2771쪽).
51 『신당서』 권6, 숙종본기, 지덕 2재 5월 조, "諫議大夫張鎬爲中書侍郞·同中書門下平章事"(158쪽); 同 8월 조, "張鎬爲兼河南節度使·都統淮南諸軍事"(158쪽).
52 『신당서』 권72하, 재상세계표2하, 汲郡張氏 조, "鎬, 字從周, 相肅宗"(2721쪽).
53 『신당서』 권109, 왕여전, "乾元三年, 拜蒲同絳等州節度使, 俄以中書侍郞同中書門下平章事"(4107쪽).
54 『신당서』 권72중, 재상세계표2중, 琅琊王氏 조, "璵, 相肅宗"(2619쪽).
55 『구당서』 권10, 숙종본기, 上元 원년 5월 조, "黃門侍郞·同中書門下三品呂諲爲太子賓客, 罷知政事"(259쪽); 同, 8월 조, "以太子賓客呂諲爲荊州大都督府長史·澧朗峽忠五州節度·觀察處置等使"(259쪽). 吳廷燮 撰, 『唐方鎭年表』 2, 荊南, 680~681쪽 참조.
56 『신당서』 권75상, 재상세계표5상, 呂氏 조, "諲, 相肅宗"(3371쪽).
57 『당회요』 권1, 帝號上, 대종 使相, 8~9쪽.
58 『신당서』 권62, 재상표중, 三師, 廣德 2년(764) 4월 조, "朔方行營節度使·尙書左僕射·同平章事·兼太保僕固懷恩爲太保"(1697쪽).

적지 않았다고 한다.⁵⁹ ② 이회선李懷仙은 유주절도사幽州節度使로서 시중을 겸하여⁶⁰ 광의의 사상이 되었으나 재상세계표 마지막에 이름만 적히고⁶¹ 가계는 실려 있지 않다. ③ 왕진王縉은 동평장사가 되었다가 도통都統으로서 시중을 겸하여⁶² 광의의 사상이 되었고 재상세계표에 가계가 실려 있다.⁶³ ④ 신운경辛雲京은 하동절도사로서 동평장사를 겸하여⁶⁴ 전형적 사상이 되었으나 재상세계표에 이름이 실리지 않았다. ⑤ 두홍점杜鴻漸은 서천절도사西川節度使·동평장사가 되어⁶⁵ 전형적 사상이 되었고 재상세계표에 가계가 실려 있다.⁶⁶ ⑥ 전승사田承嗣는 위박절도사魏博節度使로서 사공 등을 겸하여⁶⁷ 광의의 사상이 되었고 재상세계표에 가계가 실려 있다.⁶⁸ ⑦ 주체朱泚는 유주·농우절도사 등으로서 검교사공·중서령 등을 겸하여⁶⁹ 광의의 사

---

59 『신당서』 권75하, 재상세계표5하, 3466쪽.
60 『구당서』 권11, 대종본기, 寶應 2년 윤정월 조, "李懷仙檢校兵部尚書·兼侍中·武威郡王·幽州節度使"(271쪽).
61 『신당서』 권75하, 재상세계표5하, 3466쪽.
62 『신당서』 권62, 재상표중, 재상, 광덕 2년(764) 정월 조, "右散騎常侍王縉爲黃門侍郎, 太常卿杜鴻漸爲兵部侍郎, 並同中書門下平章事"(1697쪽); 同 권6, 대종본기, 광덕 2년 8월 조, "丙寅, 王縉爲侍中·都統河南·淮南·山南東道節度行營事. 壬申, 王縉罷侍中"(170쪽).
63 『신당서』 권72중, 재상세계표2중, 河東王氏 조, "縉, 字夏卿, 相代宗"(2642쪽).
64 『신당서』 권147, 신운경전, "以雲京性沈毅, 故授太原尹, 進封金城郡王. …… 數年, 太原大治. 加檢校尚書右僕射·同中書門下平章事"(4754쪽).
65 『구당서』 권11, 대종본기, 영태 2년(766) 2월 조, "命黃門侍郎·同平章事杜鴻漸兼成都尹·持節充山南西道·劍南東川等道副元帥, 仍充劍南西川節度使, 以平郭英乂之亂也"(282쪽); 同, 大曆 2년((767) 6월 조, "山南·劍南副元帥杜鴻漸自蜀入朝"(287쪽).
66 『신당서』 권72상, 재상세계표2상, 濮陽杜氏 조, "鴻漸, 之巽, 相代宗"(2439쪽).
67 『신당서』 권62, 재상표중, 三公, 대력 3년 윤6월 조, "魏博節度使田承嗣爲司空·兼檢校尚書左僕射"(1698쪽).
68 『신당서』 권75하, 재상세계표5하, 田氏 조, "出自嬀姓. … 因號田氏. … 至田和篡齊爲諸侯, …… 承嗣, 魏博節度使·太尉·鴈門郡王"(3458쪽).
69 『신당서』 권62, 재상표중, 三公, 덕종 건중 2년(781) 조, "幽州·隴右·兼四鎭北庭行軍涇原節度使·檢校司空·兼中書令朱泚爲太尉"(1701쪽).

상이 되었다. 재상세계표의 마지막에 이름이 적혔으나 당의 도둑이
었기 때문에 자세한 것은 적지 않았다고 한다.[70] ⑧ 이보신李寶臣은
성덕절도사로서 동평장사를 겸하여[71] 전형적 사상이 되었고 재상세
계표에 가계가 실려 있다.[72] ⑨ 이충신李忠臣은 회서절도사淮西節度
使로서 동평장사를 겸하여[73] 전형적 사상이 되었고, 재상표에 기재
되었으나[74] 재상세계표에는 마지막에 이름만 적혔다.[75] ⑩ 이포옥李
抱玉은 진정·택로절도사陳鄭·澤潞節度使로서 사공을 겸하여[76] 광의
의 사상이 되었고 재상세계표에 가계가 실려 있다.[77] ⑪ 내전來瑱은
산남동도절도사로서 동평장사를 겸하여[78] 전형적 사상이 되었으나
재상표와 재상세계표에 기재되지 않았다. ⑫ 마린馬璘은 경원절도사

---

70 『신당서』 권75하, 재상세계표5하, 3466쪽.
71 『신당서』 권62, 재상표중, 三公, 대력 14년(779) 6월 조, "成德軍節度使·檢校司空·同平章事李寶臣爲司空"(1700쪽).
72 『신당서』 권75하, 재상세계표5하, 柳城李氏 조, "本奚族, 不知何氏, … 寶臣, 字爲輔, 成德節度使·守司空·清河郡王"(3450쪽).
73 『구당서』 권11, 대력 11년 12월 조, "加淮西節度·檢校右僕射·安州刺史·西平郡王李忠臣檢校司空·同中書門下平章事, 仍兼汴州刺史"(310쪽).
74 『신당서』 권62, 재상표중, 재상, 대력 14년 3월 조, "前淮西節度使·檢校司空·同平章事李忠臣本官同平章事"(1700쪽).
75 『신당서』 권75하, 재상세계표5하, 3466쪽. 이충신은 『신당서』 권224하, 叛臣傳下에 立傳되어 있다(6387~6390쪽).
76 『구당서』 권11, 대종본기, 보응 2년 6월 조, "以陳鄭澤潞節度使李抱玉檢校司空, 封武威郡王"(272쪽); 同, 광덕 2년(763) 9월 조, "陳鄭·澤潞節度使李抱玉進位司徒, 充南道通和吐蕃使·鳳翔秦隴臨洮已東觀察使"(276쪽); 『신당서』 권62, 재상표중, 三公, 광덕 원년(763) 조, "澤潞節度使李抱玉爲司空·兼兵部尚書"(1696쪽).
77 『신당서』 권75하, 재상세계표5하, 武威李氏 조, "本安氏, 出自姬姓, … 居于西方, 自號安息國. 後漢末, 遣子世高入朝, …… 抱真, 檢校玉, 初名重璋, 守司徒·平章事·涼國昭武公"(3446쪽).
78 『구당서』 권114, 내전전을 보면 대종이 보응 원년 8월에 내린 조서에 '開府儀同三司·行兵部尚書·中書門下平章事·充山南東道節度·觀察處置等使·上柱國·潁國公來瑱'이라는 것이 보인다(3367쪽).

涇原節度使로서 상서좌복야 등을 겸하여⁷⁹ 광의의 사상이 되었으나 재상표와 재상세계표에 기재되지 않았다. ⑬ 최녕崔寧은 서천절도사로서 동평장사를 겸하여⁸⁰ 전형적 사상이 되었지만, 재상표와 재상세계표에 실리지 않았다. 뒤에 불온한 행동을 보인 때문으로 짐작된다. ⑭ 설숭薛嵩은 소의절도사昭義節度使로서 상서복야를 겸하여⁸¹ 광의의 사상이 되었지만, 재상표와 재상세계표에 실리지 않았다. 지금까지 살펴본 14인을 분류해 보면 ①복고회은 ④신운경 ⑤두홍점 ⑧이보신 ⑨이충신 ⑪내전 ⑬최녕 7인은 전형적 사상이 되었는데, 그중 2인은 재상세계표에 가계가 기재되고 2인은 재상세계표의 마지막에 이름만 적혔으며, 3인은 이름 자체가 실리지 않았다. 또 광의의 사상이 된 ②이회선 ③왕진 ⑥전승사 ⑦주체 ⑩이포옥 ⑫마린 ⑭설숭 7인 가운데 3인은 재상세계표에 기재되고, 2인은 재상세계표의 마지막에 이름만 적히고, 2인은 이름도 실리지 않았다. 요컨대 대종대의 사상은 전형적 사상과 광의의 사상이 반반 존재하였고(각 7인), 재상세계표에 이름이 실린 자는 9인이고, 실리지 않은 자는 5인이다.

(3) 덕종德宗 시기의 사상은 20인이었다.⁸² 그중 곽자의·주체·이보신·이정기·이충신 5인은 앞에서 살펴보았고 또 이정기의 아들 이납과 손자 이사고는 이정기의 가계에 함께 기재되어 있으므로 나

---

79 『구당서』 권11, 대종본기, 대력 9년 5월 조, "加[涇原節度使]馬璘尚書左僕射·知省事. 璘諷將士進狀求宰相, 故有是授"(305쪽).
80 『신당서』 권144, 최녕전에 "[大曆]十四年, [西川節度使崔寧]入朝, 進檢校司空·同中書門下平章事·兼山陵使"(4706쪽).
81 『구당서』 권11, 대종본기, 대력 3년 윤6월 조, "相州薛嵩·魏州田承嗣·恆州李寶臣並加左右僕射"(290쪽).
82 『당회요』 권1, 帝號上, 덕종 使相 조, 9쪽.

머지 13인을 순서대로 보자. ① 양숭의梁崇義는 산남동도절도사로서 동평장사를 겸하여[83] 전형적 사상이 되었으나 재상세계표에 실리지 않았다. 이는 아마도 반란을 일으켰기 때문일 것으로 생각된다. ② 이희열李希烈도 회서절도사로서 동평장사를 겸하여[84] 전형적 사상이 되었으나 재상세계표에 실리지 않았는데, 역시 반란을 일으켰기 때문일 것이다. ③ 이회광李懷光은 삭방절도사로서 태위에 올라[85] 형식상이나마 광의의 사상이 되었으나 재상세계표에 실리지 않았다. 그 또한 반란을 일으켰기 때문일 것이다. ④ 진소유陳少遊는 회남절도사로서 동평장사를 겸하여[86] 전형적 사상이 되었지만, 재상세계표에 실리지 않았다. 이희열의 난 때 잠시 반란에 가담했기[87] 때문일 수 있다. ⑤ 이포진李抱眞은 소의절도사로서 동평장사를 겸하여[88] 전형적 사상이 되었고 재상세계표에도 가계가 적혀 있다.[89] ⑥ 장효충張孝思(忠?)은 의무절도사義武節度使로서 동평장사를 겸하여[90] 전형적 사상이 되었으나 재상세계표에 실리지 않았다. ⑦ 왕무준王

---

83 『구당서』 권12, 덕종본기상, 건중 2년 4월 조, "襄州梁崇義兼同中書門下平章事"(329쪽).
84 『구당서』 권12, 덕종본기상, 건중 2년 9월 조, "加李希烈同中書門下平章事"(330쪽).
85 『신당서』 권62, 재상표중, 재상, 건중 4년 11월 조, "朔方節度使李懷光爲中書令·朔方·邠寧·同華·陝虢·河中晉絳慈隰行營兵馬副元帥"(1702쪽); 同, 三公, 興元 원년 2월 조, "李懷光爲太尉, 不拜"(1702쪽).
86 『자치통감』 권227, 건중 3년 11월 조, "加淮南節度使陳少遊同平章事"(7335쪽).
87 정병준, 「唐 德宗代 여러 叛亂과 江淮 藩鎭의 動搖 －淮南節度使 陳少遊의 태도를 중심으로」, 『중국고중세사연구』 60, 2021, 160~170쪽 참조.
88 『구당서』 권13, 덕종본기하, 정원 10년 6월 조, "昭義軍節度使·檢校左僕射·同中書門下平章事·義陽王李抱眞卒"(379쪽).
89 『신당서』 권75하, 재상세계표5하, 武威李氏 조, "本安氏, 出自姬姓. … 居于西方, 自號安息國. …… 抱眞, 檢校司空·平章事·義陽郡王"(3446~3447쪽).
90 『구당서』 권13, 덕종본기하, 정원 7년 3월 조, "義武軍節度使·檢校司空·平章事張孝忠卒"(371쪽).

武俊은 성덕절도사로서 동평장사를 겸하여[91] 전형적 사상이 되었으나 재상세계표에 실리지 않았다. ⑧ 유현좌劉玄佐는 선무절도사宣武節度使로서 동평장사를 겸하여[92] 전형적 사상이 되었으나 재상세계표에 실리지 않았다. ⑨ 혼감渾瑊은 사상이 되었다는 명확한 기록이 보이지 않지만, 재상세계표에 가계가 실려 있다.[93] ⑩ 엄진嚴震은 산남서도절도사로서 동평장사가 되어 전형적 사상이 되었지만,[94] 재상세계표에 기재되지 않았다. ⑪ 전서田緒는 위박절도사로서 동평장사 등을 겸하여[95] 전형적 사상이 되었고 재상세계표에 기재되어 있다. ⑫ 유자劉滋는 동평장사가 되었으나 사상이 되었다는 기록은 보이지 않고[96] 재상세계표에 가계가 실려 있다.[97] 유자는 절도사에 임명되었다는 기록이 보이지 않기 때문에 과연 사상이 되었을까 하는 생각도 든다. ⑬ 위고韋皋는 서천절도사로서 동평장사 등을 겸하여[98] 전형적 사상이 되었지만, 재상세계표에 이름이 없다. 요컨대 13인을 분류하면 전형적 사상은 10인이고, 광의의 사상은 이회광 1인이며, 명확한 기록이 보이지 않는 자가 2인이다. 이 중 재상세계표에 가계가

---

[91] 『자치통감』 권230, 흥원 원년 2월 조, "加[成德節度使]王武俊同平章事·兼幽州盧龍節度使"(7406쪽).
[92] 『자치통감』 권230, 흥원 원년 3월 조, "加宣武節度使劉洽(즉 유현좌)同平章事"(7420쪽).
[93] 『구당서』 권75하, 재상세계표5하, 渾氏 조, "出自匈奴渾邪王, 隨拓拔氏徙河南, 因以爲氏. 自迴貴至瑊, 世襲皐蘭州都督"(3379쪽), "瑊, 相德宗"(3381쪽).
[94] 『신당서』 권158, 엄진전, "遷山南西道節度使. 朱泚反, … 久之, 進同中書門下平章事. 貞元十五年卒"(4942~4943쪽).
[95] 『신당서』 권75하, 재상세계표5하, 田氏 조, "緒, 魏博節度使·檢校左僕射同平章事·駙馬都尉·常山郡王"(3458~3459쪽).
[96] 『구당서』 권136, 유자전, "貞元二年, 遷左散騎常侍·同中書門下平章事, 在相位無所啟奏, 但多謙退, 廉謹畏慎而已. 三年正月, 守本官, 罷知政事"(3752쪽).
[97] 『신당서』 권71상, 재상세계표5하, 劉氏 조, "滋, 相德宗"(2250쪽).
[98] 『구당서』 권13, 덕종본기하, 정원 12년 정월 조, "興元節度使嚴震·魏博田緒·西川韋皐並加檢校左右僕射·同中書門下平章事"(383쪽).

실린 것은 전형적 사상인 이포진·전서 2인과 사상이 되었다는 기록이 보이지 않는 혼감·유자 2인이고, 나머지 9인(전형적 사상 8인, 광의의 사상 1인)은 재상세계표에 가계가 실리지 않았다. 덕종대의 사상은 재상세계표에 가계가 실리지 않는 것이 두 배나 많았다고 하겠다.

(4) 순종順宗 시기의 사상은 5인이다.[99] 그중 유자·위고·이사고 3인은 앞에서 보았으므로 나머지 2인을 보자. ① 장무소張茂昭는 역정절도사易定節度使로서 동평장사를 겸하여[100] 전형적 사상이 되었지만, 재상세계표에 기재되지 않았다. ② 오소성吳少誠은 회서절도사로서 동평장사를 겸하여[101] 전형적 사상이 되었지만, 재상세계표에 기재되지 않았다. 요컨대 두 사람 모두 전형적 사상이었으나 모두 재상세계표에 실리지 않았다.

(5) 헌종憲宗 시기의 사상은 11인이다.[102] 그중 이사고·장무소·오소성 3인은 앞에서 보았고 고숭문은 머리말에서 언급하였으므로 그 나머지 7인을 보자. ① 유제劉濟는 유주절도사로서 동평장사를 겸하여[103] 전형적 사상이 되었지만, 재상세계표에 기재되지 않았다. ② 왕사진王士眞은 성덕절도사로서 동평장사를 겸하여[104] 전형적 사상이 되었지만, 재상세계표에 기재되지 않았다. ③ 전계안田季安은 위박절도사로서 동평장사를 겸하여[105] 전형적 사상이 되었고 재상세계

---

99 『당회요』 권1, 帝號上, 순종 使相 조, 10쪽.
100 『구당서』 권14, 순종본기, 정원 21년 2월 조, "以易定張茂昭兼同平章事, 以來朝, 故寵之"(405~406쪽).
101 『구당서』 권14, 순종본기, 정원 21년 3월 조, "蔡州吳少誠兼同平章事"(406쪽).
102 『당회요』 권1, 帝號上, 헌종 使相 조, 11쪽.
103 『자치통감』 권235, 정원 12년 2월 조, "加嚴震·田緒·劉濟·韋皐並同平章事. 天下節度·觀察使, 悉加檢校官以悅其意"(7570쪽).
104 『자치통감』 권237, 원화 원년 정월 조, "加成德節度使王士眞同平章事"(7625쪽).
105 『자치통감』 권237, 원화 원년 2월 조, "加魏博節度使田季安同平章事"(7627쪽).

표에 가계가 실려 있다.[106] ④ 배균裴均은 산남동도절도사로서 동평장사를 겸하여[107] 전형적 사상이 되었고 재상세계표에 가계가 실려 있다.[108] ⑤ 왕악王鍔은 하동절도사로서 동평장사를 겸하여[109] 전형적 사상이 되었으나 재상세계표에 기재되지 않았다. ⑥ 유총劉總은 유제의 아들로 유주절도사를 계승한 후 전형적 사상이 되었으나[110] 부친과 마찬가지로 재상세계표에 이름이 없다. ⑦ 전홍정田弘正은 위박절도사로서 동평장사를 겸하여[111] 전형적 사상이 되었고 재상세계표에 가계가 실려 있다.[112] 요컨대 7인은 모두 전형적 사상이 되었으나 4인은 재상세계표에 가계가 실리고 3인은 실리지 않았다.

(6) 목종穆宗 시기의 사상은 5인이다.[113] 그중 유총과 전홍정은 앞에서 보았으므로 그 나머지 3인을 보자. ① 이광안李光顔은 빈녕절도사邠寧節度使로서 동평장사를 겸하여[114] 전형적 사상이 되었고[115] 재상세계표에 가계가 실려 있다.[116] ② 이소李愬가 무령절도사武寧節

---

106 『신당서』 권75하, 재상세계표5하, 田氏 조, 3460쪽.
107 『자치통감』 권237, 원화 3년 9월 조, "加右僕射裴均同平章事, 爲山南東道節度使"(7653쪽).
108 『신당서』 권71상, 재상세계표1상, 中眷裴氏 조, "均字君齊, 左僕射·平章事·邠公"(2213쪽).
109 『구당서』 권15, 헌종본기하, 원화 9년 9월 조, "加河東節度使王鍔檢校司空·同平章事"(450쪽).
110 『자치통감』 권239, 원화 11년 11월 조, "加幽州節度使劉總同平章事"(7725쪽).
111 『자치통감』 권241, 원화 14년 2월 조, "加田弘正檢校司徒·同平章事"(7766쪽).
112 『신당서』 권75하, 재상세계표5하, 田氏 조, 3462쪽.
113 『당회요』 권1, 帝號上, 목종 使相 조, 12쪽.
114 『자치통감』 권241, 원화 15년(820) 9월 조, "加邠寧節度使李光顔·武寧節度使李愬並同平章事"(7782쪽).
115 『구당서』 권161, 이광안전, "長慶初, 遷鳳翔節度使, 依前檢校司空·同中書門下平章事"(4222쪽).
116 『신당서』 권71하, 재상세계표5하, 雞田李氏 조, "本河曲部落稽阿跌之族, 至光進賜姓李. … 光顔(즉 李光進의 동생), 河東節度使·守司徒·兼侍中"(3452쪽).

度使로서 전형적 사상에 오른 것은 이광안이 동평장사를 겸한 것을 전하는 앞 각주의 기록에 보이고, 그 역시 재상세계표에 기재되었다.[117] ③ 유오劉悟는 소의절도사·동평장사로서[118] 전형적 사상이 되었지만, 재상세계표에 기재되지 않았다. 요컨대 3인은 모두 전형적 사상이 되었으나 2인은 재상세계표에 가계가 실리고 1인은 실리지 않았다.

(7) 경종敬宗 시기의 사상은 3인이다.[119] 그중 이광안과 유오는 앞에서 보았고 나머지 오중윤烏重胤은 천평절도사天平節度使·동평장사로서[120] 전형적 사상이 되었고 재상세계표에 가계가 기재되었다.[121]

(8) 문종文宗 시기의 사상은 5인이다.[122] 그중 오중윤은 앞에서 보았고 나머지 4인을 보자. ① 사헌성史憲誠은 위박절도사·동평장사로서[123] 전형적 사상이 되었으나 재상세계표에는 실리지 않았다. ② 왕지흥王智興은 무령절도사·동평장사로서[124] 전형적 사상이 되었고 재상세계표에 기재되었다.[125] ③ 이재의李載義는 유주절도사·동평장

---

117 『신당서』 권72상, 재상세계표2상, 隴西李氏 조, 2471쪽.
118 『자치통감』 권243, 목종 長慶 3년(823) 9월 조, "加昭義節度使劉悟同平章事"(7828쪽).
119 『당회요』 권1, 帝號上, 경종 使相 조, 12쪽.
120 『구당서』 권17상, 경종본기, 장경 4년(824) 11월 조, "加天平軍節度使烏重胤同平章事"(513쪽).
121 『신당서』 권75하, 재상세계표5하, 烏氏 조, "出自姬姓. 皇帝之後, 裔孫世居北方, 號烏洛侯, 後徙張掖. … 重胤字保君, 天平節度使·守司徒·邠國公"(3463~3464쪽).
122 『당회요』 권2, 帝號下, 문종 使相 조, 13쪽.
123 『자치통감』 권243, 太和 원년(827) 5월 조, "朝廷猶慮河南·北節度使搆煽[李]同捷使拒命, 乃加魏博史憲誠同平章事"(7854쪽).
124 『자치통감』 권243, 태화 원년 12월 조, "加[武寧節度使]王智興同平章事"(7856쪽); 同, 태화 2년 9월 조, "加王智興守司徒"(7860쪽).
125 『신당서』 권75하, 재상세계표5하, 太原王氏 조, "世居祁縣, 後徙平州, 至縉, 從侯希逸南遷, 遂居河內溫縣. … 智興字匡諫, 宣武節度使·守太傅·鴈門郡王"(3455

사로서[126] 전형적 사상이 되었고 재상세계표에 기재되었다.[127] ④ 유종간劉從諫은 소의절도사·동평장사로서[128] 전형적 사상이 되었으나 재상세계표에 기재되지 않았다. 요컨대 4인은 모두 전형적 사상이 되었으나 2인은 재상세계표에 가계가 기재되었고 2인은 기재되지 않았다.

(9) 무종武宗 시기의 사상은 4인이다.[129] 그중 유종간은 앞에서 보았고 나머지 3인을 보자. ① 왕원규王元逵는 성덕절도사·동평장사로서[130] 전형적 사상이 되었고 재상세계표에 이름이 기재되었다.[131] ② 왕기王起는 2절의 첫부분에서 본 대로 전형적 사상이었고[132] 재상세계표에 기재되었다.[133] ③ 하홍경何弘敬은 위박절도사·동평장사로서[134] 전형적 사상이 되었으나 재상세계표에 기재되지 않았다. 요컨대 3인은 모두 전형적 사상이 되었으나 2인은 재상세계표에 기재되었고 1인은 기재되지 않았다.

(10) 선종宣宗 시기의 사상은 11인이다.[135] 그중 왕원규·하홍경·

쪽).
126 『자치통감』 권244, 태화 3년 5월 조, "加李載義同平章事"(7864쪽); 同 권245, 태화 9년 11월 조, "以河東節度使·同平章事李載義兼侍中"(7910쪽).
127 『신당서』 권75하, 재상세계표5하, 范陽李氏 조, "自云常山愍王之後. … 載義字方轂, 守太保兼侍中·河東節度使·武威郡王"(3452쪽).
128 『구당서』 권17하, 문종본기하, 大和 7년 정월 조, "加劉從諫同平章事"(548쪽).
129 『당회요』 권2, 帝號下, 무종 使相 조, 14쪽.
130 『자치통감』 권247, 무종 會昌 3년(843) 7월 조, "加[王]元逵同平章事"(7988쪽).
131 『신당서』 권75하, 재상세계표5하, 安東王氏 조, "本阿布思之族, 世隷安東都護府, 曰五哥之, 左武衞將軍, 生末怛活. …… 元逵, 檢校司徒·同平章事·成德節度使"(3456~3457쪽).
132 『신당서』 권167, 王起傳, "擢山南西道節度使·同中書門下平章事"(5118쪽).
133 『신당서』 권72중, 재상세계표2중, 中山王氏 조, "起字擧之. 魏郡文懿公"(2649쪽).
134 『자치통감』 권248, 회창 4년 8월 조, "加何弘敬同平章事"(8009쪽); 同, 宣宗 大中13년(859) 9월 조, "加魏博節度使何弘敬兼中書令"(8077쪽).
135 『당회요』 권2, 帝號下, 선종 使相 조, 15쪽.

왕기 3인은 앞에서 보았고 나머지 8인을 보자. ① 위모魏謩는 서천절도사·동평장사로서[136] 전형적 사상이 되었고 재상세계표에 기재되었다.[137] ② 두종杜悰은 봉상절도사鳳翔節度使·동평장사로서[138] 전형적 사상이 되었고 재상세계표에 기재되었다.[139] ③ 최단崔鄲은 서천절도사·동평장사로서[140] 전형적 사상이 되었고 재상세계표에 기재되었다.[141] ④ 장중무張仲武는 유주절도사·동평장사로서[142] 전형적 사상이 되었으나 재상세계표에 보이지 않는다. ⑤ 최신유崔慎由는 동평장사가 된 것은 보이지만,[143] 사상이 되었다는 기록은 보이지 않는다. 또 재상이 된 만큼 재상표에는 실려 있지만,[144] 재상세계표에는 기재되지 않았다. ⑥ 노탐盧耽은 산남동도절도사·동평장사로서[145] 전형적 사상이 되었지만, 재상세계표에는 보이지 않는다. ⑦ 백민중白敏中은 빈녕절도사·동평장사로서[146] 전형적 사상이 되었고

---

136 『당회요』 권2, 帝號下, 선종 使相 조, 15쪽.
137 『신당서』 권72중, 재상세계표2중, 館陶魏氏 조, "本出漢兗州刺史[魏]衡曾孫[魏]珉, 始居館陶, …… 謩字申之, 相宣宗"(2657~2658쪽).
138 『자치통감』 권250, 懿宗 咸通 4년(863) 윤6월 조, "以門下侍郎·同平章事杜悰同平章事·充鳳翔節度使"(8105쪽).
139 『신당서』 권72상, 재상세계표2상, 襄陽杜氏 조, "悰字永裕, 相武宗·懿宗"(2429쪽).
140 『자치통감』 권246, 무종 회창 원년(841) 11월 조, "以中書侍郎·同平章事崔鄲同平章事·充西川節度使"(7957쪽).
141 『신당서』 권72하, 재상세계표2하, 淸河小房 조, "鄲, 相宣宗"(2765쪽).
142 『자치통감』 권248, 선종 대중 원년(847) 2월 조, "加盧龍節度使張仲武同平章事, 賞其破回鶻也"(8028쪽).
143 『구당서』 권18하, 선종본기하, 대중 12년 정월 조, "以太中大夫·守中書侍郎·兼禮部尚書·同平章事·監修國史·上柱國·賜紫金魚袋崔慎由檢校禮部尚書·梓州刺史·御史大夫·劍南東川節度副大使·知節度事, 代韋有翼"(643쪽); 『자치통감』 권249, 대중 12년 2월 조, "以中書侍郎·同平章事崔慎由爲東川節度使"(8068쪽).
144 『신당서』 권63, 재상표하, 재상, 대중 10년 12월 조, 1733쪽.
145 『자치통감』 권252, 의종 12년 7월 조, "以兵部尚書盧耽同平章事·充山南東道節度使"(8162쪽).
146 『구당서』 권18하, 선종본기하, 대중 5년 5월 조, "守司空·門下侍郎·太原郡開國

재상세계표에 기재되었다.¹⁴⁷ ⑧ 정애鄭涯는 산남동도절도사·동평장사로서¹⁴⁸ 전형적 사상이 되었고 재상세계표에 기재되었다.¹⁴⁹ 요컨대 8인은 모두 전형적 사상이 되었으나 5인은 재상세계표에 가계가 기재되었고 3인은 기재되지 않았다.

(11) 의종懿宗 시기의 사상은 10인이다.¹⁵⁰ 그중 노탐·하홍경·최신유 3인은 앞에서 보았고 나머지 7인을 보자. ① 장윤신張允伸은 유주절도사·동평장사로서¹⁵¹ 전형적 사상이 되었으나 재상세계표에 기재되지 않았다. ② 하전호何全皥는 위박절도사·동평장사로서¹⁵² 전형적 사상이 되었으나 재상세계표에 기재되지 않았다. ③ 이복李福은 서천절도사·동평장사로서¹⁵³ 전형적 사상이 되었으나 재상세계표에 기재되지 않았다. ④ 최현崔鉉은 회남절도사·동평장사로서¹⁵⁴ 전형적 사상이 되었고 재상세계표에 기재되었다.¹⁵⁵ ⑤ 강승훈康

伯·食邑一千戶白敏中檢校司徒·同平章事·邠州刺史·充邠寧節度觀察·東面招討党項等使"(628쪽);『자치통감』 권249, 대중 5년 10월 조, "制以党項既平, 罷白敏中都統, 以司空·平章事邠寧節度使"(8048쪽).

147 『신당서』 권75하, 재상세계표5하, 白氏 조, "出自姬姓. …… 敏中字用晦, 相宣宗"(3412~3414쪽).
148 『자치통감』 권250, 의종 함통 2년 10월 조, "以御史大夫鄭涯爲山南東道節度使, 十一月, 加同平章事"(8096쪽).
149 『신당서』 권75상, 재상세계표5상, 鄭氏 조, "出自姬姓(3258쪽) … 涯, 檢校左僕射·同中書門下平章事"(3324쪽).
150 『당회요』 권2, 帝號下, 의종 使相 조, 16쪽.
151 『자치통감』 권249, 대중 13년 9월 조, "[加]幽州節度使張允伸同平章事"(8077쪽).
152 『구당서』 권19상, 의종본기, 함통 10년 12월 조, "制以魏博節度使何全皥起復檢校司空·同平章事"(674쪽).
153 『자치통감』 권250, 함통 5년 2월 조, "以刑部尚書·鹽鐵轉運使李福同平章事·充西川節度使"(8108쪽).
154 『자치통감』 권249, 대중 9년(855) 7월 조, "以門下侍郎·同平章事崔鉉同平章事·充淮南節度使"(8057쪽).
155 『신당서』 권72하, 재상세계표2하, 博陵大房崔氏 조, "鉉字台碩, 相武宗·宣宗"(2788쪽).

承訓은 하동절도사·동평장사로서[156] 전형적 사상이 되었으나 재상세계표에 기재되지 않았다. ⑥ 조확曹確은 진해절도사鎭海節度使·동평장사로서[157] 전형적 사상이 되었고 재상세계표에 기재되었다.[158] ⑦ 위주韋宙는 영남동도절도사嶺南東道節度使·동평장사로서[159] 전형적 사상이 되었고 재상세계표에 기재되었다.[160] 요컨대 7인은 모두 전형적 사상이었는데, 그중 4인은 재상세계표에 기재되었고 3인은 기재되지 않았다.

이 장에서 살펴본 인물은 모두 70인이다. 원래 사상으로 기록된 것은 101인이지만, 31인은 중복 내지는 동일 가족이어서 생략했기 때문이다. 70인 가운데 전형적 사상은 55인이고,[161] 광의의 사상은 9인이고, 6인은 사상이 된 기록이 명확하지 않다. 즉 당 후기의 사상은 대부분이 동평장사를 겸한 전형적 사상이었고 심지어 순종부터 의종까지의 사상은 모두 전형적 사상에 해당한다. 그리고 70인 가운데 재상세계표에 기재된 자는 41인이고, 기재되지 않는 자가 20인이다. 즉 숙종대는 8:0, 대종대는 9:5, 덕종대는 4:9, 순종대는 0:2, 헌종대는 4:3 목종대는 2:1, 경종대는 1:0, 문종대는 2:2, 무종대는 2:1, 선종대는 5:3, 의종대는 4:3으로 시기적으로 큰 차이는 없다.

그 외의 사상은 없었을까. 앞의 2절에서 『당회요』의 명단에는 없는

---

[156] 『자치통감』 권251, 함통 10년(869) 10월 조, "以康承訓爲河東節度使·同平章事"(8150쪽).
[157] 『자치통감』 권252, 함통 11년 3월 조, "左僕射·同平章事曹確同平章事·充鎭海節度使"(8158쪽).
[158] 『신당서』 권75하, 재상세계표5하, 曹姓 조, 確字剛中, 相懿宗(3419쪽).
[159] 『자치통감』 권250, 함통 8년 12월 조, "加嶺南東道節度使韋宙同平章事"(8119쪽).
[160] 『신당서』 권74상, 재상세계표4상, 韋氏, 鄖公房 조, "宙, 嶺南節度使·檢校左僕射·同中書門下平章事"(3097쪽).
[161] 머리말에서 언급한 고숭문과 이정기 일가를 포함하면 그 숫자가 더 늘어난다.

곽원진과 설눌도 현종 시기의 사상으로 보이지만, 당 후기에도 사상이 더 있었을 가능성이 있다. 이때 주목되는 것은 다음 사례들이다. 예컨대 ①『자치통감』권236, 헌종 永貞 10년(805) 10월 조에 "중서시랑·동평장사 원자袁滋를 동평장사·충서천절도사充西川節度使로 삼고 유벽劉闢을 불러 급사중給事中에 임명하였다"(7622쪽), ② 동同 권237, 헌종 원화 2년(807) 10월 조, "문하시랑·동평장사 무원형武元衡을 동평장사·충서천절도사로 삼았다"(7641쪽), ③ 동同 권248, 선종宣宗 회창會昌 6년(846) 4월 조, "문하시랑·동평장사 이덕유李德裕를 동평장사·충형남절도사充荊南節度使로 삼았다"(8023쪽), ④ 동同 권250, 의종 함통 3년 정월 조에 "중서시랑·동평장사 장신蔣伸을 동평장사·충하중절도사充河中節度使로 삼았다"(8096쪽)라고 하여 조정의 동평장사가 절도사·동평장사에 임명되는 것이 보인다. 형식으로 본다면 이들도 분명 사상에 해당한다. 이에 대해 앞에서 본 선종 시기의 ①위모 ②두종 ④장중무 의종 시기의 ④최현 ⑥조확은 똑같은 형식이지만, 사상으로 분류되었다. 이들은 전형적 사상에 속하지만, 이 외에도 광의 개념에 있어서도 유사한 사례가 있을 수 있다. 그렇다면『당회요』권1~2, 제호상·하에 적힌 사상의 명단은 절대적인 숫자가 아니며 이외에도 더 있었을 것으로 볼 수 있다. 다만 그렇다고 해도 그 숫자가 그다지 많지는 않았을 것으로 생각된다.

4. 당 말기의 사상제도

이 글에서 말하는 당 말기는 황소黃巢의 난 이후를 가리킨다. 황소의 난을 분기점으로 삼은 것은 호삼성이 '당 중세中世'와 '당 말'로 표현을 바꾸어 사상을 언급하고 쟈위잉이 그것을 바탕으로 당 말기에 사상의 범주가 확장되었다고 본 것을 확인해 보기 위함이다. 황소의 난이 일어난 희종대부터 살펴보자.

(1) 희종 시기의 사상은 그 숫자가 갑자기 증가하여 60인에 이른다.[162] 그 이유는 황소의 난으로 유발된 번진들의 자립적 활동에 대응하여 조정이 사상을 남발했기 때문으로 보인다. 60인 가운데 두종·조확·장윤신 3인은 앞의 선종·의종 시기에서 보았고 고변은 머리말에서 언급하였으므로 그 나머지 56인을 보자.

① 왕탁王鐸은 선무절도사로서 동평장사를 겸하여[163] 전형적 사상이 되었고 재상세계표에 가계가 기재되었다.[164] ② 정종당鄭從讜은 하동절도사로서 동평장사를 겸하여[165] 전형적 사상이 되었고 재상세계표에 가계가 기재되었다.[166] ③ 이가거李可擧는 유주절도사로서 동평장사를 겸하여[167] 전형적 사상이 되었으나 재상세계표에 기재되지 않았다. ④ 왕중영王重榮은 하중절도사河中節度使로서 동평장사를 겸하여[168] 전형적 사상이 되었으나 재상세계표에 기재되지 않았다. ⑤ 이극용李克用은 하동절도사로서 동평장사를 겸하여[169] 전형

---

162 『당회요』 권2, 帝號下, 희종 使相 조, 16~17쪽.
163 『자치통감』 권252, 함통 14년 6월 조, "以中書侍郎·同平章事王鐸同平章事·充宣武節度使"(8166쪽).
164 『신당서』 권72중, 재상세계표2중, 中山王氏 조, "鐸字昭範, 相僖宗"(2650쪽).
165 『자치통감』 권253, 僖宗 廣明 원년(880) 3월 조, "以門下侍郎·同平章事鄭從讜同平章事·充河東節度使"(8222쪽).
166 『신당서』 권75상, 재상세계표5상, 鄭氏, 北祖鄭氏 조, "從讜, 相僖宗"(3326쪽).
167 『구당서』 권19하, 희종본기, 광명 원년 7월 조, "可李可擧檢校司徒·同平章事"(707쪽).
168 『자치통감』 권255, 희종 中和 2년(882) 12월 조, "… [加]河中節度使王重榮並同平章事"(8283쪽).
169 『구당서』 권19하, 희종본기, 중화 3년 5월 조, "鴈門已北行營節度·忻代蔚朔等州觀察處置等使·檢校尚書左僕射·代州刺史·上柱國·食邑七百戶李克用檢校司空·同平章事·兼太原尹·北京留守·充河東節度·管內觀察處置等使"(716쪽).

적 사상이 되었고 재상세계표에 기재되었다.¹⁷⁰ ⑥ 진경성은 앞의 2절 앞부분에서 본 대로 서천절도사·동평장사로서 전형적 사상이 되었다. 다만 재상세계표에는 기재되지 않았다. ⑦ 주매朱玫는 빈영절도사·동평장사로서¹⁷¹ 전형적 사상이 되었으나 재상세계표에 기재되지 않았다. ⑧ 송유성孫惟晟은 형남절도사·동평장사로서¹⁷² 전형적 사상이 되었으나 재상세계표에 기재되지 않았다. ⑨ 이광위李匡威는 유주절도사가 되었으나¹⁷³ 사상이 되었다는 기록은 보이지 않고 재상세계표에도 기재되지 않았다. ⑩ 장균張均도 사상이 되었다는 기록은 보이지 않고 재상세계표에도 기재되지 않았다. ⑪ 왕경무王敬武도 치청(평로)절도사淄靑(平盧)節度使가 되었으나¹⁷⁴ 사상이 되었다는 기록은 보이지 않고 재상세계표에도 기재되지 않았다. ⑫ 진유陳儒도 형남절도사가 되었으나¹⁷⁵ 사상이 되었다는 기록이 보이지 않고 재상세계표에도 기재되지 않았다. ⑬ 종부鍾傅에 대해서는『태평광기太平廣記』권184, 공거貢擧7, 종부 조에 "강서절수江西節帥 종부는 의義가 모인 것[義聚]에서 일어났다"(中華書局, 1383쪽)고 하고, 또 동同 권192, 효분驍勇2, 종부鍾傅 조에 "[안륙군安陸郡에 사는 성姓이 마馬인 처사處士는] … 강서江西의 종부에 대해 이야기하였다. …… [종부는] 마침내 융수戍帥의 직임에 올라 종릉鍾陵(즉 홍주洪州)

---

170 『신당서』권75하, 재상세계표5하, 代北李氏 조, "本沙陀部落, 姓朱邪氏. 至昌國, 賜姓李, 附鄭王屬籍. … 克用, 河東節度使·守太師·中書令·晉王"(3453쪽).
171 『신당서』권224하, 주매전, "賊平, 授[邠寧節度使朱玫]同中書門下平章事"(6404쪽).
172 『구당서』권20상, 昭宗本紀, 景福 2년(893) 3월 조, "宣威都頭孫惟晟江陵尹·荊南節度使, 並加特進·同平章事"(749쪽).
173 『자치통감』권258, 昭宗 大順 원년(890) 2월 조, "[赫連]鐸求救於盧龍節度使李匡威, 匡威將兵三萬赴之"(8394쪽).
174 吳廷燮 撰,『唐方鎭年表』1, 平盧, 中和 2년(882)~龍紀 원년(889), 351~352쪽.
175 吳廷燮 撰,『唐方鎭年表』2, 荊南, 中和 2년~光啓 원년(889), 703쪽.

을 절제節制하여 일방을 진무鎭撫하고 6군을 징청澄淸하게 하였다. 당 희종·소昭[종宗] 시기에 이름이 강서에 떨쳤다. 관직이 중서령에 이르렀다"(1441쪽)라고 하여 광의의 사상이 되었다고 한다. 한편 오정섭吳廷燮 찬撰, 『당방진연표唐方鎭年表』 2, 강서江西에 의하면 종전鍾傳이라는 사람이 희종 중화 3년(883) 7월 강서관찰사江西觀察使가 되고 소종 용기龍紀 원년(889)에 진남군절도사鎭南軍節度使로 승진하였다고 한다.[176] 즉 종전과 종부는 동일인으로 보인다. 그리고 『자치통감』 권261, 소종 광화光和 원년(898) 7월 조에 "진남절도사 종전에게 겸시중兼侍中을 더해 주었다"(8516쪽)라고 하여 종전이 시중을 겸하여 광의의 사상이 되었다고 하지만, 재상세계표에는 기재되지 않았다. ⑭ 이연李鋋은 진해군절도사·동평장사로서[177] 전형적 사상이 되었으나 재상세계표에 기재되지 않았다. ⑮ 이무정李茂貞도 전형적 사상이 되었으나[178] 재상세계표에 기재되지 않았다. ⑯ 주전충朱全忠은 선무절도사·동평장사로서[179] 전형적 사상이 되었지만, 재상세계표의 말미에 이름만 실려 있다.[180] ⑰ 이처존王處存은 의무군절도사·동평장사로서[181] 전형적 사상이 되었으나 재상세계표에 기재되지 않았다. ⑱ 동방달東方達에 관해서는 『구당서』 권173, 주매전朱玫傳에 "중화中和 연간에 경사京師를 수복한 후 태원의 이극용과 동방

---

176 吳廷燮 撰, 『唐方鎭年表』 2, 江西, 848~852쪽.
177 『구당서』 권20상, 소종본기, 경복 2년 3월 조, "耀德都頭李鋋爲潤州刺史·鎭海軍節度使, … 並加特進·同平章事"(749쪽).
178 『자치통감』 권257, 희종 光啓 3년(887) 8월 조, "以李茂貞同平章事·充鳳翔節度使"(8360쪽).
179 『자치통감』 권256, 희종 中和 4년(884) 9월 조, "加朱全忠同平章事"(8313쪽).
180 『신당서』 권75하, 재상세계표5하, 3465쪽.
181 『구당서』 권19하, 희종본기, 중화 3년 5월 조, "義武軍節度使·檢校司空王處存檢校司徒·同平章事, 餘如故"(716쪽).

달에게 같은 제서를 내려 사상을 더해 주었다"(4548쪽)라고 하지만, 재상세계표에 기재되지 않았다. ⑲ 영호도令狐綯는 회남절도사·동평장사로서[182] 전형적 사상이 되었으나 재상세계표의 말미에 이름만 실려 있다.[183] ⑳ 노암路巖은 서천절도사·동평장사로서[184] 전형적 사상이 되었고 재상세계표에 기재되었다.[185] ㉑ 두심권杜審權은 진해절도사·동평장사로서[186] 전형적 사상이 되었고 재상세계표에 기재되었다.[187] ㉒ 조은趙隱은 진해절도사·동평장사로서[188] 전형적 사상이 되었고 재상세계표에 기재되었다.[189] ㉓ 이울李蔚은 하동절도사·동평장사로서[190] 전형적 사상이 되었고 재상세계표에 기재되었다.[191] ㉔ 위소도韋昭度는 서천절도사로서 중서령을 겸하여 광의의 사상이 되었고[192] 재상세계표에 기재되었다.[193] ㉕ 정전은 2절 앞부분에서

---

182 『자치통감』 권251, 함통 10년 4월 조, "以前淮南節度使·同平章事令狐綯爲太保·分司"(8143쪽); 同 권252, 희종 乾符 2년(875) 5월 조, "以太傅·分司令狐綯同平章事·充鳳翔節度使"(8179쪽).
183 『신당서』 권75하, 재상세계표5하, 3465쪽.
184 『구당서』 권19상, 의종본기, 함통 12년(871) 4월 조, "以左僕射·門下侍郞·同平章事路巖檢校司徒·兼成都尹·劍南西川節度等使"(677쪽).
185 『신당서』 권75하, 재상세계표5하, 路氏 조, "巖字魯瞻, 相懿宗"(3408쪽).
186 『자치통감』 권250, 의종 함통 4년(863) 5월 조, "以門下侍郞·同平章事杜審權同平章事·充鎭海節度使"(8104쪽).
187 『신당서』 권72상, 재상세계표2상, 杜氏 조, "審權字殷衡, 相宣宗·懿宗"(2420쪽).
188 『자치통감』 권252, 희종 건부 원년(874) 2월 조, "以中書侍郞·同平章事趙隱同平章事·充鎭海節度使"(8170쪽).
189 『신당서』 권73하, 재상세계표3하, 新安趙氏 조, "隱字大隱, 相懿宗·僖宗"(2982쪽).
190 『구당서』 권19하, 희종본기, 건부 6년 8월 조, "制以特進·檢校司空·東都留守李蔚爲檢校司徒·同平章事·兼太原尹·北都留守·河東節度觀察·兼代北行營招討供軍等使"(703쪽).
191 『신당서』 권72상, 재상세계표2상, 隴西李氏, 姑臧大房 조, "蔚字茂林, 相僖宗"(2451쪽).
192 『자치통감』 권257, 희종 文德 원년(888) 6월 조, "以韋昭度兼中書令·充西川節度使·兼兩川招撫制置等使"(8380쪽).
193 『신당서』 권72상, 재상세계표2상, 隴西李氏, 姑臧大房 조, "蔚字茂林, 相僖

이름을 보았지만, 봉상절도사·동평장사로서[194] 전형적 사상이 되었고 재상세계표에 기재되었다.[195] ㉖ 이도李都는 하중절도사·동평장사로서[196] 전형적 사상이 되었으나 재상세계표에 기재되지 않았다. ㉗ 최안잠崔安潛은 평로군절도사로서 시중을 겸하여[197] 광의의 사상이 되었고 재상세계표에 기재되었다.[198] ㉘ 주보周寶는 진해절도사·동평장사로서[199] 전형적 사상이 되었으나 재상세계표에 기재되지 않았다. ㉙ 왕용王鎔은 성덕절도사로서 시중을 겸하여[200] 광의의 사상이 되었고 재상세계표에 기재되었는데,[201] 해당 세계표의 말미에는 "왕씨는 삼공이 2인, 삼사가 1인이다. 영주왕씨營州王氏는 사례思禮가 있고, 하내왕씨河內王氏는 지흥智興이 있고, 안동왕씨安東王氏는 용鎔이 있다"(3458쪽)라고 한다. ㉚ 유업劉鄴은 회남절도사·동평장사로서[202] 전형적 사상이 되었고 재상세계표에 기재되었다.[203] ㉛ 왕

宗"(2451쪽).

194 『자치통감』 권254, 희종 중화 원년(881) 2월 조, "加[鳳翔節度使]鄭畋同平章事"(8246쪽).
195 『신당서』 권75상, 재상세계표5상, 榮陽鄭氏 조, "畋字台文, 相僖宗"(3353쪽).
196 『자치통감』 권253, 희종 건부 5년(878) 9월 조, "以戶部尚書·判戶部事李都同平章事·兼河中節度使"(8209쪽).
197 『구당서』 권20상, 소종본기, 龍紀 원년(889) 10월 조, "制以特進·太子少師·博陵郡開國侯·食邑一千戶崔安潛檢校太傅·兼侍中·靑州刺史·平盧軍節度觀察·押新羅渤海兩蕃等使"(738쪽).
198 『신당서』 권72하, 재상세계표2하, 崔氏, 南祖崔氏 조, "安潛字進之, 太子太傅·貞孝公"(2745쪽).
199 『자치통감』 권254, 희종 중화 원년(881) 11월 조, "加鎭海節度使周寶同平章事"(8260쪽).
200 『자치통감』 권260, 건녕 2년(895) 3월 조, "加[成德節度使]王鎔兼侍中"(8466쪽); 同 261, 광화 원년(898) 9월 조, "加王鎔兼中書令"(8517쪽).
201 『신당서』 권75하, 재상세계표5하, 安東王氏 조, "本阿布思之族, 世隷安東都護府, … 鎔, 太尉中書令·成德節度使"(3456~3457쪽).
202 『자치통감』 권252, 희종 건부 원년(874) 10월 조, "以門下侍郎·同平章事劉鄴同平章事·充淮南節度使"(8171쪽).
203 『신당서』 권71상, 재상세계표1상, 丹陽劉氏 조, "鄴字漢藩, 相懿宗·僖宗"(2258쪽).

중영王重盈은 섬괵절도사陝虢節度使로서 동평장사를 겸하여[204] 전형적 사상이 되었으나 재상세계표에 기재되지 않았다. ㉜ 왕행유王行瑜는 빈녕절도사로서 수守시중·중서령을 겸하여[205] 광의의 사상이 되었으나 재상세계표에 기재되지 않았다. ㉝ 이한지李罕之는 하양절도사河陽節度使로서 동평장사를 겸하여[206] 전형적 사상이 되었으나 재상세계표에 기재되지 않았다. ㉞ 이창언李昌言은 봉상절도사·동평장사로서[207] 전형적 사상이 되었으나 재상세계표에 기재되지 않았다. ㉟ 이창부李昌符는 사상이 된 것이 보이지 않고, 재상세계표에도 기재되지 않았다. ㊱ 제극검齊克儉은 봉천절도사奉天節度使로서 동평장사를 겸하여[208] 전형적 사상이 되었으나 재상세계표에 기재되지 않았다. ㊲ 제극양齊克讓은 의무절도사·검교사도로서[209] 광의의 사상이 되었으나 재상세계표에 기재되지 않았다. ㊳ 양사립楊師立은 동천절도사로서 동평장사를 겸하여[210] 전형적 사상이 되었으나 재상세계표에 기재되지 않았다. ㊴ 주선朱瑄은 사상이 되었다는 기록이 보이지 않고 재상세계표에도 기재되지 않았다. ㊵ 만존滿存은 봉주

---

204 『자치통감』 권256, 희종 光啓 원년(885) 4월 조, "加陝虢節度使王重盈同平章事"(8322쪽).
205 『자치통감』 권259, 소종 경복 2년(893) 10월 조, "邠寧節度使·守侍中·兼中書令王行瑜求爲尙書令"(8451쪽).
206 『신당서』 권187, 이한지전, "俄而[秦]宗權, 棄河陽走, 罕之·言進收其衆, 丐援河東, [李]克用遣安金俊率兵助之, 得河陽. 克用表罕之爲節度使·同中書門下平章事. 有詔與屬籍"(5443쪽).
207 『자치통감』 권255, 희종 중화 3년(883) 2월 조, "加鳳翔節度使李昌言同平章事"(8289쪽).
208 『자치통감』 권255, 희종 중화 2년 12월 조, "加奉天節度使齊克儉·河中節度使王重榮並同平章事"(8283쪽).
209 『구당서』 권19하, 희종본기, 광계 원년 5월 조, "以[齊]克讓檢校司徒·兼定州刺史·御史大夫·充義武節度觀察·北平軍等使, 代王處存"(721쪽).
210 『자치통감』 권255, 희종 중화 3년 6월 조, "加東川節度使楊師立同平章事"(8296쪽).

절도사鳳州節度使로서 동평장사를 겸하여²¹¹ 전형적 사상이 되었으나 재상세계표에 기재되지 않았다. ㊶ 낙언정樂彥貞은 사상이 되었다는 기록이 보이지 않고 재상세계표에도 기재되지 않았다. ㊷ 유거용劉巨容도 사상이 되었다는 기록이 보이지 않고 재상세계표에 기재되지 않았다. ㊸ 제갈상諸葛爽은 하양절도사로서 동평장사를 겸하여²¹² 전형적 사상이 되었으나 재상세계표에 기재되지 않았다. ㊹ 조덕인趙德諲은 봉국절도사奉國節度使・중서령으로서²¹³ 광의의 사상이 되었으나 재상세계표에 기재되지 않았다.

그 외 이사공李思恭・시부時溥・안사유安師儒・주금周岌・진종권秦宗權은 사상이 되었다는 기록이 보이지 않고 재상세계표에도 기재되지 않았다. 조금정曹金正은 관련 기록이 전혀 보이지 않는다. 이에 반해 양수량楊守亮・양수충楊守忠・양수신楊守信 3인 중 2인은 절도사로서 동평장사를 겸한 전형적 사상이 되었지만,²¹⁴ 재상세계표에 기재되지 않았다. 또 고언랑顧彥朗・고언휘顧彥暉는 사상이 되었다는 기록이 보이지 않고 재상세계표에도 기재되지 않았다. 조성曹誠은 검중절도사黔中節度使로서 동평장사를 겸하여²¹⁵ 전형적 사상이

---

211 『자치통감』 권257, 희종 문덕 원년(888) 7월 조, "以鳳州防禦使滿存爲節度使・同平章事"(8380쪽).
212 『자치통감』 권255, 희종 중화 2년(882) 5월 조, "加河陽節度使諸葛爽同平章事"(8271쪽).
213 『자치통감』 권258, 소종 龍紀 원년(889) 3월 조, "加奉國節度使趙德諲中書令"(8386쪽).
214 『구당서』 권186, 楊守亮傳, "楊守亮, 曹州人, 本姓訾, 名亮. 與弟[楊]信俱從王仙芝爲盜. … 楊復光平江西, 得其兄弟, 養爲假子, 以信養於弟復恭家, 曰守亮・守信. 復恭收京師, 守亮以戰多, 拜山南西道節度使・檢校太保, 守信興平軍節度使, 並同中書門下平章事. 復恭又以假子守貞爲龍劍節度使, 守忠爲武定軍節度使, 守厚爲綿州刺史"(5428~5429쪽).
215 『구당서』 권20상, 소종본기, 경복 2년 3월 조, "制, …… 扈蹕都頭曹誠爲黔州刺史・黔中節度使, … 並加特進・平章事"(749쪽).

되었으나 재상세계표에 기재되지 않았다.

지금까지 살펴본 56인 중 전형적 사상은 31인이고, 광의의 사상은 8인이며, 사상이 되었다는 기록이 보이지 않는 자가 17인이다. 또 사상이 되었다고는 해도 어떤 관함인지 명확하지 않은 자가 1인이다(⑱동방달). 이 중 전형적 사상과 광의의 사상의 비율을 보면 전자가 4배 이상이다. 또 재상세계표에 기재된 자는 14인이고, 기재되지 않은 자가 42인이다. 이렇게 기록이 보이지 않는 사상과 재상세계표에 기재되지 않은 사상이 많은 것은 황소의 난에 따른 기록의 망실 때문일 것으로 판단된다.

(2) 소종昭宗 시기의 사상은 39인이다.[216] 그 가운데 이연·손유성·왕중영·이한지·이광위·양수신·장균·조덕인·최안잠·위소도·왕용·진경선·주선·시부·주전충·이사공·왕행유·이무정·양수량·양수충·고언랑 21인은 앞에서 보았으므로 나머지 18인을 보자. 먼저 ① 장전의張全義[217] ② 전류錢鏐[218] ③ 나홍신羅弘信[219] ④ 뇌만雷滿[220] ⑤ 왕건王建[221]은 전형적 사상이 되었으나 재상세계표에 이름이 없다. 또 ⑥ 조광응趙匡凝은 광의의 사상이 되었으나[222] 재상세계

---

216 『당회요』 권2, 帝號下, 희종 使相 조, 17~18쪽.
217 『자치통감』 권258, 소종 大順 원년(890) 10월 조, "加邠寧節度使王行瑜侍中, 佑國(河南府)節度使張全義同平章事"(8406쪽).
218 『자치통감』 권259, 소종 乾寧 원년(894) 5월 조, "加鎭海節度使錢鏐同平章事"(8454쪽).
219 『구당서』 권181, 나홍신전, "七月, 復加金紫光祿大夫·檢校尚書右僕射·充魏博節度觀察處置等使. 龍紀中, 加檢校司空·同平章事, 封豫章郡公"(4691쪽).
220 『자치통감』 권261, 소종 광화 원년 7월 조, "加武貞節度使雷滿同平章事"(8516쪽).
221 『자치통감』 권259, 소종 景福 2년(893) 2월 조, "加西川節度使王建同平章事"(8439쪽).
222 『자치통감』 권259, 소종 광화 2년(899) 11월 조, "忠義(즉 산남동도)節度使趙匡凝兼中書令"(8528쪽); 『구당서』 권20상, 소종본기, 광화 3년 7월 조, "又以忠義軍節度·山南東道管內觀察處置三司水陸發運等使·開府儀同三司·檢校太尉·中書令·兼襄州刺史·上柱國·南平王·食邑三千戶趙匡凝可檢校太師·兼中書令, 加實封

표에 이름이 없다. ⑦ 성예成汭[223] ⑧ 손덕소孫德昭[224] ⑨ 주승회周承誨[225]는 전형적 사상이 되었으나 재상세계표에 이름이 없다. ⑩ 이계李磎는 사상에 임명된 기록이 보이지 않지만, 재상세계표에 기재되었다.[226] ⑪ 동언필董彦弼은 전형적 사상이 되었으나[227] 재상세계표에 이름이 없다. ⑫ 서언약徐彦若은 전형적 사상이 되었고[228] 재상세계표에 기재되었다.[229] ⑬ 왕처직王處直은 광의의 사상이 되었으나[230] 재상세계표에 기재되지 않았다. ⑭ 왕공王珙은 사상이 되었다는 기록이 보이지 않고 재상세계표에도 기재되지 않았다. ⑮ 두홍杜洪은 광의의 사상이 되었으나[231] 재상세계표에 기재되지 않았다. ⑯ 유숭망劉崇望은 전형적 사상이 되었고[232] 재상세계표에 기재되었다.[233] ⑰

一百戶"(767쪽).
223 『자치통감』 권259, 소종 경복 원년(892) 9월 조, "加荊南節度使成汭同平章事"(8436쪽).
224 『자치통감』 권262, 소종 天復 원년(901) 정월 조, "以孫德昭同平章事·充靜海節度使, [호삼성 주: 靜海軍, 安南, 孫德昭遙領也] 賜姓名李繼昭]"(8544쪽).
225 『자치통감』 권262, 소종 천복 원년 정월 조, "以周承誨爲嶺南西道節度使, 賜姓名李繼誨, 董彦弼爲寧遠節度, 賜姓李, 並同平章事, 與李繼昭俱留宿衛, 十日乃出還家, [호삼성 주: 即旬休之制也] 賞賜傾府庫, 時人謂之'三使相'"(8545쪽).
226 『신당서』 권72상, 재상세계표2상, 江夏李氏 조, "磎字景望, 相昭宗"(2597쪽).
227 『자치통감』 권262, 소종 천복 원년 정월 조, "董彦弼爲寧遠節度, 賜姓李, 並同平章事"(8545쪽).
228 『신당서』 권63, 재상표하, 재상, 경복 2년(893) 정월 조, "[徐]彦若爲檢校尚書左僕射·同平章事·鳳翔節度使"(1749쪽).
229 『신당서』 권75하, 재상세계표5하, 北祖上房徐氏 조, "彦若字俞之, 相昭宗"(3424쪽).
230 『신당서』 권186, 王處存傳, "[朱]全忠表[王]處直爲節度留後·檢校尚書左僕射"(5420쪽).
231 『구당서』 권20상, 소종본기, 天佑 원년 7월 조, "制武昌軍節度·鄂岳蘄黃等州觀察處置·兼三司水陸發運·淮南西面行營招討等使·開府儀同三司·檢校太師·中書令·西平王·食邑三千戶杜洪加食邑一千戶·實封二百戶"(782쪽).
232 『자치통감』 권259, 소종 경복 원년 2월 조, "詔以門下侍郎·同平章事劉崇望同平章事·充感化節度使"(8427쪽).
233 『신당서』 권71상, 재상세계표1상, 河南劉氏 조, "崇望字希徒, 相昭宗"(2273쪽).

왕단王摶은 사상이 되었다는 명확한 기록이 없지만,[234] 재상세계표의 끝부분에 이름이 실려 있다.[235] ⑱ 양성楊晟은 광의의 사상이 되었으나[236] 재상세계표에 기재되지 않았다. 요컨대 18인 가운데 전형적 사상은 11인, 광의의 사상은 4인, 사상 기록이 보이지 않는 자가 3인이다. 또 재상세계표에 기재된 자는 4인이고, 기재되지 않은 자가 14인이다.

(3) 애제哀帝 시기의 사상은 13인이다.[237] 그중 전류·장전의·왕용·주전충·왕처직·이무정·조덕인·왕건·조광응 9인은 앞에서 보았으므로 나머지 4인을 보자. ① 왕사범王師範은 전형적 사상이 되었으나[238] 재상세계표에 이름이 없다. ② 한건韓建은 광의의 사상이 되었으나[239] 재상세계표에 이름이 없다. ③ 나소위羅紹威는 전형적 사상이 되었으나[240] 재상세계표에 이름이 없다. ④ 유인공劉仁恭은 광의의 사상이 되었으나[241] 재상세계표에 이름이 없다. 요컨대 4인 가운데 전형적 사상은 2인이고, 광의의 사상이 2인이다. 또 4인 모두 재상세계표에 기재되지 않았다.

---

234 『구당서』 권20상, 소종본기, 乾寧 원년 10월 조, "以中書侍郎·平章事王摶爲湖南節度使"(752쪽).
235 『신당서』 권75하, 재상세계표5하, 3466쪽.
236 『신당서』 권186, 양성전, "僖宗在陳倉, 邠寧朱玫遣萬騎合昌符追行在, 乃擢晟感義軍節度使·檢校司空. 守大散關"(5430쪽).
237 『당회요』 권2, 帝號下, 애제 使相 조, 18쪽.
238 『자치통감』 권261, 소종 乾寧 4년(897) 정월 조, "加平盧節度使王師範同平章事"(8513쪽).
239 『자치통감』 권261, 건녕 3년(896) 8월 조, "加[鎭國軍(華州)節度使]韓建兼中書令"(8493쪽); 同 권261, 소종 光化 원년(898) 9월 조, "加韓建守太傅·興德尹"(8517쪽). 吳廷燮 撰, 『唐方鎭年表』3, 華州, 1150~1151쪽 참조.
240 『자치통감』 권261, 광화 2년 12월 조, "加魏博節度使羅紹威同平章事"(8528쪽).
241 『구당서』 권20상, 건녕 2년(895) 8월 조, "以幽州兵馬留後劉仁恭檢校司空·兼幽州大都督府長史·充幽州盧龍軍節度·押奚契丹等使"(756쪽).

이 장에서 살펴본 인물은 78인이다(원래는 112인). 그중 전형적 사상은 44인이고, 광의의 사상은 14인이고, 사상 기록이 보이지 않는 자가 20인이다. 전형적 사상과 광의의 사상을 비교하면 여전히 전자가 3배 이상 많다. 그리고 78인 가운데 재상세계표에 기재된 자는 18인이고 기재되지 않는 자가 60인이다. 후자가 많은 것은 역시 기록의 망실 때문일 것이다.

이러한 것을 3절의 당 후기 상황과 비교해 보면 가장 주목되는 것은 당 후기와 당 말기 모두 대부분의 사상은 전형적 사상이었다는 점이다. 말하자면 형식면에 있어서는 당 후기와 당 말기의 상황이 크게 변한 것으로 보기 어렵다. 이는 쟈위잉의 견해와는 다른 것이다. 즉 당대의 사상은 후기와 말기를 막론하고 전형적 사상이 보편적이고 이에 수반하여 광의의 사상이 함께 운영되었다고 할 수 있다.[242] 일찍이 히노 가이자부로日野開三郎는 시기의 변화를 구분하지 않고 절도사가 삼사·삼공·재상을 겸한 것을 사상이라고 정의하였는데,[243] 혹 이러한 상황을 염두에 둔 것인지도 모르겠다. 그렇다면 쟈위잉이 근거로 삼은 호삼성의 두 가지 설명은 어쩌면 같은 것을 달리 표현한 것일 수도 있다고 생각된다. 즉 당 후기와 말기에 걸쳐 지속적으로 광의의 사상도 함께 운영되었다는 것이다. 다만 동평장사는 원래 실질적 권한을 가진 진재상이었으므로 전형적 사상은 광의의 사상보다 권위가 더 높았을 것은 두말할 나위도 없다.

다만 전형적 사상이 된 이후에도 그에 더해 삼사·삼공 등을 제수

---

[242] 劉曉艷,「從唐中後期使相的變遷看唐末地方獨立化的進程」, 32~38쪽에서는 내용적 측면을 고찰하여 사상의 독립화가 크게 진행되었다고 한다.
[243] 日野開三郎,「唐代藩鎭の跋扈と鎭將」,『日野開三郎 東洋史學論集』1, 三一書房, 1980, 349쪽. 단 구체적 고찰을 거친 것은 아니다.

받은 것이 이따금 보인다. 지금까지 살펴본 것만 보아도 예컨대 서천절도사·동평장사 진경선에게 겸시중이 더해지고(2절 앞부분), 무령절도사·동평장사 왕지흥에게 守司徒가 더해지고(3절 문종 시기 ②의 각주), 또 위박절도사·동평장사 하홍경何弘敬에게 겸중서령兼中書令이 더해진 것(3절 무종 시기의 ③) 등이 있다.[244] 이는 전형적 사상에게 명예적 지위를 더 보태준 것이라 할 수 있다.

5. 맺음말

원대의 호삼성은 "당 중세中世 이후 절도사·동평장사가 되면 이를 사상이라고 하였다", 또 "당 말에 무릇 절도사가 평장사 및 검교삼성장관·삼공·삼사檢校三省長官·三公·三師를 대직하면 모두 사상이라고 한다"라고 하였다. 그리고 이를 바탕으로 쟈위잉賈玉英은 당 후기에서 말기에 이르면 사상의 개념이 확장되어 절도사가 동평장사를 겸한 것에서 동평장사·삼성장관·삼공·삼사를 겸한 것으로 바뀐다고 보았다. 사상의 명단이 최초로 보이는 것은 현종대이고 그 숫자는 8인이다. 이 중 사상으로 확인되는 것은 장열·왕준·소숭·가서한 4인인데, 앞의 3인은 동평장사가 절도사를 겸임한 경우이고 가서한은 병마원수로서 동평장사를 겸하였다. 나머지 4인은 알 수 없다.

---

[244] 그 외의 예를 보면 『구당서』 권143, 劉濟傳, "貞元中, 朝廷優容藩鎭方甚, 兩河擅自繼襲者, 尤驕蹇不奉法. 惟[幽州節度使劉]濟最務恭順, 朝獻相繼, 德宗亦以恩禮接之. 尋加同中書門下平章事. 順宗即位, 再遷檢校司徒. 元和初, 加兼侍中"(3900쪽); 『구당서』 권141, 田弘正傳, "淄靑十二州平, 論功加[魏博節度使田弘正]檢校司徒·同中書門下平章事. 是年八月, 弘正入覲, 憲宗待之隆異, 對於麟德殿, 參佐將校二百餘人皆有頒錫, 進加檢校司徒·兼侍中·實封三百戶"(3851쪽) 등이 있다.

이로 볼 때 현종 시기의 사상은 당 후기의 일반적 형식이 정립되기 이전의 단계로 여러 형식이 존재하였다. 또 이 시기의 사상은 재상세계표에 기재된 경우와 기재되지 않은 경우가 거의 반반이다.

당대 사상의 범주는 대략 세 가지로 나눌 수 있다. 첫째는 절도사가 동평장사를 겸한 '전형적 사상', 둘째는 절도사가 삼사·삼공 등을 겸한 '광의의 사상', 셋째는 사상에 오른 것이 기록에 명확하지 않은 경우이다. 황소의 난이 일어나기까지의 당 후기 사상은 101인이 전하는데, 중복·가족인 경우 등을 제외하면 70인이 남는다. 그중 전형적 사상은 55인이고, 광의의 사상은 9인이며, 6인은 명확하지 않다. 이 시기의 사상은 대부분이 전형적 사상이었던 것이다. 그리고 70인 중 재상세계표에 기재된 자는 41인이고 기재되지 않는 자는 20인이었다.

당 말기의 사상은 112인인데, 중복 등을 제외하면 78인이다. 이 중 전형적 사상은 44인이고, 광의의 사상은 14인이고, 명확하지 않은 자가 20인이다. 전형적 사상과 광의의 사상만을 비교하면 전자가 3배 이상 많다. 그리고 재상세계표에 기재된 자는 18인이고 기재되지 않는 자는 60인이다. 후자가 많은 것은 전란에 따른 기록의 망실 때문으로 보인다. 요컨대 당대의 사상은 후기와 말기를 막론하고 전형적 사상이 보편적이고 이에 수반하여 광의의 사상이 함께 운영되었다. 이는 쟈위잉의 견해와는 다른 것이다. 호삼성의 두 가지 설명은 같은 것을 달리 표현한 것일 수도 있다. 또 전형적 사상이 된 후 다시 삼사·삼공 등을 수여받은 경우도 있었는데, 이는 사상에게 명예를 더 보태준 것이라고 할 수 있다.

이정기 일가 열전 번역[1]

1. 『구당서』 권124, 이정기전

이정기는 高麗人이다. 본명은 懷玉이며, 平盧에서 태어났다. [肅宗] 乾元 원년(758) 平盧節度使 王玄志가 죽었는데, 때마침 칙사가 위로하러 왔다.[2] 이회옥은 [조정에서] 왕현지의 아들을 절도사로 삼을 것을 우려하여 마침내 그 아들을 죽이고 군인들과 함께 侯希逸을 추대하여 군대의 우두머리[軍帥]로 세웠다. 후희일의 모친은 이회옥의 고모이다. 후에 후희일과 함께 靑州에 이르렀고 여러 차례 승진하여 折衝將軍이 되었다. 날래고 강건하며 용기와 기력이 있었다.

[代宗] 寶應 중(원년 10월)[3] 많은 군대가 史朝義를 토벌하면서 鄭州에 이르렀다. 迴紇이 바야흐로 억세고 포학하며 방자하게 행동하였으나 절도사들이 모두 머리를 조아렸다. 그때 이정기는 軍候로 있으면서 홀로 기세로 회흘을 꺾으려 하였다. 그리하여 회흘 장수와 싸

---

1 『구당서』 권124, 中華書局, 3534~3541쪽; 『신당서』 권213, 中華書局, 5989~5995쪽을 저본으로 하였다. 이날 이하는 『한국고대사탐구』 22, 2016과 『동국사학』 72, 2021에 자세한 역주를 게재하였으므로(참고문헌 참조) 각주를 생략한다. 부호 [ ]는 보충하거나 원문을 병기한 것이다.
2 『자치통감』 권220, 건원 원년 12월 조, "平盧節度使王玄志薨, 上遣中使往撫將士, 且就察軍中所欲立者, 授以旌節. 高麗人李懷玉爲裨將, 殺玄志之子, …"(7064쪽).
3 『자치통감』 권222, 보응 원년(762) 10월 조, 7134~7135쪽.

움이 벌어졌는데[角逐], 많은 군사들이 모여 구경하며 "회흘의 장수가 이정기를 쳐버릴 것이다"라고 장담하였다. 싸움[逐]이 시작되어 먼저 이정기가 그 장수를 잡고 등을 내려치니 장수가 오줌을 싸 모두 밑으로 흘렀다. 구경하던 군사들이 소리를 지르며 웃자 장수가 부끄러워하였다. 이로 인해 [회흘은] 감히 난폭한 행동을 하지 못하였다.

절도사 후희일은 그의 고종사촌 형이어서 [이정기를] 기용하여 兵馬使로 삼았다. 이정기는 침착하고 굳세며[沉毅] 군사들의 마음을 얻었는데, [대종 永泰 원년(765) 5월] 후희일이 핑계를 만들어 그 직책에서 해임하였다. 군사들이 모두 그에게 죄가 없어 해임할 수 없다고 말하였다. 때마침 군인들이 후회일을 몰아내자 후회일이 달아났고 마침내 이정기를 우두머리로 세웠다.[4] [7월] 조정이 그에 따라 平盧淄靑節度·觀察使·海運·押新羅渤海兩蕃使·檢校工部尙書·兼御史大夫·靑州刺史에 임명하고 지금의 이름을 하사하였다. 곧이어 檢校尙書右僕射를 더해주고 饒陽郡王에 봉하였다. [대종] 大曆 11년(776) 10월 檢校司空·同中書門下平章事가 되었다. 13년(778) 황실 호적[屬籍]에 들일 것을 청하니, 이에 따랐다.[5] 정치를 행함이 엄혹하여 [사람들이] 어디서건 감히 마주보고 말하지 못하였다. 처음에는 淄·靑·齊·海·登·萊·沂·密·德·棣 등의 州 땅을 영유하고 田承嗣·令狐彰·薛嵩·李寶臣·梁崇義와 함께 서로 호응하였다. 대력 중에 薛嵩이 죽고 또 [汴宋 번진의] 李靈曜가 반란을 일으키자 절도사들[諸道]이 함께 그 땅을 공격하여 점령한 땅을 자신의 영

---

4 『자치통감』 권223, 영태 원년 5월 조, 7175쪽.
5 『唐大詔令集』 권64, 附屬籍에는 속적의 詔書 7개가 수록되어 있다(商務印書館, 355~356쪽).

토로 삼았는데, 이정기는 새로 曹·濮·徐·兗·鄆을 얻어 모두 15州가 되었다. 안으로 동등하게 다스렸으며, 渤海名馬를 거래하는 것이 매년 끊이질 않았다. 法令이 한결같고 賦稅가 균등하며 가벼웠고 가장 강하며 크다고 칭해졌다. 일찍이 [위박절도사] 田承嗣를 공격하니 위세가 주변에 떨쳤다. 檢校司空·左僕射·兼御史大夫를 역임하고 平章事·太子太保·司徒가 더해졌다.

후에 [치소를] 靑州에서 鄆州로 옮기고 아들 [李]納 및 심복 장수들로 하여금 그 땅을 나누어 다스리게 하였다. [德宗] 建中 이후[6] 조정을 두려워하여 스스로 편안하지 못한 경우가 많았다. [건중 2년 정월][7] 汴州[城]을 축조하려고 한다는 소식을 듣고 [이정기가] 군대를 옮겨 [曹州] 濟陰[縣]에 주둔시키고 밤낮으로 훈련시켜 대비하였다. 河南이 떠들썩하고 天下가 근심하였다. [조정이] 긴급 격문을 달려 보내 군대를 징발하여 더욱 대비하였다. 또 [건중 2년 6월 이정기가] 徐州에 군대를 증강시켜 江淮를 막으니 이로 인해 운송로가 바뀌게 되었다.[8] 얼마 지나지 않아 [다음 달][9] 등창[疽]이 발병하여 죽었는데, 이때 나이가 49세였다. 아들 이납이 멋대로 병권을 장악하고 몇 달 동안 비밀에 부쳤다가 發喪하였다. 이납이 군대를 의지

---

6 덕종은 대력 14년(779) 5월에 즉위하였다.
7 『자치통감』 권226, 건중 2년(781) 정월 조, "會汴州城隍, 廣之, … 正己懼, 發兵萬人屯曹州, 田悅亦完聚爲備, 與梁崇義·李惟岳遙相應助, 河南士民騷然驚駭"(7295쪽).
8 『자치통감』 권227, 건중 2년 6월 조, "而李正己遣兵扼徐州甬橋·渦口, 梁崇義阻兵襄陽, 運路皆絶, 人心震恐"(7302쪽); 『신당서』 권170, 張萬福傳, "李正己反, 屯兵埇橋, 江淮漕船積千餘不敢踰渦口. 德宗乃以萬福爲濠州刺史, …"(5179쪽). 또 『자치통감』 권229, 덕종 건중 4년 11월 조에는 "李希烈攻逼汴·鄭, 江·淮路絶, 朝貢皆自宣·饒·荊·襄趣武關"(7379쪽)이라는 기사도 전한다.
9 『자치통감』 권227, 건중 2년 7월 조, "時平盧節度使李正己已薨, 子納祕之, 擅領軍務"(7306쪽).

하였다가 [덕종] 興元 원년(784) 4월 명을 받들자 바야흐로 이정기를 太尉로 추증하였다.

2. 『신당서』 권213, 이정기전

이정기는 高麗人이다. 營州의 副將이 되고 [평로절도사] 侯希逸을 따라 靑州로 들어갔다. 후희일의 모친이 그의 고모였기 때문에 [이정기를] 천거하여 折衝都尉로 삼았다. [대종] 寶應 연간에 軍候로서 史朝義를 토벌하였다.[10] 그때 回紇이 공을 믿고 방자한 행동을 하였지만, 諸軍이 감히 막지 못했다. 이정기가 기세로 회흘을 꺾으려고 하여 그 수령[大酋]과 싸움이 벌어졌다. 많은 병사들이 모두 둘러서서 구경하며 "대추가 이정기를 쳐버릴 것이다"라고 장담하였다. 싸움이 시작되어 다투었는데, 이정기가 대추의 볼을 치자 회흘 수령[回紇]이 똥물을 쌌다. 구경하던 병사들이 크게 웃었고 수령이 매우 부끄럽게 여겼다. 이로 인해 [회흘은] 기가 꺾여 감히 난폭한 행동을 하지 못하였다.

후희일이 이정기를 兵馬使로 삼았는데, 침착하고 굳세며 군사들의 마음을 얻었다. 그러나 [후희일이] 속으로 꺼려하여 핑계를 만들어 직위를 빼앗았다. 군사들이 모두 해임의 부당함을 말하였고, 얼마 지나지 않아 후희일을 몰아냈다. 조서가 내려와 이정기를 절도사에 임명하였다. 본명은 懷玉이었는데, 이때에 이르러 지금 이름이 하사되었고 마침내 淄·靑·齊·海·登·萊·沂·密·德·棣 10州

---

10 『구당서』 권124, 후희일전, "寶應元年, 與諸節度同討襲史朝義, 平之"(3534쪽).

를 영유하였다. 田承嗣·薛嵩·李寶臣·梁崇義와 함께 서로 밀접하게 협력하며 의지하였다. 설숭이 죽고 또 李靈耀가 반란[反]을 일으키자 절도사들[諸道]이 공격하여 함께 그 땅을 나누어 차지하였다. 이때 이정기는 새로 曹·濮·徐·兗·鄆을 취하여 모두 15주가 되었다. 渤海 名馬를 거래하는 것이 매년 끊이지 않았고, 세금과 요역이 균등하고 적었으며, 가장 강하고 크다고 칭해졌다. 政令이 엄격하고 가혹하여 사람들이 어디서건 감히 마주보고 이야기하지 못했으며, 위세가 주변 지역에 떨쳤다. [대종 대력 11년 12월] 검교사공에 제수되고 동중서문하평장사가 더해졌다.[11] 司徒·兼太子太保로서 饒陽郡王에 봉해졌다. 황실 호적에 오르기를 청하여 허락되었다. 그리고 치소를 鄆州로 옮기고, 아들 이납과 심복 장수들로 하여금 관하 州를 다스리게 하였다.

德宗 建中 초에 汴州에 성을 쌓는다는 소식을 듣고 田悅·梁崇義·李惟岳과 함께 반란[叛]을 일으키기로 협약하였다. 濟陰에 [병사를] 주둔시키고 陳을 만들어 교련시켰으며, 徐州에 군대를 증강시켜 江·淮를 막았다. 그러자 天子가 운송로를 바꾸고 천하 군대에 격문을 보내 수비하게 하니, 河南이 떠들썩하였다. 그런 때 등창이 발병하여 사망하였는데, 나이는 49세였다. 덕종 興元 초에 이납이 명을 따르자, 조서를 내려 太尉로 추증하였다.

---

11 『구당서』 권11, 代宗本紀, 대력 11년 12월 조, 310쪽.

3. 『구당서』 권124, 이납전

이납이 젊었을 때 [代宗 大曆 4년(769) 11월] 이정기는 그에게 군대를 거느리고 가을(즉 서쪽 유목민의 침략)에 대비하게[防秋] 하였는데, 代宗이 불러 접견하고 가상하게 여겨 奉禮郎에서 파격적으로 殿中丞·兼侍御史에 임명하고 紫金魚袋를 하사하였다. 檢校倉部郎中을 역임하고 아울러 부친의 군대를 총괄하였으며 주청하여 淄州刺史에 임명하였다. [대력 10년(775) 4월] 이정기가 군대를 거느리고 田承嗣를 공격할 때 주청하여 節度·觀察留後에 임명하였다. 곧이어 [대력 12년(777) 2월] 靑州刺史로 옮겼으며 또 주청하여 行軍司馬·兼曹州刺史·曹濮徐兗沂海留後에 임명하고 또 御史大夫를 더하였다.

[德宗] 建中 연간 초 [李]正己·田悅·梁崇義·張惟岳이 모두 反하였다. 건중 2년(781) [7월] 이정기가 죽자, 이납이 喪을 감추고 부친의 군대를 통솔하여 계속 반란을 일으켰다. [濮州의] 濮陽에서 전열을 만나고 大將 衛俊에게 1천 병사를 거느리고 전열을 구하게 하였는데, 河東節度使 馬燧에게 [魏州] 洹水[縣]에서 패하여 거의 殺傷되었다. 여러 번진[諸軍]에게 조서를 내려 주살하게 하니, [건중 2년 10월] 이납의 당숙인 李洧가 徐州를 들어 [당에 귀순하고], [건중 3년(782) 3월] 李士眞이 德州를 들어 또 棣州의 李長卿이 州를 들어 귀순하였다. [이유가 귀순한 다음 달인 건중 2년 11월] 이납은 彭城(즉 서주)이 험한 길목에 해당하고 또 이유가 종족을 배반한 것에 화가 나서 군대를 모두 동원하여 서주를 포위하였다. [같은 달] 조서를 내려 宣武軍節度 劉洽과 諸軍에게 구원하게 하니, 성 아래에서 이납의 군대를 대패시켰다. 뒤에 [건중 3년(782) 정월 이납이] 濮陽에

서 병사를 이끌었는데, [2월] 유흡이 그 성 밖에서 격파하였다. 이납이 성 위에서 유흡을 보며 울면서 죄를 뉘우치고 判官 房說을 보내서 동생 [李]經과 아들 [李]成務를 경사에 입조시키고 유흡을 통해 귀순하길 청하였다. 그때 환관 宋鳳朝가 지켜보다가 이납의 계책이 다하였다고 여기고 [그를] 주살하여 자신의 공적으로 삼고자 하여 [황제에게] 용서하지 말도록 주청하자, 황제가 방열 등을 궁궐로 압송하게 하였다. [그런 사이] 이납은 마침내 운주로 돌아갔고 [11월] 다시 李希烈·朱滔·王武俊·田悅과 함께 모의하여 모두 반란을 일으켜 齊王을 참칭하고 百官을 설치하였다.

　덕종 興元 [원년(784) 정월] 자신에게 잘못이 있다고 말하는 조서 [罪己詔]를 내리자 이납이 이에 순종하였다. [같은 달] 조서를 내려 檢校工部尙書·平盧軍節度·淄靑等州觀察使를 더해 주었다. 얼마 지나지 않아 [2월 이희열이 병사 5만을 거느리고 (宋州의) 寧陵을 포위하여 물을 끌어 흘려보냈으나 濮州刺史 劉昌이 3천을 이끌고 그곳을 지켰다]. [4월] 檢校左僕射·同中書門下平章事가 되었다. [5월 이정기를 太尉로 추증하였다]. [8월 淄靑節度使가 이전과 같이 陸海運·押新羅渤海兩蕃等使를 帶하게 하고 마땅히 이납에게 兼하게 하였다]. [윤10월] 이희열이 陳州를 포위하였을 때 이납이 군대를 보내 여러 절도사들[諸軍]과 함께 힘써 공격하여 대파하니 포위를 풀었다. [貞元 원년(785) 3월] 檢校司空을 더하고 500호에 봉했다. [정원 2년 4월 李希烈이 평정되자 조서를 내려 …… 劉玄佐, 賈耽, 李納 등의 자손 1인에게 正員官을 수여하였다]. [같은 해 9월 東都留守 賈耽을 義成節度使로 삼았다. …… 淄靑 병사 수천이 行營에서 귀환하면서 滑州를 지나갔는데, (가탐의) 將佐가 모두 "이납은 비록 밖으로 조정의 명을 받들고 있으나 속으로는 겸병의 뜻을 품고 있으니 그 병사를 성 밖에서 묵게 하길 청한다"라고 하였으나 가탐은 "그 사람들과 영역(道)이 인접한데, 어찌 그 將士를 들판에 자게 하겠는가"라고 하고 성 안에 묵게 하였다]. [정원 3년(787) 8월 淄青節度使 이납이 毛龜를 바치자 조서를 내려 백관에게 보였다]. 정원 초 [4년(788) 정월] 鄆州를 승격시켜 大都督府로 삼고 또 長史에 제수하였다. [정원 6년(790) 2월 王武俊의 체주를 지키는 장수인 趙鎬가 郡을 들어 이납에게 귀순하자 왕무준이 怒하여 병사를 동원하여 공격하였다]. [정원 8년(792) 5월] 34세에 그 직위에서 훙거하니 3일 동안 조회를 열지 않고 부의를 차등있게 보냈다.

4. 『신당서』 권213, 이납전

이납은 젊었을 때 奉禮郞이 되었고, [代宗 대력 4년(769) 11월] 병사를 이끌고 '서쪽 변경을 방어'[防秋]하였다. 대종이 불러 접견하여 殿中丞을 제수하고 金紫를 하사하였다. 入朝하였을 때 兼侍御史에 제수되었다. 이정기가 淄州·青州 2주 자사로 삼고, 또 行軍司馬·濮徐兗沂海留後로 삼았으며, 御史大夫로 승진되었다.

[德宗 建中 2년(781) 7월] 이정기가 죽자 喪을 숨겨 드러내지 않고, 병사를 이끌고 田悅과 [濮州의] 濮陽에서 만났다. 馬燧가 바야흐로 전열을 공격하자, 이납이 大將 衛俊을 보내 구원하였다. 하지만 마수가 격파하여 거의 괴멸시키고 洹水를 거두었다. 덕종이 뭇 번진 군대에 조서를 내려 함께 토벌하게 하니, 이납의 당숙 李洧가 徐州를 들어 귀순하고, 大將 李士眞이 德州, 또 李長卿이 棣州를 들어 투항하였다. 이납은 이유가 자기를 배반한 것에 화가 났으며 또 서

주가 험하고 [물자가] 집결되는 곳이었기 때문에 군대를 모두 동원하여 이유를 공격하였다. 황제가 宣武의 劉玄佐(원명은 劉洽)에게 명하여 諸軍을 감독하며 나아가 구원하게 하니, 이납의 군대를 대파하였다. 이납이 복양으로 돌아가자, 유현좌가 나아가 포위하고 그 외성을 허물어뜨렸다. 이납이 성가퀴에 올라 유현좌를 보고 울면서 후회하고 判官 房說과 子弟를 보내 京師에 인질로 삼도록 하고 유현좌를 통해 [황제에게] 사죄하였다. 그때 이납이 궁지에 몰렸다고 생각한 환관 宋鳳朝가 공을 세우고자 하여 [황제에게] 사면해서는 안 된다고 건의하였다. 이에 황제가 방열 등을 궁궐로 압송하게 하였다. 그런 사이에 이납은 鄆州로 돌아가 田悅·李希烈·朱滔·王武俊과 연합하여 스스로 齊王을 칭하고 百官을 설치하였다.

[덕종이] 興元 초 [원년(784) 정월] 조서를 내려 자신에게 잘못이 있다고 하자, 이납이 다시 명을 받들었다. 檢校工部尙書에 제수하고 平盧 帥節을 회복시키고 鐵券을 하사하였다. 또 [같은 해 4월] 동중서문하평장사에 임명하고 隴西郡王에 봉하였다. [윤10월] 이희열이 陳州를 포위하자 이납이 諸軍과 만나 성 아래에서 격파하였다. [덕종 貞元 원년(785) 3월] 檢校司空·實封500戶가 더해졌고 檢校司徒로 승진하였다. [정원 8년(792) 5월] 34세로 죽으니 太傅로 추증되었다. 아들로는 師古·師道가 있다.

5. 『구당서』 권124, 이사고전

아들 이사고는 여러 차례 주청을 통해 청주자사에 이르렀다. [덕종] 貞元 8년 [5월] 이납이 죽자 군인들이 이사고를 추대하여 그 지위를 대신시키고 上請하니, [8월] 조정이 그에 따라 제수하였다. [喪中에 있으나] 복직시켜 右金吾大將軍同正·平盧 및 靑淄齊節度·營田·觀察·海運陸運·押新羅渤海兩蕃使로 삼았다. [11월] 成德軍節度 王武俊이 군대를 거느리고 德州·棣州로 와서 蛤𧋽와 三汊城을 빼앗으려고 하였다.

당시 체주의 鹽池와 蛤𧋽에서 1년에 생산되는 소금의 양은 수십만 斛에 달하였다. 원래 체주는 치청번진에 속하였다. 그러다가 그 자사 李長卿이 성을 들어 朱滔에게 투항하였지만, 합타는 이납이 계속 점거하고 성을 쌓아 지키면서 염리를 독점하였다. 그 후 [정원 원년(785)] 왕무준이 주도를 패퇴시킨 공으로 덕주와 체주를 얻었으나, 합타는 여전히 이납이 지키고 있었다. 이납은 앞서 덕주 남쪽에다 황하를 걸쳐 성을 쌓아 지키면서 이를 三汊라 부르고, 田緖와 통교하며 魏博의 길을 이용하여 덕주를 침략하였기 때문에 왕무준이 우환으로 여겼다. [정원 8년(792) 5월] 이납이 죽고 이사고가 뒤를 잇자, 왕무준은 이사고가 약관의 나이로 갓 [藩帥에] 올랐고 또 옛 장수들이 대부분 죽었기 때문에 마음속으로 매우 손쉽게 여겼다. [11월] 이에 왕무준이 군대를 거느리고 합타와 삼차를 취한다는 명분으로 진군하였지만, 실제는 이납의 영토를 노렸다. 이사고는 체주에서 투항한 장수 趙鎬에게 막게 하였다. 왕무준은 아들 王士淸에게 군대를 거느리고 먼저 滴河를 건너게 하였다. 마침 그때 왕사청의 군영에서 화재가 일어나 군인들이 놀라고 불길하게 여겼으므로 나아가지 못하였다. [그런 때] 德宗이 사신을 파견하여 조서[旨]를 유시하자 왕무준이 바로 철수하여 돌아갔다. [정원 9년(793) 4월] 이사고도 三汊口城을 헐어버리고, 詔旨에 따랐다.

이사고는 비록 겉으로는 조정의 명령을 받들었으나 속으로는 항상 침략의 마음을 품고 망명자를 불러 모아 모두 후하게 대우하였으며, 특히 조정에서 죄를 짓고 도망쳐 온 자는 바로 기용하였다. 외지로 임무를 맡길 때는 항상 그 처자를 억류해두고 혹시라도 조정에 귀순하려다가 발각되면 그 가족을 모두 죽였기 때문에 사람들이 두려워서 감히 다른 마음을 품지 못하였다.

정원 10년(794) 5월 이사고가 탈상하자 檢校禮部尙書를 더해주었다. 12년(796) 정월에 檢校尙書右僕射가 되었다. 같은 해 11월 이사고가 모친상을 당했는데, 복직시켜 左金吾上將軍同正에 임명하였다. 정원 15년(799) 정월 李師古·杜佑·李欒의 妾媵이 나란히 國夫人에 제수되었다. 16년(800) 6월 淮南節度使 杜佑와 함께 같은 制書로 중서문하평장사가 더해졌다.

[정원 21년(805) 정월 덕종이 붕어하고 順宗이] 德宗의 遺詔를 반포하였다. [2월] 告哀使가 아직 이르지 않았을 때 義成軍節度使 李元素가 이사고와 경계를 접하고 있음을 이유로 유조를 베껴 이사고에게 전해주면서 바깥의 다른 사람이 아님을 보였다. 그러자 이사고가 드디어 將士를 소집한 후 이원소의 使者를 끌어다놓고 "내가 근래에 받은 보고서[邸吏狀]에는 황제께서 건강하다고 적혀 있다. 이원소가 반역을 꾀하고자 유조를 위조하여 보낸 것이 아니겠는가. 나는 3대에 걸쳐 나라의 은혜를 입었고 지위가 장군과 재상을 겸하였다. 도적을 보고 토벌하지 않을 수 없다"라고 말하였다. 마침내 이원소의 사신을 매질하고 곧바로 군대를 출동시키며 이원소 토벌을 명분으로 삼았으나, 실제로는 국상을 이용하여 주현을 침탈하려고 한 것이다. 그 직후(같은 2월) 順宗이 즉위하였다는 소식을 듣고 이사고는 군대를 거두었다. 후에 여러 차례 승진하여 檢校司徒·兼侍中이 되었다. [憲宗 元和 원년(806) 윤6월] 죽으니, 太傅로 추증되었다.

6. 『신당서』 권213, 이사고전

이사고는 蔭으로 누차 승진하여 靑州刺史에 임명되었다. [貞元 8년(792) 5월] 이납이 죽자 군인들이 번수[帥]를 잇도록 [조정에] 청하였다. [정원 8년 8월] 조서를 내려 복직시켜 右金吾衛大將軍·本軍節度使에 임명하였다. 앞서 棣州에 蛤蝶 鹽池가 있었는데, 매년 산출되는 소금이 수십만 斛이었다. [이납 때] 李長卿이 주를 들어 朱滔에 투항하였지만, 합타만은 이납이 점거하고 이익을 독점하였다. 후에 [정원 원년(785)] 德州와 棣州가 王武俊에게 편입되자, 이납이 덕주 남쪽에 보루를 쌓아 황하에 걸쳐 합타를 지키고 이를 三汊라고 하였으며, 魏博과 통하여 田緖와 통교하면서 덕주를 盜掠하였기 때문에 왕무준이 근심으로 여겼다. 이사고가 처음 세습하였을 때 왕무준은 그가 젊은 나이라고 쉽게 여기고 또 이납 시기의 장수가 없음을 [기회로 삼아] 군대를 이끌고 합타와 삼차를 빼앗으려고 하였다. 이사고가 趙鎬로 하여금 맞서 싸우게 하였다. 왕무준의 아들 王士淸의 군대가 먼저 滴河를 건넜는데, 마침 군영에서 불이 났다. 병사들이 크게 떠들어대면서 감히 나아가지 못했다. 덕종이 使者를 보내 왕무준에게 군대를 거두도록 유시하였다. 이사고도 삼차를 무너뜨리고 명을 받들었다.

일찍이 [정원 12년(796)] 막료[僚]인 獨孤造에게 노하자, 경사로 일을 상주하게 보낸 뒤 대장 王濟를 시켜 목 졸라 죽이게 하였다. 정원 말 [정원 15년(799) 정월] 杜佑·李欒과 함께 모두 妾勝이 國夫人에 봉해졌고, [16년 6월] 同中書門下平章事로 승진되었다.

[정원 21년(805) 정월] 덕종이 붕어하고 [2월] 고애사[告哀]가 아직 이르지 않았는데, 義成節度使 李元素가 遺詔를 베껴 보여주었다.

이사고가 國喪에 간다면서 州縣을 공략하고자 將士를 소집하여 "이원소는 유조를 위조하였는데, 어찌 反을 일으키려는 것이 아니겠는가? 토벌하지 않을 수 없다"라고 말하였다. 使者를 붙잡아두고 이원소 토벌을 명분으로 군대를 내보내다가 順宗이 즉위하였다는 소식을 듣고 그만두었다. 승진하여 檢校司徒·兼侍中이 더해졌다. 元和 초 [원년 6월] 卒하였으며, 太傅로 추증되었다.

7. 『구당서』 권124, 이사도전

이사도는 이사고의 배다른 동생이다. 그 모친은 張忠志(즉 成德節度使 李寶臣)의 딸이다. 이사도가 知密州事로 있을 때 [헌종 원화 원년(806) 윤6월] 이사고가 죽자 그 奴가 發喪하지 않고 몰래 사람을 밀주로 보내 이사도를 맞이하여 받들었다. [8월] 조정의 명이 오랫동안 이르지 않자 이사도가 將吏와 모의하였는데, 혹자가 四境에 병사를 증강하자고 하였다. 하지만 그 判官 高沐이 강하게 저지하였고, 이에 [이사도가] 兩稅를 바치고 鹽法을 지키며 官員을 상신하겠다고 요청하고자 判官 崔承寵과 孔目官 林英을 연이어 파견하여 상주하였다. 당시 杜黃裳이 재상으로 있으면서 [이사고가] 아직 안정되지 않은 틈을 이용해 계획을 내어 평로를 分削하려고 하였으나 헌종은 蜀川이 바야흐로 어지럽기 때문에 능히 이사도에게 병사를 동원할 수 없다고 여겨 원화 원년 7월 마침내 建王 [李]審에게 節度를 遙領하게 하고 이사도를 檢校左散騎常侍·兼御史大夫·權知鄆州事·充淄靑節度留後에 제수하였다. 10월 檢校工部尙書·兼鄆州大都督府長史·充平盧軍及淄靑節度副大使·知節度事·管內支度

營田觀察處置·陸運海運·押新羅渤海兩蕃等使로 승진시켰다. 이정기로부터 이사도에 이르기까지 60년 동안 鄆·曹 등 12주를 점거하였다. 무리가 자신을 따르지 않을 것을 두려워하여 모두 엄법으로 통제하였다. 大將이 병사를 이끌고 바깥에 주둔하는 경우에는 모두 그 처자를 인질로 삼았다. 혹자가 조정에 귀순하려고 모의하다가 일이 누설되자 나이를 불문하고 그 가족을 모두 살해하였다. 이런 까닭에 능히 그 무리를 위협하여 부자·형제가 서로 계승할 수 있었다. [원화] 5년(810) 7월 檢校尙書右僕射가 되었다. [원화 7년(812) 8월 魏博節度使 田興(즉 田弘正)이 6주를 들어 有司에 귀순하였다]. [원화 8년(813) 9월 병진일 淄靑의 이사도가 鶻 12를 진상하였으나 돌려보냈다].

[원화] 10년(815) [정월] 王師가 蔡州를 토벌하자 [전홍정이 그 아들 (田)布를 보내 병사 3천을 거느리고 嚴綬를 도와 吳元濟를 토벌하게 하였고], 이사도는 도적을 보내 河陰倉을 불태우고 建陵橋를 잘랐다. 이전에 이사도는 河南府에 留邸를 두어 병사 간첩이 섞여 왕래하였으나 관리가 감히 가려내지 못하였다. 오원제가 북쪽으로 汝·鄭을 침범하였기 때문에 郊畿가 자주 경계하여 防禦兵이 모두 伊闕을 지켰는데, [8월] 이사도가 몰래 병사 수십~백 인을 그 邸에 넣어두고 궁궐을 불태우며 마음대로 죽이고 약탈하려고 모의하였다. 소를 삶아 무리를 배불리 먹인 후 다음날 실행하기로 하였는데, 그때 小將 楊進·李再興이라는 자가 留守 呂元膺에게 가서 변고를 알렸다. 여원응이 이궐의 병사들을 불러 그들을 포위하였으나 반나절이 지나도 감히 進攻하지 못하였다. 防禦判官 王茂元이 한 명을 죽인 후에야 나아갔으며 어떤 자가 그 담벽을 부수고 안으로 들어갔다. 도적 무리가 갑자기 나와 사람을 죽이자 둘러싼 병사들이

놀라 달아났다. 도적이 길거리에서 대오를 갖추고 그 처자를 포대기로 싼 채 甲冑로 후미를 경비하면서 행진하니 防禦兵이 감히 추격하지 못하였다. 도적은 長夏門을 나가서 옮겨가며 郊墅를 약탈하고 동쪽으로 伊水를 건너 嵩山으로 들어갔다. 여원응은 경계상의 병사들에게 큰 포상을 걸어 잡게 하였다. 수개월 후 어떤 山棚이 시장에 사슴을 팔려고 하였다가 도적을 만나 사슴을 빼앗겼다. 산붕이 달려가 그 黨을 부르고 혹자는 官軍을 데리고 함께 그들을 계곡 안으로 포위하여 모두 사로잡았다. 추궁하여 그 수괴를 잡으니 中岳寺 승려 圓靜이었다. 나이가 80여 세로 일찍이 史思明의 將이 되었는데, 신체가 장대하고 사나운 것이 보통사람이 아니었다. 처음에 잡아 힘센 자에게 쇠망치로 치게 하였으나 능히 정강이를 부러뜨리지 못하였다. 원정이 욕하며 말하길 "쥐새끼야. 사람 다리도 부러뜨리지 못하면서 감히 健兒라고 칭하는가!"라고 하고 스스로 그 발을 놓고서 부러뜨리게 하였다. 사형에 임해 말하길 "나의 일을 그르쳐 洛城에 피를 흐르게 하지 못하였다"라고 하였다. 죽은 자가 무릇 수십 인이었다. 留守의 禦將 2인과 都亭驛의 卒 5인과 甘水驛의 卒 3인이 모두 몰래 이사도에게 직임을 받아 그 눈과 귀가 되었기 때문에 처음 모의부터 실패할 때까지 아무도 알지 못하였다. 이전에 이사도는 伊闕과 陸渾 사이에 많은 밭을 무릇 10군데나 사두고 산붕에게 집을 지어주고 의식을 제공하려고 하였다. 訾嘉珍과 門察이라는 자가 몰래 그들을 나누어 거느리며 圓靜에게 예속되었다. 이사도의 錢 천만을 가지고 거짓으로 嵩山의 佛光寺를 수리한다고 하며 자가진이 몰래 일어날 때 산 속에 불을 지르면 2縣의 山棚人이 난을 일으키기로 하였다. 추궁해 보니 자가진과 문찰은 武元衡을 해친 자였으므로 여원응이 상황을 소상히 갖추어 황제에게 보고하였다. [원화 10년 12

월 갑진일 李愿이 이사도의 병사 9천을 패배시키고 2천 급을 斬首하였다. 임자일 동도유수 여원응이 주청하여 山河子弟를 募置하여 宮城을 방위하였다]. [원화 11년(816) 정월 계미일 제서를 내려 王承宗의 관작을 삭탈하고 河東·幽州·義武·橫海·魏博·昭義 6道에게 進討하게 하였다. 韋貫之가 누차 청하여 …… 라고 하였으나 황제가 듣지 않았다]. [원화 11년 11월 鄆州 이사도에게 檢校司空이 더해졌다]. [원화 11년 12월 未央宮 및 飛龍草場에서 불이 났는데, 모두 왕승종·이사도가 用兵을 방해하기 위해 몰래 盜를 보내 불을 놓은 것이다. 당시 이사도는 鄆州에서 宮殿을 지어 僭亂을 도모하려 하였다. 완성된 후 그 해에 화재가 나서 모두 타버렸고, 얼마 지나지 않아 멸망하였다].

[원화 12년(817) 10월] 오원제가 주살되자 [원화 13년(818) 정월] 이사도는 두려워서 表를 올려 조정의 명을 따르길 구하며 三州를 할양하고 아울러 長子를 보내 入侍·宿衛하길 청하자 조서를 내려 허락하였다.

[원화 13년 4월] 이사도는 어리석고 우매하여 政事가 모두 여자 종들에 의해 결정되었다. 여자 종 가운데 蒲大姊와 袁七娘이 謀主였는데, 이에 말하길 "선친인 司徒 이래로 이 12주를 영유하였는데, 어찌 하루아침에 고통도 없이 할양하는가! 지금 경내의 兵士 숫자가 수십만 인이다. 3주를 바치지 않으면 병사를 내어 공격해 올 따름이다. 가히 힘껏 싸워 이기지 못하면 그때 땅을 할양해도 늦지 않다"라고 하였다. 이사도가 이에 따라 할양하는 것을 그만두고 表를 올려 軍情이 화합하지 못한다고 말하였다. 이에 [원화 13년 7월] 조서를 내려 諸軍에게 토벌하게 하였다. [원화] 10년(815) 12월 武寧節度使 李愿이 장수 王智興을 보내 이사도의 병사 9천을 격파하여 2

천여 급을 참살하고 牛馬 4천을 획득한 후 마침내 平陰에 이르렀다. [원화] 11년(816) 11월 이사도에게 司空을 더해주고 또 給事中 柳公綽을 보내 宣慰하며 그 거동을 살펴 관용을 베풀려고 하였다. 이사도는 일시적으로 귀순하겠다고 하고 오래도록 악행을 저지르며 고치지 않았다. [원화] 13년(818) 7월 滄州節度使 鄭權이 淄靑의 도적을 齊州 福城縣에서 격파하여 5백여 급을 참살하였다. 10월 徐州節度使 李愬와 兵馬使 李祐가 兗州 魚臺縣에서 도적 3천여 인을 격파하였다. 위박절도사 전홍정이 本軍을 이끌고 陽劉에서 황하를 건너 鄆州와 90리 떨어진 곳에 군영을 세우고 다시 接戰하여 도적 3만여 무리를 격파하고 3천 인을 생포하였으며 器械를 획득한 것이 셀 수 없이 많았다. 陳許節度使 李光顔은 濮陽縣 경계에서 도적을 격파하고 斗門城·杜莊柵을 점령하였다. 전홍정이 다시 옛 東阿縣 경계에서 도적 5만을 격파하였다. 諸軍이 사면에서 힘을 합쳐 누차 城柵을 함락시켰다.

　이사도는 劉悟에게 병사를 거느리고 魏博軍을 막게 하였으나 패배하였는데, [이사도가] 자주 명하여 싸우도록 재촉하였다. 군대가 나아가지 않았을 때 [이사도가] 奴를 보내 유오를 불러 일을 헤아리려고 하였다. 유오는 사람이 오면 자신을 죽일 것을 알고 병을 핑계로 나가지 않고 將吏를 불러서 모의하여 말하길 "위박의 병사는 강하여 승세를 탔을 때 나가 싸우면 반드시 우리 병사를 패배시킬 것이고, 나가 싸우지 않아도 죽는다. 지금 천자께서 주살하려는 것은 司空 한 사람뿐이다. 유오와 공들이 모두 사지로 몰리고 있는데, 어찌 禍를 바꾸어 福을 만들지 않겠는가. 사신을 죽이고 병사를 이끌고 鄆州로 달려가 大功을 세워 富貴를 구하자"라고 하니 무리가 모두 좋다고 하였다. 이에 그 사신을 맞이하여 참살하고 마침내 이사도의 소환장을 가지고 병사를 이끌고 운주로 달려갔다. 밤이 되어 門에 이르러 이사도의 소환장을 보여주니 안으로 들어갈 수 있었다. 병사들이 이어서 진입하여 毬場에 이르고 그 內城을 포위하여 불로 공격하였다. 이사도를 사로잡아 그 머리를 잘라서 위박군에게 보내니 원화 14년(819) 2월이었다. 이 달에 전홍정이 京師로 [그 머리를] 바치니 천자가 左右의 軍에 명해 머리를 받는 의식과 같게 하여 먼저 太廟와 郊社에 바친 후 헌종이 興安門으로 나가 그것을 받으니 百僚가 축하하였다.

앞서 東軍의 諸道行營節度가 逆賊의 將 夏侯澄 등 모두 47인을 생포하자 [원화 13년(818) 12월] 조서를 내려 말하길 "兇黨에 附麗하여 王師에 항거하였으니, 나라의 常刑에 의하면 모두 誅戮에 처하게 되어 있다. 짐은 [이들이] 오랫동안 汚俗에 있으면서 모두 협박을 받았고, 하물며 토벌한 지 시간이 얼마 지나지 않았기 때문에 설령 투항의 마음을 품었다고 해도 투항할 겨를이 없었을 것이다. 정상이 가히 불쌍하니 짐이 차마 죽일 수 없다. 하물며 三軍과 百姓은 누가 나의 신민이 아니겠는가, 詔令의 頒行에서 죄는 이사도에 그친다. 바야흐로 도탄에서 구하고자 한 것이니 그 性命을 살려주도록 한다. 진실로 법을 굽히는 것으로 은혜를 알길 바란다. 모두 마땅히 특별히 석방하고 遞送하여 魏博 및 義成의 行營에 보내 각각 절도사로 하여금 거두어 驅使하도록 한다. 만약 父母와 血屬이 아직 도적 속에 있거나 羸老·疾病하여 정상이 절실하게 歸還해야 하는 자는 일을 헤아려 풀어주고 관대하게 베풀어 의심하지 말도록 하라"라고 하였다. 하후징 등이 行營에 이르자 도적이 염탐하여 알고 전하여 알리니 叛徒가 모두 朝恩에 감동하였고 이로 말미암아 유오가 그 모의를 실행할 수 있었다.

이사도의 처 魏氏 및 어린 아들은 모두 掖庭에 배치되었다. 堂弟인 [李]師賢·師智는 春州에 配流되고, 조카 [李]弘巽은 雷州에 配流되었다. [원화 14년 3월] 조서를 내려 그 12주를 3절도로 나누고 馬總·薛平·王遂에게 각각 다스리게 하였다. 또 재상 崔羣에게 명해 비문을 찬하여 그 공적을 기록하게 하였다.

國家는 天寶 말에 安祿山이 먼저 兩河에 반란을 일으켜 [代宗] 寶應 원년[12] 王師가 史朝義를 평정할 때까지 그 장수 薛嵩·李懷仙·田承嗣·李寶臣 등이 僞命을 받아 州郡을 거느렸는데, 조정이 전쟁을 싫어하여 僕固懷恩의 청에 따라 [그들에게] 관작을 주었다. 侯希逸이 軍人에게 축출되고 이정기가 또 齊·魯의 땅을 점거하여 번갈아가며 굳게 단결하면서 서로 혼인을 맺고 職貢을 바치지 않고 法令을 행하지 않는 것이 거의 관례가 되었다. 또한 모두 그 아들을 副大使로 삼아 父가 죽으면 아들이 계승하고 三軍의 청이라고 보고하고 또한 大將이 [번수를] 살해하고 자립한 경우도 있었다. 安·史 이후 貞元 시기에 이르기까지 조정은 대부분 優容에 힘쓰고 매번 멋대로 세습한 것을 들으면 그에 따라 제수해 준 지 60여 년이 흘렀다 兩河는 反側之俗이라고 칭해졌다. 헌종이 사람을 알아보고 잘 위임하여 亂迹을 削平하니 양하가 다시 王土가 되었다. 이사도의 처 魏氏는 원화 15년(820)에 출가하여 비구니가 되었다.

---

12 사조의가 평정된 것은 대종 廣德 원년(763) 정월이다.

8. 『신당서』 권213, 이사도전

이사도는 이사고의 이복동생이다. 이사고가 일찍이 "민간의 疾苦를 모른다고 해도 衣食의 유래는 알아야 한다"라고 하며 [이사도에게] 密州를 다스리게 하였다. 이사고가 병들자 측근인 高沐과 李公度 등을 불러 "내가 죽으면 누구에게 잇게 하겠는가?"라고 물으니, 두 사람이 대답하지 못했다. 이사고가 "어찌 人情 때문에 이사도에게 맡길 것인가? 그는 군복을 입은 적이 없고 작은 재주로 자신을 뽐내니, 우리 종족을 복멸시킬까 우려된다. 公 등은 잘 살펴 헤아리길 바란다"라고 말하였다. [헌종 원화 원년(806) 윤6월] 이사고가 죽자 고목과 이공도는 집안 사병과 함께 이사도를 세우고 조정에 임명을 청하였다. 당시 制書가 오랫동안 내려오지 않자 이사도는 군대를 내어 경계를 지키고자 하였으나 고목이 간쟁하여 그만두게 하였다. 글을 올려 兩稅를 받들고 鹽法을 준수하며 조정에 관리 파견을 청한다고 하였다. 재상 杜黃裳은 그 권력을 삭감하려고 하였으나, 헌종은 바야흐로 劉闢을 공격하였기 때문에 동쪽을 토벌할 겨를이 없었다. 그 때문에 [같은 해 8월] 建王 [李]審을 節度大使에 임명하고 이사도를 知留後로 삼았다. 그 해에 檢校工部尙書를 더해주고 副大使로 삼았다. 이정기 이래 비록 겉으로는 王命을 받들었다고 해도 亡叛을 불러 모으고 조정에 죄를 얻은 자를 후하게 받아들었다. 嚴法으로 아래를 통제하고 무릇 임무를 주어 파견할 때는 반드시 그 妻子를 인질로 삼고 귀순을 도모하면 그 가족을 모두 죽였다. 이리하여 능히 무리를 협박하여 3世를 전할 수 있었다.

황제가 蔡(즉 회서의 오원제)를 토벌할 때 조서를 내려 諸道의 군대를 동원하였으나 鄆은 들어있지 않았다. 이사도는 병사 2천을 뽑아 壽春으로 보내며 겉으로 王師를 돕는다고 하였지만, 실제는 蔡를 구원하려고 하였다. 亡命少年이 이사도에게 계책을 내어 말하길 "河陰은 江·淮에서 委輸하는 곳이고, 河南은 帝都이다. 청컨대 하음의 식량창고를 불태우고 洛의 壯士를 모집하여 궁궐을 겁탈하면 바로 조정이 腹心의 질환을 구원하게 될 것이니 이는 蔡를 구원하는 하나의 기책이다"라고 하였다. 이사도가 이에 사람[客]을 보내 河陰漕院의 錢 30만 緡과 米 수만 斛, 창고 100여 區를 불태웠다. 또 혹자가 이사도에게 말하길 "황제는 비록 蔡를 토벌하는 데 뜻이 있지만, 모략은 모두 재상에게서 나온다. 武元衡이 황제의 신임을 얻고 있으니 원컨대 [漢代] 袁盎의 事를 본받으면 이후의 재상은 반드시 두려워서 군대를 거두길 청하고 이리하여 전쟁이 일어나지 않으면 蔡의 포위가 풀릴 것이다"라고 하였다. 이에 사람을 보내 무원형을 살해하고 裴度에게 상해를 가하였다.

이전에 이사도는 東都에 邸(즉 進奏院)을 두고 伊闕·陸渾 사이에 田을 많이 사서 山棚에게 베풀어 주며 군장 訾嘉珍과 門察을 보내 나누어 거느리게 하고 嵩山의 승려 圓靜에게 모의하게 하였다. 원화 10년 저택 안에서 사졸에게 크게 향연을 베풀어 소를 잡고 술을 내었으며 무기를 옷 속에 숨겨두었는데, 그 안의 어떤 병졸이 관부에 그 사실을 고발하였다. 留守 呂元膺이 병사를 거느리고 저택을 엄습하자 도적이 갑자기 나와 畿部를 옮겨가며 약탈하면서 산중으로 들어간 지 수개월이 되었을 때 산붕이 시장에 팔리는 것을 빼앗았는데, 산붕이 화가 나서 官軍을 데리고 와서 습격하여 모두 죽였다. 원정은 나이가 80여 세였는데, 일찍이 史思明의 將이 되었고 날래고 사나운 것이 남달랐다. 사로잡고서는 力士가 그 정강이를 망치로 쳤으나 부러뜨리지 못하자 욕하며 말하길 "이 녀석, 사람의 다리도 부러뜨리지 못하면서 健兒라고 하느냐!"라고 하고 스스로 그 발을 올려놓고 부러뜨리게 하였다. 죽음에 임해 탄식하여 말하길 "나의 일을 그르쳐서 洛城에 피가 흐르는 것을 보지 못하는구나!"라고 하였다. 당시 留守의 防禦將과 都亭驛의 史 수십 인이 모두 몰래 이사도의 署職을 수여받아 염탐하고 살폈으므로 [반역을] 아는 사람이 없었다. 끝까지 조사하니 자가진·문찰이 武元衡을 살해한 자였다. 또 鹽鐵使 王播는 자가진이 숨긴 弓材 5천과 建陵에서 자른 戟 47개를 얻었다.

앞서 이사도는 오원제의 허실을 알고자 하여 劉晏平을 샛길로 淮西로 달려가게 하였다. 오원제는 날마다 그와 연회를 베풀며 두텁게 친교를 맺었다. 유안평이 돌아와 알리기를 오원제는 군사 수만을 바깥에 보내놓고 안에서 편안하게 지내며 妻妾과 유희를 즐기고 있으니 반드시 패할 것이라고 하였다. 이사도는 본래 蔡에 의지하는 것을 중요하게 여겼으므로 그 말을 듣고 노하여 다른 일을 핑계 삼아 유안평을 살해하였다. [원화 11년(816) 11월] 李光顔이 凌雲柵을 함락시켰다는 소식을 듣고 비로소 크게 두려워하고 사신을 보내 歸順하였다. 하지만 황제는 병사를 나누어 두 도적을 상대하는 것이 어렵다고 여기고 給事中 柳公綽에게 명해 慰撫하게 하고 檢校司空을 더해 주었다.

[원화 12년(817) 10월] 蔡가 평정되자 또 [이듬해 정월 6일] 比部員外郎 張宿을 보내 영역을 분할하고 아들을 인질로 보내도록 권유하였다. 장숙이 말하길 "公이 지금 국가에 귀순하면 ① 宗姓이어서 尊卑로 논하면 황제가 叔父에 해당하므로 굴종하지 않은 첫 번째이다. ② 12주를 들어 30여 주의 천자를 섬기고 北面하여 藩을 칭하는 것이므로 굴종하지 않은 두 번째이다. ③ 50년 동안 爵을 세습한 신분

으로 200년 천자에게 신하를 칭하는 것이므로 굴종하지 않은 세 번째이다. 지금 반란의 정황이 이미 드러났으나 황제께서 여전히 스스로 살피는 것을 허락하여 마땅히 아들을 보내 宿衞하게 하고 영역을 분할하여 속죄하게 하는 것이다"라고 하였다. 이사도가 이에 3주를 바치고 아들 [李]弘方을 보내 入侍하게 하겠다고 하였다. 장숙이 돌아간 후 이사도가 중간에 후회하고 諸將을 불러 논의하자 모두가 말하길 "蔡는 數州를 거느리고 3~4년을 싸운 후 패배하였다. 공께서는 지금 12주를 거느리고 있는데, 무슨 우려가 있는가?"라고 하였지만, 大將 崔承度가 홀로 앞으로 나와 말하길 "공께서는 처음에 諸將을 심복으로 여기지 않다가 지금 병사를 위임하니 그들은 모두 이익을 탐하는 자들이다. 조정에서 1漿 10餠으로 유인하면 곧 가버릴 것이다"라고 하였다. 이사도가 화를 내어 최승도를 京師로 보낸 후 [경사의] 候吏에게 그가 귀환할 때를 기다려 참살하라고 하였다. 최승도는 客省에서 명을 기다리고 감히 돌아가지 못하였다.

황제는 그가 약속을 어기자 [원화 13년 정월 21일] 左散騎常侍 李遜을 보내 깨우치게 하였다. [4월 이손이] 이르자 이사도는 병사를 장엄하게 꾸미고 만났다. 이손이 꾸짖어 말하길 "앞서 이미 약속하고 지금 어기는 것은 무엇 때문인가? 천자에게 상주할 말을 원한다"라고 하였다. 이사도가 허락하였으나 나약하고 사리에 어두워 스스로 결정하지 못하였다. 私奴婢 노파가 다투어 말하길 "돌아가신 司徒의 토지를 어찌 하루아침에 바치려는 것인가? 지금 3주를 바치지 않아도 전쟁이 일어날 뿐이다. 만약 이기지 못하면 그때 땅을 할양해도 늦지 않다"라고 하였다. 이사도는 이에 上書하여 군대가 복종하지 않는다는 구실을 붙였다. 황제가 노하여 조서를 내려 그 官을 삭탈하고 諸軍에 조서를 내려 나아가 토벌하게 하였다. ① 武寧節

度使 李愿은 將 王智興을 보내 그 무리를 격파하여 2천 급을 참살하고 馬牛 4천을 획득한 후 땅을 공략하여 平陰에 이르렀다. ② 橫海節度使 鄭權은 福城에서 싸워 5백 급을 참살하였다. ③ 武寧의 將 李祐는 魚臺에서 싸워 패배시켰다. ④ 宣武節度使 韓弘은 考城을 함락시켰다. ⑤ 淮南節度使 李夷簡은 李聽에게 명해 海州로 달려가게 하니 沭陽·朐山을 함락시키고 東海로 나아가 지켰다. ⑥ 魏博節度使 田弘正은 직접 병사를 거느리고 陽劉에서 황하를 건너 鄆과 40리 떨어진 곳에 군영을 세우고 다시 접전을 벌여 3만 무리를 격파하고 3천 인을 생포하였다. ⑦ 陳許節度使 李光顔은 濮陽을 공격하여 斗門·杜莊 2屯을 함락시켰다. ⑧ 전홍정은 또 東阿에서 싸워 그 무리 5만을 격파하였다. 이사도는 패배 소식을 들을 때마다 놀라 병이 되었기 때문에 李祐가 金鄕을 함락시켰을 때 좌우가 감히 알리지 못하였다.

앞서 [이사도는] 大將 劉悟를 보내 陽穀에 주둔시켜 위박군을 막게 하였다. 하지만 유오가 지체한다고 의심하자 유오는 모면하지 못할 것을 두려워하여 병사를 이끌고 반대로 성을 공격하였다. 이사도가 새벽에 그 소식을 듣고 그 형수 裴 씨에게 말하길 "유오 군사가 反하였다. 장차 民이 되길 구하여 墳墓를 지키겠다"라고 하고 [李]弘方과 함께 뒷간에 숨었으나 병사들이 곧 생포하였다. 이사도가 유오를 만나길 청하였으나 허락하지 않았고, 또 경사로 보내주길 청하자 유오가 사람을 보내 말하길 "司空은 지금 죄수가 되었는데, 무슨 면목으로 천자를 뵐 것인가!"라고 하였다. [이사도가] 구부리고 우러러보며[俯仰] 애걸하자 이홍방이 말하길 "빨리 죽길 바란다"라고 하였고 이에 함께 참살하여 머리를 경사로 보냈다. 그 시체를 기시하니 감히 거두어주는 사람이 없었는데, 士 英秀가 성 왼쪽에서 殯하였고 馬摠이 이르러 士禮로 다시 장사지냈다.

이전에 이사고가 유오를 만나고 말하길 "훗날 필시 귀하게 될 것이다. 하지만 우리 집안을 망하게 할 자가 이 사람이다"라고 하였다. 전홍정이 황하를 건널 때 그 將 夏侯澄 등 47인을 생포하였는데, 조서를 내려 모두 사면하고 비단과 풀솜[繒絮]을 주며 魏博·義成軍에 예속시키고 또 부모가 있어 돌아가고자 하는 자는 관용을 베풀어 돌아가게 하였다. 도적이 모두 감격해하며 서로 알렸고 이로 인해 유오가 능히 그 모의를 행할 수 있었다. 이사도의 머리가 전홍정의 군영에 전달되자 하후징을 불러 확인하게 하였는데, 하후징은 눈알의 먼지를 핥으며 오랫동안 통곡하였다. 유오는 평소 이사도의 처 魏씨와 문란하였는데, 거짓으로 鄭公 [魏]徵의 후예라고 하여 죽이지 않고 掖廷에 몰입시켰다. 다른 宗屬은 모두 멀리 유배보냈다. 유오는 유일하게 표를 올려 이사고의 아들 [李]明安을 朗州 司戶參軍으로 삼았다. 親將인 王承慶·[王]承宗 형제는 이사도가 兄의 딸을 처로 시집보냈으나 몰래 左右와 약속하여 병사를 열병할 때를 이용하여 이사도를 사로잡기로 하였다가 마침 유오가 들어왔기 때문에 徐州로 달아나 조정에 귀순하였다.

참고문헌

1. 사료류

『史記』,『隋書』,『舊唐書』,『新唐書』,『宋史』,『資治通鑑』(中華書局標點本).

『唐六典』, 中華書局, 1992(김택민 주편,『역주 당육전』, 신서원, 2003).

『通典』, 中華書局, 1988.

『元和郡縣圖志』, 中華書局, 1983.

『唐會要』, 上海古籍出版社, 1991.

『唐大詔令集』, 商務印書館, 1959.

『安祿山事迹』, 上海古籍出版社, 1983.

『顔魯公文集』, 四部叢刊初編集部, 上海商務印書館, 1967.

『陸贄集』, 中華書局, 2006.

『韓昌黎文集校注』, 上海古籍出版社, 1987.

『白居易集箋校』, 上海古籍出版社, 1988.

『呂和叔文集』 권5, 四部叢刊正編 35, 법인문화사, 1989.

『沈下賢集』, 四部叢刊正編 36, 법인문화사, 1989.

『令狐楚集』, 甘肅人民出版社, 1998.

『元稹集』, 中華書局, 1982.

『李文公集』, 四部叢刊正編 35, 법인문화사, 1989(『李皐文集校注』, 中華書局, 2021).

『酉陽雜俎』, 中華書局, 1981.

『南部新書』, 中華書局, 2002.

『冊府元龜』, 中華書局, 1960.

『文苑英華』, 中華書局, 1966.

『太平廣記』, 中華書局, 1961.

『雍錄』, 中華書局, 2002.

『容齋隨筆』, 上海古籍出版社, 1996.

『太平寰宇記』, 中華書局, 2007.

『全唐文』, 中華書局, 1983.

『全唐文新編』, 吉林文史出版社, 2000.

顧炎武, 『日知錄』, 花山文藝出版社, 1990.

王夫之, 『讀通鑑論』, 嶽麓書社, 1988(『船山全集』10).

趙翼, 『廿二史箚記校證』, 中華書局, 1984(박한제 역, 『이십이사차기』, 소명출판, 2009).

趙翼, 『陔餘叢考』, 河北人民出版社, 1990.

錢大昕, 『廿二史考異』, 上海古籍出版社, 2004.

『日本紀略』, 吉川弘文館, 1929.

『日本後紀』, 吉川弘文館, 1980.

趙紹祖, 『新舊唐書互證』(楊家駱 主編, 『新舊唐書合鈔幷附編十六種』8, 鼎文書局, 1973).

吳廷燮, 『唐方鎭年表』, 中華書局, 1980.

郁賢皓, 『唐刺史考全編』, 安徽大學出版社, 2000.

東洋文庫唐代史硏究委員會 編, 『唐代詔勅目錄』, 東洋文庫, 1981.

船越泰次 編, 『宋白續通典輯本附解題』, 汲古書院, 1985.

功刀正, 『李翺の硏究(資料編)』, 白帝社, 1987.

김육불 편저, 『신편 발해국지장편』 하, 신서원, 2008.

정병준, 「『新唐書』 권214, 「列傳」 139, '劉悟' 譯註」, 『동국사학』 43, 2007.

정병준, 「『신당서』 권7, 德宗本紀 역주」, 『동국사학』 52, 2012.

정병준, 「『舊唐書』·『新唐書』 李忠臣·李希烈 열전 譯註」, 『동국사학』 54, 2013.

정병준, 「『舊唐書』·『新唐書』 邢君牙·劉全諒 列傳 譯註」, 『역사와 담론』 67, 2013.

정병준, 「『舊唐書』·『新唐書』 李納·李師古 등 列傳 譯註」, 『한국고대사탐구』 22, 2016.

정병준, 「『舊唐書』·『新唐書』 李師道·吳元濟·王承宗 등 列傳 역주」, 『동국사학』 72, 2021.

정병준, 「『舊唐書』·『新唐書』 杜黃裳·裴度·高崇文·田弘正 등 列傳 역주」, 『동국사학』 73, 2022.

2. 연구논저

김문경, 「唐代 高句麗遺民의 藩鎭」, 『唐代의 社會와 宗敎』, 숭전대학교출판부, 1984(원래는 『省谷論叢』 6, 1975).

김문경, 『淸海鎭의 張保皐와 東亞細亞』, 향토문화진흥원, 1998.

김선욱, 「唐代 平盧淄靑藩鎭에 관한 연구」, 『충남대학교 인문과학논문집』 제Ⅵ권 제1호, 1979.

김정식,「唐 前期 官人 父母喪의 확립과 그 성격 －心喪·解官을 중심으로」,『중국고중세사연구』28, 2012.

김진궐,「唐代 淄青藩鎭 李師道에 대해」,『素軒南都泳博士華甲紀念史學論叢』, 태학사, 1984.

노태돈,「高句麗 遺民史 硏究 －遼東·唐內地 및 突厥方面의 集團을 중심으로」,『韓㳓劤博士停年紀念史學論叢』, 지식산업사, 1981.

문경현,「리정기」,『세계사를 바꾼 한국인』, 형설출판사, 2000.

박시형,『발해사』, 이론과실천, 1979.

변인석,『安史亂의 新硏究』, 형설출판사, 1984.

염경이,「唐 德宗代, 唐詔關係와 劍南西川節度使의 外交的 役割」,『중국사연구』114, 2018.

이성제,「高句麗와 契丹의 關係 －對隋·唐戰爭期 契丹의 動向과 그 意味」,『北方史論叢』5, 2005.

이영철,「唐 德宗의 藩鎭政策」,『중국사연구』60, 2009.

鄭炳俊,「唐後半期の地方行政體系について －特に州の直達·直下を中心として」,『東洋史硏究』51－3, 1992.

鄭炳俊,「唐代の觀察處置使について －藩鎭體制の一考察」,『史林』77－5, 1994.

정병준,「唐代 藩鎭의 州縣官 任用」,『동양사학연구』54, 1996.

정병준,「唐末五代 藩鎭體制에 대한 硏究史的 考察」,『중국학보』40, 1999.

정병준,「≪日知錄≫ '藩鎭' 記事를 통해 본 唐末五代의 藩鎭像」,『중국학보』44, 2001.

정병준,「李正己 一家 藩鎭과 高沐 －온건파와 강경파의 내부분열과 대립-」,『역사학보』180, 2003.

정병준,「李師道 藩鎭의 滅亡에서 張保皐의 登場으로」,『대외문물 교류연구』2, 2003.

정병준,「李正己 一家의 交易活動과 張保皐」,『동국사학』40, 2004.

정병준,「李正己 一家 이후의 山東 藩鎭 -順地化 過程」,『대외문물 교류연구』3, 2004.

정병준,「唐 穆宗代 河北三鎭의 叛亂과 山東 藩鎭」,『중국사연구』 33, 2004.

정병준,「李師道 藩鎭의 滅亡과 郭昈」,『중국학보』52, 2005.

정병준,「'營州城傍高麗人' 王思禮」,『高句麗硏究』19, 2005.

정병준,「安史의 亂과 王思禮」,『신라문화』26, 2005.

정병준,「營州의 大祚榮 集團과 渤海國의 性格」,『동북아역사논총』 16, 2007.

정병준,「李正己 一家의 藩鎭과 渤海國」,『중국사연구』50, 2007.

정병준,「武寧節度使 王智興과 小將 張保皐」,『중국고중세사연구』 17, 2007.

정병준,「고구려 유민 연구」,『중국학계의 북방민족·국가 연구』, 동 북아역사재단, 2008.

정병준,「押新羅渤海兩蕃使와 張保皐의 對唐交易」,『중국고중세사 연구』21, 2009.

정병준,「8세기 동북아 정세의 변화와 당조의 대응체제 -평로절도 사 겸임의 '압번사' 계통 관직들」, 이기동·연민수 외,『8세기 동아시아의 역사상』, 동북아역사재단, 2011.

정병준,「安史의 亂과 遼西 平盧軍의 南下 -李忠臣의 活動을 중심 으로」,『중국사연구』87, 2013.

정병준, 「장보고의 등장과 세력기반」, 『한국해양사 Ⅱ(남북국시대)』, 한국해양재단, 2013.

정병준, 「唐 德宗代 四王二帝의 亂과 그 限界」, 『동양사학연구』 137, 2016.

정병준, 「陸贄의 「論緣邊守備事宜狀」에 대한 검토」, 『중국고중세사연구』 41, 2016.

정병준, 「『구당서』・『신당서』 등에 보이는 '反' 용례 비교 검토」, 『중국고중세사연구』 46, 2017.

정병준, 「唐 德宗代 淮西節度使 李希烈의 稱帝와 그 性格」, 『중국사연구』 126, 2020.

정병준, 「'四王의 亂' 이후 德宗의 藩鎭政策」, 『중국고중세사연구』 58, 2020.

정병준, 「唐 德宗 貞元 시기 淮西 藩鎭의 성격 −吳少誠의 태도를 중심으로」, 『동국사학』 69, 2020.

정병준, 「唐 憲宗 초기 淮西 藩鎭의 地域割據 −吳少陽의 행동을 중심으로」, 『중국사연구』 135, 2021.

정병준, 「唐 憲宗의 淮西 討平과 그 의미」, 『중국고중세사연구』 66, 2022.

정병준, 「韓愈의 '平淮西碑' 검토」, 『중국사연구』 139, 2022.

정재훈, 『위구르 유목제국사』, 문학과지성사, 2005.

정재훈, 「唐 德宗時期의 對外政策과 西北民族의 對應」, 『중국고중세사연구』 18, 2007.

조종성, 「唐 德宗의 국가 운영과 帝國 재건」, 서울대학교 박사학위논문, 2023.

지배선, 「이정기 일가의 산동 지역 활동」, 『이화사학연구』 30, 2003.

지배선, 『고구려 유민의 나라 제와 당, 그리고 신라·발해·일본 교류사』, 혜안, 2012.

賈玉英, 「唐宋時期使相制度變遷初探」, 姜錫東 主編, 『漆俠與歷史學: 紀念漆俠先生逝世十周年文集』, 河南大學出版社, 2012.
姜淸波, 『入唐三韓人硏究』, 暨南大學出版社, 2010.
戴偉華, 『唐代使府與文學硏究』, 廣西師範大學出版社, 1998.
杜文玉, 「論隋唐時期的行臺省」, 『渭南師專學報(社會科學版)』 1993-2.
馬勇, 「唐德宗朝在長安西北地區的禦邊措置」, 『雲南民族大學學報(哲學社會科學版)』 2007-4.
孟彦弘, 「"姑息"與"用兵"－朝廷藩鎭政策的確立及其實施」, 『唐史論叢』 12, 2010.
穆渭生, 『郭子儀評傳』, 三秦出版社, 2000.
苗威, 『高句麗移民硏究』, 吉林大學出版社, 2011.
武强, 「唐淮西節度使相關問題考論」, 『史學月刊』 2010-4.
味滄, 「略論唐憲宗與元和中興」, 『揚州師院學報』 1982-Z1.
樊文禮, 「唐代平盧淄靑節度使略論」, 『煙臺師範學院學報(哲社版)』 1993-2.
卞師軍·王瑞平, 「淺論唐憲宗平定藩鎭割據的策略」, 『黃淮學刊』 1991-2.
卞孝萱, 「唐代的度支使與支度使 －新版《舊唐書》校勘記之一」, 『中國社會經濟史硏究』 1983-1.
傅樂成 저, 신승하 역, 『중국통사』하, 우종사, 1981.
謝元魯, 『唐德宗·唐順宗』, 吉林文史出版社, 1995.

薛宗正, 『吐蕃王國的興衰』, 民族出版社, 1997.
葉文飛, 「唐初行臺省淺析」, 『北京理工大學學報(社會科學版)』 2006-4.
葉晨暉, 「鐵券」, 文史知識編輯部, 『古代禮制風俗漫談』, 中華書局, 1983.
粟美玲, 「唐憲宗與元和中興」, 『廣西民族學院學報』1989-4.
孫慧慶, 「唐代治理東北邊疆的重要機構平盧節度使」, 『北方文物』 1991-4.
孫慧慶, 「唐代平盧節度使南遷之后瑣議」, 『北方文物』1992-4.
安應民, 『吐蕃史』, 寧夏人民出版社, 1989.
嚴耕望, 「唐代方鎭使府僚佐考」, 『唐史硏究叢考』, 龍門書店, 1969.
嚴耕望, 『唐代交通圖考』, 臺灣商務印書館·學生書局·三民書局, 1985·1986.
呂思勉, 『隋唐五代史』, 九思出版, 1977.
寧可, 「唐代宗初年的江南農民起義」, 『歷史硏究』1961-3.
榮新江, 『中古中國與外來文明』, 三聯書店, 2001.
吳麗娛, 「試論晚唐五代的客將·客司與客省」, 『中國史硏究』2002-4.
吳麗娛, 『唐禮撫遺 －中古書儀硏究』, 商務印書館, 2002.
王賽時, 「唐代的淄靑鎭」, 『東岳論叢』1994-2.
王小甫 主編, 『盛唐時代與東北亞政局』, 上海辭書出版社, 2003.
王壽南, 「唐代文官任用制度之硏究」, 『唐代政治史論集』, 臺灣商務印書館, 1977.
王壽南, 『唐代藩鎭與中央關係之硏究』, 大化書局, 1978.
王壽南, 『隋唐史』, 三民書局, 1986.

王永興, 「論韋皋在唐和吐蕃·南詔關係中的作用」, 『唐代後期軍事史略論稿』, 北京大學出版社, 2006.

王俊, 「唐平盧節度使始置年代辨正」, 『六安師專學報』 15-1, 1999.

王仲犖, 『隋唐五代史』, 上海人民出版社, 1988.

王紅星, 「唐代山棚與明清山棚的比較研究」, 『平頂山学院学报』 2016-1.

袁英光·王界雲, 「略論有關"安史之亂"的幾個問題」, 『華東師範大學學報』 哲學社會科學版, 1990-3.

俞鋼, 「唐朝元和刺相案的始末」, 『上海師範大學學報』 1992-2.

劉玉峰, 「評唐德宗"姑息"藩鎮說」, 『學術月刊』 1993-7.

劉玉峰, 『唐德宗評傳』, 齊魯書社, 2002.

劉統, 『唐代羈縻府州研究』, 西北大學出版社, 1998.

劉曉艷, 「從唐中後期使相的變遷看唐末地方獨立化的進程」, 天津師範大學 碩士學位論文, 2012.

劉曉艷, 「略論唐使相的發端」, 『科技風』 2012-3.

李軍, 「唐代河隴陷蕃失地範圍考」, 『雲南師範大學學報』 2010-7.

李大龍, 『都護制度研究』, 黑龍江教育出版社, 2003.

李樹桐, 「天寶之亂之本源及其影響」, 『歷史學報』 1, 國立臺灣師範大學, 1973.

李天石, 『唐憲宗』, 吉林文史出版社, 1995.

李天石, 「略論唐憲宗平定藩鎮的歷史條件與個人作用」, 『浙江師大學報』 2001-6.

李煥青, 「唐憲宗中興與藩鎮政策」, 『內蒙古社會科學』 2001-3.

李鴻賓, 『唐朝朔方軍研究』, 吉林人民出版社, 2000.

李懷生, 「試論唐憲宗削藩戰爭的策略失誤」, 『晉陽學刊』 1991-3.

李效杰,「唐德宗初期的四鎭稱王及"署置百官初探"」, 河北師範大學 碩士學位論文, 2003.

任士英 저, 류준형 역,『황제들의 당제국사』, 푸른역사, 2016.

岑仲勉,『通鑑隋唐紀比事質疑』, 中華書局, 1977.

張國剛,『唐代藩鎭硏究』, 湖南教育出版社, 1987.

張國剛,『唐代官制』, 三秦出版社, 1987.

張國剛,「唐代藩鎭軍將職級考略」,『唐代政治制度硏究論集』, 文津出版社, 1994.

張國剛,「唐代藩鎭的軍事體制」,『唐代政治制度硏究論集』, 文津出版社, 1994.

章羣,『唐代蕃將硏究』, 聯經, 1986.

張達志,『唐代後期藩鎭與州之關係硏究』, 中國社會科學出版社, 2011(장다즈 저, 邢晨 역,「당 후기 번진과 주의 관계」,『동국사학』72, 2021은 그 결론의 번역).

張百棟,「淄靑鎭李正己家族婚姻關係硏究」,『靑春歲月』2013-2.

張春海,「試論唐代營州的高句麗武人集團」,『江蘇社會科學』2007-2.

鄭東岩,「试论淄青镇被平定的历史原因」,『山東省農業管理幹部學院學報』2010-1.

齊勇鋒,「度支使與支度使」,『歷史硏究』1983-5.

趙建建,「唐五代使相的权力流变」, 首都師範大學 碩士學位論文, 2007.

趙文潤,「論韋皐」,『人文雜志』1984-5.

趙映林,「唐憲宗效法先祖中興唐王朝」,『文史天地』2020-7.

朱德軍,「中晚唐中原藩鎭"防秋"問題的歷史考察」,『寧夏社會科學』

2011-2.

朱華,「唐德宗朝河朔政策之變 -以王武俊諡號用字之爭爲視角」, 『保定學院學報』2014-3.

陳寅恪,『唐代政治史論述稿』, 上海古籍出版社, 1982.

馮承鈞,「唐代華化蕃胡考」(何健民 編著,『隋唐時代西域人華化考』, 新文豐出版, 1979).

郝黎,「唐代淄青鎭的特點」,『青島科技大學學報(社會科學版)』 2003-4.

向達,『唐代長安與西域文明』, 三聯書店, 1957.

許超雄,「元和削藩與唐憲宗時期的財政二元格局」,『中國社會經濟 史研究』2019-4.

黃永年,「論安史之亂的平定和河北藩鎭的重建」,『中國古代史論叢』 1981-1.

加藤繁,「竹頭木屑錄」,『支那經濟史考證』下, 東洋文庫, 1953.

菅沼愛語,『7世紀後半から8世紀の東部ユーラシアの國際情勢と その推移 -唐・吐蕃・突厥の外交關係を中心に』, 溪水社, 2013.

菅沼愛語,「九世紀前半の東部ユーラシア情勢と唐の內治のための 外交 -吐蕃との長慶會盟・ウイグルへの太和公主降嫁の背 景」,『史窗』73, 2016.

高木重俊,『張說』, 大修館書店, 2003.

谷川道雄,「『安史の亂』の性格について」,『谷川道雄中國史論集』下 卷, 汲古書院, 2017.

谷川道雄,「隋唐政治史に關する二三の問題 -とくに古代末期說をめぐって」,『谷川道雄中國史論集』下卷, 汲古書院, 2017.

谷川道雄, 「唐代の藩鎭について −浙西の場合」,『谷川道雄中國史論集』下卷, 汲古書院, 2017.

菊池英夫 저, 조재우 역, 「唐代 邊防機關으로서의 守捉·城·鎭 등의 성립과정」,『역사와교육』17, 2013.

堀敏一,『世界の歷史(古代の中國)』4, 講談社, 1977.

堀敏一, 「唐五代武人勢力の一形態 −魏博天雄軍の歷史」,『中國古代史の視點』, 汲古書院, 1994.

堀敏一,『唐末五代變革期の政治と經濟』, 汲古書院, 2002.

宮崎市定 저, 임중혁·박선희 역,『중국중세사』, 신서원, 1996.

藤善眞澄,『安祿山』, 人物往來社, 1966.

藤善眞澄,『安祿山と楊貴妃 −安史の亂前後』, 淸水書院, 1972(후지요시 마스미 저, 정병준 역,『비단버선은 흙먼지 속에 뒹굴고』, 시공사, 2003).

渡邊信一郎 저, 문정희·임대희 역,『천공의 옥좌』, 신서원, 2002.

濱口重國, 「府兵制度より新兵種へ」,『秦漢隋唐史の研究』, 東京大學出版會, 1966.

山內晉次, 「遣唐使と國際情報 −延曆の遣唐使がもたらした唐·吐蕃情報」,『奈良平安期の日本とアジア』, 吉川弘文館, 2003.

森安孝夫 저, 권용철 역,『실크로드 세계사』, 민속원, 2023.

杉井一臣, 「唐初の行臺尙書省」,『中國史研究』7, 1982.

西川素治, 「唐中期の江南における農民反亂をめぐって 袁晁の亂を中心として」,『中國農民戰爭史硏究』4, 1974.

小宮秀陵, 「唐 憲宗代의 對藩鎭政策과 國際關係」,『중국고중세사연구』36, 2015.

松井秀一, 「8世紀中葉頃の江淮の叛亂 −袁晁の叛亂を中心として」, 『北大史學』 2, 1954.

松丸道雄 等 編, 『中國史』 2(三國·唐), 山川出版社, 1996.

植田喜兵成智, 『新羅·唐關係と百濟·高句麗遺民 −古代東アジア國際關係の變化と再編』, 山川出版社, 2022(우에다 기헤나리치카 저, 정병준 역, 「동아시아에서 신라 삼국통일의 의미」, 『동국사학』 74, 2022는 그 결론의 번역).

新見まどか, 『唐帝國の滅亡と東部ユーラシア −藩鎭體制の通史的研究』, 思文閣出版, 2022.

辻正博, 「唐朝の對藩鎭政策について −河南「順地」化のプロセス」, 『東洋史研究』 46−2, 1987.

岩尾一史, 「古代チベット帝國の外交と「三國會盟」の成立」, 『東洋史研究』 72−4, 2014.

岩佐精一郎, 「節度使の起源」, 『岩佐精一郎遺稿』, 三秀舍, 1936.

外山軍治, 『顔眞卿 −剛直の生涯』, 創元社, 1964.

栗原益男, 「안사의 난과 번진 체제의 전개」, 임대희 외 역, 『세미나 수당오대사』 서경, 2005.

仁井田陞 저, 서용석·채지혜 역, 「唐代의 封爵과 食封制」, 『역사와 교육』 10, 2010.

日野開三郎, 『支那中世の軍閥』(『日野開三郎 東洋史學論集』 1, 三一書房, 1980).

日野開三郎, 「唐代藩鎭の跋扈と鎭將」, 『日野開三郎 東洋史學論集』 1, 三一書房, 1980.

日野開三郎, 「唐代の戰亂と山棚」, 『日野開三郎 東洋史學論集』 1, 三一書房, 1980.

日野開三郎,「藩鎭時代の州稅三分制について」,『日野開三郎 東洋史學論集』4, 三一書房, 1982.

日野開三郎,「兩稅法の基本的四原則」,『日野開三郎 東洋史學論集』4, 三一書房, 1982.

日野開三郎,「唐の高句麗討滅と安東都護府」,『日野開三郎 東洋史學論集』8, 三一書房, 1984.

日野開三郎,「玄宗の平盧軍節度使育成と小高句麗國」,『日野開三郎 東洋史學論集』8, 三一書房, 1984.

日野開三郎,「安史の亂による唐の東北政策の後退と渤海の小高句麗國占領」,『日野開三郎 東洋史學論集』8, 三一書房, 1984.

佐藤長,『古代チベット史硏究』下, 東洋史硏究會, 1959(同朋舍에서 1977년 再版).

酒寄雅志,『渤海と古代の日本』, 校倉書房, 2001.

曾我部靜雄 저, 정병준 역,「唐의 防秋兵과 防冬兵」,『한국고대사탐구』25, 2017.

布目潮渢·栗原益男 외 저, 임대희 역,『중국의 역사(수당오대)』, 혜안, 2001.

布目潮渢 외 저, 임대희 외 역,『세미나 수당오대사』, 서경, 2005.

淸水泰次,「安祿山の謀叛に就いて」,『史觀』4, 1933.

E. G. プーリィブランク,「安祿山の叛亂の政治的背景(上·下)」,『東洋學報』35-2, 3·4, 1952.

찰스 피터슨,「중흥의 완성: 憲宗과 藩鎭」, 아서 라이트·데니스 트위체트 엮음, 위진수당사학회 역,『唐代史의 조명』, 아르케, 1999.

C. A. Peterson, "Court and province in mid-and late T'ang," in Denis Twitchett, The Cambridge History of China Volume 3: Sui and T'ang China. London·New york·Melbourne: Cambridge University Press, 1979, p.499(中國社會科學院 歷史硏究所 譯, 『劍橋中國隋唐史(589-906)』, 中國社會科學出版社, 1990).

중문 목차와 초록

高句丽遗民李正己一家的藩镇史

序章

  第一编 平卢节度使李正己的'山东'支配
第一章 安史之乱和李正己
第二章 代宗时期的平卢节度使李正己
第三章 德宗的藩镇改革政策和平卢节度使李正己

  第二编 平卢节度使李纳和德宗的衝突及妥协
第一章 李纳的齐国建立及其性质
第二章 '四王之乱'后平卢节度使李纳的兩面性

  第三编 平卢节度使李师古的割据及内外情势
第一章 平卢节度使李师古和周边藩镇的关係
第二章 805年日本遣唐使归国报告中所见李师古等人的跋扈及唐朝情势

  第四编 平卢节度使李师道和宪宗的决战

第一章 宪宗前期的藩镇改革和平卢节度使李师道
第二章 宪宗的淮西讨伐和平卢节度使李师道
第三章 平卢节度使李师道的败亡及其意味

终章

    关于平卢节度使李正己一家的研究, 具有以下几方面的重要意义.
    第一, 这是高句丽遗民史的一个特殊资料. 迄今为止, 对于唐代高句丽遗民的研究, 大多集中于个人史. 而李正己一家作为隶属于安东都护府的高句丽人军士及其后裔, 掌控并统治了平卢藩镇, 因此具有高句丽遗民集团史的性质. 从这个角度来看, 平卢军南下导致大量高句丽人从营州迁徙到'山东'地区, 可以视为高句丽遗民史上的重大事件之一.
    第二, 这项研究对藩镇体制的展开产生了重大影响. 安史之乱后进入了'藩镇时代', 但到宪宗时期, 这一体制的性质发生了变化. 也就是从割据藩镇主导的时期, 转变为朝廷逐步恢复权威, 重新行使一定统治力的时期. 造成这种转变的一个最重要原因, 是原先强大的割据藩镇数量从5个减少到3个, 而李正己一家所掌控的平卢藩镇就是其中之一. 这两个藩镇最先被灭亡, 主要是因为它们处于威胁唐朝生命线大运河的位置.
    第三, 这项研究揭示了张保皋贸易活动的前史. 李正己一家统治的平卢, 源源不断地流入来自阿拉伯和东南亚的珍稀商品. 这不仅是由于他们积极推行的商业鼓励政策, 还因为该地区恰好位于连接中国南北的运河最为重要的枢纽城市扬州. 这些聚集于平卢的珍稀商品, 又流向新罗·渤海等地, 同时这些国家的商品也在平卢进行交易. 另外, 李正己一家活跃的时期, 已经确认存在有在唐朝的新罗人进行海上活动的事实.

第四, 这项研究可以成为理解唐代东亚史的资料. 李正己一家一直担任押新罗渤海两蕃使的官职, 这意味着他们在唐与新罗·渤海之间的交涉中扮演了中间的协调角色. 因为在唐代后期, 藩镇从朝廷那里获得了大量权力, 因此在唐朝与周边国家进行交流时, 藩镇也能够发挥一定的作用.

其中, 本书特别关注第二个问题. 藩镇存续的时期正好与唐宋变革期完全吻合, 这表明藩镇与'唐宋变革期'密切相关. 其中发生最剧烈变化的是最初的半个世纪, 正是李正己一家活跃的时期.

第一编

安史之乱期间的天宝15年(756)4月, 平卢节度使所辖的安东都护府军将李正己起兵, 占领了平卢镇. 他所依仗的是安东都护府的高句丽人军士. 反乱后期, 李正己等率领平卢2万余兵及其家属渡海进入现今山东地区. 平乱有功后, 于肃宗永泰元年(765)5月再次起兵, 自立为节度使. 此后, 李正己虽然表明了自立态度, 但也派遣防秋兵协助朝廷抗御吐蕃. 当时藩镇之间相互纠葛, 领土变动剧烈. 代宗大历11年(776), 李正己又占领了5州, 合计领有15州, 是当时最大的割据藩镇, 兵力也最为强大. 李正己因此得以成为使相, 并录入皇室户籍. 然而, 大历14年(779年)5月德宗即位后展开藩镇改革, 造成了藩镇与朝廷的紧张对抗, 其中李正己是带头人. 李正己不惜一切代价想维护既得利益, 甚至不惜推翻唐朝. 最终在建中2年(781)7

月, 李正己去世, 其遗业由其子李纳继承.

第二编

德宗与割据藩镇的对抗开始时, 唐军占据优势. 但在建中3年(782)11月, 李纳等四大割据藩镇联合称王, 引发'四王之乱', 局势开始反转. 四王们仿效唐朝官制, 设置百官, 并祭祀天神. 但在建中4年(783)10月, 京师爆发泾塬镇军反乱, 迫使德宗于兴元元年(784)正月向四王降伏. 四王随即收回王号, 选择与朝廷共存. 这是因为他们内部存在相互制衡的局限性. 战争期间, 李纳失去了3州, 这一状态一直持续到他最终灭亡. 但即便如此, 李纳等人仍未放弃对周边的侵略扩张态度. 德宗虽对其保持警惕, 却仍不断提升李纳的官位, 而李纳也全都享受到了这些恩赐. 双方都表示出了两面性态度. 这显示了当时藩镇体制内部存在的矛盾, 但也因此藩镇制度得以维持结构性平衡, 保持了一定的稳定.

第三编

在德宗时期, 李正己之子李师古继任平卢节度使后, 表面上服从朝廷命令, 但内心仍然怀有侵略周边的念头. 与此同时, 李师古也像四王之乱后的李纳一样, 并没有直接对朝廷发动反叛. 他基本延续了李纳的政策路线. 与此同时, 李师古也一直招纳亡命者, 这是李正己一家统治藩镇期间一贯的做法. 与对待李纳一样, 德宗也对李师古保持警惕, 但仍不断提升他的官位. 805年6月, 日本遣唐使在归国报告书中记录了一些中国文献未载的关于李师古等的情报. 据称, 在李师古拥有50万军队的情况下, 当朝廷宣布德宗驾崩时, 他派遣10万人袭击周边地区. 同时, 淮西节度使吴少诚也暗中伺机, 西边的吐蕃也经常侵略中国. 综合内外形势, "内疑节度, 外嫌吐蕃, 京师骚动, 无暨休息". 这些与实际情况有较大出入, 但反映了新登基的顺宗由于身体原因无法全面掌控国政, 朝廷对李师古等人产生了相当大的不安.

第四编

在宪宗即位的第二年元和元年(806)闰6月, 李师古去世, 其异母弟弟李师道继任. 起初, 李师道为获得任命, 试图对朝廷施加军事压力, 后在温和派的建议下, 通过上缴税金等方式妥协, 同年8月获得节度使任命. 朝廷内部在如何应对李师道也存在强硬派和温和派的分歧, 但宪宗最终选择避免与李师道正面冲突. 然而, 李师道并未兑现之前的承诺, 而是延续了父兄的政策路线. 元和10年(815)正月, 宪宗讨伐淮西的吴元济时, 李师道与成德的王承宗采取种种阻挠行动. 同年4月, 李师道焚烧河阴转运仓, 6月两人又派遣刺客暗杀宰相武元衡. 宪宗认为是王承宗暗杀宰相, 于是次年(816)正月对成德出兵. 此时, 李师道比王承宗更积极地阻碍对淮西的讨伐行动, 因为淮西灭亡会让自己陷入更大危险. 尽管如此, 宪宗仍然避免与李师道正面冲突. 直到元和12年(817)10月, 吴元济被灭, 李师道等割据藩镇才纷纷向朝廷归顺. 但次年(818)4月, 李师道又在强硬派的推动下突然背信弃义. 这意味着他孤立无援地面对宪宗. 同年7月, 宪宗下令讨伐李师道, 并于次年(819)2月终于灭掉了他.

李正己一家覆灭后, 藩镇分裂为3个, 但该地区已经超过50年没有执行过朝廷的法令, 所以要完全恢复唐的统治还需一定时间. 直到文宗大和6年(832)或7年, 各藩镇才开始缴纳租税, 才算真正并入唐的版图.

终章

　　除了上述对于李正己一家的研究外, 笔者还发表了两篇关于非割据藩镇性质的一般藩镇论文(「唐后半期の地方行政体系について －特に州の直达・直下を中心として」,『东洋史研究』51-3, 1992;「唐代の观察处置使について －藩镇体制の一考察」,『史林』77-5, 1994). 总而言之, 在宪宗时期之前, 朝廷尽量试图恢复州县政治, 而在宪宗之后, 朝廷反而更多地依赖藩镇来实施地方统治. 这种转变, 是因为藩镇作为一种制度已经奠定了基础, 难以再次扭转. 在这个过程中, 李正己一家作为最强大的割据藩镇之一, 发挥了重要作用.

찾아보기

ㄱ

가병(사병) 327~328, 389
(가)노(家)奴 327~329, 387
가동家僮 137, 328
가묘(묘廟) 269
가부자假父子 328
가서한 43, 439, 511, 517, 518
가순賈循 38, 438
가직언賈直言 386
가탐賈耽 206, 226~229, 231, 246, 495, 554~555
각염원榷鹽院 410
강번强藩 74, 161, 233, 235, 237, 266, 270, 339, 374, 481, 486, 488
강일지 179
강회 54, 55~56, 85~87, 100, 148~149, 174, 178, 211, 218, 351, 361, 486
강회조운 178, 492
객군客軍 393~394
거란 30, 32, 35, 62, 428~429, 434, 451, 514, 519
거비車鼻 59~60
건아健兒 328, 362, 390

건중회맹 295, 296(각주)
견당사 273, 275(각주), 285, 290, 293, 294(각주), 303, 308, 418
견발해사 443
경원절도사涇原節度使 132, 523
경원(군) 185, 208, 296, 417
고구려 유민 13, 14~16, 21, 361, 414, 427
고려인 13, 48~49, 448
고목高沐 326~328, 332, 386
고빙 101, 104, 488~489
고숭문 507~508, 527
고승종 16, 17(각주), 184, 213, 494~495
고식姑息 84~85, 90, 99, 116, 203~204, 206, 235~236, 323, 486
고언소 182
곡환曲環 206, 223, 245, 288, 291, 491
공목관 137, 328~329, 332, 386
곽원진 511~513, 517, 519, 534
곽자의 47, 80, 89~90, 100, 121~122, 125, 295, 430, 442, 447, 507, 519~521
곽흔郭昕 301
관동關東 143, 146
광평왕 58
구사驅使 196, 401
구성호九姓胡 126
기미羈縻 85
기미주 429

594 고구려 유민 이정기 일가의 번진사

남조南詔 122, 297, 298, 301(각주), 307
내전來瑱 81, 523
노기盧杞 145(각주), 492
노룡(군) 34~35, 431~432
노룡(절도사) 63, 77, 208, 263, 331, 409, 487, 488
능연각 64, 79, 452~453
능운책 378
능원호 56, 449~450, 470~474, 476

당경휴 384
당송변혁 23, 27, 73
당조시 491
대번大藩 81, 104, 114, 502
대식大食 298, 307
덕주德州 45~46, 63, 76, 91, 93, 98, 103, 179, 181~182, 206, 234, 261~268, 469, 504~505
도단련사 246, 500
원수(도원수) 44, 59, 68, 185, 195~196, 199~200, 208, 450, 453~454, 512~513, 518
도정역 363, 384
도통都統 44, 142, 180, 210, 218, 230, 245, 324, 522

도우후都虞候 61, 119, 212, 450, 488
돈막하달간 126, 300
동관潼關 43, 59, 69, 365, 439, 442, 445, 518
동정同正 247, 249, 252
두홍점 522, 524
두황상 323, 524, 518
등리가한登里可汗 58, 300, 453

마린馬璘 89~90, 523
마영찰 39, 69, 435~436, 439~440
막부幕府 455~456, 457
막직관 207
만기萬騎 299
말갈 34, 429, 432
망명자(망명소년亡命少年) 249~251, 338~339, 351, 417
망춘루 143
모우가한 300
무당 64, 457~458
무령(절도사)武寧 392~393, 396~401, 528, 529, 546
무원형 347, 349, 354~358, 363~367
문찰門察 361~367, 562

찾아보기 595

ㅂ

반反 141, 146, 216 229
반역의 번진 89, 111~112, 426, 463
반측지지叛側之地 105
발해 20, 109~110, 342, 431, 443~446, 462, 507~508
발해말갈인 106
발해명마 109
발호跋扈 63, 74, 96, 204, 275, 356~357, 407, 409
방추(병) 88~90, 98, 120, 122, 132, 141(각주), 143, 146, 156, 164~165, 173
배도裵度 326, 354, 356~358, 370
배무拜舞 59~60
백거이 340
백공육첩白孔六帖 430
범양도范陽道 431, 433
범양부 196~197, 199
범양(절도사) 177, 196, 263, 432, 434, 438, 449
변송 57, 89, 93, 98~99, 101, 119, 128, 230, 485, 488, 490
변주(성) 54, 59, 60, 75, 95, 98~103, 140~141, 148, 156, 172, 211, 215, 230, 352, 449~451, 468, 471, 476
병모兵募 518
보응공신 70
보정성保定城 40, 430~431, 436
보정군(사)保定軍(使) 39~40, 69, 431

~442, 443, 446
복고회은 58~59, 62, 77, 79~90, 113, 132, 300, 408, 450~454, 521, 524
복주濮州 54, 62, 98~99, 102, 107, 175, 178~183, 210~212, 215, 399, 400, 419, 469, 472, 489
봉상鳳翔 89, 469, 531
봉천맹서 296~297
부곡部曲 328
북정北庭 35, 132~133, 296, 301, 471
북해절도사 449, 469~472, 501

사마광 22, 51~52, 66(각주), 117, 169, 221, 260~261, 358, 477
사사명 32, 37~38, 43~44, 47, 53~55, 69, 90, 187, 362, 445, 447, 449, 473
사상(부록 논문 3 이외) 5, 114, 117, 218, 245, 292
사성四聖 90
사왕의 난(제2부 제1장 이외) 154, 290, 307, 367~368, 406, 417, 422
사왕이제의 난(제2부 제1장 이외) 116, 154, 225
사원沙苑 59, 124
사이초最澄 273
사조의 27, 53, 56~63, 75~76, 408,

449~451, 463, 474, 477, 479
사직使職 66, 316
사헌성 529
삭방절도사 35, 44, 47, 58~59, 79~80, 106, 113, 121, 178, 213, 254, 296(각주), 447, 450, 491, 512~515, 520~521, 525
산남동도 81, 84, 89, 140, 204, 206~207, 349, 393, 523, 525, 528
산붕山棚 361~363, 562, 568
삼수항성 58
삼차三汊 234, 261~262, 266~268, 498
상세商稅 146
서귀도 15, 44, 48, 69, 442~446
서주徐州 16, 86, 98, 104, 107, 134, 148~149, 150(각주), 156, 174, 177, 184, 213, 254~257, 396, 469, 472~477, 489~493, 496, 553
석은금 101, 489, 491
선무(절도사) 148, 177, 180, 182, 210~212, 218, 250, 259, 286, 293, 338, 349, 374, 393, 397, 399, 400, 456, 491, 526
선종宣宗 420, 530
설눌薛訥 519, 534
실승 63, 76~78, 81, 84, 91~92, 331, 408, 454~455, 486~487, 524, 552
설평薛平 400, 410, 486, 500
섬주陝州 59, 142, 450

섭攝 40(각주), 211~212, 245(각주), 264(각주), 429(각주), 488(각주)
성방城傍 429
소그드(인) 36, 38, 459
소그드(인) 상인 37, 110, 126, 459
소금 96, 234~235, 260, 262, 268, 410~411
소의(절도사) 89, 91~92, 94, 97, 113, 146, 150, 174~176, 347, 368, 422, 484, 486~487, 524~525
속일본기 44, 443, 445
손만영 30, 428
송경례 30, 36, 38, 459
송주宋州 57, 98, 101~102, 142, 177, 182, 210~211, 218, 468, 471, 477, 489, 491
순종順宗 17, 257~258, 260, 274~279, 284~286, 290~293, 306, 308, 317, 319, 321~322, 333, 499, 527, 522
순지順地 324
신도숭경 174, 491
신도숭경 182
신책(군)神策軍 54, 120, 122, 133, 143, 151, 175, 205, 235, 237, 270, 356, 491
실위 34, 432
심하현집 283

ㅇ

안경서 46~47, 53~54, 447~449

안고경 39, 439

안녹산 14, 18, 31~41, 44, 49, 69, 83, 90, 109~110, 119, 408, 426, 433, 438, 443~446, 458~460, 468

안동도호(부) 13~16, 31~32, 35, 39, 41, 44, 69, 428, 432, 434~443, 446

안동부도호 39, 40, 435~436, 438, 439~441, 446

안사의 난 17, 27~28, 49, 71, 73, 100, 115, 120, 123, 132, 148, 300, 305, 313, 372, 407, 481

안서(북정) 35, 38, 132~133, 516

안진경 39~41, 69, 440, 469

압신라발해양번사 20, 66~67, 110, 222, 247, 256, 281~282, 334, 429

압양번발해흑수사부경략사 33, 37, 40, 429, 441

양숭의梁崇義 81, 84, 111~112, 135, 140~141, 145~150, 156, 173, 174, 176, 184, 207~208, 331, 525

양양襄陽 147, 149, 176

양염楊炎 122, 125, 129, 132, 136, 144~145, 147, 156

양주揚州 19, 55, 86, 124, 477

양주襄州 112, 124, 150, 194, 369

양혜원 46, 242

여원응 352, 360, 362~364, 561~563

여지회 38~41, 69, 435, 438~441, 462

연운兗鄆 57, 183, 450, 472~479

염업鹽業 110

염지鹽池 234~235, 268, 498~499, 502

영국공주 300

영락공주 91

영릉寧陵 210~212, 218

영주(도독부)營州都督府 13~14, 30~38, 40, 47, 49, 53, 57, 105~106, 110, 427~437, 447, 449, 457, 459, 539

영평永平 89, 93, 99, 103, 142, 172, 210, 285, 457, 485, 488, 490, 502

오노노아손다모리小野朝臣田守 443

오소성 206, 256, 260~261, 274, 288~293, 306~307, 320, 329, 332, 334, 348, 394, 418, 527

오소양 315, 329, 339, 343

오승체 32

오왕의 난 208

오원제 256, 314~315, 329, 334, 337, 344~350, 355, 359, 364, 367~370, 377, 379, 391, 394~397, 400, 405, 419, 561

오적五賊(오도五盜) 208

오중윤 392, 400, 529

옹노雍奴 45, 446

와구渦口 148~150

왕곡사王斛斯 33, 429

왕무준 95, 179~182, 185, 187~191, 195, 199~200, 208~210, 214~

215, 217, 220~221, 224, 232~235, 254~256, 261~267, 331, 493~498, 525
왕변王弁 410
왕부지王夫之 53, 409~410
왕수王邃 393, 410, 500
왕숙문 260, 317~319
왕승원 329, 388~389, 409
왕승종 315, 334~335, 341, 343, 347, 350, 353~358, 360~370, 375, 380, 391, 394, 398, 404~406, 410, 418~419
왕지흥 396, 492, 529, 546
왕현지 39~41, 44, 47~48, 436, 439~448, 462
외재상外宰相 509
요동군고성遼東郡故城 434
요령遙領 32, 66, 333, 438, 517
요서 6, 13~15, 22, 30, 388, 414, 474
요서고성 14, 435, 437
용교埇橋 148
용무군龍武軍 298
운주鄆州 98, 101~102, 107, 168~170, 181, 199, 217, 221, 232, 247, 282, 333, 365, 399~405, 419, 468~469, 489, 500
운하(조운) 18~19, 86, 99~101, 104, 114, 134, 148~150, 154, 184, 211, 411(각주), 466, 490, 492
원정圓淨 359~362, 562, 568
원회의례 303

위고韋皋 292, 296, 315~318, 325, 526
위관지 334, 368
위륜韋倫 124~125
위박 18, 76, 89~96, 118~119, 130~132, 137~139, 144, 146~147, 172, 176~179, 182, 190, 207~208, 213, 215, 232~234, 262, 265, 329, 330, 337, 342~343, 347, 373, 393, 397~400, 406~407, 479~481, 484~487, 491~492, 496~498, 522, 526, 528
위집의韋執誼 317~318
위징魏徵 340~341
유객노(유정신) 39~47, 69, 106~107, 439~447, 462
유공작 376, 379
유문희 132~136, 142, 156
유벽劉闢 315~319, 323~325, 333, 335, 406, 534
유씨전柳氏傳 456
유안劉晏 135~136, 140, 144
유안평 377~378, 569
유오劉悟 250, 283~284, 338, 402, 404, 414, 422, 529, 571
유옹 321~322
유전劉展 55~56, 477
유전량(유일준) 250, 293, 338
유제劉濟 341~342, 527
유종간 54~55, 530
유주幽州 18, 27, 30~38, 62~63, 77,

93, 96, 106~109, 118~119, 122,
124, 128, 144, 151, 177, 185~186,
196, 199, 206, 341~343, 347, 368,
374, 380, 405, 409, 427~429, 431
~435, 443, 451, 454, 459, 481, 487
~488, 494, 514, 522, 527, 528
유총劉聰 368, 380, 405, 409, 528
유평劉怦 250
유후留後 66, 84, 93, 98~99, 101,
107~108, 118~119, 137, 141, 166
~171, 198, 291, 315~316, 330,
333, 352, 443, 486, 488
유흡劉洽(유현좌) 142, 177~183, 210~
212, 218, 223, 226~230, 245, 491,
526, 554, 556
윤원尹源 409
의성義成 206, 227~228, 257~261,
285~287, 306, 388, 391~393, 397,
400, 414, 495, 499
이강李絳 334, 348
이고李翺 406~407, 414
이공도 326~328, 383~386
이괄李适 59~60, 450
이광안 350, 378, 391~392, 399~
402, 528~529
이광필 54, 442, 454, 477~478, 511,
520~521
이기李錡 335~336, 406
이길보 349
이납(2부 이외) 5, 67, 88, 107~108,
149~150, 153~155, 243~250, 253

~255, 262~266, 268, 270, 283,
330, 332, 339, 342, 383, 417~418,
467, 491~499
이면李勉 99, 141, 172, 180, 210, 456,
488
이보신 76~77, 81, 84, 93~97, 111~
112, 119, 135, 137, 139, 155, 172,
328~331, 339, 408, 454~455, 488,
523
이사고(3부 이외) 19, 67, 234, 320, 326
~328, 331~332, 337~339, 342,
417~418, 497~499, 502~503, 524
이사도(4부 이외) 243~244, 252, 257,
268, 282~285, 418~419, 467, 499
~500
이사진 181, 197, 263, 493
이성李晟 122, 151, 175, 178, 214~
215, 297, 430, 507
이성무李成武 180, 244
이소李愬 379, 392, 400~402, 528
이손李遜 329, 382~386
이승굉 80
이승무 243~244
이승혜 101~102, 488~489
이영담 383, 385~386
이영요 97~104, 107, 168~169, 466,
481, 483, 487, 488~490
이원李愿 396, 401
이원소 257~259, 285~287
이유李洧 16, 177, 181~184, 491~494
이유악 137~141, 146, 149, 151, 156,

172~179, 207, 328, 330~331, 493
이장경 181, 234, 262~263, 494, 498
이정기(1부 이외) 5~6, 13~23, 48, 51
~66, 83, 105~106, 161~175, 191,
207~222, 229, 246~247, 251, 269
~270, 282~285, 329~331, 336~
341, 392, 408, 416~418, 448
이제二帝의 난 203, 262
이진충 30, 428, 434
이징李澄 227, 245, 491
이충신(동진) 42~47, 54~55, 69~
70, 93~94, 99~103, 119, 439, 441,
446~449, 488, 523~524
이포옥 89~90, 454, 523~524
이포진 150~151, 175, 214, 230, 246,
488, 525, 527
이필李泌 277, 298, 307
이형李亨 44
이혜등 45~46
이회광 106, 132~133, 214~215,
224, 297, 454, 525~526
이회선 53~54, 62~63, 76~78, 81,
84, 108, 118~119, 128, 331, 408,
449, 451, 454~455, 487, 522, 524
이희열 18, 45, 67, 69, 119, 128, 145,
147, 150, 156, 174, 176, 183~186,
190, 200, 203, 206~218, 222, 226,
230~231, 446, 525, 554
일본후기 273, 288~289, 320

자가진訾嘉珍 361, 363~367, 389
자사刺史체제 412
장개연 468
장거제 133
장건봉 246, 254~255, 266
장경충 33, 428
장경회맹 298, 301, 307
장광성 126
장만복 86, 148~149, 486
장무소 292, 406, 527
장보고 5, 19~20, 22
장수규 32
장숙張宿 376, 380~385
장열張說 511, 513~516, 518
장저張著 145
장충지 76, 329
장헌섬 75, 137, 454~455
장호張鎬 470~471, 520~521
장홍정 357, 409
장효충 176~179
전계안 341~342, 527
전영자田令孜 509~510
전서田緒 213~215, 224, 226, 230~
236, 262, 265~266, 498, 526
전승사 15, 63, 76~78, 81, 84, 90~
100, 103, 108, 111~112, 118~119,
135, 137, 166~167, 220, 408, 454
~455, 480~481, 484~488, 502,
524

찾아보기 601

전신공 41, 45~46, 54~57, 62, 69~
　70, 98, 441, 446, 449~451, 454~
　455, 474~479
전신옥 98, 488
전열田悅 15, 93, 95, 99, 102~103,
　119, 130~132, 135~142, 146, 149
　~151, 172~200, 213, 217, 220~
　221, 488, 493~494
전운창轉運倉 370~371, 390, 419
전운원 351~353, 404
전정개 94, 138~139
전홍정(전홍) 283, 337, 342~343, 365
　~369, 373~374, 399~402, 405~
　406, 409~410, 528
전회간 329, 342
절도부사 33, 38, 48, 51, 55, 86, 101,
　138, 170, 331, 392, 438, 448, 488
정권鄭權 398~400
정권程權 379, 405
정일화 380
정전鄭畋 509~510, 538
정주鄭州 55, 60~63, 70, 75~76, 94,
　101~102, 142, 281, 285, 287, 320,
　359, 450~451
제국齊國 161~162, 186
제왕齊王 161, 185, 189~191, 195
제음濟陰 140~141, 173, 469
제후 162, 186~188, 200(각주), 323,
　355
조관朝官(조함朝銜) 41, 69, 187, 249,
　456

조익趙翼 366
조주曹州 101, 103~104, 107~108,
　140~141, 156, 170~173, 182, 210,
　212, 258~260, 286~287
조집사 122~123
조함장 32
조호趙鎬 232~233, 264~267
조화曹華 392, 410
죄기조罪己詔 209, 216, 219, 225
주도朱滔 93~94, 96, 151, 177~191,
　195~200, 208~209, 213~215, 220,
　232, 234, 262~265, 488, 494, 498
주체朱泚 55, 89~90, 108, 118, 133,
　185~186, 208, 213~218, 296~
　297, 301, 368, 522, 524
주희채 108, 118, 128
지군支郡(순속巡屬) 92, 97, 104, 107,
　412
직달直達 420
직하直下 420
진귀한 보물(珍寶) 19
진봉(선)進奉船 149, 205
진선기 186, 206, 225, 291
진소유 99, 102, 179, 211, 488, 492,
　525
전정개 94, 138~139
진재상眞宰相 507~508, 510, 545
진주원(留邸) 268, 287, 356, 359, 364,
　371, 382, 561
진화珍貨 109, 458

창주滄州 45~46, 63, 76, 91, 94, 96
~97, 112, 379, 391, 400, 446, 479
~483, 485
천병군天兵軍 513, 515, 516
철권 64, 79, 145, 217, 219, 453~455
청밀절도사 471~475, 478~479, 501
청주靑州 38, 46, 54~57, 66~68, 82,
103, 107, 152, 167~171, 183, 234,
244~247, 280~284, 320, 375, 449
~450, 463, 466, 469~476, 479,
482~483, 496~497, 500
체(주)棣(州) 45~46, 54~55, 68, 103,
166, 168, 179~183, 206, 232~236,
261~268, 380, 392, 397~398, 406
~407, 446, 466, 473~475, 479~
485, 488~491, 494~498
추무(사) 147, 349
초주楚州 55, 58, 86, 401
최녕崔寧 122, 524
최우보 127
최한형 143, 296~297
출척사黜陟使 131
친병 328~329
7절도사 447~449
칭제稱帝 185, 200, 206, 211
치청(절도사) 16, 29, 36, 38, 55, 57,
66~68, 79, 82, 88~89, 93, 127,
139~140, 144, 165~168, 178, 183,
206, 222~223, 227~229, 262, 268,
280~282, 384

쿠가이空海 272

태산신 152~153
태항산太行山 59
태화공주 300
택로澤潞 93, 144, 162(각주), 481,
488, 523
토돌승최 334, 341
토번 35, 75, 80, 81, 84, 88, 96, 100,
113, 119~125, 132~133, 142~
144, 164, 274~275, 294~307, 319
~320, 418, 517

페르시아인 55

하남 18, 95, 99, 120, 147, 173, 176~
179, 190, 191, 202, 210, 218, 230,

찾아보기 603

246, 361, 374, 407, 467, 470, 477, 493
하남부 121, 140, 206, 351, 359, 369, 390
하남절도사 57, 144, 468~470, 472, 478, 521
하북고사河北故事 204, 422
하북삼진 18~19, 83, 117(각주), 242, 296, 411, 426, 458
하삭구사河朔舊事 204
하서 120, 300~301, 305, 515
하서절도사 35, 514, 516~517
하음(현) 59, 351, 395
하음원河陰院(하음창) 351~354, 390, 404, 419,
한수漢水 147, 149
한유 141, 260, 286
한전의 291
한조양 39~41, 435, 439~441
한홍韓弘 259~261, 286, 374, 399~402
한황韓滉 230, 246, 470
할거 번진 6, 17~18, 23, 116~123, 127, 129, 134, 138, 145, 147, 154~155, 172, 205, 225, 235, 241, 242(각주), 248, 268, 306, 313~316, 330, 334, 339, 341, 343, 348, 372, 375, 380, 393, 407(각주), 409, 412~413, 416~417, 421~422, 466, 467
함안공주 300
합타 498~499, 502, 557

해상(활동) 19, 20, 22
해(왕)奚(王) 30, 32, 35, 57, 62, 429, 451,
행대行臺 189~195, 198
허고許杲 85~88, 486
허숙기 449, 471
허흠염 33
현종 38, 43~44, 374, 436, 469
호삼성 52, 65, 85, 325, 476, 487, 508~510, 545
호상胡商(상호) 55, 458, 459
혼감渾瑊 297, 526~527
홍경륜 131
활주滑州 62, 65, 99, 103, 227~231, 286~287, 457, 471~472, 488, 491
회부會府 168, 170, 217, 427
회남(절도사) 86, 99, 102, 142, 179, 211, 253, 350, 391, 399~401, 414, 471, 488, 492, 520, 532
회맹 125, 187, 189, 295~298, 301
회서(절도사) 6, 18~19, 56, 89, 93, 99, 101~102, 119, 144, 176, 185, 190, 200, 203, 206, 208, 225, 256, 261, 274, 289~291, 314~315, 329, 332~336, 339, 343, 346~359, 373~379, 389~398, 407(각주), 411, 418~419, 426, 450, 471, 488
회수淮水 55, 86, 486
횡해橫海 34, 206, 347, 379~380, 392~393, 398~400, 405, 414, 431
회흘回紇 58~61, 75, 80, 82, 120,

126, 214, 297~302, 307, 450, 453
후희일(부록 논문 1 이외) 15~16, 22, 40~41, 44, 48~58, 62, 66, 79~85, 106, 110, 247, 281, 408, 474~484

연구자

김문경 19, 110, 351~352, 374
이영철 207
런스잉任士英 277, 318, 322
리샤오제李效杰 162, 220
리우위펑劉玉峰 190, 206, 231, 487
쑨후이칭孫慧慶 14
스가누마 아이고菅沼愛語 296
쓰지 마사히로辻正博 374
양샤오옌楊曉燕 15
자오젠젠趙建建 512
장바이둥張百棟 331

장춘하이張春海 16
쟈위잉賈玉英 511, 518, 535, 545
진위푸金毓黻 507~508
천인커陳寅恪 49, 83, 361
하오리郝黎 15
황러우黃樓 211
니이미 마도카新見まどか 21, 361
다니가와 미치오谷川道雄 412
미야자키 이치사다宮崎市定 27
야마우치 신지山內晉次 274, 278, 284, 288, 290, 299, 309
와타나베 신이치로渡邊信一郎 273, 290, 320
호리 도시카즈堀敏一 328
히노 가이자부로日野開三郎 346, 360, 361, 373, 379, 436, 545, 412
찰스 피터슨 130, 205, 241, 335, 343, 373, 407, 412~413

동국대학교 저서출판 지원사업 선정도서

이 저서는 2022년도 동국대학교 연구비 지원을 받아 수행된 연구결과물임. (S-2022-G0001-00123)
This work was supported by the Dongguk University Research Fund of 2022. (S-2022-G0001-00123)

고구려 유민 이정기 일가의 번진사藩鎭史

2024년 5월 9일 초판 1쇄 인쇄
2025년 1월 13일 초판 2쇄 발행

지은이 정병준
발행인 박기련
발행처 동국대학교출판부

출판등록 제1973-000004호(1973. 6. 28)
주소 04626 서울시 중구 퇴계로36길2 신관1층 105호
전화 02-2264-4714
팩스 02-2268-7851
홈페이지 https://dgpress.dongguk.edu
이메일 abook@jeongjincorp.com
인쇄 신도인쇄

ISBN 978-89-7801-823-4 (93910)

값 22,000원

이 책의 무단 전재나 복제 행위는 저작권법 제98조에 따라 처벌 받게 됩니다.